Knaur

Über den Autoren:

Der Name Pío Martinéz ist ein Pseudonym, das der Autor aus Sicherheitsgründen nicht aufdecken möchte: *Das Götterorakel von Yucatán* wird bei den Herrschenden in Guatemala und Mexico nicht unbedingt auf Begeisterung stoßen. Martinéz wurde in Deutschland als Sohn mexikanischer Emigranten geboren und hat Maya-Vorfahren.

Der italienische Privatgelehrte Pietro Bandini, der 1940 geboren wurde und abwechselnd in Florenz und München lebt, ist dem Publikum durch mehrere Publikationen als herausragender Kultur- und Mythenforscher bekannt.

Inhalt

1 Einführung

Pietro Bandini

Als ich die Arbeit an meinem Werk *Der heilige Kalender der Maya*[1] vor einigen Monaten abschloß, hätte ich mir nicht träumen lassen, wie überaus rasch sich mein dort geäußerter Wunsch erfüllen würde. Natürlich war mir damals längst bekannt, daß mein mutiger junger Freund Pío Martinéz seit 1995 mehrfach nach Mexiko gereist war, in das Land seiner Vorfahren, deren Kultur und schriftliche Überlieferung die spanischen Konquistadoren mit furchtbarer Gründlichkeit zerstört haben.[2] Als einem in Zentraleuropa geborenen Sohn mexikanischer Emigranten vom Maya-Stamm der Tzotziles (Fledermausleute) war es ihm im südlichen Tiefland von Yucatán gelungen, über gewisse Vertrauensleute Kontakt zu den jetzigen Hütern des Geheimwissens der alten Maya aufzunehmen. Diese Nachfahren von Adligen und Priestern der vernichteten indigenen Hochkultur leben im heutigen Mexiko und Guatemala gezwungenermaßen im Untergrund, da ihre Völker bis heute von den weißen Eroberern verfolgt und unterdrückt werden.

Bereits im 19. Jahrhundert kursierten in okkultistischen Zirkeln Gerüchte, denen zufolge das hochkomplexe Kalendarium der klassischen Maya-Kultur (ca. 200–900 n. Chr.) nicht allein der Zeitmessung sowie zeremoniellen und kultischen Zwecken

---

[1] Pietro Bandini: *Der heilige Kalender der Maya.* München 1998
[2] Auf die Umstände und Konsequenzen des sog. Autodafé von Maní gehe ich ausführlich in meinem Buch zum Kalender der Maya (s. Anm. 1) ein.

diente; vielmehr handle es sich um ein äußerst genaues Wahrsageinstrument, das die Erstellung von Geburtsorakeln, lebenspraktischen Ratschlägen und weitreichenden Prophezeiungen erlaubte. Diese Annahme ist insofern plausibel, als nach Überzeugung der Maya eine Vielzahl von Gottheiten mit genau definierten Eigenschaften jedem einzelnen Tag eines Weltzeitalters sein individuelles Gepräge verleihen – und das Kalendersystem diese vielfältigen übernatürlichen Einflüsse, ihre Gewichtung und ihr Zusammenspiel mit einzigartiger Genauigkeit widerspiegelt.

Überzeugt, daß es sich um weitaus mehr als ein Gerücht handle, bemüht sich Pío Martinéz seit vielen Jahren – in jüngerer Zeit mit Unterstützung meiner kultur- und mythenkundigen Person – um eine Rekonstruktion des esoterischen Geheimwissens seiner Ahnen. Tatsächlich gelang es uns nach und nach, nicht zuletzt mit Hilfe eingeborener Informanten aus Yucatán, wesentliche Teilstücke des einstigen Orakelsystems der Kalenderpriester wiederherzustellen.

Trotz erfreulicher Fortschritte bei der Rekonstruktion dieses Systems fehlten uns jedoch Ende 1997 noch immer wichtige Module des *Götterorakels von Yucatán* – ein Name, unter dem Eingeweihte das augurische Instrument bereits zur Zeit der spanischen Konquistadoren kannten. Daher schickte sich Martinéz um die Jahreswende an, abermals in das Land seiner Ahnen zu reisen, um sich unter konspirativen Umständen neuerlich mit zwei Nachfahren der Maya-Elite zu treffen. Seinerzeit fehlten uns unter anderem

- wesentliche Informationen zu Eigenschaften verschiedener *Tages-, Monats- und Zahlengötter*, die für das augurische Verfahren unverzichtbar sind,
- das gesamte, seit einem halben Jahrtausend verschollene Subsystem der *Göttersphären*, ihrer Zuordnung und Attribute,

- sämtliche Angaben zu den individuellen Profilen und Charakteristika der sogenannten *Herren der Nacht*, einer Gruppe von neun Wochentagsgöttern, von denen man seit Jahrhunderten lediglich noch wußte, daß sie der göttlichen Unterwelt angehören.

Damals bezweifelte ich, daß es Martinéz gelingen würde, die entscheidenden Puzzlestücke aufzutreiben. Um so überraschter war ich über die reiche kulturelle Ausbeute, mit der er Anfang 1998 aus Yucatán zurückkehrte. Tatsächlich hatten die besagten heutigen Hüter der alten Maya-Esoterik ihm alle unsere Fragen zur Funktionsweise des Götterorakels umfassend und vertrauensvoll beantwortet. Niemals werde ich jene Wintertage in meiner Münchner Wohnung vergessen, als wir erwartungsvoll die so lange gesuchten Bausteine in unsere Rekonstruktion des Orakels einfügten, um sodann in höchster Anspannung einige Testläufe durchzuführen. Uns war zumute, als hätten wir eine archaische Apparatur wiederhergestellt, beobachteten nun atemlos, wie die Maschine ansprang ... und wahrhaftig, das uralte augurische System funktionierte!
War es uns in der Tat gelungen, den Schleier vor der Zukunft ebenso wie vor der Vergangenheit zu durchlöchern? Wirklich schien es uns auf einmal, als könnten wir mit unseren Blicken jenen Nebel durchdringen, den die Maya weder »Zufall« noch »Schicksal« nannten, sondern als analysierbares Gewebe göttlicher Einflüsse und Ratschlüsse ansahen.

Wie man sich möglicherweise vorstellen kann, handelt es sich bei dem authentischen Götterorakel, wie Pío Martinéz und ich es Anfang 1998 erstmals wiederhergestellt haben, jedoch um eine – für heutige Begriffe, zumal für westlich geprägte Menschen – unsäglich komplizierte geistige Apparatur. Obwohl ich beanspruchen darf, meinen Lesern schon die entlegensten mythologischen Konstruktionen erläutert zu haben, halte ich es für nahezu unmöglich, die Funktionsweise des Götterorakels von Yucatán in seiner ursprünglichen Ausprägung und Komplexität meinen europäischen Zeitgenossen wirklich nahezubringen. In der Tat ähnelt es in den Augen derer, die nicht in die Hintergründe eingeweiht sind, einem aberwitzigen Konglomerat aus Zaubersprüchen und mathematischen Formeln, Götterbildern und Zahlenmagie. So enthusiastisch uns die gelungene Wiederherstellung des jahrhundertelang verschollenen Orakels stimmte, so skeptisch beurteilte ich daher anfangs unsere Chancen, dieses einzigartige Wahrsageinstrument für heutige Bedürfnisse nutzbar zu machen.

Zu meiner Bestürzung eröffnete mir Pío Martinéz jedoch, daß er gegenüber seinen Informanten in Mesoamerika eine unverbrüchliche Verpflichtung eingegangen war. In einer bizarren und aufwühlenden »Blutopferzeremonie« hatte er den Nachfahren der einstigen eingeborenen Elite geschworen, die ihm enthüllten okkulten Geheimnisse in angemessener Form der Weltöffentlichkeit zu offenbaren.

So blieb uns also keine andere Wahl, als das Götterorakel in eine Form und Sprache zu übertragen, die seine Nutzung durch heutige Anwender ermöglicht. Diese Adaption erforderte mehrmonatige harte Arbeit, aber wir hoffen zuversichtlich, daß es uns gelungen ist, die gegenüber den Maya-Nachkommen eingegangene Verpflichtung mit dem vorliegenden Werk zu einem ersten Teil zu erfüllen.

Welche Fragen beantwortet das Götterorakel?

Genau besehen ist das Orakel aus zwei selbständigen Teilen zusammengefügt:

- dem Tzolkin- oder Geburtsorakel
- dem Haab- oder Lebensorakel

Letzterem sind zwei weitere Orakel beigeordnet, die man ergänzend befragen kann:

- das Orakel der Jahresgötter
- das Orakel der Nachtherren

Mit Hilfe des *Tzolkin-Orakels*, so benannt nach dem 260 Tage umfassenden Ritualkalender der Maya, erhält man zu jeder Person, deren Geburtsdaten (Tag, Monat, Jahr) bekannt sind, u. a. folgende Informationen:

- die charakterliche Grundstruktur,
- die regierende(n) Gottheit(en), ihre Sphären und Naguals (Geisttiere),
- die Position der betreffenden Person im mythischen Zirkel der Weltschöpfung,
- ihre hieraus folgende Lebensaufgabe,
- Potentiale und Risiken,
- Idealberufe und Berufung.

Das *Haab-Orakel* (mitsamt seinen augurischen Ergänzungen), das seinen Namen dem 365 Tage umfassenden Sonnenkalender der Maya verdankt, beantwortet dem Anwender vor allem lebenspraktische Fragen folgenden Zuschnitts:
An welchem Datum sollte ich anstehende berufliche oder private Unternehmungen ausführen bzw. tunlichst unterlassen? Die Antworten des Orakels beziehen sich auf alle erdenklichen Lebensbereiche und existentiellen Situationen – berufliche und wirtschaftliche, familiäre und Liebesfragen, Gesundheitsprobleme, Unternehmensgründung, Auswanderung, künstlerische Tätigkeit, Entdeckungen und Erfindungen, Reisen, Umzug und vieles andere mehr.
Ebenso kann man das Haab-Orakel rückwirkend befragen, um festzustellen, ob man wichtige Unternehmungen an günstigen oder eher widrigen Tagen durchgeführt hat und insofern auf

leichtes Gelingen hoffen darf oder aber seine Anstrengungen verstärken sollte.

Diejenigen Leser, die mit den mathematischen und mythologischen Hintergründen der Maya-Esoterik schon vertraut sind oder die zuerst das Orakel erproben möchten, finden jeweils zu Beginn der Orakel-Kapitel die nötigsten Informationen für einen raschen Einstieg und die mühelose Auswertung der gewonnenen Resultate. Alle anderen möchte ich auf den folgenden Seiten zunächst in aller Kürze mit den mathematischen und magischen Aspekten des Kalendariums der Maya bekannt machen.[3]

Zur raschen Orientierung

Geburtsorakel (Tzolkin)
Lebensaufgabe ⟹ Kap. 2
Charakter
Potential
Gefährdung
Idealberuf/Berufung

Lebensorakel (Haab)
Planung und optimale Datierung ⟹ Kap. 3
privater und beruflicher Vorhaben

---

[3] In meinem Buch *Der heilige Kalender der Maya* (s. Anm. 1) habe ich Mathematik und Kalendersystem, Mythologie und Götterwelt der klassischen Maya-Kultur ausführlich dargestellt. Im folgenden beschränke ich mich daher auf eine geraffte Wiedergabe der Komponenten, die für Verständnis und Anwendung des Götterorakels unentbehrlich sind.

Das Kalendersystem

Die klassischen Maya verfügten über eine hochentwickelte Mathematik, die unter anderem auf einem Stellenwertsystem und der Kenntnis des Wertes Null basierte. So konnten sie nicht nur ihre monumentalen Bauwerke – Pyramiden, Paläste, Stadien – exakt vorausplanen, sondern auch eines der komplexesten Kalendersysteme der Antike entwickeln und über Jahrhunderte immer weiter verfeinern.

Mit Göttern rechnen

Die Maya rechneten mit dem Vigesimalsystem, also in Zwanzigereinheiten statt mit »Zehnern« wie bei unserem Dezimalverfahren. Um ihre Mathematik mit den Recheneinheiten ihres Kalenders zu synchronisieren, verwendeten sie als nächsthöhere Einheit allerdings nicht 20, sondern 18:

$$18 \times 20 = 360$$

Danach ging es jedoch mit dem Multiplikator 20 regelmäßig weiter:

$$20 \times 360 = 7200$$
$$20 \times 7200 = 144\,000 \ldots$$

Die Herkunft des Vigesimalsystems ist leicht erklärt: In den archaischen Anfangszeiten vieler »Barfußkulturen« nahm man beim Zählen nicht nur die Finger, sondern auch die Zehen zu Hilfe.

Nach Überzeugung der Maya waren in mathematischen Formeln und Resultaten göttliche Gesetze und Ratschlüsse verborgen, und selbst in jeder einzelnen Zahl offenbarte sich das Wirken einer Gottheit. Zahlen beliebiger Größenordnung notierten sie entweder mit einem einfachen Punkt-Strich-Code oder mittels der sogenannten Kopfvarianten, stilisierten Porträts oder Profilen von Gottheiten, deren Macht sich in den betreffenden Zahlen manifestiert. Hierzu einige Beispiele:

- Durch Punkte werden Werte von 1 bis 4 dargestellt; Querbalken repräsentieren den Wert 5, Augen- oder Muschelzeichen den Faktor Null:

• .. .. — ⊕

- Statt mit Punkt und Strich lassen sich die Zahlen als Kopfvarianten wiedergeben, z. B.:

1	•	⟨⟩	Mondgöttin Ixchel
4	....	⟨⟩	Sonnengott Ahau
8	≡	⟨⟩	Maisgott
10	=	⟨⟩	Todesgott Ahpuch

- Mit dem Stellenwertsystem der Maya, die Einer, Zwanziger usw. meist vertikal übereinander schrieben (nicht horizontal wie bei unserem System), kann man überdies Zahlen beliebiger Größenordnung im Punkt-Strich-Code notieren:

6 × 7200	⋯
4 × 360	....
8 × 20	≡
0 × 1	⊕
44 800	

Tzolkin: der magische Kalender

Der älteste Kalender der Maya, genannt Tzolkin, umfaßt 260 Tage, die in 13 Einheiten à zwanzig Tage untergliedert sind. Abgeleitet von »Uinik«, dem Maya-Wort für »ganzer Mensch«, heißen die Zwanzigereinheiten »Uinal«. Innerhalb eines solchen Uinals trägt jeder Tag (Kin, »Sonne«) einen eigenen Namen, vergleichbar den Wochentagen in unserem Kalendersystem.

Die Tagesnamen des Tzolkin, dargestellt in Glyphen der bis heute nur bruchstückhaft entzifferten Hieroglyphenschrift, lauten:

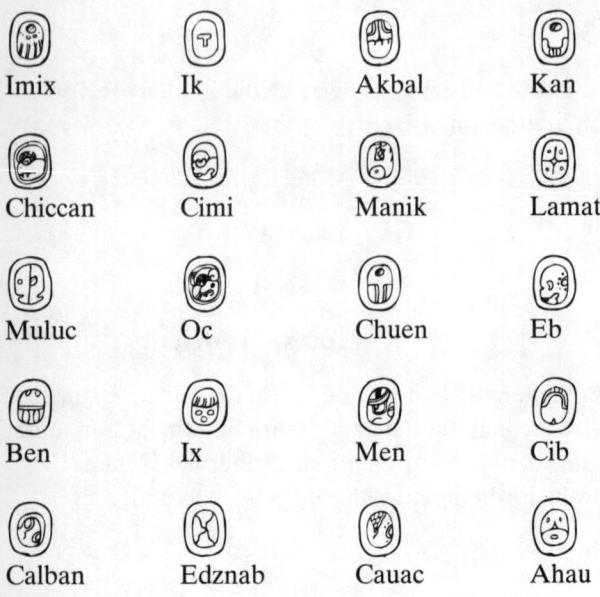

Imix	Ik	Akbal	Kan
Chiccan	Cimi	Manik	Lamat
Muluc	Oc	Chuen	Eb
Ben	Ix	Men	Cib
Calban	Edznab	Cauac	Ahau

Wie hinter den Zahlen, verbirgt sich auch hinter jedem dieser Namen und Zeichen eine Gottheit: die Tagesgötter des Tzolkin, die teils mit den Zahlengöttern identisch, teils weitere Manifestationen übernatürlicher Mächte sind. Zunächst aber noch ein Blick auf die kalendarische Logik des Tzolkin:

Ähnlich wie wir in unserem Kalender die Abfolge der Tagesnamen mit einer Zahlenreihe verzahnen (Montag, der 3., Dienstag, der 4. ...), schalteten auch die alten Maya das 20er-Rad der Uinal-Tage mit dem 13er-Rad der Zahlen so zusammen, daß an jedem Tag *beide* Räder um eine Stelle weitersprangen. Aufgrund ihrer Größendifferenz beginnt das kleinere Zahlenrad bereits mit seinem zweiten Umlauf, wenn das größere Namenrad seine erste Runde noch nicht abgeschlossen hat:

1 Imix	·⊚	12 Eb	⫶‖⊚
2 Ik	:⊚	13 Ben	⫶‖‖⊚
3 Akbal	⫶⊚	1 Ix	·⊚
4 Kan	⫶⊚	2 Men	:⊚
5 Chicchan	‖⊚	3 Cib	:⊚
6 Cimi	·‖⊚	4 Cabán	⫶⊚
7 Manik	⫶‖⊚	5 Edznab	‖⊚
8 Lamat	⫶‖⊚	6 Cauac	·‖⊚
9 Muluc	⫶‖⊚	7 Ahau	⫶‖⊚
10 Oc	‖⊚	8 Imix . . .	⫶‖⊚
11 Chuen	·‖⊚		

Ein Tzolkin-»Jahr«, das mit 1 Imix beginnt, ist demnach beendet, wenn am Tag 13 Ahau jede der 13 Zahlen einmal mit jedem Tagesnamen kombiniert worden ist.

Wie erklärt sich der eigentümliche Kalenderumfang von 260 Tagen? Augenscheinlich stimmt der Tzolkin nicht mit dem Sonnenjahr überein; andererseits scheint er sich auch nicht nach Mondumläufen zu richten, da seine größte Einheit eben zwanzig Tage beträgt, ein Mondumlauf dagegen zwischen 29 und dreißig Tagen. Auch wenn wir bei dieser Frage naturgemäß auf Spekulationen angewiesen sind, halte ich folgende Herleitung für plausibel:

Ein Umlauf des Tzolkin entspricht der neunmonatigen Schwangerschaftszeit. 13mal mußte der vorgeschichtliche Mensch den gesamten Zirkel der Finger und Zehen durchlaufen, bis nach dem Ausbleiben des weiblichen »Mondblutes« ein Kind zur Welt kam. Während dieser 13 Umdrehungen erschien und verging neunmal der Mond, dessen Umläufe (mit dem verwirrenden Verschwinden des Gestirns an Neumond) man in archaischer Vorzeit gewiß noch nicht zu entschlüsseln wußte.

Das Urräderwerk des Maya-Kalenders dürfte also aus dem Bemühen entstanden sein, die verborgenen Zusammenhänge von Empfängnis, Schwangerschaft und Geburt zu enträtseln. Überzeugt davon, ein göttliches Gesetz gefunden zu haben, erhoben die Maya in mythischer Frühzeit die Zahl Dreizehn zum Symbol des (überwiegend männlichen) Götterhimmels Oxlahun-ti-ku, die Zahl Neun dagegen zum Inbegriff der (primär weiblichen) Götterunterwelt Bolon-ti-ku, auch »Schoß der Erde« oder »Reich der Mütter« genannt. Im geheimnisvollen Zusammenwirken dieser beiden Zahlengötter entstand der Mensch sowohl in der körperlichen Welt (durch Geburt) als auch in der geistigen Welt des Tzolkin, wo die Zwanzigereinheit den »ganzen Menschen« repräsentiert.

Aufgrund seiner Herkunft aus magischer Vorzeit diente der Tzolkin seit jeher nicht nur als Instrument zur Messung verflossener Zeit, sondern mehr noch zu Orakel- und Wahrsagezwecken: Nur mit seiner Hilfe vermochten die klassischen Kalenderpriester – und vermögen auch heute die im Untergrund wirkenden Hüter des esoterischen Erbes – die göttlichen Ratschlüsse zu offenbaren.

Haab: der Sonnenkalender

Der zweite Hauptkalender der Maya ist das historisch jüngere Haab (»Sonnenjahr«). Mit seinem Umfang von 365 Tagen nähert sich dieser Kalender der tatsächlichen Länge des Sonnenjahres; allerdings kennt er kein Schaltjahr, da die klassischen Maya gebrochene Zahlen als »gottlos« verabscheuten. Auch ist er sowenig wie der Tzolkin in Monate untergliedert, sondern gleich diesem in Einheiten à zwanzig Tage geteilt. 18 dieser Uinals, wie unsere Monate durch Namen unterschieden, enthält das Haab, gefolgt von einem 19. Rumpf-»Monat« namens Uayeb, der lediglich fünf Tage umfaßt.[4]

Die Namen der Haab-Uinals und ihre Glyphen:

Pop	Uo	Zip	Zotz
Zec	Xul	Yaxkin	Mol
Ch'en	Yax	Zac	Ceh
Mac	Kankin	Muan	Pax
Kayab	Cumku	Uayeb	

Mit Hilfe des Haab lassen sich Daten auf dieselbe Weise wie mit unserem Gregorianischen Kalender bestimmen: Man kombiniert die Tageszahl innerhalb des aktuellen Uinals mit dem Namen bzw. Zeichen dieses Uinals selbst. Allerdings bezeichneten die Maya den jeweils letzten Tag nicht als 20. des laufenden »Monats«, sondern als Tag Null der folgenden Einheit: Nach ihrem mythisch-mathematischen Zeitgefühl braucht es jeweils einen Tag, um die Gottheit des neuen Uinals zu »plazieren«.

Abgesehen von dieser Abweichung sind beide Notationsverfahren durchaus vergleichbar: Ähnlich wie wir beispielsweise

---

[4] Der Einfachheit halber werden wir die Uinals künftig gleichwohl auch als »Monate« bezeichnen.

einen Tag als »5. März« bezeichnen, sprachen die alten Maya von »5 Zip«. Das Sonnenjahr fing an mit »0 Pop« (Neujahr) und endete nach 365 Tagen mit »4 Uayeb«, worauf das nächste Jahr wiederum mit »0 Pop« begann.

Demnach konnten die Maya innerhalb des Haab jeden Tag unmißverständlich durch eine Kombination aus Zahl und Monatsname identifizieren. Damit nicht genug, verzahnten sie die beiden Räder des Getriebes mit einem dritten Rad. Dessen Einheiten lassen sich dem Prinzip nach mit unseren Wochentagen vergleichen: In endloser Folge wechseln sich die »Herren der Nacht« – allerdings neun, nicht sieben – als Begleiter der Sonnentage ab. Selbstverständlich handelt es sich auch bei diesen Herren um Götter, genauer gesagt, um Gottheiten der neunfaltigen göttlichen Unterwelt. Das erklärt sicherlich ihre Anzahl; jedoch galt es lange Zeit als ungewiß, welche Mächte im einzelnen die unterweltlichen Herren verkörpern. Glücklicherweise haben Pío Martinéz' Vertrauensleute uns auch über diese Details aufgeklärt. Für das schiere Funktionieren der Kalendermechanik mögen solche mythologischen Fragen unbeträchtlich sein; für die Handhabung des Orakels aber sind sie so entscheidend wie ein winziges Zahnrad für das Getriebe einer Uhr: Fehlt das Rädchen, so lahmt der gesamte Apparat.

Hier ein Beispiel zur Mechanik des Haab:

Ist einem Neujahrstag 0 Pop, der 4. Herr der Nacht, beigeordnet – in unseren Begriffen: fällt ein 1. Januar auf einen Mittwoch –, so lauten die weiteren Haab-Daten:

1 Pop   5. Herr der Nacht
2 Pop   6. Herr der Nacht
3 Pop   7. Herr der Nacht
4 Pop   8. Herr der Nacht
5 Pop   9. Herr der Nacht
6 Pop   1. Herr der Nacht . . .

Das dritte – kleinste – Rad des Haab hat also einen Umlauf vollendet, lange bevor sich das Zahlenrad einmal um sich selbst gedreht hat – und ehe das Rad der Monatsnamen auch nur um eine Position weitergesprungen ist.

Die Kalenderrunde

In der sogenannten Kalenderrunde werden die beiden Hauptkalender der Maya – Tzolkin und Haab – zu einem nun fünfrädrigen Getriebe verzahnt. Nach Ansicht der Maya begann das gegenwärtige Weltzeitalter an einem Tag 4 Ahau 8 Cumku (»4 Ahau« ist das Tzolkin-Datum, »8 Cumku« stammt aus dem Haab). Ein Tag dieses Datums kann in der Kalenderrunde erst nach genau 18 980 Tagen wiederkehren, nach 52 Haab-Jahren also oder nach 73 Umläufen des Tzolkin.

Der zeitliche Umfang der Kalenderrunde entspricht mehr oder minder der individuellen Lebenszeit in der klassischen Periode. Sehr viel wichtiger aber war wohl, daß die Kalenderrunde jedem einzelnen Tag in diesem Zeitraum eine Vielzahl göttlicher Regenten zuordnet, aus deren Zusammenspiel die Kalenderpriester subtile Prophezeiungen ableiten konnten.

Bisher habe ich bereits Zahlen-, Tages-, Wochen- und Monatsgötter erwähnt, die jedem Tag in einem 52-Jahres-Zyklus sein unverwechselbares Gepräge verleihen. Darüber hinaus läßt sich mit Hilfe der Kalenderrunde auch der amtierende Jahresgott eines jeden Sonnenjahres bestimmen, und zwar aufgrund des sogenannten Jahresträgers oder des Tzolkin-Tages, mit dem das betreffende Haab beginnt:

Nach den Zeugnissen von Tikal wurden beide Kalender erstmals beim Stand 0 Pop (Haab) und 1 Ik (Tzolkin) zusammengeschaltet. Aus Systemgründen kann der Neujahrstag des Sonnenjahrs seither nur noch mit folgenden vier Tzolkin-Tagen (und nur in genau dieser Reihenfolge) zusammenfallen:

1 Ik	0 Pop
2 Manik	0 Pop
3 Eb	0 Pop
4 Cabán	0 Pop

Der fünfte Neujahrstag fällt zwangsläufig wieder auf einen Tag Ik:

| 5 Ik | 0 Pop |

Demnach ist jeder Tag der Kalenderrunde durch folgende Daten bestimmt:

1. den Jahresträger (Neujahrstag)
2. den Haab-Uinal (Monat)
3. die Tageszahl des betreffenden Haab-Uinals
4. den jeweiligen Herrn der Nacht (Wochentag)
5. den Tzolkin-Tag
6. die Tageszahl des Tzolkin-Datums

Auch hierzu wieder ein Beispiel:

Gregorianisch	Kalenderrunde	
22.3.1998	Tzolkin:	9 Oc 🦷 ⊘
	Haab:	8 Cumku 🂠 🂡
	Herr d. N.:	1.
	Jahresträger:	Ik ⊘

Umrechnung gregorianischer Daten in den Maya-Kalender

Die Formeln zur Umrechnung von Daten aus dem einen in das andere Kalendersystem stellen für den Laien eine beträchtliche Herausforderung dar. Zwar existieren verschiedene, mehr oder minder benutzerfreundliche Computerprogramme, welche jedes gewünschte Datum konvertieren; wir möchten aber unseren Lesern sowohl mühselige als auch kostspielige Umrechnungsmodalitäten ersparen. Daher haben wir uns entschlossen, eine komplette Kalenderrunde im Anhang dieses Buches abzudrucken: Für jeden beliebigen Tag zwischen dem 1. Januar 1950 und dem 31. 12. 2002 finden Sie dort die entsprechenden Daten nach dem Notationssystem der Maya. Soweit Daten benötigt werden, die vor oder hinter diesem Zeitraum liegen, lassen sich diese (nach unseren Erfahrungen mit einigen Testnutzern des Orakels) durch einfaches Abzählen in 365 er- (Haab) bzw. 260 er-Schritten (Tzolkin) einigermaßen leicht und sicher errechnen.

Die Götterwelt der Maya

Hinter der Vielzahl an Einzeldaten, mit welchen die Maya einen jeden Tag identifizierten, würde sich kaum mehr als umständliche Pedanterie verbergen, wenn sich nicht in jeder Zahl, jedem Aspekt ihres Kalendersystems eine mächtige Gottheit offenbarte.

Das läßt sich anhand des obigen Beispiels veranschaulichen:

Gregor.	Kalenderrunde	
22. 3. 1998	**Tzolkin:**	**9 Oc** 🦷 ⊙
	Zahlengott:	*Yax-Balam (s. S. 237)*
	Tagesgott:	*Hundegott Tzul (s. S. 50)*
	Haab	**8 Cumku** 🦷 🗿
	Zahlengott:	*Maisgott (s. S. 236)*
	Monatsgott:	*Kriegs- und Todesgötter (s. S. 203)*
	Herr d. N.:	**1**. *(Bote der Vorzeit, s. S. 216)*
	Jahresträger:	**Ik** ⊘
	Jahresgott:	*Bolon Dzacab (s. S. 210)*
	Richtungsgott:	*Kanal Bacab (s. S. 210)*

Die Vielfalt und Vielzahl der Götter verwirrt nicht nur den Laien, sie hat auch schon mehr als einen Fachmann entmutigt, der den Pantheon der Maya zu ordnen versuchte. Mit Hilfe des uralten Geheimwissens, das die heutigen Hüter der Maya-Kultur Pío Martinéz anvertrauten, ist es uns jedoch gelungen, mehrere Lücken in den bruchstückhaften Kenntnissen der heutigen Forscher zu schließen und einige ihrer gröbsten Irrtümer zu berichtigen.

Welten und Sphären

Nach Überzeugung der Maya gliedert sich das Universum in **23 Welten**, von denen 22 den Göttern und Geistern und lediglich eine den Menschen und den anderen Kreaturen zugehören. Der dreizehnfaltige Himmel Oxlahun-ti-ku wird von überwiegend männlichen Gottheiten im Umkreis des Sonnengottes Ahau regiert. Dagegen herrschen in der neunfaltigen Unterwelt Bolon-ti-ku vorwiegend weibliche Gottheiten sowie die Todesgötter. Beide Aspekte dieses »Reichs der Mütter« – Grab der Gestorbenen und fruchtbarer »Schoß der Erde« – gehören im Denken der Maya untrennbar zusammen: Im Zyklus der Wiedergeburten ist der Tod für sie ebenso wie die Geburt nur eine Passage zwischen vergangenem und künftigem Leben.

Den verschiedenen – irdischen, himmlischen, unterirdischen – Welten sind überdies *fünf Sphären* zugeordnet (s. Abb. S. 28), welche die Gesamtheit der Welten untergliedern:

Die *Wassersphäre* repräsentiert die ungeschiedene Urflut vor der Schöpfung des Universums, die »Fluten« des Unbewußten in Individuen und Gemeinschaften und die uranfängliche Einheit der Gegensätze, also auch von Leben und Tod. Auf dem Wasser schwimmt (einer Schildkröte oder einem Drachenwesen ähnlich) die *Erdsphäre*, in der die Menschen und anderen Kreaturen leben. Es ist die Sphäre der Befruchtung, Verkörperung und Geburt, des Werdens und Wachstums, Reifens und Welkens, des Vergehens und Sterbens.

Die Erdsphäre wird von der *Luftsphäre* überwölbt, den Gefilden des Geistes, gesteigerter Bewußtheit, Schöpfer- und Tatkraft. Über ihr, in kosmischer Höhe, befindet sich die *Lichtsphäre* der Götter, höchster Bewußtheit und Spiritualität.

Nach Auffassung der Maya lassen sich aber Wasser- und Erdsphäre nicht einfach einem »weiblichen«, Luft- und Lichtsphäre dem »männlichen« Prinzip zuordnen, wie wir dies aus vielen mythologischen und psychologischen Konzepten kennen. Vielmehr wird die Wassersphäre sowohl von weiblichen Gottheiten als auch von männlichen Todesgöttern beherrscht, und auch der Lichtsphäre gehört mit der Mondgöttin zumindest eine bedeutende weibliche Gottheit an.

Überdies läßt sich die Wassersphäre nicht allein in der Unterwelt lokalisieren. In Gestalt des »Himmelssamens«, des auf die Erde niedergehenden Regens, ist die Wassersphäre zudem über der Erde angesiedelt und weist dort eindeutig männliche Attribute auf.

Als fünfte und letzte ist schließlich die *Feuersphäre* zu erwähnen. Sie repräsentiert die Lebensenergie der verkörperten Kreaturen, die uns zeitlebens umtreibt und noch im Totenreich in den Leibern der Entseelten lodert. Das erklärt letztlich die Schrecken des Todes (und die Entstehung der zahlreichen Legenden um Hölle und Fegefeuer) – und es erklärt, warum im Weltbild der Maya die Feuersphäre sowohl der Unterwelt (des Todes und der Wiedergeburt) als auch der Welt der Lebenden zugehört.

Die 23 Welten und 5 Sphären
im Weltbild der Maya

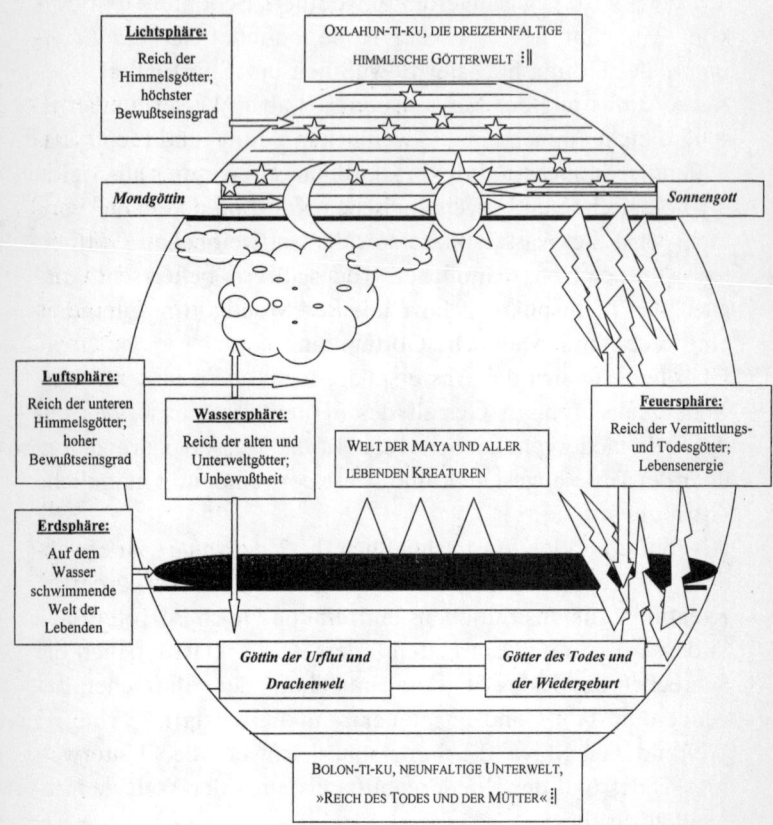

Lichtsphäre:
Reich der Himmelsgötter; höchster Bewußtseinsgrad

OXLAHUN-TI-KU, DIE DREIZEHNFALTIGE HIMMLISCHE GÖTTERWELT

Mondgöttin

Sonnengott

Luftsphäre:
Reich der unteren Himmelsgötter; hoher Bewußtseinsgrad

Wassersphäre:
Reich der alten und Unterweltgötter; Unbewußtheit

WELT DER MAYA UND ALLER LEBENDEN KREATUREN

Feuersphäre:
Reich der Vermittlungs- und Todesgötter; Lebensenergie

Erdsphäre:
Auf dem Wasser schwimmende Welt der Lebenden

Göttin der Urflut und Drachenwelt

Götter des Todes und der Wiedergeburt

BOLON-TI-KU, NEUNFALTIGE UNTERWELT, »REICH DES TODES UND DER MÜTTER«

2 Das Tzolkin-Orakel

Die Götter des Tzolkin offenbaren das Geburtsorakel einer jeden Person, deren Geburtsdaten (Tag, Monat, Jahr) bekannt sind. Die Hauptgottheit eines jeden Geburtsdatums ist der Tagesgott. Dessen Attribute und Aspekte, die Charakter und Schicksal des Betreffenden entscheidend prägen, werden jedoch durch die zugeordnete Zahlengottheit verstärkt bzw. abgeschwächt – je nachdem, ob die Eigenschaften des Zahlengottes mit denen des Tagesgottes übereinstimmen oder ihnen widersprechen.

Das Tzolkin-Orakel enthält u. a. folgende Informationen:

- die charakterliche Grundstruktur
- die regierende(n) Gottheit(en), ihre Sphären und Naguals (Geisttiere)
- die Stellung der betreffenden Person im mythischen Kreislauf der Weltschöpfung
- ihre hieraus folgende Lebensaufgabe
- Potentiale und Risiken
- Idealberufe und Berufung

Handhabung des Tzolkin-Orakels

1. Suchen Sie im Kalendarium des Anhangs unter dem betreffenden Geburtsdatum die entsprechenden Tzolkin-Daten heraus.
   Beispiel: *17.6.1953 = 1 Imix

2. Schlagen Sie hier im 2. Kapitel unter dem Tag *Imix* nach. Dort finden Sie den Gott des Tages Imix und das auf Ihr Datum zutreffende Geburtsorakel.

Hinweis: Der Wegweiser zu den Tagesgöttern befindet sich auf S. 30.

3. Schlagen Sie im 6. Kapitel nach, welche Gottheit die Zahl Ihres Tzolkin-Datums regiert. Dies ist nach dem Tagesgott die wichtigste Gottheit des unter dem betreffenden Datum Geborenen.

Beispiel: 1 𝄐 *= Mondgöttin Ixquic*

4. Suchen Sie im Register auf Seite 75 f. heraus, wo sich Ihr vollständiges Geburtsdatum (Zahl und Tagesname) innerhalb des Tzolkin befindet.

5. Schlagen Sie nun im Tzolkin am Ende dieses 2. Kapitels unter Ihrem vollständigen Datum nach. Dort finden Sie vermerkt, inwiefern die Zahlengottheit Ihres Datums die durch die Tagesgottheit gegebenen Attribute und Potentiale verstärkt bzw. abschwächt.

Offenbarungen der Tagesgötter

Wegweiser

Tagesname	Orakel auf S. ....
Imix 🔶	31
Ik 🔶	33
Akbal 🔶	35
Kan 🔶	37
Chicchan 🔶	39
Cimi 🔶	41
Manik 🔶	43

Lamat 🔷	**45**
Muluc 🌀	**47**
Oc 🔶	**50**
Chuen 🐾	**52**
Eb 🔶	**54**
Ben 🔶	**56**
Ix 🐱	**59**
Men 🦅	**61**
Cib 🔶	**63**
Cabán 🔷	**65**
Edznab 🔶	**67**
Cauac 🦉	**69**
Ahau 🔶	**71**

Imix – der erste Tag

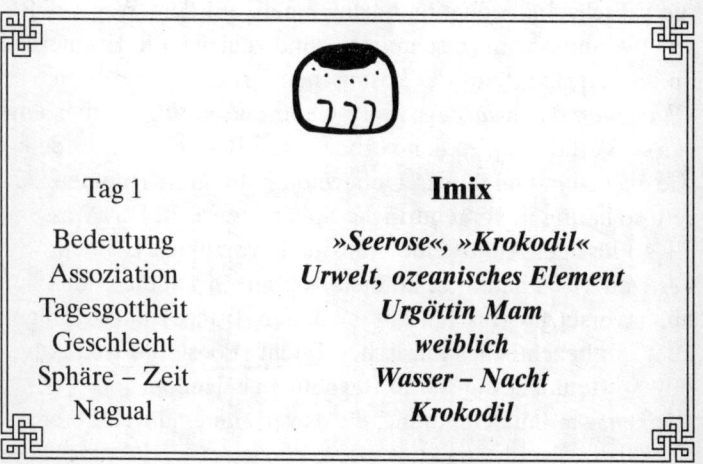

Tag 1	**Imix**
Bedeutung	*»Seerose«, »Krokodil«*
Assoziation	*Urwelt, ozeanisches Element*
Tagesgottheit	*Urgöttin Mam*
Geschlecht	*weiblich*
Sphäre – Zeit	*Wasser – Nacht*
Nagual	*Krokodil*

⊙-*Menschen: Archaiker mit ausgeprägter Intuition*

Der Mythos: Im Zyklus des Schöpfungsmythos symbolisiert Imix die archaische Drachenwelt – jene urzeitliche Epoche, lange bevor die Götter den Menschen erschufen. Kein Gestirn erhellte den Himmel, kein Wind wehte über der Urflut, kein Laut störte die schwarze Stille des Kosmos vor aller Zeit.

Die Gottheit: Die an Imix regierende Göttin ist die mythologische Urmutter Mam 🐚 – neben Mondgöttin Ixchel die bedeutendste weibliche Gottheit der klassischen Maya. Alle ⊙-Menschen stehen unter dem Schutz und im Bann der uralten Drachengöttin, mit der alles begonnen hat und aus der alles entstanden ist. Ihre Sphäre ist das schwarze Wasser der Urflut, ihr Kennzeichen die unbegrenzte Verwandlungsfähigkeit und unerschöpfliche Fruchtbarkeit des ozeanischen Elements.

Lebensabschnitt/Lebensaufgabe: Im Kreislauf menschlichen Lebens, Vergehens und Wiederkehrens steht Imix für die Phase vor der Inkarnation in einem menschlichen Körper. In jene Seligkeit ozeanischen Einsseins sehnt sich die Seele der ⊙-Menschen zeitlebens zurück. Doch ihre Aufgabe besteht darin, die irdische Individuation anzunehmen, auf dem Weg der Bewußtwerdung voranzuschreiten – und zugleich die Erinnerung an ihre Herkunft aus der kosmischen Urflut zu bewahren.

Charakter/Potential: An Imix Geborene verfügen über eine starke Verbindung zu den vorbewußten Bereichen ihres Selbst wie auch zum kollektiven Unbewußten. In ihren Träumen kehren sie häufig in vorgeburtliche Sphären zurück. Das Wasser – alles Flüssige, Auflösende – ist ihr bevorzugtes Element: Sie besitzen viel Phantasie, können sich gut in andere Menschen hineinversetzen (bis hin zur medialen Trance) und verfügen über ein beachtliches musisches Talent (Poesie, Musik, Aquarell) sowie über eine starke Begabung als Heiler.

Risiken: An Imix Geborene, die es versäumen, ihren Potentialen entsprechend tätig zu werden, können u.U. die psychische

Balance verlieren: Wie eine Seerose auf dem Ozean des Unbewußten schwimmend, droht das Ich der ⓘ-Menschen dann verschlungen zu werden von den Fluten des Irrationalen oder gar des Wahns.

Idealberufe/Berufung: Musische Laufbahn (Musik, Dichtkunst, Aquarell); heilende, pflegerische, erziehende Berufe, insbesondere Geburtshilfe und Psychotherapie

Ik – der zweite Tag

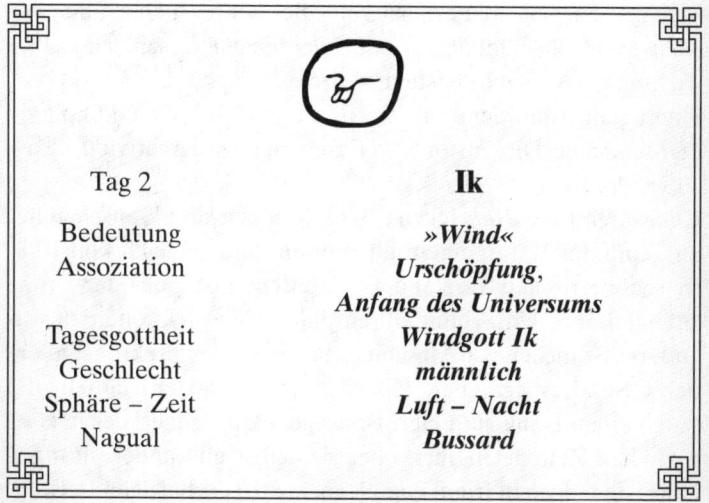

Tag 2	**Ik**
Bedeutung	*»Wind«*
Assoziation	*Urschöpfung,*
	Anfang des Universums
Tagesgottheit	*Windgott Ik*
Geschlecht	*männlich*
Sphäre – Zeit	*Luft – Nacht*
Nagual	*Bussard*

ⓘ-**Menschen: Verstand und Tatkraft**

Der Mythos: Indem sich der Wind über den Urfluten erhebt, beginnt im Mythos der Maya (wie auch in der biblischen Erzählung) die Schöpfung: Der Geist weht über dem Wasser, das männliche Prinzip spaltet sich vom weiblichen ab. Erste schüttere Lichtfunken beginnen die äonenalte Finsternis der Drachenwelt zu durchdringen.

Die Gottheit: Über Ik herrscht der junge Windgott 🌬, zugleich Regent der Zahl Drei. Er trägt den Beinamen »Der Bläser«; seine Sphäre ist die Luft, sein Kennzeichen die nüchterne, auch überrumpelnde, jedenfalls klärende Frische, die alle Gespinste dunkler Furcht und Ahnungen hinwegfegt. Unter seinem Schutz und Einfluß stehen alle an Ⓘ Geborenen. Unermüdlich versucht der junge Windgott die Gegensätze zu überwinden, doch berüchtigt ist er für sein Ungestüm, mit dem er zuweilen über das Ziel hinausschießt.

Lebensabschnitt/Lebensaufgabe: Im menschlichen Lebenszyklus steht Ik für den Augenblick der Zeugung. Maskuline Schöpferkraft ist daher das zentrale Lebensthema aller Ⓘ-Menschen, ob männlichen oder weiblichen Geschlechts. Ihre wichtigste Aufgabe besteht darin, den göttlichen Akt der Urzeugung, mit dem die Schöpfung dieser Welt anhob, in menschlichen Dimensionen – durch geistige Kreativität also – zu wiederholen.

Charakter/Potential: Die an Ik Geborenen sind Menschen mit ausgeprägter Ratio, einem nüchternen und zugleich konstruktiv-schöpferischen Verstand. Ⓘ-Menschen ist meist der Drang zu eigen, ihre Umgebung durch planmäßige Aktionen zu verändern. Branchen wie Maschinenbau oder Architektur sind daher besonders geeignet. Überdies sind Ⓘ-Menschen häufig durch einen Hang zum Heroismus gekennzeichnet, der in kriegerischen Zeiten Unglück über sie selbst und andere bringen kann, sie jedoch in friedlichen Epochen zu großartigen Leistungen (z.B. bei Expeditionen, als Brückenbauer usw.) befähigt.

Risiken: Gelingt es dem an Ik Geborenen nicht, sich in einem Beruf zu verwirklichen, der seiner »stürmischen« Natur entspricht, so bringt er sich durch Ungestüm am falschen Ort und durch Unbeherrschtheit nicht selten in Schwierigkeiten. Auch schweben Ⓘ-Menschen in ständiger Gefahr, jede Verbindung zu Gefühlen und Unbewußtem zu verlieren und allein noch auf die Stimme der Ratio zu hören.

Idealberufe/Berufung: Ingenieurberufe (Maschinenbau, Architektur); Entdecker und Abenteurer; Tatkraft und Unerschrockenheit erfordernde Reformen

Akbal – der dritte Tag

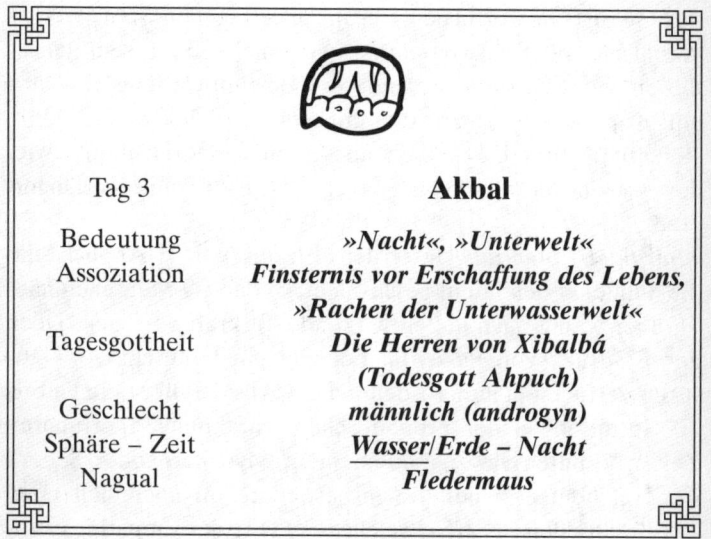

Tag 3	**Akbal**
Bedeutung	*»Nacht«, »Unterwelt«*
Assoziation	*Finsternis vor Erschaffung des Lebens,*
	»Rachen der Unterwasserwelt«
Tagesgottheit	*Die Herren von Xibalbá*
	(Todesgott Ahpuch)
Geschlecht	*männlich (androgyn)*
Sphäre – Zeit	*Wasser/Erde – Nacht*
Nagual	*Fledermaus*

-Menschen: Ringen um das erste Licht der Bewußtheit
Der Mythos: Akbal steht für die frühesten Zeiten der Schöpfung: Noch hat die Erschaffung des Menschen nicht begonnen, noch herrscht in der Urwelt weithin Finsternis. Doch der »Rachen von Xibalbá« beginnt sich zu öffnen – als wäre der gesamte Kosmos ein gigantischer trächtiger Urdrache, aus dessen Geburtskanal bald schon urtümliches Leben quellen wird.
Die Gottheit: Die Regenten des Tages Akbal sind die Götter von Xibalbá, insbesondere Ahpuch, der alte Todesgott und Herrscher der Zahl Zehn. Seine Sphäre wird vom Wasser und

von der Erde gebildet, da die Unterwasserwelt Xibalbá zugleich unter der Erde liegt. Alle ⊛-Menschen stehen unter Ahpuchs doppeldeutiger Obhut, die den unerbittlichen Zwang zu sterben ebenso einschließt wie die süße Hoffnung auf Wiedergeburt.

Lebensabschnitt/Lebensaufgabe: Das Leben der an Akbal Geborenen steht im Zeichen des Erwachens und Beginnens, der Geburt im wörtlichen wie im übertragenen Sinn. Wer zu Akbal zur Welt gekommen ist, wird nicht selten sein ganzes Leben um (eigene oder anderer) Bewußtwerdung ringen – ein Kampf, der durch die unbewußten Tiefen mit ihrem Reichtum, ihrer Dunkelheit und ihren Gefahren immer wieder sowohl befruchtet als auch erschwert und verlängert wird.

Charakter/Potential: Unter dem Einfluß von 🐚 Ahpuch sind die Vitalenergien latent geschwächt, so daß ⊛-Menschen häufig über wenig nach außen wirkende Tatkraft verfügen. Doch der Eindruck von Passivität oder Trägheit täuscht: ⊛-Menschen verfügen in außerordentlichem Ausmaß über die Gaben der Intuition, ja der prophetischen Vorahnung. In früheren Zeiten konnten sie zu bedeutenden Mystikern oder Sehern werden; heute können sie insbesondere in jenen helfenden und beratenden Berufen, welche die Gabe der Empathie erfordern, Großartiges erreichen.

Risiken: Ohne ausgleichende oder abmildernde Gegenkräfte drohen ⊛-Menschen in ihren dunklen und verschlungenen Innenwelten unterzugehen, gebannt von Gesichten und bedrückenden Gefühlen. Immer wieder überschwemmen die Unterweltgötter von Akbal das Gemüt der Betreffenden mit düsterer Sehnsucht nach dem Schlummer ohne Erwachen: dem Todesschlaf oder dem Ertrinken des Bewußtseins in der Unterwasserwelt des Wahns.

Idealberufe/Berufung: Seelsorge, Psychotherapie, Beratung in zwischenmenschlichen und metaphysischen Fragen

Kan – der vierte Tag

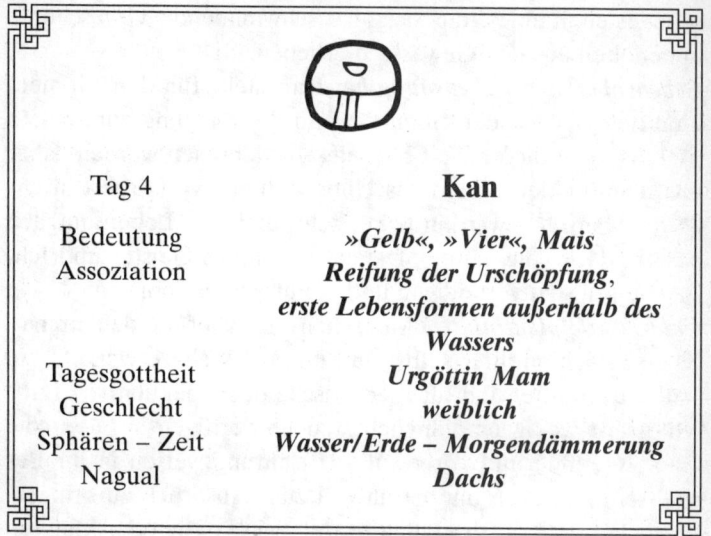

Tag 4	**Kan**
Bedeutung	*»Gelb«, »Vier«, Mais*
Assoziation	*Reifung der Urschöpfung,*
	erste Lebensformen außerhalb des
	Wassers
Tagesgottheit	*Urgöttin Mam*
Geschlecht	*weiblich*
Sphären – Zeit	*Wasser/Erde – Morgendämmerung*
Nagual	*Dachs*

⊕-Menschen: Die »Insel des Ich« verteidigen

Der Mythos: Im Schöpfungszyklus symbolisiert Kan die Entstehung erster Lebensformen außerhalb des Wassers, die im Mythos durch das »Kan-Kreuz-Seerosenmonster« verkörpert werden. Noch immer befinden wir uns in der Drachenwelt, der frühen Schöpfungszeit, doch mit der Entstehung festen Landes und erster Kreaturen, die es besiedeln, rückt die Stunde näher, da der Mensch die Bühne der Schöpfung betreten wird.

Die Gottheit: Wie bereits die zu Imix Geborenen stehen auch die ⊕-Menschen unter der Obhut von Urgöttin Mam 🐾, der Vielgestaltigen, mit der alles Leben begann. Aber sie hat sich hier bereits von der ungeschlachten Urdrachin ältesten Gedenkens zu einer Gottheit gewandelt, welche die in Geschlechter und andere Gegensätze gespaltene Menschenwelt vorzubereiten hilft. Ihre Sphäre wird daher auch hier vom Wasser – der ozeanischen Urflut – gebildet, doch ebenso von den ersten Inseln festen Landes, die sich wie schwimmende Urgeschöpfe unbeholfen aus den Gewässern erheben.

Lebensabschnitt/Lebensaufgabe: Kan steht für den Moment unmittelbar nach der Geburt, wenn der Säugling zum ersten Mal ins Licht dieser Welt blinzelt. ⊕-Menschen werden daher von den dunklen Fluten des Unbewußten – verkörpert in Urgöttin Mam 🜍 – weithin beherrscht, und ihre Lebensaufgabe besteht darin, die ersten »festen« Inseln des Geistes und Ich-Bewußtseins zu verteidigen und behutsam auszubauen.

Charakter/Potential: ⊕-Menschen sind tief in den archaischen Schichten ihrer selbst und unserer Welt verwurzelt. Sie sind erdverhaftet und für theoretische oder spekulative »Luftschlösser« wenig empfänglich. Jedoch verfügen sie über die Gabe, Gefühle und vorbewußte Erfahrungsweisen in ihr Bewußtsein zu heben und gefühlvoll zum Ausdruck zu bringen, bevorzugt mit künstlerischen Mitteln wie Poesie oder Malerei. ⊕-Menschen, die diese Begabung in geringerem Maß entfalten konnten, beeindrucken ihre Umwelt gleichwohl durch tiefe und subtile Menschenkenntnis, ein herausragendes Einfühlungsvermögen, das sie zu wertvollen Ratschlägen befähigt.

Risiken: Ratio und Bewußtsein der ⊕-Menschen sind wenig ausgeprägt und fordernd. Die Betreffenden stehen daher unter geringer Spannung, woraus eine gewisse Antriebsschwäche erwachsen kann, verbunden mit der Gefahr, in den »vorgeburtlichen« Zustand unartikulierter Unbewußtheit zurückzusinken.

Idealberufe/Berufung: Gemäßigte künstlerische Ausdrucksformen (Landschaftslyrik und -malerei), »Lebensberatung« (meist weniger professionell als im privaten oder ehrenamtlichen Bereich)

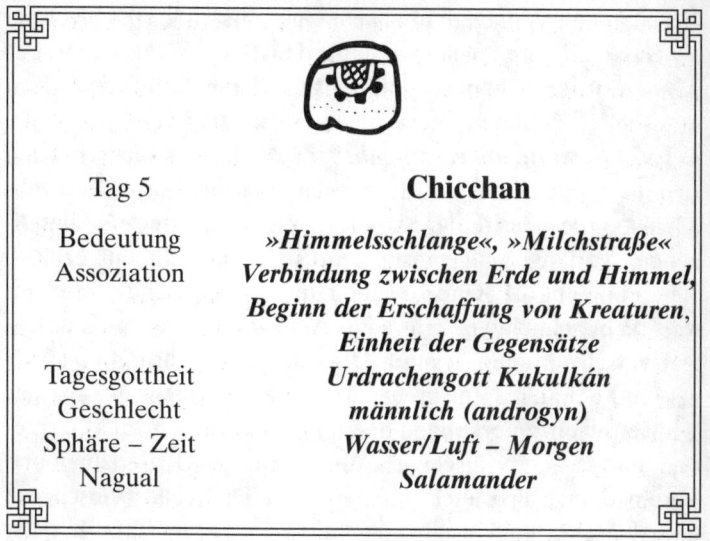

Tag 5	**Chicchan**
Bedeutung	*»Himmelsschlange«, »Milchstraße«*
Assoziation	*Verbindung zwischen Erde und Himmel,*
	Beginn der Erschaffung von Kreaturen,
	Einheit der Gegensätze
Tagesgottheit	*Urdrachengott Kukulkán*
Geschlecht	*männlich (androgyn)*
Sphäre – Zeit	*Wasser/Luft – Morgen*
Nagual	*Salamander*

-Menschen: Unermüdliche Versöhner

Der Mythos: Mit der Erschaffung des Universums und der ersten Kreaturen spaltete sich die Welt in ihre wohlbekannten Gegensatzpole – hell und dunkel, Himmel und Erde, Leben und Tod, männlich und weiblich – auf. Und doch ist die riesige kosmische Schlange am Himmel, die wir noch heute »Milchstraße« nennen, nichts anderes als emporgeflogene Gischt aus dem kosmischen Urozean. Daher steht Chicchan für die Einheit von Himmel und Erde, nicht für ihre Gegensätzlichkeit, wie man bei oberflächlicher Betrachtung annehmen könnte.

Die Gottheit: Unter dem Namen Kukulkán verehrten die Maya die männliche Seite jenes Urdrachengottes, dessen weiblicher Aspekt Mam oder Ixmucané hieß. Der Drache selbst nämlich war, wie so viele mythische Urgeschöpfe, doppelgeschlechtlich oder androgyn: Nur deshalb vermochte er beide Geschlechter,

Erde *und* Himmel aus sich hervorzubringen. Seine Sphäre ist folglich die Luft, doch kaum weniger das urozeanische Wasser, aus dem selbst die Himmelsschlange entstanden ist. Alle an Chicchan Geborenen stehen unter dem Schutz Kukulkáns, des kühnen, urtümlichen Schöpfergeistes, der im Bild der »Himmelsschlange« alle vermeintlichen Gegensätze vereint.

Lebensabschnitt/Lebensaufgabe: Im Zyklus des menschlichen Lebens steht Chicchan für jenes All-eins-Empfinden des Kleinstkindes, das in der Symbiose mit der Mutter eine beseligende Verlängerung einstiger kosmischer Einheit erfährt. Schon beginnt das Kind zu ahnen, daß es selbst und seine Umwelt nicht schlichtweg eins sind. Aber diese Grenzen spürt es erst verschwommen, traumhaft, ohne die Erfahrung von Verlust und Schmerz. Entsprechend ist es die Lebensaufgabe der ⊛-Menschen, zu erkennen und im tiefsten Innern zu akzeptieren, daß unsere irdische Existenzform auf Begrenzung und Vereinzelung, also auch auf der Einsamkeit aller Geschöpfe und dem Vorhandensein von Gegensätzen, beruht. *Alles ist eins* – aber solange wir als körperliche Wesen leben, haben wir an dieser Einheit nie vollkommen teil.

Charakter/Potential: ⊛-Menschen sind ideale Integratoren: Wie nebenher versöhnen sie Gegensätze und Konflikte, die ihrer Natur so sehr widerstreben. Ob in der Familie, in Organisationen (Unternehmen, Kirchen) oder in der Politik – ihr Talent zur Harmonisierung kann sich überall entfalten, wo Streitereien und Meinungsverschiedenheiten den Zusammenhalt einer Gruppe bedrohen.

Risiken: Die Kehrseite dieser Begabung zur Integration ist Konfliktscheu, die sich bis zur Harmoniesucht steigern kann. Nur wer die Existenz von Gegensätzen erkennt und anerkennt, ist auch imstande, sie wirklich zu versöhnen.

Idealberufe/Berufung: Moderation zur Bewältigung von Teamaufgaben; Integrationsfigur in Gruppen und Organisationen

Cimi – der sechste Tag

Tag 6	**Cimi**
Bedeutung	**»Tod«**
Assoziation	**Schmerz, Krankheit,**
	Sterben, Verwesung
Tagesgottheit	**Todesgott Ahpuch**
Geschlecht	**männlich**
Sphären – Zeit	**Wasser, Feuer – Nacht**
Nagual	**Hund**

☺-Menschen: Leben im Angesicht des Todes

Der Mythos: Mit der Erschaffung der Kreaturen kam auch der Tod in die Welt. Aber im Zyklus des Lebens, Vergehens und Wiedererstehens sind Geburt und Sterben keine Gegensätze, sondern zwei Aspekte desselben unergründlichen Geschehens. Die Unterwelt Xibalbá ist daher sowohl das Totenreich der Maya, in dem die furchteinflößenden Todesgötter herrschen, als auch der fruchtbare Schoß der Erde, in den die Toten zurücksinken und aus dem unerschöpflich neues Leben quillt.

Die Gottheit: Alle ☺-Menschen stehen unter dem Bann der Herren von Xibalbá, insbesondere unter dem Einfluß des alten Todesgottes ☙. Ahpuch ist der Tod in allen Verwandlungen und Gestalten: der Verweste mit einem Kragen voller Leichenaugen, das tanzende Skelett, der Würger und Knochenzersplitterer, der Schmerz und Leiden, Angst und Sterben bringt. Seine Sphären sind Wasser und Feuer; er verkörpert nicht allein das Ende, sondern ebenso die Passage, die uns im Zyklus der Wiedergeburten zu unserem nächsten Leben führt.

Lebensabschnitt/Lebensaufgabe: Im Kreislauf des menschlichen Lebens steht Cimi für jenen furchtbaren Moment der Erkenntnis, da wir – an der Schwelle zwischen Kindheit und Jugend – begreifen, daß wir durch die körperliche Geburt aus der kosmischen Einheit herausgerissen und als Individuen sterblich sind. Diese schmerzliche Einsicht zu bewältigen, ohne zum Parteigänger des Todes zu werden, ist die Aufgabe der Menschen, die im Zeichen von Cimi geboren sind.

Charakter/Potential: Ein melancholischer Grundzug ist allen ☺-Menschen zu eigen. Das Bewußtsein der Endlichkeit allen Seins und Strebens verläßt sie kaum jemals und verleiht ihnen oft schon in jungen Jahren eine wehmutsvolle Weisheit, die heiteren Naturen zeitlebens unzugänglich bleibt. Gelingt es den an Cimi Geborenen, die Erkenntnis der Endlichkeit zu ertragen, ohne hierdurch das Leben schlechthin entwertet zu sehen, so können sie zu bedeutenden Philosophen oder Künstlern werden, deren zentrales Thema die menschliche Tragikomödie ist. Ebenso bietet Seelsorge im weiteren Sinn den ☺-Menschen ein fruchtbares Betätigungsfeld.

Risiken: Nimmt in den an Cimi Geborenen die Vorstellung der zerschmetternden Gewalt des Todes überhand, so finden sie ihr Leben und das aller Kreaturen entwertet und verfallen der Resignation oder Depression (Todessehnsucht bis hin zum praktizierten Selbstmord) bzw. können im Bann des Todesgottes 🦴 zu furchtbaren Gewalttätern (Krieger, Mörder) werden. Wer vor der Durchführung solcher Bluttaten zurückschreckt, lebt dann ein freudloses Leben im Bann von Todesobsessionen, die ihm den Blick auf die Schönheit des Lebens verstellen.

Idealberufe/Berufung: Philosophie und schöne Künste; Seelsorge, Sterbebegleitung; Trost und weiser Zuspruch in allen existentiellen Belangen

Manik – der siebte Tag

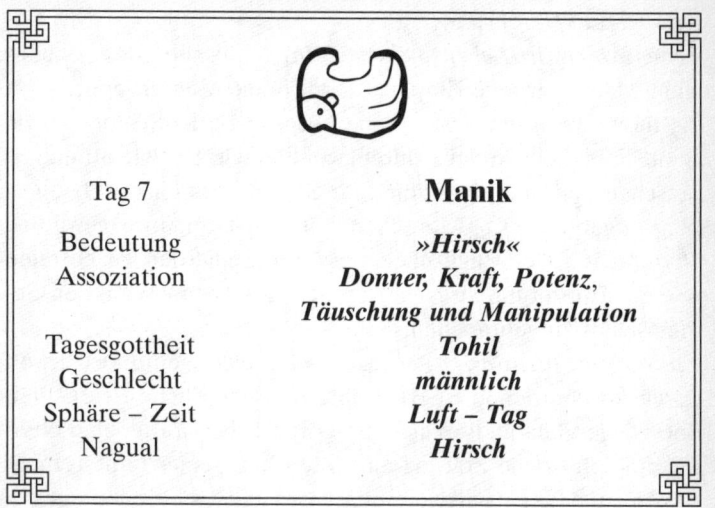

Tag 7	**Manik**
Bedeutung	*»Hirsch«*
Assoziation	*Donner, Kraft, Potenz,*
	Täuschung und Manipulation
Tagesgottheit	*Tohil*
Geschlecht	*männlich*
Sphäre – Zeit	*Luft – Tag*
Nagual	*Hirsch*

🦌-Menschen: Charismatische Schauspieler

Der Mythos: Endlich erschufen die Götter den Menschen, damit er sie mit seinen Gebeten und Opfergaben nähre. Aus dem heiligen Mais geschaffen, war der Mensch lange Zeit eine leicht zu beeindruckende Kreatur, die ihren Hauptgott Tohil als großen Donnerer und Meister erschreckender Täuschungen verehrte. Tohil festigte seine Macht über die Maismenschen, indem er seine Priester ermunterte, sich mit Hirschfellen zu verkleiden, damit das Volk glaube, daß Tohil, der Große Hirschgott, ihnen leibhaftig erschienen sei.

Die Gottheit: Alle an Manik Geborenen stehen unter dem Schutz und Bann Tohils, eines Hauptgottes der Maya. Der Große Hirschgott verkörpert männliche Potenz, auch im geistigen Sinn als Schöpferkraft, die Tohil allerdings nicht selten zur Erzeugung verwirrender Täuschungen nutzt. Seine Sphäre ist die Luft, er ist ein kraftvoller, jedoch ebenso willkürlicher und ungestümer Gott, der Patron der Jagd und ein gebieterischer Führungsdämon, den die Maya überdies als »Besitzer aller Hirsche« verehrten.

Lebensabschnitt/Lebensaufgabe: Im Kreislauf des Lebens steht Manik für jene Etappe, da der junge Mensch seine Kraft als Individuum erkennt – seine körperliche Kraft ebenso wie seine Fähigkeit, andere durch wohlberechnete Theatralik zu täuschen und in eine gewünschte Richtung zu lenken. Die Lebensaufgabe der 🐾-Menschen besteht darin, ihre gewaltige Vitalität aus der Enge egozentrischer Begierden zu befreien und zur Entfaltung ihres ganzen Selbst wie zum Wohl der Gemeinschaft zu gebrauchen.

Charakter/Potential: 🐾-Menschen überwältigen ihre Umwelt durch überbordende Energie und unerschöpfliche Kraft. Weit überwiegend handelt es sich um körperliche Kräfte, eine überragende physische Präsenz und Intensität, gepaart mit Temperament und Theatralik, die den an Manik Geborenen ein besonderes schauspielerisches Talent verleiht. Dank ihrem Charisma und ihrer (erotischen) Ausstrahlung sind sie die großen Führer und Verführer, die jedes Herz brechen und jede Menschengruppe für sich gewinnen können.

Risiken: 🐾-Menschen, die ihrem eigenen Zauber erliegen, reduzieren ihr Potential gleichsam auf »Platzhirsch«-Niveau. Anstatt ihr mitreißendes Charisma für ziemliche Dinge zu verwenden, mißbrauchen sie es zur Befriedigung niederer Begierden (beispielsweise als Heiratsschwindler), einschließlich der eigenen Eitelkeit. Oder sie lassen sich, weitaus schlimmer noch, einspannen als Rattenfänger und politische Verführer, deren Zauber die Menschen verblendet und in Katastrophen lockt.

Idealberufe/Berufung: Film, Theater, Politik; alle Bereiche, in denen Motivationskunst gefragt ist

Lamat – der achte Tag

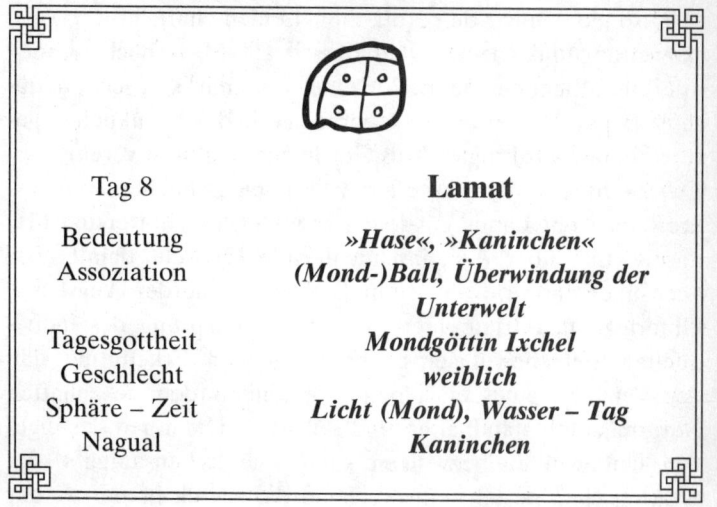

Tag 8	**Lamat**
Bedeutung	*»Hase«, »Kaninchen«*
Assoziation	*(Mond-)Ball, Überwindung der Unterwelt*
Tagesgottheit	*Mondgöttin Ixchel*
Geschlecht	*weiblich*
Sphäre – Zeit	*Licht (Mond), Wasser – Tag*
Nagual	*Kaninchen*

⊞-Menschen: Im Bann des Mondes

Der Mythos: Im Zeichen von Lamat ehrt der Mythos den Sieg heroischer List über die Mächte der Dunkelheit. Denn die mythischen Heldenzwillinge – Ixbalanqué und Huhnapú – besiegten die Todesgötter von Xibalbá, indem sie diesen während eines Ballspiels um Leben und Tod vortäuschten, daß ein davonlaufendes Kaninchen der gesuchte Ball sei: Die Unterweltherren jagten hinter dem Kaninchen her und verloren so die Partie gegen Huhnapú und Ixbalanqué, die zu Sonnen- und Mondgott wurden – und das todesmutige Kaninchen stieg zum Nagual der Mondgottheit auf.

Die Gottheit: Alle an Lamat Geborenen stehen unter der Obhut der jungen Mondgöttin Ixchel ⊠, der neben Urmutter Mam bedeutendsten weiblichen Gottheit der Maya. »Frau Regenbogen« ⊠ ist die Mutter der mythischen Heldenzwillinge Huhnapú (Sonnengott Ahau) und Ixbalanqué (die männliche Seite der

Mondgottheit, deren weibliche sie selbst verkörpert). Sie ist die Patronin der Sexualität, nicht allein der weiblichen Fruchtbarkeit, sondern auch der erotischen Leidenschaft, ja der Ausschweifung und Zügellosigkeit, die sie als »Mitternachtssonne« mit ihrem Licht bescheint. Wie eine mesoamerikanische Medusa ist Ixquic 🐚 überdies als Überbringerin der Krankheiten gefürchtet und wird zugleich als Göttin der Heilkunst verehrt.

Lebensabschnitt/Lebensaufgabe: Im menschlichen Lebenskreislauf steht Lamat für jenen Moment, da zum ersten Mal unsere List über die einschüchternde Umwelt, damit aber auch über unsere eigenen kindlichen Gefühle der Angst und Unterlegenheit triumphiert. Es ist der Ursprung des individuellen Selbstbewußtseins, der erregenden Erkenntnis, daß der Verstand eines einzelnen Individuums den riesenhaften Naturmächten standhalten und selbst die Dämonen des eigenen Unbewußten bezwingen kann. Die Lebensaufgabe der 🌐-Menschen besteht entsprechend darin, sich immer wieder mit List und Mut gegen die dunklen Seiten des eigenen Selbst wie der äußeren Welt zu bewähren – wobei »Bewährung« auch bedeutet, die Bewohner dieser Nachtseiten nicht als böse Drachenbrut zu dämonisieren. Vielmehr gilt es, sich ihnen lustvoll hinzugeben wie Ixquic 🐚, die sinnenfrohe Frau Mond und »Sexgöttin« der alten Maya, ohne sich jedoch von der dunklen Flut des Unbewußten überwältigen zu lassen.

Charakter/Potential: 🌐-Menschen sind in vorbewußten Gefilden fest verwurzelt. Sie verfügen über eine ausgeprägte Intuition und eine angeborene Weisheit in körperlichen Belangen, die sie zu herausragenden Leistungen als Medien und Heiler befähigen kann. Ebenso können die an Lamat Geborenen, ob weiblichen oder männlichen Geschlechtes, in allen künstlerischen Sphären, die in besonderem Maß sinnliche Intensität erfordern, Außerordentliches erreichen.

Risiken: Mißlingt es an Lamat Geborenen, ihr Ich und die Anforderungen ihrer Umwelt mit dem unbewußten Schwerpunkt ihres Selbst in Einklang zu bringen, so drohen sie in zweifacher Hinsicht die Balance zu verlieren: Rigide Verteufelung der eigenen mächtigen Triebwelt kann die Betreffenden in die Neurose führen; auf der anderen Seite drohen unbeherrschbare Ausschweifung, Dominanz der Traum- und Triebwelt, Ohnmacht gegenüber der unzähmbaren »Nachtseite«, der die Betreffenden mehr und mehr alles unterordnen müssen.

Idealberufe/Berufung: heilende, insbes. psychotherapeutische Berufe; bildende und darstellende Künste

Muluc – der neunte Tag

Tag 9	**Muluc**
Bedeutung	*»Wasser«*
Assoziation	*Fische, (Mais-)Aussaat*
Tagesgottheiten	*Maisgott*
	Urgöttin Mam
Geschlecht	*weiblich/männlich*
Sphäre – Zeit	*Wasser/Erde (Mais) – Mittag*
Nagual	*Fisch*

-Menschen: Visionäre Erfinder und Reformer
Der Mythos: Die Götter ließen nicht nur Wassertropfen, sondern auch allerlei Keime, Körner und Samen zur Erde regnen. In fruchtbaren Schlammbecken entwickelte sich sowohl pflanzliches als auch tierisches Leben: Als die ersten Men-

schen, von Hunger getrieben, im Wasser stocherten, fanden sie sprießende Maispflanzen und Scharen von Fischen. Beides nährte und kräftigte sie. So lernten die Menschen, durch Anlage von Kanälen und Becken und durch vorsorgende Planung selbst ihre Nahrung zu erzeugen und den Hunger zu besiegen.

Die Gottheit: Alle zu Muluc Geborenen stehen unter dem doppelten Schutz von Urmutter Mam 🐚, der Patronin jeglicher Gewässer, und des jungen Maisgottes »Herz Acht des Überflusses« 🌽, der zugleich als Regent der Zahl Acht verehrt wird. Der junge Maisgott 🌽, von den Maya auch ob seiner wilden Schönheit geliebt, verkörpert jungmännliche Potenz und Fruchtbarkeit. Mit ihm verbindet sich ein Opfertodmythos, nach dem der junge Maisgott 🌽 bei jeder Maisernte sterben muß, um in Saat und Ernte des nächsten Umlaufs wiederaufzuerstehen.

Lebensabschnitt/Lebensaufgabe: Im Kreislauf des menschlichen Lebens symbolisiert Muluc den Aufstieg der planenden, organisierenden Vernunft, die individualgeschichtliche Entsprechung zu einem beginnenden »Zeitalter der Aufklärung«. Dem Naturreich der Kindheit mehr und mehr entwachsend, erkennen wir in dieser Phase deutlicher als je zuvor, daß wir der Willkür der Götter und Gewalten zumindest in einigen Lebensbereichen technischen Verstand und rationale Überlegung entgegensetzen können. Die Lebensaufgabe der ☉-Menschen besteht entsprechend darin, der planenden Vernunft in ihrem eigenen Leben wie auch in ihrer Umgebung zu mehr Raum und Ansehen zu verhelfen – ohne jedoch die Ratio zu Lasten von Körper, Gefühl oder Seele zu vergötzen.

Charakter/Potential: Womit andere sich oftmals quälen, das geht ☉-Menschen leicht von der Hand, ja, sie scheinen nie erfahren zu haben, was es bedeutet, mühsam um Einfälle oder das Erreichen von Zielen zu ringen. Umgekehrt können an Muluc Geborene nur das erreichen, was ihnen »wie von selbst« zufliegt. Visionär entwerfen sie richtungweisende Strategien und Konzepte; die Pläne im einzelnen auszuarbeiten und umzusetzen ist ihnen jedoch wesensfremd. Wo immer es gilt, zäh und mechanisch zu arbeiten und auf kreative Funken tunlichst zu verzichten, sind ☺-Menschen fehl am Platz. Dagegen können sie ihre schöpferischen Fähigkeiten überall dort beweisen, wo zündende Ideen, geniale Konzepte, mitreißende Einfälle gefragt sind. Oftmals scheinen ☺-Menschen ihre Umwelt schon durch ihre schiere Präsenz zu befruchten. Kinder, überhaupt jüngere Personen eifern ihnen gerne nach. Insofern sind an Muluc Geborene auch zu Lehrern, Erziehern oder Trainern berufen – wobei jedoch mit ihrem eigenen Eifer auch ihre beflügelnde Wirkung bald wieder nachzulassen pflegt. Wie der Maisgott 🌽 des Mythos, unter dessen Einfluß sie stehen, scheinen die ☺-Menschen immer wieder »kleine Tode« sterben zu müssen, um sich durch neue Herausforderungen auch selbst zu erneuern.

Risiken: Gelingt es den an Muluc Geborenen nicht, für ihre Begabung zu initialen Schöpfungswerken eine geeignete Umgebung zu finden, so droht ihre Kreativität zu ersticken. Insbesondere mechanische Wiederholung und Routine zerstört ihre spezifische Schöpferkraft binnen kurzer Zeit: Wenn sie ihre Fähigkeit zur befruchtenden Idee nicht sorgsam pflegen, bleibt lediglich ein leerer Drang zur Umwälzung bestehender Verhältnisse übrig, ohne wirklich neue und verbessernde Ideen.

Idealberufe/Berufung: Erfinder und Initiator von Reformen in jedem Lebensbereich; Kurzzeit- und Motivationstraining

Oc – der zehnte Tag

Tag 10	**Oc**
Bedeutung	*»Hund«*
Assoziation	*Krankheit, Tod, Aas*
Tagesgottheit	*Hundegott Tzul*
Geschlecht	*männlich*
Sphäre – Zeit	*Erde (Aas) – Nacht*
Nagual	*Hund*

Ⓔ-Menschen: Ringen mit dem dunklen Dämon

Der Mythos: Im mythologischen Zyklus des Tzolkin bezeichnet Oc, der zehnte Tag, die Hälfte der Kreisbahn. Die Zehn bedeutet für die Maya nur den halben Menschen, und zwar dessen todverfallenen Teil: den Körper als Leichnam. Nach Durchlaufen des ganzen Zyklus ist uns die Wiedergeburt versprochen, doch Oc ist die dunkelste Stelle des Tunnels, vollkommen beherrscht von den rein negativen Aspekten des Todes: Fäulnis, Gestank, niederdrückende Hoffnungslosigkeit.

Die Gottheit: Alle an Oc geborenen Menschen befinden sich im unheilvollen Bann des Hundegottes Tzul. Dessen Sphäre ist die Fäulnis, denn er verkörpert die häßlichsten Seiten des Todes bzw. der Sterblichkeit: Die Überlieferung stellt Tzul als so feiges wie geiles Scheusal dar, das sich in den faulenden Überresten der Kadaver förmlich suhlt und vorzugsweise mit einer ebenso widrigen Kreatur kopuliert: mit dem »Kot fressenden Geier«, einer weiteren Aasgottheit.

Lebensabschnitt/Lebensaufgabe: In der kleineren Kreisbahn des Menschenlebens steht Oc für die niederschmetternde Erfahrung, daß die Tatsache des Todes unser ganzes Leben entwerten, unser Selbstbewußtsein zerschmettern und all unsere Ideale und Hoffnungen förmlich in den Schmutz ziehen kann. Wenn wir doch sterben müssen – wofür sollen wir dann die Würde anderer wie unser selbst achten? Warum der Gewalt entsagen, die Ungerechtigkeit bekämpfen – da diese doch in Gestalt des Todes unser ganzes Leben beherrschen und verdüstern? Kann unser Leben im Angesicht des Todes überhaupt einen Sinn und Zweck haben – wenn nicht den, sich in geiler Verzweiflung mit anderen Todgeweihten im Schmutz zu suhlen? Die schwere Lebensaufgabe der Ⓩ-Menschen besteht darin, die Herrschaft des Todes über ihr Selbst und ihre Welt zurückzudrängen, seinen Einflüsterungen nicht nachzugeben – ohne aber dem gegenteiligen Extrem zwanghafter Verdrängung des Todes anheimzufallen.

Charakter/Potential: Viele Ⓩ-Menschen umweht ein Hauch von Tragik: Zeitlebens schauen sie in Abgründe, deren Vorhandensein andere nicht einmal ahnen, und im besten Fall besteht ihre Lebensleistung darin, der tödlichen Suggestionskraft dieser Abgründe zu widerstehen. Die einzige taugliche Waffe im Kampf gegen die Verlockungen Tzuls ist das Mitleid, und sofern sie diese Waffe zu führen vermögen, können Ⓩ-Menschen als Seelsorger, Therapeuten, Streetworker, Bewährungshelfer schier Übermenschliches leisten. Besonders in früheren Zeiten gingen viele an Oc Geborenen in die Klöster ihrer jeweiligen Kulturen, um in der Einsamkeit der Mönchs- oder Nonnenzelle still und demütig mit dem dunklen Dämon zu ringen.

Risiken: Ⓩ-Menschen ist wahrhaftig »nichts Menschliches fremd« – wohl keiner von ihnen, der nicht in einer furchtbaren Stunde zumindest geahnt hätte, daß er zu den abscheulichsten Verbrechen, der schrecklichsten Selbsterniedrigung imstande wäre und die niedersten Triebe in ihm erwachen, sowie er in seiner Wachsamkeit nachläßt. Erkennt der zu Oc Geborene nicht rechtzeitig diese Gefahren, nimmt er die existentielle Herausforderung durch Tzul nicht frühzeitig an und jederzeit sehr ernst, so kann er auf furchtbare Abwege geraten.

Idealberufe/Berufung: Mönch/Nonne; u. U. Seelsorger, Therapeut, Streetworker

Chuen – der elfte Tag

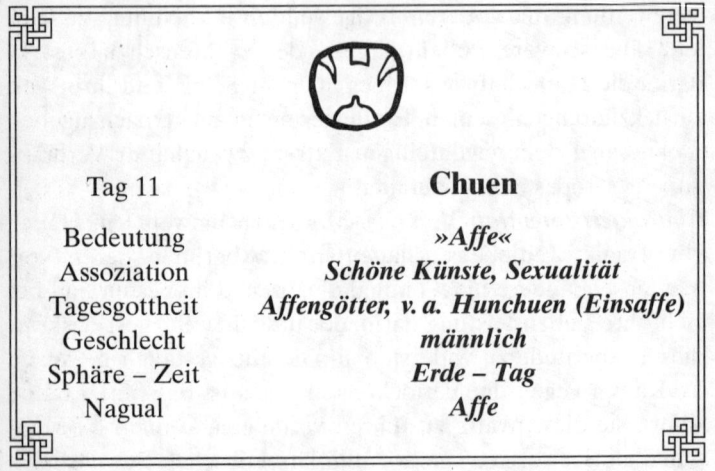

Tag 11	**Chuen**
Bedeutung	*»Affe«*
Assoziation	***Schöne Künste, Sexualität***
Tagesgottheit	***Affengötter, v. a. Hunchuen (Einsaffe)***
Geschlecht	***männlich***
Sphäre – Zeit	***Erde – Tag***
Nagual	*Affe*

☷-Menschen: *Priester(-innen) des Sinnen- und Körperkultes*

Der Mythos: Einst intrigierte Hunchuen, einer der älteren Brüder der Heldenzwillinge, gegen die späteren Sonnen- bzw. Mondgottheiten Huhnapú und Ixbalanqué. Zur Strafe wurden er und sein Bruder Einsmeister in Affen verwandelt und begründeten so die niedere Linie der »haarigen Vettern« der Maya, die seither in den Wäldern von Yucatán leben.

Die Gottheit: Alle an Chuen Geborenen stehen unter dem Einfluß von Hunchuen. Bis heute werden er und sein Affenbruder einerseits als Patrone der schönen und Handwerkskünste – darunter der Poesie und der Bildhauerei – verehrt. Auf der anderen Seite sind es rüde, erdverhaftete Kreaturen, die insbesondere die überschießende phallische Kraft der Jünglingszeit verkörpern.

Lebensabschnitt/Lebensaufgabe: Im menschlichen Lebenszyklus steht Chuen für die (insbesondere männliche) Pubertät, wenn die Sexualität vollends erwacht ist, die inneren Naturkräfte ihre Macht erweisen und der schier unbezähmbare Trieb Phantasie und Wirklichkeit beherrscht. Es ist die Lebensphase, in der wir mit der sexuellen auch unsere handwerkliche und künstlerische Schöpferkraft entdecken, aber auch die Etappe, in der sich nicht wenige in den Wirren und Exzessen fehlgeleiteter Libido verlieren. Entsprechend besteht die Lebensaufgabe der ☺-Menschen darin, durch behutsames Eindämmen der überschießenden Sexualenergie ein inneres Gleichgewicht herzustellen – jedoch ohne die künstlerische Schöpferkraft zu beeinträchtigen, die sich aus dem Strom der Libido nährt.

Charakter/Potential: ☺-Menschen, ob männlichen oder weiblichen Geschlechtes, sind erotische Naturtalente und praktizierende oder potentielle Priester(-innen) eines romantischen Sinnen- und Körperkults. Sie sind zu herausragenden Leistungen in den Bereichen der (v. a. bildenden) Künste und des Kunsthandwerks befähigt. Auch in anderen Berufssphären, die besondere Subtilität der Sinne erfordern, können ☺-Menschen sich glanzvoll entfalten, so beispielsweise im kulinarischen oder kosmetischen Bereich.

Risiken: Mißlingt es einem ☺-Menschen, seine Liebes- und Lebensenergie teilweise in angemessene Aufgaben zu kanalisieren, so droht er einer ziellosen Genußsucht zu verfallen (Freß- oder Trunksucht, erotische Besessenheit etc.). Zu den bedauerlichen Exzessen, zu denen ☺-Menschen unter ungünstigen Umständen fähig sind, zählt auch (verbaler oder buchstäblicher) Exhibitionismus, wie ihn bereits der Patron der ⊕-Menschen, Affengott Hunchuen zur Beschämung seiner gesitteten Verwandten praktizierte.

Idealberufe/Berufung: Bildende Künste, Kunsthandwerk; kulinarische Künste; »Sinnen- und Körperkulte«

Eb – der zwölfte Tag

Tag 12	**Eb**
Bedeutung	*»Totenkopf«*
Assoziation	*Kreislauf von Werden und Vergehen*
Tagesgottheit	*Einsjäger*
Geschlecht	*männlich*
Sphären	*Alle (Zyklus)*
Nagual	*Biene*

⊕-Menschen: Unerschütterliche Zuversicht

Der Mythos: Lange vor Huhnapú und Ixbalanqué versuchten bereits dessen Vater Einsjäger und sein Bruder Siebenjäger die Herren der Unterwelt Xibalbá zu besiegen. Doch sie scheiterten kläglich, und die Todesgötter enthaupteten Einsjäger und hängten seinen Schädel in einem Baum auf, der bis dahin immer kahl gewesen war. Da wandelte die Jungfrau Ixquic zu diesem Baum, von dem es hieß, daß er auf einmal eine Fülle köstlicher Früchte trage. »Diese runden Dinger«, warnte sie

der Totenkopf Einsjägers, »sind nichts als Totenschädel.«
Doch die unerschrockene Jungfrau (und spätere Mondgöttin)
ließ sich nicht abschrecken, empfing den Samen des Enthaup-
teten, indem der Totenkopf ihr in die Hand spie – und kam
bald darauf mit den nachmaligen Heldenzwillingen nieder.

Die Gottheit: Ungeachtet seines Scheiterns im Kampf gegen
die Unterweltherren wird Einsjäger bei den Maya bis heute
verehrt – weniger als Heros denn als Sinnbild der Wiederge-
burt, die sich in seiner Enthauptung, der Verwandlung des To-
tenkopfes zur Baumfrucht und der wundersamen Schwänge-
rung Ixquics verbildlicht: Durch den Samen des scheinbar To-
ten werden die beiden Brüder in Gestalt des jüngeren Zwil-
lingspaars reinkarniert. Zum Zeichen, daß selbst der blankste
Totenschädel nur das Trugbild eines lebendigen Menschen-
kopfes sei, pflegten die alten Maya Kürbisse auszuhöhlen und
mit Bienen zu füllen, deren inwendiges Surren für sie das Sum-
men der Gedanken in unseren Köpfen symbolisierte.

Lebensabschnitt/Lebensaufgabe: Im menschlichen Lebenszy-
klus steht Eb für jene Momente, da wir im Getriebe des All-
tags innehalten und den Sinn des Lebens und der Welt beden-
ken – melancholisch im Gedenken an das stete Zerstörungs-
werk des Todes, aber dennoch nicht mutlos oder gar verzwei-
felt. Eb erinnert uns daran, daß die bleichen Knochen des To-
tenschädels schon bald wieder mit Fleisch und Haut bedeckt
sein und in unserem wieder erwachenden Kopf aufs neue Ge-
danken summen werden. Die Lebensaufgabe der an Eb Gebo-
renen besteht entsprechend darin, diese Gewißheit zu beherzi-
gen und durch Worte und Taten unter den Menschen zu ver-
breiten: Wie die Geburt ist auch der Tod nur eine blutige Pas-
sage zu unserem nächsten Leben.

Charakter/Potential: ⊕-Menschen sind in weitaus höherem
Grad als viele andere imstande, die Gewißheit der Unsterb-
lichkeit zu verinnerlichen – eine Gewißheit, die ihnen die Ga-
ben unerschütterlicher Zuversicht und Gelassenheit verleiht.

Weniger durch mitreißende Verkündung als durch das stille Beispiel ihres eigenen Lebens vermögen -Menschen zu bezeugen, was für sie – bewußt oder nicht – unbezweifelbare Tatsache ist. Ihre Wirkung auf andere ist meist unspektakulär, doch um so nachhaltiger: Wo viele vor ihnen sich verzagt oder verbittert abgewendet haben, können -Menschen mit ruhiger Beharrlichkeit kleine oder größere Wunder wirken.

Risiken: Nur unter Einwirkung besonders ungünstiger Nebengötter kann die in die Wiege gelegte innere Balance der -Menschen erschüttert werden. Einzig in extremen Fällen ist es denkbar, daß an Eb Geborene ihre stille Zuversicht verlieren und einer melancholischen Starre verfallen, von deren Überwindung der Mythos um den enthaupteten Einsjäger erzählt.

Idealberufe/Berufung: Betreuung von Sterbenskranken oder Schwerstbehinderten; Entwicklungshelfer, Sozialarbeiter an »aussichtslosen Fronten«

Ben – der dreizehnte Tag

Tag 13	**Ben**
Bedeutung	*»Rohr«*
Assoziation	*Aussaat (Mais), Fruchtbarkeit*
Tagesgottheit	*Mais-Fisch-Gott*
Geschlecht	*männlich*
Sphäre – Zeit	*Wasser/Erde – Tag*
Nagual	*Fisch*

⊕-Menschen: An der Schwelle zur Reife (Sonnendominanz)

Der Mythos: Als 13. Tag des Tzolkin symbolisiert Ben die allerhöchste Heiligkeit des dreizehnfaltigen Götterhimmels Oxlahun-ti-ku. Im mythologischen Zyklus steht Ben für das Wunder der Maisvermehrung, das hier seinen Anfang nimmt: Mit einem Fischkopf auf dem Hals und auf Staudenstelzen, gefertigt aus dem Rohr der heiligen Maispflanze, stakst der Mais-Fisch-Gott 🐟 durch den fruchtbaren Schlamm der Maisfelder, aus dem dank göttlicher Gunst bald wieder die nährende Pflanze sprießen wird.

Die Gottheit: Alle an Ben Geborenen stehen unter der Obhut des Mais-Fisch-Gottes, einer besonderen Erscheinungsform des jungen Maisgottes 🐟 und Regenten der Zahl Acht. Die Maya verehrten ihn ob seiner wilden jugendlichen Schönheit; er verkörpert Schöpferkraft, »fruchtbaren Erguß«, der Aussicht auf reiche Ernte verheißt. Entsprechend ist seine Sphäre das Zwischenreich zwischen Wasser und Erde: der fruchtbare Schlamm, aus dem neues Leben erwachsen wird. Im Opfertodmythos muß der junge Maisgott 🐟 bei jeder Ernte sterben, um mit jeder Aussaat aufs neue wiedergeboren zu werden.

Lebensabschnitt/Lebensaufgabe: Im menschlichen Lebenszyklus steht Ben für das Erreichen der Schwelle zum Erwachsenenleben, für beginnende Reife insbesondere des Mannes bzw. der männlichen Aspekte aller an Ben Geborenen. Die wilden Strudel der Adoleszenz liegen nun hinter uns, und wir beginnen zu erahnen, welche Pflichten und Möglichkeiten in der gefestigten Erwachsenenwelt auf uns warten. Entsprechend stellt sich den ⊕-Menschen die Lebensaufgabe, ihre Verantwortung als erwachsene Menschen zu erkennen und wirklich anzunehmen. Auf der Schwelle zur Erwachsenenwelt schweben sie immer wieder in der Gefahr, in die reiz- und gefahrvolle Gaukelwelt der Adoleszenz zurückzusinken und so die Erfüllung ihrer reifen Pflichten zu versäumen.

Charakter/Potential: Nicht nur äußerlich gehören ⊕-Menschen häufig dem Typus des »ewigen Jungen« an. Es sind, ob männlichen oder weiblichen Geschlechtes, ausgeprägt maskuline Menschen, jedoch mit der inneren Unschuld und knabenhaften Naivität dessen, der scheinbar nie wirklich erwachsen wird. Auffällig ist ihre handwerkliche Begabung, überhaupt ihre Affinität zu allem, was Handarbeit oder schiere körperliche Kraft und Geschicklichkeit erfordert. ⊕-Menschen haben eine glückliche Hand im Umgang mit Pflanzen, Tieren und Naturräumen; auch sind sie technisch talentiert, soweit es sich um den Einsatz von einfacheren Werkzeugen handelt.

Risiken: Finden ⊕-Menschen kein Betätigungsfeld, das die Entfaltung ihrer »vorindustriellen« Talente ermöglicht, so besteht die Gefahr, daß sie zu Außenseitern und Taugenichtsen werden. Als »ewige Söhne« (oder Töchter) liegen sie dann ihren Eltern noch in fortgeschrittenen Jahren auf der Tasche. Ohne je wirklich an der heutigen Erwachsenenwelt teilgenommen zu haben, wechseln sie aus einer unmäßig verlängerten Jugendzeit oftmals in ein ebenso maßlos verfrühtes Greisentum: Blumen, die verwelkt sind, ohne je richtig erblüht zu sein.

Idealberufe/Berufung: Bauer, Park- und Landschaftsgärtner; Schreiner oder ähnliche Handwerksberufe

Ix – der vierzehnte Tag

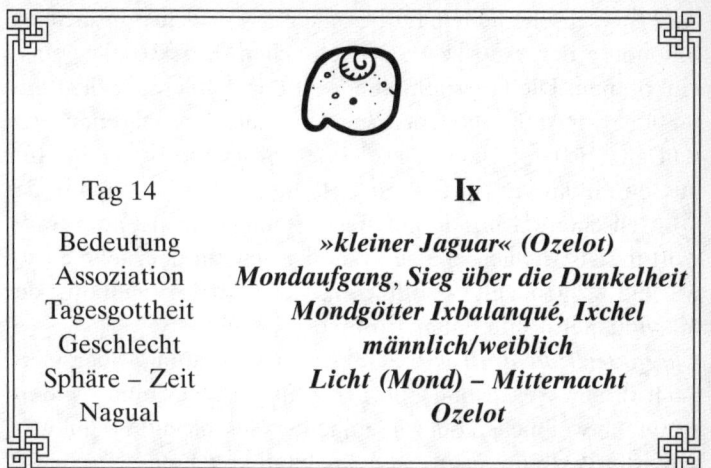

Tag 14	**Ix**
Bedeutung	*»kleiner Jaguar« (Ozelot)*
Assoziation	*Mondaufgang, Sieg über die Dunkelheit*
Tagesgottheit	*Mondgötter Ixbalanqué, Ixchel*
Geschlecht	*männlich/weiblich*
Sphäre – Zeit	*Licht (Mond) – Mitternacht*
Nagual	*Ozelot*

☽-Menschen: An der Schwelle zur Reife (Monddominanz)
Der Mythos: Im mythologischen Zyklus ist am Tag Ix der Sieg der jungen Göttergeneration über die Unterwelt Xibalbá vollendet: Triumphal geht am Himmel der Mond auf, in dem sich der vergöttlichte Heldenzwilling Ixbalanqué und seine Mutter (bzw. der weibliche Aspekt) Ixchel ☾ verkörpern.
Die Gottheit: Alle an Ix Geborenen stehen unter dem doppelten Schutz der Mondgottheiten Ixchel und Ixbalanqué. Diese Regenten der Mitternachtssonne repräsentieren Heldenmut und stille List, die sie befähigten, die alte Göttergeneration zu entmachten und die Herren von Xibalbá in ihre Schranken zu weisen. Nur durch sie (im Bund mit Sonnengott Huhnapú) konnte die bis dahin vollkommene Macht des Todes gebrochen und der Schöpfungszyklus aus Werden und Vergehen in Gang gesetzt werden, den das göttliche Gespann aus Sonne und Mond seither am Himmel über Yucatán verkörpert.

Lebensabschnitt/Lebensaufgabe: Im menschlichen Lebenszyklus steht Ix, wie vorher Ben, für das Erreichen der Schwelle zum Erwachsenenleben, für beginnende Reife, hier jedoch insbesondere der Frau bzw. der weiblichen Aspekte aller an Ix Geborenen. Die labyrinthische Welt der Adoleszenz liegt hinter uns, wir stehen auf der Schwelle zum Erwachsenenleben und ahnen bereits, was diese Welt von uns erwartet und für uns bereithält. Entsprechend besteht die Lebensaufgabe der ☺-Menschen darin, die auf sie wartende Pflicht und Verantwortung als Erwachsene zu erkennen und zu übernehmen sowie die Möglichkeiten zu nutzen, welche dieses Zeitalter der individuellen Reife ihnen eröffnet.

Charakter/Potential: In der äußeren Anmutung, aber mehr noch ihrem Wesen und Temperament nach scheint ☺-Menschen, ob weiblichen oder männlichen Geschlechtes, häufig etwas ewig Verträumtes zu eigen. Im detailverliebten Ausschmükken von (Phantasie- oder realen) Räumen sind sie kaum zu übertreffen, ebenso in der Gartenkunst, wobei sie Zier- den Nutzpflanzen sowie kleine, verspielte Räume großen, zweckmäßig gestalteten Anlagen vorziehen. Gelingt die Übertragung ihrer Talente und Vorlieben auf andere Bereiche, so können ☺-Menschen etwa als Kindergärtner(-innen) Bemerkenswertes leisten, ebenso in Künsten, die Stil- und Detailsicherheit auf engem Raum erfordern, etwa Ikebana oder Miniaturmalerei.

Risiken: Finden ☺-Menschen keine Möglichkeit, ihre »leisen« Talente zu verwirklichen, so drohen sie depressiv oder trübsinnig zu werden: abgedrängt in eine zu enge Innenwelt, die ihnen keinen Ausweg aus der Adoleszenz und keinen Übertritt in die reale Erwachsenenwelt erlaubt. ☺-Frauen werden dann oftmals in vergleichsweise noch jungen Jahren zu »alten Jungfern«, die sowohl mädchen- wie greisenhaft wirken; ☺-Männer bleiben dann häufig »Muttersöhnchen«, in deren Aussehen und Auftreten weibliche Züge mehr und mehr überhandnehmen.

Idealberufe/Berufung: Dekoration/Innenarchitektur; Gärtnereiwesen; Erzieher/Kindergärtner; Kleinkunst

Men – der fünfzehnte Tag

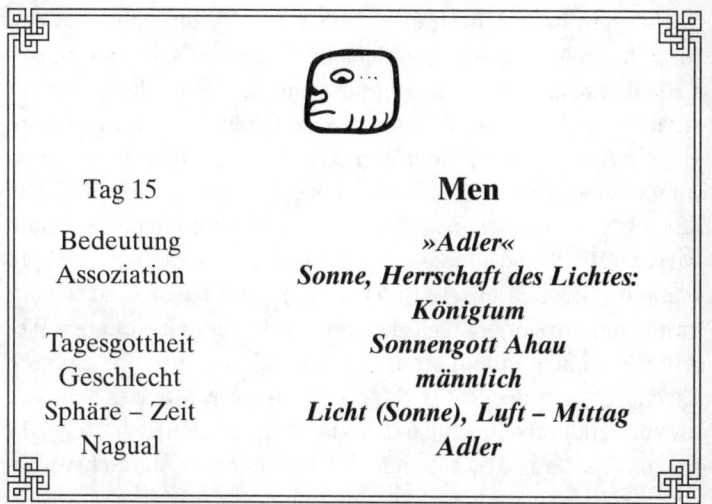

Tag 15	**Men**
Bedeutung	*»Adler«*
Assoziation	*Sonne, Herrschaft des Lichtes: Königtum*
Tagesgottheit	*Sonnengott Ahau*
Geschlecht	*männlich*
Sphäre – Zeit	*Licht (Sonne), Luft – Mittag*
Nagual	*Adler*

-Menschen: Analytiker mit überragender Ratio

Der Mythos: Im mythologischen Zyklus steht Men für die Blütezeit des vierten Weltzeitalters der Maya, ihr Klassiktum und Sonnenkönigtum. Mathematik und Schriftkunst, Architektur und Städtebau, Landwirtschaft und Kriegskunst sind auf dem Höhepunkt ihrer Entfaltung; wie die Sonne im Zenit, wie der am Himmel schwebende Adler hat auch der Sonnenkönig den äußersten Punkt auf der Kreisbahn erreicht: den Punkt, von dem aus er alles überblicken kann, von wo es allerdings für lange Zeit nur noch abwärts geht.

Die Gottheit: Alle an Men Geborenen stehen unter dem Schutz des Sonnengottes Ahau oder Huhnapú. Nachdem er gemeinsam mit Ixbalanqué (Mondgott) die Herren von Xibalbá besiegt hat, wird er zum mächtigsten der jungen Maya-Götter und strahlenden Sinnbild einer so glanzvollen wie vollkommenen Schöpfungswelt. Kraft des Körpers und Geistes, Kühnheit und Stärke, Unbesiegbarkeit und sinnbildliche Unsterblichkeit zeichnen den Sonnengott aus, unter dessen Schutz heroische Unternehmen fast zwangsläufig glücken und für Mittelmäßiges, Halbherziges kein Platz zu sein scheint.

Lebensabschnitt/Lebensaufgabe: Im menschlichen Zyklus steht Men für das voll entfaltete Individuum – insbesondere seine männlich-heroischen Aspekte –, das auf dem Höhepunkt seines Lebens über all seine körperlichen und geistigen Kräfte bewußt verfügen kann. Auf diesem Gipfelpunkt überschauen wir die Welt, soweit dies in einem Menschenleben gelingen kann; wir kennen unsere Stärken und Schwächen, unsere Herkunft und ein gutes Stück des vor uns liegenden weiteren Weges. Wie ein Sonnengott herrscht auch in unserem Inneren das klare Licht der Ratio, das die Traumgespinste der Kindheit und Jugend verscheucht hat und sich den schattenhaften Ahnungen des langsam nahenden Alters noch erfolgreich widersetzt. Entsprechend besteht die Lebensaufgabe der 🜚-Menschen darin, ihr Lebenswerk tatkräftig und doch gelassen zu vollenden – wie ein Bauer, der seine Felder bestellt, die prachtvoll wachsenden Pflanzen vor Trockenheit wie vor wilden Tieren beschützt hat und nun der ergiebigen Ernte entgegensieht.

Charakter/Potential: Weitaus stärker als andere sind sich 🜚-Menschen ihrer Fähigkeiten und Fertigkeiten bewußt und imstande, sie zugunsten langfristiger Ziele einzusetzen. Aufgrund ihres hohen Bewußtheitsgrades und ihrer effizienten Arbeits- und Organisationsmethoden sind sie als wissenschaftliche Forscher, bei der Planung und Durchführung von technischen Großprojekten oder als Führer von wirtschaftlichen oder wissenschaftlichen Großorganisationen zu herausragenden Leistungen fähig. Im Berufsleben beweisen sie oftmals eine gehörige Chuzpe – etwa als Spekulanten –, doch sie bewahren meist den Überblick und können daher selbst dort das Risiko noch kalkulieren, wo andere sich nur noch von Hoffnungen oder Ängsten leiten lassen.

Risiken: Ein solches Maß an Bewußtheit und Instrumentalisierung geht zwangsläufig auf Kosten der intuitiven Potentiale, überhaupt der Verbindung zu unbewußten Selbst- und Seinsbereichen, die bei 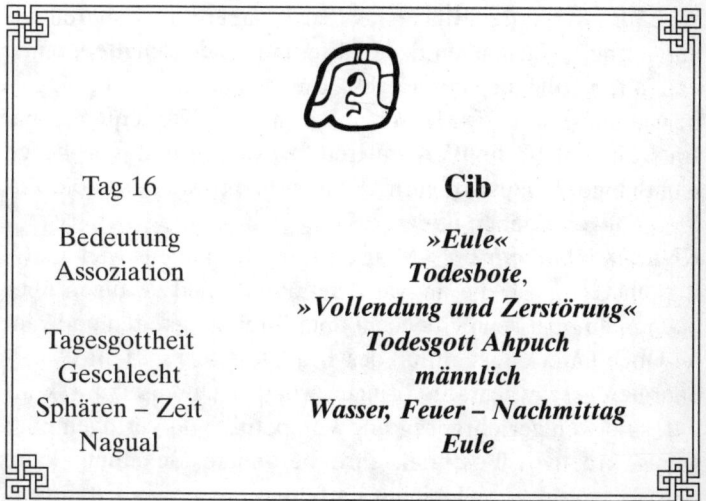-Menschen meist verkümmert ist. Bei allen Lebensfragen, die sich weder durch rationale Analyse noch durch Analogieschlüsse kraft eigener Erfahrung entscheiden lassen, wirken -Menschen daher eigentümlich »blind« und sind gefährdet, krasse Fehlentscheidungen zu treffen.

Idealberufe/Berufung: Analytische Wissenschaften; Planung und Organisation wissenschaftlicher bzw. wirtschaftlicher Großprojekte; der gesamte Bereich der Mathematik/Informatik

Cib – der sechzehnte Tag

Tag 16	**Cib**
Bedeutung	*»Eule«*
Assoziation	*Todesbote,*
	»Vollendung und Zerstörung«
Tagesgottheit	*Todesgott Ahpuch*
Geschlecht	*männlich*
Sphären – Zeit	*Wasser, Feuer – Nachmittag*
Nagual	*Eule*

ⓒ-Menschen: Ein spätsommerlicher Hauch

Der Mythos: Im mythologischen Zyklus steht Cib für den ersten Abschwung nach dem Kulminationspunkt im Zeichen von Men: Kaum erst spürbar, befindet man sich doch bereits auf der Seite der Kreisbahn, die abwärts führt – Xibalbá entgegen, wo die Todesgötter auf die Sterblichen warten. Als Totenvogel trägt die Eule Cib den Tod in die Menschenwelt, aber nach der Vorstellung der Maya wird auf ihn die Wiedergeburt folgen – zumindest für jene, die durch den Todesvampir (die Fledermaus) enthauptet wurden.

Die Gottheit: Alle ⓒ-Menschen stehen unter dem Schutz und im Bann des Todesgottes Ahpuch ⓔ, Regent der Zahl Zehn sowie des Tages Cimi. Der alte Todesgott ⓔ verkörpert hier den Zyklus aus Vollendung und Zerstörung: Er zerstört das Vollendete, vollendet aber auch umgekehrt das Zerstörungswerk, indem er aus Tod und Zerfall neues Leben entstehen läßt.

Lebensabschnitt/Lebensaufgabe: Im menschlichen Lebenslauf steht Cib für jene Phase, die man auch »Spätsommer des Lebens« nennt. Noch verfügen wir über all jene Kräfte und Vorzüge, die wir in der Blütezeit besaßen, aber schon spüren wir ein geringes Nachlassen der Kräfte und Leidenschaften, einen ersten fernen Hauch von Herbst. Entsprechend besteht die Lebensaufgabe der ⓒ-Menschen darin, mit Konsequenz und Entschiedenheit ihr Werk zu Ende zu führen und jene Dinge nicht länger hinauszuzögern, die man immer wieder in die Zukunft zu verschieben pflegt.

Charakter/Potential: ⓒ-Menschen besitzen ebensoviel analytischen Geist wie die an Men Geborenen und verfügen über noch mehr gelassene Übersicht über ihre Fähigkeiten und Ziele. Doch unter dem Einfluß des Todesgottes ⓔ sind ihre Vitalenergien geschwächt: Sie bringen weniger Durchsetzungskraft auf, sind weniger ehrgeizig und kompetitiv und verfügen über wenig kreatives Potential. Ihre besondere Begabung kann sich daher gut auf Gebieten entfalten, die breite Erfahrung, aber wenig Pioniergeist verlangen, und in Positionen, in denen sie unter geringem Konkurrenzdruck stehen. 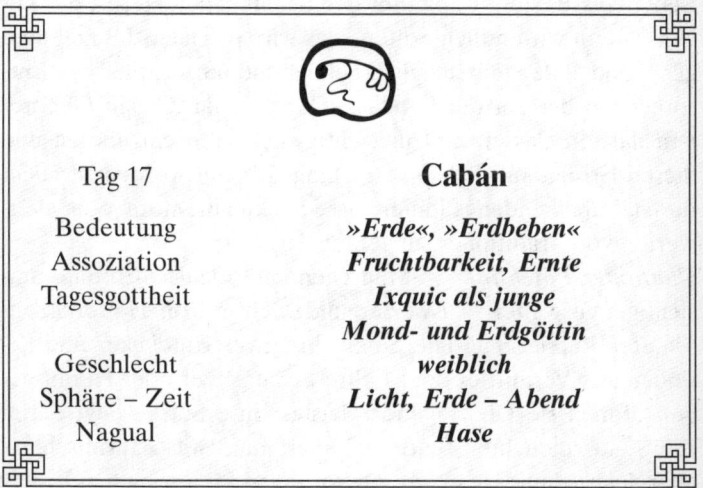-Menschen sind traditionsbewußte, organisatorisch begabte Verstandesmenschen, die weder zur Intuition befähigt sind noch zu spekulativen Aktionen neigen.

Risiken: Unter den Bedingungen scharfer Konkurrenz ziehen -Menschen meist den kürzeren; ebenso in einer Umgebung, in der kreative Einfälle, zündende Ideen, spontane Handlungen gefragt sind. Gelingt es einem an Cib Geborenen nicht, eine Position zu erlangen, in der er seine Vorzüge »hinter den Kulissen« ausspielen kann, so droht er zum ewig unzufriedenen Besserwisser zu werden, der sich durch ungebetene Ratschläge ins Abseits manövriert.

Idealberufe/Berufung: Lehre/Organisation analytischer Wissenschaft (keine Forschung); Organisation »hinter den Kulissen«; Schiedsgericht, Vertrauensmann, Obmann

Cabán – der siebzehnte Tag

Tag 17	**Cabán**
Bedeutung	*»Erde«, »Erdbeben«*
Assoziation	*Fruchtbarkeit, Ernte*
Tagesgottheit	*Ixquic als junge*
	Mond- und Erdgöttin
Geschlecht	*weiblich*
Sphäre – Zeit	*Licht, Erde – Abend*
Nagual	*Hase*

⊕-Menschen: Gelassen die Ernte einholen

Der Mythos: Im mythologischen Zyklus steht Cabán für die fruchtbare Erde, die man sich als gezähmten, doch immer noch lebendigen und unberechenbaren Drachen vorstellte. Daher bedeutet Cabán nicht allein »Erde«, sondern ebenso »Erdbeben«: Auf dem »gezähmten Drachen« zu leben bedeutet, von seiner Fruchtbarkeit, Heilkraft und Schönheit zu zehren, aber nie zu vergessen, daß man im Bann übermächtiger Götter- und Naturgewalten existiert.

Die Gottheit: Alle ⊕-Menschen stehen unter Schutz und Herrschaft der jungen Mondgöttin Ixquic ☽, hier in ihrem Aspekt als Mond- und Erdgöttin. Denn der Mond bewirkt, daß die Erde wie auch ihre einzelnen Geschöpfe, nachdem sie den Samen empfangen haben, gesunde und zahlreiche Früchte tragen. Die zweite Sphäre der Gottheit ist daher hier die Erde: Als Göttin der Fruchtbarkeit steht Ixquic ☽ für eine reiche herbstliche Ernte, die alle Mühen des Rodens, Säens und Hegens reichlich belohnt.

Lebensabschnitt/Lebensaufgabe: Im kleineren menschlichen Lebenszyklus steht Cabán für den beginnenden Herbst des Lebens, wenn wir endlich ernten, was wir vor vielen Jahrzehnten gesät und so lange beharrlich gehegt und umsorgt haben. Entsprechend besteht die Lebensaufgabe der an Cabán Geborenen darin, gelassen und umsichtig die Ernte einzuholen und diesen Erfolg, auf den so lange hingearbeitet worden ist, nicht durch unpassenden Pioniergeist, Spekulantentum oder Verwerfen von Traditionen zu gefährden.

Charakter/Potential: ⊕-Menschen sind ideale »Erben«, umsichtige Verwalter, Auswerter und Mehrer von Hinterlassenschaften kühnerer Pioniere oder kreativer Entdecker und Erfinder. Als Vermittler oder Lehrer, Übersetzer oder Herausgeber können sie Überragendes leisten; ihre Stärke liegt darin, ruhig auszuleuchten und aufzubereiten, was stürmischere, aber auch »dunklere« Naturen vor ihnen kreiert haben. Erntewerke jeglicher Art sind bei ihnen in allerbesten Händen: Selbst ein Erdbeben oder sonstige äußere Erschütterungen können ihnen selten die gelassene Ruhe rauben, da alles Vulkanische, Eruptive ihrer »herbstlichen« Natur fremd ist.

Risiken: Manchmal versuchen -Menschen, vor ihrer Lebensaufgabe als »Erntewerker« und Traditionsvermittler zu fliehen. Dann gebärden sie sich etwa als Dichter, obwohl ihr Talent ein rein interpretierendes und vermittelndes ist, oder als Entdecker, obwohl ihre Stärke darin besteht, nicht Neuland zu entdecken, sondern vorhandene Puzzlestücke umsichtig zusammenzusetzen. In diesen Fällen enden sie als erfolglose Künstler, närrische Erfinder sinnloser Gegenstände oder günstigstenfalls als unzufriedene Lehrer von Künsten, in denen sie selbst so ehrgeizig wie vergeblich bedeutende Originalwerke zu schaffen versuchen.

Idealberufe/Berufung: Vermittler/Lehrer, Übersetzer, Herausgeber, »Erntewerke« aller Art

Edznab – der achtzehnte Tag

Tag 18	**Edznab**
Bedeutung	*»Feuerstein«*
Assoziation	*Opfermesser, Blutopfer*
Tagesgottheit	*Urdrachengott Kukulkán*
Geschlecht	*männlich (androgyn)*
Sphäre – Zeit	*Luft – Abend*
Nagual	*Schlange*

☒-Menschen: Heitere Spiritualität

Der Mythos: Im mythologischen Zyklus steht Edznab für den Moment, da die Götter von ihren Geschöpfen Dank einfordern: Durch Ströme von Opferblut leisteten die Menschen Tribut. Priester schnitten den Opfern bei lebendigem Leib das Herz aus der Brust; Könige zapften sich den kostbaren Saft aus der Zunge; auch die einfachen Bauern und Handwerker öffneten tausendfach ihre Adern. Wahre Blutströme flossen zu Ehren der Götter, ebenso reich wie die Ströme von Erntemais, welche die Speicher füllten.

Die Gottheit: Alle an Edznab Geborenen stehen unter dem Bann von Kukulkán, dem großen Urdrachengott, der feurigen Himmelsschlange. Furchtbare Opfer, Schmerz und Selbsterniedrigung fordert Kukulkán von den Seinen, doch im Gegenzug verheißt er göttliche Gnade, Wiedergeburt und Unsterblichkeit. Seine Sphäre ist die Luft, sein Nagual die Schlange, deren Windungen sich in den Adern voller Opferblut widerspiegeln.

Lebensabschnitt/Lebensaufgabe: Im menschlichen Zyklus steht Edznab für das höhere Lebensalter. Nun gilt es, loslassen zu lernen: Was wir jetzt noch nicht erreicht haben, wird uns in diesem Leben auch nicht mehr gelingen, und was uns eben noch an Macht, Reichtum und Fülle verfügbar war, wird unseren Händen auch dann entgleiten, wenn wir es krampfhaft festzuhalten trachten. Entsprechend besteht die Lebensaufgabe der ☒-Menschen darin, das rechtzeitige Loslassen einzuüben und in ihrem Leben an den entscheidenden Wendepunkten zu praktizieren. Alles hat seine Zeit, und darüber hinaus können wir es sowenig festhalten wie die Schlange, die uns entgleitet und nur die alte Haut in unserer Hand zurückläßt.

Charakter/Potential: ☒-Menschen besitzen ein Sensorium für Spirituelles und haften weitaus weniger an Irdischem als andere Menschen. Metaphysische Belange wie Jenseits, Seele, Wiedergeburt haben für sie – bewußt oder unbewußt – eine fast selbstverständliche Realität. Häufig werden sie Prediger und Priester, die mit heiterer Gelassenheit die frohen Botschaften ihrer Religion verkünden. Auch bei der Sterbebegleitung oder bei der Betreuung von Schwerkranken bewährt sich ihr Naturell, das selbst in düsteren Zeiten und Umgebungen friedliche Gewißheit verströmt.

Risiken: ⊕-Menschen machen oftmals den Eindruck, »nicht ganz von dieser Welt« zu sein. Gelingt es ihnen nicht, ein angemessenes Betätigungsfeld zu finden, so kann es geschehen, daß man sie als »sonderbare Heilige« in die Isolation drängt. In solchen Fällen kann sich religiöser Fanatismus der ⊕-Menschen bemächtigen: Ihre heitere Distanz gegenüber allem Irdischen schlägt dann in moralische Rigidität und asketische Verachtung des Körperlichen um.

Idealberufe/Berufung: Prediger, Priester; Betreuung von Todkranken; Sterbehilfe

Cauac – der neunzehnte Tag

Tag 19	**Cauac**
Bedeutung	*»Regen-, Sturmwolke«*
Assoziation	*Erregung, Befruchtung*
Tagesgottheit	*Regengott Chac*
Geschlecht	*männlich*
Sphäre – Zeit	*Luft, Wasser – Abend*
Nagual	*Iltis*

☉-Menschen: Theater der Leidenschaften

Der Mythos: Im mythologischen Zyklus steht Cauac für jene späte Epoche, in der die Götter und die Menschen einander nicht mehr mit dem düsteren Pathos der Frühzeit, sondern in heiterer Ironie zugetan sind. Das Tosen der göttlichen Gewalten erscheint nun als »Theaterdonner«, als dramatische Inszenierung, welche die Menschen zwar noch immer beeindruckt, deren Gesetzmäßigkeit sie nun aber teilweise durchschaut haben. Vor diesem Hintergrund erwuchs vor allem dem alten Regengott Chac ☙ in der Spätzeit der klassischen Maya eine heitere Popularität.

Die Gottheit: Alle ☉-Menschen stehen unter dem Schutz des vierfaltigen Chac ☙, der stets ein Beil oder einen Donnerkeil mit sich führt. Als Gottheit der Gewitter genießt er erheblichen Respekt, als Gebieter des Regens womöglich noch mehr volkstümliche Sympathie: Dafür, daß er im Gefolge von Blitz und Donner stets auch das kostbare Naß auf die Maisfelder strömen läßt, dankten ihm die Maya mit dem kosenden Beinamen »der Pinkler«. Seine Sphären sind folglich Luft und Wasser, seine Kennzeichen theatralischer Auftritt und rasche Entladung des Himmelssamens, den Frau Erde empfängt, um neuerlich Kreaturen zu gebären

Lebensabschnitt/Lebensaufgabe: Im menschlichen Lebenszyklus steht Cauac für die heiter distanzierte Rückschau im hohen Alter. Gelassen, amüsiert und eine Spur selbstironisch blickt man auf das »Theater des Lebens« zurück, auf dessen Bühne man so viele Jahrzehnte gebannt mitgespielt hat. Entsprechend besteht die Lebensaufgabe der an Cauac Geborenen darin, ein wenig Distanz zum großen Spiel des Lebens und vor allem zu den Dramen um Gefühl, Leidenschaft und Liebe zu gewinnen.

Charakter/Potential: ☉-Menschen neigen zu dramatischen Auftritten, fallen aber nicht selten auf ihre eigene Theatralik herein. Gelingt es ihnen, genügend Abstand zu ihren Inszenierungen und allgemein zum »Theater der Gefühle« zu gewinnen, so können sie als Moderatoren und Motivationstrainer, Volksredner oder Politiker beträchtliche Erfolge erzielen. Allerdings fehlt ihnen meist der »lange Atem«: So rasch sie sich zu Zorn oder Begeisterung hinreißen lassen, so schnell folgt auch die »Entladung« – wie bei einem Wolkenbruch, nach dem gleich wieder die Sonne scheint.

Risiken: Mißlingt es ⊙-Menschen, die notwendige Minimaldistanz zu ihren eigenen Gefühlsdramen und den Vorspiegelungen ihrer Mitmenschen zu erringen, so verläuft ihr Leben als ständiges Taumeln durch chaotische Situationen und Berufs- wie Beziehungskatastrophen.

Idealberufe/Berufung: Motivationskünstler, Schauspieler, Volkstribun

Ahau – der zwanzigste Tag

Tag 20	**Ahau**
Bedeutung	**»Großer Herr«**
Assoziation	**Sonne, Gelingen, Glück**
Tagesgottheit	**Sonnengott Ahau**
Geschlecht	**männlich**
Sphären – Zeit	**Licht (Sonne), Luft – Abend/Morgen**
Nagual	**Adler**

⊛-Menschen: Multitalente auf der Flucht vor Routine

Der Mythos: Im mythologischen Zyklus steht der 20. Tag des Tzolkin für Vollendung und Neubeginn: Ahau ist der Sonntag der Maya, an dem Sonnengott Ahau vom Himmel auf die Erde hinabblickt und wie alle Sonnengötter denken mag: »Und siehe, es ist gut.«

Die Gottheit: Alle ⊛-Menschen stehen unter dem unübertrefflichen Schutz des Sonnengottes, des machtvollsten und heroischsten der jungen Maya-Götter. Der mythische Heldenzwilling und nachmalige Hauptgott ist ein Günstling des Glücks, überdies tollkühn und listig, klug und stark.

Lebensabschnitt/Lebensaufgabe: Im menschlichen Zyklus des Lebens steht Ahau für Vollendung im Tod, für Abkehr vom Leben, die zugleich Wiederkehr zu sein verheißt. Nach einem langen, erfüllten Leben, in dem wir die Reize und Schrecken aller Altersstufen ausgekostet haben, legen wir uns bereitwillig zum Sterben nieder, wohlwissend, daß wir bald schon wieder auf dieser Erde erwachen werden. Entsprechend besteht die Lebensaufgabe der an Ahau Geborenen darin, immer aufs neue die Dunkelheit der Mutlosigkeit und Verzweiflung zu überwinden – eben wie Sonnengott Ahau, der an jedem Morgen neu über die Nacht triumphiert.

Charakter/Potential: ⊛-Menschen sind meist Günstlinge des Glücks, denen alles gelingt, was sie mit leichter Hand angehen. Doch gerade deshalb leiden sie oftmals unter der »unerträglichen Leichtigkeit« ihres Daseins, unter einem Mangel an Schwere und Erdung, der zu ihrem Wesen gehört. Übermächtige Gefühle der Sinnlosigkeit können sie dazu verleiten, auf dem Gipfel des Erfolges alles hinzuwerfen und etwas gänzlich Neues zu beginnen – das sie dann wieder fallenlassen, sowie sich mit dem Alltag neuerlich jene entleerende Leichtigkeit einstellt. Daher werden ⊛-Menschen nicht selten als »Hochbegabte« und »Multitalente« bewundert, doch kaum jemand ahnt, wie gerne sie fast alle ihre Begabungen hergäben für die

Fähigkeit, sich dauerhaft und rückhaltlos für eine Sache zu begeistern. Als Universalgenies oder als große Entdecker, Abenteurer und Eroberer fanden sie in früheren Epochen ein angemessenes Aktionsfeld für ihre herausragenden Begabungen. Heute kommt jede Tätigkeit, die Improvisationstalent, komplexe Verknüpfung, raschen Wechsel von Reaktionsweisen und Handlungsebenen erfordert, ihren Bedürfnissen entgegen, ohne ihnen jedoch je ganz gerecht zu werden: Jeder unvermeidliche Anflug von Routine reizt sie zur nächsten Suche nach einer Herausforderung, die ihren exzeptionellen Begabungen angemessen wäre.

Risiken: Nur wenige ⊛-Menschen finden ein Tätigkeitsfeld, das ihren außerordentlichen Potentialen tatsächlich entspricht. Viele geraten schon als hochbegabte Kinder in eine Außenseiterrolle, werden gar als verhaltensgestört oder geisteskrank diagnostiziert. Es sind die Menschen mit der reichhaltigsten, »gottähnlichsten« Begabung – und manchmal auch unglückliche Geschöpfe, die ihren Lebensweg verfehlen und in Verwahrlosung, Trunksucht oder durch Selbstmord enden.

Idealberufe/Berufung: Entdeckungen, Expeditionen, Abenteuer, Pioniertaten, die herausragende Begabung auf allen Gebieten erfordern

Zuordnung der Tagesgötter zu den Welten und Sphären

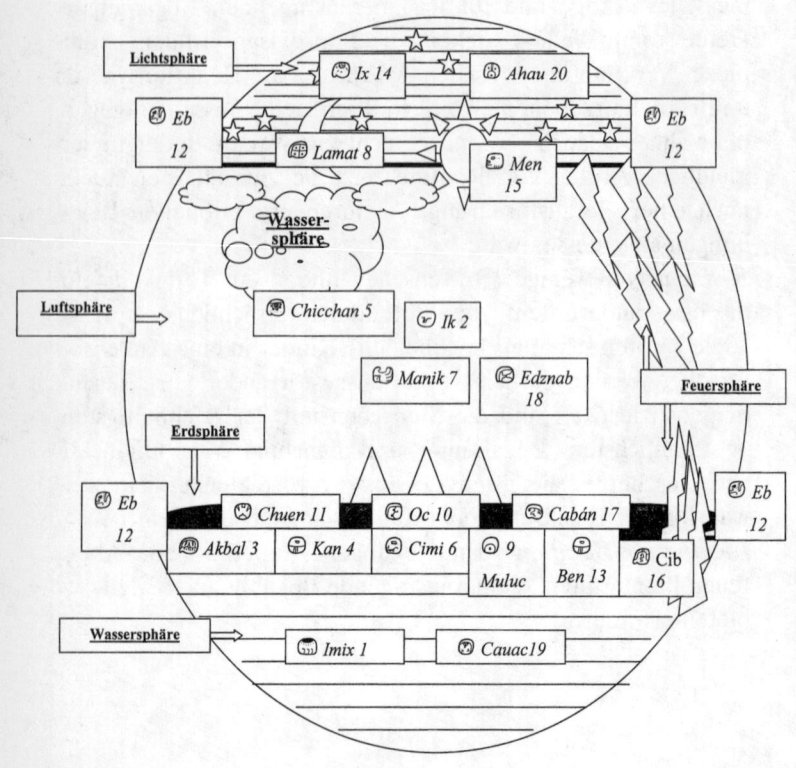

Verknüpfung der Tages- und Zahlengötter im Tzolkin

Im Schnittpunkt von Tageszahl und Tagesname ist jeweils die Seite vermerkt, auf der Sie die verstärkenden und abschwächenden Aspekte zu Ihrem Geburtsorakel finden.

Tagesname / Tageszahl	Imix	Ik	Akbal	Kan	Chicchan	Cimi	Manik	Lamat	Muluc	Oc
1	77	145	133	121	109	96	84	153	141	129
2	89	77	146	133	121	109	97	85	154	142
3	101	89	77	146	134	122	109	97	85	154
4	114	101	89	78	146	134	122	110	97	85
5	126	114	102	89	78	147	134	123	110	98
6	139	126	114	102	90	78	147	135	123	110
7	151	139	127	115	102	90	79	147	135	123
8	83	152	139	127	115	103	90	79	148	135
9	95	83	152	140	127	115	103	91	79	148
10	107	95	83	152	140	128	116	103	91	81
11	120	108	95	83	153	140	128	116	104	91
12	132	120	108	96	84	153	141	128	116	104
13	145	133	121	108	96	84	153	141	129	116

Tagesname Tageszahl ⇨	Chuen	Eb	Ben	Ix	Men	Cib	Cabán	Edznab	Cauac	Ahau
1	117	105	92	81	150	137	125	113	100	88
2	129	117	105	93	81	150	137	125	113	101
3	142	129	117	105	93	81	150	138	126	113
4	154	142	130	118	106	93	82	151	138	126
5	86	155	143	130	118	106	93	82	151	138
6	98	86	155	143	130	118	106	94	82	151
7	110	98	86	155	143	131	119	106	94	82
8	124	111	98	87	155	144	131	119	107	94
9	135	124	111	99	87	156	144	131	119	107
10	148	136	124	111	99	87	156	144	132	120
11	80	149	136	124	112	99	87	156	144	132
12	92	80	149	136	125	112	100	88	157	145
13	104	92	13	149	137	125	112	100	88	157

1 Imix 		+ **Verstärkt:** Einfluß der Wassersphäre, Lebens- und sexuelle Energie (++), Verbindung zum Unbewußten (++), Intuition und Empathie (++), Heilbegabung (++) – **Abgeschwächt:** Phantasie, musische Begabung, psychische Labilität
2 Ik 		+ **Verstärkt:** männliche Aspekte, Einfluß der Feuersphäre, Tatkraft, sexuelle Energie – **Abgeschwächt:** Einfluß der Luftsphäre, Wirkung der Gegensätze, Ratio, technischer Verstand * **Zusätzlich:** Neigung zu erotischen Abenteuern
3 Akbal 		+ **Verstärkt:** männliche Aspekte, Einfluß der Luftsphäre, Tatkraft, Bewußtheit, Lebensenergie – **Abgeschwächt:** Einfluß der Wasser- und Erdsphäre, Dominanz des Unbewußten, Intuition, mediale Begabung, Tendenz zur Introversion, Todessehnsucht * **Zusätzlich:** Anfälligkeit für Krankheiten

4 Kan 	+ *Verstärkt:* männliche Aspekte, Einfluß der Licht- und Luftsphäre, Bewußtheit, Tatkraft, Ausdrucksfähigkeit – *Abgeschwächt:* weibliche Aspekte, Einfluß der Wasser- und Erdsphäre, Dominanz des Unbewußten, poetische Begabung
5 Chicchan 	+ *Verstärkt:* weibliche Aspekte, Einfluß der Wassersphäre (++), Wirkung der Gegensätze – *Abgeschwächt:* männliche Aspekte, Einfluß der Luftsphäre, Fähigkeit zur Harmonisierung, Konfliktscheu
6 Cimi	+ *Verstärkt:* Einfluß der Wasser- (++) und Luftsphäre, Lebensenergie, Tatkraft, Neigung zu Kunst und Philosophie – *Abgeschwächt:* Einfluß der Feuersphäre, Auflösungstendenzen, Tendenz zu Depression, Todessehnsucht und Gewalt

7 Manik  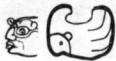 + **Verstärkt:** Einfluß der Wassersphäre, Schöpferkraft (++)
– **Abgeschwächt:** Einfluß der Luftsphäre, Lebens- und sexuelle Energie, erotisches Charisma, Neigung zu Täuschungen, Theatralik und Agitation
* **Zusätzlich:** Tendenz zu Katastrophen und Gewalt

---

8 Lamat  + **Verstärkt:** männliche Aspekte, Einfluß der Wasser- und Erdsphäre, Bewußtheit, Lebens- und sexuelle Energien (++), Verbindung zur Körperwelt (++), erotisches Charisma (++),
– **Abgeschwächt:** weibliche Aspekte, Einfluß der Lichtsphäre, Heilbegabung

---

9 Muluc  + **Verstärkt:** männliche Aspekte, Einfluß der Wasser- (++) und Erdsphäre (++), Bewußtheit, Beständigkeit
– **Abgeschwächt:** weibliche Aspekte, Verbindung zum Unbewußten, Wirkung der Gegensätze

10 Oc 	+ **Verstärkt:** Einfluß der Wasser- und Feuersphäre, Verbindung zum Unbewußten (++), Auflösungstendenzen – **Abgeschwächt:** Einfluß der Erdsphäre, Lebens- und sexuelle Energien, Neigung zu Gewalt und Obsessionen
11 Chuen 	+ **Verstärkt:** weibliche Aspekte, Einfluß der Licht- und Wassersphäre, sexuelle Energie (++) und erotisches Charisma (++) – **Abgeschwächt:** männliche Aspekte, Einfluß der Erdsphäre, Neigung zu Exzessen und Genußsucht, musische Begabung
12 Eb 	+ **Verstärkt:** Einfluß der Feuersphäre (++), Lebens- und sexuelle Energie – **Abgeschwächt:** Neigung zu Melancholie, Spiritualität, selbstlose Beharrlichkeit

13 Ben		+ **Verstärkt:** männliche Aspekte (++), Einfluß der Luftsphäre, Bewußtheit, Fähigkeit zur geistig-seelischen Reifung – **Abgeschwächt:** Einfluß der Wasser- und Erdsphäre, Fruchtbarkeit, handwerkliche Begabung, Naturverbundenheit * **Zusätzlich:** Neigung zu leichten körperlichen Erkrankungen
1 Ix		**Gottheit der Zahl und des Tages identisch:** maximaler Einfluß von Mondgöttin Ixquic! ++ **Verstärkung aller Aspekte von Ix ++**
2 Men		+ **Verstärkt:** männliche Aspekte, Einfluß der Feuersphäre, Verbindung zur Körperwelt – **Abgeschwächt:** Einfluß der Lichtsphäre, Bewußtheit, Ratio, Heroismus
3 Cib		+ **Verstärkt:** Einfluß der Luftsphäre, Lebensenergie, Tatkraft, Durchsetzungsvermögen, Kreativität und Spontaneität – **Abgeschwächt:** Einfluß der Wasser- und Feuersphäre, Auflösungstendenzen

4 Cabán		**+ *Verstärkt:*** männliche Aspekte, Einfluß der Licht- und Luftsphäre, Bewußtheit, Tatkraft (++), Kreativität **– *Abgeschwächt:*** weibliche Aspekte, Einfluß der Erdsphäre
5 Edznab		**+ *Verstärkt:*** weibliche Aspekte, Einfluß der Wassersphäre, Verbindung zum Unbewußten, Auflösungstendenzen **– *Abgeschwächt:*** männliche Aspekte, Einfluß der Luftsphäre, Bewußtheit, Spiritualität und existentielle Zuversicht, Neigung zu Fanatismus und Rigidität
6 Cauac		**👁👁 *Gottheit der Zahl und des Tages identisch:*** maximaler Einfluß von Regengott Chac! **++ *maximale Verstärkung aller Cauac-Aspekte* ++**
7 Ahau		**+ *Verstärkt:*** Einfluß der Wassersphäre, Schöpferkraft (++), Verbindung zum Unbewußten **– *Abgeschwächt:*** Einfluß der Lichtsphäre, Ratio **** Zusätzlich:*** Neigung zu Katastrophen und Gewalt

8 Imix		**+ Verstärkt:** männliche Aspekte, Einfluß der Wasser- (++) und Erdsphäre, Schöpfer- und Tatkraft, Bewußtheit **– Abgeschwächt:** weibliche Aspekte, Verbindung zum Unbewußten, Phantasie, mediale Begabung, psychische Labilität
9 Ik		**+ Verstärkt:** Einfluß der Wasser- und Erdsphäre, Verbindung zum Unbewußten, Intuition **– Abgeschwächt:** Einfluß der Luftsphäre, Bewußtheit, Ratio, Wirkung der Gegensätze (– –) *** Zusätzlich:** Neigung zu Gewalt
10 Akbal		**Gottheit der Zahl und des Tages identisch:** maximaler Einfluß von Todesgott Ahpuch! **++ maximale Wirkung aller Aspekte von Akbal ++**
11 Kan		**+ Verstärkt:** Einfluß der Licht- und Wassersphäre, Lebensenergie (++), Dominanz des Unbewußten (++), Empathie **– Abgeschwächt:** Bewußtheit, Ausdruckskraft, musische Begabung *** Zusätzlich:** Neigung zu körperlichen Erkrankungen

12 Chicchan 	+ *Verstärkt:* männliche Aspekte, Einfluß der Feuersphäre, sexuelle Energie – *Abgeschwächt:* Einfluß der Luftsphäre, Bewußtheit, Integrationsfähigkeit * *Zusätzlich:* Neigung zu erotischen Abenteuern
13 Cimi 	+ *Verstärkt:* männliche Aspekte, Einfluß der Luftsphäre, Tatkraft, Bewußtheit – *Abgeschwächt:* Einfluß der Wasser- und Feuersphäre, Melancholie und Depression, Neigung zu Kunst und Philosophie, Tendenz zu Gewalt und Obsession * *Zusätzlich verstärkt:* Anfälligkeit für Krankheiten; spirituelle Hoffnung
1 Manik 	+ *Verstärkt:* weibliche Aspekte, Einfluß der Licht- und Wassersphäre, erotisches Charisma (++) – *Abgeschwächt:* männliche Aspekte, Einfluß der Luftsphäre, Neigung zu Agitation und Überrumpelung, Schöpfer- und Tatkraft

2 Lamat 	+ **Verstärkt:** männliche Aspekte, Einfluß der Feuersphäre, Verbindung mit der Körperwelt, erotisches Charisma und Sexualität (++), Auflösungstendenzen – **Abgeschwächt:** weibliche Aspekte, Einfluß der Lichtsphäre, Heilbegabung
3 Muluc 	+ **Verstärkt:** männliche Aspekte, Einfluß der Luftsphäre, Tatkraft, Fluchttendenzen – **Abgeschwächt:** Einfluß der Wasser- und Erdsphäre, Fruchtbarkeit, Kreativität, Verbindung zur Körperwelt * **Zusätzlich:** Anfälligkeit für Erkrankung der Atmungsorgane
4 Oc 	+ **Verstärkt:** Einfluß der Licht- und Luftsphäre, Bewußtheit, existentielle Zuversicht – **Abgeschwächt:** Einfluß der Erdsphäre, sexuelle Energie, Neigung zu Gewalt und Obsessionen, Auflösungstendenzen

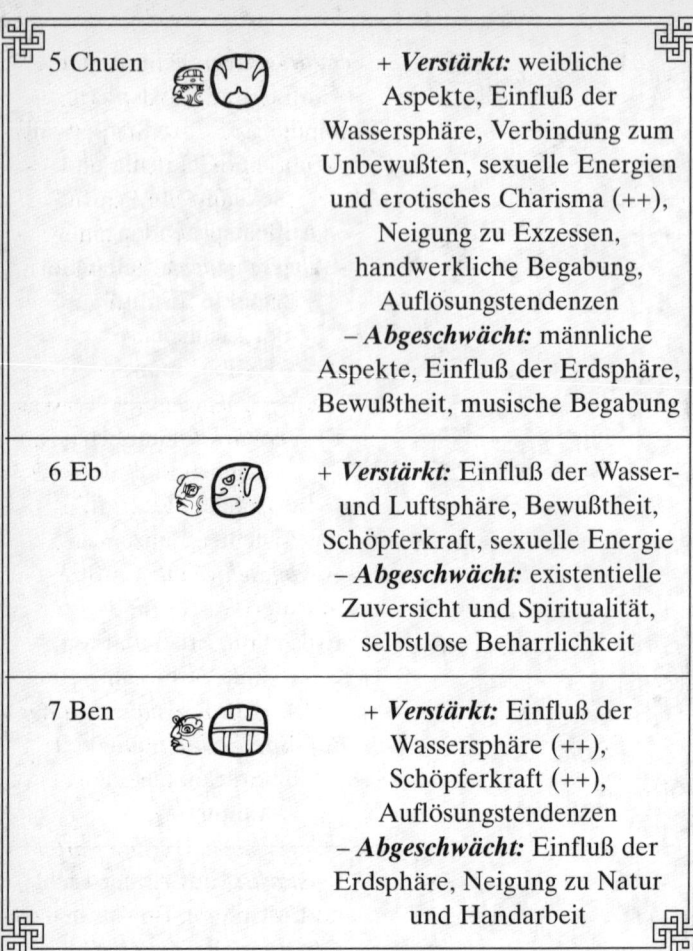

5 Chuen

+ *Verstärkt:* weibliche Aspekte, Einfluß der Wassersphäre, Verbindung zum Unbewußten, sexuelle Energien und erotisches Charisma (++), Neigung zu Exzessen, handwerkliche Begabung, Auflösungstendenzen
– *Abgeschwächt:* männliche Aspekte, Einfluß der Erdsphäre, Bewußtheit, musische Begabung

6 Eb

+ *Verstärkt:* Einfluß der Wasser- und Luftsphäre, Bewußtheit, Schöpferkraft, sexuelle Energie
– *Abgeschwächt:* existentielle Zuversicht und Spiritualität, selbstlose Beharrlichkeit

7 Ben

+ *Verstärkt:* Einfluß der Wassersphäre (++), Schöpferkraft (++), Auflösungstendenzen
– *Abgeschwächt:* Einfluß der Erdsphäre, Neigung zu Natur und Handarbeit

8 Ix  + *Verstärkt:* Einfluß der
Wasser- und Erdsphäre,
Schöpfer- und Tatkraft, Lebens-
und sexuelle Energie
– *Abgeschwächt:* Einfluß
der Lichtsphäre, Neigung
zu Introversion und Kleinkunst,
Tendenz zu vorzeitigem
Altern

9 Men  + *Verstärkt:* Einfluß der Wasser-
und Erdsphäre, Verbindung zum
Unbewußten
– *Abgeschwächt:* Einfluß
der Licht- und Luftsphäre,
Wirkung der Gegensätze,
Bewußtheit, Dominanz der
Ratio, Effizienz

10 Cib *Gottheit der Zahl und des
Tages identisch:* maximaler
Einfluß von Todesgott
Ahpuch!
**++ *maximale Wirkung aller
Aspekte von Cimi* ++**

11 Cabán  *Gottheit der Zahl und
des Tages identisch:*
dominanter Einfluß von
Mondgöttin Ixquic!
**++ *Verstärkung aller Aspekte
von Cabán* ++**

12 Edznab 		**+ *Verstärkt:*** männliche Aspekte, Einfluß der Feuersphäre, Verbindung zur Körperwelt, Lebensenergie **– *Abgeschwächt:*** Einfluß der Luftsphäre, Spiritualität, Weltferne, Tendenz zur Isolation
13 Cauac 		**+ *Verstärkt:*** Einfluß der Luftsphäre, Schöpferkraft, Lebensenergie (++), Distanz zur Gefühlswelt **– *Abgeschwächt:*** Einfluß der Wassersphäre, Neigung zu Lebenskatastrophen, Begabung zu Agitation
1 Ahau 		**+ *Verstärkt:*** weibliche Aspekte, Einfluß der Licht- (++) und Wassersphäre, Verbindung zur Körperwelt, Beharrlichkeit **– *Abgeschwächt:*** männliche Aspekte, Bewußtheit, Ratio, Schöpferkraft, Heroismus, Tendenz zu Außenseitertum **** Zusätzlich:*** Verbindung zum Unbewußten

2 Imix		**+ _Verstärkt:_** männliche Aspekte, Einfluß der Feuersphäre, Tatkraft, sexuelle Energie, Auflösungstendenzen **– _Abgeschwächt:_** weibliche Aspekte, Einfluß der Wassersphäre, Verbindung zum Unbewußten, mediale und musische Begabung, psychische Labilität, Heilbegabung
3 Ik		**_Gottheit der Zahl und des Tages identisch:_** maximaler Einfluß von Windgott Ik! **++ _Verstärkung aller Ik-Aspekte_ ++**
4 Akbal		**+ _Verstärkt:_** männliche Aspekte, Einfluß der Licht- und Luftsphäre, Bewußtheit, Lebensenergie, Tatkraft **– _Abgeschwächt:_** Einfluß der Wasser- und Erdsphäre, Intuition, Empathie und mediale Begabung, Depression und Todessehnsucht
5 Kan		**_Gottheit der Zahl und des Tages identisch:_** maximaler Einfluß von Urgöttin Mam! **++ _Verstärkung aller Aspekte von Kan_ ++**

6 Chicchan		**+ Verstärkt:** männliche Aspekte, Einfluß der Wasser- (++) und Luftsphäre (++), Bewußtheit, Tatkraft, Ausdrucksfähigkeit **– Abgeschwächt:** weibliche Aspekte, Verbindung zum Unbewußten, Intuition und Empathie, Wirkung der Gegensätze, Integrationsfähigkeit
7 Cimi		**+ Verstärkt:** Einfluß der Wassersphäre (++), Auflösungstendenzen (++), Neigung zu Depression und Todessehnsucht, Gewalt und Obsession **– Abgeschwächt:** Einfluß der Feuersphäre, Tendenz zu Melancholie, Neigung zu Kunst und Philosophie
8 Manik		**+ Verstärkt:** männliche Aspekte, Einfluß der Wasser- und Erdsphäre, Bewußtheit (++), Schöpfer- und Tatkraft (++), Lebens- und sexuelle Energien (++), erotisches Charisma (++) **– Abgeschwächt:** weibliche Aspekte, Verbindung zum Unbewußten, Neigung zu Täuschung, Theatralik und Agitation *** Kommentar:** Ein Geburtsdatum unwiderstehlicher Verführer

9 Lamat + *Verstärkt:* männliche Aspekte, Einfluß der Wasser- und Erdsphäre
– *Abgeschwächt:* weibliche Aspekte, Einfluß der Lichtsphäre, Lebens- und sexuelle Energien, erotisches Charisma, Wirkung der Gegensätze, Neigung zu Rigidität

10 Muluc + *Verstärkt:* männliche Aspekte, Einfluß der Wasser- (++) und Feuersphäre, Verbindung zum Unbewußten (++)
– *Abgeschwächt:* weibliche Aspekte, Einfluß der Erdsphäre
* *Zusätzlich:* Neigung zu Bewußtlosigkeit

11 Oc  + *Verstärkt:* weibliche Aspekte, Einfluß der Licht- und Wassersphäre, Auflösungstendenzen, sexuelle Energie, Empathie
– *Abgeschwächt:* männliche Aspekte, Einfluß der Erdsphäre, Neigung zu Gewalt und Obsessionen

12 Chuen	+ **Verstärkt:** männliche Aspekte, Einfluß der Feuersphäre, sexuelle Energie (++), Schöpferkraft, Tendenz zu Exzessen – **Abgeschwächt:** Einfluß der Erdsphäre, musische Begabung
13 Eb	+ **Verstärkt:** Einfluß der Luftsphäre, Tatkraft, Bewußtheit, Lebensenergie – **Abgeschwächt:** Spiritualität, Selbstlosigkeit * **Zusätzlich:** Anfälligkeit für leichte Erkrankungen
1 Ben	+ **Verstärkt:** weibliche Aspekte, Einfluß der Licht- und Wassersphäre (++), Verbindung zum Unbewußten, Neigung zu Natur und Handarbeit, Fähigkeit zur geistig-seelischen Reifung – **Abgeschwächt:** männliche Aspekte, Einfluß der Erdsphäre, Bewußtheit, Zeugungs- und Schöpferkraft

2 Ix		+ **Verstärkt:** männliche Aspekte, Einfluß der Feuersphäre, Lebens- und sexuelle Energie (++) – **Abgeschwächt:** weibliche Aspekte, Einfluß der Lichtsphäre, Neigung zu Phantasie, Kleinkunst und Introversion
3 Men		+ **Verstärkt:** Einfluß der Luftsphäre – **Abgeschwächt:** Einfluß der Lichtsphäre, Wirkung der Gegensätze, Tatkraft, Bewußtheit, Effizienz
4 Cib		+ **Verstärkt:** Einfluß der Licht- und Luftsphäre, Bewußtheit, Lebensenergie, Tatkraft, Kreativität – **Abgeschwächt:** Einfluß der Wasser- und Feuersphäre, Flucht- und Auflösungstendenzen
5 Cabán		+ **Verstärkt:** Einfluß der Wassersphäre, Verbindung zum Unbewußten, Intuition und Kreativität – **Abgeschwächt:** Einfluß der Lichtsphäre, Abstraktheit und Distanz

6 Edznab

+ *Verstärkt:* Einfluß der Wasser- und Luftsphäre (++), Wirkung der Gegensätze, Bewußtheit (++), Tatkraft (++), Verbindung zur Körperwelt
– *Abgeschwächt:* Spiritualität und existentielle Zuversicht, Tendenz zu Weltferne, Isolation und Rigidität

7 Cauac

+ *Verstärkt:* Einfluß der Wassersphäre (++), Schöpfer- und Tatkraft (++), Auflösungstendenzen
– *Abgeschwächt:* Theatralik der Gefühlswelt, Unbeständigkeit
* Zusätzlich: Neigung zu Gewaltausbrüchen

8 Ahau

+ *Verstärkt:* Einfluß der Wasser- und Erdsphäre, Schöpfer- und Tatkraft (++), Lebens- und sexuelle Energie (++), Verbindung zum Unbewußten
– *Abgeschwächt:* Einfluß der Lichtsphäre, Ratio, Heroismus

9 Imix

+ *Verstärkt:* männliche Aspekte, Einfluß der Wasser- (++) und Erdsphäre, Fruchtbarkeit (++), Verbindung zum Unbewußten (++), Auflösungstendenzen (++), Intuition und mediale Begabung (++)
– *Abgeschwächt:* weibliche Aspekte, Wirkung der Gegensätze, musische Begabung, psychische Labilität

10 Ik

+ *Verstärkt:* Einfluß der Wasser- und Feuersphäre, Neigung zu kriegerischem Heroismus
– *Abgeschwächt:* Einfluß der Luftsphäre, Lebens- und sexuelle Energie

11 Akbal

+ *Verstärkt:* weibliche Aspekte, Einfluß der Licht- und Wassersphäre, Lebens- und sexuelle Energie
– *Abgeschwächt:* männliche Aspekte, Einfluß der Erdsphäre, Intuition, Empathie, psychische Gefährdung

12 Kan 		**+ *Verstärkt:*** männliche Aspekte, Einfluß der Feuersphäre, Bewußtheit, Ausdrucksfähigkeit, Tatkraft, sexuelle Energie, Auflösungstendenzen **– *Abgeschwächt:*** weibliche Aspekte, Einfluß der Wassersphäre, Verbindung zum Unbewußten, Intuition, musische Begabung
13 Chicchan 		**+ *Verstärkt:*** männliche Aspekte, Einfluß der Luftsphäre, Tatkraft, Bewußtheit **– *Abgeschwächt:*** weibliche Aspekte, Einfluß der Wassersphäre, Auflösungstendenzen, Integrationsfähigkeit, Konfliktscheu
1 Cimi 		**+ *Verstärkt:*** weibliche Aspekte, Einfluß der Licht- und Wassersphäre, Auflösungstendenzen **– *Abgeschwächt:*** männliche Aspekte, Einfluß der Feuersphäre, philosophische und kreative Ausdrucksfähigkeit, Todessehnsucht, Neigung zu Gewalt

2 Manik

+ *Verstärkt:* männliche Aspekte, Einfluß der Feuersphäre, Lebens- und sexuelle Energie (++)

– *Abgeschwächt:* Einfluß der Luftsphäre, Neigung zu Agitation

* *Zusätzlich:* Tendenz zu erotischer Theatralik (Inszenierung von Leidenschaft, Eifersucht etc.)

---

3 Lamat

+ *Verstärkt:* männliche Aspekte, Einfluß der Luftsphäre, Bewußtheit, sexuelle Energie, Tendenz zu Selbstkasteiung

– *Abgeschwächt:* weibliche Aspekte, Einfluß der Lichtsphäre

---

4 Muluc

+ *Verstärkt:* männliche Aspekte, Einfluß der Licht- und Luftsphäre, Bewußtheit (++), Schöpferkraft (++), Ratio (++)

– *Abgeschwächt:* weibliche Aspekte, Einfluß der Wasser- und Erdsphäre, Fluchttendenzen

* *Kommentar:* Ein Tag, an dem Genies und Visionäre geboren werden!

5 Oc		**+ Verstärkt:** weibliche Aspekte, Einfluß der Wassersphäre, Verbindung zum Unbewußten, sexuelle Energien (++), Auflösungstendenzen (++) **– Abgeschwächt:** männliche Aspekte, Einfluß der Erdsphäre, Spiritualität und Empathie
6 Chuen		**+ Verstärkt:** Einfluß der Wasser- und Luftsphäre, Bewußtheit, Schöpferkraft (++), sexuelle Energie (++), Neigung zu Exzessen und erotischer Besessenheit (++) **– Abgeschwächt:** Einfluß der Erdsphäre, musische und handwerkliche Begabung
7 Eb		**+ Verstärkt:** Einfluß der Wassersphäre, Verbindung zum Unbewußten und zur Körperwelt **– Abgeschwächt:** existentielle Zuversicht und Spiritualität, Neigung zu Melancholie, selbstlose Beständigkeit
8 Ben		**Gottheit der Zahl und des Tages identisch:** maximaler Einfluß des Maisgottes! **++ maximale Verstärkung aller Aspekte von Ben ++**

9 Ix 	+ **Verstärkt:** männliche Aspekte, Einfluß der Wasser- und Erdsphäre, Verbindung zum Unbewußten (++) und zur Körperwelt (++) – **Abgeschwächt:** weibliche Aspekte, Einfluß der Lichtsphäre, Wirkung der Gegensätze, Neigung zu Kleinkunst und Introversion, Tendenz zu vorzeitigem Altern
10 Men	+ **Verstärkt:** Einfluß der Wasser- und Feuersphäre, Verbindung zum Unbewußten – **Abgeschwächt:** Einfluß der Lichtsphäre, Spiritualität und Bewußtheit, Lebens- und sexuelle Energien, Schöpfer- und Tatkraft, Ratio und Effizienz
11 Cib 	+ **Verstärkt:** weibliche Aspekte, Einfluß der Licht- und Wassersphäre (++), Lebensenergie – **Abgeschwächt:** männliche Aspekte, Einfluß der Feuersphäre, Bewußtheit, Ratio, Effizienz * **Zusätzlich:** Intuition, Kreativität

12 Cabán

+ *Verstärkt:* männliche Aspekte, Einfluß der Feuersphäre, Kreativität
– *Abgeschwächt:* weibliche Aspekte, Einfluß der Erdsphäre, Talent zu Vermittlung und Organisation
* *Zusätzlich:* erotisches Charisma (++): An 12 Cabán »umarmen« sich Liebesgott und Liebesgöttin!

13 Edznab

+ *Verstärkt:* Einfluß der Luftsphäre, Bewußtheit (++), Lebensenergie
– *Abgeschwächt:* Spiritualität, existentielle Gelassenheit, Weltferne, Tendenz zu Isolation und Selbstkasteiung

1 Cauac

+ *Verstärkt:* weibliche Aspekte, Einfluß der Licht- und Wassersphäre (++), Fruchtbarkeit (++), Theatralik der Gefühlswelt
– *Abgeschwächt:* männliche Aspekte, Schöpferkraft, Bewußtheit, ironische Distanz

2 Ahau		**+ *Verstärkt:*** männliche Aspekte, Einfluß der Feuersphäre, Verbindung zur Körperwelt **– *Abgeschwächt:*** Einfluß der Lichtsphäre, Bewußtheit, Ratio, Heroismus **** Zusätzlich:*** Tendenz, durch Harmonisierung inneren Frieden zu finden
3 Imix		**+ *Verstärkt:*** männliche Aspekte, Einfluß der Luftsphäre, Tatkraft, Bewußtheit **– *Abgeschwächt:*** weibliche Aspekte, Einfluß der Wassersphäre, Dominanz des Unbewußten, mediale und musische Begabung, psychische Labilität, Heilbegabung **** Zusätzlich:*** Anfälligkeit für Krankheiten
4 Ik		**+ *Verstärkt:*** männliche Aspekte, Einfluß der Licht- und Luftsphäre, Schöpferkraft (++), Bewußtheit (++), Ratio (++), Heroismus (++) **– *Abgeschwächt:*** Verbindung zum Unbewußten (– –) **** Kommentar:*** Ein Tag, an dem »Helden« geboren werden!

5 Akbal 		**+ *Verstärkt:*** Einfluß der Wassersphäre (++), Lebensenergie, Tatkraft **– *Abgeschwächt:*** Einfluß der Erdsphäre, Todessehnsucht
6 Kan 		**+ *Verstärkt:*** männliche Aspekte, Einfluß der Wasser- (++) und Luftsphäre, Bewußtheit, Tatkraft, Ausdrucksfähigkeit **– *Abgeschwächt:*** weibliche Aspekte, Dominanz des Unbewußten, Intuition, musische Begabung, Empathie
7 Chicchan 		**+ *Verstärkt:*** Einfluß der Wassersphäre (++), Auflösungstendenzen (++), Verbindung zum Unbewußten (++), Integrationsfähigkeit (++) **– *Abgeschwächt:*** Einfluß der Luftsphäre, Ratio

8 Cimi 	**+ Verstärkt:** Einfluß der Wassersphäre (++), Schöpfer- und Tatkraft, Lebens- und sexuelle Energien **– Abgeschwächt:** Einfluß der Feuersphäre, Auflösungstendenzen, Neigung zu Melancholie, Kunst und Philosophie, Tendenz zu Depression, Todessehnsucht, Gewalt und Obsessionen
9 Manik 	**+ Verstärkt:** Einfluß der Wasser- und Erdsphäre, Verbindung zum Unbewußten, Schöpfer- und Tatkraft **– Abgeschwächt:** Einfluß der Luftsphäre, Wirkung der Gegensätze, erotisches Charisma, Neigung zu Täuschung und Agitation
10 Lamat	**+ Verstärkt:** männliche Aspekte, Einfluß der Wasser- (++) und Feuersphäre, Verbindung zum Unbewußten (++), Neigung zu Exzessen **– Abgeschwächt:** weibliche Aspekte, Einfluß der Lichtsphäre, Lebens- und sexuelle Energie, erotisches Charisma, Heilbegabung

11 Muluc  **+ Verstärkt:** weibliche Aspekte, Einfluß der Licht- und Wassersphäre (++), Verbindung zum Unbewußten, Intuition
– Abgeschwächt: männliche Aspekte, Einfluß der Erdsphäre, Bewußtheit, visionäre Schöpferkraft

12 Oc  **+ Verstärkt:** männliche Aspekte, Einfluß der Feuersphäre, sexuelle Energie (++), Neigung zu Gewalt und Obsessionen, Auflösungstendenzen (++)
– Abgeschwächt: weibliche Aspekte, Einfluß der Erdsphäre
* Zusätzlich: Neigung zu körperlicher Auszehrung

13 Chuen  **+ Verstärkt:** Einfluß der Luftsphäre, Tatkraft, Bewußtheit, Lebens- und sexuelle Energie (++), Tendenz zu Genußexzessen
– Abgeschwächt: Einfluß der Erdsphäre, handwerkliche Begabung, sinnliche Intensität

1 Eb		**+ *Verstärkt:*** weibliche Aspekte, Einfluß der Licht- (++) und Wassersphäre (++), Verbindung zum Unbewußten und zur Körperwelt **– *Abgeschwächt:*** männliche Aspekte, spirituelle Gewißheit, Verwurzelung im Geistigen, Selbstlosigkeit
2 Ben		**+ *Verstärkt:*** männliche Aspekte, Einfluß der Feuersphäre, Lebens- und sexuelle Energie, Schöpferkraft, Vorliebe für Handarbeit und Natur **– *Abgeschwächt:*** Einfluß der Wasser- und Erdsphäre, Tendenz zum Außenseitertum
3 Ix		**+ *Verstärkt:*** männliche Aspekte, Einfluß der Luftsphäre, Bewußtheit, Fähigkeit zur geistig-seelischen Reifung **– *Abgeschwächt:*** weibliche Aspekte, Einfluß der Lichtsphäre, Intuition, Neigung zu Kleinkunst und Introversion, depressive Tendenz **** Zusätzlich:*** Neigung zu leichten körperlichen Erkrankungen

4 Men		🎴🎴 *Gottheit der Zahl und des Tages identisch:* maximaler Einfluß von Sonnengott Ahau! *++ Verstärkung aller Aspekte von Men ++*
5 Cib		+ *Verstärkt:* weibliche Aspekte, Einfluß der Wassersphäre (++), Verbindung zum Unbewußten, Lebensenergien, Kreativität, Intuition, Auflösungstendenzen (++) – *Abgeschwächt:* männliche Aspekte, Einfluß der Feuersphäre, Bewußtheit, Ratio, Fluchttendenzen
6 Cabán		+ *Verstärkt:* männliche Aspekte, Einfluß der Wasser- und Luftsphäre, Tatkraft (++) – *Abgeschwächt:* weibliche Aspekte, Einfluß der Erdsphäre, Intuition und Kreativität
7 Edznab		+ *Verstärkt:* Einfluß der Wassersphäre, Verbindung zum Unbewußten, Auflösungstendenzen – *Abgeschwächt:* Einfluß der Luftsphäre, Spiritualität und existentielle Zuversicht, selbstlose Beständigkeit, Tendenz zu Weltferne, Isolation und Rigidität

8 Cauac		+ **Verstärkt:** Einfluß der Wasser- (++) und Erdsphäre, Schöpfer- und Tatkraft (++), Lebens- und sexuelle Energie (++), – **Abgeschwächt:** Theatralik der Gefühlswelt, Unbeständigkeit, Neigung zu Agitation
9 Ahau		+ **Verstärkt:** Einfluß der Wasser- und Erdsphäre, Verbindung zum Unbewußten – **Abgeschwächt:** Einfluß der Licht- und Luftsphäre, Wirkung der Gegensätze, Bewußtheit, Dominanz der Ratio, Heroismus
10 Imix		+ **Verstärkt:** männliche Aspekte, Einfluß der Wasser- (++) und Feuersphäre, Bewußtheit, Tatkraft, Auflösungstendenzen, psychische Labilität – **Abgeschwächt:** weibliche Aspekte, Lebens- und sexuelle Energie, Heilbegabung * **Zusätzlich:** Neigung zu physischen Erkrankungen

11 Ik 		**+ _Verstärkt:_** weibliche Aspekte, Einfluß der Licht- und Wassersphäre, Lebens- und sexuelle Energie, Fruchtbarkeit, Verbindung zum Unbewußten **– _Abgeschwächt:_** männliche Aspekte, Einfluß der Luftsphäre, Neigung zu Heroismus, Technik und Abenteuer
12 Akbal 		**+ _Verstärkt:_** männliche Aspekte, Einfluß der Feuersphäre, Tatkraft, sexuelle Energie, Auflösungstendenzen **– _Abgeschwächt:_** Einfluß der Wassersphäre, Intuition, mediale Begabung, Neigung zu Introversion, psychische Labilität
13 Kan 		**+ _Verstärkt:_** männliche Aspekte, Einfluß der Luftsphäre, Tatkraft, Bewußtheit, Lebensenergie, Ausdrucksfähigkeit **– _Abgeschwächt:_** weibliche Aspekte, Einfluß der Wasser- und Erdsphäre, Verbindung zum Unbewußten, musische Begabung *** _Zusätzlich:_** Anfälligkeit für Krankheiten

1 Chicchan	**+ *Verstärkt:*** weibliche Aspekte, Einfluß der Licht- und Wassersphäre (++), Auflösungstendenzen **– *Abgeschwächt:*** Einfluß der Luftsphäre, Bewußtheit, Fähigkeit zur Harmonisierung
2 Cimi 	**+ *Verstärkt:*** männliche Aspekte, Einfluß der Feuersphäre, sexuelle Energie, Auflösungstendenzen **– *Abgeschwächt:*** Einfluß der Wasser- und Feuersphäre, Melancholie, Neigung zu Kunst und Philosophie **** Zusätzlich:*** Tendenz zu Exzessen
3 Manik 	**+ *Verstärkt:*** männliche Aspekte, Einfluß der Luftsphäre (++), Lebensenergie und Tatkraft (++), Ungestüm **– *Abgeschwächt:*** Tendenz zu Täuschung und Agitation, schauspielerische Begabung **** Zusätzlich:*** Anfälligkeit für Erkrankung der Atmungsorgane

4 Lamat  **+ Verstärkt:** männliche Aspekte, Einfluß der Licht- (++) und Luftsphäre, Bewußtheit, Wirkung der Gegensätze
– Abgeschwächt: weibliche Aspekte, Verbindung zum Unbewußten, erotisches Charisma, Intuition

5 Muluc  **Gottheit der Zahl und des Tages identisch:** maximaler Einfluß von Urgöttin Mam!
++ Verstärkung aller Aspekte von Muluc ++

6 Oc **+ Verstärkt:** Einfluß der Wasser- und Luftsphäre, Bewußtheit, Tatkraft, Lebensenergien, sexuelle Energie (++), Neigung zu Gewalt (++) und Obsessionen
– Abgeschwächt: Einfluß der Erdsphäre, Auflösungstendenzen, Todessehnsucht

7 Chuen  **+ Verstärkt:** Einfluß der Wassersphäre, Auflösungstendenzen, Neigung zu Exzessen und Gewalt
– Abgeschwächt: Einfluß der Erdsphäre, musische Begabung, Lebens- und sexuelle Energie, erotisches Charisma

8 Eb  + **Verstärkt:** Einfluß der
Wasser- (++) und Erdsphäre
(++), Bewußtheit (++),
Schöpfer- und Tatkraft, Lebens-
und sexuelle Energien,
Verbindung zum Unbewußten
und zur Körperwelt
– **Abgeschwächt:** Spiritualität
und existentielle Zuversicht,
selbstlose Beständigkeit

9 Ben + **Verstärkt:** Einfluß der Wasser-
(++) und Erdsphäre (++),
Fruchtbarkeit (++), Fähigkeit
zur geistig-seelischen Reifung,
Neigung zu Natur und
Handarbeit
– **Abgeschwächt:** Wirkung der
Gegensätze, Tendenz zu
Außenseitertum und
vorzeitigem Altern

10 Ix + **Verstärkt:** männliche Aspekte,
Einfluß der Wasser- und
Feuersphäre, Tendenz zu
Kleinkunst und Introversion,
Neigung zu vorzeitigem
Altern (++)
– **Abgeschwächt:** weibliche
Aspekte, Einfluß der
Lichtsphäre, Lebens- und
sexuelle Energien

11 Men		**+ *Verstärkt:*** weibliche Aspekte, Einfluß der Licht- (++) und Wassersphäre, Lebensenergie (++) **– *Abgeschwächt:*** männliche Aspekte, Bewußtheit, Ratio, Effizienz, Tatkraft *** *Zusätzlich:*** Verbindung zum Unbewußten, Intuition
12 Cib		**+ *Verstärkt:*** männliche Aspekte, Einfluß der Feuersphäre (++), Lebensenergie, Tatkraft, Kreativität, Spontaneität **– *Abgeschwächt:*** Einfluß der Wassersphäre, Tendenz zur Erstarrung und Isolation
13 Cabán		**+ *Verstärkt:*** männliche Aspekte, Einfluß der Luftsphäre, Bewußtheit, Tat- und Schöpferkraft **– *Abgeschwächt:*** weibliche Aspekte, Einfluß der Erdsphäre, Mangel an Kreativität *** *Zusätzlich:*** Neigung zu Erkrankungen der Atemwege

1 Edznab  + *Verstärkt:* weibliche Aspekte, Einfluß der Licht- und Wassersphäre, Verbindung zur Körperwelt, Lebens- und sexuelle Energie
– *Abgeschwächt:* männliche Aspekte, Einfluß der Luftsphäre, Bewußtheit, Spiritualität, Weltferne, Tendenz zu religiösem Fanatismus

2 Cauac  + *Verstärkt:* männliche Aspekte, Einfluß der Feuersphäre, Liebes- und Lebensenergie (++), Schöpferkraft (++), Tendenz zu (Beziehungs-) Katastrophen
– *Abgeschwächt:* Einfluß der Wassersphäre, Distanz zur Gefühlswelt, Ausdrucksfähigkeit

3 Ahau  + *Verstärkt:* Einfluß der Luftsphäre
– *Abgeschwächt:* Einfluß der Lichtsphäre, Gegensätze, Tendenz zu Außenseitertum

4 Imix		+ *Verstärkt:* männliche Aspekte, Einfluß der Licht- und Luftsphäre, Geist, Kühnheit, Tatkraft, Bewußtheit – *Abgeschwächt:* weibliche Aspekte, Einfluß der Wassersphäre, Verbindung zum Unbewußten, mediale und musische Begabung, Heilbegabung, psychische Labilität
5 Ik		+ *Verstärkt:* weibliche Aspekte, Einfluß der Wassersphäre, Verbindung zum Unbewußten, Wirkung der Gegensätze, Kreativität – *Abgeschwächt:* männliche Aspekte, Einfluß der Luftsphäre, Bewußtheit, Ratio, Effizienz, Tatkraft, Heroismus
6 Akbal		+ *Verstärkt:* Einfluß der Wasser- (++) und Luftsphäre, Bewußtheit, Lebensenergien, Tatkraft – *Abgeschwächt:* Dominanz des Unbewußten, Intuition, mediale Begabung, Tendenz zu Depression und Todessehnsucht

7 Kan

+ *Verstärkt:* männliche Aspekte, Einfluß der Wassersphäre (++), Verbindung zum Unbewußten (++), Empathie (++)
– *Abgeschwächt:* weibliche Aspekte, musische Begabung, Ratio (– –), Ausdrucksfähigkeit (– –)
* *Zusätzlich:* Tendenz zu Katastrophen und Gewalt

---

8 Chicchan

+ *Verstärkt:* Einfluß der Wasser- (++) und Erdsphäre, Wirkung der Gegensätze, Bewußtheit, Schöpfer- und Tatkraft
– *Abgeschwächt:* Einfluß der Luftsphäre, Verbindung zum Unbewußten, Fähigkeit zur Integration, Konfliktscheu

---

9 Cimi

+ *Verstärkt:* Einfluß der Wassersphäre (++), Verbindung zum Unbewußten (++), Auflösungstendenzen (++)
– *Abgeschwächt:* Einfluß der Feuersphäre, Wirkung der Gegensätze, Neigung zu Melancholie und Depression, Gewalt und Obsessionen

10 Manik 	**+ *Verstärkt:*** Einfluß der Wasser- und Feuersphäre, Neigung zu Theatralik und Agitation **– *Abgeschwächt:*** Einfluß der Luftsphäre, Lebens- und sexuelle Energie, erotisches Charisma *** *Kommentar:*** Auf Manik-Geborene wirkt Ahpuch harmonisierend.
11 Lamat 	**⚏⚏ *Gottheit der Zahl und des Tages identisch:*** dominanter Einfluß von Mondgöttin Ixquic! **++ *Verstärkung aller Aspekte von Lamat ++***
12 Muluc 	**+ *Verstärkt:*** männliche Aspekte, Einfluß der Feuersphäre, Schöpferkraft (++), sexuelle Energie, Flucht- und Auflösungstendenzen **– *Abgeschwächt:*** Einfluß der Wasser- und Erdsphäre, Verbindung zum Unbewußten, Fruchtbarkeit
13 Oc 	**+ *Verstärkt:*** Einfluß der Luftsphäre, Tatkraft, Bewußtheit **– *Abgeschwächt:*** Einfluß der Erdsphäre, Resignation, Tendenz zu Gewalt und Obsessionen *** *Zusätzlich:*** Anfälligkeit für körperliche Krankheiten

1 Chuen   + **_Verstärkt:_** weibliche Aspekte, Einfluß der Licht- und Wassersphäre, sexuelle Energie (++) und erotisches Charisma (++)
– **_Abgeschwächt:_** männliche Aspekte, Einfluß der Erdsphäre, Neigung zu Exzessen und Genußsucht, musische Begabung

2 Eb  + **_Verstärkt:_** männliche Aspekte, Einfluß der Feuersphäre, Lebens- und sexuelle Energie
– **_Abgeschwächt:_** Neigung zu Melancholie, Spiritualität, selbstlose Beharrlichkeit
* **_Zusätzlich:_** Neigung zum Lebens- und Liebesgenuß

3 Ben  + **_Verstärkt:_** männliche Aspekte (++), Einfluß der Luftsphäre, Bewußtheit, Fähigkeit zur geistig-seelischen Reifung
– **_Abgeschwächt:_** Einfluß der Wasser- und Erdsphäre, Fruchtbarkeit, handwerkliche Begabung, Naturverbundenheit
* **_Zusätzlich:_** Neigung zu leichten körperlichen Erkrankungen

4 Ix		**+ _Verstärkt:_** männliche Aspekte, Einfluß der Licht- (++) und Luftsphäre, Bewußtheit, Spiritualität, Fähigkeit zur geistig-seelischen Reifung **– _Abgeschwächt:_** weibliche Aspekte, Verbindung zum Unbewußten, Intuition, Neigung zu Kleinkunst und Introversion
5 Men		**+ _Verstärkt:_** weibliche Aspekte, Einfluß der Wassersphäre, Verbindung zum Unbewußten und zur Körperwelt, Intuition **– _Abgeschwächt:_** männliche Aspekte, Einfluß der Licht- und Luftsphäre, Bewußtheit, Ratio, Schöpfer- und Tatkraft, Kühnheit und Heroismus *** _Kommentar:_** Abschwächung und Verstärkung wirken harmonisierend.
6 Cib		**+ _Verstärkt:_** Einfluß der Wasser- (++) und Luftsphäre, Lebensenergie, Tatkraft, Schöpferkraft **– _Abgeschwächt:_** Einfluß der Feuersphäre, Fluchttendenzen

7 Cabán		**+ *Verstärkt:*** männliche Aspekte, Einfluß der Wassersphäre, Schöpferkraft **– *Abgeschwächt:*** weibliche Aspekte, Einfluß der Erdsphäre *** *Zusätzlich:*** Neigung, Gewalt auf sich zu ziehen
8 Edznab		**+ *Verstärkt:*** Einfluß der Wasser- und Erdsphäre, Schöpfer- und Tatkraft, Lebens- und sexuelle Energie, Verbindung zum Unbewußten und zur Körperwelt **– *Abgeschwächt:*** Einfluß der Luftsphäre, Spiritualität und existentielle Zuversicht, Neigung zu Weltferne, Isolation und Rigidität
9 Cauac		**+ *Verstärkt:*** Einfluß der Wasser- (++) und Erdsphäre, Verbindung zum Unbewußten, Schöpferkraft **– *Abgeschwächt:*** Wirkung der Gegensätze, Lebens- und sexuelle Energien, Theatralik der Gefühlswelt, Neigung zu Agitation

10 Ahau

+ *Verstärkt:* Einfluß der Wasser- und Feuersphäre, Verbindung zum Unbewußten

– *Abgeschwächt:* Einfluß der Lichtsphäre, Lebens- und sexuelle Energien, Schöpfer- und Tatkraft, Ratio, Effizienz, Heroismus

* *Kommentar:* Auf Ahau-Geborene wirkt Ahpuch harmonisierend.

---

11 Imix

+ *Verstärkt:* Einfluß der Licht- und Wassersphäre (++), Lebens- und sexuelle Energie, Verbindung zum Unbewußten (++), Intuition und Empathie (++)

– *Abgeschwächt:* Phantasie, musische Begabung, psychische Labilität

* *Zusätzlich:* Anfälligkeit für leichte physische Erkrankungen

---

12 Ik

+ *Verstärkt:* männliche Aspekte, Einfluß der Feuersphäre, Wirkung der Gegensätze, Tatkraft, sexuelle Energie

– *Abgeschwächt:* Einfluß der Luftsphäre, Ratio, technischer Verstand

13 Akbal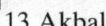

+ *Verstärkt:* männliche Aspekte, Einfluß der Luftsphäre, Tatkraft, Bewußtheit, Lebensenergie
– *Abgeschwächt:* Einfluß der Wasser- und Erdsphäre, Dominanz des Unbewußten, Intuition, mediale Begabung, Tendenz zur Introversion, Todessehnsucht
* *Zusätzlich:* Anfälligkeit für Krankheiten

---

1 Kan

+ *Verstärkt:* Einfluß der Licht- und Wassersphäre, Lebens- und sexuelle Energie (++), Dominanz des Unbewußten (++), Empathie
– *Abgeschwächt:* Bewußtheit, Ausdruckskraft, musische Begabung

---

2 Chicchan

+ *Verstärkt:* männliche Aspekte, Einfluß der Feuersphäre, sexuelle Energie
– *Abgeschwächt:* Einfluß der Luftsphäre, Bewußtheit, Integrationsfähigkeit
* *Zusätzlich:* Neigung zu erotischen Abenteuern

3 Cimi

+ *Verstärkt:* männliche Aspekte, Einfluß der Luftsphäre, Tatkraft, Bewußtheit

– *Abgeschwächt:* Einfluß der Wasser- und Feuersphäre, Melancholie und Depression, Neigung zu Kunst und Philosophie, Tendenz zu Gewalt und Obsession

* *Zusätzlich:* Ein Windhauch spiritueller Hoffnung

4 Manik

+ *Verstärkt:* Einfluß der Licht- und Luftsphäre (++), Bewußtheit (++), Lebensenergie (++), Tatkraft (++), Kühnheit (++)

– *Abgeschwächt:* Verbindung zum Unbewußten, erotisches Charisma, Neigung zu Theatralik und Agitation

* *Kommentar:* Ein Geburtsdatum überragender »Tatmenschen«!

5 Lamat  **+ Verstärkt:** Einfluß der Wassersphäre, Verbindung zum Unbewußten (++), Empathie (++), Fruchtbarkeit (++), Auflösungstendenzen
– Abgeschwächt: Einfluß der Lichtsphäre, Neigung zu Ausschweifungen, Heilbegabung
* Kommentar: Ein Datum, das im Zeichen beider Göttinnen steht!

6 Muluc **+ Verstärkt:** männliche Aspekte, Einfluß der Wasser- (++) und Luftsphäre, Bewußtheit, Tatkraft, Schöpferkraft (++), Unbeständigkeit (++)
– Abgeschwächt: weibliche Aspekte, Einfluß der Erdsphäre, Verbindung zum Unbewußten

7 Oc **+ Verstärkt:** Einfluß der Wassersphäre, Auflösungstendenzen (++), Neigung zu Gewalt und Exzessen (++), Obsessionen und Todessehnsucht
– Abgeschwächt: Einfluß der Erdsphäre, Empathie

8 Chuen		**+ *Verstärkt:*** Einfluß der Wasser- und Erdsphäre (++), Bewußtheit, Schöpfer- und Tatkraft, Lebens- und sexuelle Energien (++), erotisches Charisma (++), musische Begabung **– *Abgeschwächt:*** Neigung zu Exzessen
9 Eb		**+ *Verstärkt:*** Einfluß der Wasser- und Erdsphäre (++), Verbindung zum Unbewußten und zur Körperwelt **– *Abgeschwächt:*** Wirkung der Gegensätze, Spiritualität und existentielle Zuversicht, selbstlose Beständigkeit
10 Ben		**+ *Verstärkt:*** Einfluß der Wasser- (++) und Feuersphäre, Neigung zu vorzeitigem Altern (++) **– *Abgeschwächt:*** Einfluß der Erdsphäre, Lebens- und sexuelle Energien, Schöpfer- und Tatkraft, Neigung zu Natur und Handarbeit
11 Ix		**⚅⚅ *Gottheit der Zahl und des Tages identisch:*** dominanter Einfluß von Mondgöttin Ixquic! **++ *Verstärkung aller Aspekte von Ix ++***

12 Men 	**+ *Verstärkt:*** männliche Aspekte, Einfluß der Feuersphäre, Verbindung zur Körperwelt **– *Abgeschwächt:*** Einfluß der Lichtsphäre, Bewußtheit, Ratio, Kühnheit
13 Cib 	**+ *Verstärkt:*** Einfluß der Luftsphäre, Lebensenergie, Tatkraft, Durchsetzungsvermögen, Kreativität und Spontaneität **– *Abgeschwächt:*** Einfluß der Wasser- und Feuersphäre, Auflösungstendenzen *** *Zusätzlich:*** Anfälligkeit für Krankheiten
1 Cabán 	**🜂🜂 *Gottheit der Zahl und des Tages identisch:*** maximaler Einfluß von Mondgöttin Ixquic! **++ *Verstärkung aller Aspekte von Cabán* ++**
2 Edznab 	**+ *Verstärkt:*** männliche Aspekte, Einfluß der Feuersphäre, Verbindung zur Körperwelt, Lebensenergie **– *Abgeschwächt:*** Einfluß der Luftsphäre, Spiritualität, Weltferne, Tendenz zur Isolation

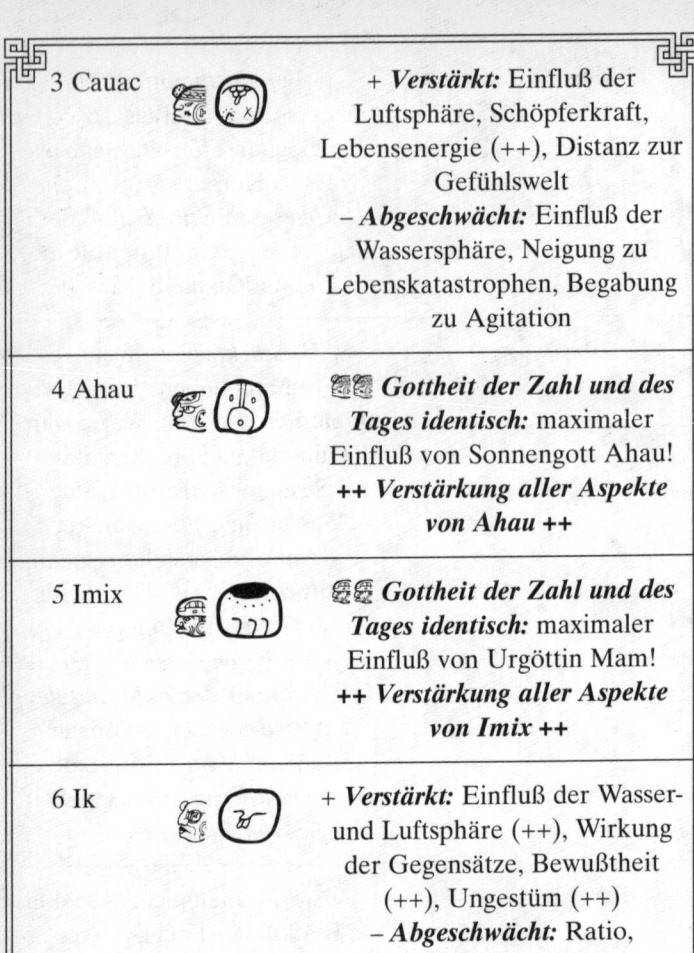

| 3 Cauac | | **+ *Verstärkt:*** Einfluß der Luftsphäre, Schöpferkraft, Lebensenergie (++), Distanz zur Gefühlswelt
– *Abgeschwächt:* Einfluß der Wassersphäre, Neigung zu Lebenskatastrophen, Begabung zu Agitation |

| 4 Ahau | | **🔲🔲 *Gottheit der Zahl und des Tages identisch:*** maximaler Einfluß von Sonnengott Ahau!
++ *Verstärkung aller Aspekte von Ahau* ++ |

| 5 Imix | | **🔲🔲 *Gottheit der Zahl und des Tages identisch:*** maximaler Einfluß von Urgöttin Mam!
++ *Verstärkung aller Aspekte von Imix* ++ |

| 6 Ik | | **+ *Verstärkt:*** Einfluß der Wasser- und Luftsphäre (++), Wirkung der Gegensätze, Bewußtheit (++), Ungestüm (++)
– *Abgeschwächt:* Ratio, Heroismus |

7 Akbal  + *Verstärkt:* Einfluß der Wassersphäre (++), Schöpfer- und Tatkraft, Dominanz des Unbewußten (++), Intuition, Empathie und mediale Begabung (++)

– *Abgeschwächt:* Einfluß der Erdsphäre, Todessehnsucht

* *Kommentar:* Eine Kombination, die hochbegabte (und ebenso gefährdete) Sensitive hervorbringt!

---

8 Kan  + *Verstärkt:* männliche Aspekte, Einfluß der Wasser- (++) und Erdsphäre (++), Schöpfer- und Tatkraft, Lebens- und sexuelle Energien (++)

– *Abgeschwächt:* weibliche Aspekte, Dominanz des Unbewußten, Intuition, Empathie und musische Begabung

---

9 Chicchan  + *Verstärkt:* Einfluß der Wasser- (++) und Erdsphäre, Auflösungstendenzen (++), Konfliktscheu

– *Abgeschwächt:* Einfluß der Luftsphäre, Wirkung der Gegensätze

10 Cimi   *⧈⧈ **Gottheit der Zahl und des Tages identisch:** maximaler Einfluß von Todesgott Ahpuch! ++ **Verstärkung aller Aspekte von Cimi** ++*

11 Manik  + **Verstärkt:** weibliche Aspekte, Einfluß der Licht- und Wassersphäre, erotisches Charisma (++)
– **Abgeschwächt:** männliche Aspekte, Einfluß der Luftsphäre, Neigung zu Agitation und Überrumpelung, Schöpfer- und Tatkraft

12 Lamat  + **Verstärkt:** männliche Aspekte, Einfluß der Feuersphäre, Verbindung mit der Körperwelt, sexuelle Energie (++) und erotisches Charisma (++), Auflösungstendenzen
– **Abgeschwächt:** weibliche Aspekte, Einfluß der Lichtsphäre, Heilbegabung
* **Kommentar:** Begabung zum Aufspüren von Krankheiten, Störfeldern etc.

13 Muluc  + **Verstärkt:** männliche Aspekte, Einfluß der Luftsphäre, Tatkraft, Fluchttendenzen
– **Abgeschwächt:** Einfluß der Wasser- und Erdsphäre, Fruchtbarkeit, Kreativität, Verbindung zur Körperwelt
* **Zusätzlich:** Anfälligkeit für Erkrankung der Atmungsorgane

1 Oc  + **Verstärkt:** weibliche Aspekte, Einfluß der Licht- und Wassersphäre, Auflösungstendenzen, sexuelle Energie (++), Empathie
– **Abgeschwächt:** männliche Aspekte, Einfluß der Erdsphäre, Neigung zu Gewalt und Obsessionen

2 Chuen  + **Verstärkt:** männliche Aspekte, Einfluß der Feuersphäre, sexuelle Energie (++), Schöpferkraft, Tendenz zu Exzessen
– **Abgeschwächt:** Einfluß der Erdsphäre, musische Begabung

3 Eb  + **Verstärkt:** Einfluß der Luftsphäre, Tatkraft, Bewußtheit, Lebensenergie
– **Abgeschwächt:** Spiritualität, Selbstlosigkeit

4 Ben		**+ *Verstärkt:*** Einfluß der Licht- und Luftsphäre, Bewußtheit, Ratio, Opferbereitschaft, Schöpferkraft (++), Fähigkeit zur geistig-seelischen Reifung **– *Abgeschwächt:*** Einfluß der Wasser- und Erdsphäre, Fruchtbarkeit, Verbindung zum Unbewußten, Neigung zu Natur und Handwerk
5 Ix		**+ *Verstärkt:*** Einfluß der Wassersphäre, Verbindung zum Unbewußten (++) und zur Körperwelt **– *Abgeschwächt:*** Einfluß der Lichtsphäre, Neigung zu Kleinkunst und Introversion, Tendenz zu Depression und Außenseitertum
6 Men		**+ *Verstärkt:*** Einfluß der Wasser- und Luftsphäre (++), Bewußtheit (++) und Tatkraft (++) **– *Abgeschwächt:*** Einfluß der Lichtsphäre, Dominanz der Ratio

7 Cib

+ *Verstärkt:* Einfluß der Wassersphäre (++), Schöpferkraft
– *Abgeschwächt:* Einfluß der Feuersphäre, Ratio, Fluchttendenzen
* *Zusätzlich:* Neigung zu Katastrophen

8 Cabán

+ *Verstärkt:* männliche Aspekte, Einfluß der Wasser- und Erdsphäre (++), Schöpfer- und Tatkraft, Lebens- und sexuelle Energie
– *Abgeschwächt:* Einfluß der Lichtsphäre, Dominanz der Ratio

9 Edznab

+ *Verstärkt:* Einfluß der Wasser- und Erdsphäre, Verbindung zum Unbewußten und zur Körperwelt
– *Abgeschwächt:* Einfluß der Luftsphäre, Wirkung der Gegensätze (– –), Spiritualität und existentielle Zuversicht, Neigung zu Weltferne und Isolation, Fanatismus und Rigidität

10 Cauac	**+ *Verstärkt:*** Einfluß der Wasser- (++) und Feuersphäre, Theatralik der Gefühlswelt, Tendenz zu (kleinen und großen) Lebenskatastrophen (++) **– *Abgeschwächt:*** Lebens- und sexuelle Energien, Schöpfer- und Tatkraft
11 Ahau 	**+ *Verstärkt:*** weibliche Aspekte, Einfluß der Licht- (++) und Wassersphäre, Verbindung zur Körperwelt, Beharrlichkeit **– *Abgeschwächt:*** männliche Aspekte, Bewußtheit, Ratio, Schöpferkraft, Heroismus, Tendenz zu Außenseitertum **** Zusätzlich:*** Verbindung zum Unbewußten
12 Imix 	**+ *Verstärkt:*** männliche Aspekte, Einfluß der Feuersphäre, Bewußtheit, Tatkraft, Auflösungstendenzen **– *Abgeschwächt:*** weibliche Aspekte, Verbindung zum Unbewußten, mediale und musische Begabung, Heilbegabung **** Zusätzlich:*** Anfälligkeit für leichte physische Erkrankungen

13 Ik		🦎🦎 ***Gottheit der Zahl und des Tages identisch:*** maximaler Einfluß von Windgott Ik! ***++ Verstärkung aller Aspekte von Ik ++***
1 Akbal		+ ***Verstärkt:*** weibliche Aspekte, Einfluß der Licht- und Wassersphäre, Lebens- und sexuelle Energie – ***Abgeschwächt:*** männliche Aspekte, Einfluß der Erdsphäre, Intuition, Empathie, psychische Gefährdung
2 Kan		+ ***Verstärkt:*** männliche Aspekte, Einfluß der Feuersphäre, Bewußtheit, Ausdrucksfähigkeit, Tatkraft, sexuelle Energie, Auflösungstendenzen – ***Abgeschwächt:*** Einfluß der Wassersphäre, Verbindung zum Unbewußten, Intuition, musische Begabung

3 Chicchan		**+ Verstärkt:** männliche Aspekte, Einfluß der Luftsphäre, Tatkraft, Bewußtheit **– Abgeschwächt:** weibliche Aspekte, Einfluß der Wassersphäre, Auflösungstendenzen, Integrationsfähigkeit, Konfliktscheu
4 Cimi		**+ Verstärkt:** Einfluß der Licht- und Luftsphäre, Lebensenergie und existentielle Zuversicht **– Abgeschwächt:** Einfluß der Wasser- und Feuersphäre, Neigung zu Kunst und Philosophie; Depression und Todessehnsucht, Tendenz zu Gewalt und Obsessionen
5 Manik		**+ Verstärkt:** weibliche Aspekte, Einfluß der Wassersphäre, Verbindung zum Unbewußten, erotisches Charisma **– Abgeschwächt:** männliche Aspekte, Einfluß der Luftsphäre, Bewußtheit, Schöpfer- und Tatkraft, Neigung zu Theatralik und Agitation

6 Lamat  + ***Verstärkt:*** männliche Aspekte, Einfluß der Wasser- und Luftsphäre, Bewußtheit, Tatkraft, Lebensenergien (++), erotisches Charisma (++)
– ***Abgeschwächt:*** weibliche Aspekte, Einfluß der Lichtsphäre

7 Muluc  + ***Verstärkt:*** Einfluß der Wassersphäre (++), Kreativität (++), Auflösungstendenzen
– ***Abgeschwächt:*** Einfluß der Erdsphäre, Beständigkeit (– –)

8 Oc  + ***Verstärkt:*** Einfluß der Wasser- und Erdsphäre (++), Schöpfer- und Tatkraft, Lebens- und sexuelle Energien (++)
– ***Abgeschwächt:*** Auflösungstendenzen, Neigung zu Gewalt, Exzessen und Obsessionen

9 Chuen  + ***Verstärkt:*** Einfluß der Wasser- und Erdsphäre (++), musische Begabung, erotisches Charisma
– ***Abgeschwächt:*** Wirkung der Gegensätze, sexuelle Energie, Neigung zu Exzessen

10 Eb	+ **Verstärkt:** Einfluß der Wasser- (++) und Feuersphäre (++), Spiritualität und existentielle Zuversicht (++), selbstlose Beständigkeit (++) – **Abgeschwächt:** Lebens- und sexuelle Energien (– –) * **Zusätzlich:** Neigung zu körperlicher Anfälligkeit
11 Ben 	+ **Verstärkt:** weibliche Aspekte, Einfluß der Licht- und Wassersphäre (++), Verbindung zum Unbewußten, Neigung zu Natur und Handarbeit, Fähigkeit zur geistig-seelischen Reifung – **Abgeschwächt:** männliche Aspekte, Einfluß der Erdsphäre, Bewußtheit, Zeugungs- und Schöpferkraft
12 Ix 	+ **Verstärkt:** männliche Aspekte, Einfluß der Feuersphäre, Lebens- und sexuelle Energie (++) – **Abgeschwächt:** weibliche Aspekte, Einfluß der Lichtsphäre, Neigung zu Phantasie, Kleinkunst und Introversion

13 Men

+ Verstärkt: Einfluß der Luftsphäre

– Abgeschwächt: Einfluß der Lichtsphäre, Wirkung der Gegensätze, Tatkraft, Bewußtheit, Effizienz, Kühnheit

---

1 Cib

+ Verstärkt: weibliche Aspekte, Einfluß der Licht- und Wassersphäre (++), Lebensenergie

– Abgeschwächt: männliche Aspekte, Einfluß der Feuersphäre, Bewußtheit, Ratio, Effizienz

* Zusätzlich: Intuition, Durchsetzungsvermögen, Kreativität

---

2 Cabán

+ Verstärkt: männliche Aspekte, Einfluß der Feuersphäre, Kreativität

– Abgeschwächt: weibliche Aspekte, Einfluß der Erdsphäre, Talent zu Vermittlung und Organisation

* Zusätzlich: erotisches Charisma (++):
An 2 Cabán »umarmen« sich Liebesgott 🖼 und Liebesgöttin 🖼!

3 Edznab

+ *Verstärkt:* Einfluß der Luftsphäre, Bewußtheit (++), Lebensenergie
– *Abgeschwächt:* Spiritualität, existentielle Gelassenheit, Weltferne, Tendenz zu Isolation und Selbstkasteiung

---

4 Cauac

+ *Verstärkt:* Einfluß der Licht- und Luftsphäre, Bewußtheit, Tatkraft, ironische Distanz, Beständigkeit
– *Abgeschwächt:* Einfluß der Wassersphäre, Theatralik, Gefühlswelt

---

5 Ahau

+ *Verstärkt:* weibliche Aspekte, Einfluß der Wassersphäre, Verbindung zum Unbewußten und zur Körperwelt, Intuition
– *Abgeschwächt:* männliche Aspekte, Einfluß der Licht- und Luftsphäre, Ratio, Schöpfer- und Tatkraft, Kühnheit und Heroismus
* *Kommentar:* Abschwächung zu gering, um harmonisierend zu wirken

6 Imix		+ *Verstärkt:* männliche Aspekte, Einfluß der Luft- und Wassersphäre (++), Tatkraft, Fruchtbarkeit – *Abgeschwächt:* weibliche Aspekte, Verbindung zum Unbewußten, mediale und Heilbegabung * *Zusätzlich:* Hang zur Theatralik
7 Ik		+ *Verstärkt:* Einfluß der Wassersphäre, Schöpfer- und Tatkraft (++), Wirkung der Gegensätze, Neigung zu Heroismus und Gewaltanwendung (++), Verbindung zum Unbewußten – *Abgeschwächt:* Einfluß der Luftsphäre, Dominanz der Ratio
8 Akbal		+ *Verstärkt:* Einfluß der Wasser- (++) und Erdsphäre (++), Schöpfer- und Tatkraft, Lebens- und sexuelle Energien – *Abgeschwächt:* Dominanz des Unbewußten, Intuition, Empathie und mediale Begabung, Neigung zu Depression und Todessehnsucht

9 Kan 	+ *Verstärkt:* männliche Aspekte, Einfluß der Wasser- (++) und Erdsphäre (++), musische Begabung, Empathie, Ausdrucksfähigkeit – *Abgeschwächt:* weibliche Aspekte, Wirkung der Gegensätze
10 Chicchan 	+ *Verstärkt:* Einfluß der Wasser- (++) und Feuersphäre, Dominanz des Unbewußten, Auflösungstendenzen – *Abgeschwächt:* Einfluß der Luftsphäre, Lebens- und sexuelle Energie, Integrationsfähigkeit
11 Cimi 	+ *Verstärkt:* weibliche Aspekte, Einfluß der Licht- und Wassersphäre, Auflösungstendenzen – *Abgeschwächt:* männliche Aspekte, Einfluß der Feuersphäre, philosophische und kreative Ausdrucksfähigkeit, Todessehnsucht, Neigung zu Gewalt * *Zusätzlich:* Neigung zu raschem Ermatten und Hinfälligkeit

12 Manik  **+ *Verstärkt:*** männliche Aspekte, Einfluß der Feuersphäre, Lebens- und sexuelle Energie
– *Abgeschwächt:* Einfluß der Luftsphäre, Neigung zu Agitation

13 Lamat  **+ *Verstärkt:*** männliche Aspekte, Einfluß der Luftsphäre, Bewußtheit, sexuelle Energie, Tendenz zu Selbstkasteiung
– *Abgeschwächt:* weibliche Aspekte, Einfluß der Lichtsphäre
* *Zusätzlich:* Anfälligkeit für Krankheiten

1 Muluc  **+ *Verstärkt:*** weibliche Aspekte, Einfluß der Licht- und Wassersphäre (++), Verbindung zum Unbewußten, Intuition, Beharrlichkeit
– *Abgeschwächt:* männliche Aspekte, Einfluß der Erdsphäre, Bewußtheit, visionäre Schöpferkraft, Abenteurer- und Fluchttendenzen

2 Oc 	**+ Verstärkt:** männliche Aspekte, Einfluß der Feuersphäre, sexuelle Energie (++), Neigung zu Gewalt und Obsessionen, Auflösungstendenzen (++) **– Abgeschwächt:** weibliche Aspekte, Einfluß der Erdsphäre, Suizidgefährdung
3 Chuen 	**+ Verstärkt:** Einfluß der Luftsphäre, Tatkraft, Bewußtheit, Lebens- und sexuelle Energie (++), Tendenz zu Genußexzessen **– Abgeschwächt:** Einfluß der Erdsphäre, handwerkliche Begabung, sinnliche Intensität
4 Eb 	**+ Verstärkt:** Einfluß der Licht- und Luftsphäre, Bewußtheit, Spiritualität (++), existentielle Zuversicht (++), Tatkraft (++), Selbstlosigkeit (++) **– Abgeschwächt:** Neigung zu Melancholie *** Kommentar:** Ein Tag, an dem »Engel in Menschengestalt« geboren werden!

5 Ben

+ *Verstärkt:* weibliche Aspekte, Einfluß der Wassersphäre (++), Verbindung zum Unbewußten und zur Körperwelt (++), Neigung zu Natur und Handarbeit (++)
– *Abgeschwächt:* männliche Aspekte, Einfluß der Erdsphäre, Schöpferkraft, Neigung zu Außenseitertum

6 Ix

+ *Verstärkt:* männliche Aspekte, Einfluß der Wasser- und Luftsphäre, Bewußtheit, Tat- und Schöpferkraft
– *Abgeschwächt:* weibliche Aspekte, Einfluß der Lichtsphäre, Neigung zu Kleinkunst und Introversion, Tendenz zu Depression und Isolation

7 Men

+ *Verstärkt:* Einfluß der Wassersphäre, Schöpferkraft (++), Verbindung zum Unbewußten
– *Abgeschwächt:* Einfluß der Lichtsphäre, Lebensenergie, Spiritualität, Ratio, Effizienz

8 Cib 		+ *Verstärkt:* Einfluß der Wasser- (++) und Erdsphäre, Schöpfer- und Tatkraft, Lebens- und sexuelle Energie – *Abgeschwächt:* Einfluß der Feuersphäre, Fluchttendenzen
9 Cabán 		+ *Verstärkt:* männliche Aspekte, Einfluß der Wasser- und Erdsphäre (++), Verbindung zum Unbewußten, Kreativität – *Abgeschwächt:* weibliche Aspekte, Wirkung der Gegensätze
10 Edznab		+ *Verstärkt:* Einfluß der Wasser- und Feuersphäre, Spiritualität und existentielle Zuversicht, Tendenz zu Weltferne und Isolation – *Abgeschwächt:* Einfluß der Luftsphäre, Lebens- und sexuelle Energien, Neigung zu Fanatismus und Rigidität
11 Cauac 		+ *Verstärkt:* weibliche Aspekte, Einfluß der Licht- und Wassersphäre (++), Fruchtbarkeit (++), Theatralik der Gefühlswelt – *Abgeschwächt:* männliche Aspekte, Schöpferkraft, Bewußtheit, ironische Distanz

12 Ahau  + **Verstärkt:** männliche Aspekte, Einfluß der Feuersphäre, Verbindung zur Körperwelt
– **Abgeschwächt:** Einfluß der Lichtsphäre, Bewußtheit, Ratio, Heroismus
* **Zusätzlich:** Tendenz, durch Harmonisierung zu innerem Frieden zu finden

---

13 Imix  + **Verstärkt:** männliche Aspekte, Einfluß der Luftsphäre, Bewußtheit
– **Abgeschwächt:** weibliche Aspekte, Einfluß der Wassersphäre, Verbindung zum Unbewußten, mediale und musische Begabung, Heilbegabung
* **Zusätzlich:** Anfälligkeit für Krankheiten

---

1 Ik  + **Verstärkt:** weibliche Aspekte, Einfluß der Licht- und Wassersphäre, Lebens- und sexuelle Energie, Fruchtbarkeit, Verbindung zum Unbewußten
– **Abgeschwächt:** männliche Aspekte, Einfluß der Luftsphäre, Neigung zu Heroismus, Technik und Abenteuer

2 Akbal 	+ *Verstärkt:* männliche Aspekte, Einfluß der Feuersphäre, Tatkraft, sexuelle Energie, Auflösungstendenzen – *Abgeschwächt:* Einfluß der Wassersphäre, Intuition, mediale Begabung, Neigung zu Introversion, psychische Labilität
3 Kan 	+ *Verstärkt:* männliche Aspekte, Einfluß der Luftsphäre, Tatkraft, Bewußtheit, Lebensenergie, Ausdrucksfähigkeit – *Abgeschwächt:* weibliche Aspekte, Einfluß der Wasser- und Erdsphäre, Verbindung zum Unbewußten, musische Begabung
4 Chicchan 	+ *Verstärkt:* Einfluß der Licht- und Luftsphäre (++), Bewußtheit, Wirkung der Gegensätze – *Abgeschwächt:* Einfluß der Wassersphäre, Verbindung zum Unbewußten, Fähigkeit zur Harmonisierung, Konfliktscheu

5 Cimi		**+ _Verstärkt:_** weibliche Aspekte, Einfluß der Wassersphäre (++), Verbindung zum Unbewußten, Empathie, Auflösungstendenzen **– _Abgeschwächt:_** männliche Aspekte, Einfluß der Feuersphäre, Neigung zu Depression und Melancholie, Tendenz zu Gewalt, Obsession und Todessehnsucht
6 Manik		**+ _Verstärkt:_** Einfluß der Wasser- und Luftsphäre (++), Bewußtheit (++), Tatkraft (++), Schöpferkraft (++), Lebensenergie (++), erotisches Charisma (++), Ungestüm (++), Neigung zu Täuschungen und Theatralik (++) **– _Abgeschwächt:_** keinerlei Aspekte! *** _Kommentar:_** Eine Mischung wie Dynamit!
7 Lamat		**+ _Verstärkt:_** männliche Aspekte, Einfluß der Wassersphäre, Auflösungstendenzen, Neigung zu Exzessen und sexueller Besessenheit **– _Abgeschwächt:_** weibliche Aspekte, Einfluß der Lichtsphäre, Spiritualität

8 Muluc	**🗝🗝 Gottheit der Zahl und des Tages identisch:** maximaler Einfluß des Maisgottes! **++ maximale Verstärkung aller Aspekte von Muluc ++**
9 Oc	**+ Verstärkt:** Einfluß der Wasser- und Erdsphäre (++), Auflösungstendenzen (++) **– Abgeschwächt:** Wirkung der Gegensätze, Neigung zu Exzessen, Gewalt und Obsessionen *** Kommentar:** Harmonisierende Wirkung
10 Chuen	**+ Verstärkt:** Einfluß der Wasser- und Feuersphäre, musische Begabung (++) **– Abgeschwächt:** Einfluß der Erdsphäre, Lebens- und sexuelle Energien, erotisches Charisma *** Kommentar:** An 10 Chuen kommen große Künstler zur Welt!

11 Eb  + *Verstärkt:* weibliche Aspekte, Einfluß der Licht- (++) und Wassersphäre (++), Verbindung zum Unbewußten und zur Körperwelt
– *Abgeschwächt:* männliche Aspekte, spirituelle Gewißheit, Verwurzelung im Geistigen, Selbstlosigkeit
* *Zusätzlich:* Neigung zu geistiger Ermüdung

12 Ben  + *Verstärkt:* männliche Aspekte, Einfluß der Feuersphäre, Schöpferkraft, Vorliebe für Handarbeit und Natur
– *Abgeschwächt:* Einfluß der Wasser- und Erdsphäre, Tendenz zum Außenseitertum

13 Ix  + *Verstärkt:* männliche Aspekte, Einfluß der Luftsphäre, Bewußtheit, Fähigkeit zur geistig-seelischen Reifung
– *Abgeschwächt:* weibliche Aspekte, Einfluß der Lichtsphäre, Intuition, Neigung zu Kleinkunst und Introversion, depressive Tendenz
* *Zusätzlich:* Anfälligkeit für Krankheiten

1 Men  + **Verstärkt:** weibliche
Aspekte, Einfluß der Licht- (++)
und Wassersphäre,
Lebensenergie (++)
– **Abgeschwächt:** männliche
Aspekte, Bewußtheit, Ratio,
Effizienz, Tatkraft
* **Zusätzlich:** Verbindung zum
Unbewußten, Intuition

2 Cib + **Verstärkt:** männliche Aspekte,
Einfluß der Feuersphäre,
Lebensenergie, Tatkraft,
Kreativität, Spontaneität
– **Abgeschwächt:** Einfluß der
Wasser- und Feuersphäre,
Tendenz zur Erstarrung und
Isolation

3 Cabán  + **Verstärkt:** männliche Aspekte,
Einfluß der Luftsphäre,
Bewußtheit, Tat- und
Schöpferkraft
– **Abgeschwächt:** weibliche
Aspekte, Einfluß der Erdsphäre,
Mangel an Kreativität
* **Zusätzlich:** Neigung zu
Erkrankungen der Atemwege

4 Edznab		**+ *Verstärkt:*** Einfluß der Licht- und Luftsphäre (++), Bewußtheit (++), Spiritualität (++), Tatkraft **– *Abgeschwächt:*** Weltferne, Tendenz zur Isolation und Rigidität
5 Cauac		**+ *Verstärkt:*** weibliche Aspekte, Einfluß der Wassersphäre (++), Verbindung zum Unbewußten, Beständigkeit **– *Abgeschwächt:*** männliche Aspekte, Bewußtheit, Schöpferkraft, Theatralik, Tendenz zu Lebenskatastrophen
6 Ahau		**+ *Verstärkt:*** Einfluß der Wasser- und Luftsphäre (++), Bewußtheit (++), Schöpfer- und Tatkraft (++), sexuelle Energie, Verbindung zur Körperwelt **– *Abgeschwächt:*** Einfluß der Lichtsphäre, Ratio, Effizienz, Tendenz zum Außenseitertum
7 Imix		**+ *Verstärkt:*** männliche Aspekte, Einfluß der Wassersphäre (++), Schöpfer- und Tatkraft **– *Abgeschwächt:*** weibliche Aspekte, Heilbegabung *** *Zusätzlich:*** Tendenz zu Gewalt und Katastrophen

8 Ik 	+ *Verstärkt:* Einfluß der Wasser- und Erdsphäre, Bewußtheit (++), Schöpfer- und Tatkraft (++), Verbindung zum Unbewußten, Lebens- und sexuelle Energien – *Abgeschwächt:* Ratio, Effizienz, Heroismus, Unbeständigkeit
9 Akbal 	+ *Verstärkt:* Einfluß der Wasser- (++) und Erdsphäre (++), Verbindung zum Unbewußten (++), Lebens- und sexuelle Energien, Auflösungstendenzen (++) – *Abgeschwächt:* Wirkung der Gegensätze, Neigung zu Todessehnsucht und psychischer Labilität
10 Kan 	+ *Verstärkt:* Einfluß der Wasser- (++) und Feuersphäre, Dominanz des Unbewußten, Empathie, Auflösungstendenzen – *Abgeschwächt:* Einfluß der Erdsphäre, Lebens- und sexuelle Energie, musische Begabung, Ausdrucksfähigkeit

11 Chicchan 		**+ Verstärkt:** weibliche Aspekte, Einfluß der Licht- und Wassersphäre (++), Auflösungstendenzen **– Abgeschwächt:** Einfluß der Luftsphäre, Bewußtheit, Fähigkeit zur Harmonisierung
12 Cimi 		**+ Verstärkt:** Einfluß der Feuersphäre (++), Auflösungstendenzen **– Abgeschwächt:** Einfluß der Wassersphäre, Melancholie, Neigung zu Kunst und Philosophie *** Zusätzlich:** Tendenz zu Exzessen und Erkrankungen
13 Manik 		**+ Verstärkt:** männliche Aspekte, Einfluß der Luftsphäre, Lebensenergie und Tatkraft (++), Ungestüm **– Abgeschwächt:** Tendenz zu Täuschung und Agitation, schauspielerische Begabung *** Zusätzlich:** Anfälligkeit für Erkrankung der Atmungsorgane
1 Lamat 		**Gottheit der Zahl und des Tages identisch:** maximaler Einfluß von Mondgöttin Ixquic! **++ Verstärkung aller Aspekte von Lamat ++**

2 Muluc

+ **Verstärkt:** männliche Aspekte, Einfluß der Feuersphäre, Zeugungs- und Schöpferkraft (++), sexuelle Energie, Flucht- und Auflösungstendenzen

– **Abgeschwächt:** Einfluß der Wasser- und Erdsphäre, Verbindung zum Unbewußten, Fruchtbarkeit

3 Oc

+ **Verstärkt:** Einfluß der Luftsphäre, Tatkraft, Bewußtheit

– **Abgeschwächt:** Einfluß der Erdsphäre, Resignation, Tendenz zu Gewalt und Obsessionen

* **Zusätzlich:** Anfälligkeit für körperliche Krankheiten

4 Chuen

+ **Verstärkt:** Einfluß der Licht- und Luftsphäre, Bewußtheit, Fähigkeit zur spirituellen Reifung

– **Abgeschwächt:** Einfluß der Erdsphäre, sexuelle Energie, Neigung zu Exzessen

* **Kommentar:** Eine Verbindung, die wahres Künstlertum begünstigt!

5 Eb		+ **Verstärkt:** weibliche Aspekte, Einfluß der Wassersphäre, Verbindung zum Unbewußten und zur Körperwelt, selbstlose Beständigkeit (++) – **Abgeschwächt:** männliche Aspekte, Bewußtheit, existentielle Zuversicht und Spiritualität
6 Ben		+ **Verstärkt:** Einfluß der Wasser- (++) und Luftsphäre, Bewußtheit (++), Schöpferkraft (++) – **Abgeschwächt:** Einfluß der Erdsphäre, Neigung zu Natur und Handarbeit
7 Ix		+ **Verstärkt:** männliche Aspekte, Einfluß der Wassersphäre, Verbindung zum Unbewußten (++), Auflösungstendenzen – **Abgeschwächt:** weibliche Aspekte, Einfluß der Lichtsphäre
8 Men		+ **Verstärkt:** Einfluß der Wasser- und Erdsphäre, Schöpfer- und Tatkraft (++), Lebens- und sexuelle Energie (++), Verbindung zum Unbewußten – **Abgeschwächt:** Einfluß der Lichtsphäre, Ratio, Effizienz

9 Cib  + **Verstärkt:** Einfluß der Wasser- (++) und Erdsphäre, Kreativität
– **Abgeschwächt:** Einfluß der Feuersphäre, Wirkung der Gegensätze, Bewußtheit, Ratio, Fluchttendenzen

10 Cabán + **Verstärkt:** männliche Aspekte, Einfluß der Wasser- und Feuersphäre
– **Abgeschwächt:** Einfluß der Erdsphäre, Lebens- und sexuelle Energien
* **Zusätzlich:** Neigung zu Erkrankungen und allgemeiner Mattigkeit

11 Edznab  + **Verstärkt:** weibliche Aspekte, Einfluß der Licht- und Wassersphäre, Verbindung zur Körperwelt, Lebens- und sexuelle Energie
– **Abgeschwächt:** männliche Aspekte, Einfluß der Luftsphäre, Bewußtheit, Spiritualität, Weltferne, Tendenz zu religiösem Fanatismus
* **Zusätzlich:** körperliche Anfälligkeit

12 Cauac 	+ *Verstärkt:* männliche Aspekte, Einfluß der Feuersphäre, sexuelle und Lebensenergie (++), Schöpferkraft (++), Tendenz zu (Beziehungs-)Katastrophen – *Abgeschwächt:* Einfluß der Wassersphäre, Distanz zur Gefühlswelt, Ausdrucksfähigkeit * *Zusätzlich:* Neigung zu plötzlichen Erkrankungen
13 Ahau 	+ *Verstärkt:* Einfluß der Luftsphäre – *Abgeschwächt:* Einfluß der Lichtsphäre, Wirkung der Gegensätze, Tendenz zu Außenseitertum

3 Das Haab-Orakel

Der zweite Teil des Götterorakels von Yucatán beruht auf den Einflüssen der Monats- und Zahlengötter des Sonnenkalenders der Maya. Mit seiner Hilfe kann sich der heutige Anwender vor allem zu Fragen folgender Art Aufschluß erwarten:
In welchem Jahresabschnitt bzw. an welchem Datum sollte ich anstehende berufliche oder private Unternehmungen ausführen bzw. tunlichst unterlassen? Das Anwendungsspektrum umfaßt alle erdenklichen Lebensbereiche und existentiellen Situationen, beispielsweise:

- Liebesangelegenheiten
- familiäre Fragen
- berufliche Probleme
- wirtschaftliche Entscheidungen
- Unternehmensgründung
- Gesundheitsprobleme
- Reisen, Umzug, Auswanderung
- künstlerische Tätigkeit ...

Handhabung des Haab-Orakels

Kurzfristige oder rückblickende Befragung

1. Schlagen Sie im Kalendarium des Anhangs die Haab-Daten des Zeitraums nach, in dem Sie eine bestimmte Unternehmung durchführen wollen oder bereits durchgeführt haben.
Beispiel: Sie planen, im 1. Halbjahr 1999 zu heiraten.
1. Januar bis 30. Juni 1999 = 8 Kankin bis 3 Tzec

2. Suchen Sie hier im 3. Kapitel die für Heiratsvorhaben geeigneten Zeiträume und in diesen die günstigsten Termine (wirksamen Haab-Daten) heraus. Sehen Sie hierfür zuerst im Register auf S. 161 ff. unter dem entsprechenden Stichpunkt und sodann unter den *Offenbarungen der Monatsgötter* in den betreffenden Zeiträumen nach.

   Beispiel: Gut geeignete Heiratszeiträume sind Pop und Zip; günstige Heiratstermine sind 1 Pop (9.4.99), 11 Pop (19.4. 99), 1 Zip (19.5.99) und 11 Zip (29.5.99).

3. Falls gewünscht, können Sie sich anschließend im 4. und 5. Kapitel darüber informieren, wie sich weitere Orakelgötter – Jahres-, Richtungs- und Wochentagsgötter – evtl. auf den gewählten Termin auswirken werden (Handhabung: siehe dort).

Langfristig vorausplanende Befragung

Noch weitaus mehr Möglichkeiten vorausschauender Lebensgestaltung eröffnet das Haab-Orakel, wenn man mit seiner Hilfe einen gewissen Zeitraum – beispielsweise ein ganzes Jahr – im voraus plant.

1. Stellen Sie in einer Liste die Vorhaben zusammmen, die Sie innerhalb des nächsten Jahres ausführen möchten bzw. müssen.

   Beispiele: Heirat, Umzug, Wechsel der Arbeitsstelle, Hauskauf, Familiengründung ...

2. Schlagen Sie im Kalendarium des Anhangs die Haab-Daten des betreffenden Zeitraums nach.

   Beispiel: 1.1.1999 bis 31.12.1999 = 8 Kankin bis 7 Kankin

3. Suchen Sie hier im 3. Kapitel auf S. 161 ff. im *Register der Ereignisse* unter den entsprechenden Stichpunkten die günstigen Zeiträume. Schlagen Sie sodann unter den *Offenbarungen der Monatsgötter* die idealen sowie die unbedingt zu meidenden Termine nach.

Beispiel Familiengründung/Kindszeugung: Gut geeignet ist Yax; besonders günstige Termine sind 1, 2, 5 und 6 Yax (6., 7., 10. und 11.10.99).

4. Falls gewünscht, können Sie nun im 4. und 5. Kapitel nachsehen, wie sich weitere Orakelgötter – Jahres-, Richtungs- und Wochentagsgötter – auf den gewählten Termin auswirken werden. Das Orakel der Jahresgötter läßt es u. U. als empfehlenswert erscheinen, gewisse Vorhaben in ein Folgejahr zu verschieben, sofern der Grundcharakter des aktuell geplanten Jahres beispielsweise für Heirat oder Geburt ungünstig ist (Handhabung: siehe dort).

Offenbarungen der Monatsgötter

Wegweiser

Monatsname	Orakel auf S. ....
Pop	168
Uo	170
Zip	172
Zotz	174
Tzex	176
Xul	178
Yaxkin	180
Mol	182
Chen	184
Yax	186
Zac	188
Ceh	190
Mac	192

Monatsname	Orakel auf S. . . .
Kankin 𒀭	194
Muan 𒀭	196
Pax 𒀭	198
Kayab 𒀭	201
Cumku 𒀭	203
Uayeb 𒀭	205

Register der Ereignisse und bevorzugten Zeiträume

Ereignis	Zeitraum
Abenteuer (erotisches)	Yax
Abschied von Ideen oder Dingen, die belasten	Zotz
Abschied vom Leben	Zotz
Abstreifen von Gewohnheiten und Zwängen	Yaxkin
Angriffe auf Gegner (wirtschaftlich, juristisch)	Zip
Arbeitsstelle wechseln	Pop
Auflösung von überlebten Partnerschaften	Zotz
Auseinandersetzungen (meiden)	Xul, Muan
Ausstellung eröffnen	Kankin
Auswanderung	Pop
Auszeit nehmen	Mac
Bauwerk vollenden, einweihen, eröffnen	Kankin
Beginn gefährlicher Reisen	Uo

Ereignis	Zeitraum
Beginn langfristiger Werke (Wissenschaft, Technik, Wirtschaft)	Chen
Beginn riskanter Unternehmungen	Uo
Beginn kreativer Unternehmungen	Yaxkin
Berufliche Karriere	Zip
Berufliches Desaster (sich hüten vor)	Pax, Cumku, Uayeb
Beziehung wiederbeleben	Tzec
Chaotische Affären	Xul
Dankopfer	Kankin
Einlösung alter Versprechen	Kankin
Einweihung	Kankin
Einzug	Kankin
Empfängnis eines Kindes	Uo, Ceh
Entspannung	Mac
Eröffnen (Bauwerk, Geschäft, Ausstellung)	Kankin
Erotisches Abenteuer	Yax
Erotische Jagdlist	Zac
Expansion (Unternehmen)	Zip
Fastenzeit	Mol
Ferien	Mac, Mol
Feste für die Sinne feiern	Mac

Ereignis	Zeitraum
Freundschaft schließen	Ceh
Friedliche Konfliktlösung	Tzec
Gefühle wiederbeleben	Tzec
Gegner angreifen	Zip
Gehaltsforderung stellen	Zac
Geistiges Wachstum	Tzec
Geschäft eröffnen	Kankin
Gesundheitsgefährdung (meiden)	Xul, Muan, Pax, Cumku, Uayeb
Gewohnheiten überwinden	Yaxkin
Heiratsantrag	Zip
Hochzeit	Pop, Zip
Innere Einkehr	Mol
Intrigen (sich hüten vor)	Muan
Irrtum (sich hüten vor)	Kayab
Isolation und Grübelei (meiden)	Xul, Cumku
Jagdlist (erotische)	Zac
Jemanden in sein Herz aufnehmen	Ceh
Jungbrunnen (inneren) wiederentdecken	Yaxkin
Karriere	Zip
Kämpfe um Verteilung und Wohlstand	Zac

Ereignis	Zeitraum
Landwirtschaftliche Unternehmung beginnen	Chen
Liebesnacht (heiße)	Yax
Liebeswerben	Zip
Konflikte aller Art (meiden)	Edznab, Uayeb
Konfliktlösung	Pop, Tzec
Kreative Unternehmung	Yaxkin
Kriegsgefahr	Pax, Cumku, Uayeb
Machtkampf austragen	Zac
Meditation	Mol
Mißgeschick und Mißverständnis (sich hüten vor)	Kayab
Mobbing (sich hüten vor)	Muan
Naturkatastrophe (sich hüten vor)	Pax, Cumku, Uayeb
Neue Beziehungen (meiden)	Xul
Operation (meiden)	Xul, Muan, Pax, Cumku, Uayeb
Pech (sich hüten vor)	Kayab
Pläne schmieden	Yaxkin

Ereignis	Zeitraum
Private Katastrophe (sich hüten vor)	Pax, Cumku, Uayeb
Publikation	Kankin
Reisen in gefährdete Gebiete (meiden)	Edznab, Cumku, Uayeb
Riskante Unternehmung	Uo
Riskante Unternehmung (meiden)	Muan, Edznab, Cumku, Uayeb
Scheidung	Zotz
Schwungvolle Aktion	Yaxkin
Seitensprung	Yax
Sinnlosigkeits- und Selbstmordgedanken (meiden)	Xul, Cumku, Uayeb
Spekulationsrisiko (sich hüten vor)	Muan, Pax
Spirituelles Wachstum	Tzec
Standort neu bestimmen	Mol
Stimmung aufhellen	Cumku
Streik	Zac
Studien	Tzec
Täuschungsversuch (sich hüten vor)	Kayab
Taufe	Pop

Ereignis	Zeitraum
Technische Unternehmung beginnen	Chen
Tod (sich lösen)	Zotz
Trennung	Zotz
Unbewußtes (Öffnung für)	Ceh
Unternehmensgründung	Pop, Chen
Umzug	Pop
Urlaub allein	Mol
Verführung wagen, erlauben	Zip
Verlockende Angebote (meiden)	Xul
Versöhnungschancen nutzen	Kayab
Versprechen einlösen	Kankin
Verteilungskampf ausfechten	Zac
Verwöhnen (sich selbst)	Mac
Visionäre Konzeption oder Schöpfung	Uo, Yax, Ceh
Vollendung von Bauwerken	Kankin
Vollendung langfristiger Werke (Wissenschaft, Technik, Wirtschaft)	Chen
Vorhaben aufschieben	Uayeb
Wachstum, geistiges und spirituelles	Tzec
Wechsel der Arbeitsstelle	Pop
Wiedererwachen totgeglaubter Beziehungen und Gefühle	Tzec

Ereignis	Zeitraum
Wirtschaftliches Risiko	Muan, Pax, Cumku, Uayeb
Wirtschaftliche Unternehmung beginnen	Pop, Chen
Wissenschaftliche Unternehmung beginnen	Chen
Wohlstand (kämpfen um)	Zac
Zerwürfnis (sich hüten vor)	Muan, Cumku, Uayeb
Zeugung eines Kindes	Uo, Yax
Zwänge überwinden	Yaxkin

Pop – der erste Monat

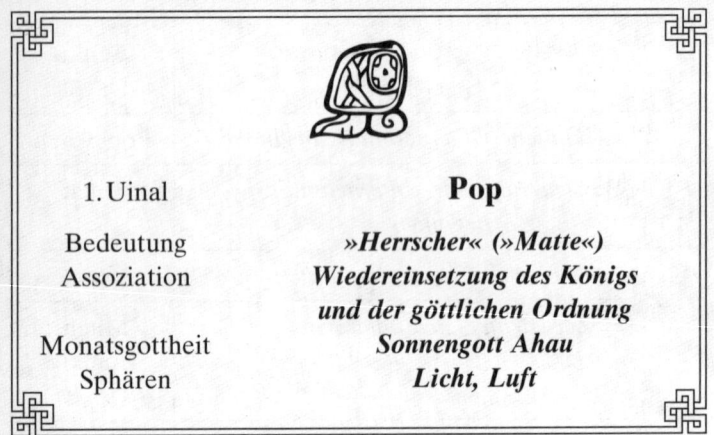

1. Uinal	**Pop**
Bedeutung	*»Herrscher« (»Matte«)*
Assoziation	*Wiedereinsetzung des Königs*
	und der göttlichen Ordnung
Monatsgottheit	*Sonnengott Ahau*
Sphären	*Licht, Luft*

Tradition und Mythos:

Am Neujahrstag *mi Pop* lag eine furchtbare Zeit hinter den Maya: die fünf gottlosen, dem Chaos preisgegebenen Tage des Schluß-»Monats« oder Jahreswandlers Uayeb. Nach diesen Tagen der Lähmung und des Schreckens, an denen der Untergang der Welt jederzeit möglich schien, begrüßten die klassischen Maya um so freudiger und ausgelassener die Wiederkehr der Götter, insbesondere ihres himmlischen »Herrn Sonnengesicht«, mit überschwenglichen Neujahrszeremonien. So ist Pop im kalendarischen wie auch im übertragenen Sinn nach einer Phase des Zweifelns und Zagens, der Verzweiflung und des drohenden Chaos der Monat wiederkehrenden Mutes, neuer Hoffnungen und Pläne und des Neubeginns im Leben der Gemeinschaft wie auch des einzelnen Menschen.

 Pop

Charakterisierung nach dem Götterorakel	
Rituale und Symbolik	**Neujahrszeremonien Anrufung Ahaus**
Bedeutung im Lebenszyklus	**Geburt, Wiedergeburt Beginn, Neubeginn**
Korrespondierende Zahlengottheit	**Herr Vier** 🗞
Empfehlungen	**Hochzeit, Taufe; Umzug, Wechsel der Arbeitsstelle, Unternehmensgründung; Auswanderung; Konfliktlösung**

Ereignis:	Verstärkende Zahlengottheit	Wirksame Haabdaten
Hochzeit:	**Mondgöttin** 🗞 **Liebesgott** 🗞	**1 (11) Pop** **2 (12) Pop**
Taufe:	**Mondgöttin** 🗞 **Urgöttin** 🗞 **Maisgott** 🗞	**1 (11) Pop** **5 (15) Pop** **8 (18) Pop**
Umzug:	**Windgott** 🗞 **Sonnengott** 🗞	**3 (13) Pop** **4 (14) Pop**
Konfliktlösung:	**Sonnengott** 🗞 **Jaguargott** 🗞	**4 (14) Pop** **7 (17) Pop**

Uo – der zweite Monat

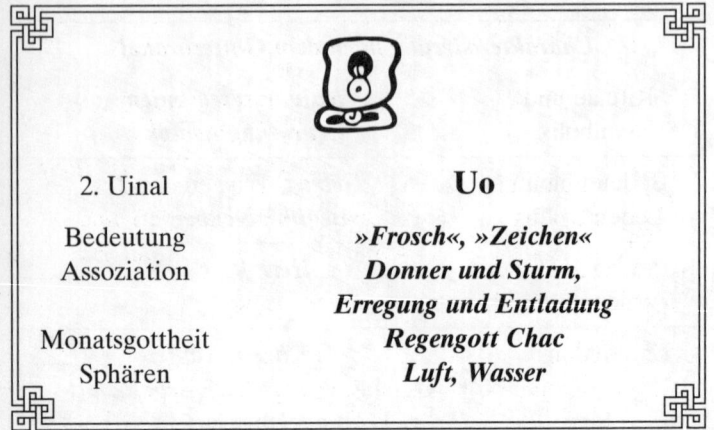

2. Uinal	**Uo**
Bedeutung	*»Frosch«, »Zeichen«*
Assoziation	*Donner und Sturm,*
	Erregung und Entladung
Monatsgottheit	*Regengott Chac*
Sphären	*Luft, Wasser*

Tradition und Mythos:

Der Frosch ist ein Nagual des Regengottes Chac, der folglich über den 2. Uinal herrscht. Dieser leidenschaftliche Gott ist bis heute bei den Maya äußerst populär. Mit seiner raschen Erregbarkeit, auf die ebenso rasche Entladung folgt, verkörpert Chac die männliche Fruchtbarkeit des Götterhimmels Oxlahun-ti-ku. Als »Himmelssamen« befruchtet der Regen die Äkker, und so sind Uo und seine Gottheit Chac all jenen besonders zugeneigt, die auf männliche Weise etwas Neues zeugen oder erzeugen, ersinnen oder kreieren möchten. Allerdings ist Chac auch ob seiner Theatralik berüchtigt, und entsprechend gilt Uo zudem als Uinal jener Täuschungen und Mißverständnisse, die nicht auf Hinterlist, sondern auf Leidenschaft und Entflammbarkeit beruhen.

🔯 Uo

Charakterisierung nach dem Götterorakel	

Rituale und Symbolik	**Anrufung des Regengottes** **Theater der Leidenschaften** **Feier der männlichen Fruchtbarkeit**
Bedeutung im Lebenszyklus	**Zeugung, Erzeugung; Vision,** **Schöpfung, Wagnis, Pioniertat**
Korrespondierende Zahlengottheit	**Herr Sechs** 🔯
Empfehlungen	**Zeugung, Empfängnis;** **visionäre Konzeptionen; Beginn** **gefährlicher Reisen und riskanter** **Unternehmungen**

Ereignis:	**Verstärkende** **Zahlengottheit**	**Wirksame** **Haabdaten**
Zeugung, *Empfängnis:*	**Mondgöttin** 🔯 **Liebesgott** 🔯 **Urgöttin** 🔯 **Regengott** 🔯 **Maisgott** 🔯	**1 (11) Uo** **2 (12) Uo** **0 Uo, 5 (15) Uo** **6 (16) Uo** **8 (18) Uo**
Vision, Kreation:	**Mondgöttin** 🔯 **Regengott** 🔯	**1 (11) Uo** **6 (16) Uo**
Riskante *Unternehmung:*	**Sonnengott** 🔯 **Jaguargott** 🔯	**4 (14) Uo** **7 (17) Uo**

Zip – der dritte Monat

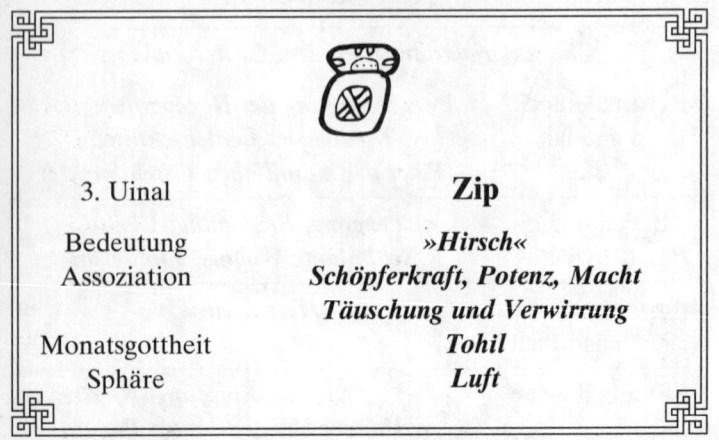

3. Uinal	**Zip**
Bedeutung	*»Hirsch«*
Assoziation	*Schöpferkraft, Potenz, Macht*
	Täuschung und Verwirrung
Monatsgottheit	*Tohil*
Sphäre	*Luft*

Tradition und Mythos:

Zip ist der Monat des Großen Hirschgottes Tohil, einer beein-
druckenden Manifestation des Urdrachengottes Kukulkán. Im
Zeichen Tohils ist Zip hauptsächlich der Jagd gewidmet. Als
großer Täuschungskünstler beschützt Tohil auch jene, die
durch Überlistung und Erschleichen zum Ziel zu kommen
trachten – vorausgesetzt, sie haben durch reichliche Opfer zu-
vor Kukulkáns Gunst erwirkt. Anstelle von Blut (eigenem
oder gar dem Lebenssaft eines unglücklichen Gefangenen) op-
fern heutige Maya dem Großen Hirschgott einen Gegenstand,
von dem sich zu trennen sie wirklich schmerzt. Wie in klassi-
scher Zeit gilt in Yucatán noch heute: Was auch immer man
zu erbeuten hofft, sollte man während des Uinals Zip an sich
zu bringen versuchen.

⊗ Zip

Charakterisierung nach dem Götterorakel	
Rituale und Symbolik	**Anrufung des Großen Hirschgottes** **Schmerzliche Opfer zu Ehren Tohils**
Bedeutung im Lebenszyklus	**Erbeuten, erjagen** **Umwerben, verführen, überlisten**
Korrespondierende Zahlengottheit	–
Empfehlungen	**Liebeswerben, Verführung, Heiratsantrag; berufliche Karriere/ Expansion; Angriffe auf Gegner (wirtschaftlich, juristisch)**

Ereignis:	*Verstärkende Zahlengottheit*	*Wirksame Haabdaten*
Liebe, Heirat:	*Mondgöttin* ⊘ *Liebesgott* ⊗	*1 (11) Zip* *2 (12) Zip*
Karriere, Expansion:	*Sonnengott* ⊗	*4 (14) Zip*
Angriff auf Gegner:	*Sonnengott* ⊗ *Jaguargott* ⊗	*4 (14) Zip* *7 (17) Zip*

Zotz – der vierte Monat

4. Uinal	**Zotz**
Bedeutung	*»Fledermaus«*
Assoziation	*Menschenopfer; Krieg und Katastrophen; gewaltsamer Tod*
Monatsgottheit	*Todesgott Chamalcán*
Sphäre	*Wasser, Feuer*

Tradition und Mythos:

Die Fledermaus ist ein Nagual des Todesgottes, den der Maya-Stamm der Tzotziles (»Fledermausmenschen«) noch heute unter dem Namen Chamalcán verehrt. Das mythische Fledermaushaus zählt zu den größten Schrecken von Xibalbá: Der Todesvampir Camalótz reißt jedem, der es betritt, den Kopf ab – womit er freilich zugleich die Voraussetzung für erfolgreiche Wiedergeburt schafft. Zur Beschwichtigung und zu Ehren dieser Erscheinungsform des Todesgottes brachten die Maya daher in alter Zeit auch Menschenopfer dar. Ohne diese blutigen Bräuche wiederbeleben zu wollen, erkennen wir heute doch den symbolischen Gehalt des Rituals: Der Tod ist ebenso wie die Geburt ein integraler Bestandteil des Lebens. Nur wenn wir ihn in unsere Wirklichkeit hineinnehmen, können wir uns immer wieder erneuen im – symbolischen oder tatsächlichen – Akt der Wiedergeburt.

 Zotz

Charakterisierung nach dem Götterorakel	
Rituale und Symbolik	*Menschenopfer zu Ehren Chamalcáns; Tod, der Wiedergeburt verheißt*
Bedeutung im Lebenszyklus	*Verlust von Menschen; Trennung von alten Dingen und Ideen; Sterben und Tod*
Korrespondierende Zahlengottheit	*Herr Zehn* 𐋽
Empfehlungen	*Auflösung von überlebten Partnerschaften; Abschied von Ideen oder Dingen, die belasten*
Warnung	*Keine Operationen an 13 Zotz!*

Ereignis:	*Verstärkende Zahlengottheit*	*Wirksame Haabdaten*
Scheidung, Trennung von Partnern etc.:	*Todesgott* 𐋽 *Jaguargott* 𐋽	*10 Zotz* *17 (7) Zotz*
Befreiung von alten Ideen und Dingen:	*Yax-Balam* 𐋽	*19 (9) Zotz*
Abschied von diesem Leben:	*Todesgott* 𐋽	*10 Zotz*

5. Uinal	**Tzec**
Bedeutung	*»Honigbiene«*
Assoziation	*Friedfertigkeit, Fruchtbarkeit und Wachstum; Bewußtheit, Energie und Wiedergeburt*
Monatsgottheiten	*Bacabes (Richtungsgötter), v. a. Hobnil, der Gelbe Gott des Südens*
Sphäre	*Luft, Erde*

Tradition und Mythos:

Als die Götter das Universum schufen, setzten sie als Stützen der Himmelsecken die vier Bacabes ein, die bis heute zusammen mit den jeweiligen Jahresgöttern verehrt werden. Wichtigster Regent des Uinals Tzec ist Hobnil, der Gelbe Richtungsgott des Südens. Der friedfertige Hobnil gilt auch als »einziger Bacab ohne Sünde«; sein Nagual ist die Biene, da er zugleich als Gott der Imker und Honigbienen amtiert. Diese verkörpern für die Maya nicht allein Fruchtbarkeit, sondern auch Bewußtheit, Lebensenergie und Wiedergeburt: Ein ausgehöhlter Kürbis voll summender Bienen symbolisiert das Wunder des Menschenkopfes, der von Geist (Bewußtheit, Gedanken) erfüllt ist. Tzec ist also der Monat friedlichen Umgangs, fruchtbaren Wachstums und zugleich eine Zeit, da Totgeglaubtes wieder zum Leben erwachen kann.

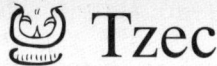 # Tzec

Charakterisierung nach dem Götterorakel

Rituale und Symbolik	***Honigopfer zu Ehren Hobnils Wunder des Wachstums und der Unsterblichkeit***
Bedeutung im Lebenszyklus	***Geistiges und spirituelles Wachstum; friedliche Konfliktlösung; Wiedererwachen totgeglaubter Beziehungen und Gefühle***
Korrespondierende Zahlengottheit	–
Empfehlungen	***Innehalten und meditative Selbstbefragung; weiterführende Studien; Beilegung schwelender Konflikte; Wiederbelebung alter Freundschaften und Gefühle***

Ereignis:	*Verstärkende Zahlengottheit*	*Wirksame Haabdaten*
Innehalten und Selbstbefragung:	*Windgott* *Yax-Balam*	*13 (3) Tzec* *19 (9) Tzec*
Studien:	*Sonnengott*	*4 (14) Tzec*
Konfliktlösung:	*Liebesgott* *Urgöttin*	*2 (12) Tzec* *5 (15) Tzec*
Alte Beziehung erneuern:	*Mondgöttin* *Liebesgott* *Urgöttin* *Maisgott*	*1 (11) Tzec* *2 (12) Tzec* *5 (15) Tzec* *8 (18) Tzec*

Xul – der sechste Monat

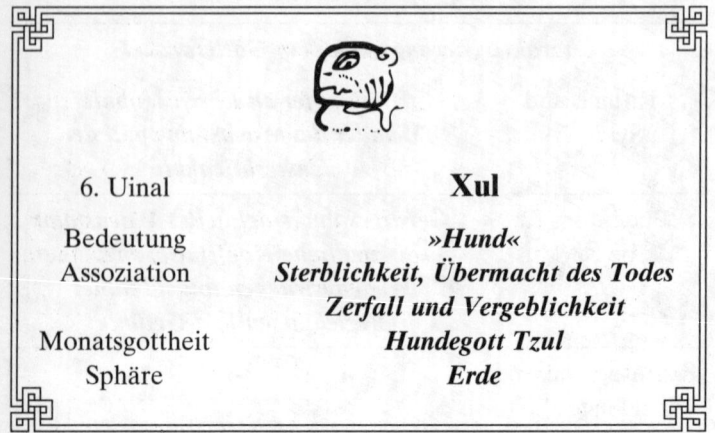

6. Uinal	**Xul**
Bedeutung	*»Hund«*
Assoziation	*Sterblichkeit, Übermacht des Todes*
	Zerfall und Vergeblichkeit
Monatsgottheit	*Hundegott Tzul*
Sphäre	*Erde*

Tradition und Mythos:

Der Hund ist das Nagual des Hundegottes Tzul, der die widrigsten Aspekte der Unterwelt verkörpert: tödliche Krankheit, elendes Sterben, Fäulnis; aber auch Ausschweifung und Zügellosigkeit im Bann von Todesobsessionen. Bis heute wird Tzul, dessen Regent mit dem »Kot fressenden Geier« liiert ist, als der Zeitabschnitt angesehen, in dem man in besonderem Maß der Gefahr unterliegt, Gesetze oder moralische Gebote zu mißachten und sich in Abgründe der Gewalt, des Verbrechens oder der Leidenschaft zu stürzen. Auch gilt Tzul als »Zeit der Selbstmörder« und allgemein als Phase, in der dem Geist Verdüsterung droht. Es ist folglich ein Monat, in dem man tunlichst nichts Konstruktives beginnen sollte – weder im privaten noch im beruflichen Bereich.

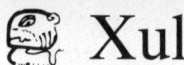 Xul

Charakterisierung nach dem Götterorakel

Rituale und Symbolik	*Orgiastische Feier der Gottheiten von Tod und Verwesung Verdüsternde Übermacht des Todes*
Bedeutung im Lebenszyklus	*Einbruch von Gewalt und Leidenschaft, Unordnung und Verwirrung, Krankheit, Selbstmordgedanken, Tod*
Korrespondierende Zahlengottheit	*Herr Zehn*
Empfehlungen	*Meiden von Auseinandersetzungen, verlockenden Angeboten, neuen Beziehungen, Gefährdung der Gesundheit, Isolation und Grübelei*
Warnung	*Keine gesundheitsgefährdenden Aktionen (Operationen, Risikosport etc.) an 10 Xul!*

Ereignis:	Verstärkende Zahlengottheit	Wirksame Haabdaten
Gewaltkonflikte:	*Todesgott*	*10 Xul*
	Regengott	*16 (6) Xul*
	Jaguargott	*17 (7) Xul*
Ruinöse Verlockungen:	*Todesgott*	*10 Xul*
	Sonnengott	*14 (4) Xul*
Chaotische Affären:	*Mondgöttin*	*11 (1) Xul*
	Liebesgott	*12 (2) Xul*
	Regengott	*16 (6) Xul*

Gesundheitsrisiken:	Todesgott 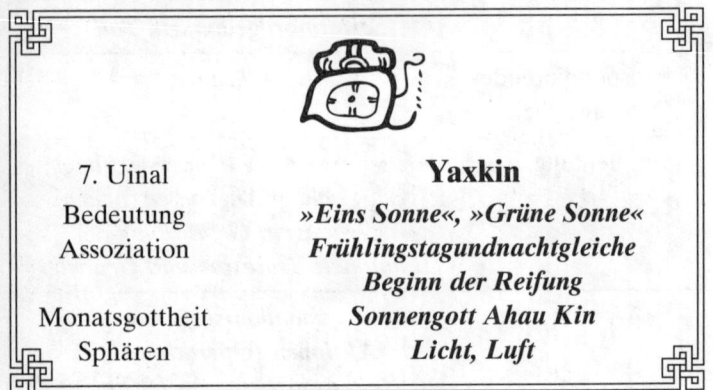	10 Xul
	Mondgöttin	11 (1) Xul
	Windgott	13 (3) Xul
Sinnlosigkeits- und Selbstmord- gedanken:	Todesgott	10 Xul
	Maisgott	18 (8) Xul
	Yax-Balam	19 (9) Xul

Yaxkin – der siebte Monat

7. Uinal	**Yaxkin**
Bedeutung	*»Eins Sonne«, »Grüne Sonne«*
Assoziation	*Frühlingstagundnachtgleiche*
	Beginn der Reifung
Monatsgottheit	*Sonnengott Ahau Kin*
Sphären	*Licht, Luft*

Tradition und Mythos:

Yaxkin ist der Uinal der »grünen« Sonne, des ersten Sonnen-höchststandes im Frühling, wenn sich Ebenen und Hügel mit prangendem Grün überziehen. Es ist der Monat des hero-ischen jungen Sonnengottes Hunahpú, der mit seinem »grü-nen« Strahl die Weltachse in den Himmel malt. Sein Glanz und seine Größe flößen Hoffnung auf reiche Ernte und ein fruchtbares Jahr ein, und so steht Yaxkin auch im Leben des einzelnen Menschen für die Phase des hoffnungsvollen Beginnens oder Neuanfangs voller Elan und jugendlicher Energien, voller Pläne und Hoffnungen, zu deren Erfüllung man ein ganzes, unerschöpflich reiches Leben vor sich hat.

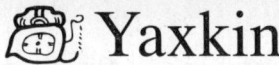 # Yaxkin

Charakterisierung nach dem Götterorakel	
Rituale und Symbolik	*Feier der 1. Tagundnachtgleiche; Anrufung der Götter für ein gutes Jahr; Glück und Kraft der Jugendzeit*
Bedeutung im Lebenszyklus	*Energie, Schöpferkraft und Träume der Jugend; Abschütteln alter Zwänge und Gewohnheiten; Selbstverjüngung und neue Pläne schmieden*
Korrespondierende Zahlengottheit	*Herr Vier* 🎴
Empfehlungen	*Beginn von Unternehmungen, die jugendlichen Elan und Kreativität erfordern; Abstreifen von Gewohnheiten und Zwängen; den inneren Jungbrunnen wiederentdecken*

Ereignis:	Verstärkende Zahlengottheit	Wirksame Haabdaten
Schwungvolle und kreative Aktionen:	*Mondgöttin* 🎴	*1 (11) Yaxkin*
	Liebesgott 🎴	*2 (12) Yaxkin*
	Sonnengott 🎴	*4 (14) Yaxkin*
	Regengott 🎴	*6 (16) Yaxkin*
Zwänge abschütteln, Selbstverjüngung:	*Sonnengott* 🎴	*4 (14) Yaxkin*
	Urgöttin 🎴	*5 (15) Yaxkin*
	Jaguargott 🎴	*7 (17) Yaxkin*
	Yax-Balam 🎴	*9 (19) Yaxkin*
Neue Pläne schmieden:	*Sonnengott* 🎴	*4 (14) Yaxkin*
	Maisgott 🎴	*8 (18) Yaxkin*

Mol – der achte Monat

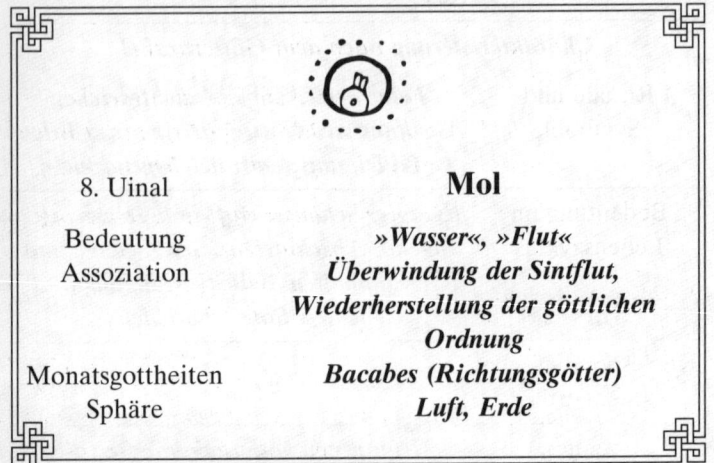

8. Uinal	**Mol**
Bedeutung	*»Wasser«, »Flut«*
Assoziation	*Überwindung der Sintflut,*
	Wiederherstellung der göttlichen
	Ordnung
Monatsgottheiten	*Bacabes (Richtungsgötter)*
Sphäre	*Luft, Erde*

Tradition und Mythos:

Immer im Uinal Mol fertigten die klassischen Maya sogenannte Acantunes an, geschnitzte Bilder der Bacabes oder Richtungsgötter, die sie an den vier Ein- und Ausgängen ihrer Städte und Tempel entsprechend den vier Himmelsrichtungen aufstellten. Während sie die Idole schnitzten, mußten die Hilfspriester fasten, ihren Frauen fernbleiben und durften tunlichst nicht einmal von ihnen träumen. Das Ritual vergegenwärtigte die Sintflut, welche die Bacabes als einzige überlebt hatten, und die Wiederherstellung der göttlichen Ordnung, ohne welche die Menschen im Chaos versinken würden. So ist Mol bis heute der Monat, in dem man die bestehende Ordnung bekräftigt und sich erforderlichenfalls innerhalb dieser göttlichen Ordnung neu orientiert.

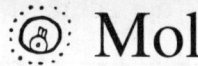 # Mol

Charakterisierung nach dem Götterorakel		
Rituale und Symbolik	*Anfertigen der Idole der Bacabes; Blutopfer zu Ehren der Richtungsgötter; Bekräftigung der göttlichen Ordnung*	
Bedeutung im Lebenszyklus	*Befristeter Ausstieg, Selbstbesinnung, Neuorientierung*	
Korrespondierende Zahlengottheit	–	
Empfehlungen	*Meditations- und Fastenzeit; Urlaub allein und innere Einkehr; den eigenen Standort neu bestimmen*	
Ereignis:	*Verstärkende Zahlengottheit*	*Wirksame Haabdaten*
Meditieren und fasten:	*Windgott* *Todesgott*	*13 Mol* *10 Mol*
Stiller Urlaub:	*Urgöttin* *Todesgott* *Yax-Balam*	*0 Mol, 15 Mol* *10 Mol* *19 Mol*
Geistige Neuorientierung:	*Todesgott* *Sonnengott*	*10 Mol* *14 Mol*

Chen – der neunte Monat

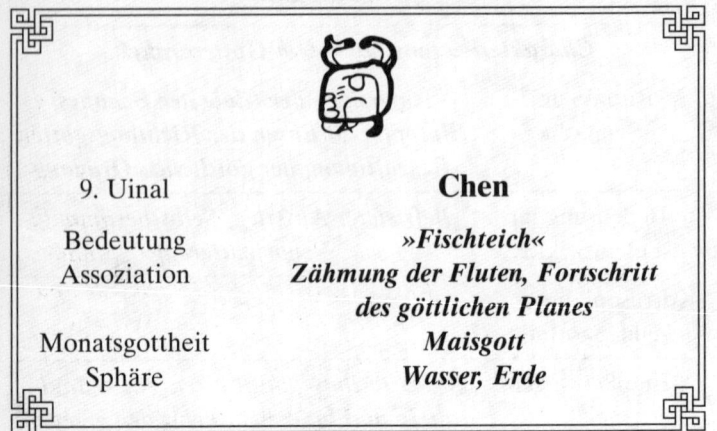

9. Uinal	**Chen**
Bedeutung	*»Fischteich«*
Assoziation	*Zähmung der Fluten, Fortschritt des göttlichen Planes*
Monatsgottheit	*Maisgott*
Sphäre	*Wasser, Erde*

Tradition und Mythos:

Der Fisch ist das Nagual des jungen Maisgottes in seiner Manifestation als Mais-Fisch-Gott, den wir bereits als Regenten des Tzolkin-Tages Muluc kennengelernt haben. Im Gegensatz zum vorausgegangenen Uinal Mol, der für die urtümlichen Fluten und deren erste Eingrenzung stand, symbolisiert Chen die gezähmten Gewässer, worunter bei den Maya stets Flüsse und Seen voller Fische und die mit fruchtbarem Schlamm planvoll überschwemmten Maisfelder zu verstehen sind. Der Mais-Fisch-Gott verkörpert männliche Fruchtbarkeit, aber auch den Zyklus von Opfertod und Wiederauferstehung. Chen ist folglich die Zeit der Zeremonien für reiche Fischbeute und Maisernte, im übertragenen Sinn der Monat, in dem man um göttlichen Beistand für Pläne und Projekte bittet, die unsere Vernunft ersonnen und unsere Tatkraft ins Werk gesetzt hat.

 Chen

Charakterisierung nach dem Götterorakel

Rituale und Symbolik	*Stelzentänze und Opfer zu Ehren des Mais-Fisch-Gottes Feier der männlichen Schöpfer- und Tatkraft*
Bedeutung im Lebenszyklus	*Planende Vernunft, Weitsicht und Tatkraft; existentielle Zuversicht und Mut zu großangelegten Werken*
Korrespondierende Zahlengottheit	*Herr Acht* 🔲
Empfehlungen	*Beginn bzw. Vollendung langfristiger, Tatkraft erfordernder Werke in Wissenschaft, Technik oder Wirtschaft, v. a. in der Landwirtschaft*

Ereignis:	*Verstärkende Zahlengottheit*	*Wirksame Haabdaten*
Wissenschaftliches Werk:	*Windgott* 🔲 *Sonnengott* 🔲 *Jaguargott* 🔲 *Maisgott* 🔲	*3 (13) Chen* *4 (14) Chen* *7 (17) Chen* *8 (18) Chen*
Technische Unternehmung:	*Windgott* 🔲 *Sonnengott* 🔲 *Maisgott* 🔲	*3 (13) Chen* *4 (14) Chen* *8 (18) Chen*
Wirtschaftliche Tat:	*Sonnengott* 🔲 *Regengott* 🔲 *Maisgott* 🔲 *Yax-Balam* 🔲	*4 (14) Chen* *6 (16) Chen* *8 (18) Chen* *9 (19) Chen*

Yax – der zehnte Monat

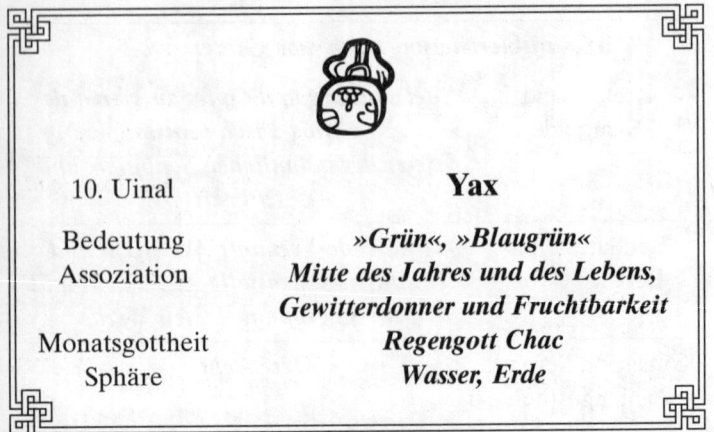

10. Uinal	**Yax**
Bedeutung	*»Grün«, »Blaugrün«*
Assoziation	*Mitte des Jahres und des Lebens,*
	Gewitterdonner und Fruchtbarkeit
Monatsgottheit	*Regengott Chac*
Sphäre	*Wasser, Erde*

Tradition und Mythos:

Der Tag 0 Yax bezeichnet das Zentrum des Maya-Jahres: Je 180 Tage liegen nun vor und hinter uns. Diese zeitliche Mitte faßten die klassischen Maya ebenso als räumliche Mittelachse auf: *Yax* bedeutet »Blaugrün«, worunter eine Farbe zu verstehen ist, die das Blau des Götterhimmels und das üppige Grün der Regenwälder umfaßt. Die Gottheit dieses Uinals ist folglich der so theatralische wie fruchtbare Regengott Chac, den die Maya auch als vierfaltige Gottheit auffassen, als vier Chaces oder Regenherren, die wie die Winde aus allen vier Himmelsrichtungen nahen können. Bis heute gilt Yax als Jahresabschnitt, in dem man all das ausführen sollte, was sowohl männlicher Schöpferkraft als auch aufnahmebereiter weiblicher Fruchtbarkeit bedarf.

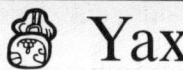 # Yax

Charakterisierung nach dem Götterorakel

Rituale und Symbolik	**Anrufung der Regenherren** **Erneuerung der Tempelmauern**
Bedeutung im Lebenszyklus	**Fruchtbare Vereinigung von Mann und Frau bzw. des männlichen und des weiblichen Prinzips**
Korrespondierende Zahlengottheit	**Herr Sechs**
Empfehlungen	**Heiße Liebesnacht; erotisches Abenteuer; Zeugung eines Kindes; visionäre künstlerische Schöpfung**

Ereignis:	**Verstärkende Zahlengottheit**	**Wirksame Haabdaten**
Liebesnacht, Seitensprung:	*Mondgöttin* *Liebesgott* *Regengott*	*1 (11) Yax* *2 (12) Yax* *6 (16) Yax*
Zeugung und Empfängnis:	*Mondgöttin* *Liebesgott* *Urgöttin* *Regengott*	*1 (11) Yax* *2 (12) Yax* *5 (15) Yax* *6 (16) Yax*
Künstlerische Schöpfung:	*Mondgöttin* *Urgöttin* *Regengott* *Yax-Balam*	*1 (11) Yax* *5 (15) Yax* *6 (16) Yax* *9 (19) Yax*

Zac – der elfte Monat

11. Uinal	**Zac**
Bedeutung	*»Weiß«, »Hirsch«*
Assoziation	*Jagd, Unterwerfung, Blutvergießen*
	Überfluß und Sättigung
Monatsgottheit	*Tohil*
Sphäre	*Luft*

Tradition und Mythos:

Das Nagual dieses Monats ist der Hirsch, der regierende Gott folglich Tohil, der sich bevorzugt als Weißer Hirsch manifestiert. Es ist der Gott der Jagd und Überwältigung, eine sehr virile Gottheit, die – wie erwähnt – auch vor grober Täuschung nicht zurückschreckt, um ihre stets machtorientierten Ziele zu erreichen. Aber damit gemahnt der Große Hirschgott uns auch an die Tatsache, daß wir im Leben manchmal nicht umhin können, uns dem Kampf zu stellen, wenn ein Konflikt anders nicht auszufechten oder ein wichtiges Ziel nur so zu erreichen ist. Zac ist folglich der Monat, in dem auch der einzelne Mensch – in privaten Dingen wie im Beruf – fälligen Konflikten nicht länger ausweichen sollte: Die Siegeschancen stehen gut wie nie!

☷ Zac

Charakterisierung nach dem Götterorakel	
Rituale und Symbolik	*Opfer zu Ehren des Jagdgottes Feier der Kraft und List des Jägers*
Bedeutung im Lebenszyklus	*Macht- und Positionskämpfe; die eigene Kraft und List erproben; erotische Jagd; Erfahrung von Gewalt und Grausamkeit*
Korrespondierende Zahlengottheit	–
Empfehlungen	*Anstehende Machtkämpfe, erotische Jagdlist, Kämpfe um Verteilung und Wohlstand*
Warnung	*Achtung vor Gewalt an 10 Zac und 17 Zac!*

Ereignis:	Verstärkende Zahlengottheit	Wirksame Haabdaten
Machtkampf in Beziehung oder Familie:	Mondgöttin ☽ Liebesgott ☿ Sonnengott ☼	1 (11) Zac 2 (12) Zac 4 (14) Zac
Machtkampf im Beruf:	Sonnengott ☼ Jaguargott ☵	4 (14) Zac 7 (17) Zac
Erotische Jagdlist:	Mondgöttin ☽ Liebesgott ☿ Regengott ☷	1 Zac 2 Zac 6 Zac
Verteilungskampf (z. B. Gehalts- forderung, Streik):	Sonnengott ☼ Jaguargott ☵	4 (14) Zac 7 (17) Zac

Ceh – der zwölfte Monat

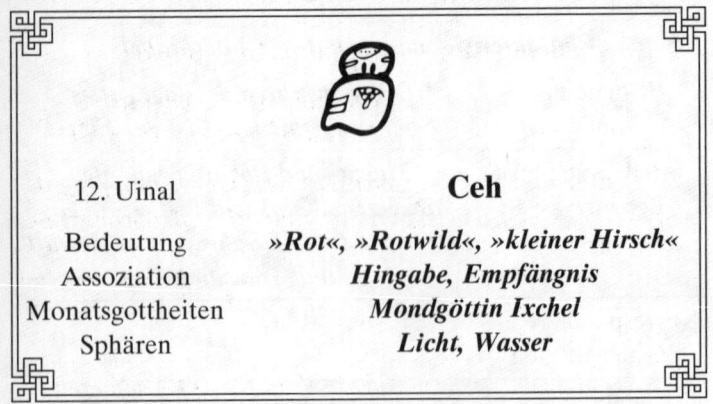

12. Uinal	**Ceh**
Bedeutung	*»Rot«, »Rotwild«, »kleiner Hirsch«*
Assoziation	*Hingabe, Empfängnis*
Monatsgottheiten	*Mondgöttin Ixchel*
Sphären	*Licht, Wasser*

Tradition und Mythos:

Nicht zufällig folgen die Uinals Zac und Ceh unmittelbar aufeinander: Auch Ceh steht im Zeichen des Hirschen, genauer gesagt jenes Rotwilds, das bei den Maya »kleiner Hirsch« heißt. Entsprechend erweist sich Ceh als Nagual jener weiblichen Gottheit, die Hirschgott Tohil auf vielen klassischen Darstellungen in eindeutiger Absicht umarmt: Kleiner Roter Hirsch ist eine Erscheinungsform der wohlbekannten Mondgöttin Ixchel, der Patronin weiblicher Sinnenlust und Fruchtbarkeit. Das göttliche Generalthema beider Uinals ist also im großen und ganzen das gleiche, wobei der Akzent während Zac auf dem männlichen Aspekt lag und sich im Monat Ceh auf die weibliche Seite verschiebt. Ceh ist demnach ein Zeitabschnitt, in dem all jene Unternehmungen und Ereignisse besonders gut gelingen, die Hingabe, Aufnahmebereitschaft, Empfänglichkeit erfordern.

 Ceh

Charakterisierung nach dem Götterorakel	
Rituale und Symbolik	**Anrufung der Mondgöttin Feier weiblicher Fruchtbarkeit**
Bedeutung im Lebenszyklus	**Vertrauensvolle Hingabe; Empfängnis eines Kindes; Empathie; die Stimme des Unbewußten**
Korrespondierende Zahlengottheit	**Frau Eins 𝒵**
Empfehlungen	**Empfängnis eines Kindes; jemanden in sein Herz aufnehmen; sich dem eigenen Unbewußten öffnen; Traum oder Vision im Kunstwerk verwirklichen**

Ereignis:	**Verstärkende Zahlengottheit**	**Wirksame Haabdaten**
Empfängnis:	**Mondgöttin 𝒵 Urgöttin 🥚**	**1 Ceh 0 Ceh, 5 Ceh**
Jemanden in sein Herz schließen:	**Mondgöttin 𝒵 Yax-Balam 🦴**	**1 (11) Ceh 9 (19) Ceh**
Stimme des Unbewußten:	**Mondgöttin 𝒵 Urgöttin 🥚**	**1 (11) Ceh 0 Ceh, 5 (15) Ceh**
Künstlerische Verwirklichung:	**Sonnengott 🔥 Maisgott 🌽**	**4 (14) Ceh 8 (18) Ceh**

13. Uinal	**Mac**
Bedeutung	*»Dschungelbusch«*
Assoziation	*Oxlahun-ti-ku, der dreizehnfaltige*
	Götterhimmel; himmlischer Erguß
	und irdische Trächtigkeit
Monatsgottheiten	*Regengott Chac*
	Schöpfergott Itzamná
Sphären	*Licht, Luft, Wasser*

Tradition und Mythos:

Als Uinal der heiligen Dreizehnfaltigkeit steht Mac unter besonderer Obhut der (männlichen) Himmelsgötter. Seine Regenten sind Regengott Chac und der große Schöpfergott Itzamná. Nach den zurückliegenden »Hirsch«-Monaten, die die Vereinigung der göttlichen Ober- und Unterwelt symbolisierten, steht Mac nun vollends im Zeichen der himmlischen Ergüsse und der irdischen Trächtigkeit. Es ist der Uinál der Wollust und Trägheit in Erwartung einer reichen Ernte, der Monat der größten Fülle und sinnlichen Üppigkeit, in dem vor allem eines von den Göttern begünstigt wird: Lebensfreude und Genuß der Sinnenwelt.

☒ Mac

Charakterisierung nach dem Götterorakel	
Rituale und Symbolik	*Opferung von Tierherzen zu Ehren Chacs und Itzamnás Feier der sinnlichen Üppigkeit*
Bedeutung im Lebenszyklus	*Hochsommer des Lebens; Hedonismus*
Korrespondierende Zahlengottheit	*Herr Sechs* ✐
Empfehlungen	*Entspannung, Ferien, Auszeit; sich etwas Gutes gönnen; Feste für die Sinne*

Ereignis:	Verstärkende Zahlengottheit	Wirksame Haabdaten
Ferien (Beginn, Höhepunkt):	*Mondgöttin* ✐ *Urgöttin* ✐ *Yax-Balam* ✐	*1 (11) Mac* *5 (15) Mac* *9 (19) Mac*
Fest für die Sinne:	*Mondgöttin* ✐ *Liebesgott* ✐	*1 (11) Mac* *2 (12) Mac*

14. Uinal	**Kankin**
Bedeutung	*»Gelbe Sonne«, »Reife Sonne«*
Assoziation	*Herbsttagundnachtgleiche*
	Erntezeit: Uinal des Schnitters
Monatsgottheit	*Ahau Kin*
Sphären	*Licht, Luft*

Tradition und Mythos:

In den Abschnitt Kankin fällt die zweite Tagundnachtgleiche: Es ist der Erntemonat, in dem die Bauern auf den Maisfeldern Ernte hielten – und in klassischer Zeit ebenso die Opferpriester unter den Gefangenen. Die Speicher füllten sich mit Korn, Blut färbte die Treppen der Pyramiden, wo man zu Ehren der Götter die Herzen aus den lebendigen Leibern der Opfer schnitt. So erntet zu Kankin neben den Lebenden stets auch der vielgestaltige Tod. Um seine Begehrlichkeit nicht noch weiter anzustacheln, bringen die Bauern von Yucatán ihm noch heute zur Erntedankzeit großzügige Opfer dar – gewiß keine geschlachteten Menschen mehr wie in alter Zeit, aber wertvolle Besitztümer, um durch diesen empfindlichen Verlust die noch weitaus schmerzlichere Einbuße ihres eigenen Lebens hinauszuzögern.

⊕ Kankin

Charakterisierung nach dem Götterorakel	
Rituale und Symbolik	*Opfer zu Ehren der Götter* *Kreislauf des Werdens und Vergehens*
Bedeutung im Lebenszyklus	*Ernten, was man selbst gesät hat;* *Dankbarkeit für Glück und Erfolg*
Korrespondierende Zahlengottheit	*Herr Vier* ⊕
Empfehlungen	*Vollendung von Bauwerken;* *Einweihung/Einzug; Eröffnungen,* *Publikationen; Einlösung alter* *Versprechen; symbolische Dankopfer* *für Glück und Erfolg*

Ereignis:	Verstärkende Zahlengottheit	Wirksame Haabdaten
Bauwerk fertigstellen:	*Sonnengott* ⊕	*4 (14) Kankin*
Einweihung und Einzug:	*Mondgöttin* ⊕ *Liebesgott* ⊕ *Sonnengott* ⊕ *Urgöttin* ⊕	*1 (11) Kankin* *2 (12) Kankin* *4 (14) Kankin* *0 Kankin* *5 (15) Kankin*
Ausstellung eröffnen, Buch publizieren:	*Windgott* ⊕ *Sonnengott* ⊕	*3 (13) Kankin* *4 (14) Kankin*
Versprechen einlösen:	*Yax-Balam* ⊕	*9 (19) Kankin*
Dankopfer:	*Urgöttin* ⊕ *Jaguargott* ⊕ *Maisgott* ⊕ *Todesgott* ⊕	*5 (15) Kankin* *9 (19) Kankin* *8 (18) Kankin* *10 Kankin*

Muan – der fünfzehnte Monat

15. Uinal	**Muan**
Bedeutung	*»Eule«*
Assoziation	*Hader, Katastrophen, Tod*
Monatsgottheit	*Jaguargott der Unterwelt als*
	Schwarzer Gott Ekchuah
Sphären	*Wasser*

Tradition und Mythos:

Die Eule ist das Nagual des Jaguargottes der Unterwelt, den wir bereits als Herrn Sieben kennen und der uns hier in einer besonders finsteren Erscheinungsform begegnet: als Schwarzer Unterweltgott Ekchuah, Patron des gewaltsamen Todes, insbesondere von Naturkatastrophen und Krieg. Ernüchtert nach dem Rausch der Erntefeste, besann man sich im Uinal Muan auf die Vergänglichkeit alles Irdischen – und half ihr gar noch energisch nach, indem die Sonnenkönige just zu dieser Zeit Kriegsvorbereitungen trafen. Die Schwarzen Götter des Todes aber werden im Monat Muan günstig gestimmt, indem man ihnen die köstlichste Substanz von schwarzer Farbe opfert: den Göttertrank Kakao. So läßt sich zwar oftmals das Schlimmste verhindern, dennoch gilt Muan noch heute als Uinal des Haders, der blutigen Streitigkeiten und folgenschweren Katastrophen.

ॐ Muan

Charakterisierung nach dem Götterorakel

Rituale und Symbolik	**Kakaoopfer zur Beschwichtigung der Schwarzen Kriegs- und Todesgötter**
Bedeutung im Lebenszyklus	**Intrigen, Rachepläne und Zerwürfnisse; Katastrophen und Todesfälle**
Korrespondierende Zahlengottheit	**Herr Sieben** ॐ
Empfehlungen	**Achtung vor Intrigen; Meiden von Auseinandersetzungen, riskanten Unternehmungen und Operationen**
Warnung	**Gehen Sie besonders an 10 Muan keine Risiken ein!**

Ereignis:	**Verstärkende Zahlengottheit**	**Wirksame Haabdaten**
Tendenz zu Intrigen (Mobbing):	**Todesgott** ॐ **Jaguargott** ॐ	**10 Muan** **17 (7) Muan**
Konflikte und Zerwürfnisse:	**Todesgott** ॐ **Mondgöttin** ॐ **Regengott** ॐ **Jaguargott** ॐ **Yax-Balam** ॐ	**10 Muan** **11 (1) Muan** **16 (6) Muan** **17 (7) Muan** **19 (9) Muan**
Risiko bei Spekulationen:	**Sonnengott** ॐ **Jaguargott** ॐ	**14 (4) Muan** **17 (7) Muan**
Gesundheitsrisiken:	**Mondgöttin** ॐ **Windgott** ॐ **Todesgott** ॐ	**1 (11) Muan** **3 (13) Muan** **10 Muan**

Pax – der sechzehnte Monat

16. Uinal	**Pax**
Bedeutung	*»Puma«*
Assoziation	*Krieg, Kampf*
Monatsgottheit	*Sonnengott Ahau als zorniger*
	Kriegsgott Cit Chac Coh
Sphären	*Licht, Feuer*

Tradition und Mythos:

Pax ist der Monat von »Vater roter Puma«, dem grausamen Kriegsgott Cit Chac Coh. Durch gewaltige Blutopfer erbaten die klassischen Maya seinen Beistand in den Kriegen, für die im Uinal zuvor gerüstet worden war. Als »Sonnenlöwe« ist der Puma ein Nagual des Sonnengottes Ahau oder Hunahpú, dessen kriegerische Erscheinungsform Cit Chac Coh folglich darstellt: Pax war der Monat der Opferschlachtung und kriegerischen Schlachten, und bis heute ist es der Uinal, in dem *furchtbarer Zorn* in der Menschenwelt seine Opfer fordert.

⚏ Pax

Charakterisierung nach dem Götterorakel

Rituale und Symbolik	*Gewaltige Blutopfer zu Ehren von Kriegssonnengott Cit Chac Coh Erneuerung der Kraft und Reinigung der Seele*
Bedeutung im Lebenszyklus	*Hervorbrechender Zorn; Gewalt und Blutvergießen; Ausbruch von Krankheiten und Kriegen*
Korrespondierende Zahlengottheit	*Herr Vier* ⚏
Empfehlungen	*Meiden von Konflikten aller Art (privat, beruflich), Risiken jeden Grades (v. a. gesundheitliche und wirtschaftliche), Reisen in Gebiete, wo kriegerische Konflikte und/oder Naturkatastrophen drohen*
Warnung	*10 Pax ist einer der Haab-Tage mit dem höchsten Risikopotential!*

Ereignis:	*Verstärkende Zahlengottheit*	*Wirksame Haabdaten*
Gefahr privater Katastrophen:	*Todesgott* ⚏ *Mondgöttin* ⚏ *Liebesgott* ⚏ *Sonnengott* ⚏	*10 Pax* *11 (1) Pax* *12 (2) Pax* *14 (4) Pax*
Berufliches Desaster:	*Todesgott* ⚏ *Sonnengott* ⚏ *Jaguargott* ⚏	*10 Pax* *14 (4) Pax* *17 (7) Pax*

Gesundheitsrisiken:	Todesgott	10 Pax
	Mondgöttin	11 (1) Pax
	Windgott	13 (3) Pax
Wirtschaftliche Risiken:	Todesgott	10 Pax
	Sonnengott	14 (4) Pax
	Jaguargott	17 (7) Pax
	Yax-Balam	19 (9) Pax
Tendenz zum Krieg:	Todesgott	10 Pax
	Sonnengott	14 (4) Pax
	Jaguargott	17 (7) Pax
	Yax-Balam	19 (9) Pax
Tendenz zu Naturkatastrophe:	Todesgott	10 Pax
	Windgott	13 (3) Pax
	Urgöttin	0 Pax, 15 (5) Pax
	Regengott	16 (6) Pax
	Jaguargott	17 (7) Pax

Kayab – der siebzehnte Monat

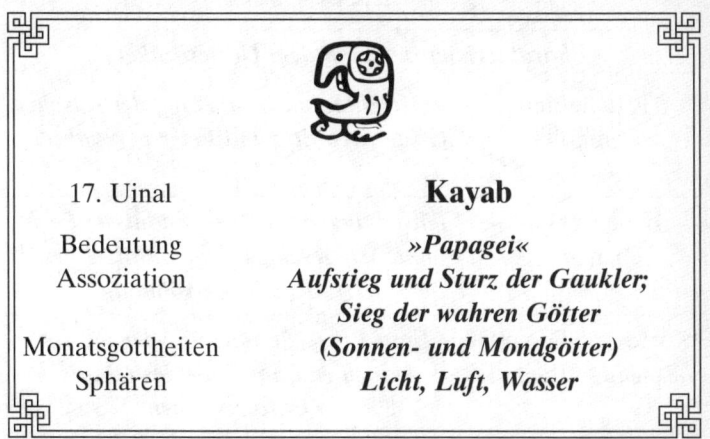

17. Uinal	**Kayab**
Bedeutung	*»Papagei«*
Assoziation	*Aufstieg und Sturz der Gaukler;*
	Sieg der wahren Götter
Monatsgottheiten	*(Sonnen- und Mondgötter)*
Sphären	*Licht, Luft, Wasser*

Tradition und Mythos:

Hinter dem Papagei, der in der Monatsglyphe deutlich zu erkennen ist, verbirgt sich weniger eine Gottheit als ein übernatürlicher Gaukler aus mythischen Gefilden. Dieser Herr Uucub-k'aquix (»Siebenpapagei«) forderte von den Wesen der Vorzeit, daß man ihn seines sonnenartigen Glanzes wegen anbete. Doch er war eben nur ein Papagei und der Glanz seines Gefieders von Sonne und Mond geborgt. Um dem Götzendienst ein Ende zu machen, trat das wahre Göttergespann – Sonnen- und Mondgott – gegen den frevlerischen Papagei an, stürzte ihn und rückte so die kosmischen Machtverhältnisse wieder zurecht. Zur Erinnerung an die Zeiten der Verblendung durch Uucub-k'aquix gilt Kayab indessen bis heute als Uinal des Pechs und der Mißgeschicke. Am Ende siegt das Licht, aber bis dahin sollte man sich vor Täuschungen hüten.

🦉 Kayab

Charakterisierung nach dem Götterorakel

Rituale und Symbolik	*Verblendung und Anbetung der falschen Götter; Abbitte und Feier der wahren Mächte*
Bedeutung im Lebenszyklus	*Täuschungen, Mißverständnisse; Pech und Mißgeschick; Erkenntnis eines Irrtums und Versöhnung*
Korrespondierende Zahlengottheiten	*Frau Eins 🦉 und Herr Vier 🦉, die jedoch erst am Ende des Uinals wirksam werden*
Empfehlungen	*Auf der Hut sein vor Täuschungsversuchen und Irrtümern; auf Mißgeschicke gefaßt sein; Versöhnungschancen nutzen*

Ereignis:	**Verstärkende Zahlengottheit**	**Wirksame Haabdaten**
Täuschungsversuche und Irrtümer:	*Regengott* 🦉 *Jaguargott* 🦉	*6 (16) Kayab* *7 (17) Kayab*
Pech und Mißgeschicke:	*Windgott* 🦉 *Yax-Balam* 🦉 *Todesgott* 🦉	*3 (13) Kayab* *9 (19) Kayab* *10 Kayab*
Versöhnung:	*Mondgöttin* 🦉 *Sonnengott* 🦉	*11 Kayab* *14 Kayab*

Cumku – der achtzehnte Monat

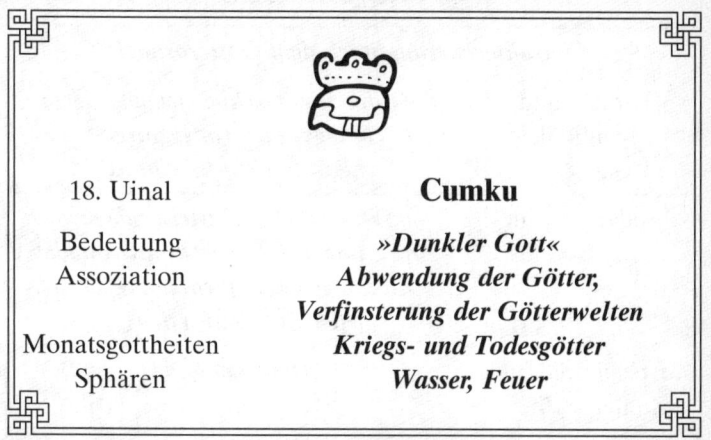

18. Uinal	**Cumku**
Bedeutung	*»Dunkler Gott«*
Assoziation	*Abwendung der Götter,*
	Verfinsterung der Götterwelten
Monatsgottheiten	*Kriegs- und Todesgötter*
Sphären	*Wasser, Feuer*

Tradition und Mythos:

»Dunkler Gott« bedeutete für die klassischen Maya sowohl Regentschaft der Schwarzen Götter der Gewalt und des Todes als auch (und vor allem) *Verfinsterung der Götterwelten*: Die Mächte wenden sich ab von der Menschenwelt; die Priester vermögen ihre Ratschlüsse nicht mehr zu verstehen; die himmlische Ordnung geht aus den Fugen: Es droht das Chaos. Einen Uinal vor Uayeb, dem schrecklichen, gottlosen »Verwandler«, erlahmten in der klassischen Mayawelt Tatkraft und Zuversicht. Bis heute beginnen traditionell lebende Maya während Cumku keine größeren Werke oder folgenreichen Unternehmungen – erst einmal abwarten, heißt es, ob die »Verwandlung« gelingt, also die Menschenwelt über den Abgrund des Uayeb gerettet werden kann ...

☷ Cumku

Charakterisierung nach dem Götterorakel

Rituale und Symbolik	*Opfer zur Beschwichtigung der Kriegs- und Todesgötter; heraufziehendes Chaos*
Bedeutung im Lebenszyklus	*Dem Tod ins Gesicht sehen; Erfahrung von Lebenskatastrophen; Glaubenskrise, Depression und fehlende Zuversicht*
Korrespondierende Zahlengottheit	*Herr Zehn* ☖
Empfehlungen	*Vermeidung aller erdenklichen (auch geringen) Risiken privater, gesundheitlicher, beruflicher, wirtschaftlicher Natur; Maßnahmen zur Stimmungsaufhellung; Vermeidung von Isolation und Grübelei*
Warnung	*10 Cumku ist einer der Haab-Tage mit dem höchsten Risikopotential!*

Ereignis:	*Verstärkende Zahlengottheit*	*Wirksame Haabdaten*
Private Risiken:	*Todesgott* ☖ *Mondgöttin* ☖ *Liebesgott* ☖	*10 Cumku* *11 (1) Cumku* *12 (2) Cumku*
Berufliche Risiken:	*Todesgott* ☖ *Jaguargott* ☖	*10 Cumku* *17 (7) Cumku*

Gesundheitsrisiken:	Todesgott 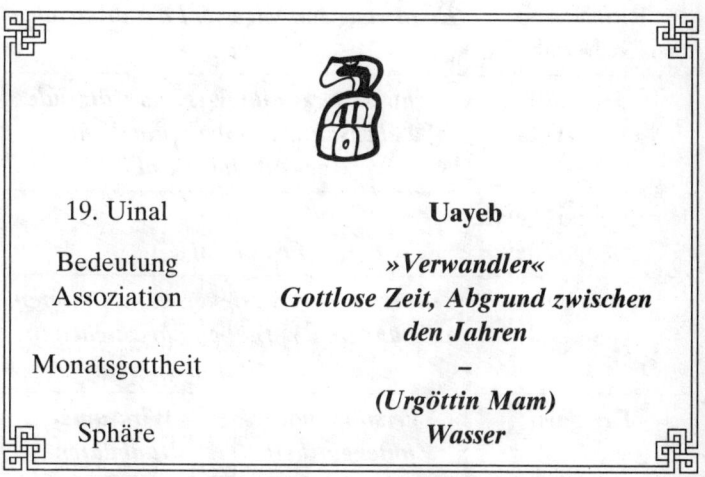	10 Cumku
	Mondgöttin	11 (1) Cumku
	Windgott	13 (3) Cumku
Wirtschaftliche Risiken:	Todesgott	10 Cumku
	Jaguargott	17 (7) Cumku
	Yax-Balam	19 (9) Cumku
Stimmungs- aufhellung:	Sonnengott	14 (4) Cumku

Uayeb – der neunzehnte Monat

19. Uinal	**Uayeb**
Bedeutung	*»Verwandler«*
Assoziation	*Gottlose Zeit, Abgrund zwischen den Jahren*
Monatsgottheit	*–*
	(Urgöttin Mam)
Sphäre	*Wasser*

Tradition und Mythos:

Während der fünf Tage des Uayeb verharren die Maya weitgehend reglos: Nichts kann gelingen, wenn kein Gott einem beisteht; im Gegenteil: Alles, was man jetzt begänne, würde zum Opfer der Dämonen, denen Uayeb preisgegeben ist. Ein Feuer, jetzt entzündet, würde unfehlbar das Haus in Brand setzen. Ein

Kind, zu Uayeb gezeugt, wäre zeitlebens von Dämonen besessen. Also wartet man und findet kaum die Kraft zu hoffen, daß die Tage »Null Namenlos« bis »Vier Namenlos« ohne größeres Unheil vorübergehen werden. Kein Tagesgott hält seine schützende Hand über diese fünf Untage; nur ihre Gesamtheit wird von Urgöttin Mam, der Patronin der Fünf, regiert – und so Jahr für Jahr vor dem Allerschlimmsten bewahrt.

🐚 Uayeb

Charakterisierung nach dem Götterorakel		
Rituale und Symbolik	*Erstarrung im Angesicht des drohenden Chaos*	
Bedeutung im Lebenszyklus	*Schwere Erkrankungen; umwälzende Lebenskatastrophen; plötzlicher, gewaltsamer Tod*	
Korrespondierende Zahlengottheit	– *(Frau Fünf 🐚)*	
Empfehlungen	*Unverzichtbare Tätigkeiten minimieren, alle anderen Vorhaben aufschieben bis Pop*	
Ereignis:	*Verstärkende Zahlengottheit*	*Wirksame Haabdaten*
Die Abwesenheit der Götter während Uayeb begünstigt katastrophale Ereignisse aller Art.		*0 Uayeb*
		1 Uayeb
		2 Uayeb
		3 Uayeb
		4 Uayeb

4 Das ergänzende Orakel der Jahresgötter

Verzahnt man Haab und Tzolkin zur Kalenderrunde, wie oben beschrieben, so kann man überdies die Jahresgottheiten bestimmen, die den Grundcharakter des betreffenden Jahres prägen.[5]

Tzolkin-Orakel: Bei der Ausdeutung des Geburtsorakels spielen die Jahresgötter eine nicht unwichtige, jedoch deutlich nachgeordnete Rolle: Ihr direkter Einfluß beschränkt sich auf die Jahre, in denen sie tatsächlich amtieren. Jahres- und Richtungsgott des Geburtsjahres vermögen also nicht den Charakter eines ganzen Menschenlebens zu prägen; allerdings drükken sie dem betreffenden Menschen durchaus ihren Stempel auf: Bekanntermaßen wirken sich gerade die Erfahrungen, die wir im allerersten Lebensjahr machen, nachhaltig auf unsere Entwicklung aus. Hat man sein erstes Erdenjahr also in einem (extrem gefährdeten, tendenziell entbehrungsreichen) Jahr Cabán verlebt, so wird man eine zumindest in Nuancen andere Entwicklung nehmen, als wenn einen die Erdsphäre mit einem (fruchtbaren, friedlichen) Jahr Manik willkommen heißt.

Haab-Orakel: Dagegen beeinflussen die Jahresgötter direkt alle Entscheidungen und Ereignisse unseres weiteren Lebens. Das betrifft private wie berufliche Belange, Herzensangelegenheiten ebenso wie den richtigen Zeitpunkt für Umzug, Unternehmensgründung oder Spekulation. Allerdings können die

---

[5] Eine ausführliche Darstellung der Jahresgötter sowie aller anderen mythologischen Aspekte und Hintergründe der Maya-Kultur finden die interessierten Leser in Bandinis Werk *Der heilige Kalender der Maya* (s. Anm. 1).

Jahresgötter stets nur den Grundcharakter eines Jahres prägen, also im Zusammenspiel der Zahlen-, Tages- und Monatsgötter eines bestimmten Datums immer nur moderat verstärkend oder abschwächend wirken.

Wenn irgend möglich, sollte man vor Entscheidungen, bei denen man über einen gewissen zeitlichen Spielraum verfügt, ergänzend die Jahresgötter befragen. Will man beispielsweise ein Unternehmen gründen, so empfiehlt es sich, diese Aktion in ein Jahr Ik oder Manik zu verlegen, während sich die weniger fruchtbaren und mit höheren Grundrisiken belasteten Jahre Eb und Cabán hierfür weniger empfehlen. Das gleiche gilt für Auswanderung, Hausbau und ähnlich weitreichende Entscheidungen, während sich bei Unternehmungen von geringerer Tragweite auch der Einfluß der Jahresgötter entsprechend reduziert.

Wichtig:
- Vergegenwärtigen Sie sich bitte, daß der Beginn des Haab-Jahres nicht mit dem Anfang unseres gregorianischen Jahres zusammenfällt. Ein neues Haab-Jahr beginnt vielmehr bereits im April des jeweiligen Jahres nach westlichem Kalender, so daß man schon dort in den Herrschaftsbereich eines neuen Jahresgottes gelangt.
- In keinem Fall vermag der durch die Jahresgötter bestimmte Grundcharakter eines Jahres ein günstiges Tagesorakel in ein ungünstiges zu verwandeln oder umgekehrt!

Handhabung

1. Schlagen Sie im Kalendarium des Anhangs den Jahresträger nach. Um diesen zu identifizieren, suchen Sie jeweils im April eines Jahres nach der fett gedruckten Datumszeile mit dem Haab-Datum 0 Pop: Der daneben angezeigte Tzol-

kin-Tagesname ist der Jahresträger des Haab-Jahres, das sich bis zum folgenden April erstreckt.

Beispiel: 8. April 1999 = 1 Eb 0 Pop
Jahresträger: Eb

2. Lesen Sie auf den hier folgenden Seiten die *Offenbarungen der Jahresgötter* des von Ihnen identifizierten Jahres.

3. Setzen Sie diese Offenbarungen in Beziehung zu dem Tzolkin- bzw. Haab-Orakel, das Sie zuvor befragt haben.

Beispiel: Die Familienplanung sollte man, wenn möglich, so modifizieren, daß ein Kind nicht im Jahr Cabán, sondern im folgenden Jahr Ik zur Welt kommt.

Die Offenbarungen der Jahresgötter

Jahres- und Richtungsgötter des Jahres Ik

Jahresname	*Ik*
Vorzeichen	**+ Positiv**
Hauptgott des Jahres	**Bolon Dzacab** (»Neun Generationen«)
Götterwelt	Bolon-ti-ku (Unterwelt, göttliche Neunfaltigkeit)
Sphäre	Wasser
Assoziationen	Kreislauf des Vergehens und Wiederentstehens; »Wunder der Maisvermehrung«
Attribute	+ fruchtbar, Verkörperung des guten Reichs der Mütter – launisch, wankelmütig
Richtungsgott (verstärkend/ abschwächend)	**Kanal Bacab** (Gott der Imker und Bienen)
Farbe/Richtung	Gelber Gott des Südens
Assoziationen	friedfertigster aller Bacabes, einziger Bacab ohne Sünde; Hauptgott des Tzolkin-Tages Tzec
Attribute	+ ohne Sünde, friedlich, fruchtbar
Jahrescharakter	**Friedlich und fruchtbar**

Jahres- und Richtungsgötter des Jahres Manik

Jahresname	Manik
Vorzeichen	**++ Sehr positiv**
Hauptgott des Jahres	Sonnengott Ahau (»Großer Herr«)
Götterwelt	Oxlahun-ti-ku (Himmel, heilige Dreizehnfaltigkeit)
Sphären	Licht, Luft
Assoziationen	Strahlendster Gott der Maya, höchste Bewußtheit, Schöpfer- und Tatkraft
Attribute	+ Sonne beschert reichhaltige Ernte – Verdorren, wenn Balance zwischen Sonne und Regen gestört
Richtungsgott (verstärkend/ abschwächend)	**Chacal Bacab** (Roter Gewitter- und Regengott)
Farbe/Richtung	Roter Gott des Ostens
Assoziationen	Regen für reichhaltige Ernte; sündiger, aber stärkster Bacab
Attribute	+ befruchtend – Donner, theatralische Erregung
Jahrescharakter	**Sehr friedlich und fruchtbar**

Jahresname	**Eb**
Vorzeichen	**– Negativ**
Hauptgott des Jahres	**Itzamná** (Alter Schöpfergott)
Götterwelt	Oxlahun-ti-ku (Himmel, göttliche Dreizehnfaltigkeit)
Sphären	Wasser, Luft
Assoziationen	Wichtigster Gott der alten Generation
Attribute	+ Schöpferkraft, Erfahrung, Weisheit – Alter, Erschöpfung, Resignation
Richtungsgott (verstärkend/ abschwächend)	**Zacal Bacab** (»Weißer Tod«)
Farbe/Richtung	Weißer Gott des Nordens
Assoziationen	Überbringer der Ohnmacht und Fallsucht; Trockenheit und Hitze; Verdorren der Maisfelder
Attribute	– Ohnmacht, Bewußtlosigkeit, Schwächeanfälle, Augenleiden
Jahrescharakter	**Unheilbringend: Dürre, Hunger; Diebstahl; Krieg, Sturz der Eliten**

Jahresname	Cabán
Vorzeichen	– – Sehr negativ
Hauptgott des Jahres	Uac Mitun Ahau (Junger Todesgott)
Götterwelt	Bolon-ti-ku (Unterwelt, göttliche Neunfaltigkeit)
Sphären	Wasser, Feuer
Assoziationen	»Herr der sechsten Unterwelt«, einer der furchtbarsten Todesgötter und Gott der Selbstkasteiungen: Blutopfer, Selbstenthauptung
Attribute	– Selbstverstümmelung, Selbsthaß, Masochismus, Tod
Richtungsgott (verstärkend/ abschwächend)	Ekel Bacab (»Der die Samen herauszieht«)
Farbe/Richtung	Schwarzer Gott des Westens
Assoziationen	Vollständiges Verdorren der Maisfelder, Vogel- und Ameisenplagen
Attribute	– Vertrocknen, Zerfall
Jahrescharakter	Extrem unheilvoll: Hungersnot, Krieg, Niedergang der Kultur

5 Das ergänzende Orakel der Nachtherren

Wie bereits einleitend geschildert, haben die heutigen Hüter des esoterischen Wissens der alten Maya Pío Martinéz auch die Namen und Attribute der »Herren der Nacht« offenbart, die jahrhundertelang verschollen schienen.

Tzolkin-Orakel: Auf das Geburtsorakel haben die Unterweltgottheiten keinen Einfluß.

Haab-Orakel: Auf das Lebensorakel wirken sich die Herren der Nacht in so subtiler Weise aus, daß eigentlich in jedem Einzelfall eine individuelle Ausdeutung erforderlich wäre. Hier stoßen wir jedoch bei unserem Versuch, eine für den Laien durchweg handhabbare Version des Götterorakels bereitzustellen, an eine gewisse Grenze.[6] Im folgenden sind daher nur jeweils die – positiven wie negativen – wichtigsten Attribute der einzelnen Nachtherren aufgelistet sowie einige Grundentscheidungen oder existentielle Situationen, in denen sich die jeweiligen Unterweltgötter begünstigend bzw. behindernd auswirken können. Ansonsten aber müssen wir es den Orakelnutzern selbst überlassen, diese subtilen Wirkungen zu gewichten und zu interpretieren.

Wichtig: In keinem Fall kann der amtierende Herr der Nacht die Botschaft oder die Vorzeichen eines Haab-Orakels umkehren; allenfalls vermag er diese (ein wenig) abzuschwächen oder zu verstärken!

---

[6] Wie ich hier bereits ankündigen darf, planen wir, künftig Jahresbände des Götterorakels herauszugeben, die vollständige Kalender des aktuellen Jahres nebst ausführlicher Ausdeutung der kombinierten Daten der Kalenderrunde enthalten sollen.

Handhabung

1. Schlagen Sie im Kalendarium des Anhangs unter dem gewünschten Datum den amtierenden Herrn der Nacht (rechte Kalenderspalte) nach.

   Beispiel: 30. April 1999 = 9. Herr der Nacht

2. Lesen Sie auf den hier folgenden Seiten die *Offenbarungen der Nachtherren* des von Ihnen identifizierten Wochentagsgottes.

   Beispiel: 9. Herr der Nacht = Herr Mitternachtssonne

3. Setzen Sie diese Offenbarungen in Beziehung zu dem Haab-Orakel (3. Kapitel), das Sie zuvor befragt haben.

   Beispiel: Der 9. Herr der Nacht hemmt Partner- und Familienbindung, Geselligkeit und innere Ruhe. Aus der Sicht dieses ergänzenden Orakels wäre der 30. 4. 99 also kein günstiger Tag beispielsweise für Aussprachen mit dem Partner, eine gelungene Feier, eine kontemplative Auszeit etc. Allerdings können einflußreichere Datumsgötter, insbesondere die Gottheit des betreffenden Haab-Uinals, diesen Unterton, den der Wochentagsgott beisteuert, vollkommen neutralisieren, sofern sie selbst entgegengesetzte Attribute aufweisen.

Die Offenbarungen der Nachtherren

Der erste Herr der Nacht

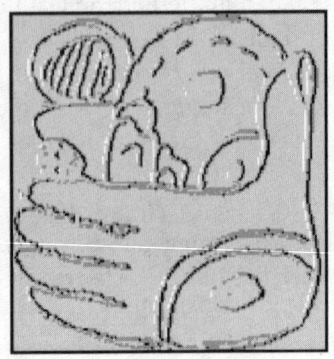

Name	**Bote der Vorwelt**
Ordnungszahl	**1**
Generation	alt
Allgemeine Attribute und Tendenzen	+ Bewahrung des Alten, Wiederentdeckung verlorener Schätze – unliebsame Überraschung, Bekämpfung des Neuen
Begünstigt	Erinnerung, Besinnung auf oder Festhalten an Traditionen
Behindert	Veränderung, Neuanfang

Der zweite Herr der Nacht

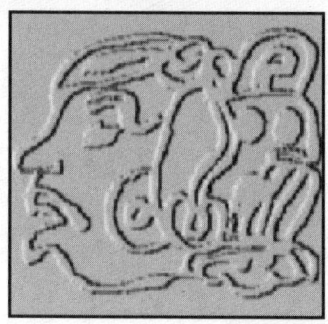

Name	*Todbringender Jüngling*
Ordnungszahl	*2*
Generation	jung
Allgemeine Attribute und Tendenzen	+ Befreiung aus starren Verhältnissen, umwälzende Veränderung – zerstörerische Leidenschaft, gewaltsame Auflösung
Begünstigt	Neuanfänge aller Art (z. B. Ausbruch aus Beziehungen, Auswanderung)
Behindert	Erhaltung des Bewährten, gelassenes Urteil

Der dritte Herr der Nacht

Name	*Ahnherr der Opferkriege*
Ordnungszahl	*3*
Generation	alt
Allgemeine Attribute und Tendenzen	+ Rückhalt in Bewährtem, Unterstützung durch Vorfahren und Tradition – Rückschlag, schmerzliche Opfer
Begünstigt	traditionsstärkende Aktionen (z. B. Eheschließung, Übernahme eines Familienbetriebes)
Behindert	Ausbruch aus Traditionen (z. B. Auswanderung, Expedition, Erfindungsgeist)

Der vierte Herr der Nacht

Name	*Gevatter Weißer Tod*
Ordnungszahl	*4*
Generation	alt
Allgemeine Attribute und Tendenzen	+ Verbindung zu Unbewußtem, Vergangenheit und Intuition – Wankelmut, Ohnmacht, mangelnder Überblick
Begünstigt	Therapeutische und künstlerische Arbeit
Behindert	Durchhaltevermögen, Klarheit des Verstandes

Der fünfte Herr der Nacht

Name	Inwendiger Nachtherr
Ordnungszahl	**5**
Generation	alt
Allgemeine Attribute und Tendenzen	+ Einfühlungsvermögen, rege Sprache der Seele, Ausdruck der Phantasie – Übermacht der Träume, Ringen um Bewußtheit
Begünstigt	Gefühlsangelegenheiten, künstlerische Arbeit
Behindert	Rationale Planung, Beurteilung und Entscheidung

Der sechste Herr der Nacht

Name	**Windgott der Tiefe**
Ordnungszahl	**6**
Generation	jung
Allgemeine Attribute und Tendenzen	+ Befreiung von Zwängen und Zwangsvorstellungen – Auflösung von Gewißheiten und Überzeugungen
Begünstigt	Versöhnung, Loslassen, Umkehr, Neubeginn
Behindert	Durchsetzungsvermögen, Unbeirrbarkeit, Überzeugungskraft

Der siebte Herr der Nacht

Name	*Gevatter der Chaces*
Ordnungszahl	**7**
Generation	jung
Allgemeine Attribute und Tendenzen	+ Lebendige Leidenschaften, wohltuende Erregung, befruchtende Entladung – Übermacht der Gefühle, Verdunklung des Bewußtseins
Begünstigt	Liebesbeziehungen und -abenteuer, Gefühlsausbrüche, Aussprachen
Behindert	Vernünftige Planung, ruhige Konfliktlösung

Der achte Herr der Nacht

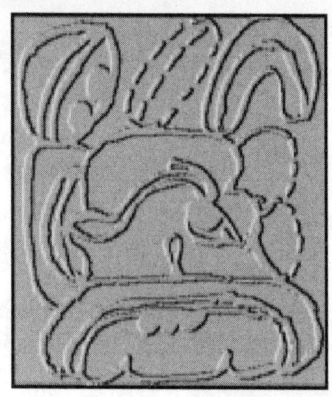

Name	***Hüter des Rachens***
Ordnungszahl	***8***
Generation	alt
Allgemeine Attribute und Tendenzen	+ Bevorstehender Übergang, glückende Verwandlung – Beengung, Kampf um Befreiung, Ungewißheit des Ziels
Begünstigt	Neubeginn, erfolgreiche Prüfungen, Auswanderung, Unternehmens- und Familiengründung
Behindert	Entspannung, Gelassenheit, Weitblick und Zuversicht

Der neunte Herr der Nacht

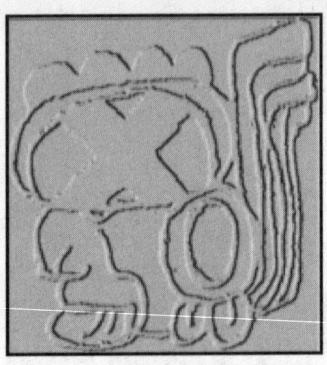

Name Ordnungszahl Generation	***Herr Mitternachtssonne*** **9** alt
Allgemeine Attribute und Tendenzen	+ Neubeginn, Schließen des Kreises, Triumph von Mut und Tatkraft, Überwindung der Nacht – schmerzliche Opfer, Gefühlskälte, Einsamkeit
Begünstigt	Erfolg bei allen Energie und Kühnheit erfordernden Unternehmungen
Behindert	Partner- und Familienbindung, Geselligkeit und innere Ruhe

6 Die Zahlengötter

In jeder Zahl manifestieren sich nach Überzeugung der Maya Macht und Eigenschaften bestimmter Gottheiten, die ihrerseits identifizierbaren Welten und Sphären angehören. Innerhalb des Götterorakels sind insbesondere die Zahlen von Eins bis Dreizehn (Tzolkin) bzw. von Null bis Neunzehn (Haab) von besonderer Bedeutung. Nach Ansicht der Maya wird jede Ziffer von Null bis Neun von einer eigenen Gottheit regiert, die der betreffenden Zahl (und damit den entsprechenden Kalendertagen) ihren übernatürlichen Stempel aufdrückt. Bei den Zehnerzahlen tritt zu der Gottheit der Ziffer der Todesgott hinzu, wodurch die Eigenschaften der jeweiligen Hauptgottheit entweder abgeschwächt oder verstärkt werden – je nachdem, welcher Welt und welcher Sphäre die Hauptgottheit angehört.

Die folgende Abbildung zeigt, wie sich die Zahlengötter innerhalb der Welten und Sphären verteilen. Anschließend stellen wir die Zahlengötter – bzw. im Zehner-Bereich die Götterpaare – vor, deren Eigenschaften für das Götterorakel von Bedeutung sind.

Zuordnung der Zahlengötter zu den Welten und Sphären

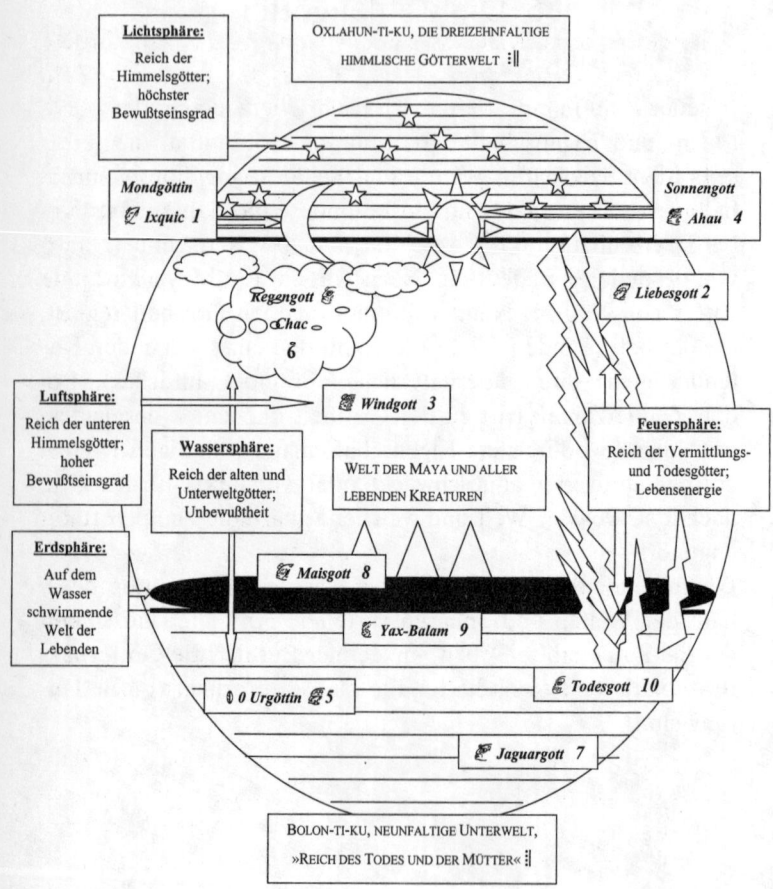

Handhabung

Zahlengottheit im Tzolkin-Orakel

1. Schlagen Sie im Kalendarium des Anhangs das Tzolkin-Datum eines Geburtstages nach. Es besteht aus einer Zahl und einem Tagesnamen.
   Beispiel: 26. 3. 1950 = 5 Ik
2. Die göttlichen Regenten des betreffenden Datums sind die Tagesgottheit als Hauptgott und die Zahlengottheit als Nebengott.
   Beispiel: Regent von Ik (Tagesgottheit) ist der Windgott (→ 2. Kapitel, Tagesname Ik); Regentin der Zahl 5 ist die Urgöttin.
3. Der Tagesgott eines Tzolkin-Tages prägt Charakter und Potential, Gefährdung und Lebensaufgabe der an diesem Tag Geborenen. Jedoch kann die durch das Datum zugeordnete Zahlengottheit kraft ihrer eigenen Attribute alle Aspekte und Einflüsse der Tagesgottheit entweder verstärken oder abschwächen – je nachdem, ob ihre Eigenschaften den Attributen des Tagesgottes ent- oder widersprechen.
   Beispiel: Bei an 5 Ik Geborenen schwächt die Urgöttin männliche Attribute des Windgottes (Ratio, Tatkraft, Heroismus) ab und verstärkt von ihr selbst verkörperte Aspekte wie Verbindung zum Unbewußten oder Kreativität.
4. Schlagen Sie hier im 6. Kapitel den »Steckbrief« Ihrer Zahlengottheit nach. Verweilen Sie in Gedanken einige Augenblicke bei Ihrem Gott oder Ihrer Göttin. Diese Verkörperung einer übernatürlichen Macht ist nach dem Tagesgott Ihres Geburtstages die für Ihr Leben wichtigste Gottheit, die Ihren Charakter, Ihr Schicksal entscheidend mitgeprägt hat und weiterhin prägt.
5. Bei Zahlen über Zehn werden die Aspekte der Gottheiten der entsprechenden Einer mit den Attributen der Gottheit

der Zehn kombiniert, so daß in diesen Fällen zwei Götter die betreffende Zahl regieren: die zuständige Gottheit aus der Reihe der Regenten von Eins bis Neun sowie der (verstärkende bzw. abschwächende) Todesgott als Regent der Zahl Zehn.

6. Nachdem Sie Ihre Zahlengottheit(en) kennengelernt haben, kehren Sie zurück zum Beginn des 2. Kapitel (S. 29), wo die weitere Handhabung des Tzolkin-Orakels erläutert wird.

Zahlengottheit im Haab-Orakel

1. Die Götter der Zahlen Null bis Neunzehn sind als Zahlengötter den jeweiligen Monatsgöttern des Haab zugeordnet. Die Monatsgötter sind von bestimmendem Einfluß; jedoch können die Zahlengötter den Charakter des betreffenden Monats verstärken bzw. abschwächen, je nachdem, ob ihre Eigenschaften mit denen des Hauptgottes übereinstimmen oder von ihnen abweichen.

2. Schlagen Sie hier im 6. Kapitel die Zahlengottheit(en) nach, auf die Sie durch das Haab-Orakel gestoßen sind. Die »Steckbriefe« der entsprechenden Zahlengötter informieren Sie über die Attribute dieser übernatürlichen Regenten und den Mythos, der sich mit ihnen verbindet. Diese Informationen machen verständlich, warum gerade diese Götter an den im Haab-Orakel genannten Tagen auf die dort skizzierten Ereignisse einwirken können.

3. Beschäftigen Sie sich nach und nach mit den »Steckbriefen« sämtlicher Zahlengötter. Auf diese Weise bekommen Sie allmählich ein Gespür dafür, welche Tageszahlen für welche Ereignisse bzw. Unternehmungen besonders geeignet sind.

4. Nachdem Sie die gesuchte(n) Zahlengottheit(en) kennengelernt haben, kehren Sie zurück zum Beginn des 3. Kapitels (S. 158), wo die weitere Handhabung des Haab-Orakels erläutert wird.

1

(hun)

Mondgöttin Ixquic

»Frau Regenbogen«

Gottheit der
- **sexuellen Hingabe und weiblichen Fruchtbarkeit**
- **Ausschweifung und Auflösung**
- **Krankheiten und Heilkunst**

Der Mythos:

Neben Urgöttin Mam ist sie die einzige weibliche Gottheit im inneren Zirkel der Macht. Als Mondgöttin ist Ixquic die Patronin der Fruchtbarkeit, des Gebärens, überhaupt der Liebe und Sexualität. Sie selbst gilt als zügellos, neigt zu Ausschweifungen und herrscht nachsichtig auch über das Seitengebiet der Hurerei. Wie die griechische Medusa überbringt sie Krankheiten und gilt zugleich als Göttin der Heilkunst. Als Mutter der mythischen Heldenzwillinge Huhnapú (Sonnengott → Herr Vier 🐢) und Ixbalanqué (mit dem sie zur Mondgottheit verschmolzen ist) hat Ixchel wesentlichen Anteil am göttlichen Generationswechsel und damit an der Ausprägung der Maya-Hochkultur.

Geschlecht	**weiblich**
Generation	**jung**
Sphären	**Licht, Wasser**

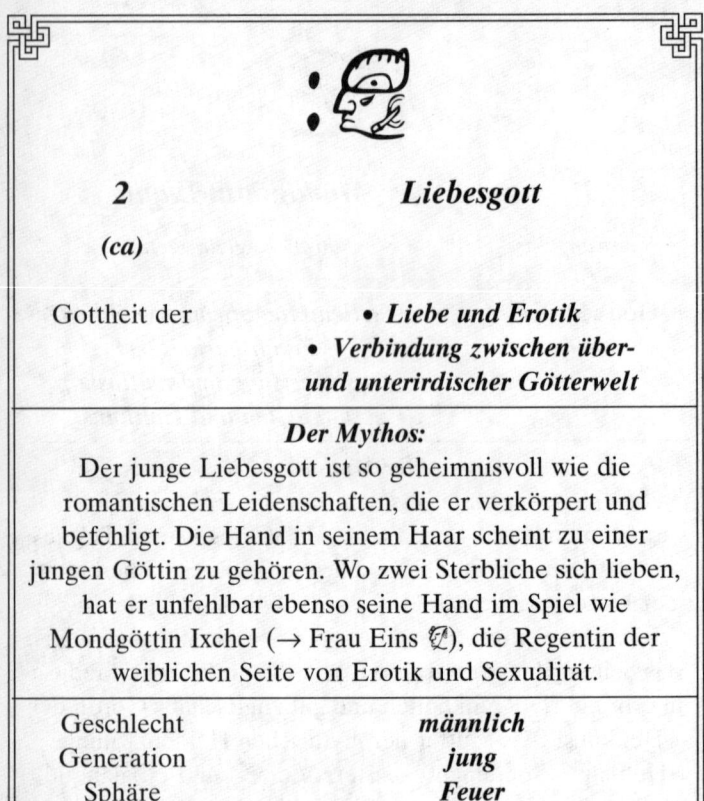

2   *Liebesgott*

(ca)

Gottheit der   • *Liebe und Erotik*
                      • *Verbindung zwischen über-*
                      und unterirdischer Götterwelt

Der Mythos:

Der junge Liebesgott ist so geheimnisvoll wie die romantischen Leidenschaften, die er verkörpert und befehligt. Die Hand in seinem Haar scheint zu einer jungen Göttin zu gehören. Wo zwei Sterbliche sich lieben, hat er unfehlbar ebenso seine Hand im Spiel wie Mondgöttin Ixchel (→ Frau Eins ⟨Z⟩), die Regentin der weiblichen Seite von Erotik und Sexualität.

Geschlecht	*männlich*
Generation	*jung*
Sphäre	*Feuer*

Gott Drei

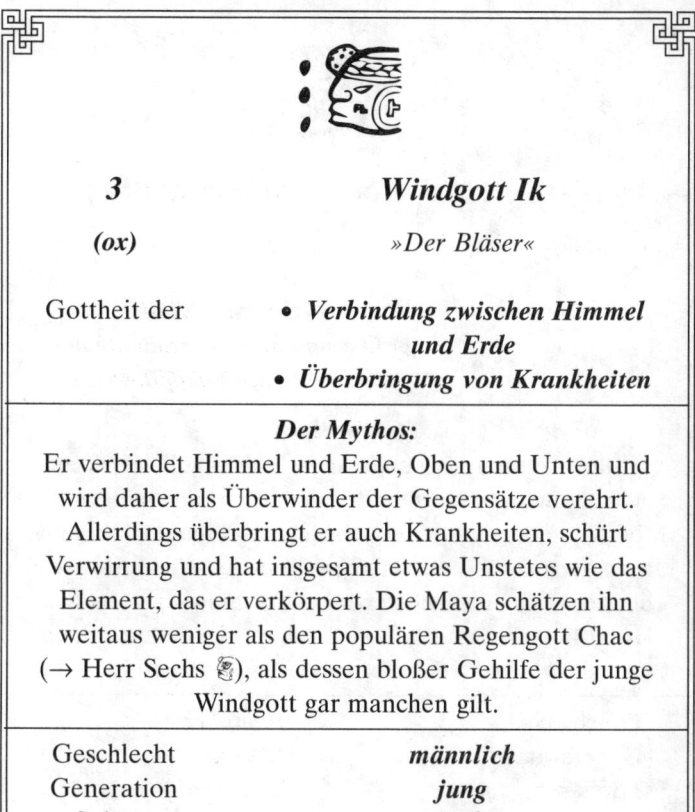

3

(ox)

Windgott Ik

»Der Bläser«

Gottheit der
- ***Verbindung zwischen Himmel und Erde***
- ***Überbringung von Krankheiten***

Der Mythos:

Er verbindet Himmel und Erde, Oben und Unten und wird daher als Überwinder der Gegensätze verehrt. Allerdings überbringt er auch Krankheiten, schürt Verwirrung und hat insgesamt etwas Unstetes wie das Element, das er verkörpert. Die Maya schätzen ihn weitaus weniger als den populären Regengott Chac (→ Herr Sechs 🐚), als dessen bloßer Gehilfe der junge Windgott gar manchen gilt.

Geschlecht	*männlich*
Generation	*jung*
Sphäre	*Luft*

4

Sonnengott Ahau Kin

(kan)

»Herr Sonnengesicht«

Gottheit der/des

- *Lichtes und Geistes*
- *List und heroischen Kühnheit*
- *männlichen Schöpferkraft*

Der Mythos:

Unter dem mythischen Namen Huhnapú besiegte er
zusammen mit seinem Bruder (dem nachmaligen
Mondgott) Ixbalanqué die Unterweltherren von Xibalbá.
Er ist der männlichste, mächtigste und strahlendste Gott
der klassischen Maya, der Inbegriff ihres kriegerischen
Heroismus, ihrer Wissenschaften, ihres Königtums und
ihrer Hochkultur.

Geschlecht	*männlich*
Generation	*jung*
Sphären	*Licht, Luft*

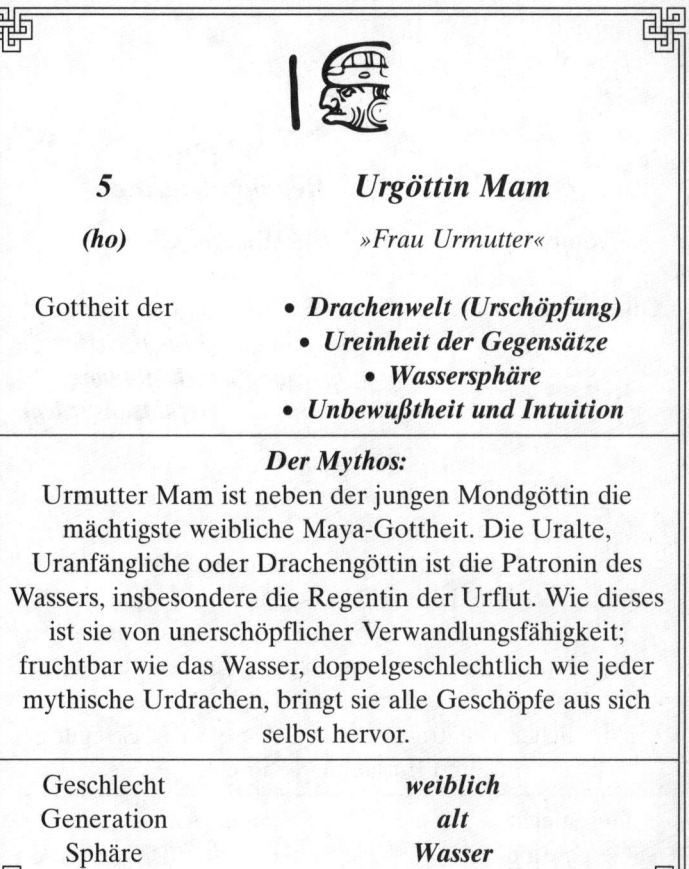

5

(ho)

Urgöttin Mam

»Frau Urmutter«

Gottheit der
- ***Drachenwelt (Urschöpfung)***
- ***Ureinheit der Gegensätze***
- ***Wassersphäre***
- ***Unbewußtheit und Intuition***

Der Mythos:
Urmutter Mam ist neben der jungen Mondgöttin die
mächtigste weibliche Maya-Gottheit. Die Uralte,
Uranfängliche oder Drachengöttin ist die Patronin des
Wassers, insbesondere die Regentin der Urflut. Wie dieses
ist sie von unerschöpflicher Verwandlungsfähigkeit;
fruchtbar wie das Wasser, doppelgeschlechtlich wie jeder
mythische Urdrachen, bringt sie alle Geschöpfe aus sich
selbst hervor.

Geschlecht   ***weiblich***
Generation   ***alt***
Sphäre   ***Wasser***

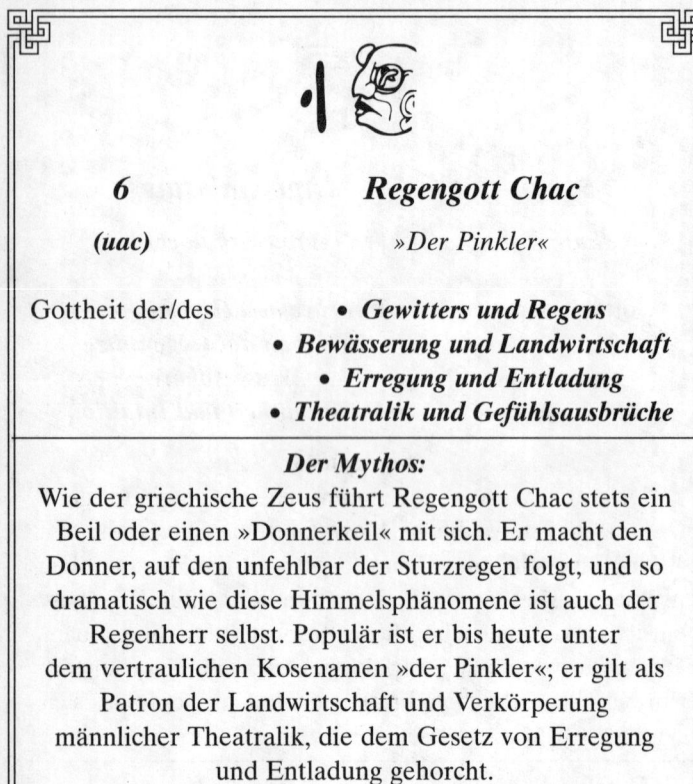

6   ***Regengott Chac***

(uac)   *»Der Pinkler«*

Gottheit der/des   • ***Gewitters und Regens***
                        • ***Bewässerung und Landwirtschaft***
                        • ***Erregung und Entladung***
                        • ***Theatralik und Gefühlsausbrüche***

Der Mythos:

Wie der griechische Zeus führt Regengott Chac stets ein
Beil oder einen »Donnerkeil« mit sich. Er macht den
Donner, auf den unfehlbar der Sturzregen folgt, und so
dramatisch wie diese Himmelsphänomene ist auch der
Regenherr selbst. Populär ist er bis heute unter
dem vertraulichen Kosenamen »der Pinkler«; er gilt als
Patron der Landwirtschaft und Verkörperung
männlicher Theatralik, die dem Gesetz von Erregung
und Entladung gehorcht.

Geschlecht	***männlich***
Generation	***alt***
Sphären	***Luft, Wasser***

Gott Sieben

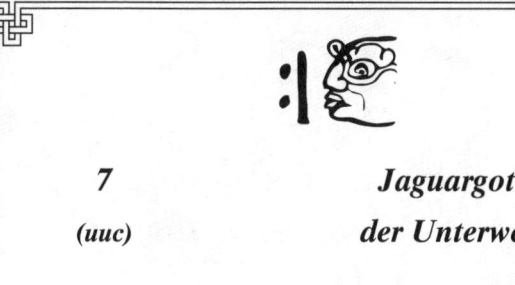

7
(uuc)

Jaguargott
der Unterwelt

Gottheit der

- *Unterwasserwelt*
- *Kriege und Katastrophen*
- *Schöpfung des Universums*

Der Mythos:

Als das Universum neu geordnet wurde, leitete der Jaguargott die Götterversammlung. Insofern ist er eine durchaus konstruktive Gottheit; andererseits gehört er zu den sogenannten schwarzen Göttern der Maya, die Krieg oder sonstige Katastrophen verkörpern. Er residiert in einem Palast in der Unterwelt; sein Gesicht weist jene schwarzen Punkte auf, die als Fäulnisflecken wie auch als Jaguarmuster aufzufassen sind. Die Ambivalenz dieser Gottheit zeigt sich auch daran, daß auf ihrem Hut meist der Göttervogel Oxlahun Muan sitzt, der sowohl dem Himmel der Dreizehn als auch der neunfaltigen göttlichen Unterwelt angehört.

Geschlecht	*männlich*
Generation	*alt*
Sphäre	*Wasser*

8

(uaxac)

Maisgott

»Acht Herz des Überflusses«

Gottheit der/des

- *männlichen Fruchtbarkeit und Schöpferkraft*
- *Reife und des Überflusses*
- *Opfertodes und der Wiederauferstehung*

Der Mythos:

Für die klassischen Maya war er der schönste ihrer jungen Götter. Kein Wunder, schließlich ist er der Regent der heiligen Pflanze, aus der nach dem Mythos der Mensch geschaffen wurde. Eine Maispflanze pflegt ihm aus dem Kopf herauszuwachsen; er ist der Inbegriff der Fruchtbarkeit. Da er den Kreislauf von Werden und Vergehen verkörpert, verbindet sich mit ihm auch ein Opfermythos: Alljährlich zur Ernte muß der junge Maisgott sterben, damit sich zum Zeitpunkt der Aussaat in den Maisfeldern neues Leben regen kann. Neben den Mond- und Sonnengottheiten ist er bis heute der wichtigste der jungen Maya-Götter.

Geschlecht	*männlich*
Generation	*jung*
Sphären	*Wasser, Erde*

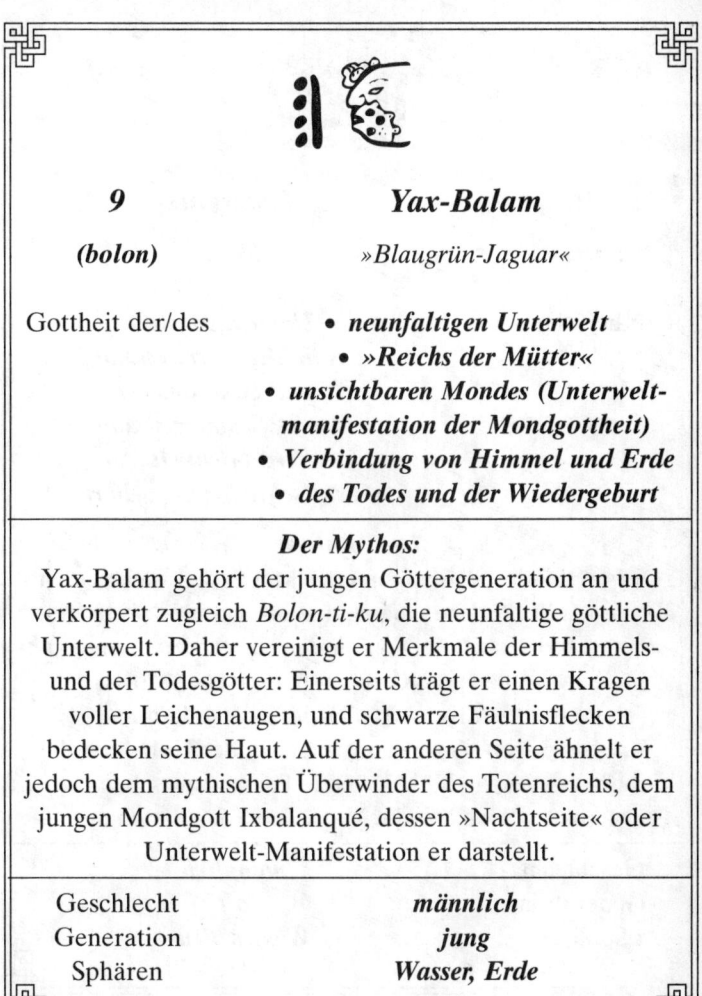

9

Yax-Balam

(bolon)

»Blaugrün-Jaguar«

Gottheit der/des

- *neunfaltigen Unterwelt*
- *»Reichs der Mütter«*
- *unsichtbaren Mondes (Unterwelt-manifestation der Mondgottheit)*
- *Verbindung von Himmel und Erde*
- *des Todes und der Wiedergeburt*

Der Mythos:

Yax-Balam gehört der jungen Göttergeneration an und verkörpert zugleich *Bolon-ti-ku*, die neunfaltige göttliche Unterwelt. Daher vereinigt er Merkmale der Himmels- und der Todesgötter: Einerseits trägt er einen Kragen voller Leichenaugen, und schwarze Fäulnisflecken bedecken seine Haut. Auf der anderen Seite ähnelt er jedoch dem mythischen Überwinder des Totenreichs, dem jungen Mondgott Ixbalanqué, dessen »Nachtseite« oder Unterwelt-Manifestation er darstellt.

Geschlecht	***männlich***
Generation	***jung***
Sphären	***Wasser, Erde***

10

Todesgott

(lahun)

Ahpuch

Gottheit der/des

- *Unterwasserwelt*
- *Todes in allen Verwandlungen und Gestalten*
- *Angst, Schmerzen und Vergeblichkeit*
- *zyklischen Wiedergeburt*

Der Mythos:

Der mythische Sensenmann der Maya trägt meist einen Kragen voller Leichenaugen; mal erscheint er als Skelett, dann wieder als Leichnam, unter dessen verwesendem Fleisch die bleichen Knochen hervorsehen. Er ist der Regent des Todes in all seinen Gestalten und Verwandlungen – und damit zugleich der Herr über die schmerzvolle, furchteinflößende Passage zwischen zwei Leben, als welche die Maya den Tod verstehen.

Geschlecht	*männlich*
Generation	*alt*
Sphären	*Wasser, Feuer*

11 buluc

Hauptgottheit der Zahl	Nebengott (verstärkend/ abschwächend)
1 (hun) *Mondgöttin Ixquic*	*10 (lahun)* *Todesgott Ahpuch*
Gottheit der • *sexuellen Hingabe und* *weiblichen Fruchtbarkeit* • *Ausschweifung und* *Auflösung* • *Krankheiten und Heilkunst*	**Gottheit der/des** • *Unterwasserwelt* • *Angst, Schmerzen und* *Vergeblichkeit* • *Todes und der* *Wiedergeburt*
Der Mythos → *Frau Eins*	**Der Mythos** → *Herr Zehn*
weiblich *jung* *Licht, Wasser*	*männlich* *alt* *Wasser, Feuer*

12 lahca

Hauptgottheit der Zahl	**Nebengott (verstärkend/ abschwächend)**
2 (ca) *Liebesgott*	**10 (lahun)** *Todesgott Ahpuch*
Gottheit der • *Liebe und Erotik* • *Verbindung zwischen über- und unterirdischer Götterwelt*	**Gottheit der/des** • *Unterwasserwelt* • *Angst, Schmerzen und Vergeblichkeit* • *Todes und der Wiedergeburt*
Der Mythos → *Herr Zwei*	**Der Mythos** → *Herr Zehn*
männlich *jung* *Feuer*	*männlich* *alt* *Wasser, Feuer*

Götter Dreizehn

13 oxlahun

Hauptgottheit der Zahl	Nebengott (verstärkend/ abschwächend)
3 (ox) *Windgott Ik*	**10 (lahun)** *Todesgott Ahpuch*
Gottheit der • *Verbindung zwischen Himmel und Erde* • *Überbringung von Krankheiten*	**Gottheit der/des** • *Unterwasserwelt* • *Angst, Schmerzen und Vergeblichkeit* • *Todes und der Wiedergeburt*
Der Mythos → *Herr Drei*	**Der Mythos** → *Herr Zehn*
männlich *jung* *Luft*	*männlich* *alt* *Wasser, Feuer*

14 canlahun

Hauptgottheit der Zahl	Nebengott (verstärkend/ abschwächend)
4 (can) **Sonnengott Ahau**	**10 (lahun)** **Todesgott Ahpuch**
Gottheit der/des • *Lichtes und Geistes* • *List und heroischen Kühnheit* • *männlichen Schöpferkraft*	**Gottheit der/des** • *Unterwasserwelt* • *Angst, Schmerzen und Vergeblichkeit* • *Todes und der Wiedergeburt*
Der Mythos → *Herr Vier*	**Der Mythos** → *Herr Zehn*
männlich *jung* *Licht, Luft*	*männlich* *alt* *Wasser, Feuer*

15 holahun

Hauptgottheit der Zahl	Nebengott (verstärkend/ abschwächend)
5 (ho) *Urgöttin Mam*	*10 (lahun)* *Todesgott Ahpuch*
Gottheit der • *Drachenwelt (Urschöpfung)* • *Ureinheit der Gegensätze* • *Wassersphäre* • *Unbewußtheit und Intuition*	**Gottheit der/des** • *Unterwasserwelt* • *Angst, Schmerzen und Vergeblichkeit* • *Todes und der Wiedergeburt*
Der Mythos → *Frau Fünf*	**Der Mythos** → *Herr Zehn*
weiblich *alt* *Wasser*	*männlich* *alt* *Wasser, Feuer*

16 uaclahun

Hauptgottheit der Zahl	Nebengott (verstärkend/ abschwächend)
6 (uac) *Regengott Chac*	**10 (lahun)** *Todesgott Ahpuch*
Gottheit der/des • *Gewitters und Regens* • *Bewässerung und Landwirtschaft* • *Erregung und Entladung* • *Theatralik und Gefühlsausbrüche*	**Gottheit der/des** • *Unterwasserwelt* • *Angst, Schmerzen und Vergeblichkeit* • *Todes und der Wiedergeburt*
Der Mythos → *Herr Sechs*	**Der Mythos** → *Herr Zehn*
männlich *alt* *Luft, Wasser*	*männlich* *alt* *Wasser, Feuer*

17 uuclahun

Hauptgottheit der Zahl	Nebengott (verstärkend/ abschwächend)
7 (uuc) **Jaguargott der Unterwelt**	**10 (lahun)** **Todesgott Ahpuch**
Gottheit der • *Unterwasserwelt* • *Kriege und Katastrophen* • *Schöpfung des Universums*	**Gottheit der/des** • *Unterwasserwelt* • *Angst, Schmerzen und Vergeblichkeit* • *Todes und der Wiedergeburt*
Der Mythos → *Herr Sieben*	**Der Mythos** → *Herr Zehn*
männlich *alt* *Wasser*	*männlich* *alt* *Wasser, Feuer*

18 uaxaclahun

Hauptgottheit der Zahl	Nebengott (verstärkend/ abschwächend)
8 (uaxac) *Maisgott*	**10 (lahun)** *Todesgott Ahpuch*
Gottheit der/des • *männlichen Fruchtbarkeit und Schöpferkraft* • *Reife und des Überflusses* • *Opfertodes und der Wiederauferstehung*	**Gottheit der/des** • *Unterwasserwelt* • *Angst, Schmerzen und Vergeblichkeit* • *Todes und der Wiedergeburt*
Der Mythos → *Herr Acht*	**Der Mythos** → *Herr Zehn*
männlich jung Wasser, Erde	*männlich alt Wasser, Feuer*

19 bolonlahun

Hauptgottheit der Zahl	Nebengott (verstärkend/ abschwächend)
9 (bolon) **Yax-Balam**	**10 (lahun)** **Todesgott Ahpuch**
Gottheit der/des • *neunfaltigen Unterwelt* • *»Reichs der Mütter«* • *unsichtbaren Mondes* *(Unterweltmanifestation der Mondgottheit)* • *Verbindung von Himmel und Erde* • *des Todes und der Wiedergeburt*	**Gottheit der/des** • *Unterwasserwelt* • *Angst, Schmerzen und Vergeblichkeit* • *Todes und der Wiedergeburt*
Der Mythos → *Herr Neun*	**Der Mythos** → *Herr Zehn*
männlich *jung* *Wasser, Erde*	*männlich* *alt* *Wasser, Feuer*

Göttin Null

0 *(mi)* **Gottheit der/des**	***Urgöttin Mam*** *»Frau Urmutter«* • *Drachenwelt* *(Urschöpfung)* • *Ureinheit der Gegensätze* • *Wassersphäre* • *Unbewußtheit und* *Intuition*
Der Mythos → *Frau Fünf*	
Geschlecht Generation Sphäre	*weiblich* *alt* *Wasser*

Anhang

Verzeichnis der Werke von Pietro Bandini

Der heilige Kalender der Maya. Zeitmessung und Zukunftspro-phezeiung im Zeichen des Jaguar. München 1998

Die Rückkehr der Engel. Von Schutzengeln, himmlischen Bo-ten und der guten Kraft, die sie uns bringen. Bern, München, Wien 1995. Taschenbuchausgabe: München 1998

Drachenwelt. Von den Geistern der Schöpfung und Zerstörung. Stuttgart, Wien, Bern 1996. Taschenbuchausgabe: München 1998

(mit K.-H. Golzio): *Die vierzehn Wiedergeburten des Dalai Lama.* München 1997

Kalendarium der Jahre 1950–2002

- In der linken Spalte des nachfolgend abgedruckten Kalendariums finden Sie die Daten in gregorianischer – also der hierzulande geläufigen – Notation (abgekürzt »Greg.«).
- Die zweite Spalte enthält das entsprechende Tzolkin-Datum, das Sie für das *Tzolkin- oder Geburtsorakel* (2. Kapitel) benötigen.
- Rechterhand folgt das zugehörige Haab-Datum, das für das *Haab- oder Lebensorakel* (3. Kapitel) erforderlich ist.
- In der vierten Spalte ist der jeweils beigeordnete Herr der Nacht (abgekürzt »H.d.N.«) vermerkt, der für das ergänzende *Orakel der Nachtherren* (5. Kapitel) gebraucht wird.
- Durch Fettdruck ist in jedem Jahreskalender (im Bereich des April) überdies der Neujahrstag der Kalenderrunde hervorgehoben: Der jeweils mit dem Haab-Datum 0 Pop verknüpfte Tzolkin-Tagesname gibt dem an diesem Tag beginnenden Jahr seinen Namen, der für das ergänzende *Orakel der Jahresgötter* (4. Kapitel) erforderlich ist.

1950			
Greg.	Tzolkin	Haab	H.d.N
1.1.	12 Edznab	16 Mac	2
2.1.	13 Cauac	17 Mac	3
3.1.	1 Ahau	18 Mac	4
4.1.	2 Imix	19 Mac	5
5.1.	3 Ik	0 Kankin	6
6.1.	4 Akbal	1 Kankin	7
7.1.	5 Kan	2 Kankin	8
8.1.	6 Chicchan	3 Kankin	9
9.1.	7 Cimi	4 Kankin	1
10.1.	8 Manik	5 Kankin	2
11.1.	9 Lamat	6 Kankin	3
12.1.	10 Muluc	7 Kankin	4
13.1.	11 Oc	8 Kankin	5
14.1.	12 Chuen	9 Kankin	6
15.1.	13 Eb	10 Kankin	7
16.1.	1 Ben	11 Kankin	8
17.1.	2 Ix	12 Kankin	9
18.1.	3 Men	13 Kankin	1
19.1.	4 Cib	14 Kankin	2
20.1.	5 Cabán	15 Kankin	3
21.1.	6 Edznab	16 Kankin	4
22.1.	7 Cauac	17 Kankin	5
23.1.	8 Ahau	18 Kankin	6
24.1.	9 Imix	19 Kankin	7
25.1.	10 Ik	0 Muan	8
26.1.	11 Akbal	1 Muan	9
27.1.	12 Kan	2 Muan	1
28.1.	13 Chicchan	3 Muan	2
29.1.	1 Cimi	4 Muan	3
30.1.	2 Manik	5 Muan	4
31.1.	3 Lamat	6 Muan	5
1.2.	4 Muluc	7 Muan	6
2.2.	5 Oc	8 Muan	7
3.2.	6 Chuen	9 Muan	8
4.2.	7 Eb	10 Muan	9
5.2.	8 Ben	11 Muan	1
6.2.	9 Ix	12 Muan	2
7.2.	10 Men	13 Muan	3
8.2.	11 Cib	14 Muan	4

1950			
Greg.	Tzolkin	Haab	H.d.N
9.2.	12 Cabán	15 Muan	5
10.2.	13 Edznab	16 Muan	6
11.2.	1 Cauac	17 Muan	7
12.2.	2 Ahau	18 Muan	8
13.2.	3 Imix	19 Muan	9
14.2.	4 Ik	0 Pax	1
15.2.	5 Akbal	1 Pax	2
16.2.	6 Kan	2 Pax	3
17.2.	7 Chicchan	3 Pax	4
18.2.	8 Cimi	4 Pax	5
19.2.	9 Manik	5 Pax	6
20.2.	10 Lamat	6 Pax	7
21.2.	11 Muluc	7 Pax	8
22.2.	12 Oc	8 Pax	9
23.2.	13 Chuen	9 Pax	1
24.2.	1 Eb	10 Pax	2
25.2.	2 Ben	11 Pax	3
26.2.	3 Ix	12 Pax	4
27.2.	4 Men	13 Pax	5
28.2.	5 Cib	14 Pax	6
1.3.	6 Cabán	15 Pax	7
2.3.	7 Edznab	16 Pax	8
3.3.	8 Cauac	17 Pax	9
4.3.	9 Ahau	18 Pax	1
5.3.	10 Imix	19 Pax	2
6.3.	11 Ik	0 Kayab	3
7.3.	12 Akbal	1 Kayab	4
8.3.	13 Kan	2 Kayab	5
9.3.	1 Chicchan	3 Kayab	6
10.3.	2 Cimi	4 Kayab	7
11.3.	3 Manik	5 Kayab	8
12.3.	4 Lamat	6 Kayab	9
13.3.	5 Muluc	7 Kayab	1
14.3.	6 Oc	8 Kayab	2
15.3.	7 Chuen	9 Kayab	3
16.3.	8 Eb	10 Kayab	4
17.3.	9 Ben	11 Kayab	5
18.3.	10 Ix	12 Kayab	6
19.3.	11 Men	13 Kayab	7

1950			
Greg.	Tzolkin	Haab	H.d.N
20.3.	12 Cib	14 Kayab	8
21.3.	13 Cabán	15 Kayab	9
22.3.	1 Edznab	16 Kayab	1
23.3.	2 Cauac	17 Kayab	2
24.3.	3 Ahau	18 Kayab	3
25.3.	4 Imix	19 Kayab	4
26.3.	5 Ik	0 Cumku	5
27.3.	6 Akbal	1 Cumku	6
28.3.	7 Kan	2 Cumku	7
29.3.	8 Chicchan	3 Cumku	8
30.3.	9 Cimi	4 Cumku	9
31.3.	10 Manik	5 Cumku	1
1.4.	11 Lamat	6 Cumku	2
2.4.	12 Muluc	7 Cumku	3
3.4.	13 Oc	8 Cumku	4
4.4.	1 Chuen	9 Cumku	5
5.4.	2 Eb	10 Cumku	6
6.4.	3 Ben	11 Cumku	7
7.4.	4 Ix	12 Cumku	8
8.4.	5 Men	13 Cumku	9
9.4.	6 Cib	14 Cumku	1
10.4.	7 Cabán	15 Cumku	2
11.4.	8 Edznab	16 Cumku	3
12.4.	9 Cauac	17 Cumku	4
13.4.	10 Ahau	18 Cumku	5
14.4.	11 Imix	19 Cumku	6
15.4.	12 Ik	0 Uayeb	7
16.4.	13 Akbal	1 Uayeb	8
17.4.	1 Kan	2 Uayeb	9
18.4.	2 Chicchan	3 Uayeb	1
19.4.	3 Cimi	4 Uayeb	2
20.4.	**4 Manik**	**0 Pop**	**3**
21.4.	5 Lamat	1 Pop	4
22.4.	6 Muluc	2 Pop	5
23.4.	7 Oc	3 Pop	6
24.4.	8 Chuen	4 Pop	7
25.4.	9 Eb	5 Pop	8
26.4.	10 Ben	6 Pop	9
27.4.	11 Ix	7 Pop	1

1950			
Greg.	Tzolkin	Haab	H.d.N
28.4.	12 Men	8 Pop	2
29.4.	13 Cib	9 Pop	3
30.4.	1 Cabán	10 Pop	4
1.5.	2 Edznab	11 Pop	5
2.5.	3 Cauac	12 Pop	6
3.5.	4 Ahau	13 Pop	7
4.5.	5 Imix	14 Pop	8
5.5.	6 Ik	15 Pop	9
6.5.	7 Akbal	16 Pop	1
7.5.	8 Kan	17 Pop	2
8.5.	9 Chicchan	18 Pop	3
9.5.	10 Cimi	19 Pop	4
10.5.	11 Manik	0 Uo	5
11.5.	12 Lamat	1 Uo	6
12.5.	13 Muluc	2 Uo	7
13.5.	1 Oc	3 Uo	8
14.5.	2 Chuen	4 Uo	9
15.5.	3 Eb	5 Uo	1
16.5.	4 Ben	6 Uo	2
17.5.	5 Ix	7 Uo	3
18.5.	6 Men	8 Uo	4
19.5.	7 Cib	9 Uo	5
20.5.	8 Cabán	10 Uo	6
21.5.	9 Edznab	11 Uo	7
22.5.	10 Cauac	12 Uo	8
23.5.	11 Ahau	13 Uo	9
24.5.	12 Imix	14 Uo	1
25.5.	13 Ik	15 Uo	2
26.5.	1 Akbal	16 Uo	3
27.5.	2 Kan	17 Uo	4
28.5.	3 Chicchan	18 Uo	5
29.5.	4 Cimi	19 Uo	6
30.5.	5 Manik	0 Zip	7
31.5.	6 Lamat	1 Zip	8
1.6.	7 Muluc	2 Zip	9
2.6.	8 Oc	3 Zip	1
3.6.	9 Chuen	4 Zip	2
4.6.	10 Eb	5 Zip	3
5.6.	11 Ben	6 Zip	4

1950			
Greg.	Tzolkin	Haab	H.d.N
6.6.	12 Ix	7 Zip	5
7.6.	13 Men	8 Zip	6
8.6.	1 Cib	9 Zip	7
9.6.	2 Cabán	10 Zip	8
10.6.	3 Edznab	11 Zip	9
11.6.	4 Cauac	12 Zip	1
12.6.	5 Ahau	13 Zip	2
13.6.	6 Imix	14 Zip	3
14.6.	7 Ik	15 Zip	4
15.6.	8 Akbal	16 Zip	5
16.6.	9 Kan	17 Zip	6
17.6.	10 Chicchan	18 Zip	7
18.6.	11 Cimi	19 Zip	8
19.6.	12 Manik	0 Zotz	9
20.6.	13 Lamat	1 Zotz	1
21.6.	1 Muluc	2 Zotz	2
22.6.	2 Oc	3 Zotz	3
23.6.	3 Chuen	4 Zotz	4
24.6.	4 Eb	5 Zotz	5
25.6.	5 Ben	6 Zotz	6
26.6.	6 Ix	7 Zotz	7
27.6.	7 Men	8 Zotz	8
28.6.	8 Cib	9 Zotz	9
29.6.	9 Cabán	10 Zotz	1
30.6.	10 Edznab	11 Zotz	2
1.7.	11 Cauac	12 Zotz	3
2.7.	12 Ahau	13 Zotz	4
3.7.	13 Imix	14 Zotz	5
4.7.	1 Ik	15 Zotz	6
5.7.	2 Akbal	16 Zotz	7
6.7.	3 Kan	17 Zotz	8
7.7.	4 Chicchan	18 Zotz	9
8.7.	5 Cimi	19 Zotz	1
9.7.	6 Manik	0 Tzec	2
10.7.	7 Lamat	1 Tzec	3
11.7.	8 Muluc	2 Tzec	4
12.7.	9 Oc	3 Tzec	5
13.7.	10 Chuen	4 Tzec	6
14.7.	11 Eb	5 Tzec	7

1950			
Greg.	Tzolkin	Haab	H.d.N
15.7.	12 Ben	6 Tzec	8
16.7.	13 Ix	7 Tzec	9
17.7.	1 Men	8 Tzec	1
18.7.	2 Cib	9 Tzec	2
19.7.	3 Cabán	10 Tzec	3
20.7.	4 Edznab	11 Tzec	4
21.7.	5 Cauac	12 Tzec	5
22.7.	6 Ahau	13 Tzec	6
23.7.	7 Imix	14 Tzec	7
24.7.	8 Ik	15 Tzec	8
25.7.	9 Akbal	16 Tzec	9
26.7.	10 Kan	17 Tzec	1
27.7.	11 Chicchan	18 Tzec	2
28.7.	12 Cimi	19 Tzec	3
29.7.	13 Manik	0 Xul	4
30.7.	1 Lamat	1 Xul	5
31.7.	2 Muluc	2 Xul	6
1.8.	3 Oc	3 Xul	7
2.8.	4 Chuen	4 Xul	8
3.8.	5 Eb	5 Xul	9
4.8.	6 Ben	6 Xul	1
5.8.	7 Ix	7 Xul	2
6.8.	8 Men	8 Xul	3
7.8.	9 Cib	9 Xul	4
8.8.	10 Cabán	10 Xul	5
9.8.	11 Edznab	11 Xul	6
10.8.	12 Cauac	12 Xul	7
11.8.	13 Ahau	13 Xul	8
12.8.	1 Imix	14 Xul	9
13.8.	2 Ik	15 Xul	1
14.8.	3 Akbal	16 Xul	2
15.8.	4 Kan	17 Xul	3
16.8.	5 Chicchan	18 Xul	4
17.8.	6 Cimi	19 Xul	5
18.8.	7 Manik	0 Yaxkin	6
19.8.	8 Lamat	1 Yaxkin	7
20.8.	9 Muluc	2 Yaxkin	8
21.8.	10 Oc	3 Yaxkin	9
22.8.	11 Chuen	4 Yaxkin	1

1950			
Greg.	Tzolkin	Haab	H.d.N
23.8.	12 Eb	5 Yaxkin	2
24.8.	13 Ben	6 Yaxkin	3
25.8.	1 Ix	7 Yaxkin	4
26.8.	2 Men	8 Yaxkin	5
27.8.	3 Cib	9 Yaxkin	6
28.8.	4 Cabán	10 Yaxkin	7
29.8.	5 Edznab	11 Yaxkin	8
30.8.	6 Cauac	12 Yaxkin	9
31.8.	7 Ahau	13 Yaxkin	1
1.9.	8 Imix	14 Yaxkin	2
2.9.	9 Ik	15 Yaxkin	3
3.9.	10 Akbal	16 Yaxkin	4
4.9.	11 Kan	17 Yaxkin	5
5.9.	12 Chicchan	18 Yaxkin	6
6.9.	13 Cimi	19 Yaxkin	7
7.9.	1 Manik	0 Mol	8
8.9.	2 Lamat	1 Mol	9
9.9.	3 Muluc	2 Mol	1
10.9.	4 Oc	3 Mol	2
11.9.	5 Chuen	4 Mol	3
12.9.	6 Eb	5 Mol	4
13.9.	7 Ben	6 Mol	5
14.9.	8 Ix	7 Mol	6
15.9.	9 Men	8 Mol	7
16.9.	10 Cib	9 Mol	8
17.9.	11 Cabán	10 Mol	9
18.9.	12 Edznab	11 Mol	1
19.9.	13 Cauac	12 Mol	2
20.9.	1 Ahau	13 Mol	3
21.9.	2 Imix	14 Mol	4
22.9.	3 Ik	15 Mol	5
23.9.	4 Akbal	16 Mol	6
24.9.	5 Kan	17 Mol	7
25.9.	6 Chicchan	18 Mol	8
26.9.	7 Cimi	19 Mol	9
27.9.	8 Manik	0 Chen	1
28.9.	9 Lamat	1 Chen	2
29.9.	10 Muluc	2 Chen	3
30.9.	11 Oc	3 Chen	4

1950			
Greg.	Tzolkin	Haab	H.d.N
1.10.	12 Chuen	4 Chen	5
2.10.	13 Eb	5 Chen	6
3.10.	1 Ben	6 Chen	7
4.10.	2 Ix	7 Chen	8
5.10.	3 Men	8 Chen	9
6.10.	4 Cib	9 Chen	1
7.10.	5 Cabán	10 Chen	2
8.10.	6 Edznab	11 Chen	3
9.10.	7 Cauac	12 Chen	4
10.10.	8 Ahau	13 Chen	5
11.10.	9 Imix	14 Chen	6
12.10.	10 Ik	15 Chen	7
13.10.	11 Akbal	16 Chen	8
14.10.	12 Kan	17 Chen	9
15.10.	13 Chicchan	18 Chen	1
16.10.	1 Cimi	19 Chen	2
17.10.	2 Manik	0 Yax	3
18.10.	3 Lamat	1 Yax	4
19.10.	4 Muluc	2 Yax	5
20.10.	5 Oc	3 Yax	6
21.10.	6 Chuen	4 Yax	7
22.10.	7 Eb	5 Yax	8
23.10.	8 Ben	6 Yax	9
24.10.	9 Ix	7 Yax	1
25.10.	10 Men	8 Yax	2
26.10.	11 Cib	9 Yax	3
27.10.	12 Cabán	10 Yax	4
28.10.	13 Edznab	11 Yax	5
29.10.	1 Cauac	12 Yax	6
30.10.	2 Ahau	13 Yax	7
31.10.	3 Imix	14 Yax	8
1.11.	4 Ik	15 Yax	9
2.11.	5 Akbal	16 Yax	1
3.11.	6 Kan	17 Yax	2
4.11.	7 Chicchan	18 Yax	3
5.11.	8 Cimi	19 Yax	4
6.11.	9 Manik	0 Zac	5
7.11.	10 Lamat	1 Zac	6
8.11.	11 Muluc	2 Zac	7

1950			
Greg.	Tzolkin	Haab	H.d.N
9.11.	12 Oc	3 Zac	8
10.11.	13 Chuen	4 Zac	9
11.11.	1 Eb	5 Zac	1
12.11.	2 Ben	6 Zac	2
13.11.	3 Ix	7 Zac	3
14.11.	4 Men	8 Zac	4
15.11.	5 Cib	9 Zac	5
16.11.	6 Cabán	10 Zac	6
17.11.	7 Edznab	11 Zac	7
18.11.	8 Cauac	12 Zac	8
19.11.	9 Ahau	13 Zac	9
20.11.	10 Imix	14 Zac	1
21.11.	11 Ik	15 Zac	2
22.11.	12 Akbal	16 Zac	3
23.11.	13 Kan	17 Zac	4
24.11.	1 Chicchan	18 Zac	5
25.11.	2 Cimi	19 Zac	6
26.11.	3 Manik	0 Ceh	7
27.11.	4 Lamat	1 Ceh	8
28.11.	5 Muluc	2 Ceh	9
29.11.	6 Oc	3 Ceh	1
30.11.	7 Chuen	4 Ceh	2
1.12.	8 Eb	5 Ceh	3
2.12.	9 Ben	6 Ceh	4
3.12.	10 Ix	7 Ceh	5
4.12.	11 Men	8 Ceh	6
5.12.	12 Cib	9 Ceh	7
6.12.	13 Cabán	10 Ceh	8
7.12.	1 Edznab	11 Ceh	9
8.12.	2 Cauac	12 Ceh	1
9.12.	3 Ahau	13 Ceh	2
10.12.	4 Imix	14 Ceh	3
11.12.	5 Ik	15 Ceh	4
12.12.	6 Akbal	16 Ceh	5
13.12.	7 Kan	17 Ceh	6
14.12.	8 Chicchan	18 Ceh	7
15.12.	9 Cimi	19 Ceh	8
16.12.	10 Manik	0 Mac	9
17.12.	11 Lamat	1 Mac	1

1950			
Greg.	Tzolkin	Haab	H.d.N
18.12.	12 Muluc	2 Mac	2
19.12.	13 Oc	3 Mac	3
20.12.	1 Chuen	4 Mac	4
21.12.	2 Eb	5 Mac	5
22.12.	3 Ben	6 Mac	6
23.12.	4 Ix	7 Mac	7
24.12.	5 Men	8 Mac	8
25.12.	6 Cib	9 Mac	9
26.12.	7 Cabán	10 Mac	1
27.12.	8 Edznab	11 Mac	2
28.12.	9 Cauac	12 Mac	3
29.12.	10 Ahau	13 Mac	4
30.12.	11 Imix	14 Mac	5
31.12.	12 Ik	15 Mac	6

1951			
Greg.	Tzolkin	Haab	H.d.N
1.1.	13 Akbal	16 Mac	7
2.1.	1 Kan	17 Mac	8
3.1.	2 Chicchan	18 Mac	9
4.1.	3 Cimi	19 Mac	1
5.1.	4 Manik	0 Kankin	2
6.1.	5 Lamat	1 Kankin	3
7.1.	6 Muluc	2 Kankin	4
8.1.	7 Oc	3 Kankin	5
9.1.	8 Chuen	4 Kankin	6
10.1.	9 Eb	5 Kankin	7
11.1.	10 Ben	6 Kankin	8
12.1.	11 Ix	7 Kankin	9
13.1.	12 Men	8 Kankin	1
14.1.	13 Cib	9 Kankin	2
15.1.	1 Cabán	10 Kankin	3
16.1.	2 Edznab	11 Kankin	4
17.1.	3 Cauac	12 Kankin	5
18.1.	4 Ahau	13 Kankin	6
19.1.	5 Imix	14 Kankin	7
20.1.	6 Ik	15 Kankin	8
21.1.	7 Akbal	16 Kankin	9
22.1.	8 Kan	17 Kankin	1
23.1.	9 Chicchan	18 Kankin	2

1951			
Greg.	Tzolkin	Haab	H.d.N
24.1.	10 Cimi	19 Kankin	3
25.1.	11 Manik	0 Muan	4
26.1.	12 Lamat	1 Muan	5
27.1.	13 Muluc	2 Muan	6
28.1.	1 Oc	3 Muan	7
29.1.	2 Chuen	4 Muan	8
30.1.	3 Eb	5 Muan	9
31.1.	4 Ben	6 Muan	1
1.2.	5 Ix	7 Muan	2
2.2.	6 Men	8 Muan	3
3.2.	7 Cib	9 Muan	4
4.2.	8 Cabán	10 Muan	5
5.2.	9 Edznab	11 Muan	6
6.2.	10 Cauac	12 Muan	7
7.2.	11 Ahau	13 Muan	8
8.2.	12 Imix	14 Muan	9
9.2.	13 Ik	15 Muan	1
10.2.	1 Akbal	16 Muan	2
11.2.	2 Kan	17 Muan	3
12.2.	3 Chicchan	18 Muan	4
13.2.	4 Cimi	19 Muan	5
14.2.	5 Manik	0 Pax	6
15.2.	6 Lamat	1 Pax	7
16.2.	7 Muluc	2 Pax	8
17.2.	8 Oc	3 Pax	9
18.2.	9 Chuen	4 Pax	1
19.2.	10 Eb	5 Pax	2
20.2.	11 Ben	6 Pax	3
21.2.	12 Ix	7 Pax	4
22.2.	13 Men	8 Pax	5
23.2.	1 Cib	9 Pax	6
24.2.	2 Cabán	10 Pax	7
25.2.	3 Edznab	11 Pax	8
26.2.	4 Cauac	12 Pax	9
27.2.	5 Ahau	13 Pax	1
28.2.	6 Imix	14 Pax	2
1.3.	7 Ik	15 Pax	3
2.3.	8 Akbal	16 Pax	4
3.3.	9 Kan	17 Pax	5

1951			
Greg.	Tzolkin	Haab	H.d.N
4.3.	10 Chicchan	18 Pax	6
5.3.	11 Cimi	19 Pax	7
6.3.	12 Manik	0 Kayab	8
7.3.	13 Lamat	1 Kayab	9
8.3.	1 Muluc	2 Kayab	1
9.3.	2 Oc	3 Kayab	2
10.3.	3 Chuen	4 Kayab	3
11.3.	4 Eb	5 Kayab	4
12.3.	5 Ben	6 Kayab	5
13.3.	6 Ix	7 Kayab	6
14.3.	7 Men	8 Kayab	7
15.3.	8 Cib	9 Kayab	8
16.3.	9 Cabán	10 Kayab	9
17.3.	10 Edznab	11 Kayab	1
18.3.	11 Cauac	12 Kayab	2
19.3.	12 Ahau	13 Kayab	3
20.3.	13 Imix	14 Kayab	4
21.3.	1 Ik	15 Kayab	5
22.3.	2 Akbal	16 Kayab	6
23.3.	3 Kan	17 Kayab	7
24.3.	4 Chicchan	18 Kayab	8
25.3.	5 Cimi	19 Kayab	9
26.3.	6 Manik	0 Cumku	1
27.3.	7 Lamat	1 Cumku	2
28.3.	8 Muluc	2 Cumku	3
29.3.	9 Oc	3 Cumku	4
30.3.	10 Chuen	4 Cumku	5
31.3.	11 Eb	5 Cumku	6
1.4.	12 Ben	6 Cumku	7
2.4.	13 Ix	7 Cumku	8
3.4.	1 Men	8 Cumku	9
4.4.	2 Cib	9 Cumku	1
5.4.	3 Cabán	10 Cumku	2
6.4.	4 Edznab	11 Cumku	3
7.4.	5 Cauac	12 Cumku	4
8.4.	6 Ahau	13 Cumku	5
9.4.	7 Imix	14 Cumku	6
10.4.	8 Ik	15 Cumku	7
11.4.	9 Akbal	16 Cumku	8

1951			
Greg.	Tzolkin	Haab	H.d.N
12.4.	10 Kan	17 Cumku	9
13.4.	11 Chicchan	18 Cumku	1
14.4.	12 Cimi	19 Cumku	2
15.4.	13 Manik	0 Uayeb	3
16.4.	1 Lamat	1 Uayeb	4
17.4.	2 Muluc	2 Uayeb	5
18.4.	3 Oc	3 Uayeb	6
19.4.	4 Chuen	4 Uayeb	7
20.4.	**5 Eb**	**0 Pop**	**8**
21.4.	6 Ben	1 Pop	9
22.4.	7 Ix	2 Pop	1
23.4.	8 Men	3 Pop	2
24.4.	9 Cib	4 Pop	3
25.4.	10 Cabán	5 Pop	4
26.4.	11 Edznab	6 Pop	5
27.4.	12 Cauac	7 Pop	6
28.4.	13 Ahau	8 Pop	7
29.4.	1 Imix	9 Pop	8
30.4.	2 Ik	10 Pop	9
1.5.	3 Akbal	11 Pop	1
2.5.	4 Kan	12 Pop	2
3.5.	5 Chicchan	13 Pop	3
4.5.	6 Cimi	14 Pop	4
5.5.	7 Manik	15 Pop	5
6.5.	8 Lamat	16 Pop	6
7.5.	9 Muluc	17 Pop	7
8.5.	10 Oc	18 Pop	8
9.5.	11 Chuen	19 Pop	9
10.5.	12 Eb	0 Uo	1
11.5.	13 Ben	1 Uo	2
12.5.	1 Ix	2 Uo	3
13.5.	2 Men	3 Uo	4
14.5.	3 Cib	4 Uo	5
15.5.	4 Cabán	5 Uo	6
16.5.	5 Edznab	6 Uo	7
17.5.	6 Cauac	7 Uo	8
18.5.	7 Ahau	8 Uo	9
19.5.	8 Imix	9 Uo	1
20.5.	9 Ik	10 Uo	2

1951			
Greg.	Tzolkin	Haab	H.d.N
21.5.	10 Akbal	11 Uo	3
22.5.	11 Kan	12 Uo	4
23.5.	12 Chicchan	13 Uo	5
24.5.	13 Cimi	14 Uo	6
25.5.	1 Manik	15 Uo	7
26.5.	2 Lamat	16 Uo	8
27.5.	3 Muluc	17 Uo	9
28.5.	4 Oc	18 Uo	1
29.5.	5 Chuen	19 Uo	2
30.5.	6 Eb	0 Zip	3
31.5.	7 Ben	1 Zip	4
1.6.	8 Ix	2 Zip	5
2.6.	9 Men	3 Zip	6
3.6.	10 Cib	4 Zip	7
4.6.	11 Cabán	5 Zip	8
5.6.	12 Edznab	6 Zip	9
6.6.	13 Cauac	7 Zip	1
7.6.	1 Ahau	8 Zip	2
8.6.	2 Imix	9 Zip	3
9.6.	3 Ik	10 Zip	4
10.6.	4 Akbal	11 Zip	5
11.6.	5 Kan	12 Zip	6
12.6.	6 Chicchan	13 Zip	7
13.6.	7 Cimi	14 Zip	8
14.6.	8 Manik	15 Zip	9
15.6.	9 Lamat	16 Zip	1
16.6.	10 Muluc	17 Zip	2
17.6.	11 Oc	18 Zip	3
18.6.	12 Chuen	19 Zip	4
19.6.	13 Eb	0 Zotz	5
20.6.	1 Ben	1 Zotz	6
21.6.	2 Ix	2 Zotz	7
22.6.	3 Men	3 Zotz	8
23.6.	4 Cib	4 Zotz	9
24.6.	5 Cabán	5 Zotz	1
25.6.	6 Edznab	6 Zotz	2
26.6.	7 Cauac	7 Zotz	3
27.6.	8 Ahau	8 Zotz	4
28.6.	9 Imix	9 Zotz	5

1951			
Greg.	Tzolkin	Haab	H.d.N
29.6.	10 Ik	10 Zotz	6
30.6.	11 Akbal	11 Zotz	7
1.7.	12 Kan	12 Zotz	8
2.7.	13 Chicchan	13 Zotz	9
3.7.	1 Cimi	14 Zotz	1
4.7.	2 Manik	15 Zotz	2
5.7.	3 Lamat	16 Zotz	3
6.7.	4 Muluc	17 Zotz	4
7.7.	5 Oc	18 Zotz	5
8.7.	6 Chuen	19 Zotz	6
9.7.	7 Eb	0 Tzec	7
10.7.	8 Ben	1 Tzec	8
11.7.	9 Ix	2 Tzec	9
12.7.	10 Men	3 Tzec	1
13.7.	11 Cib	4 Tzec	2
14.7.	12 Cabán	5 Tzec	3
15.7.	13 Edznab	6 Tzec	4
16.7.	1 Cauac	7 Tzec	5
17.7.	2 Ahau	8 Tzec	6
18.7.	3 Imix	9 Tzec	7
19.7.	4 Ik	10 Tzec	8
20.7.	5 Akbal	11 Tzec	9
21.7.	6 Kan	12 Tzec	1
22.7.	7 Chicchan	13 Tzec	2
23.7.	8 Cimi	14 Tzec	3
24.7.	9 Manik	15 Tzec	4
25.7.	10 Lamat	16 Tzec	5
26.7.	11 Muluc	17 Tzec	6
27.7.	12 Oc	18 Tzec	7
28.7.	13 Chuen	19 Tzec	8
29.7.	1 Eb	0 Xul	9
30.7.	2 Ben	1 Xul	1
31.7.	3 Ix	2 Xul	2
1.8.	4 Men	3 Xul	3
2.8.	5 Cib	4 Xul	4
3.8.	6 Cabán	5 Xul	5
4.8.	7 Edznab	6 Xul	6
5.8.	8 Cauac	7 Xul	7
6.8.	9 Ahau	8 Xul	8

1951			
Greg.	Tzolkin	Haab	H.d.N
7.8.	10 Imix	9 Xul	9
8.8.	11 Ik	10 Xul	1
9.8.	12 Akbal	11 Xul	2
10.8.	13 Kan	12 Xul	3
11.8.	1 Chicchan	13 Xul	4
12.8.	2 Cimi	14 Xul	5
13.8.	3 Manik	15 Xul	6
14.8.	4 Lamat	16 Xul	7
15.8.	5 Muluc	17 Xul	8
16.8.	6 Oc	18 Xul	9
17.8.	7 Chuen	19 Xul	1
18.8.	8 Eb	0 Yaxkin	2
19.8.	9 Ben	1 Yaxkin	3
20.8.	10 Ix	2 Yaxkin	4
21.8.	11 Men	3 Yaxkin	5
22.8.	12 Cib	4 Yaxkin	6
23.8.	13 Cabán	5 Yaxkin	7
24.8.	1 Edznab	6 Yaxkin	8
25.8.	2 Cauac	7 Yaxkin	9
26.8.	3 Ahau	8 Yaxkin	1
27.8.	4 Imix	9 Yaxkin	2
28.8.	5 Ik	10 Yaxkin	3
29.8.	6 Akbal	11 Yaxkin	4
30.8.	7 Kan	12 Yaxkin	5
31.8.	8 Chicchan	13 Yaxkin	6
1.9.	9 Cimi	14 Yaxkin	7
2.9.	10 Manik	15 Yaxkin	8
3.9.	11 Lamat	16 Yaxkin	9
4.9.	12 Muluc	17 Yaxkin	1
5.9.	13 Oc	18 Yaxkin	2
6.9.	1 Chuen	19 Yaxkin	3
7.9.	2 Eb	0 Mol	4
8.9.	3 Ben	1 Mol	5
9.9.	4 Ix	2 Mol	6
10.9.	5 Men	3 Mol	7
11.9.	6 Cib	4 Mol	8
12.9.	7 Cabán	5 Mol	9
13.9.	8 Edznab	6 Mol	1
14.9.	9 Cauac	7 Mol	2

1951			
Greg.	Tzolkin	Haab	H.d.N
15.9.	10 Ahau	8 Mol	3
16.9.	11 Imix	9 Mol	4
17.9.	12 Ik	10 Mol	5
18.9.	13 Akbal	11 Mol	6
19.9.	1 Kan	12 Mol	7
20.9.	2 Chicchan	13 Mol	8
21.9.	3 Cimi	14 Mol	9
22.9.	4 Manik	15 Mol	1
23.9.	5 Lamat	16 Mol	2
24.9.	6 Muluc	17 Mol	3
25.9.	7 Oc	18 Mol	4
26.9.	8 Chuen	19 Mol	5
27.9.	9 Eb	0 Chen	6
28.9.	10 Ben	1 Chen	7
29.9.	11 Ix	2 Chen	8
30.9.	12 Men	3 Chen	9
1.10.	13 Cib	4 Chen	1
2.10.	1 Cabán	5 Chen	2
3.10.	2 Edznab	6 Chen	3
4.10.	3 Cauac	7 Chen	4
5.10.	4 Ahau	8 Chen	5
6.10.	5 Imix	9 Chen	6
7.10.	6 Ik	10 Chen	7
8.10.	7 Akbal	11 Chen	8
9.10.	8 Kan	12 Chen	9
10.10.	9 Chicchan	13 Chen	1
11.10.	10 Cimi	14 Chen	2
12.10.	11 Manik	15 Chen	3
13.10.	12 Lamat	16 Chen	4
14.10.	13 Muluc	17 Chen	5
15.10.	1 Oc	18 Chen	6
16.10.	2 Chuen	19 Chen	7
17.10.	3 Eb	0 Yax	8
18.10.	4 Ben	1 Yax	9
19.10.	5 Ix	2 Yax	1
20.10.	6 Men	3 Yax	2
21.10.	7 Cib	4 Yax	3
22.10.	8 Cabán	5 Yax	4
23.10.	9 Edznab	6 Yax	5

1951			
Greg.	Tzolkin	Haab	H.d.N
24.10.	10 Cauac	7 Yax	6
25.10.	11 Ahau	8 Yax	7
26.10.	12 Imix	9 Yax	8
27.10.	13 Ik	10 Yax	9
28.10.	1 Akbal	11 Yax	1
29.10.	2 Kan	12 Yax	2
30.10.	3 Chicchan	13 Yax	3
31.10.	4 Cimi	14 Yax	4
1.11.	5 Manik	15 Yax	5
2.11.	6 Lamat	16 Yax	6
3.11.	7 Muluc	17 Yax	7
4.11.	8 Oc	18 Yax	8
5.11.	9 Chuen	19 Yax	9
6.11.	10 Eb	0 Zac	1
7.11.	11 Ben	1 Zac	2
8.11.	12 Ix	2 Zac	3
9.11.	13 Men	3 Zac	4
10.11.	1 Cib	4 Zac	5
11.11.	2 Cabán	5 Zac	6
12.11.	3 Edznab	6 Zac	7
13.11.	4 Cauac	7 Zac	8
14.11.	5 Ahau	8 Zac	9
15.11.	6 Imix	9 Zac	1
16.11.	7 Ik	10 Zac	2
17.11.	8 Akbal	11 Zac	3
18.11.	9 Kan	12 Zac	4
19.11.	10 Chicchan	13 Zac	5
20.11.	11 Cimi	14 Zac	6
21.11.	12 Manik	15 Zac	7
22.11.	13 Lamat	16 Zac	8
23.11.	1 Muluc	17 Zac	9
24.11.	2 Oc	18 Zac	1
25.11.	3 Chuen	19 Zac	2
26.11.	4 Eb	0 Ceh	3
27.11.	5 Ben	1 Ceh	4
28.11.	6 Ix	2 Ceh	5
29.11.	7 Men	3 Ceh	6
30.11.	8 Cib	4 Ceh	7
1.12.	9 Cabán	5 Ceh	8

1951			
Greg.	Tzolkin	Haab	H.d.N
2.12.	10 Edznab	6 Ceh	9
3.12.	11 Cauac	7 Ceh	1
4.12.	12 Ahau	8 Ceh	2
5.12.	13 Imix	9 Ceh	3
6.12.	1 Ik	10 Ceh	4
7.12.	2 Akbal	11 Ceh	5
8.12.	3 Kan	12 Ceh	6
9.12.	4 Chicchan	13 Ceh	7
10.12.	5 Cimi	14 Ceh	8
11.12.	6 Manik	15 Ceh	9
12.12.	7 Lamat	16 Ceh	1
13.12.	8 Muluc	17 Ceh	2
14.12.	9 Oc	18 Ceh	3
15.12.	10 Chuen	19 Ceh	4
16.12.	11 Eb	0 Mac	5
17.12.	12 Ben	1 Mac	6
18.12.	13 Ix	2 Mac	7
19.12.	1 Men	3 Mac	8
20.12.	2 Cib	4 Mac	9
21.12.	3 Cabán	5 Mac	1
22.12.	4 Edznab	6 Mac	2
23.12.	5 Cauac	7 Mac	3
24.12.	6 Ahau	8 Mac	4
25.12.	7 Imix	9 Mac	5
26.12.	8 Ik	10 Mac	6
27.12.	9 Akbal	11 Mac	7
28.12.	10 Kan	12 Mac	8
29.12.	11 Chicchan	13 Mac	9
30.12.	12 Cimi	14 Mac	1
31.12.	13 Manik	15 Mac	2
1952			
Greg.	Tzolkin	Haab	H.d.N
1.1.	1 Lamat	16 Mac	3
2.1.	2 Muluc	17 Mac	4
3.1.	3 Oc	18 Mac	5
4.1.	4 Chuen	19 Mac	6
5.1.	5 Eb	0 Kankin	7
6.1.	6 Ben	1 Kankin	8
7.1.	7 Ix	2 Kankin	9

1952			
Greg.	Tzolkin	Haab	H.d.N
8.1.	8 Men	3 Kankin	1
9.1.	9 Cib	4 Kankin	2
10.1.	10 Cabán	5 Kankin	3
11.1.	11 Edznab	6 Kankin	4
12.1.	12 Cauac	7 Kankin	5
13.1.	13 Ahau	8 Kankin	6
14.1.	1 Imix	9 Kankin	7
15.1.	2 Ik	10 Kankin	8
16.1.	3 Akbal	11 Kankin	9
17.1.	4 Kan	12 Kankin	1
18.1.	5 Chicchan	13 Kankin	2
19.1.	6 Cimi	14 Kankin	3
20.1.	7 Manik	15 Kankin	4
21.1.	8 Lamat	16 Kankin	5
22.1.	9 Muluc	17 Kankin	6
23.1.	10 Oc	18 Kankin	7
24.1.	11 Chuen	19 Kankin	8
25.1.	12 Eb	0 Muan	9
26.1.	13 Ben	1 Muan	1
27.1.	1 Ix	2 Muan	2
28.1.	2 Men	3 Muan	3
29.1.	3 Cib	4 Muan	4
30.1.	4 Cabán	5 Muan	5
31.1.	5 Edznab	6 Muan	6
1.2.	6 Cauac	7 Muan	7
2.2.	7 Ahau	8 Muan	8
3.2.	8 Imix	9 Muan	9
4.2.	9 Ik	10 Muan	1
5.2.	10 Akbal	11 Muan	2
6.2.	11 Kan	12 Muan	3
7.2.	12 Chicchan	13 Muan	4
8.2.	13 Cimi	14 Muan	5
9.2.	1 Manik	15 Muan	6
10.2.	2 Lamat	16 Muan	7
11.2.	3 Muluc	17 Muan	8
12.2.	4 Oc	18 Muan	9
13.2.	5 Chuen	19 Muan	1
14.2.	6 Eb	0 Pax	2
15.2.	7 Ben	1 Pax	3

1952			
Greg.	Tzolkin	Haab	H.d.N
16.2.	8 Ix	2 Pax	4
17.2.	9 Men	3 Pax	5
18.2.	10 Cib	4 Pax	6
19.2.	11 Cabán	5 Pax	7
20.2.	12 Edznab	6 Pax	8
21.2.	13 Cauac	7 Pax	9
22.2.	1 Ahau	8 Pax	1
23.2.	2 Imix	9 Pax	2
24.2.	3 Ik	10 Pax	3
25.2.	4 Akbal	11 Pax	4
26.2.	5 Kan	12 Pax	5
27.2.	6 Chicchan	13 Pax	6
28.2.	7 Cimi	14 Pax	7
29.2.	8 Manik	15 Pax	8
1.3.	9 Lamat	16 Pax	9
2.3.	10 Muluc	17 Pax	1
3.3.	11 Oc	18 Pax	2
4.3.	12 Chuen	19 Pax	3
5.3.	13 Eb	0 Kayab	4
6.3.	1 Ben	1 Kayab	5
7.3.	2 Ix	2 Kayab	6
8.3.	3 Men	3 Kayab	7
9.3.	4 Cib	4 Kayab	8
10.3.	5 Cabán	5 Kayab	9
11.3.	6 Edznab	6 Kayab	1
12.3.	7 Cauac	7 Kayab	2
13.3.	8 Ahau	8 Kayab	3
14.3.	9 Imix	9 Kayab	4
15.3.	10 Ik	10 Kayab	5
16.3.	11 Akbal	11 Kayab	6
17.3.	12 Kan	12 Kayab	7
18.3.	13 Chicchan	13 Kayab	8
19.3.	1 Cimi	14 Kayab	9
20.3.	2 Manik	15 Kayab	1
21.3.	3 Lamat	16 Kayab	2
22.3.	4 Muluc	17 Kayab	3
23.3.	5 Oc	18 Kayab	4
24.3.	6 Chuen	19 Kayab	5
25.3.	7 Eb	0 Cumku	6

1952			
Greg.	Tzolkin	Haab	H.d.N
26.3.	8 Ben	1 Cumku	7
27.3.	9 Ix	2 Cumku	8
28.3.	10 Men	3 Cumku	9
29.3.	11 Cib	4 Cumku	1
30.3.	12 Cabán	5 Cumku	2
31.3.	13 Edznab	6 Cumku	3
1.4.	1 Cauac	7 Cumku	4
2.4.	2 Ahau	8 Cumku	5
3.4.	3 Imix	9 Cumku	6
4.4.	4 Ik	10 Cumku	7
5.4.	5 Akbal	11 Cumku	8
6.4.	6 Kan	12 Cumku	9
7.4.	7 Chicchan	13 Cumku	1
8.4.	8 Cimi	14 Cumku	2
9.4.	9 Manik	15 Cumku	3
10.4.	10 Lamat	16 Cumku	4
11.4.	11 Muluc	17 Cumku	5
12.4.	12 Oc	18 Cumku	6
13.4.	13 Chuen	19 Cumku	7
14.4.	1 Eb	0 Uayeb	8
15.4.	2 Ben	1 Uayeb	9
16.4.	3 Ix	2 Uayeb	1
17.4.	4 Men	3 Uayeb	2
18.4.	5 Cib	4 Uayeb	3
19.4.	**6 Cabán**	**0 Pop**	**4**
20.4.	7 Edznab	1 Pop	5
21.4.	8 Cauac	2 Pop	6
22.4.	9 Ahau	3 Pop	7
23.4.	10 Imix	4 Pop	8
24.4.	11 Ik	5 Pop	9
25.4.	12 Akbal	6 Pop	1
26.4.	13 Kan	7 Pop	2
27.4.	1 Chicchan	8 Pop	3
28.4.	2 Cimi	9 Pop	4
29.4.	3 Manik	10 Pop	5
30.4.	4 Lamat	11 Pop	6
1.5.	5 Muluc	12 Pop	7
2.5.	6 Oc	13 Pop	8
3.5.	7 Chuen	14 Pop	9

1952			
Greg.	Tzolkin	Haab	H.d.N
4.5.	8 Eb	15 Pop	1
5.5.	9 Ben	16 Pop	2
6.5.	10 Ix	17 Pop	3
7.5.	11 Men	18 Pop	4
8.5.	12 Cib	19 Pop	5
9.5.	13 Cabán	0 Uo	6
10.5.	1 Edznab	1 Uo	7
11.5.	2 Cauac	2 Uo	8
12.5.	3 Ahau	3 Uo	9
13.5.	4 Imix	4 Uo	1
14.5.	5 Ik	5 Uo	2
15.5.	6 Akbal	6 Uo	3
16.5.	7 Kan	7 Uo	4
17.5.	8 Chicchan	8 Uo	5
18.5.	9 Cimi	9 Uo	6
19.5.	10 Manik	10 Uo	7
20.5.	11 Lamat	11 Uo	8
21.5.	12 Muluc	12 Uo	9
22.5.	13 Oc	13 Uo	1
23.5.	1 Chuen	14 Uo	2
24.5.	2 Eb	15 Uo	3
25.5.	3 Ben	16 Uo	4
26.5.	4 Ix	17 Uo	5
27.5.	5 Men	18 Uo	6
28.5.	6 Cib	19 Uo	7
29.5.	7 Cabán	0 Zip	8
30.5.	8 Edznab	1 Zip	9
31.5.	9 Cauac	2 Zip	1
1.6.	10 Ahau	3 Zip	2
2.6.	11 Imix	4 Zip	3
3.6.	12 Ik	5 Zip	4
4.6.	13 Akbal	6 Zip	5
5.6.	1 Kan	7 Zip	6
6.6.	2 Chicchan	8 Zip	7
7.6.	3 Cimi	9 Zip	8
8.6.	4 Manik	10 Zip	9
9.6.	5 Lamat	11 Zip	1
10.6.	6 Muluc	12 Zip	2
11.6.	7 Oc	13 Zip	3

1952			
Greg.	Tzolkin	Haab	H.d.N
12.6.	8 Chuen	14 Zip	4
13.6.	9 Eb	15 Zip	5
14.6.	10 Ben	16 Zip	6
15.6.	11 Ix	17 Zip	7
16.6.	12 Men	18 Zip	8
17.6.	13 Cib	19 Zip	9
18.6.	1 Cabán	0 Zotz	1
19.6.	2 Edznab	1 Zotz	2
20.6.	3 Cauac	2 Zotz	3
21.6.	4 Imix	3 Zotz	4
22.6.	5 Imix	4 Zotz	5
23.6.	6 Ik	5 Zotz	6
24.6.	7 Akbal	6 Zotz	7
25.6.	8 Kan	7 Zotz	8
26.6.	9 Chicchan	8 Zotz	9
27.6.	10 Cimi	9 Zotz	1
28.6.	11 Manik	10 Zotz	2
29.6.	12 Lamat	11 Zotz	3
30.6.	13 Muluc	12 Zotz	4
1.7.	1 Oc	13 Zotz	5
2.7.	2 Chuen	14 Zotz	6
3.7.	3 Eb	15 Zotz	7
4.7.	4 Ben	16 Zotz	8
5.7.	5 Ix	17 Zotz	9
6.7.	6 Men	18 Zotz	1
7.7.	7 Cib	19 Zotz	2
8.7.	8 Cabán	0 Tzec	3
9.7.	9 Edznab	1 Tzec	4
10.7.	10 Cauac	2 Tzec	5
11.7.	11 Ahau	3 Tzec	6
12.7.	12 Imix	4 Tzec	7
13.7.	13 Ik	5 Tzec	8
14.7.	1 Akbal	6 Tzec	9
15.7.	2 Kan	7 Tzec	1
16.7.	3 Chicchan	8 Tzec	2
17.7.	4 Cimi	9 Tzec	3
18.7.	5 Manik	10 Tzec	4
19.7.	6 Lamat	11 Tzec	5
20.7.	7 Muluc	12 Tzec	6

1952			
Greg.	Tzolkin	Haab	H.d.N
21.7.	8 Oc	13 Tzec	7
22.7.	9 Chuen	14 Tzec	8
23.7.	10 Eb	15 Tzec	9
24.7.	11 Ben	16 Tzec	1
25.7.	12 Ix	17 Tzec	2
26.7.	13 Men	18 Tzec	3
27.7.	1 Cib	19 Tzec	4
28.7.	2 Cabán	0 Xul	5
29.7.	3 Edznab	1 Xul	6
30.7.	4 Cauac	2 Xul	7
31.7.	5 Ahau	3 Xul	8
1.8.	6 Imix	4 Xul	9
2.8.	7 Ik	5 Xul	1
3.8.	8 Akbal	6 Xul	2
4.8.	9 Kan	7 Xul	3
5.8.	10 Chicchan	8 Xul	4
6.8.	11 Cimi	9 Xul	5
7.8.	12 Manik	10 Xul	6
8.8.	13 Lamat	11 Xul	7
9.8.	1 Muluc	12 Xul	8
10.8.	2 Oc	13 Xul	9
11.8.	3 Chuen	14 Xul	1
12.8.	4 Eb	15 Xul	2
13.8.	5 Ben	16 Xul	3
14.8.	6 Ix	17 Xul	4
15.8.	7 Men	18 Xul	5
16.8.	8 Cib	19 Xul	6
17.8.	9 Cabán	0 Yaxkin	7
18.8.	10 Edznab	1 Yaxkin	8
19.8.	11 Cauac	2 Yaxkin	9
20.8.	12 Ahau	3 Yaxkin	1
21.8.	13 Imix	4 Yaxkin	2
22.8.	1 Ik	5 Yaxkin	3
23.8.	2 Akbal	6 Yaxkin	4
24.8.	3 Kan	7 Yaxkin	5
25.8.	4 Chicchan	8 Yaxkin	6
26.8.	5 Cimi	9 Yaxkin	7
27.8.	6 Manik	10 Yaxkin	8
28.8.	7 Lamat	11 Yaxkin	9

1952			
Greg.	Tzolkin	Haab	H.d.N
29.8.	8 Muluc	12 Yaxkin	1
30.8.	9 Oc	13 Yaxkin	2
31.8.	10 Chuen	14 Yaxkin	3
1.9.	11 Eb	15 Yaxkin	4
2.9.	12 Ben	16 Yaxkin	5
3.9.	13 Ix	17 Yaxkin	6
4.9.	1 Men	18 Yaxkin	7
5.9.	2 Cib	19 Yaxkin	8
6.9.	3 Cabán	0 Mol	9
7.9.	4 Edznab	1 Mol	1
8.9.	5 Cauac	2 Mol	2
9.9.	6 Ahau	3 Mol	3
10.9.	7 Imix	4 Mol	4
11.9.	8 Ik	5 Mol	5
12.9.	9 Akbal	6 Mol	6
13.9.	10 Kan	7 Mol	7
14.9.	11 Chicchan	8 Mol	8
15.9.	12 Cimi	9 Mol	9
16.9.	13 Manik	10 Mol	1
17.9.	1 Lamat	11 Mol	2
18.9.	2 Muluc	12 Mol	3
19.9.	3 Oc	13 Mol	4
20.9.	4 Chuen	14 Mol	5
21.9.	5 Eb	15 Mol	6
22.9.	6 Ben	16 Mol	7
23.9.	7 Ix	17 Mol	8
24.9.	8 Men	18 Mol	9
25.9.	9 Cib	19 Mol	1
26.9.	10 Cabán	0 Chen	2
27.9.	11 Edznab	1 Chen	3
28.9.	12 Cauac	2 Chen	4
29.9.	13 Ahau	3 Chen	5
30.9.	1 Imix	4 Chen	6
1.10.	2 Ik	5 Chen	7
2.10.	3 Akbal	6 Chen	8
3.10.	4 Kan	7 Chen	9
4.10.	5 Chicchan	8 Chen	1
5.10.	6 Cimi	9 Chen	2
6.10.	7 Manik	10 Chen	3

1952			
Greg.	Tzolkin	Haab	H.d.N
7.10.	8 Lamat	11 Chen	4
8.10.	9 Muluc	12 Chen	5
9.10.	10 Oc	13 Chen	6
10.10.	11 Chuen	14 Chen	7
11.10.	12 Eb	15 Chen	8
12.10.	13 Ben	16 Chen	9
13.10.	1 Ix	17 Chen	1
14.10.	2 Men	18 Chen	2
15.10.	3 Cib	19 Chen	3
16.10.	4 Cabán	0 Yax	4
17.10.	5 Edznab	1 Yax	5
18.10.	6 Cauac	2 Yax	6
19.10.	7 Ahau	3 Yax	7
20.10.	8 Imix	4 Yax	8
21.10.	9 Ik	5 Yax	9
22.10.	10 Akbal	6 Yax	1
23.10.	11 Kan	7 Yax	2
24.10.	12 Chicchan	8 Yax	3
25.10.	13 Cimi	9 Yax	4
26.10.	1 Manik	10 Yax	5
27.10.	2 Lamat	11 Yax	6
28.10.	3 Muluc	12 Yax	7
29.10.	4 Oc	13 Yax	8
30.10.	5 Chuen	14 Yax	9
31.10.	6 Eb	15 Yax	1
1.11.	7 Ben	16 Yax	2
2.11.	8 Ix	17 Yax	3
3.11.	9 Men	18 Yax	4
4.11.	10 Cib	19 Yax	5
5.11.	11 Cabán	0 Zac	6
6.11.	12 Edznab	1 Zac	7
7.11.	13 Cauac	2 Zac	8
8.11.	1 Ahau	3 Zac	9
9.11.	2 Imix	4 Zac	1
10.11.	3 Ik	5 Zac	2
11.11.	4 Akbal	6 Zac	3
12.11.	5 Kan	7 Zac	4
13.11.	6 Chicchan	8 Zac	5
14.11.	7 Cimi	9 Zac	6

1952			
Greg.	Tzolkin	Haab	H.d.N
15.11.	8 Manik	10 Zac	7
16.11.	9 Lamat	11 Zac	8
17.11.	10 Muluc	12 Zac	9
18.11.	11 Oc	13 Zac	1
19.11.	12 Chuen	14 Zac	2
20.11.	13 Eb	15 Zac	3
21.11.	1 Ben	16 Zac	4
22.11.	2 Ix	17 Zac	5
23.11.	3 Men	18 Zac	6
24.11.	4 Cib	19 Zac	7
25.11.	5 Cabán	0 Ceh	8
26.11.	6 Edznab	1 Ceh	9
27.11.	7 Cauac	2 Ceh	1
28.11.	8 Ahau	3 Ceh	2
29.11.	9 Imix	4 Ceh	3
30.11.	10 Ik	5 Ceh	4
1.12.	11 Akbal	6 Ceh	5
2.12.	12 Kan	7 Ceh	6
3.12.	13 Chicchan	8 Ceh	7
4.12.	1 Cimi	9 Ceh	8
5.12.	2 Manik	10 Ceh	9
6.12.	3 Lamat	11 Ceh	1
7.12.	4 Muluc	12 Ceh	2
8.12.	5 Oc	13 Ceh	3
9.12.	6 Chuen	14 Ceh	4
10.12.	7 Eb	15 Ceh	5
11.12.	8 Ben	16 Ceh	6
12.12.	9 Ix	17 Ceh	7
13.12.	10 Men	18 Ceh	8
14.12.	11 Cib	19 Ceh	9
15.12.	12 Cabán	0 Mac	1
16.12.	13 Edznab	1 Mac	2
17.12.	1 Cauac	2 Mac	3
18.12.	2 Ahau	3 Mac	4
19.12.	3 Imix	4 Mac	5
20.12.	4 Ik	5 Mac	6
21.12.	5 Akbal	6 Mac	7
22.12.	6 Kan	7 Mac	8
23.12.	7 Chicchan	8 Mac	9

1952			
Greg.	Tzolkin	Haab	H.d.N
24.12.	8 Cimi	9 Mac	1
25.12.	9 Manik	10 Mac	2
26.12.	10 Lamat	11 Mac	3
27.12.	11 Muluc	12 Mac	4
28.12.	12 Oc	13 Mac	5
29.12.	13 Chuen	14 Mac	6
30.12.	1 Eb	15 Mac	7
31.12.	2 Ben	16 Mac	8

1953			
Greg.	Tzolkin	Haab	H.d.N
1.1.	3 Ix	17 Mac	9
2.1.	4 Men	18 Mac	1
3.1.	5 Cib	19 Mac	2
4.1.	6 Cabán	0 Kankin	3
5.1.	7 Edznab	1 Kankin	4
6.1.	8 Cauac	2 Kankin	5
7.1.	9 Ahau	3 Kankin	6
8.1.	10 Imix	4 Kankin	7
9.1.	11 Ik	5 Kankin	8
10.1.	12 Akbal	6 Kankin	9
11.1.	13 Kan	7 Kankin	1
12.1.	1 Chicchan	8 Kankin	2
13.1.	2 Cimi	9 Kankin	3
14.1.	3 Manik	10 Kankin	4
15.1.	4 Lamat	11 Kankin	5
16.1.	5 Muluc	12 Kankin	6
17.1.	6 Oc	13 Kankin	7
18.1.	7 Chuen	14 Kankin	8
19.1.	8 Eb	15 Kankin	9
20.1.	9 Ben	16 Kankin	1
21.1.	10 Ix	17 Kankin	2
22.1.	11 Men	18 Kankin	3
23.1.	12 Cib	19 Kankin	4
24.1.	13 Cabán	0 Muan	5
25.1.	1 Edznab	1 Muan	6
26.1.	2 Cauac	2 Muan	7
27.1.	3 Ahau	3 Muan	8
28.1.	4 Imix	4 Muan	9
29.1.	5 Ik	5 Muan	1

1953			
Greg.	Tzolkin	Haab	H.d.N
30.1.	6 Akbal	6 Muan	2
31.1.	7 Kan	7 Muan	3
1.2.	8 Chicchan	8 Muan	4
2.2.	9 Cimi	9 Muan	5
3.2.	10 Manik	10 Muan	6
4.2.	11 Lamat	11 Muan	7
5.2.	12 Muluc	12 Muan	8
6.2.	13 Oc	13 Muan	9
7.2.	1 Chuen	14 Muan	1
8.2.	2 Eb	15 Muan	2
9.2.	3 Ben	16 Muan	3
10.2.	4 Ix	17 Muan	4
11.2.	5 Men	18 Muan	5
12.2.	6 Cib	19 Muan	6
13.2.	7 Cabán	0 Pax	7
14.2.	8 Edznab	1 Pax	8
15.2.	9 Cauac	2 Pax	9
16.2.	10 Ahau	3 Pax	1
17.2.	11 Imix	4 Pax	2
18.2.	12 Ik	5 Pax	3
19.2.	13 Akbal	6 Pax	4
20.2.	1 Kan	7 Pax	5
21.2.	2 Chicchan	8 Pax	6
22.2.	3 Cimi	9 Pax	7
23.2.	4 Manik	10 Pax	8
24.2.	5 Lamat	11 Pax	9
25.2.	6 Muluc	12 Pax	1
26.2.	7 Oc	13 Pax	2
27.2.	8 Chuen	14 Pax	3
28.2.	9 Eb	15 Pax	4
1.3.	10 Ben	16 Pax	5
2.3.	11 Ix	17 Pax	6
3.3.	12 Men	18 Pax	7
4.3.	13 Cib	19 Pax	8
5.3.	1 Cabán	0 Kayab	9
6.3.	2 Edznab	1 Kayab	1
7.3.	3 Cauac	2 Kayab	2
8.3.	4 Ahau	3 Kayab	3
9.3.	5 Imix	4 Kayab	4

1953			
Greg.	Tzolkin	Haab	H.d.N
10.3.	6 Ik	5 Kayab	5
11.3.	7 Akbal	6 Kayab	6
12.3.	8 Kan	7 Kayab	7
13.3.	9 Chicchan	8 Kayab	8
14.3.	10 Cimi	9 Kayab	9
15.3.	11 Manik	10 Kayab	1
16.3.	12 Lamat	11 Kayab	2
17.3.	13 Muluc	12 Kayab	3
18.3.	1 Oc	13 Kayab	4
19.3.	2 Chuen	14 Kayab	5
20.3.	3 Eb	15 Kayab	6
21.3.	4 Ben	16 Kayab	7
22.3.	5 Ix	17 Kayab	8
23.3.	6 Men	18 Kayab	9
24.3.	7 Cib	19 Kayab	1
25.3.	8 Cabán	0 Cumku	2
26.3.	9 Edznab	1 Cumku	3
27.3.	10 Cauac	2 Cumku	4
28.3.	11 Ahau	3 Cumku	5
29.3.	12 Imix	4 Cumku	6
30.3.	13 Ik	5 Cumku	7
31.3.	1 Akbal	6 Cumku	8
1.4.	2 Kan	7 Cumku	9
2.4.	3 Chicchan	8 Cumku	1
3.4.	4 Cimi	9 Cumku	2
4.4.	5 Manik	10 Cumku	3
5.4.	6 Lamat	11 Cumku	4
6.4.	7 Muluc	12 Cumku	5
7.4.	8 Oc	13 Cumku	6
8.4.	9 Chuen	14 Cumku	7
9.4.	10 Eb	15 Cumku	8
10.4.	11 Ben	16 Cumku	9
11.4.	12 Ix	17 Cumku	1
12.4.	13 Men	18 Cumku	2
13.4.	1 Cib	19 Cumku	3
14.4.	2 Cabán	0 Uayeb	4
15.4.	3 Edznab	1 Uayeb	5
16.4.	4 Cauac	2 Uayeb	6
17.4.	5 Ahau	3 Uayeb	7

1953			
Greg.	Tzolkin	Haab	H.d.N
18.4.	6 Imix	4 Uayeb	8
19.4.	**7 Ik**	**0 Pop**	**9**
20.4.	8 Akbal	1 Pop	1
21.4.	9 Kan	2 Pop	2
22.4.	10 Chicchan	3 Pop	3
23.4.	11 Cimi	4 Pop	4
24.4.	12 Manik	5 Pop	5
25.4.	13 Lamat	6 Pop	6
26.4.	1 Muluc	7 Pop	7
27.4.	2 Oc	8 Pop	8
28.4.	3 Chuen	9 Pop	9
29.4.	4 Eb	10 Pop	1
30.4.	5 Ben	11 Pop	2
1.5.	6 Ix	12 Pop	3
2.5.	7 Men	13 Pop	4
3.5.	8 Cib	14 Pop	5
4.5.	9 Cabán	15 Pop	6
5.5.	10 Edznab	16 Pop	7
6.5.	11 Cauac	17 Pop	8
7.5.	12 Ahau	18 Pop	9
8.5.	13 Imix	19 Pop	1
9.5.	1 Ik	0 Uo	2
10.5.	2 Akbal	1 Uo	3
11.5.	3 Kan	2 Uo	4
12.5.	4 Chicchan	3 Uo	5
13.5.	5 Cimi	4 Uo	6
14.5.	6 Manik	5 Uo	7
15.5.	7 Lamat	6 Uo	8
16.5.	8 Muluc	7 Uo	9
17.5.	9 Oc	8 Uo	1
18.5.	10 Chuen	9 Uo	2
19.5.	11 Eb	10 Uo	3
20.5.	12 Ben	11 Uo	4
21.5.	13 Ix	12 Uo	5
22.5.	1 Men	13 Uo	6
23.5.	2 Cib	14 Uo	7
24.5.	3 Cabán	15 Uo	8
25.5.	4 Edznab	16 Uo	9
26.5.	5 Cauac	17 Uo	1

1953			
Greg.	Tzolkin	Haab	H.d.N
27.5.	6 Ahau	18 Uo	2
28.5.	7 Imix	19 Uo	3
29.5.	8 Ik	0 Zip	4
30.5.	9 Akbal	1 Zip	5
31.5.	10 Kan	2 Zip	6
1.6.	11 Chicchan	3 Zip	7
2.6.	12 Cimi	4 Zip	8
3.6.	13 Manik	5 Zip	9
4.6.	1 Lamat	6 Zip	1
5.6.	2 Muluc	7 Zip	2
6.6.	3 Oc	8 Zip	3
7.6.	4 Chuen	9 Zip	4
8.6.	5 Eb	10 Zip	5
9.6.	6 Ben	11 Zip	6
10.6.	7 Ix	12 Zip	7
11.6.	8 Men	13 Zip	8
12.6.	9 Cib	14 Zip	9
13.6.	10 Cabán	15 Zip	1
14.6.	11 Edznab	16 Zip	2
15.6.	12 Cauac	17 Zip	3
16.6.	13 Ahau	18 Zip	4
17.6.	1 Imix	19 Zip	5
18.6.	2 Ik	0 Zotz	6
19.6.	3 Akbal	1 Zotz	7
20.6.	4 Kan	2 Zotz	8
21.6.	5 Chicchan	3 Zotz	9
22.6.	6 Cimi	4 Zotz	1
23.6.	7 Manik	5 Zotz	2
24.6.	8 Lamat	6 Zotz	3
25.6.	9 Muluc	7 Zotz	4
26.6.	10 Oc	8 Zotz	5
27.6.	11 Chuen	9 Zotz	6
28.6.	12 Eb	10 Zotz	7
29.6.	13 Ben	11 Zotz	8
30.6.	1 Ix	12 Zotz	9
1.7.	2 Men	13 Zotz	1
2.7.	3 Cib	14 Zotz	2
3.7.	4 Cabán	15 Zotz	3
4.7.	5 Edznab	16 Zotz	4

1953			
Greg.	Tzolkin	Haab	H.d.N
5.7.	6 Cauac	17 Zotz	5
6.7.	7 Ahau	18 Zotz	6
7.7.	8 Imix	19 Zotz	7
8.7.	9 Ik	0 Tzec	8
9.7.	10 Akbal	1 Tzec	9
10.7.	11 Kan	2 Tzec	1
11.7.	12 Chicchan	3 Tzec	2
12.7.	13 Cimi	4 Tzec	3
13.7.	1 Manik	5 Tzec	4
14.7.	2 Lamat	6 Tzec	5
15.7.	3 Muluc	7 Tzec	6
16.7.	4 Oc	8 Tzec	7
17.7.	5 Chuen	9 Tzec	8
18.7.	6 Eb	10 Tzec	9
19.7.	7 Ben	11 Tzec	1
20.7.	8 Ix	12 Tzec	2
21.7.	9 Men	13 Tzec	3
22.7.	10 Cib	14 Tzec	4
23.7.	11 Cabán	15 Tzec	5
24.7.	12 Edznab	16 Tzec	6
25.7.	13 Cauac	17 Tzec	7
26.7.	1 Ahau	18 Tzec	8
27.7.	2 Imix	19 Tzec	9
28.7.	3 Ik	0 Xul	1
29.7.	4 Akbal	1 Xul	2
30.7.	5 Kan	2 Xul	3
31.7.	6 Chicchan	3 Xul	4
1.8.	7 Cimi	4 Xul	5
2.8.	8 Manik	5 Xul	6
3.8.	9 Lamat	6 Xul	7
4.8.	10 Muluc	7 Xul	8
5.8.	11 Oc	8 Xul	9
6.8.	12 Chuen	9 Xul	1
7.8.	13 Eb	10 Xul	2
8.8.	1 Ben	11 Xul	3
9.8.	2 Ix	12 Xul	4
10.8.	3 Men	13 Xul	5
11.8.	4 Cib	14 Xul	6
12.8.	5 Cabán	15 Xul	7

1953			
Greg.	Tzolkin	Haab	H.d.N
13.8.	6 Edznab	16 Xul	8
14.8.	7 Cauac	17 Xul	9
15.8.	8 Ahau	18 Xul	1
16.8.	9 Imix	19 Xul	2
17.8.	10 Ik	0 Yaxkin	3
18.8.	11 Akbal	1 Yaxkin	4
19.8.	12 Kan	2 Yaxkin	5
20.8.	13 Chicchan	3 Yaxkin	6
21.8.	1 Cimi	4 Yaxkin	7
22.8.	2 Manik	5 Yaxkin	8
23.8.	3 Lamat	6 Yaxkin	9
24.8.	4 Muluc	7 Yaxkin	1
25.8.	5 Oc	8 Yaxkin	2
26.8.	6 Chuen	9 Yaxkin	3
27.8.	7 Eb	10 Yaxkin	4
28.8.	8 Ben	11 Yaxkin	5
29.8.	9 Ix	12 Yaxkin	6
30.8.	10 Men	13 Yaxkin	7
31.8.	11 Cib	14 Yaxkin	8
1.9.	12 Cabán	15 Yaxkin	9
2.9.	13 Edznab	16 Yaxkin	1
3.9.	1 Cauac	17 Yaxkin	2
4.9.	2 Ahau	18 Yaxkin	3
5.9.	3 Imix	19 Yaxkin	4
6.9.	4 Ik	0 Mol	5
7.9.	5 Akbal	1 Mol	6
8.9.	6 Kan	2 Mol	7
9.9.	7 Chicchan	3 Mol	8
10.9.	8 Cimi	4 Mol	9
11.9.	9 Manik	5 Mol	1
12.9.	10 Lamat	6 Mol	2
13.9.	11 Muluc	7 Mol	3
14.9.	12 Oc	8 Mol	4
15.9.	13 Chuen	9 Mol	5
16.9.	1 Eb	10 Mol	6
17.9.	2 Ben	11 Mol	7
18.9.	3 Ix	12 Mol	8
19.9.	4 Men	13 Mol	9
20.9.	5 Cib	14 Mol	1

1953			
Greg.	Tzolkin	Haab	H.d.N
21.9.	6 Cabán	15 Mol	2
22.9.	7 Edznab	16 Mol	3
23.9.	8 Cauac	17 Mol	4
24.9.	9 Ahau	18 Mol	5
25.9.	10 Imix	19 Mol	6
26.9.	11 Ik	0 Chen	7
27.9.	12 Akbal	1 Chen	8
28.9.	13 Kan	2 Chen	9
29.9.	1 Chicchan	3 Chen	1
30.9.	2 Cimi	4 Chen	2
1.10.	3 Manik	5 Chen	3
2.10.	4 Lamat	6 Chen	4
3.10.	5 Muluc	7 Chen	5
4.10.	6 Oc	8 Chen	6
5.10.	7 Chuen	9 Chen	7
6.10.	8 Eb	10 Chen	8
7.10.	9 Ben	11 Chen	9
8.10.	10 Ix	12 Chen	1
9.10.	11 Men	13 Chen	2
10.10.	12 Cib	14 Chen	3
11.10.	13 Cabán	15 Chen	4
12.10.	1 Edznab	16 Chen	5
13.10.	2 Cauac	17 Chen	6
14.10.	3 Ahau	18 Chen	7
15.10.	4 Imix	19 Chen	8
16.10.	5 Ik	0 Yax	9
17.10.	6 Akbal	1 Yax	1
18.10.	7 Kan	2 Yax	2
19.10.	8 Chicchan	3 Yax	3
20.10.	9 Cimi	4 Yax	4
21.10.	10 Manik	5 Yax	5
22.10.	11 Lamat	6 Yax	6
23.10.	12 Muluc	7 Yax	7
24.10.	13 Oc	8 Yax	8
25.10.	1 Chuen	9 Yax	9
26.10.	2 Eb	10 Yax	1
27.10.	3 Ben	11 Yax	2
28.10.	4 Ix	12 Yax	3
29.10.	5 Men	13 Yax	4

1953			
Greg.	Tzolkin	Haab	H.d.N
30.10.	6 Cib	14 Yax	5
31.10.	7 Cabán	15 Yax	6
1.11.	8 Edznab	16 Yax	7
2.11.	9 Cauac	17 Yax	8
3.11.	10 Ahau	18 Yax	9
4.11.	11 Imix	19 Yax	1
5.11.	12 Ik	0 Zac	2
6.11.	13 Akbal	1 Zac	3
7.11.	1 Kan	2 Zac	4
8.11.	2 Chicchan	3 Zac	5
9.11.	3 Cimi	4 Zac	6
10.11.	4 Manik	5 Zac	7
11.11.	5 Lamat	6 Zac	8
12.11.	6 Muluc	7 Zac	9
13.11.	7 Oc	8 Zac	1
14.11.	8 Chuen	9 Zac	2
15.11.	9 Eb	10 Zac	3
16.11.	10 Ben	11 Zac	4
17.11.	11 Ix	12 Zac	5
18.11.	12 Men	13 Zac	6
19.11.	13 Cib	14 Zac	7
20.11.	1 Cabán	15 Zac	8
21.11.	2 Edznab	16 Zac	9
22.11.	3 Cauac	17 Zac	1
23.11.	4 Ahau	18 Zac	2
24.11.	5 Imix	19 Zac	3
25.11.	6 Ik	0 Ceh	4
26.11.	7 Akbal	1 Ceh	5
27.11.	8 Kan	2 Ceh	6
28.11.	9 Chicchan	3 Ceh	7
29.11.	10 Cimi	4 Ceh	8
30.11.	11 Manik	5 Ceh	9
1.12.	12 Lamat	6 Ceh	1
2.12.	13 Muluc	7 Ceh	2
3.12.	1 Oc	8 Ceh	3
4.12.	2 Chuen	9 Ceh	4
5.12.	3 Eb	10 Ceh	5
6.12.	4 Ben	11 Ceh	6
7.12.	5 Ix	12 Ceh	7

1953			
Greg.	Tzolkin	Haab	H.d.N
8.12.	6 Men	13 Ceh	8
9.12.	7 Cib	14 Ceh	9
10.12.	8 Cabán	15 Ceh	1
11.12.	9 Edznab	16 Ceh	2
12.12.	10 Cauac	17 Ceh	3
13.12.	11 Ahau	18 Ceh	4
14.12.	12 Imix	19 Ceh	5
15.12.	13 Ik	0 Mac	6
16.12.	1 Akbal	1 Mac	7
17.12.	2 Kan	2 Mac	8
18.12.	3 Chicchan	3 Mac	9
19.12.	4 Cimi	4 Mac	1
20.12.	5 Manik	5 Mac	2
21.12.	6 Lamat	6 Mac	3
22.12.	7 Muluc	7 Mac	4
23.12.	8 Oc	8 Mac	5
24.12.	9 Chuen	9 Mac	6
25.12.	10 Eb	10 Mac	7
26.12.	11 Ben	11 Mac	8
27.12.	12 Ix	12 Mac	9
28.12.	13 Men	13 Mac	1
29.12.	1 Cib	14 Mac	2
30.12.	2 Cabán	15 Mac	3
31.12.	3 Edznab	16 Mac	4

1954			
Greg.	Tzolkin	Haab	H.d.N
1.1.	4 Cauac	17 Mac	5
2.1.	5 Ahau	18 Mac	6
3.1.	6 Imix	19 Mac	7
4.1.	7 Ik	0 Kankin	8
5.1.	8 Akbal	1 Kankin	9
6.1.	9 Kan	2 Kankin	1
7.1.	10 Chicchan	3 Kankin	2
8.1.	11 Cimi	4 Kankin	3
9.1.	12 Manik	5 Kankin	4
10.1.	13 Lamat	6 Kankin	5
11.1.	1 Muluc	7 Kankin	6
12.1.	2 Oc	8 Kankin	7
13.1.	3 Chuen	9 Kankin	8

1954			
Greg.	Tzolkin	Haab	H.d.N
14.1.	4 Eb	10 Kankin	9
15.1.	5 Ben	11 Kankin	1
16.1.	6 Ix	12 Kankin	2
17.1.	7 Men	13 Kankin	3
18.1.	8 Cib	14 Kankin	4
19.1.	9 Cabán	15 Kankin	5
20.1.	10 Edznab	16 Kankin	6
21.1.	11 Cauac	17 Kankin	7
22.1.	12 Ahau	18 Kankin	8
23.1.	13 Imix	19 Kankin	9
24.1.	1 Ik	0 Muan	1
25.1.	2 Akbal	1 Muan	2
26.1.	3 Kan	2 Muan	3
27.1.	4 Chicchan	3 Muan	4
28.1.	5 Cimi	4 Muan	5
29.1.	6 Manik	5 Muan	6
30.1.	7 Lamat	6 Muan	7
31.1.	8 Muluc	7 Muan	8
1.2.	9 Oc	8 Muan	9
2.2.	10 Chuen	9 Muan	1
3.2.	11 Eb	10 Muan	2
4.2.	12 Ben	11 Muan	3
5.2.	13 Ix	12 Muan	4
6.2.	1 Men	13 Muan	5
7.2.	2 Cib	14 Muan	6
8.2.	3 Cabán	15 Muan	7
9.2.	4 Edznab	16 Muan	8
10.2.	5 Cauac	17 Muan	9
11.2.	6 Ahau	18 Muan	1
12.2.	7 Imix	19 Muan	2
13.2.	8 Ik	0 Pax	3
14.2.	9 Akbal	1 Pax	4
15.2.	10 Kan	2 Pax	5
16.2.	11 Chicchan	3 Pax	6
17.2.	12 Cimi	4 Pax	7
18.2.	13 Manik	5 Pax	8
19.2.	1 Lamat	6 Pax	9
20.2.	2 Muluc	7 Pax	1
21.2.	3 Oc	8 Pax	2

1954			
Greg.	Tzolkin	Haab	H.d.N
22.2.	4 Chuen	9 Pax	3
23.2.	5 Eb	10 Pax	4
24.2.	6 Ben	11 Pax	5
25.2.	7 Ix	12 Pax	6
26.2.	8 Men	13 Pax	7
27.2.	9 Cib	14 Pax	8
28.2.	10 Cabán	15 Pax	9
1.3.	11 Edznab	16 Pax	1
2.3.	12 Cauac	17 Pax	2
3.3.	13 Ahau	18 Pax	3
4.3.	1 Imix	19 Pax	4
5.3.	2 Ik	0 Kayab	5
6.3.	3 Akbal	1 Kayab	6
7.3.	4 Kan	2 Kayab	7
8.3.	5 Chicchan	3 Kayab	8
9.3.	6 Cimi	4 Kayab	9
10.3.	7 Manik	5 Kayab	1
11.3.	8 Lamat	6 Kayab	2
12.3.	9 Muluc	7 Kayab	3
13.3.	10 Oc	8 Kayab	4
14.3.	11 Chuen	9 Kayab	5
15.3.	12 Eb	10 Kayab	6
16.3.	13 Ben	11 Kayab	7
17.3.	1 Ix	12 Kayab	8
18.3.	2 Men	13 Kayab	9
19.3.	3 Cib	14 Kayab	1
20.3.	4 Cabán	15 Kayab	2
21.3.	5 Edznab	16 Kayab	3
22.3.	6 Cauac	17 Kayab	4
23.3.	7 Ahau	18 Kayab	5
24.3.	8 Imix	19 Kayab	6
25.3.	9 Ik	0 Cumku	7
26.3.	10 Akbal	1 Cumku	8
27.3.	11 Kan	2 Cumku	9
28.3.	12 Chicchan	3 Cumku	1
29.3.	13 Cimi	4 Cumku	2
30.3.	1 Manik	5 Cumku	3
31.3.	2 Lamat	6 Cumku	4
1.4.	3 Muluc	7 Cumku	5

1954			
Greg.	Tzolkin	Haab	H.d.N
2.4.	4 Oc	8 Cumku	6
3.4.	5 Chuen	9 Cumku	7
4.4.	6 Eb	10 Cumku	8
5.4.	7 Ben	11 Cumku	9
6.4.	8 Ix	12 Cumku	1
7.4.	9 Men	13 Cumku	2
8.4.	10 Cib	14 Cumku	3
9.4.	11 Cabán	15 Cumku	4
10.4.	12 Edznab	16 Cumku	5
11.4.	13 Cauac	17 Cumku	6
12.4.	1 Ahau	18 Cumku	7
13.4.	2 Imix	19 Cumku	8
14.4.	3 Ik	0 Uayeb	9
15.4.	4 Akbal	1 Uayeb	1
16.4.	5 Kan	2 Uayeb	2
17.4.	6 Chicchan	3 Uayeb	3
18.4.	7 Cimi	4 Uayeb	4
19.4.	**8 Manik**	**0 Pop**	5
20.4.	9 Lamat	1 Pop	6
21.4.	10 Muluc	2 Pop	7
22.4.	11 Oc	3 Pop	8
23.4.	12 Chuen	4 Pop	9
24.4.	13 Eb	5 Pop	1
25.4.	1 Ben	6 Pop	2
26.4.	2 Ix	7 Pop	3
27.4.	3 Men	8 Pop	4
28.4.	4 Cib	9 Pop	5
29.4.	5 Cabán	10 Pop	6
30.4.	6 Edznab	11 Pop	7
1.5.	7 Cauac	12 Pop	8
2.5.	8 Ahau	13 Pop	9
3.5.	9 Imix	14 Pop	1
4.5.	10 Ik	15 Pop	2
5.5.	11 Akbal	16 Pop	3
6.5.	12 Kan	17 Pop	4
7.5.	13 Chicchan	18 Pop	5
8.5.	1 Cimi	19 Pop	6
9.5.	2 Manik	0 Uo	7
10.5.	3 Lamat	1 Uo	8

1954			
Greg.	Tzolkin	Haab	H.d.N
11.5.	4 Muluc	2 Uo	9
12.5.	5 Oc	3 Uo	1
13.5.	6 Chuen	4 Uo	2
14.5.	7 Eb	5 Uo	3
15.5.	8 Ben	6 Uo	4
16.5.	9 Ix	7 Uo	5
17.5.	10 Men	8 Uo	6
18.5.	11 Cib	9 Uo	7
19.5.	12 Cabán	10 Uo	8
20.5.	13 Edznab	11 Uo	9
21.5.	1 Cauac	12 Uo	1
22.5.	2 Ahau	13 Uo	2
23.5.	3 Imix	14 Uo	3
24.5.	4 Ik	15 Uo	4
25.5.	5 Akbal	16 Uo	5
26.5.	6 Kan	17 Uo	6
27.5.	7 Chicchan	18 Uo	7
28.5.	8 Cimi	19 Uo	8
29.5.	9 Manik	0 Zip	9
30.5.	10 Lamat	1 Zip	1
31.5.	11 Muluc	2 Zip	2
1.6.	12 Oc	3 Zip	3
2.6.	13 Chuen	4 Zip	4
3.6.	1 Eb	5 Zip	5
4.6.	2 Ben	6 Zip	6
5.6.	3 Ix	7 Zip	7
6.6.	4 Men	8 Zip	8
7.6.	5 Cib	9 Zip	9
8.6.	6 Cabán	10 Zip	1
9.6.	7 Edznab	11 Zip	2
10.6.	8 Cauac	12 Zip	3
11.6.	9 Ahau	13 Zip	4
12.6.	10 Imix	14 Zip	5
13.6.	11 Ik	15 Zip	6
14.6.	12 Akbal	16 Zip	7
15.6.	13 Kan	17 Zip	8
16.6.	1 Chicchan	18 Zip	9
17.6.	2 Cimi	19 Zip	1
18.6.	3 Manik	0 Zotz	2

1954			
Greg.	Tzolkin	Haab	H.d.N
19.6.	4 Lamat	1 Zotz	3
20.6.	5 Muluc	2 Zotz	4
21.6.	6 Oc	3 Zotz	5
22.6.	7 Chuen	4 Zotz	6
23.6.	8 Eb	5 Zotz	7
24.6.	9 Ben	6 Zotz	8
25.6.	10 Ix	7 Zotz	9
26.6.	11 Men	8 Zotz	1
27.6.	12 Cib	9 Zotz	2
28.6.	13 Cabán	10 Zotz	3
29.6.	1 Edznab	11 Zotz	4
30.6.	2 Cauac	12 Zotz	5
1.7.	3 Ahau	13 Zotz	6
2.7.	4 Imix	14 Zotz	7
3.7.	5 Ik	15 Zotz	8
4.7.	6 Akbal	16 Zotz	9
5.7.	7 Kan	17 Zotz	1
6.7.	8 Chicchan	18 Zotz	2
7.7.	9 Cimi	19 Zotz	3
8.7.	10 Manik	0 Tzec	4
9.7.	11 Lamat	1 Tzec	5
10.7.	12 Muluc	2 Tzec	6
11.7.	13 Oc	3 Tzec	7
12.7.	1 Chuen	4 Tzec	8
13.7.	2 Eb	5 Tzec	9
14.7.	3 Ben	6 Tzec	1
15.7.	4 Ix	7 Tzec	2
16.7.	5 Men	8 Tzec	3
17.7.	6 Cib	9 Tzec	4
18.7.	7 Cabán	10 Tzec	5
19.7.	8 Edznab	11 Tzec	6
20.7.	9 Cauac	12 Tzec	7
21.7.	10 Ahau	13 Tzec	8
22.7.	11 Imix	14 Tzec	9
23.7.	12 Ik	15 Tzec	1
24.7.	13 Akbal	16 Tzec	2
25.7.	1 Kan	17 Tzec	3
26.7.	2 Chicchan	18 Tzec	4
27.7.	3 Cimi	19 Tzec	5

1954			
Greg.	Tzolkin	Haab	H.d.N
28.7.	4 Manik	0 Xul	6
29.7.	5 Lamat	1 Xul	7
30.7.	6 Muluc	2 Xul	8
31.7.	7 Oc	3 Xul	9
1.8.	8 Chuen	4 Xul	1
2.8.	9 Eb	5 Xul	2
3.8.	10 Ben	6 Xul	3
4.8.	11 Ix	7 Xul	4
5.8.	12 Men	8 Xul	5
6.8.	13 Cib	9 Xul	6
7.8.	1 Cabán	10 Xul	7
8.8.	2 Edznab	11 Xul	8
9.8.	3 Cauac	12 Xul	9
10.8.	4 Ahau	13 Xul	1
11.8.	5 Imix	14 Xul	2
12.8.	6 Ik	15 Xul	3
13.8.	7 Akbal	16 Xul	4
14.8.	8 Kan	17 Xul	5
15.8.	9 Chicchan	18 Xul	6
16.8.	10 Cimi	19 Xul	7
17.8.	11 Manik	0 Yaxkin	8
18.8.	12 Lamat	1 Yaxkin	9
19.8.	13 Muluc	2 Yaxkin	1
20.8.	1 Oc	3 Yaxkin	2
21.8.	2 Chuen	4 Yaxkin	3
22.8.	3 Eb	5 Yaxkin	4
23.8.	4 Ben	6 Yaxkin	5
24.8.	5 Ix	7 Yaxkin	6
25.8.	6 Men	8 Yaxkin	7
26.8.	7 Cib	9 Yaxkin	8
27.8.	8 Cabán	10 Yaxkin	9
28.8.	9 Edznab	11 Yaxkin	1
29.8.	10 Cauac	12 Yaxkin	2
30.8.	11 Ahau	13 Yaxkin	3
31.8.	12 Imix	14 Yaxkin	4
1.9.	13 Ik	15 Yaxkin	5
2.9.	1 Akbal	16 Yaxkin	6
3.9.	2 Kan	17 Yaxkin	7
4.9.	3 Chicchan	18 Yaxkin	8

1954			
Greg.	Tzolkin	Haab	H.d.N
5.9.	4 Cimi	19 Yaxkin	9
6.9.	5 Manik	0 Mol	1
7.9.	6 Lamat	1 Mol	2
8.9.	7 Muluc	2 Mol	3
9.9.	8 Oc	3 Mol	4
10.9.	9 Chuen	4 Mol	5
11.9.	10 Eb	5 Mol	6
12.9.	11 Ben	6 Mol	7
13.9.	12 Ix	7 Mol	8
14.9.	13 Men	8 Mol	9
15.9.	1 Cib	9 Mol	1
16.9.	2 Cabán	10 Mol	2
17.9.	3 Edznab	11 Mol	3
18.9.	4 Cauac	12 Mol	4
19.9.	5 Ahau	13 Mol	5
20.9.	6 Imix	14 Mol	6
21.9.	7 Ik	15 Mol	7
22.9.	8 Akbal	16 Mol	8
23.9.	9 Kan	17 Mol	9
24.9.	10 Chicchan	18 Mol	1
25.9.	11 Cimi	19 Mol	2
26.9.	12 Manik	0 Chen	3
27.9.	13 Lamat	1 Chen	4
28.9.	1 Muluc	2 Chen	5
29.9.	2 Oc	3 Chen	6
30.9.	3 Chuen	4 Chen	7
1.10.	4 Eb	5 Chen	8
2.10.	5 Ben	6 Chen	9
3.10.	6 Ix	7 Chen	1
4.10.	7 Men	8 Chen	2
5.10.	8 Cib	9 Chen	3
6.10.	9 Cabán	10 Chen	4
7.10.	10 Edznab	11 Chen	5
8.10.	11 Cauac	12 Chen	6
9.10.	12 Ahau	13 Chen	7
10.10.	13 Imix	14 Chen	8
11.10.	1 Ik	15 Chen	9
12.10.	2 Akbal	16 Chen	1
13.10.	3 Kan	17 Chen	2

1954			
Greg.	Tzolkin	Haab	H.d.N
14.10.	4 Chicchan	18 Chen	3
15.10.	5 Cimi	19 Chen	4
16.10.	6 Manik	0 Yax	5
17.10.	7 Lamat	1 Yax	6
18.10.	8 Muluc	2 Yax	7
19.10.	9 Oc	3 Yax	8
20.10.	10 Chuen	4 Yax	9
21.10.	11 Eb	5 Yax	1
22.10.	12 Ben	6 Yax	2
23.10.	13 Ix	7 Yax	3
24.10.	1 Men	8 Yax	4
25.10.	2 Cib	9 Yax	5
26.10.	3 Cabán	10 Yax	6
27.10.	4 Edznab	11 Yax	7
28.10.	5 Cauac	12 Yax	8
29.10.	6 Ahau	13 Yax	9
30.10.	7 Imix	14 Yax	1
31.10.	8 Ik	15 Yax	2
1.11.	9 Akbal	16 Yax	3
2.11.	10 Kan	17 Yax	4
3.11.	11 Chicchan	18 Yax	5
4.11.	12 Cimi	19 Yax	6
5.11.	13 Manik	0 Zac	7
6.11.	1 Lamat	1 Zac	8
7.11.	2 Muluc	2 Zac	9
8.11.	3 Oc	3 Zac	1
9.11.	4 Chuen	4 Zac	2
10.11.	5 Eb	5 Zac	3
11.11.	6 Ben	6 Zac	4
12.11.	7 Ix	7 Zac	5
13.11.	8 Men	8 Zac	6
14.11.	9 Cib	9 Zac	7
15.11.	10 Cabán	10 Zac	8
16.11.	11 Edznab	11 Zac	9
17.11.	12 Cauac	12 Zac	1
18.11.	13 Ahau	13 Zac	2
19.11.	1 Imix	14 Zac	3
20.11.	2 Ik	15 Zac	4
21.11.	3 Akbal	16 Zac	5

Kalendarium 273

1954			
Greg.	Tzolkin	Haab	H.d.N
22.11.	4 Kan	17 Zac	6
23.11.	5 Chicchan	18 Zac	7
24.11.	6 Cimi	19 Zac	8
25.11.	7 Manik	0 Ceh	9
26.11.	8 Lamat	1 Ceh	1
27.11.	9 Muluc	2 Ceh	2
28.11.	10 Oc	3 Ceh	3
29.11.	11 Chuen	4 Ceh	4
30.11.	12 Eb	5 Ceh	5
1.12.	13 Ben	6 Ceh	6
2.12.	1 Ix	7 Ceh	7
3.12.	2 Men	8 Ceh	8
4.12.	3 Cib	9 Ceh	9
5.12.	4 Cabán	10 Ceh	1
6.12.	5 Edznab	11 Ceh	2
7.12.	6 Cauac	12 Ceh	3
8.12.	7 Ahau	13 Ceh	4
9.12.	8 Imix	14 Ceh	5
10.12.	9 Ik	15 Ceh	6
11.12.	10 Akbal	16 Ceh	7
12.12.	11 Kan	17 Ceh	8
13.12.	12 Chicchan	18 Ceh	9
14.12.	13 Cimi	19 Ceh	1
15.12.	1 Manik	0 Mac	2
16.12.	2 Lamat	1 Mac	3
17.12.	3 Muluc	2 Mac	4
18.12.	4 Oc	3 Mac	5
19.12.	5 Chuen	4 Mac	6
20.12.	6 Eb	5 Mac	7
21.12.	7 Ben	6 Mac	8
22.12.	8 Ix	7 Mac	9
23.12.	9 Men	8 Mac	1
24.12.	10 Cib	9 Mac	2
25.12.	11 Cabán	10 Mac	3
26.12.	12 Edznab	11 Mac	4
27.12.	13 Cauac	12 Mac	5
28.12.	1 Ahau	13 Mac	6
29.12.	2 Imix	14 Mac	7
30.12.	3 Ik	15 Mac	8

1954			
Greg.	Tzolkin	Haab	H.d.N
31.12.	4 Akbal	16 Mac	9
1955			
Greg.	Tzolkin	Haab	H.d.N
1.1.	5 Kan	17 Mac	1
2.1.	6 Chicchan	18 Mac	2
3.1.	7 Cimi	19 Mac	3
4.1.	8 Manik	0 Kankin	4
5.1.	9 Lamat	1 Kankin	5
6.1.	10 Muluc	2 Kankin	6
7.1.	11 Oc	3 Kankin	7
8.1.	12 Chuen	4 Kankin	8
9.1.	13 Eb	5 Kankin	9
10.1.	1 Ben	6 Kankin	1
11.1.	2 Ix	7 Kankin	2
12.1.	3 Men	8 Kankin	3
13.1.	4 Cib	9 Kankin	4
14.1.	5 Cabán	10 Kankin	5
15.1.	6 Edznab	11 Kankin	6
16.1.	7 Cauac	12 Kankin	7
17.1.	8 Ahau	13 Kankin	8
18.1.	9 Imix	14 Kankin	9
19.1.	10 Ik	15 Kankin	1
20.1.	11 Akbal	16 Kankin	2
21.1.	12 Kan	17 Kankin	3
22.1.	13 Chicchan	18 Kankin	4
23.1.	1 Cimi	19 Kankin	5
24.1.	2 Manik	0 Muan	6
25.1.	3 Lamat	1 Muan	7
26.1.	4 Muluc	2 Muan	8
27.1.	5 Oc	3 Muan	9
28.1.	6 Chuen	4 Muan	1
29.1.	7 Eb	5 Muan	2
30.1.	8 Ben	6 Muan	3
31.1.	9 Ix	7 Muan	4
1.2.	10 Men	8 Muan	5
2.2.	11 Cib	9 Muan	6
3.2.	12 Cabán	10 Muan	7
4.2.	13 Edznab	11 Muan	8
5.2.	1 Cauac	12 Muan	9

1955			
Greg.	Tzolkin	Haab	H.d.N
6.2.	2 Ahau	13 Muan	1
7.2.	3 Imix	14 Muan	2
8.2.	4 Ik	15 Muan	3
9.2.	5 Akbal	16 Muan	4
10.2.	6 Kan	17 Muan	5
11.2.	7 Chicchan	18 Muan	6
12.2.	8 Cimi	19 Muan	7
13.2.	9 Manik	0 Pax	8
14.2.	10 Lamat	1 Pax	9
15.2.	11 Muluc	2 Pax	1
16.2.	12 Oc	3 Pax	2
17.2.	13 Chuen	4 Pax	3
18.2.	1 Eb	5 Pax	4
19.2.	2 Ben	6 Pax	5
20.2.	3 Ix	7 Pax	6
21.2.	4 Men	8 Pax	7
22.2.	5 Cib	9 Pax	8
23.2.	6 Cabán	10 Pax	9
24.2.	7 Edznab	11 Pax	1
25.2.	8 Cauac	12 Pax	2
26.2.	9 Ahau	13 Pax	3
27.2.	10 Imix	14 Pax	4
28.2.	11 Ik	15 Pax	5
1.3.	12 Akbal	16 Pax	6
2.3.	13 Kan	17 Pax	7
3.3.	1 Chicchan	18 Pax	8
4.3.	2 Cimi	19 Pax	9
5.3.	3 Manik	0 Kayab	1
6.3.	4 Lamat	1 Kayab	2
7.3.	5 Muluc	2 Kayab	3
8.3.	6 Oc	3 Kayab	4
9.3.	7 Chuen	4 Kayab	5
10.3.	8 Eb	5 Kayab	6
11.3.	9 Ben	6 Kayab	7
12.3.	10 Ix	7 Kayab	8
13.3.	11 Men	8 Kayab	9
14.3.	12 Cib	9 Kayab	1
15.3.	13 Cabán	10 Kayab	2
16.3.	1 Edznab	11 Kayab	3

1955			
Greg.	Tzolkin	Haab	H.d.N
17.3.	2 Cauac	12 Kayab	4
18.3.	3 Ahau	13 Kayab	5
19.3.	4 Imix	14 Kayab	6
20.3.	5 Ik	15 Kayab	7
21.3.	6 Akbal	16 Kayab	8
22.3.	7 Kan	17 Kayab	9
23.3.	8 Chicchan	18 Kayab	1
24.3.	9 Cimi	19 Kayab	2
25.3.	10 Manik	0 Cumku	3
26.3.	11 Lamat	1 Cumku	4
27.3.	12 Muluc	2 Cumku	5
28.3.	13 Oc	3 Cumku	6
29.3.	1 Chuen	4 Cumku	7
30.3.	2 Eb	5 Cumku	8
31.3.	3 Ben	6 Cumku	9
1.4.	4 Ix	7 Cumku	1
2.4.	5 Men	8 Cumku	2
3.4.	6 Cib	9 Cumku	3
4.4.	7 Cabán	10 Cumku	4
5.4.	8 Edznab	11 Cumku	5
6.4.	9 Cauac	12 Cumku	6
7.4.	10 Ahau	13 Cumku	7
8.4.	11 Imix	14 Cumku	8
9.4.	12 Ik	15 Cumku	9
10.4.	13 Akbal	16 Cumku	1
11.4.	1 Kan	17 Cumku	2
12.4.	2 Chicchan	18 Cumku	3
13.4.	3 Cimi	19 Cumku	4
14.4.	4 Manik	0 Uayeb	5
15.4.	5 Lamat	1 Uayeb	6
16.4.	6 Muluc	2 Uayeb	7
17.4.	7 Oc	3 Uayeb	8
18.4.	8 Chuen	4 Uayeb	9
19.4.	**9 Eb**	**0 Pop**	**1**
20.4.	10 Ben	1 Pop	2
21.4.	11 Ix	2 Pop	3
22.4.	12 Men	3 Pop	4
23.4.	13 Cib	4 Pop	5
24.4.	1 Cabán	5 Pop	6

1955			
Greg.	Tzolkin	Haab	H.d.N
25.4.	2 Edznab	6 Pop	7
26.4.	3 Cauac	7 Pop	8
27.4.	4 Ahau	8 Pop	9
28.4.	5 Imix	9 Pop	1
29.4.	6 Ik	10 Pop	2
30.4.	7 Akbal	11 Pop	3
1.5.	8 Kan	12 Pop	4
2.5.	9 Chicchan	13 Pop	5
3.5.	10 Cimi	14 Pop	6
4.5.	11 Manik	15 Pop	7
5.5.	12 Lamat	16 Pop	8
6.5.	13 Muluc	17 Pop	9
7.5.	1 Oc	18 Pop	1
8.5.	2 Chuen	19 Pop	2
9.5.	3 Eb	0 Uo	3
10.5.	4 Ben	1 Uo	4
11.5.	5 Ix	2 Uo	5
12.5.	6 Men	3 Uo	6
13.5.	7 Cib	4 Uo	7
14.5.	8 Cabán	5 Uo	8
15.5.	9 Edznab	6 Uo	9
16.5.	10 Cauac	7 Uo	1
17.5.	11 Ahau	8 Uo	2
18.5.	12 Imix	9 Uo	3
19.5.	13 Ik	10 Uo	4
20.5.	1 Akbal	11 Uo	5
21.5.	2 Kan	12 Uo	6
22.5.	3 Chicchan	13 Uo	7
23.5.	4 Cimi	14 Uo	8
24.5.	5 Manik	15 Uo	9
25.5.	6 Lamat	16 Uo	1
26.5.	7 Muluc	17 Uo	2
27.5.	8 Oc	18 Uo	3
28.5.	9 Chuen	19 Uo	4
29.5.	10 Eb	0 Zip	5
30.5.	11 Ben	1 Zip	6
31.5.	12 Ix	2 Zip	7
1.6.	13 Men	3 Zip	8
2.6.	1 Cib	4 Zip	9

1955			
Greg.	Tzolkin	Haab	H.d.N
3.6.	2 Cabán	5 Zip	1
4.6.	3 Edznab	6 Zip	2
5.6.	4 Cauac	7 Zip	3
6.6.	5 Ahau	8 Zip	4
7.6.	6 Imix	9 Zip	5
8.6.	7 Ik	10 Zip	6
9.6.	8 Akbal	11 Zip	7
10.6.	9 Kan	12 Zip	8
11.6.	10 Chicchan	13 Zip	9
12.6.	11 Cimi	14 Zip	1
13.6.	12 Manik	15 Zip	2
14.6.	13 Lamat	16 Zip	3
15.6.	1 Muluc	17 Zip	4
16.6.	2 Oc	18 Zip	5
17.6.	3 Chuen	19 Zip	6
18.6.	4 Eb	0 Zotz	7
19.6.	5 Ben	1 Zotz	8
20.6.	6 Ix	2 Zotz	9
21.6.	7 Men	3 Zotz	1
22.6.	8 Cib	4 Zotz	2
23.6.	9 Cabán	5 Zotz	3
24.6.	10 Edznab	6 Zotz	4
25.6.	11 Cauac	7 Zotz	5
26.6.	12 Ahau	8 Zotz	6
27.6.	13 Imix	9 Zotz	7
28.6.	1 Ik	10 Zotz	8
29.6.	2 Akbal	11 Zotz	9
30.6.	3 Kan	12 Zotz	1
1.7.	4 Chicchan	13 Zotz	2
2.7.	5 Cimi	14 Zotz	3
3.7.	6 Manik	15 Zotz	4
4.7.	7 Lamat	16 Zotz	5
5.7.	8 Muluc	17 Zotz	6
6.7.	9 Oc	18 Zotz	7
7.7.	10 Chuen	19 Zotz	8
8.7.	11 Eb	0 Tzec	9
9.7.	12 Ben	1 Tzec	1
10.7.	13 Ix	2 Tzec	2
11.7.	1 Men	3 Tzec	3

1955			
Greg.	Tzolkin	Haab	H.d.N
12.7.	2 Cib	4 Tzec	4
13.7.	3 Cabán	5 Tzec	5
14.7.	4 Edznab	6 Tzec	6
15.7.	5 Cauac	7 Tzec	7
16.7.	6 Ahau	8 Tzec	8
17.7.	7 Imix	9 Tzec	9
18.7.	8 Ik	10 Tzec	1
19.7.	9 Akbal	11 Tzec	2
20.7.	10 Kan	12 Tzec	3
21.7.	11 Chicchan	13 Tzec	4
22.7.	12 Cimi	14 Tzec	5
23.7.	13 Manik	15 Tzec	6
24.7.	1 Lamat	16 Tzec	7
25.7.	2 Muluc	17 Tzec	8
26.7.	3 Oc	18 Tzec	9
27.7.	4 Chuen	19 Tzec	1
28.7.	5 Eb	0 Xul	2
29.7.	6 Ben	1 Xul	3
30.7.	7 Ix	2 Xul	4
31.7.	8 Men	3 Xul	5
1.8.	9 Cib	4 Xul	6
2.8.	10 Cabán	5 Xul	**7**
3.8.	11 Edznab	6 Xul	8
4.8.	12 Cauac	7 Xul	9
5.8.	13 Ahau	8 Xul	1
6.8.	1 Imix	9 Xul	2
7.8.	2 Ik	10 Xul	3
8.8.	3 Akbal	11 Xul	4
9.8.	4 Kan	12 Xul	5
10.8.	5 Chicchan	13 Xul	6
11.8.	6 Cimi	14 Xul	7
12.8.	7 Manik	15 Xul	8
13.8.	8 Lamat	16 Xul	9
14.8.	9 Muluc	17 Xul	1
15.8.	10 Oc	18 Xul	2
16.8.	11 Chuen	19 Xul	3
17.8.	12 Eb	0 Yaxkin	4
18.8.	13 Ben	1 Yaxkin	5
19.8.	1 Ix	2 Yaxkin	6

1955			
Greg.	Tzolkin	Haab	H.d.N
20.8.	2 Men	3 Yaxkin	7
21.8.	3 Cib	4 Yaxkin	8
22.8.	4 Cabán	5 Yaxkin	9
23.8.	5 Edznab	6 Yaxkin	1
24.8.	6 Cauac	7 Yaxkin	2
25.8.	7 Ahau	8 Yaxkin	3
26.8.	8 Imix	9 Yaxkin	4
27.8.	9 Ik	10 Yaxkin	5
28.8.	10 Akbal	11 Yaxkin	6
29.8.	11 Kan	12 Yaxkin	7
30.8.	12 Chicchan	13 Yaxkin	8
31.8.	13 Cimi	14 Yaxkin	9
1.9.	1 Manik	15 Yaxkin	1
2.9.	2 Lamat	16 Yaxkin	2
3.9.	3 Muluc	17 Yaxkin	3
4.9.	4 Oc	18 Yaxkin	4
5.9.	5 Chuen	19 Yaxkin	5
6.9.	6 Eb	0 Mol	6
7.9.	7 Ben	1 Mol	7
8.9.	8 Ix	2 Mol	8
9.9.	9 Men	3 Mol	9
10.9.	10 Cib	4 Mol	1
11.9.	11 Cabán	5 Mol	2
12.9.	12 Edznab	6 Mol	3
13.9.	13 Cauac	7 Mol	4
14.9.	1 Ahau	8 Mol	5
15.9.	2 Imix	9 Mol	6
16.9.	3 Ik	10 Mol	7
17.9.	4 Akbal	11 Mol	8
18.9.	5 Kan	12 Mol	9
19.9.	6 Chicchan	13 Mol	1
20.9.	7 Cimi	14 Mol	2
21.9.	8 Manik	15 Mol	3
22.9.	9 Lamat	16 Mol	4
23.9.	10 Muluc	17 Mol	5
24.9.	11 Oc	18 Mol	6
25.9.	12 Chuen	19 Mol	7
26.9.	13 Eb	0 Chen	8
27.9.	1 Ben	1 Chen	9

1955			
Greg.	Tzolkin	Haab	H.d.N
28.9.	2 Ix	2 Chen	1
29.9.	3 Men	3 Chen	2
30.9.	4 Cib	4 Chen	3
1.10.	5 Cabán	5 Chen	4
2.10.	6 Edznab	6 Chen	5
3.10.	7 Cauac	7 Chen	6
4.10.	8 Ahau	8 Chen	7
5.10.	9 Imix	9 Chen	8
6.10.	10 Ik	10 Chen	9
7.10.	11 Akbal	11 Chen	1
8.10.	12 Kan	12 Chen	2
9.10.	13 Chicchan	13 Chen	3
10.10.	1 Cimi	14 Chen	4
11.10.	2 Manik	15 Chen	5
12.10.	3 Lamat	16 Chen	6
13.10.	4 Muluc	17 Chen	7
14.10.	5 Oc	18 Chen	8
15.10.	6 Chuen	19 Chen	9
16.10.	7 Eb	0 Yax	1
17.10.	8 Ben	1 Yax	2
18.10.	9 Ix	2 Yax	3
19.10.	10 Men	3 Yax	4
20.10.	11 Cib	4 Yax	5
21.10.	12 Cabán	5 Yax	6
22.10.	13 Edznab	6 Yax	7
23.10.	1 Cauac	7 Yax	8
24.10.	2 Ahau	8 Yax	9
25.10.	3 Imix	9 Yax	1
26.10.	4 Ik	10 Yax	2
27.10.	5 Akbal	11 Yax	3
28.10.	6 Kan	12 Yax	4
29.10.	7 Chicchan	13 Yax	5
30.10.	8 Cimi	14 Yax	6
31.10.	9 Manik	15 Yax	7
1.11.	10 Lamat	16 Yax	8
2.11.	11 Muluc	17 Yax	9
3.11.	12 Oc	18 Yax	1
4.11.	13 Chuen	19 Yax	2
5.11.	1 Eb	0 Zac	3

1955			
Greg.	Tzolkin	Haab	H.d.N
6.11.	2 Ben	1 Zac	**4**
7.11.	3 Ix	2 Zac	5
8.11.	4 Men	3 Zac	6
9.11.	5 Cib	4 Zac	7
10.11.	6 Cabán	5 Zac	8
11.11.	7 Edznab	6 Zac	9
12.11.	8 Cauac	7 Zac	1
13.11.	9 Ahau	8 Zac	2
14.11.	10 Imix	9 Zac	3
15.11.	11 Ik	10 Zac	4
16.11.	12 Akbal	11 Zac	5
17.11.	13 Kan	12 Zac	6
18.11.	1 Chicchan	13 Zac	7
19.11.	2 Cimi	14 Zac	8
20.11.	3 Manik	15 Zac	9
21.11.	4 Lamat	16 Zac	1
22.11.	5 Muluc	17 Zac	2
23.11.	6 Oc	18 Zac	3
24.11.	7 Chuen	19 Zac	4
25.11.	8 Eb	0 Ceh	5
26.11.	9 Ben	1 Ceh	6
27.11.	10 Ix	2 Ceh	7
28.11.	11 Men	3 Ceh	8
29.11.	12 Cib	4 Ceh	9
30.11.	13 Cabán	5 Ceh	1
1.12.	1 Edznab	6 Ceh	2
2.12.	2 Cauac	7 Ceh	3
3.12.	3 Ahau	8 Ceh	4
4.12.	4 Imix	9 Ceh	5
5.12.	5 Ik	10 Ceh	6
6.12.	6 Akbal	11 Ceh	7
7.12.	7 Kan	12 Ceh	8
8.12.	8 Chicchan	13 Ceh	9
9.12.	9 Cimi	14 Ceh	1
10.12.	10 Manik	15 Ceh	2
11.12.	11 Lamat	16 Ceh	3
12.12.	12 Muluc	17 Ceh	4
13.12.	13 Oc	18 Ceh	5
14.12.	1 Chuen	19 Ceh	6

1955			
Greg.	Tzolkin	Haab	H.d.N
15.12.	2 Eb	0 Mac	7
16.12.	3 Ben	1 Mac	8
17.12.	4 Ix	2 Mac	9
18.12.	5 Men	3 Mac	1
19.12.	6 Cib	4 Mac	2
20.12.	7 Cabán	5 Mac	3
21.12.	8 Edznab	6 Mac	4
22.12.	9 Cauac	7 Mac	5
23.12.	10 Ahau	8 Mac	6
24.12.	11 Imix	9 Mac	7
25.12.	12 Ik	10 Mac	8
26.12.	13 Akbal	11 Mac	9
27.12.	1 Kan	12 Mac	1
28.12.	2 Chicchan	13 Mac	2
29.12.	3 Cimi	14 Mac	3
30.12.	4 Manik	15 Mac	4
31.12.	5 Lamat	16 Mac	5

1956			
Greg.	Tzolkin	Haab	H.d.N
1.1.	6 Muluc	17 Mac	6
2.1.	7 Oc	18 Mac	7
3.1.	8 Chuen	19 Mac	8
4.1.	9 Eb	0 Kankin	9
5.1.	10 Ben	1 Kankin	1
6.1.	11 Ix	2 Kankin	2
7.1.	12 Men	3 Kankin	3
8.1.	13 Cib	4 Kankin	4
9.1.	1 Cabán	5 Kankin	5
10.1.	2 Edznab	6 Kankin	6
11.1.	3 Cauac	7 Kankin	7
12.1.	4 Ahau	8 Kankin	8
13.1.	5 Imix	9 Kankin	9
14.1.	6 Ik	10 Kankin	1
15.1.	7 Akbal	11 Kankin	2
16.1.	8 Kan	12 Kankin	3
17.1.	9 Chicchan	13 Kankin	4
18.1.	10 Cimi	14 Kankin	5
19.1.	11 Manik	15 Kankin	6
20.1.	12 Lamat	16 Kankin	7

1956			
Greg.	Tzolkin	Haab	H.d.N
21.1.	13 Muluc	17 Kankin	8
22.1.	1 Oc	18 Kankin	9
23.1.	2 Chuen	19 Kankin	1
24.1.	3 Eb	0 Muan	2
25.1.	4 Ben	1 Muan	3
26.1.	5 Ix	2 Muan	4
27.1.	6 Men	3 Muan	5
28.1.	7 Cib	4 Muan	6
29.1.	8 Cabán	5 Muan	7
30.1.	9 Edznab	6 Muan	8
31.1.	10 Cauac	7 Muan	9
1.2.	11 Ahau	8 Muan	1
2.2.	12 Imix	9 Muan	2
3.2.	13 Ik	10 Muan	3
4.2.	1 Akbal	11 Muan	4
5.2.	2 Kan	12 Muan	5
6.2.	3 Chicchan	13 Muan	6
7.2.	4 Cimi	14 Muan	7
8.2.	5 Manik	15 Muan	8
9.2.	6 Lamat	16 Muan	9
10.2.	7 Muluc	17 Muan	1
11.2.	8 Oc	18 Muan	2
12.2.	9 Chuen	19 Muan	3
13.2.	10 Eb	0 Pax	4
14.2.	11 Ben	1 Pax	5
15.2.	12 Ix	2 Pax	6
16.2.	13 Men	3 Pax	7
17.2.	1 Cib	4 Pax	8
18.2.	2 Cabán	5 Pax	9
19.2.	3 Edznab	6 Pax	1
20.2.	4 Cauac	7 Pax	2
21.2.	5 Ahau	8 Pax	3
22.2.	6 Imix	9 Pax	4
23.2.	7 Ik	10 Pax	5
24.2.	8 Akbal	11 Pax	6
25.2.	9 Kan	12 Pax	7
26.2.	10 Chicchan	13 Pax	8
27.2.	11 Cimi	14 Pax	9
28.2.	12 Manik	15 Pax	1

1956				1956			
Greg.	Tzolkin	Haab	H.d.N	Greg.	Tzolkin	Haab	H.d.N
29.2.	13 Lamat	16 Pax	2	8.4.	13 Manik	15 Cumku	5
1.3.	1 Muluc	17 Pax	3	9.4.	1 Lamat	16 Cumku	6
2.3.	2 Oc	18 Pax	4	10.4.	2 Muluc	17 Cumku	7
3.3.	3 Chuen	19 Pax	5	11.4.	3 Oc	18 Cumku	8
4.3.	4 Eb	0 Kayab	6	12.4.	4 Chuen	19 Cumku	9
5.3.	5 Ben	1 Kayab	7	13.4.	5 Eb	0 Uayeb	1
6.3.	6 Ix	2 Kayab	8	14.4.	6 Ben	1 Uayeb	2
7.3.	7 Men	3 Kayab	9	15.4.	7 Ix	2 Uayeb	3
8.3.	8 Cib	4 Kayab	1	16.4.	8 Men	3 Uayeb	4
9.3.	9 Cabán	5 Kayab	2	17.4.	9 Cib	4 Uayeb	5
10.3.	10 Edznab	6 Kayab	3	**18.4.**	**10 Cabán**	**0 Pop**	**6**
11.3.	11 Cauac	7 Kayab	4	19.4.	11 Edznab	1 Pop	7
12.3.	12 Ahau	8 Kayab	5	20.4.	12 Cauac	2 Pop	8
13.3.	13 Imix	9 Kayab	6	21.4.	13 Ahau	3 Pop	9
14.3.	1 Ik	10 Kayab	7	22.4.	1 Imix	4 Pop	1
15.3.	2 Akbal	11 Kayab	8	23.4.	2 Ik	5 Pop	2
16.3.	3 Kan	12 Kayab	9	24.4.	3 Akbal	6 Pop	3
17.3.	4 Chicchan	13 Kayab	1	25.4.	4 Kan	7 Pop	4
18.3.	5 Cimi	14 Kayab	2	26.4.	5 Chicchan	8 Pop	5
19.3.	6 Manik	15 Kayab	3	27.4.	6 Cimi	9 Pop	6
20.3.	7 Lamat	16 Kayab	4	28.4.	7 Manik	10 Pop	7
21.3.	8 Muluc	17 Kayab	5	29.4.	8 Lamat	11 Pop	8
22.3.	9 Oc	18 Kayab	6	30.4.	9 Muluc	12 Pop	9
23.3.	10 Chuen	19 Kayab	7	1.5.	10 Oc	13 Pop	1
24.3.	11 Eb	0 Cumku	8	2.5.	11 Chuen	14 Pop	2
25.3.	12 Ben	1 Cumku	9	3.5.	12 Eb	15 Pop	3
26.3.	13 Ix	2 Cumku	1	4.5.	13 Ben	16 Pop	4
27.3.	1 Men	3 Cumku	2	5.5.	1 Ix	17 Pop	5
28.3.	2 Cib	4 Cumku	3	6.5.	2 Men	18 Pop	6
29.3.	3 Cabán	5 Cumku	4	7.5.	3 Cib	19 Pop	7
30.3.	4 Edznab	6 Cumku	5	8.5.	4 Cabán	0 Uo	8
31.3.	5 Cauac	7 Cumku	6	9.5.	5 Edznab	1 Uo	9
1.4.	6 Ahau	8 Cumku	7	10.5.	6 Cauac	2 Uo	1
2.4.	7 Imix	9 Cumku	8	11.5.	7 Ahau	3 Uo	2
3.4.	8 Ik	10 Cumku	9	12.5.	8 Imix	4 Uo	3
4.4.	9 Akbal	11 Cumku	1	13.5.	9 Ik	5 Uo	4
5.4.	10 Kan	12 Cumku	2	14.5.	10 Akbal	6 Uo	5
6.4.	11 Chicchan	13 Cumku	3	15.5.	11 Kan	7 Uo	6
7.4.	12 Cimi	14 Cumku	4	16.5.	12 Chicchan	8 Uo	7

1956			
Greg.	Tzolkin	Haab	H.d.N
17.5.	13 Cimi	9 Uo	8
18.5.	1 Manik	10 Uo	9
19.5.	2 Lamat	11 Uo	1
20.5.	3 Muluc	12 Uo	2
21.5.	4 Oc	13 Uo	3
22.5.	5 Chuen	14 Uo	4
23.5.	6 Eb	15 Uo	5
24.5.	7 Ben	16 Uo	6
25.5.	8 Ix	17 Uo	7
26.5.	9 Men	18 Uo	8
27.5.	10 Cib	19 Uo	9
28.5.	11 Cabán	0 Zip	1
29.5.	12 Edznab	1 Zip	2
30.5.	13 Cauac	2 Zip	3
31.5.	1 Ahau	3 Zip	4
1.6.	2 Imix	4 Zip	5
2.6.	3 Ik	5 Zip	6
3.6.	4 Akbal	6 Zip	7
4.6.	5 Kan	7 Zip	8
5.6.	6 Chicchan	8 Zip	9
6.6.	7 Cimi	9 Zip	1
7.6.	8 Manik	10 Zip	2
8.6.	9 Lamat	11 Zip	3
9.6.	10 Muluc	12 Zip	4
10.6.	11 Oc	13 Zip	5
11.6.	12 Chuen	14 Zip	6
12.6.	13 Eb	15 Zip	7
13.6.	1 Ben	16 Zip	8
14.6.	2 Ix	17 Zip	9
15.6.	3 Men	18 Zip	1
16.6.	4 Cib	19 Zip	2
17.6.	5 Cabán	0 Zotz	3
18.6.	6 Edznab	1 Zotz	4
19.6.	7 Cauac	2 Zotz	5
20.6.	8 Ahau	3 Zotz	6
21.6.	9 Imix	4 Zotz	7
22.6.	10 Ik	5 Zotz	8
23.6.	11 Akbal	6 Zotz	9
24.6.	12 Kan	7 Zotz	1

1956			
Greg.	Tzolkin	Haab	H.d.N
25.6.	13 Chicchan	8 Zotz	2
26.6.	1 Cimi	9 Zotz	3
27.6.	2 Manik	10 Zotz	4
28.6.	3 Lamat	11 Zotz	5
29.6.	4 Muluc	12 Zotz	6
30.6.	5 Oc	13 Zotz	7
1.7.	6 Chuen	14 Zotz	8
2.7.	7 Eb	15 Zotz	9
3.7.	8 Ben	16 Zotz	1
4.7.	9 Ix	17 Zotz	2
5.7.	10 Men	18 Zotz	3
6.7.	11 Cib	19 Zotz	4
7.7.	12 Cabán	0 Tzec	5
8.7.	13 Edznab	1 Tzec	6
9.7.	1 Cauac	2 Tzec	7
10.7.	2 Ahau	3 Tzec	8
11.7.	3 Imix	4 Tzec	9
12.7.	4 Ik	5 Tzec	1
13.7.	5 Akbal	6 Tzec	2
14.7.	6 Kan	7 Tzec	3
15.7.	7 Chicchan	8 Tzec	4
16.7.	8 Cimi	9 Tzec	5
17.7.	9 Manik	10 Tzec	6
18.7.	10 Lamat	11 Tzec	7
19.7.	11 Muluc	12 Tzec	8
20.7.	12 Oc	13 Tzec	9
21.7.	13 Chuen	14 Tzec	1
22.7.	1 Eb	15 Tzec	2
23.7.	2 Ben	16 Tzec	3
24.7.	3 Ix	17 Tzec	4
25.7.	4 Men	18 Tzec	5
26.7.	5 Cib	19 Tzec	6
27.7.	6 Cabán	0 Xul	7
28.7.	7 Edznab	1 Xul	8
29.7.	8 Cauac	2 Xul	9
30.7.	9 Ahau	3 Xul	1
31.7.	10 Imix	4 Xul	2
1.8.	11 Ik	5 Xul	3
2.8.	12 Akbal	6 Xul	4

1956			
Greg.	Tzolkin	Haab	H.d.N
3.8.	13 Kan	7 Xul	5
4.8.	1 Chicchan	8 Xul	6
5.8.	2 Cimi	9 Xul	7
6.8.	3 Manik	10 Xul	8
7.8.	4 Lamat	11 Xul	9
8.8.	5 Muluc	12 Xul	1
9.8.	6 Oc	13 Xul	2
10.8.	7 Chuen	14 Xul	3
11.8.	8 Eb	15 Xul	4
12.8.	9 Ben	16 Xul	5
13.8.	10 Ix	17 Xul	6
14.8.	11 Men	18 Xul	7
15.8.	12 Cib	19 Xul	8
16.8.	13 Cabán	0 Yaxkin	9
17.8.	1 Edznab	1 Yaxkin	1
18.8.	2 Cauac	2 Yaxkin	2
19.8.	3 Ahau	3 Yaxkin	3
20.8.	4 Imix	4 Yaxkin	4
21.8.	5 Ik	5 Yaxkin	5
22.8.	6 Akbal	6 Yaxkin	6
23.8.	7 Kan	7 Yaxkin	7
24.8.	8 Chicchan	8 Yaxkin	8
25.8.	9 Cimi	9 Yaxkin	9
26.8.	10 Manik	10 Yaxkin	1
27.8.	11 Lamat	11 Yaxkin	2
28.8.	12 Muluc	12 Yaxkin	3
29.8.	13 Oc	13 Yaxkin	4
30.8.	1 Chuen	14 Yaxkin	5
31.8.	2 Eb	15 Yaxkin	6
1.9.	3 Ben	16 Yaxkin	7
2.9.	4 Ix	17 Yaxkin	8
3.9.	5 Men	18 Yaxkin	9
4.9.	6 Cib	19 Yaxkin	1
5.9.	7 Cabán	0 Mol	2
6.9.	8 Edznab	1 Mol	3
7.9.	9 Cauac	2 Mol	4
8.9.	10 Ahau	3 Mol	5
9.9.	11 Imix	4 Mol	6
10.9.	12 Ik	5 Mol	7

1956			
Greg.	Tzolkin	Haab	H.d.N
11.9.	13 Akbal	6 Mol	8
12.9.	1 Kan	7 Mol	9
13.9.	2 Chicchan	8 Mol	1
14.9.	3 Cimi	9 Mol	2
15.9.	4 Manik	10 Mol	3
16.9.	5 Lamat	11 Mol	4
17.9.	6 Muluc	12 Mol	5
18.9.	7 Oc	13 Mol	6
19.9.	8 Chuen	14 Mol	7
20.9.	9 Eb	15 Mol	8
21.9.	10 Ben	16 Mol	9
22.9.	11 Ix	17 Mol	1
23.9.	12 Men	18 Mol	2
24.9.	13 Cib	19 Mol	3
25.9.	1 Cabán	0 Chen	4
26.9.	2 Edznab	1 Chen	5
27.9.	3 Cauac	2 Chen	6
28.9.	4 Ahau	3 Chen	7
29.9.	5 Imix	4 Chen	8
30.9.	6 Ik	5 Chen	9
1.10.	7 Akbal	6 Chen	1
2.10.	8 Kan	7 Chen	2
3.10.	9 Chicchan	8 Chen	3
4.10.	10 Cimi	9 Chen	4
5.10.	11 Manik	10 Chen	5
6.10.	12 Lamat	11 Chen	6
7.10.	13 Muluc	12 Chen	7
8.10.	1 Oc	13 Chen	8
9.10.	2 Chuen	14 Chen	9
10.10.	3 Eb	15 Chen	1
11.10.	4 Ben	16 Chen	2
12.10.	5 Ix	17 Chen	3
13.10.	6 Men	18 Chen	4
14.10.	7 Cib	19 Chen	5
15.10.	8 Cabán	0 Yax	6
16.10.	9 Edznab	1 Yax	7
17.10.	10 Cauac	2 Yax	8
18.10.	11 Ahau	3 Yax	9
19.10.	12 Imix	4 Yax	1

1956			
Greg.	Tzolkin	Haab	H.d.N
20.10.	13 Ik	5 Yax	2
21.10.	1 Akbal	6 Yax	3
22.10.	2 Kan	7 Yax	4
23.10.	3 Chicchan	8 Yax	5
24.10.	4 Cimi	9 Yax	6
25.10.	5 Manik	10 Yax	7
26.10.	6 Lamat	11 Yax	8
27.10.	7 Muluc	12 Yax	9
28.10.	8 Oc	13 Yax	1
29.10.	9 Chuen	14 Yax	2
30.10.	10 Eb	15 Yax	3
31.10.	11 Ben	16 Yax	4
1.11.	12 Ix	17 Yax	5
2.11.	13 Men	18 Yax	6
3.11.	1 Cib	19 Yax	7
4.11.	2 Cabán	0 Zac	8
5.11.	3 Edznab	1 Zac	9
6.11.	4 Cauac	2 Zac	1
7.11.	5 Ahau	3 Zac	2
8.11.	6 Imix	4 Zac	3
9.11.	7 Ik	5 Zac	4
10.11.	8 Akbal	6 Zac	5
11.11.	9 Kan	7 Zac	6
12.11.	10 Chicchan	8 Zac	7
13.11.	11 Cimi	9 Zac	8
14.11.	12 Manik	10 Zac	9
15.11.	13 Lamat	11 Zac	1
16.11.	1 Muluc	12 Zac	2
17.11.	2 Oc	13 Zac	3
18.11.	3 Chuen	14 Zac	4
19.11.	4 Eb	15 Zac	5
20.11.	5 Ben	16 Zac	6
21.11.	6 Ix	17 Zac	7
22.11.	7 Men	18 Zac	8
23.11.	8 Cib	19 Zac	9
24.11.	9 Cabán	0 Ceh	1
25.11.	10 Edznab	1 Ceh	2
26.11.	11 Cauac	2 Ceh	3
27.11.	12 Ahau	3 Ceh	4

1956			
Greg.	Tzolkin	Haab	H.d.N
28.11.	13 Imix	4 Ceh	5
29.11.	1 Ik	5 Ceh	6
30.11.	2 Akbal	6 Ceh	7
1.12.	3 Kan	7 Ceh	8
2.12.	4 Chicchan	8 Ceh	9
3.12.	5 Cimi	9 Ceh	1
4.12.	6 Manik	10 Ceh	2
5.12.	7 Lamat	11 Ceh	3
6.12.	8 Muluc	12 Ceh	4
7.12.	9 Oc	13 Ceh	5
8.12.	10 Chuen	14 Ceh	6
9.12.	11 Eb	15 Ceh	7
10.12.	12 Ben	16 Ceh	8
11.12.	13 Ix	17 Ceh	9
12.12.	1 Men	18 Ceh	1
13.12.	2 Cib	19 Ceh	2
14.12.	3 Cabán	0 Mac	3
15.12.	4 Edznab	1 Mac	4
16.12.	5 Cauac	2 Mac	5
17.12.	6 Ahau	3 Mac	6
18.12.	7 Imix	4 Mac	7
19.12.	8 Ik	5 Mac	8
20.12.	9 Akbal	6 Mac	9
21.12.	10 Kan	7 Mac	1
22.12.	11 Chicchan	8 Mac	2
23.12.	12 Cimi	9 Mac	3
24.12.	13 Manik	10 Mac	4
25.12.	1 Lamat	11 Mac	5
26.12.	2 Muluc	12 Mac	6
27.12.	3 Oc	13 Mac	7
28.12.	4 Chuen	14 Mac	8
29.12.	5 Eb	15 Mac	9
30.12.	6 Ben	16 Mac	1
31.12.	7 Ix	17 Mac	2

1957			
Greg.	Tzolkin	Haab	H.d.N
1.1.	8 Men	18 Mac	3
2.1.	9 Cib	19 Mac	4
3.1.	10 Cabán	0 Kankin	5

1957			
Greg.	Tzolkin	Haab	H.d.N
4.1.	11 Edznab	1 Kankin	6
5.1.	12 Cauac	2 Kankin	7
6.1.	13 Ahau	3 Kankin	8
7.1.	1 Imix	4 Kankin	9
8.1.	2 Ik	5 Kankin	1
9.1.	3 Akbal	6 Kankin	2
10.1.	4 Kan	7 Kankin	3
11.1.	5 Chicchan	8 Kankin	4
12.1.	6 Cimi	9 Kankin	5
13.1.	7 Manik	10 Kankin	6
14.1.	8 Lamat	11 Kankin	7
15.1.	9 Muluc	12 Kankin	8
16.1.	10 Oc	13 Kankin	9
17.1.	11 Chuen	14 Kankin	1
18.1.	12 Eb	15 Kankin	2
19.1.	13 Ben	16 Kankin	3
20.1.	1 Ix	17 Kankin	4
21.1.	2 Men	18 Kankin	5
22.1.	3 Cib	19 Kankin	6
23.1.	4 Cabán	0 Muan	7
24.1.	5 Edznab	1 Muan	8
25.1.	6 Cauac	2 Muan	9
26.1.	7 Ahau	3 Muan	1
27.1.	8 Imix	4 Muan	2
28.1.	9 Ik	5 Muan	3
29.1.	10 Akbal	6 Muan	4
30.1.	11 Kan	7 Muan	5
31.1.	12 Chicchan	8 Muan	6
1.2.	13 Cimi	9 Muan	7
2.2.	1 Manik	10 Muan	8
3.2.	2 Lamat	11 Muan	9
4.2.	3 Muluc	12 Muan	1
5.2.	4 Oc	13 Muan	2
6.2.	5 Chuen	14 Muan	3
7.2.	6 Eb	15 Muan	4
8.2.	7 Ben	16 Muan	5
9.2.	8 Ix	17 Muan	6
10.2.	9 Men	18 Muan	7
11.2.	10 Cib	19 Muan	8

1957			
Greg.	Tzolkin	Haab	H.d.N
12.2.	11 Cabán	0 Pax	9
13.2.	12 Edznab	1 Pax	1
14.2.	13 Cauac	2 Pax	2
15.2.	1 Ahau	3 Pax	3
16.2.	2 Imix	4 Pax	4
17.2.	3 Ik	5 Pax	5
18.2.	4 Akbal	6 Pax	6
19.2.	5 Kan	7 Pax	7
20.2.	6 Chicchan	8 Pax	8
21.2.	7 Cimi	9 Pax	9
22.2.	8 Manik	10 Pax	1
23.2.	9 Lamat	11 Pax	2
24.2.	10 Muluc	12 Pax	3
25.2.	11 Oc	13 Pax	4
26.2.	12 Chuen	14 Pax	5
27.2.	13 Eb	15 Pax	6
28.2.	1 Ben	16 Pax	7
1.3.	2 Ix	17 Pax	8
2.3.	3 Men	18 Pax	9
3.3.	4 Cib	19 Pax	1
4.3.	5 Cabán	0 Kayab	2
5.3.	6 Edznab	1 Kayab	3
6.3.	7 Cauac	2 Kayab	4
7.3.	8 Ahau	3 Kayab	5
8.3.	9 Imix	4 Kayab	6
9.3.	10 Ik	5 Kayab	7
10.3.	11 Akbal	6 Kayab	8
11.3.	12 Kan	7 Kayab	9
12.3.	13 Chicchan	8 Kayab	1
13.3.	1 Cimi	9 Kayab	2
14.3.	2 Manik	10 Kayab	3
15.3.	3 Lamat	11 Kayab	4
16.3.	4 Muluc	12 Kayab	5
17.3.	5 Oc	13 Kayab	6
18.3.	6 Chuen	14 Kayab	7
19.3.	7 Eb	15 Kayab	8
20.3.	8 Ben	16 Kayab	9
21.3.	9 Ix	17 Kayab	1
22.3.	10 Men	18 Kayab	2

1957			
Greg.	Tzolkin	Haab	H.d.N
23.3.	11 Cib	19 Kayab	3
24.3.	12 Cabán	0 Cumku	4
25.3.	13 Edznab	1 Cumku	5
26.3.	1 Cauac	2 Cumku	6
27.3.	2 Ahau	3 Cumku	7
28.3.	3 Imix	4 Cumku	8
29.3.	4 Ik	5 Cumku	9
30.3.	5 Akbal	6 Cumku	1
31.3.	6 Kan	7 Cumku	2
1.4.	7 Chicchan	8 Cumku	3
2.4.	8 Cimi	9 Cumku	4
3.4.	9 Manik	10 Cumku	5
4.4.	10 Lamat	11 Cumku	6
5.4.	11 Muluc	12 Cumku	7
6.4.	12 Oc	13 Cumku	8
7.4.	13 Chuen	14 Cumku	9
8.4.	1 Eb	15 Cumku	1
9.4.	2 Ben	16 Cumku	2
10.4.	3 Ix	17 Cumku	3
11.4.	4 Men	18 Cumku	4
12.4.	5 Cib	19 Cumku	5
13.4.	6 Cabán	0 Uayeb	6
14.4.	7 Edznab	1 Uayeb	7
15.4.	8 Cauac	2 Uayeb	8
16.4.	9 Ahau	3 Uayeb	9
17.4.	10 Imix	4 Uayeb	1
18.4.	**11 Ik**	**0 Pop**	**2**
19.4.	12 Akbal	1 Pop	3
20.4.	13 Kan	2 Pop	4
21.4.	1 Chicchan	3 Pop	5
22.4.	2 Cimi	4 Pop	6
23.4.	3 Manik	5 Pop	7
24.4.	4 Lamat	6 Pop	8
25.4.	5 Muluc	7 Pop	9
26.4.	6 Oc	8 Pop	1
27.4.	7 Chuen	9 Pop	2
28.4.	8 Eb	10 Pop	3
29.4.	9 Ben	11 Pop	4
30.4.	10 Ix	12 Pop	5

1957			
Greg.	Tzolkin	Haab	H.d.N
1.5.	11 Men	13 Pop	6
2.5.	12 Cib	14 Pop	7
3.5.	13 Cabán	15 Pop	8
4.5.	1 Edznab	16 Pop	9
5.5.	2 Cauac	17 Pop	1
6.5.	3 Ahau	18 Pop	2
7.5.	4 Imix	19 Pop	3
8.5.	5 Ik	0 Uo	4
9.5.	6 Akbal	1 Uo	5
10.5.	7 Kan	2 Uo	6
11.5.	8 Chicchan	3 Uo	7
12.5.	9 Cimi	4 Uo	8
13.5.	10 Manik	5 Uo	9
14.5.	11 Lamat	6 Uo	1
15.5.	12 Muluc	7 Uo	2
16.5.	13 Oc	8 Uo	3
17.5.	1 Chuen	9 Uo	4
18.5.	2 Eb	10 Uo	5
19.5.	3 Ben	11 Uo	6
20.5.	4 Ix	12 Uo	7
21.5.	5 Men	13 Uo	8
22.5.	6 Cib	14 Uo	9
23.5.	7 Cabán	15 Uo	1
24.5.	8 Edznab	16 Uo	2
25.5.	9 Cauac	17 Uo	3
26.5.	10 Ahau	18 Uo	4
27.5.	11 Imix	19 Uo	5
28.5.	12 Ik	0 Zip	6
29.5.	13 Akbal	1 Zip	7
30.5.	1 Kan	2 Zip	8
31.5.	2 Chicchan	3 Zip	9
1.6.	3 Cimi	4 Zip	1
2.6.	4 Manik	5 Zip	2
3.6.	5 Lamat	6 Zip	3
4.6.	6 Muluc	7 Zip	4
5.6.	7 Oc	8 Zip	5
6.6.	8 Chuen	9 Zip	6
7.6.	9 Eb	10 Zip	7
8.6.	10 Ben	11 Zip	8

1957			
Greg.	Tzolkin	Haab	H.d.N
9.6.	11 Ix	12 Zip	9
10.6.	12 Men	13 Zip	1
11.6.	13 Cib	14 Zip	2
12.6.	1 Cabán	15 Zip	3
13.6.	2 Edznab	16 Zip	4
14.6.	3 Cauac	17 Zip	5
15.6.	4 Ahau	18 Zip	6
16.6.	5 Imix	19 Zip	7
17.6.	6 Ik	0 Zotz	8
18.6.	7 Akbal	1 Zotz	9
19.6.	8 Kan	2 Zotz	1
20.6.	9 Chicchan	3 Zotz	2
21.6.	10 Cimi	4 Zotz	3
22.6.	11 Manik	5 Zotz	4
23.6.	12 Lamat	6 Zotz	5
24.6.	13 Muluc	7 Zotz	6
25.6.	1 Oc	8 Zotz	7
26.6.	2 Chuen	9 Zotz	8
27.6.	3 Eb	10 Zotz	9
28.6.	4 Ben	11 Zotz	1
29.6.	5 Ix	12 Zotz	2
30.6.	6 Men	13 Zotz	3
1.7.	7 Cib	14 Zotz	4
2.7.	8 Cabán	15 Zotz	5
3.7.	9 Edznab	16 Zotz	6
4.7.	10 Cauac	17 Zotz	7
5.7.	11 Ahau	18 Zotz	8
6.7.	12 Imix	19 Zotz	9
7.7.	13 Ik	0 Tzec	1
8.7.	1 Akbal	1 Tzec	2
9.7.	2 Kan	2 Tzec	3
10.7.	3 Chicchan	3 Tzec	4
11.7.	4 Cimi	4 Tzec	5
12.7.	5 Manik	5 Tzec	6
13.7.	6 Lamat	6 Tzec	7
14.7.	7 Muluc	7 Tzec	8
15.7.	8 Oc	8 Tzec	9
16.7.	9 Chuen	9 Tzec	1
17.7.	10 Eb	10 Tzec	2

1957			
Greg.	Tzolkin	Haab	H.d.N
18.7.	11 Ben	11 Tzec	3
19.7.	12 Ix	12 Tzec	4
20.7.	13 Men	13 Tzec	5
21.7.	1 Cib	14 Tzec	6
22.7.	2 Cabán	15 Tzec	7
23.7.	3 Edznab	16 Tzec	8
24.7.	4 Cauac	17 Tzec	9
25.7.	5 Ahau	18 Tzec	1
26.7.	6 Imix	19 Tzec	2
27.7.	7 Ik	0 Xul	3
28.7.	8 Akbal	1 Xul	4
29.7.	9 Kan	2 Xul	5
30.7.	10 Chicchan	3 Xul	6
31.7.	11 Cimi	4 Xul	7
1.8.	12 Manik	5 Xul	8
2.8.	13 Lamat	6 Xul	9
3.8.	1 Muluc	7 Xul	1
4.8.	2 Oc	8 Xul	2
5.8.	3 Chuen	9 Xul	3
6.8.	4 Eb	10 Xul	4
7.8.	5 Ben	11 Xul	5
8.8.	6 Ix	12 Xul	6
9.8.	7 Men	13 Xul	7
10.8.	8 Cib	14 Xul	8
11.8.	9 Cabán	15 Xul	9
12.8.	10 Edznab	16 Xul	1
13.8.	11 Cauac	17 Xul	2
14.8.	12 Ahau	18 Xul	3
15.8.	13 Imix	19 Xul	4
16.8.	1 Ik	0 Yaxkin	5
17.8.	2 Akbal	1 Yaxkin	6
18.8.	3 Kan	2 Yaxkin	7
19.8.	4 Chicchan	3 Yaxkin	8
20.8.	5 Cimi	4 Yaxkin	9
21.8.	6 Manik	5 Yaxkin	1
22.8.	7 Lamat	6 Yaxkin	2
23.8.	8 Muluc	7 Yaxkin	3
24.8.	9 Oc	8 Yaxkin	4
25.8.	10 Chuen	9 Yaxkin	5

1957			
Greg.	Tzolkin	Haab	H.d.N
26.8.	11 Eb	10 Yaxkin	6
27.8.	12 Ben	11 Yaxkin	7
28.8.	13 Ix	12 Yaxkin	8
29.8.	1 Men	13 Yaxkin	9
30.8.	2 Cib	14 Yaxkin	1
31.8.	3 Cabán	15 Yaxkin	2
1.9.	4 Edznab	16 Yaxkin	3
2.9.	5 Cauac	17 Yaxkin	4
3.9.	6 Ahau	18 Yaxkin	5
4.9.	7 Imix	19 Yaxkin	6
5.9.	8 Ik	0 Mol	7
6.9.	9 Akbal	1 Mol	8
7.9.	10 Kan	2 Mol	9
8.9.	11 Chicchan	3 Mol	1
9.9.	12 Cimi	4 Mol	2
10.9.	13 Manik	5 Mol	3
11.9.	1 Lamat	6 Mol	4
12.9.	2 Muluc	7 Mol	5
13.9.	3 Oc	8 Mol	6
14.9.	4 Chuen	9 Mol	7
15.9.	5 Eb	10 Mol	8
16.9.	6 Ben	11 Mol	9
17.9.	7 Ix	12 Mol	1
18.9.	8 Men	13 Mol	2
19.9.	9 Cib	14 Mol	3
20.9.	10 Cabán	15 Mol	4
21.9.	11 Edznab	16 Mol	5
22.9.	12 Cauac	17 Mol	6
23.9.	13 Ahau	18 Mol	7
24.9.	1 Imix	19 Mol	8
25.9.	2 Ik	0 Chen	9
26.9.	3 Akbal	1 Chen	1
27.9.	4 Kan	2 Chen	2
28.9.	5 Chicchan	3 Chen	3
29.9.	6 Cimi	4 Chen	4
30.9.	7 Manik	5 Chen	5
1.10.	8 Lamat	6 Chen	6
2.10.	9 Muluc	7 Chen	7
3.10.	10 Oc	8 Chen	8

1957			
Greg.	Tzolkin	Haab	H.d.N
4.10.	11 Chuen	9 Chen	9
5.10.	12 Eb	10 Chen	1
6.10.	13 Ben	11 Chen	2
7.10.	1 Ix	12 Chen	3
8.10.	2 Men	13 Chen	4
9.10.	3 Cib	14 Chen	5
10.10.	4 Cabán	15 Chen	6
11.10.	5 Edznab	16 Chen	7
12.10.	6 Cauac	17 Chen	8
13.10.	7 Ahau	18 Chen	9
14.10.	8 Imix	19 Chen	1
15.10.	9 Ik	0 Yax	2
16.10.	10 Akbal	1 Yax	3
17.10.	11 Kan	2 Yax	4
18.10.	12 Chicchan	3 Yax	5
19.10.	13 Cimi	4 Yax	6
20.10.	1 Manik	5 Yax	7
21.10.	2 Lamat	6 Yax	8
22.10.	3 Muluc	7 Yax	9
23.10.	4 Oc	8 Yax	1
24.10.	5 Chuen	9 Yax	2
25.10.	6 Eb	10 Yax	3
26.10.	7 Ben	11 Yax	4
27.10.	8 Ix	12 Yax	5
28.10.	9 Men	13 Yax	6
29.10.	10 Cib	14 Yax	7
30.10.	11 Cabán	15 Yax	8
31.10.	12 Edznab	16 Yax	9
1.11.	13 Cauac	17 Yax	1
2.11.	1 Ahau	18 Yax	2
3.11.	2 Imix	19 Yax	3
4.11.	3 Ik	0 Zac	4
5.11.	4 Akbal	1 Zac	5
6.11.	5 Kan	2 Zac	6
7.11.	6 Chicchan	3 Zac	7
8.11.	7 Cimi	4 Zac	8
9.11.	8 Manik	5 Zac	9
10.11.	9 Lamat	6 Zac	1
11.11.	10 Muluc	7 Zac	2

1957			
Greg.	Tzolkin	Haab	H.d.N
12.11.	11 Oc	8 Zac	3
13.11.	12 Chuen	9 Zac	4
14.11.	13 Eb	10 Zac	5
15.11.	1 Ben	11 Zac	6
16.11.	2 Ix	12 Zac	7
17.11.	3 Men	13 Zac	8
18.11.	4 Cib	14 Zac	9
19.11.	5 Cabán	15 Zac	1
20.11.	6 Edznab	16 Zac	2
21.11.	7 Cauac	17 Zac	3
22.11.	8 Ahau	18 Zac	4
23.11.	9 Imix	19 Zac	5
24.11.	10 Ik	0 Ceh	6
25.11.	11 Akbal	1 Ceh	7
26.11.	12 Kan	2 Ceh	8
27.11.	13 Chicchan	3 Ceh	9
28.11.	1 Cimi	4 Ceh	1
29.11.	2 Manik	5 Ceh	2
30.11.	3 Lamat	6 Ceh	3
1.12.	4 Muluc	7 Ceh	4
2.12.	5 Oc	8 Ceh	5
3.12.	6 Chuen	9 Ceh	6
4.12.	7 Eb	10 Ceh	7
5.12.	8 Ben	11 Ceh	8
6.12.	9 Ix	12 Ceh	9
7.12.	10 Men	13 Ceh	1
8.12.	11 Cib	14 Ceh	2
9.12.	12 Cabán	15 Ceh	3
10.12.	13 Edznab	16 Ceh	4
11.12.	1 Cauac	17 Ceh	5
12.12.	2 Ahau	18 Ceh	6
13.12.	3 Imix	19 Ceh	7
14.12.	4 Ik	0 Mac	8
15.12.	5 Akbal	1 Mac	9
16.12.	6 Kan	2 Mac	1
17.12.	7 Chicchan	3 Mac	2
18.12.	8 Cimi	4 Mac	3
19.12.	9 Manik	5 Mac	4
20.12.	10 Lamat	6 Mac	5

1957			
Greg.	Tzolkin	Haab	H.d.N
21.12.	11 Muluc	7 Mac	6
22.12.	12 Oc	8 Mac	7
23.12.	13 Chuen	9 Mac	8
24.12.	1 Eb	10 Mac	9
25.12.	2 Ben	11 Mac	1
26.12.	3 Ix	12 Mac	2
27.12.	4 Men	13 Mac	3
28.12.	5 Cib	14 Mac	4
29.12.	6 Cabán	15 Mac	5
30.12.	7 Edznab	16 Mac	6
31.12.	8 Cauac	17 Mac	7

1958			
Greg.	Tzolkin	Haab	H.d.N
1.1.	9 Ahau	18 Mac	8
2.1.	10 Imix	19 Mac	9
3.1.	11 Ik	0 Kankin	1
4.1.	12 Akbal	1 Kankin	2
5.1.	13 Kan	2 Kankin	3
6.1.	1 Chicchan	3 Kankin	4
7.1.	2 Cimi	4 Kankin	5
8.1.	3 Manik	5 Kankin	6
9.1.	4 Lamat	6 Kankin	7
10.1.	5 Muluc	7 Kankin	8
11.1.	6 Oc	8 Kankin	9
12.1.	7 Chuen	9 Kankin	1
13.1.	8 Eb	10 Kankin	2
14.1.	9 Ben	11 Kankin	3
15.1.	10 Ix	12 Kankin	4
16.1.	11 Men	13 Kankin	5
17.1.	12 Cib	14 Kankin	6
18.1.	13 Cabán	15 Kankin	7
19.1.	1 Edznab	16 Kankin	8
20.1.	2 Cauac	17 Kankin	9
21.1.	3 Ahau	18 Kankin	1
22.1.	4 Imix	19 Kankin	2
23.1.	5 Ik	0 Muan	3
24.1.	6 Akbal	1 Muan	4
25.1.	7 Kan	2 Muan	5
26.1.	8 Chicchan	3 Muan	6

1958			
Greg.	Tzolkin	Haab	H.d.N
27.1.	9 Cimi	4 Muan	7
28.1.	10 Manik	5 Muan	8
29.1.	11 Lamat	6 Muan	9
30.1.	12 Muluc	7 Muan	1
31.1.	13 Oc	8 Muan	2
1.2.	1 Chuen	9 Muan	3
2.2.	2 Eb	10 Muan	4
3.2.	3 Ben	11 Muan	5
4.2.	4 Ix	12 Muan	6
5.2.	5 Men	13 Muan	7
6.2.	6 Cib	14 Muan	8
7.2.	7 Cabán	15 Muan	9
8.2.	8 Edznab	16 Muan	1
9.2.	9 Cauac	17 Muan	2
10.2.	10 Ahau	18 Muan	3
11.2.	11 Imix	19 Muan	4
12.2.	12 Ik	0 Pax	5
13.2.	13 Akbal	1 Pax	6
14.2.	1 Kan	2 Pax	7
15.2.	2 Chicchan	3 Pax	8
16.2.	3 Cimi	4 Pax	9
17.2.	4 Manik	5 Pax	1
18.2.	5 Lamat	6 Pax	2
19.2.	6 Muluc	7 Pax	3
20.2.	7 Oc	8 Pax	4
21.2.	8 Chuen	9 Pax	5
22.2.	9 Eb	10 Pax	6
23.2.	10 Ben	11 Pax	7
24.2.	11 Ix	12 Pax	8
25.2.	12 Men	13 Pax	9
26.2.	13 Cib	14 Pax	1
27.2.	1 Cabán	15 Pax	2
28.2.	2 Edznab	16 Pax	3
1.3.	3 Cauac	17 Pax	4
2.3.	4 Ahau	18 Pax	5
3.3.	5 Imix	19 Pax	6
4.3.	6 Ik	0 Kayab	7
5.3.	7 Akbal	1 Kayab	8
6.3.	8 Kan	2 Kayab	9

1958			
Greg.	Tzolkin	Haab	H.d.N
7.3.	9 Chicchan	3 Kayab	1
8.3.	10 Cimi	4 Kayab	2
9.3.	11 Manik	5 Kayab	3
10.3.	12 Lamat	6 Kayab	4
11.3.	13 Muluc	7 Kayab	5
12.3.	1 Oc	8 Kayab	6
13.3.	2 Chuen	9 Kayab	7
14.3.	3 Eb	10 Kayab	8
15.3.	4 Ben	11 Kayab	9
16.3.	5 Ix	12 Kayab	1
17.3.	6 Men	13 Kayab	2
18.3.	7 Cib	14 Kayab	3
19.3.	8 Cabán	15 Kayab	4
20.3.	9 Edznab	16 Kayab	5
21.3.	10 Cauac	17 Kayab	6
22.3.	11 Ahau	18 Kayab	7
23.3.	12 Imix	19 Kayab	8
24.3.	13 Ik	0 Cumku	9
25.3.	1 Akbal	1 Cumku	1
26.3.	2 Kan	2 Cumku	2
27.3.	3 Chicchan	3 Cumku	3
28.3.	4 Cimi	4 Cumku	4
29.3.	5 Manik	5 Cumku	5
30.3.	6 Lamat	6 Cumku	6
31.3.	7 Muluc	7 Cumku	7
1.4.	8 Oc	8 Cumku	8
2.4.	9 Chuen	9 Cumku	9
3.4.	10 Eb	10 Cumku	1
4.4.	11 Ben	11 Cumku	2
5.4.	12 Ix	12 Cumku	3
6.4.	13 Men	13 Cumku	4
7.4.	1 Cib	14 Cumku	5
8.4.	2 Cabán	15 Cumku	6
9.4.	3 Edznab	16 Cumku	7
10.4.	4 Cauac	17 Cumku	8
11.4.	5 Ahau	18 Cumku	9
12.4.	6 Imix	19 Cumku	1
13.4.	7 Ik	0 Uayeb	2
14.4.	8 Akbal	1 Uayeb	3

1958			
Greg.	Tzolkin	Haab	H.d.N
15.4.	9 Kan	2 Uayeb	4
16.4.	10 Chicchan	3 Uayeb	5
17.4.	11 Cimi	4 Uayeb	6
18.4.	**12 Manik**	**0 Pop**	**7**
19.4.	13 Lamat	1 Pop	8
20.4.	1 Muluc	2 Pop	9
21.4.	2 Oc	3 Pop	1
22.4.	3 Chuen	4 Pop	2
23.4.	4 Eb	5 Pop	3
24.4.	5 Ben	6 Pop	4
25.4.	6 Ix	7 Pop	5
26.4.	7 Men	8 Pop	6
27.4.	8 Cib	9 Pop	7
28.4.	9 Cabán	10 Pop	8
29.4.	10 Edznab	11 Pop	9
30.4.	11 Cauac	12 Pop	1
1.5.	12 Ahau	13 Pop	2
2.5.	13 Imix	14 Pop	3
3.5.	1 Ik	15 Pop	4
4.5.	2 Akbal	16 Pop	5
5.5.	3 Kan	17 Pop	6
6.5.	4 Chicchan	18 Pop	7
7.5.	5 Cimi	19 Pop	8
8.5.	6 Manik	0 Uo	9
9.5.	7 Lamat	1 Uo	1
10.5.	8 Muluc	2 Uo	2
11.5.	9 Oc	3 Uo	3
12.5.	10 Chuen	4 Uo	4
13.5.	11 Eb	5 Uo	5
14.5.	12 Ben	6 Uo	6
15.5.	13 Ix	7 Uo	7
16.5.	1 Men	8 Uo	8
17.5.	2 Cib	9 Uo	9
18.5.	3 Cabán	10 Uo	1
19.5.	4 Edznab	11 Uo	2
20.5.	5 Cauac	12 Uo	3
21.5.	6 Ahau	13 Uo	4
22.5.	7 Imix	14 Uo	5
23.5.	8 Ik	15 Uo	6

1958			
Greg.	Tzolkin	Haab	H.d.N
24.5.	9 Akbal	16 Uo	7
25.5.	10 Kan	17 Uo	8
26.5.	11 Chicchan	18 Uo	9
27.5.	12 Cimi	19 Uo	1
28.5.	13 Manik	0 Zip	2
29.5.	1 Lamat	1 Zip	3
30.5.	2 Muluc	2 Zip	4
31.5.	3 Oc	3 Zip	5
1.6.	4 Chuen	4 Zip	6
2.6.	5 Eb	5 Zip	7
3.6.	6 Ben	6 Zip	8
4.6.	7 Ix	7 Zip	9
5.6.	8 Men	8 Zip	1
6.6.	9 Cib	9 Zip	2
7.6.	10 Cabán	10 Zip	3
8.6.	11 Edznab	11 Zip	4
9.6.	12 Cauac	12 Zip	5
10.6.	13 Ahau	13 Zip	6
11.6.	1 Imix	14 Zip	7
12.6.	2 Ik	15 Zip	8
13.6.	3 Akbal	16 Zip	9
14.6.	4 Kan	17 Zip	1
15.6.	5 Chicchan	18 Zip	2
16.6.	6 Cimi	19 Zip	3
17.6.	7 Manik	0 Zotz	4
18.6.	8 Lamat	1 Zotz	5
19.6.	9 Muluc	2 Zotz	6
20.6.	10 Oc	3 Zotz	7
21.6.	11 Chuen	4 Zotz	8
22.6.	12 Eb	5 Zotz	9
23.6.	13 Ben	6 Zotz	1
24.6.	1 Ix	7 Zotz	2
25.6.	2 Men	8 Zotz	3
26.6.	3 Cib	9 Zotz	4
27.6.	4 Cabán	10 Zotz	5
28.6.	5 Edznab	11 Zotz	6
29.6.	6 Cauac	12 Zotz	7
30.6.	7 Ahau	13 Zotz	8
1.7.	8 Imix	14 Zotz	9

1958			
Greg.	Tzolkin	Haab	H.d.N
2.7.	9 Ik	15 Zotz	1
3.7.	10 Akbal	16 Zotz	2
4.7.	11 Kan	17 Zotz	3
5.7.	12 Chicchan	18 Zotz	4
6.7.	13 Cimi	19 Zotz	5
7.7.	1 Manik	0 Tzec	6
8.7.	2 Lamat	1 Tzec	7
9.7.	3 Muluc	2 Tzec	8
10.7.	4 Oc	3 Tzec	9
11.7.	5 Chuen	4 Tzec	1
12.7.	6 Eb	5 Tzec	2
13.7.	7 Ben	6 Tzec	3
14.7.	8 Ix	7 Tzec	4
15.7.	9 Men	8 Tzec	5
16.7.	10 Cib	9 Tzec	6
17.7.	11 Cabán	10 Tzec	7
18.7.	12 Edznab	11 Tzec	8
19.7.	13 Cauac	12 Tzec	9
20.7.	1 Ahau	13 Tzec	1
21.7.	2 Imix	14 Tzec	2
22.7.	3 Ik	15 Tzec	3
23.7.	4 Akbal	16 Tzec	4
24.7.	5 Kan	17 Tzec	5
25.7.	6 Chicchan	18 Tzec	6
26.7.	7 Cimi	19 Tzec	7
27.7.	8 Manik	0 Xul	8
28.7.	9 Lamat	1 Xul	9
29.7.	10 Muluc	2 Xul	1
30.7.	11 Oc	3 Xul	2
31.7.	12 Chuen	4 Xul	3
1.8.	13 Eb	5 Xul	4
2.8.	1 Ben	6 Xul	5
3.8.	2 Ix	7 Xul	6
4.8.	3 Men	8 Xul	7
5.8.	4 Cib	9 Xul	8
6.8.	5 Cabán	10 Xul	9
7.8.	6 Edznab	11 Xul	1
8.8.	7 Cauac	12 Xul	2
9.8.	8 Ahau	13 Xul	3

1958			
Greg.	Tzolkin	Haab	H.d.N
10.8.	9 Imix	14 Xul	4
11.8.	10 Ik	15 Xul	5
12.8.	11 Akbal	16 Xul	6
13.8.	12 Kan	17 Xul	7
14.8.	13 Chicchan	18 Xul	8
15.8.	1 Cimi	19 Xul	9
16.8.	2 Manik	0 Yaxkin	1
17.8.	3 Lamat	1 Yaxkin	2
18.8.	4 Muluc	2 Yaxkin	3
19.8.	5 Oc	3 Yaxkin	4
20.8.	6 Chuen	4 Yaxkin	5
21.8.	7 Eb	5 Yaxkin	6
22.8.	8 Ben	6 Yaxkin	7
23.8.	9 Ix	7 Yaxkin	8
24.8.	10 Men	8 Yaxkin	9
25.8.	11 Cib	9 Yaxkin	1
26.8.	12 Cabán	10 Yaxkin	2
27.8.	13 Edznab	11 Yaxkin	3
28.8.	1 Cauac	12 Yaxkin	4
29.8.	2 Ahau	13 Yaxkin	5
30.8.	3 Imix	14 Yaxkin	6
31.8.	4 Ik	15 Yaxkin	7
1.9.	5 Akbal	16 Yaxkin	8
2.9.	6 Kan	17 Yaxkin	9
3.9.	7 Chicchan	18 Yaxkin	1
4.9.	8 Cimi	19 Yaxkin	2
5.9.	9 Manik	0 Mol	3
6.9.	10 Lamat	1 Mol	4
7.9.	11 Muluc	2 Mol	5
8.9.	12 Oc	3 Mol	6
9.9.	13 Chuen	4 Mol	7
10.9.	1 Eb	5 Mol	8
11.9.	2 Ben	6 Mol	9
12.9.	3 Ix	7 Mol	1
13.9.	4 Men	8 Mol	2
14.9.	5 Cib	9 Mol	3
15.9.	6 Cabán	10 Mol	4
16.9.	7 Edznab	11 Mol	5
17.9.	8 Cauac	12 Mol	6

1958			
Greg.	Tzolkin	Haab	H.d.N
18.9.	9 Ahau	13 Mol	7
19.9.	10 Imix	14 Mol	8
20.9.	11 Ik	15 Mol	9
21.9.	12 Akbal	16 Mol	1
22.9.	13 Kan	17 Mol	2
23.9.	1 Chicchan	18 Mol	3
24.9.	2 Cimi	19 Mol	4
25.9.	3 Manik	0 Chen	5
26.9.	4 Lamat	1 Chen	6
27.9.	5 Muluc	2 Chen	7
28.9.	6 Oc	3 Chen	8
29.9.	7 Chuen	4 Chen	9
30.9.	8 Eb	5 Chen	1
1.10.	9 Ben	6 Chen	2
2.10.	10 Ix	7 Chen	3
3.10.	11 Men	8 Chen	4
4.10.	12 Cib	9 Chen	5
5.10.	13 Cabán	10 Chen	6
6.10.	1 Edznab	11 Chen	7
7.10.	2 Cauac	12 Chen	8
8.10.	3 Ahau	13 Chen	9
9.10.	4 Imix	14 Chen	1
10.10.	5 Ik	15 Chen	2
11.10.	6 Akbal	16 Chen	3
12.10.	7 Kan	17 Chen	4
13.10.	8 Chicchan	18 Chen	5
14.10.	9 Cimi	19 Chen	6
15.10.	10 Manik	0 Yax	7
16.10.	11 Lamat	1 Yax	8
17.10.	12 Muluc	2 Yax	9
18.10.	13 Oc	3 Yax	1
19.10.	1 Chuen	4 Yax	2
20.10.	2 Eb	5 Yax	3
21.10.	3 Ben	6 Yax	4
22.10.	4 Ix	7 Yax	5
23.10.	5 Men	8 Yax	6
24.10.	6 Cib	9 Yax	7
25.10.	7 Cabán	10 Yax	8
26.10.	8 Edznab	11 Yax	9

1958			
Greg.	Tzolkin	Haab	H.d.N
27.10.	9 Cauac	12 Yax	1
28.10.	10 Ahau	13 Yax	2
29.10.	11 Imix	14 Yax	3
30.10.	12 Ik	15 Yax	4
31.10.	13 Akbal	16 Yax	5
1.11.	1 Kan	17 Yax	6
2.11.	2 Chicchan	18 Yax	7
3.11.	3 Cimi	19 Yax	8
4.11.	4 Manik	0 Zac	9
5.11.	5 Lamat	1 Zac	1
6.11.	6 Muluc	2 Zac	2
7.11.	7 Oc	3 Zac	3
8.11.	8 Chuen	4 Zac	4
9.11.	9 Eb	5 Zac	5
10.11.	10 Ben	6 Zac	6
11.11.	11 Ix	7 Zac	7
12.11.	12 Men	8 Zac	8
13.11.	13 Cib	9 Zac	9
14.11.	1 Cabán	10 Zac	1
15.11.	2 Edznab	11 Zac	2
16.11.	3 Cauac	12 Zac	3
17.11.	4 Ahau	13 Zac	4
18.11.	5 Imix	14 Zac	5
19.11.	6 Ik	15 Zac	6
20.11.	7 Akbal	16 Zac	7
21.11.	8 Kan	17 Zac	8
22.11.	9 Chicchan	18 Zac	9
23.11.	10 Cimi	19 Zac	1
24.11.	11 Manik	0 Ceh	2
25.11.	12 Lamat	1 Ceh	3
26.11.	13 Muluc	2 Ceh	4
27.11.	1 Oc	3 Ceh	5
28.11.	2 Chuen	4 Ceh	6
29.11.	3 Eb	5 Ceh	7
30.11.	4 Ben	6 Ceh	8
1.12.	5 Ix	7 Ceh	9
2.12.	6 Men	8 Ceh	1
3.12.	7 Cib	9 Ceh	2
4.12.	8 Cabán	10 Ceh	3

1958			
Greg.	Tzolkin	Haab	H.d.N
5.12.	9 Edznab	11 Ceh	4
6.12.	10 Cauac	12 Ceh	5
7.12.	11 Ahau	13 Ceh	6
8.12.	12 Imix	14 Ceh	7
9.12.	13 Ik	15 Ceh	8
10.12.	1 Akbal	16 Ceh	9
11.12.	2 Kan	17 Ceh	1
12.12.	3 Chicchan	18 Ceh	2
13.12.	4 Cimi	19 Ceh	3
14.12.	5 Manik	0 Mac	4
15.12.	6 Lamat	1 Mac	5
16.12.	7 Muluc	2 Mac	6
17.12.	8 Oc	3 Mac	7
18.12.	9 Chuen	4 Mac	8
19.12.	10 Eb	5 Mac	9
20.12.	11 Ben	6 Mac	1
21.12.	12 Ix	7 Mac	2
22.12.	13 Men	8 Mac	3
23.12.	1 Cib	9 Mac	4
24.12.	2 Cabán	10 Mac	5
25.12.	3 Edznab	11 Mac	6
26.12.	4 Cauac	12 Mac	7
27.12.	5 Ahau	13 Mac	8
28.12.	6 Imix	14 Mac	9
29.12.	7 Ik	15 Mac	1
30.12.	8 Akbal	16 Mac	2
31.12.	9 Kan	17 Mac	3

1959			
Greg.	Tzolkin	Haab	H.d.N
1.1.	10 Chicchan	18 Mac	4
2.1.	11 Cimi	19 Mac	5
3.1.	12 Manik	0 Kankin	6
4.1.	13 Lamat	1 Kankin	7
5.1.	1 Muluc	2 Kankin	8
6.1.	2 Oc	3 Kankin	9
7.1.	3 Chuen	4 Kankin	1
8.1.	4 Eb	5 Kankin	2
9.1.	5 Ben	6 Kankin	3
10.1.	6 Ix	7 Kankin	4

1959			
Greg.	Tzolkin	Haab	H.d.N
11.1.	7 Men	8 Kankin	5
12.1.	8 Cib	9 Kankin	6
13.1.	9 Cabán	10 Kankin	7
14.1.	10 Edznab	11 Kankin	8
15.1.	11 Cauac	12 Kankin	9
16.1.	12 Ahau	13 Kankin	1
17.1.	13 Imix	14 Kankin	2
18.1.	1 Ik	15 Kankin	3
19.1.	2 Akbal	16 Kankin	4
20.1.	3 Kan	17 Kankin	5
21.1.	4 Chicchan	18 Kankin	6
22.1.	5 Cimi	19 Kankin	7
23.1.	6 Manik	0 Muan	8
24.1.	7 Lamat	1 Muan	9
25.1.	8 Muluc	2 Muan	1
26.1.	9 Oc	3 Muan	2
27.1.	10 Chuen	4 Muan	3
28.1.	11 Eb	5 Muan	4
29.1.	12 Ben	6 Muan	5
30.1.	13 Ix	7 Muan	6
31.1.	1 Men	8 Muan	7
1.2.	2 Cib	9 Muan	8
2.2.	3 Cabán	10 Muan	9
3.2.	4 Edznab	11 Muan	1
4.2.	5 Cauac	12 Muan	2
5.2.	6 Ahau	13 Muan	3
6.2.	7 Imix	14 Muan	4
7.2.	8 Ik	15 Muan	5
8.2.	9 Akbal	16 Muan	6
9.2.	10 Kan	17 Muan	7
10.2.	11 Chicchan	18 Muan	8
11.2.	12 Cimi	19 Muan	9
12.2.	13 Manik	0 Pax	1
13.2.	1 Lamat	1 Pax	2
14.2.	2 Muluc	2 Pax	3
15.2.	3 Oc	3 Pax	4
16.2.	4 Chuen	4 Pax	5
17.2.	5 Eb	5 Pax	6
18.2.	6 Ben	6 Pax	7

1959			
Greg.	Tzolkin	Haab	H.d.N
19.2.	7 Ix	7 Pax	8
20.2.	8 Men	8 Pax	9
21.2.	9 Cib	9 Pax	1
22.2.	10 Cabán	10 Pax	2
23.2.	11 Edznab	11 Pax	3
24.2.	12 Cauac	12 Pax	4
25.2.	13 Ahau	13 Pax	5
26.2.	1 Imix	14 Pax	6
27.2.	2 Ik	15 Pax	7
28.2.	3 Akbal	16 Pax	8
1.3.	4 Kan	17 Pax	9
2.3.	5 Chicchan	18 Pax	1
3.3.	6 Cimi	19 Pax	2
4.3.	7 Manik	0 Kayab	3
5.3.	8 Lamat	1 Kayab	4
6.3.	9 Muluc	2 Kayab	5
7.3.	10 Oc	3 Kayab	6
8.3.	11 Chuen	4 Kayab	7
9.3.	12 Eb	5 Kayab	8
10.3.	13 Ben	6 Kayab	9
11.3.	1 Ix	7 Kayab	1
12.3.	2 Men	8 Kayab	2
13.3.	3 Cib	9 Kayab	3
14.3.	4 Cabán	10 Kayab	4
15.3.	5 Edznab	11 Kayab	5
16.3.	6 Cauac	12 Kayab	6
17.3.	7 Ahau	13 Kayab	7
18.3.	8 Imix	14 Kayab	8
19.3.	9 Ik	15 Kayab	9
20.3.	10 Akbal	16 Kayab	1
21.3.	11 Kan	17 Kayab	2
22.3.	12 Chicchan	18 Kayab	3
23.3.	13 Cimi	19 Kayab	4
24.3.	1 Manik	0 Cumku	5
25.3.	2 Lamat	1 Cumku	6
26.3.	3 Muluc	2 Cumku	7
27.3.	4 Oc	3 Cumku	8
28.3.	5 Chuen	4 Cumku	9
29.3.	6 Eb	5 Cumku	1

1959			
Greg.	Tzolkin	Haab	H.d.N
30.3.	7 Ben	6 Cumku	2
31.3.	8 Ix	7 Cumku	3
1.4.	9 Men	8 Cumku	4
2.4.	10 Cib	9 Cumku	5
3.4.	11 Cabán	10 Cumku	6
4.4.	12 Edznab	11 Cumku	7
5.4.	13 Cauac	12 Cumku	8
6.4.	1 Ahau	13 Cumku	9
7.4.	2 Imix	14 Cumku	1
8.4.	3 Ik	15 Cumku	2
9.4.	4 Akbal	16 Cumku	3
10.4.	5 Kan	17 Cumku	4
11.4.	6 Chicchan	18 Cumku	5
12.4.	7 Cimi	19 Cumku	6
13.4.	8 Manik	0 Uayeb	7
14.4.	9 Lamat	1 Uayeb	8
15.4.	10 Muluc	2 Uayeb	9
16.4.	11 Oc	3 Uayeb	1
17.4.	12 Chuen	4 Uayeb	2
18.4.	**13 Eb**	**0 Pop**	**3**
19.4.	1 Ben	1 Pop	4
20.4.	2 Ix	2 Pop	5
21.4.	3 Men	3 Pop	6
22.4.	4 Cib	4 Pop	7
23.4.	5 Cabán	5 Pop	8
24.4.	6 Edznab	6 Pop	9
25.4.	7 Cauac	7 Pop	1
26.4.	8 Ahau	8 Pop	2
27.4.	9 Imix	9 Pop	3
28.4.	10 Ik	10 Pop	4
29.4.	11 Akbal	11 Pop	5
30.4.	12 Kan	12 Pop	6
1.5.	13 Chicchan	13 Pop	7
2.5.	1 Cimi	14 Pop	8
3.5.	2 Manik	15 Pop	9
4.5.	3 Lamat	16 Pop	1
5.5.	4 Muluc	17 Pop	2
6.5.	5 Oc	18 Pop	3
7.5.	6 Chuen	19 Pop	4

1959			
Greg.	Tzolkin	Haab	H.d.N
8.5.	7 Eb	0 Uo	5
9.5.	8 Ben	1 Uo	6
10.5.	9 Ix	2 Uo	7
11.5.	10 Men	3 Uo	8
12.5.	11 Cib	4 Uo	9
13.5.	12 Cabán	5 Uo	1
14.5.	13 Edznab	6 Uo	2
15.5.	1 Cauac	7 Uo	3
16.5.	2 Ahau	8 Uo	4
17.5.	3 Imix	9 Uo	5
18.5.	4 Ik	10 Uo	6
19.5.	5 Akbal	11 Uo	7
20.5.	6 Kan	12 Uo	8
21.5.	7 Chicchan	13 Uo	9
22.5.	8 Cimi	14 Uo	1
23.5.	9 Manik	15 Uo	2
24.5.	10 Lamat	16 Uo	3
25.5.	11 Muluc	17 Uo	4
26.5.	12 Oc	18 Uo	5
27.5.	13 Chuen	19 Uo	6
28.5.	1 Eb	0 Zip	7
29.5.	2 Ben	1 Zip	8
30.5.	3 Ix	2 Zip	9
31.5.	4 Men	3 Zip	1
1.6.	5 Cib	4 Zip	2
2.6.	6 Cabán	5 Zip	3
3.6.	7 Edznab	6 Zip	4
4.6.	8 Cauac	7 Zip	5
5.6.	9 Ahau	8 Zip	6
6.6.	10 Imix	9 Zip	7
7.6.	11 Ik	10 Zip	8
8.6.	12 Akbal	11 Zip	9
9.6.	13 Kan	12 Zip	1
10.6.	1 Chicchan	13 Zip	2
11.6.	2 Cimi	14 Zip	3
12.6.	3 Manik	15 Zip	4
13.6.	4 Lamat	16 Zip	5
14.6.	5 Muluc	17 Zip	6
15.6.	6 Oc	18 Zip	7

1959			
Greg.	Tzolkin	Haab	H.d.N
16.6.	7 Chuen	19 Zip	8
17.6.	8 Eb	0 Zotz	9
18.6.	9 Ben	1 Zotz	1
19.6.	10 Ix	2 Zotz	2
20.6.	11 Men	3 Zotz	3
21.6.	12 Cib	4 Zotz	4
22.6.	13 Cabán	5 Zotz	5
23.6.	1 Edznab	6 Zotz	6
24.6.	2 Cauac	7 Zotz	7
25.6.	3 Ahau	8 Zotz	8
26.6.	4 Imix	9 Zotz	9
27.6.	5 Ik	10 Zotz	1
28.6.	6 Akbal	11 Zotz	2
29.6.	7 Kan	12 Zotz	3
30.6.	8 Chicchan	13 Zotz	4
1.7.	9 Cimi	14 Zotz	5
2.7.	10 Manik	15 Zotz	6
3.7.	11 Lamat	16 Zotz	7
4.7.	12 Muluc	17 Zotz	8
5.7.	13 Oc	18 Zotz	9
6.7.	1 Chuen	19 Zotz	1
7.7.	2 Eb	0 Tzec	2
8.7.	3 Ben	1 Tzec	3
9.7.	4 Ix	2 Tzec	4
10.7.	5 Men	3 Tzec	5
11.7.	6 Cib	4 Tzec	6
12.7.	7 Cabán	5 Tzec	7
13.7.	8 Edznab	6 Tzec	8
14.7.	9 Cauac	7 Tzec	9
15.7.	10 Ahau	8 Tzec	1
16.7.	11 Imix	9 Tzec	2
17.7.	12 Ik	10 Tzec	3
18.7.	13 Akbal	11 Tzec	4
19.7.	1 Kan	12 Tzec	5
20.7.	2 Chicchan	13 Tzec	6
21.7.	3 Cimi	14 Tzec	7
22.7.	4 Manik	15 Tzec	8
23.7.	5 Lamat	16 Tzec	9
24.7.	6 Muluc	17 Tzec	1

1959			
Greg.	**Tzolkin**	**Haab**	**H.d.N**
25.7.	7 Oc	18 Tzec	2
26.7.	8 Chuen	19 Tzec	3
27.7.	9 Eb	0 Xul	4
28.7.	10 Ben	1 Xul	5
29.7.	11 Ix	2 Xul	6
30.7.	12 Men	3 Xul	7
31.7.	13 Cib	4 Xul	8
1.8.	1 Cabán	5 Xul	9
2.8.	2 Edznab	6 Xul	1
3.8.	3 Cauac	7 Xul	2
4.8.	4 Ahau	8 Xul	3
5.8.	5 Imix	9 Xul	4
6.8.	6 Ik	10 Xul	5
7.8.	7 Akbal	11 Xul	6
8.8.	8 Kan	12 Xul	7
9.8.	9 Chicchan	13 Xul	8
10.8.	10 Cimi	14 Xul	9
11.8.	11 Manik	15 Xul	1
12.8.	12 Lamat	16 Xul	2
13.8.	13 Muluc	17 Xul	3
14.8.	1 Oc	18 Xul	4
15.8.	2 Chuen	19 Xul	5
16.8.	3 Eb	0 Yaxkin	6
17.8.	4 Ben	1 Yaxkin	7
18.8.	5 Ix	2 Yaxkin	8
19.8.	6 Men	3 Yaxkin	9
20.8.	7 Cib	4 Yaxkin	1
21.8.	8 Cabán	5 Yaxkin	2
22.8.	9 Edznab	6 Yaxkin	3
23.8.	10 Cauac	7 Yaxkin	4
24.8.	11 Ahau	8 Yaxkin	5
25.8.	12 Imix	9 Yaxkin	6
26.8.	13 Ik	10 Yaxkin	7
27.8.	1 Akbal	11 Yaxkin	8
28.8.	2 Kan	12 Yaxkin	9
29.8.	3 Chicchan	13 Yaxkin	1
30.8.	4 Cimi	14 Yaxkin	2
31.8.	5 Manik	15 Yaxkin	3
1.9.	6 Lamat	16 Yaxkin	4

1959			
Greg.	**Tzolkin**	**Haab**	**H.d.N**
2.9.	7 Muluc	17 Yaxkin	5
3.9.	8 Oc	18 Yaxkin	6
4.9.	9 Chuen	19 Yaxkin	7
5.9.	10 Eb	0 Mol	8
6.9.	11 Ben	1 Mol	9
7.9.	12 Ix	2 Mol	1
8.9.	13 Men	3 Mol	2
9.9.	1 Cib	4 Mol	3
10.9.	2 Cabán	5 Mol	4
11.9.	3 Edznab	6 Mol	5
12.9.	4 Cauac	7 Mol	6
13.9.	5 Ahau	8 Mol	7
14.9.	6 Imix	9 Mol	8
15.9.	7 Ik	10 Mol	9
16.9.	8 Akbal	11 Mol	1
17.9.	9 Kan	12 Mol	2
18.9.	10 Chicchan	13 Mol	3
19.9.	11 Cimi	14 Mol	4
20.9.	12 Manik	15 Mol	5
21.9.	13 Lamat	16 Mol	6
22.9.	1 Muluc	17 Mol	7
23.9.	2 Oc	18 Mol	8
24.9.	3 Chuen	19 Mol	9
25.9.	4 Eb	0 Chen	1
26.9.	5 Ben	1 Chen	2
27.9.	6 Ix	2 Chen	3
28.9.	7 Men	3 Chen	4
29.9.	8 Cib	4 Chen	5
30.9.	9 Cabán	5 Chen	6
1.10.	10 Edznab	6 Chen	7
2.10.	11 Cauac	7 Chen	8
3.10.	12 Ahau	8 Chen	9
4.10.	13 Imix	9 Chen	1
5.10.	1 Ik	10 Chen	2
6.10.	2 Akbal	11 Chen	3
7.10.	3 Kan	12 Chen	4
8.10.	4 Chicchan	13 Chen	5
9.10.	5 Cimi	14 Chen	6
10.10.	6 Manik	15 Chen	7

1959			
Greg.	Tzolkin	Haab	H.d.N
11.10.	7 Lamat	16 Chen	8
12.10.	8 Muluc	17 Chen	9
13.10.	9 Oc	18 Chen	1
14.10.	10 Chuen	19 Chen	2
15.10.	11 Eb	0 Yax	3
16.10.	12 Ben	1 Yax	4
17.10.	13 Ix	2 Yax	5
18.10.	1 Men	3 Yax	6
19.10.	2 Cib	4 Yax	7
20.10.	3 Cabán	5 Yax	8
21.10.	4 Edznab	6 Yax	9
22.10.	5 Cauac	7 Yax	1
23.10.	6 Ahau	8 Yax	2
24.10.	7 Imix	9 Yax	3
25.10.	8 Ik	10 Yax	4
26.10.	9 Akbal	11 Yax	5
27.10.	10 Kan	12 Yax	6
28.10.	11 Chicchan	13 Yax	7
29.10.	12 Cimi	14 Yax	8
30.10.	13 Manik	15 Yax	9
31.10.	1 Lamat	16 Yax	1
1.11.	2 Muluc	17 Yax	2
2.11.	3 Oc	18 Yax	3
3.11.	4 Chuen	19 Yax	4
4.11.	5 Eb	0 Zac	5
5.11.	6 Ben	1 Zac	6
6.11.	7 Ix	2 Zac	7
7.11.	8 Men	3 Zac	8
8.11.	9 Cib	4 Zac	9
9.11.	10 Cabán	5 Zac	1
10.11.	11 Edznab	6 Zac	2
11.11.	12 Cauac	7 Zac	3
12.11.	13 Ahau	8 Zac	4
13.11.	1 Imix	9 Zac	5
14.11.	2 Ik	10 Zac	6
15.11.	3 Akbal	11 Zac	7
16.11.	4 Kan	12 Zac	8
17.11.	5 Chicchan	13 Zac	9
18.11.	6 Cimi	14 Zac	1

1959			
Greg.	Tzolkin	Haab	H.d.N
19.11.	7 Manik	15 Zac	2
20.11.	8 Lamat	16 Zac	3
21.11.	9 Muluc	17 Zac	4
22.11.	10 Oc	18 Zac	5
23.11.	11 Chuen	19 Zac	6
24.11.	12 Eb	0 Ceh	7
25.11.	13 Ben	1 Ceh	8
26.11.	1 Ix	2 Ceh	9
27.11.	2 Men	3 Ceh	1
28.11.	3 Cib	4 Ceh	2
29.11.	4 Cabán	5 Ceh	3
30.11.	5 Edznab	6 Ceh	4
1.12.	6 Cauac	7 Ceh	5
2.12.	7 Ahau	8 Ceh	6
3.12.	8 Imix	9 Ceh	7
4.12.	9 Ik	10 Ceh	8
5.12.	10 Akbal	11 Ceh	9
6.12.	11 Kan	12 Ceh	1
7.12.	12 Chicchan	13 Ceh	2
8.12.	13 Cimi	14 Ceh	3
9.12.	1 Manik	15 Ceh	4
10.12.	2 Lamat	16 Ceh	5
11.12.	3 Muluc	17 Ceh	6
12.12.	4 Oc	18 Ceh	7
13.12.	5 Chuen	19 Ceh	8
14.12.	6 Eb	0 Mac	9
15.12.	7 Ben	1 Mac	1
16.12.	8 Ix	2 Mac	2
17.12.	9 Men	3 Mac	3
18.12.	10 Cib	4 Mac	4
19.12.	11 Cabán	5 Mac	5
20.12.	12 Edznab	6 Mac	6
21.12.	13 Cauac	7 Mac	7
22.12.	1 Ahau	8 Mac	8
23.12.	2 Imix	9 Mac	9
24.12.	3 Ik	10 Mac	1
25.12.	4 Akbal	11 Mac	2
26.12.	5 Kan	12 Mac	3
27.12.	6 Chicchan	13 Mac	4

1959			
Greg.	Tzolkin	Haab	H.d.N
28.12.	7 Cimi	14 Mac	5
29.12.	8 Manik	15 Mac	6
30.12.	9 Lamat	16 Mac	7
31.12.	10 Muluc	17 Mac	8
1960			
Greg.	Tzolkin	Haab	H.d.N
1.1.	11 Oc	18 Mac	9
2.1.	12 Chuen	19 Mac	1
3.1.	13 Eb	0 Kankin	2
4.1.	1 Ben	1 Kankin	3
5.1.	2 Ix	2 Kankin	4
6.1.	3 Men	3 Kankin	5
7.1.	4 Cib	4 Kankin	6
8.1.	5 Cabán	5 Kankin	7
9.1.	6 Edznab	6 Kankin	8
10.1.	7 Cauac	7 Kankin	9
11.1.	8 Ahau	8 Kankin	1
12.1.	9 Imix	9 Kankin	2
13.1.	10 Ik	10 Kankin	3
14.1.	11 Akbal	11 Kankin	4
15.1.	12 Kan	12 Kankin	5
16.1.	13 Chicchan	13 Kankin	6
17.1.	1 Cimi	14 Kankin	7
18.1.	2 Manik	15 Kankin	8
19.1.	3 Lamat	16 Kankin	9
20.1.	4 Muluc	17 Kankin	1
21.1.	5 Oc	18 Kankin	2
22.1.	6 Chuen	19 Kankin	3
23.1.	7 Eb	0 Muan	4
24.1.	8 Ben	1 Muan	5
25.1.	9 Ix	2 Muan	6
26.1.	10 Men	3 Muan	7
27.1.	11 Cib	4 Muan	8
28.1.	12 Cabán	5 Muan	9
29.1.	13 Edznab	6 Muan	1
30.1.	1 Cauac	7 Muan	2
31.1.	2 Ahau	8 Muan	3
1.2.	3 Imix	9 Muan	4
2.2.	4 Ik	10 Muan	5

1960			
Greg.	Tzolkin	Haab	H.d.N
3.2.	5 Akbal	11 Muan	6
4.2.	6 Kan	12 Muan	7
5.2.	7 Chicchan	13 Muan	8
6.2.	8 Cimi	14 Muan	9
7.2.	9 Manik	15 Muan	1
8.2.	10 Lamat	16 Muan	2
9.2.	11 Muluc	17 Muan	3
10.2.	12 Oc	18 Muan	4
11.2.	13 Chuen	19 Muan	5
12.2.	1 Eb	0 Pax	6
13.2.	2 Ben	1 Pax	7
14.2.	3 Ix	2 Pax	8
15.2.	4 Men	3 Pax	9
16.2.	5 Cib	4 Pax	1
17.2.	6 Cabán	5 Pax	2
18.2.	7 Edznab	6 Pax	3
19.2.	8 Cauac	7 Pax	4
20.2.	9 Ahau	8 Pax	5
21.2.	10 Imix	9 Pax	6
22.2.	11 Ik	10 Pax	7
23.2.	12 Akbal	11 Pax	8
24.2.	13 Kan	12 Pax	9
25.2.	1 Chicchan	13 Pax	1
26.2.	2 Cimi	14 Pax	2
27.2.	3 Manik	15 Pax	3
28.2.	4 Lamat	16 Pax	4
29.2.	5 Muluc	17 Pax	5
1.3.	6 Oc	18 Pax	6
2.3.	7 Chuen	19 Pax	7
3.3.	8 Eb	0 Kayab	8
4.3.	9 Ben	1 Kayab	9
5.3.	10 Ix	2 Kayab	1
6.3.	11 Men	3 Kayab	2
7.3.	12 Cib	4 Kayab	3
8.3.	13 Cabán	5 Kayab	4
9.3.	1 Edznab	6 Kayab	5
10.3.	2 Cauac	7 Kayab	6
11.3.	3 Ahau	8 Kayab	7
12.3.	4 Imix	9 Kayab	8

1960			
Greg.	Tzolkin	Haab	H.d.N
13.3.	5 Ik	10 Kayab	9
14.3.	6 Akbal	11 Kayab	1
15.3.	7 Kan	12 Kayab	2
16.3.	8 Chicchan	13 Kayab	3
17.3.	9 Cimi	14 Kayab	4
18.3.	10 Manik	15 Kayab	5
19.3.	11 Lamat	16 Kayab	6
20.3.	12 Muluc	17 Kayab	7
21.3.	13 Oc	18 Kayab	8
22.3.	1 Chuen	19 Kayab	9
23.3.	2 Eb	0 Cumku	1
24.3.	3 Ben	1 Cumku	2
25.3.	4 Ix	2 Cumku	3
26.3.	5 Men	3 Cumku	4
27.3.	6 Cib	4 Cumku	5
28.3.	7 Cabán	5 Cumku	6
29.3.	8 Edznab	6 Cumku	7
30.3.	9 Cauac	7 Cumku	8
31.3.	10 Ahau	8 Cumku	9
1.4.	11 Imix	9 Cumku	1
2.4.	12 Ik	10 Cumku	2
3.4.	13 Akbal	11 Cumku	3
4.4.	1 Kan	12 Cumku	4
5.4.	2 Chicchan	13 Cumku	5
6.4.	3 Cimi	14 Cumku	6
7.4.	4 Manik	15 Cumku	7
8.4.	5 Lamat	16 Cumku	8
9.4.	6 Muluc	17 Cumku	9
10.4.	7 Oc	18 Cumku	1
11.4.	8 Chuen	19 Cumku	2
12.4.	9 Eb	0 Uayeb	3
13.4.	10 Ben	1 Uayeb	4
14.4.	11 Ix	2 Uayeb	5
15.4.	12 Men	3 Uayeb	6
16.4.	13 Cib	4 Uayeb	7
17.4.	**1 Cabán**	**0 Pop**	**8**
18.4.	2 Edznab	1 Pop	9
19.4.	3 Cauac	2 Pop	1
20.4.	4 Ahau	3 Pop	2

1960			
Greg.	Tzolkin	Haab	H.d.N
21.4.	5 Imix	4 Pop	3
22.4.	6 Ik	5 Pop	4
23.4.	7 Akbal	6 Pop	5
24.4.	8 Kan	7 Pop	6
25.4.	9 Chicchan	8 Pop	7
26.4.	10 Cimi	9 Pop	8
27.4.	11 Manik	10 Pop	9
28.4.	12 Lamat	11 Pop	1
29.4.	13 Muluc	12 Pop	2
30.4.	1 Oc	13 Pop	3
1.5.	2 Chuen	14 Pop	4
2.5.	3 Eb	15 Pop	5
3.5.	4 Ben	16 Pop	6
4.5.	5 Ix	17 Pop	7
5.5.	6 Men	18 Pop	8
6.5.	7 Cib	19 Pop	9
7.5.	8 Cabán	0 Uo	1
8.5.	9 Edznab	1 Uo	2
9.5.	10 Cauac	2 Uo	3
10.5.	11 Ahau	3 Uo	4
11.5.	12 Imix	4 Uo	5
12.5.	13 Ik	5 Uo	6
13.5.	1 Akbal	6 Uo	7
14.5.	2 Kan	7 Uo	8
15.5.	3 Chicchan	8 Uo	9
16.5.	4 Cimi	9 Uo	1
17.5.	5 Manik	10 Uo	2
18.5.	6 Lamat	11 Uo	3
19.5.	7 Muluc	12 Uo	4
20.5.	8 Oc	13 Uo	5
21.5.	9 Chuen	14 Uo	6
22.5.	10 Eb	15 Uo	7
23.5.	11 Ben	16 Uo	8
24.5.	12 Ix	17 Uo	9
25.5.	13 Men	18 Uo	1
26.5.	1 Cib	19 Uo	2
27.5.	2 Cabán	0 Zip	3
28.5.	3 Edznab	1 Zip	4
29.5.	4 Cauac	2 Zip	5

1960			
Greg.	Tzolkin	Haab	H.d.N
30.5.	5 Ahau	3 Zip	6
31.5.	6 Imix	4 Zip	7
1.6.	7 Ik	5 Zip	8
2.6.	8 Akbal	6 Zip	9
3.6.	9 Kan	7 Zip	1
4.6.	10 Chicchan	8 Zip	2
5.6.	11 Cimi	9 Zip	3
6.6.	12 Manik	10 Zip	4
7.6.	13 Lamat	11 Zip	5
8.6.	1 Muluc	12 Zip	6
9.6.	2 Oc	13 Zip	7
10.6.	3 Chuen	14 Zip	8
11.6.	4 Eb	15 Zip	9
12.6.	5 Ben	16 Zip	1
13.6.	6 Ix	17 Zip	2
14.6.	7 Men	18 Zip	3
15.6.	8 Cib	19 Zip	4
16.6.	9 Cabán	0 Zotz	5
17.6.	10 Edznab	1 Zotz	6
18.6.	11 Cauac	2 Zotz	7
19.6.	12 Ahau	3 Zotz	8
20.6.	13 Imix	4 Zotz	9
21.6.	1 Ik	5 Zotz	1
22.6.	2 Akbal	6 Zotz	2
23.6.	3 Kan	7 Zotz	3
24.6.	4 Chicchan	8 Zotz	4
25.6.	5 Cimi	9 Zotz	5
26.6.	6 Manik	10 Zotz	6
27.6.	7 Lamat	11 Zotz	7
28.6.	8 Muluc	12 Zotz	8
29.6.	9 Oc	13 Zotz	9
30.6.	10 Chuen	14 Zotz	1
1.7.	11 Eb	15 Zotz	2
2.7.	12 Ben	16 Zotz	3
3.7.	13 Ix	17 Zotz	4
4.7.	1 Men	18 Zotz	5
5.7.	2 Cib	19 Zotz	6
6.7.	3 Cabán	0 Tzec	7
7.7.	4 Edznab	1 Tzec	8

1960			
Greg.	Tzolkin	Haab	H.d.N
8.7.	5 Cauac	2 Tzec	9
9.7.	6 Ahau	3 Tzec	1
10.7.	7 Imix	4 Tzec	2
11.7.	8 Ik	5 Tzec	3
12.7.	9 Akbal	6 Tzec	4
13.7.	10 Kan	7 Tzec	5
14.7.	11 Chicchan	8 Tzec	6
15.7.	12 Cimi	9 Tzec	7
16.7.	13 Manik	10 Tzec	8
17.7.	1 Lamat	11 Tzec	9
18.7.	2 Muluc	12 Tzec	1
19.7.	3 Oc	13 Tzec	2
20.7.	4 Chuen	14 Tzec	3
21.7.	5 Eb	15 Tzec	4
22.7.	6 Ben	16 Tzec	5
23.7.	7 Ix	17 Tzec	6
24.7.	8 Men	18 Tzec	7
25.7.	9 Cib	19 Tzec	8
26.7.	10 Cabán	0 Xul	9
27.7.	11 Edznab	1 Xul	1
28.7.	12 Cauac	2 Xul	2
29.7.	13 Ahau	3 Xul	3
30.7.	1 Imix	4 Xul	4
31.7.	2 Ik	5 Xul	5
1.8.	3 Akbal	6 Xul	6
2.8.	4 Kan	7 Xul	7
3.8.	5 Chicchan	8 Xul	8
4.8.	6 Cimi	9 Xul	9
5.8.	7 Manik	10 Xul	1
6.8.	8 Lamat	11 Xul	2
7.8.	9 Muluc	12 Xul	3
8.8.	10 Oc	13 Xul	4
9.8.	11 Chuen	14 Xul	5
10.8.	12 Eb	15 Xul	6
11.8.	13 Ben	16 Xul	7
12.8.	1 Ix	17 Xul	8
13.8.	2 Men	18 Xul	9
14.8.	3 Cib	19 Xul	1
15.8.	4 Cabán	0 Yaxkin	2

1960			
Greg.	Tzolkin	Haab	H.d.N
16.8.	5 Edznab	1 Yaxkin	3
17.8.	6 Cauac	2 Yaxkin	4
18.8.	7 Ahau	3 Yaxkin	5
19.8.	8 Imix	4 Yaxkin	6
20.8.	9 Ik	5 Yaxkin	7
21.8.	10 Akbal	6 Yaxkin	8
22.8.	11 Kan	7 Yaxkin	9
23.8.	12 Chicchan	8 Yaxkin	1
24.8.	13 Cimi	9 Yaxkin	2
25.8.	1 Manik	10 Yaxkin	3
26.8.	2 Lamat	11 Yaxkin	4
27.8.	3 Muluc	12 Yaxkin	5
28.8.	4 Oc	13 Yaxkin	6
29.8.	5 Chuen	14 Yaxkin	7
30.8.	6 Eb	15 Yaxkin	8
31.8.	7 Ben	16 Yaxkin	9
1.9.	8 Ix	17 Yaxkin	1
2.9.	9 Men	18 Yaxkin	2
3.9.	10 Cib	19 Yaxkin	3
4.9.	11 Cabán	0 Mol	4
5.9.	12 Edznab	1 Mol	5
6.9.	13 Cauac	2 Mol	6
7.9.	1 Ahau	3 Mol	7
8.9.	2 Imix	4 Mol	8
9.9.	3 Ik	5 Mol	9
10.9.	4 Akbal	6 Mol	1
11.9.	5 Kan	7 Mol	2
12.9.	6 Chicchan	8 Mol	3
13.9.	7 Cimi	9 Mol	4
14.9.	8 Manik	10 Mol	5
15.9.	9 Lamat	11 Mol	6
16.9.	10 Muluc	12 Mol	7
17.9.	11 Oc	13 Mol	8
18.9.	12 Chuen	14 Mol	9
19.9.	13 Eb	15 Mol	1
20.9.	1 Ben	16 Mol	2
21.9.	2 Ix	17 Mol	3
22.9.	3 Men	18 Mol	4
23.9.	4 Cib	19 Mol	5

1960			
Greg.	Tzolkin	Haab	H.d.N
24.9.	5 Cabán	0 Chen	6
25.9.	6 Edznab	1 Chen	7
26.9.	7 Cauac	2 Chen	8
27.9.	8 Ahau	3 Chen	9
28.9.	9 Imix	4 Chen	1
29.9.	10 Ik	5 Chen	2
30.9.	11 Akbal	6 Chen	3
1.10.	12 Kan	7 Chen	4
2.10.	13 Chicchan	8 Chen	5
3.10.	1 Cimi	9 Chen	6
4.10.	2 Manik	10 Chen	7
5.10.	3 Lamat	11 Chen	8
6.10.	4 Muluc	12 Chen	9
7.10.	5 Oc	13 Chen	1
8.10.	6 Chuen	14 Chen	2
9.10.	7 Eb	15 Chen	3
10.10.	8 Ben	16 Chen	4
11.10.	9 Ix	17 Chen	5
12.10.	10 Men	18 Chen	6
13.10.	11 Cib	19 Chen	7
14.10.	12 Cabán	0 Yax	8
15.10.	13 Edznab	1 Yax	9
16.10.	1 Cauac	2 Yax	1
17.10.	2 Ahau	3 Yax	2
18.10.	3 Imix	4 Yax	3
19.10.	4 Ik	5 Yax	4
20.10.	5 Akbal	6 Yax	5
21.10.	6 Kan	7 Yax	6
22.10.	7 Chicchan	8 Yax	7
23.10.	8 Cimi	9 Yax	8
24.10.	9 Manik	10 Yax	9
25.10.	10 Lamat	11 Yax	1
26.10.	11 Muluc	12 Yax	2
27.10.	12 Oc	13 Yax	3
28.10.	13 Chuen	14 Yax	4
29.10.	1 Eb	15 Yax	5
30.10.	2 Ben	16 Yax	6
31.10.	3 Ix	17 Yax	7
1.11.	4 Men	18 Yax	8

1960			
Greg.	Tzolkin	Haab	H.d.N
2.11.	5 Cib	19 Yax	9
3.11.	6 Cabán	0 Zac	1
4.11.	7 Edznab	1 Zac	2
5.11.	8 Cauac	2 Zac	3
6.11.	9 Ahau	3 Zac	4
7.11.	10 Imix	4 Zac	5
8.11.	11 Ik	5 Zac	6
9.11.	12 Akbal	6 Zac	7
10.11.	13 Kan	7 Zac	8
11.11.	1 Chicchan	8 Zac	9
12.11.	2 Cimi	9 Zac	1
13.11.	3 Manik	10 Zac	2
14.11.	4 Lamat	11 Zac	3
15.11.	5 Muluc	12 Zac	4
16.11.	6 Oc	13 Zac	5
17.11.	7 Chuen	14 Zac	6
18.11.	8 Eb	15 Zac	7
19.11.	9 Ben	16 Zac	8
20.11.	10 Ix	17 Zac	9
21.11.	11 Men	18 Zac	1
22.11.	12 Cib	19 Zac	2
23.11.	13 Cabán	0 Ceh	3
24.11.	1 Edznab	1 Ceh	4
25.11.	2 Cauac	2 Ceh	5
26.11.	3 Ahau	3 Ceh	6
27.11.	4 Imix	4 Ceh	7
28.11.	5 Ik	5 Ceh	8
29.11.	6 Akbal	6 Ceh	9
30.11.	7 Kan	7 Ceh	1
1.12.	8 Chicchan	8 Ceh	2
2.12.	9 Cimi	9 Ceh	3
3.12.	10 Manik	10 Ceh	4
4.12.	11 Lamat	11 Ceh	5
5.12.	12 Muluc	12 Ceh	6
6.12.	13 Oc	13 Ceh	7
7.12.	1 Chuen	14 Ceh	8
8.12.	2 Eb	15 Ceh	9
9.12.	3 Ben	16 Ceh	1
10.12.	4 Ix	17 Ceh	2

1960			
Greg.	Tzolkin	Haab	H.d.N
11.12.	5 Men	18 Ceh	3
12.12.	6 Cib	19 Ceh	4
13.12.	7 Cabán	0 Mac	5
14.12.	8 Edznab	1 Mac	6
15.12.	9 Cauac	2 Mac	7
16.12.	10 Ahau	3 Mac	8
17.12.	11 Imix	4 Mac	9
18.12.	12 Ik	5 Mac	1
19.12.	13 Akbal	6 Mac	2
20.12.	1 Kan	7 Mac	3
21.12.	2 Chicchan	8 Mac	4
22.12.	3 Cimi	9 Mac	5
23.12.	4 Manik	10 Mac	6
24.12.	5 Lamat	11 Mac	7
25.12.	6 Muluc	12 Mac	8
26.12.	7 Oc	13 Mac	9
27.12.	8 Chuen	14 Mac	1
28.12.	9 Eb	15 Mac	2
29.12.	10 Ben	16 Mac	3
30.12.	11 Ix	17 Mac	4
31.12.	12 Men	18 Mac	5

1961			
Greg.	Tzolkin	Haab	H.d.N
1.1.	13 Cib	19 Mac	6
2.1.	1 Cabán	0 Kankin	7
3.1.	2 Edznab	1 Kankin	8
4.1.	3 Cauac	2 Kankin	9
5.1.	4 Ahau	3 Kankin	1
6.1.	5 Imix	4 Kankin	2
7.1.	6 Ik	5 Kankin	3
8.1.	7 Akbal	6 Kankin	4
9.1.	8 Kan	7 Kankin	5
10.1.	9 Chicchan	8 Kankin	6
11.1.	10 Cimi	9 Kankin	7
12.1.	11 Manik	10 Kankin	8
13.1.	12 Lamat	11 Kankin	9
14.1.	13 Muluc	12 Kankin	1
15.1.	1 Oc	13 Kankin	2
16.1.	2 Chuen	14 Kankin	3

1961			
Greg.	Tzolkin	Haab	H.d.N
17.1.	3 Eb	15 Kankin	4
18.1.	4 Ben	16 Kankin	5
19.1.	5 Ix	17 Kankin	6
20.1.	6 Men	18 Kankin	7
21.1.	7 Cib	19 Kankin	8
22.1.	8 Cabán	0 Muan	9
23.1.	9 Edznab	1 Muan	1
24.1.	10 Cauac	2 Muan	2
25.1.	11 Ahau	3 Muan	3
26.1.	12 Imix	4 Muan	4
27.1.	13 Ik	5 Muan	5
28.1.	1 Akbal	6 Muan	6
29.1.	2 Kan	7 Muan	7
30.1.	3 Chicchan	8 Muan	8
31.1.	4 Cimi	9 Muan	9
1.2.	5 Manik	10 Muan	1
2.2.	6 Lamat	11 Muan	2
3.2.	7 Muluc	12 Muan	3
4.2.	8 Oc	13 Muan	4
5.2.	9 Chuen	14 Muan	5
6.2.	10 Eb	15 Muan	6
7.2.	11 Ben	16 Muan	7
8.2.	12 Ix	17 Muan	8
9.2.	13 Men	18 Muan	9
10.2.	1 Cib	19 Muan	1
11.2.	2 Cabán	0 Pax	2
12.2.	3 Edznab	1 Pax	3
13.2.	4 Cauac	2 Pax	4
14.2.	5 Ahau	3 Pax	5
15.2.	6 Imix	4 Pax	6
16.2.	7 Ik	5 Pax	7
17.2.	8 Akbal	6 Pax	8
18.2.	9 Kan	7 Pax	9
19.2.	10 Chicchan	8 Pax	1
20.2.	11 Cimi	9 Pax	2
21.2.	12 Manik	10 Pax	3
22.2.	13 Lamat	11 Pax	4
23.2.	1 Muluc	12 Pax	5
24.2.	2 Oc	13 Pax	6

1961			
Greg.	Tzolkin	Haab	H.d.N
25.2.	3 Chuen	14 Pax	7
26.2.	4 Eb	15 Pax	8
27.2.	5 Ben	16 Pax	9
28.2.	6 Ix	17 Pax	1
1.3.	7 Men	18 Pax	2
2.3.	8 Cib	19 Pax	3
3.3.	9 Cabán	0 Kayab	4
4.3.	10 Edznab	1 Kayab	5
5.3.	11 Cauac	2 Kayab	6
6.3.	12 Ahau	3 Kayab	7
7.3.	13 Imix	4 Kayab	8
8.3.	1 Ik	5 Kayab	9
9.3.	2 Akbal	6 Kayab	1
10.3.	3 Kan	7 Kayab	2
11.3.	4 Chicchan	8 Kayab	3
12.3.	5 Cimi	9 Kayab	4
13.3.	6 Manik	10 Kayab	5
14.3.	7 Lamat	11 Kayab	6
15.3.	8 Muluc	12 Kayab	7
16.3.	9 Oc	13 Kayab	8
17.3.	10 Chuen	14 Kayab	9
18.3.	11 Eb	15 Kayab	1
19.3.	12 Ben	16 Kayab	2
20.3.	13 Ix	17 Kayab	3
21.3.	1 Men	18 Kayab	4
22.3.	2 Cib	19 Kayab	5
23.3.	3 Cabán	0 Cumku	6
24.3.	4 Edznab	1 Cumku	7
25.3.	5 Cauac	2 Cumku	8
26.3.	6 Ahau	3 Cumku	9
27.3.	7 Imix	4 Cumku	1
28.3.	8 Ik	5 Cumku	2
29.3.	9 Akbal	6 Cumku	3
30.3.	10 Kan	7 Cumku	4
31.3.	11 Chicchan	8 Cumku	5
1.4.	12 Cimi	9 Cumku	6
2.4.	13 Manik	10 Cumku	7
3.4.	1 Lamat	11 Cumku	8
4.4.	2 Muluc	12 Cumku	9

1961			
Greg.	Tzolkin	Haab	H.d.N
5.4.	3 Oc	13 Cumku	1
6.4.	4 Chuen	14 Cumku	2
7.4.	5 Eb	15 Cumku	3
8.4.	6 Ben	16 Cumku	4
9.4.	7 Ix	17 Cumku	5
10.4.	8 Men	18 Cumku	6
11.4.	9 Cib	19 Cumku	7
12.4.	10 Cabán	0 Uayeb	8
13.4.	11 Edznab	1 Uayeb	9
14.4.	12 Cauac	2 Uayeb	1
15.4.	13 Ahau	3 Uayeb	2
16.4.	1 Imix	4 Uayeb	3
17.4.	**2 Ik**	**0 Pop**	**4**
18.4.	3 Akbal	1 Pop	5
19.4.	4 Kan	2 Pop	6
20.4.	5 Chicchan	3 Pop	7
21.4.	6 Cimi	4 Pop	8
22.4.	7 Manik	5 Pop	9
23.4.	8 Lamat	6 Pop	1
24.4.	9 Muluc	7 Pop	2
25.4.	10 Oc	8 Pop	3
26.4.	11 Chuen	9 Pop	4
27.4.	12 Eb	10 Pop	5
28.4.	13 Ben	11 Pop	6
29.4.	1 Ix	12 Pop	7
30.4.	2 Men	13 Pop	8
1.5.	3 Cib	14 Pop	9
2.5.	4 Cabán	15 Pop	1
3.5.	5 Edznab	16 Pop	2
4.5.	6 Cauac	17 Pop	3
5.5.	7 Ahau	18 Pop	4
6.5.	8 Imix	19 Pop	5
7.5.	9 Ik	0 Uo	6
8.5.	10 Akbal	1 Uo	7
9.5.	11 Kan	2 Uo	8
10.5.	12 Chicchan	3 Uo	9
11.5.	13 Cimi	4 Uo	1
12.5.	1 Manik	5 Uo	2
13.5.	2 Lamat	6 Uo	3

1961			
Greg.	Tzolkin	Haab	H.d.N
14.5.	3 Muluc	7 Uo	4
15.5.	4 Oc	8 Uo	5
16.5.	5 Chuen	9 Uo	6
17.5.	6 Eb	10 Uo	7
18.5.	7 Ben	11 Uo	8
19.5.	8 Ix	12 Uo	9
20.5.	9 Men	13 Uo	1
21.5.	10 Cib	14 Uo	2
22.5.	11 Cabán	15 Uo	3
23.5.	12 Edznab	16 Uo	4
24.5.	13 Cauac	17 Uo	5
25.5.	1 Ahau	18 Uo	6
26.5.	2 Imix	19 Uo	7
27.5.	3 Ik	0 Zip	8
28.5.	4 Akbal	1 Zip	9
29.5.	5 Kan	2 Zip	1
30.5.	6 Chicchan	3 Zip	2
31.5.	7 Cimi	4 Zip	3
1.6.	8 Manik	5 Zip	4
2.6.	9 Lamat	6 Zip	5
3.6.	10 Muluc	7 Zip	6
4.6.	11 Oc	8 Zip	7
5.6.	12 Chuen	9 Zip	8
6.6.	13 Eb	10 Zip	9
7.6.	1 Ben	11 Zip	1
8.6.	2 Ix	12 Zip	2
9.6.	3 Men	13 Zip	3
10.6.	4 Cib	14 Zip	4
11.6.	5 Cabán	15 Zip	5
12.6.	6 Edznab	16 Zip	6
13.6.	7 Cauac	17 Zip	7
14.6.	8 Ahau	18 Zip	8
15.6.	9 Imix	19 Zip	9
16.6.	10 Ik	0 Zotz	1
17.6.	11 Akbal	1 Zotz	2
18.6.	12 Kan	2 Zotz	3
19.6.	13 Chicchan	3 Zotz	4
20.6.	1 Cimi	4 Zotz	5
21.6.	2 Manik	5 Zotz	6

1961			
Greg.	Tzolkin	Haab	H.d.N
22.6.	3 Lamat	6 Zotz	7
23.6.	4 Muluc	7 Zotz	8
24.6.	5 Oc	8 Zotz	9
25.6.	6 Chuen	9 Zotz	1
26.6.	7 Eb	10 Zotz	2
27.6.	8 Ben	11 Zotz	3
28.6.	9 Ix	12 Zotz	4
29.6.	10 Men	13 Zotz	5
30.6.	11 Cib	14 Zotz	6
1.7.	12 Cabán	15 Zotz	7
2.7.	13 Edznab	16 Zotz	8
3.7.	1 Cauac	17 Zotz	9
4.7.	2 Ahau	18 Zotz	1
5.7.	3 Imix	19 Zotz	2
6.7.	4 Ik	0 Tzec	3
7.7.	5 Akbal	1 Tzec	4
8.7.	6 Kan	2 Tzec	5
9.7.	7 Chicchan	3 Tzec	6
10.7.	8 Cimi	4 Tzec	7
11.7.	9 Manik	5 Tzec	8
12.7.	10 Lamat	6 Tzec	9
13.7.	11 Muluc	7 Tzec	1
14.7.	12 Oc	8 Tzec	2
15.7.	13 Chuen	9 Tzec	3
16.7.	1 Eb	10 Tzec	4
17.7.	2 Ben	11 Tzec	5
18.7.	3 Ix	12 Tzec	6
19.7.	4 Men	13 Tzec	7
20.7.	5 Cib	14 Tzec	8
21.7.	6 Cabán	15 Tzec	9
22.7.	7 Edznab	16 Tzec	1
23.7.	8 Cauac	17 Tzec	2
24.7.	9 Ahau	18 Tzec	3
25.7.	10 Imix	19 Tzec	4
26.7.	11 Ik	0 Xul	5
27.7.	12 Akbal	1 Xul	6
28.7.	13 Kan	2 Xul	7
29.7.	1 Chicchan	3 Xul	8
30.7.	2 Cimi	4 Xul	9

1961			
Greg.	Tzolkin	Haab	H.d.N
31.7.	3 Manik	5 Xul	1
1.8.	4 Lamat	6 Xul	2
2.8.	5 Muluc	7 Xul	3
3.8.	6 Oc	8 Xul	4
4.8.	7 Chuen	9 Xul	5
5.8.	8 Eb	10 Xul	6
6.8.	9 Ben	11 Xul	7
7.8.	10 Ix	12 Xul	8
8.8.	11 Men	13 Xul	9
9.8.	12 Cib	14 Xul	1
10.8.	13 Cabán	15 Xul	2
11.8.	1 Edznab	16 Xul	3
12.8.	2 Cauac	17 Xul	4
13.8.	3 Ahau	18 Xul	5
14.8.	4 Imix	19 Xul	6
15.8.	5 Ik	0 Yaxkin	7
16.8.	6 Akbal	1 Yaxkin	8
17.8.	7 Kan	2 Yaxkin	9
18.8.	8 Chicchan	3 Yaxkin	1
19.8.	9 Cimi	4 Yaxkin	2
20.8.	10 Manik	5 Yaxkin	3
21.8.	11 Lamat	6 Yaxkin	4
22.8.	12 Muluc	7 Yaxkin	5
23.8.	13 Oc	8 Yaxkin	6
24.8.	1 Chuen	9 Yaxkin	7
25.8.	2 Eb	10 Yaxkin	8
26.8.	3 Ben	11 Yaxkin	9
27.8.	4 Ix	12 Yaxkin	1
28.8.	5 Men	13 Yaxkin	2
29.8.	6 Cib	14 Yaxkin	3
30.8.	7 Cabán	15 Yaxkin	4
31.8.	8 Edznab	16 Yaxkin	5
1.9.	9 Cauac	17 Yaxkin	6
2.9.	10 Ahau	18 Yaxkin	7
3.9.	11 Imix	19 Yaxkin	8
4.9.	12 Ik	0 Mol	9
5.9.	13 Akbal	1 Mol	1
6.9.	1 Kan	2 Mol	2
7.9.	2 Chicchan	3 Mol	3

1961			
Greg.	Tzolkin	Haab	H.d.N
8.9.	3 Cimi	4 Mol	4
9.9.	4 Manik	5 Mol	5
10.9.	5 Lamat	6 Mol	6
11.9.	6 Muluc	7 Mol	7
12.9.	7 Oc	8 Mol	8
13.9.	8 Chuen	9 Mol	9
14.9.	9 Eb	10 Mol	1
15.9.	10 Ben	11 Mol	2
16.9.	11 Ix	12 Mol	3
17.9.	12 Men	13 Mol	4
18.9.	13 Cib	14 Mol	5
19.9.	1 Cabán	15 Mol	6
20.9.	2 Edznab	16 Mol	7
21.9.	3 Cauac	17 Mol	8
22.9.	4 Ahau	18 Mol	9
23.9.	5 Imix	19 Mol	1
24.9.	6 Ik	0 Chen	2
25.9.	7 Akbal	1 Chen	3
26.9.	8 Kan	2 Chen	4
27.9.	9 Chicchan	3 Chen	5
28.9.	10 Cimi	4 Chen	6
29.9.	11 Manik	5 Chen	7
30.9.	12 Lamat	6 Chen	8
1.10.	13 Muluc	7 Chen	9
2.10.	1 Oc	8 Chen	1
3.10.	2 Chuen	9 Chen	2
4.10.	3 Eb	10 Chen	3
5.10.	4 Ben	11 Chen	4
6.10.	5 Ix	12 Chen	5
7.10.	6 Men	13 Chen	6
8.10.	7 Cib	14 Chen	7
9.10.	8 Cabán	15 Chen	8
10.10.	9 Edznab	16 Chen	9
11.10.	10 Cauac	17 Chen	1
12.10.	11 Ahau	18 Chen	2
13.10.	12 Imix	19 Chen	3
14.10.	13 Ik	0 Yax	4
15.10.	1 Akbal	1 Yax	5
16.10.	2 Kan	2 Yax	6

1961			
Greg.	Tzolkin	Haab	H.d.N
17.10.	3 Chicchan	3 Yax	7
18.10.	4 Cimi	4 Yax	8
19.10.	5 Manik	5 Yax	9
20.10.	6 Lamat	6 Yax	1
21.10.	7 Muluc	7 Yax	2
22.10.	8 Oc	8 Yax	3
23.10.	9 Chuen	9 Yax	4
24.10.	10 Eb	10 Yax	5
25.10.	11 Ben	11 Yax	6
26.10.	12 Ix	12 Yax	7
27.10.	13 Men	13 Yax	8
28.10.	1 Cib	14 Yax	9
29.10.	2 Cabán	15 Yax	1
30.10.	3 Edznab	16 Yax	2
31.10.	4 Cauac	17 Yax	3
1.11.	5 Ahau	18 Yax	4
2.11.	6 Imix	19 Yax	5
3.11.	7 Ik	0 Zac	6
4.11.	8 Akbal	1 Zac	7
5.11.	9 Kan	2 Zac	8
6.11.	10 Chicchan	3 Zac	9
7.11.	11 Cimi	4 Zac	1
8.11.	12 Manik	5 Zac	2
9.11.	13 Lamat	6 Zac	3
10.11.	1 Muluc	7 Zac	4
11.11.	2 Oc	8 Zac	5
12.11.	3 Chuen	9 Zac	6
13.11.	4 Eb	10 Zac	7
14.11.	5 Ben	11 Zac	8
15.11.	6 Ix	12 Zac	9
16.11.	7 Men	13 Zac	1
17.11.	8 Cib	14 Zac	2
18.11.	9 Cabán	15 Zac	3
19.11.	10 Edznab	16 Zac	4
20.11.	11 Cauac	17 Zac	5
21.11.	12 Ahau	18 Zac	6
22.11.	13 Imix	19 Zac	7
23.11.	1 Ik	0 Ceh	8
24.11.	2 Akbal	1 Ceh	9

1961			
Greg.	Tzolkin	Haab	H.d.N
25.11.	3 Kan	2 Ceh	1
26.11.	4 Chicchan	3 Ceh	2
27.11.	5 Cimi	4 Ceh	3
28.11.	6 Manik	5 Ceh	4
29.11.	7 Lamat	6 Ceh	5
30.11.	8 Muluc	7 Ceh	6
1.12.	9 Oc	8 Ceh	7
2.12.	10 Chuen	9 Ceh	8
3.12.	11 Eb	10 Ceh	9
4.12.	12 Ben	11 Ceh	1
5.12.	13 Ix	12 Ceh	2
6.12.	1 Men	13 Ceh	3
7.12.	2 Cib	14 Ceh	4
8.12.	3 Cabán	15 Ceh	5
9.12.	4 Edznab	16 Ceh	6
10.12.	5 Cauac	17 Ceh	7
11.12.	6 Ahau	18 Ceh	8
12.12.	7 Imix	19 Ceh	9
13.12.	8 Ik	0 Mac	1
14.12.	9 Akbal	1 Mac	2
15.12.	10 Kan	2 Mac	3
16.12.	11 Chicchan	3 Mac	4
17.12.	12 Cimi	4 Mac	5
18.12.	13 Manik	5 Mac	6
19.12.	1 Lamat	6 Mac	7
20.12.	2 Muluc	7 Mac	8
21.12.	3 Oc	8 Mac	9
22.12.	4 Chuen	9 Mac	1
23.12.	5 Eb	10 Mac	2
24.12.	6 Ben	11 Mac	3
25.12.	7 Ix	12 Mac	4
26.12.	8 Men	13 Mac	5
27.12.	9 Cib	14 Mac	6
28.12.	10 Cabán	15 Mac	7
29.12.	11 Edznab	16 Mac	8
30.12.	12 Cauac	17 Mac	9
31.12.	13 Ahau	18 Mac	1

1962			
Greg.	Tzolkin	Haab	H.d.N
1.1.	1 Imix	19 Mac	2
2.1.	2 Ik	0 Kankin	3
3.1.	3 Akbal	1 Kankin	4
4.1.	4 Kan	2 Kankin	5
5.1.	5 Chicchan	3 Kankin	6
6.1.	6 Cimi	4 Kankin	7
7.1.	7 Manik	5 Kankin	8
8.1.	8 Lamat	6 Kankin	9
9.1.	9 Muluc	7 Kankin	1
10.1.	10 Oc	8 Kankin	2
11.1.	11 Chuen	9 Kankin	3
12.1.	12 Eb	10 Kankin	4
13.1.	13 Ben	11 Kankin	5
14.1.	1 Ix	12 Kankin	6
15.1.	2 Men	13 Kankin	7
16.1.	3 Cib	14 Kankin	8
17.1.	4 Cabán	15 Kankin	9
18.1.	5 Edznab	16 Kankin	1
19.1.	6 Cauac	17 Kankin	2
20.1.	7 Ahau	18 Kankin	3
21.1.	8 Imix	19 Kankin	4
22.1.	9 Ik	0 Muan	5
23.1.	10 Akbal	1 Muan	6
24.1.	11 Kan	2 Muan	7
25.1.	12 Chicchan	3 Muan	8
26.1.	13 Cimi	4 Muan	9
27.1.	1 Manik	5 Muan	1
28.1.	2 Lamat	6 Muan	2
29.1.	3 Muluc	7 Muan	3
30.1.	4 Oc	8 Muan	4
31.1.	5 Chuen	9 Muan	5
1.2.	6 Eb	10 Muan	6
2.2.	7 Ben	11 Muan	7
3.2.	8 Ix	12 Muan	8
4.2.	9 Men	13 Muan	9
5.2.	10 Cib	14 Muan	1
6.2.	11 Cabán	15 Muan	2
7.2.	12 Edznab	16 Muan	3
8.2.	13 Cauac	17 Muan	4

1962			
Greg.	Tzolkin	Haab	H.d.N
9.2.	1 Ahau	18 Muan	5
10.2.	2 Imix	19 Muan	6
11.2.	3 Ik	0 Pax	7
12.2.	4 Akbal	1 Pax	8
13.2.	5 Kan	2 Pax	9
14.2.	6 Chicchan	3 Pax	1
15.2.	7 Cimi	4 Pax	2
16.2.	8 Manik	5 Pax	3
17.2.	9 Lamat	6 Pax	4
18.2.	10 Muluc	7 Pax	5
19.2.	11 Oc	8 Pax	6
20.2.	12 Chuen	9 Pax	7
21.2.	13 Eb	10 Pax	8
22.2.	1 Ben	11 Pax	9
23.2.	2 Ix	12 Pax	1
24.2.	3 Men	13 Pax	2
25.2.	4 Cib	14 Pax	3
26.2.	5 Cabán	15 Pax	4
27.2.	6 Edznab	16 Pax	5
28.2.	7 Cauac	17 Pax	6
1.3.	8 Ahau	18 Pax	7
2.3.	9 Imix	19 Pax	8
3.3.	10 Ik	0 Kayab	9
4.3.	11 Akbal	1 Kayab	1
5.3.	12 Kan	2 Kayab	2
6.3.	13 Chicchan	3 Kayab	3
7.3.	1 Cimi	4 Kayab	4
8.3.	2 Manik	5 Kayab	5
9.3.	3 Lamat	6 Kayab	6
10.3.	4 Muluc	7 Kayab	7
11.3.	5 Oc	8 Kayab	8
12.3.	6 Chuen	9 Kayab	9
13.3.	7 Eb	10 Kayab	1
14.3.	8 Ben	11 Kayab	2
15.3.	9 Ix	12 Kayab	3
16.3.	10 Men	13 Kayab	4
17.3.	11 Cib	14 Kayab	5
18.3.	12 Cabán	15 Kayab	6
19.3.	13 Edznab	16 Kayab	7

1962			
Greg.	Tzolkin	Haab	H.d.N
20.3.	1 Cauac	17 Kayab	8
21.3.	2 Ahau	18 Kayab	9
22.3.	3 Imix	19 Kayab	1
23.3.	4 Ik	0 Cumku	2
24.3.	5 Akbal	1 Cumku	3
25.3.	6 Kan	2 Cumku	4
26.3.	7 Chicchan	3 Cumku	5
27.3.	8 Cimi	4 Cumku	6
28.3.	9 Manik	5 Cumku	7
29.3.	10 Lamat	6 Cumku	8
30.3.	11 Muluc	7 Cumku	9
31.3.	12 Oc	8 Cumku	1
1.4.	13 Chuen	9 Cumku	2
2.4.	1 Eb	10 Cumku	3
3.4.	2 Ben	11 Cumku	4
4.4.	3 Ix	12 Cumku	5
5.4.	4 Men	13 Cumku	6
6.4.	5 Cib	14 Cumku	7
7.4.	6 Cabán	15 Cumku	8
8.4.	7 Edznab	16 Cumku	9
9.4.	8 Cauac	17 Cumku	1
10.4.	9 Ahau	18 Cumku	2
11.4.	10 Imix	19 Cumku	3
12.4.	11 Ik	0 Uayeb	4
13.4.	12 Akbal	1 Uayeb	5
14.4.	13 Kan	2 Uayeb	6
15.4.	1 Chicchan	3 Uayeb	7
16.4.	2 Cimi	4 Uayeb	8
17.4.	**3 Manik**	**0 Pop**	**9**
18.4.	4 Lamat	1 Pop	1
19.4.	5 Muluc	2 Pop	2
20.4.	6 Oc	3 Pop	3
21.4.	7 Chuen	4 Pop	4
22.4.	8 Eb	5 Pop	5
23.4.	9 Ben	6 Pop	6
24.4.	10 Ix	7 Pop	7
25.4.	11 Men	8 Pop	8
26.4.	12 Cib	9 Pop	9
27.4.	13 Cabán	10 Pop	1

1962			
Greg.	Tzolkin	Haab	H.d.N
28.4.	1 Edznab	11 Pop	2
29.4.	2 Cauac	12 Pop	3
30.4.	3 Ahau	13 Pop	4
1.5.	4 Imix	14 Pop	5
2.5.	5 Ik	15 Pop	6
3.5.	6 Akbal	16 Pop	7
4.5.	7 Kan	17 Pop	8
5.5.	8 Chicchan	18 Pop	9
6.5.	9 Cimi	19 Pop	1
7.5.	10 Manik	0 Uo	2
8.5.	11 Lamat	1 Uo	3
9.5.	12 Muluc	2 Uo	4
10.5.	13 Oc	3 Uo	5
11.5.	1 Chuen	4 Uo	6
12.5.	2 Eb	5 Uo	7
13.5.	3 Ben	6 Uo	8
14.5.	4 Ix	7 Uo	9
15.5.	5 Men	8 Uo	1
16.5.	6 Cib	9 Uo	2
17.5.	7 Cabán	10 Uo	3
18.5.	8 Edznab	11 Uo	4
19.5.	9 Cauac	12 Uo	5
20.5.	10 Ahau	13 Uo	6
21.5.	11 Imix	14 Uo	7
22.5.	12 Ik	15 Uo	8
23.5.	13 Akbal	16 Uo	9
24.5.	1 Kan	17 Uo	1
25.5.	2 Chicchan	18 Uo	2
26.5.	3 Cimi	19 Uo	3
27.5.	4 Manik	0 Zip	4
28.5.	5 Lamat	1 Zip	5
29.5.	6 Muluc	2 Zip	6
30.5.	7 Oc	3 Zip	7
31.5.	8 Chuen	4 Zip	8
1.6.	9 Eb	5 Zip	9
2.6.	10 Ben	6 Zip	1
3.6.	11 Ix	7 Zip	2
4.6.	12 Men	8 Zip	3
5.6.	13 Cib	9 Zip	4

1962			
Greg.	Tzolkin	Haab	H.d.N
6.6.	1 Cabán	10 Zip	5
7.6.	2 Edznab	11 Zip	6
8.6.	3 Cauac	12 Zip	7
9.6.	4 Ahau	13 Zip	8
10.6.	5 Imix	14 Zip	9
11.6.	6 Ik	15 Zip	1
12.6.	7 Akbal	16 Zip	2
13.6.	8 Kan	17 Zip	3
14.6.	9 Chicchan	18 Zip	4
15.6.	10 Cimi	19 Zip	5
16.6.	11 Manik	0 Zotz	6
17.6.	12 Lamat	1 Zotz	7
18.6.	13 Muluc	2 Zotz	8
19.6.	1 Oc	3 Zotz	9
20.6.	2 Chuen	4 Zotz	1
21.6.	3 Eb	5 Zotz	2
22.6.	4 Ben	6 Zotz	3
23.6.	5 Ix	7 Zotz	4
24.6.	6 Men	8 Zotz	5
25.6.	7 Cib	9 Zotz	6
26.6.	8 Cabán	10 Zotz	7
27.6.	9 Edznab	11 Zotz	8
28.6.	10 Cauac	12 Zotz	9
29.6.	11 Ahau	13 Zotz	1
30.6.	12 Imix	14 Zotz	2
1.7.	13 Ik	15 Zotz	3
2.7.	1 Akbal	16 Zotz	4
3.7.	2 Kan	17 Zotz	5
4.7.	3 Chicchan	18 Zotz	6
5.7.	4 Cimi	19 Zotz	7
6.7.	5 Manik	0 Tzec	8
7.7.	6 Lamat	1 Tzec	9
8.7.	7 Muluc	2 Tzec	1
9.7.	8 Oc	3 Tzec	2
10.7.	9 Chuen	4 Tzec	3
11.7.	10 Eb	5 Tzec	4
12.7.	11 Ben	6 Tzec	5
13.7.	12 Ix	7 Tzec	6
14.7.	13 Men	8 Tzec	7

1962			
Greg.	Tzolkin	Haab	H.d.N
15.7.	1 Cib	9 Tzec	8
16.7.	2 Cabán	10 Tzec	9
17.7.	3 Edznab	11 Tzec	1
18.7.	4 Cauac	12 Tzec	2
19.7.	5 Ahau	13 Tzec	3
20.7.	6 Imix	14 Tzec	4
21.7.	7 Ik	15 Tzec	5
22.7.	8 Akbal	16 Tzec	6
23.7.	9 Kan	17 Tzec	7
24.7.	10 Chicchan	18 Tzec	8
25.7.	11 Cimi	19 Tzec	9
26.7.	12 Manik	0 Xul	1
27.7.	13 Lamat	1 Xul	2
28.7.	1 Muluc	2 Xul	3
29.7.	2 Oc	3 Xul	4
30.7.	3 Chuen	4 Xul	5
31.7.	4 Eb	5 Xul	6
1.8.	5 Ben	6 Xul	7
2.8.	6 Ix	7 Xul	8
3.8.	7 Men	8 Xul	9
4.8.	8 Cib	9 Xul	1
5.8.	9 Cabán	10 Xul	2
6.8.	10 Edznab	11 Xul	3
7.8.	11 Cauac	12 Xul	4
8.8.	12 Ahau	13 Xul	5
9.8.	13 Imix	14 Xul	6
10.8.	1 Ik	15 Xul	7
11.8.	2 Akbal	16 Xul	8
12.8.	3 Kan	17 Xul	9
13.8.	4 Chicchan	18 Xul	1
14.8.	5 Cimi	19 Xul	2
15.8.	6 Manik	0 Yaxkin	3
16.8.	7 Lamat	1 Yaxkin	4
17.8.	8 Muluc	2 Yaxkin	5
18.8.	9 Oc	3 Yaxkin	6
19.8.	10 Chuen	4 Yaxkin	7
20.8.	11 Eb	5 Yaxkin	8
21.8.	12 Ben	6 Yaxkin	9
22.8.	13 Ix	7 Yaxkin	1

1962			
Greg.	Tzolkin	Haab	H.d.N
23.8.	1 Men	8 Yaxkin	2
24.8.	2 Cib	9 Yaxkin	3
25.8.	3 Cabán	10 Yaxkin	4
26.8.	4 Edznab	11 Yaxkin	5
27.8.	5 Cauac	12 Yaxkin	6
28.8.	6 Ahau	13 Yaxkin	7
29.8.	7 Imix	14 Yaxkin	8
30.8.	8 Ik	15 Yaxkin	9
31.8.	9 Akbal	16 Yaxkin	1
1.9.	10 Kan	17 Yaxkin	2
2.9.	11 Chicchan	18 Yaxkin	3
3.9.	12 Cimi	19 Yaxkin	4
4.9.	13 Manik	0 Mol	5
5.9.	1 Lamat	1 Mol	6
6.9.	2 Muluc	2 Mol	7
7.9.	3 Oc	3 Mol	8
8.9.	4 Chuen	4 Mol	9
9.9.	5 Eb	5 Mol	1
10.9.	6 Ben	6 Mol	2
11.9.	7 Ix	7 Mol	3
12.9.	8 Men	8 Mol	4
13.9.	9 Cib	9 Mol	5
14.9.	10 Cabán	10 Mol	6
15.9.	11 Edznab	11 Mol	7
16.9.	12 Cauac	12 Mol	8
17.9.	13 Ahau	13 Mol	9
18.9.	1 Imix	14 Mol	1
19.9.	2 Ik	15 Mol	2
20.9.	3 Akbal	16 Mol	3
21.9.	4 Kan	17 Mol	4
22.9.	5 Chicchan	18 Mol	5
23.9.	6 Cimi	19 Mol	6
24.9.	7 Manik	0 Chen	7
25.9.	8 Lamat	1 Chen	8
26.9.	9 Muluc	2 Chen	9
27.9.	10 Oc	3 Chen	1
28.9.	11 Chuen	4 Chen	2
29.9.	12 Eb	5 Chen	3
30.9.	13 Ben	6 Chen	4

1962			
Greg.	Tzolkin	Haab	H.d.N
1.10.	1 Ix	7 Chen	5
2.10.	2 Men	8 Chen	6
3.10.	3 Cib	9 Chen	7
4.10.	4 Cabán	10 Chen	8
5.10.	5 Edznab	11 Chen	9
6.10.	6 Cauac	12 Chen	1
7.10.	7 Ahau	13 Chen	2
8.10.	8 Imix	14 Chen	3
9.10.	9 Ik	15 Chen	4
10.10.	10 Akbal	16 Chen	5
11.10.	11 Kan	17 Chen	6
12.10.	12 Chicchan	18 Chen	7
13.10.	13 Cimi	19 Chen	8
14.10.	1 Manik	0 Yax	9
15.10.	2 Lamat	1 Yax	1
16.10.	3 Muluc	2 Yax	2
17.10.	4 Oc	3 Yax	3
18.10.	5 Chuen	4 Yax	4
19.10.	6 Eb	5 Yax	5
20.10.	7 Ben	6 Yax	6
21.10.	8 Ix	7 Yax	7
22.10.	9 Men	8 Yax	8
23.10.	10 Cib	9 Yax	9
24.10.	11 Cabán	10 Yax	1
25.10.	12 Edznab	11 Yax	2
26.10.	13 Cauac	12 Yax	3
27.10.	1 Ahau	13 Yax	4
28.10.	2 Imix	14 Yax	5
29.10.	3 Ik	15 Yax	6
30.10.	4 Akbal	16 Yax	7
31.10.	5 Kan	17 Yax	8
1.11.	6 Chicchan	18 Yax	9
2.11.	7 Cimi	19 Yax	1
3.11.	8 Manik	0 Zac	2
4.11.	9 Lamat	1 Zac	3
5.11.	10 Muluc	2 Zac	4
6.11.	11 Oc	3 Zac	5
7.11.	12 Chuen	4 Zac	6
8.11.	13 Eb	5 Zac	7

1962			
Greg.	Tzolkin	Haab	H.d.N
9.11.	1 Ben	6 Zac	8
10.11.	2 Ix	7 Zac	9
11.11.	3 Men	8 Zac	1
12.11.	4 Cib	9 Zac	2
13.11.	5 Cabán	10 Zac	3
14.11.	6 Edznab	11 Zac	4
15.11.	7 Cauac	12 Zac	5
16.11.	8 Ahau	13 Zac	6
17.11.	9 Imix	14 Zac	7
18.11.	10 Ik	15 Zac	8
19.11.	11 Akbal	16 Zac	9
20.11.	12 Kan	17 Zac	1
21.11.	13 Chicchan	18 Zac	2
22.11.	1 Cimi	19 Zac	3
23.11.	2 Manik	0 Ceh	4
24.11.	3 Lamat	1 Ceh	5
25.11.	4 Muluc	2 Ceh	6
26.11.	5 Oc	3 Ceh	7
27.11.	6 Chuen	4 Ceh	8
28.11.	7 Eb	5 Ceh	9
29.11.	8 Ben	6 Ceh	1
30.11.	9 Ix	7 Ceh	2
1.12.	10 Men	8 Ceh	3
2.12.	11 Cib	9 Ceh	4
3.12.	12 Cabán	10 Ceh	5
4.12.	13 Edznab	11 Ceh	6
5.12.	1 Cauac	12 Ceh	7
6.12.	2 Ahau	13 Ceh	8
7.12.	3 Imix	14 Ceh	9
8.12.	4 Ik	15 Ceh	1
9.12.	5 Akbal	16 Ceh	2
10.12.	6 Kan	17 Ceh	3
11.12.	7 Chicchan	18 Ceh	4
12.12.	8 Cimi	19 Ceh	5
13.12.	9 Manik	0 Mac	6
14.12.	10 Lamat	1 Mac	7
15.12.	11 Muluc	2 Mac	8
16.12.	12 Oc	3 Mac	9
17.12.	13 Chuen	4 Mac	1

1962			
Greg.	Tzolkin	Haab	H.d.N
18.12.	1 Eb	5 Mac	2
19.12.	2 Ben	6 Mac	3
20.12.	3 Ix	7 Mac	4
21.12.	4 Men	8 Mac	5
22.12.	5 Cib	9 Mac	6
23.12.	6 Cabán	10 Mac	7
24.12.	7 Edznab	11 Mac	8
25.12.	8 Cauac	12 Mac	9
26.12.	9 Ahau	13 Mac	1
27.12.	10 Imix	14 Mac	2
28.12.	11 Ik	15 Mac	3
29.12.	12 Akbal	16 Mac	4
30.12.	13 Kan	17 Mac	5
31.12.	1 Chicchan	18 Mac	6

1963			
Greg.	Tzolkin	Haab	H.d.N
1.1.	2 Cimi	19 Mac	7
2.1.	3 Manik	0 Kankin	8
3.1.	4 Lamat	1 Kankin	9
4.1.	5 Muluc	2 Kankin	1
5.1.	6 Oc	3 Kankin	2
6.1.	7 Chuen	4 Kankin	3
7.1.	8 Eb	5 Kankin	4
8.1.	9 Ben	6 Kankin	5
9.1.	10 Ix	7 Kankin	6
10.1.	11 Men	8 Kankin	7
11.1.	12 Cib	9 Kankin	8
12.1.	13 Cabán	10 Kankin	9
13.1.	1 Edznab	11 Kankin	1
14.1.	2 Cauac	12 Kankin	2
15.1.	3 Ahau	13 Kankin	3
16.1.	4 Imix	14 Kankin	4
17.1.	5 Ik	15 Kankin	5
18.1.	6 Akbal	16 Kankin	6
19.1.	7 Kan	17 Kankin	7
20.1.	8 Chicchan	18 Kankin	8
21.1.	9 Cimi	19 Kankin	9
22.1.	10 Manik	0 Muan	1
23.1.	11 Lamat	1 Muan	2

1963			
Greg.	Tzolkin	Haab	H.d.N
24.1.	12 Muluc	2 Muan	3
25.1.	13 Oc	3 Muan	4
26.1.	1 Chuen	4 Muan	5
27.1.	2 Eb	5 Muan	6
28.1.	3 Ben	6 Muan	7
29.1.	4 Ix	7 Muan	8
30.1.	5 Men	8 Muan	9
31.1.	6 Cib	9 Muan	1
1.2.	7 Cabán	10 Muan	2
2.2.	8 Edznab	11 Muan	3
3.2.	9 Cauac	12 Muan	4
4.2.	10 Ahau	13 Muan	5
5.2.	11 Imix	14 Muan	6
6.2.	12 Ik	15 Muan	7
7.2.	13 Akbal	16 Muan	8
8.2.	1 Kan	17 Muan	9
9.2.	2 Chicchan	18 Muan	1
10.2.	3 Cimi	19 Muan	2
11.2.	4 Manik	0 Pax	3
12.2.	5 Lamat	1 Pax	4
13.2.	6 Muluc	2 Pax	5
14.2.	7 Oc	3 Pax	6
15.2.	8 Chuen	4 Pax	7
16.2.	9 Eb	5 Pax	8
17.2.	10 Ben	6 Pax	9
18.2.	11 Ix	7 Pax	1
19.2.	12 Men	8 Pax	2
20.2.	13 Cib	9 Pax	3
21.2.	1 Cabán	10 Pax	4
22.2.	2 Edznab	11 Pax	5
23.2.	3 Cauac	12 Pax	6
24.2.	4 Ahau	13 Pax	7
25.2.	5 Imix	14 Pax	8
26.2.	6 Ik	15 Pax	9
27.2.	7 Akbal	16 Pax	1
28.2.	8 Kan	17 Pax	2
1.3.	9 Chicchan	18 Pax	3
2.3.	10 Cimi	19 Pax	4
3.3.	11 Manik	0 Kayab	5

1963			
Greg.	Tzolkin	Haab	H.d.N
4.3.	12 Lamat	1 Kayab	6
5.3.	13 Muluc	2 Kayab	7
6.3.	1 Oc	3 Kayab	8
7.3.	2 Chuen	4 Kayab	9
8.3.	3 Eb	5 Kayab	1
9.3.	4 Ben	6 Kayab	2
10.3.	5 Ix	7 Kayab	3
11.3.	6 Men	8 Kayab	4
12.3.	7 Cib	9 Kayab	5
13.3.	8 Cabán	10 Kayab	6
14.3.	9 Edznab	11 Kayab	7
15.3.	10 Cauac	12 Kayab	8
16.3.	11 Ahau	13 Kayab	9
17.3.	12 Imix	14 Kayab	1
18.3.	13 Ik	15 Kayab	2
19.3.	1 Akbal	16 Kayab	3
20.3.	2 Kan	17 Kayab	4
21.3.	3 Chicchan	18 Kayab	5
22.3.	4 Cimi	19 Kayab	6
23.3.	5 Manik	0 Cumku	7
24.3.	6 Lamat	1 Cumku	8
25.3.	7 Muluc	2 Cumku	9
26.3.	8 Oc	3 Cumku	1
27.3.	9 Chuen	4 Cumku	2
28.3.	10 Eb	5 Cumku	3
29.3.	11 Ben	6 Cumku	4
30.3.	12 Ix	7 Cumku	5
31.3.	13 Men	8 Cumku	6
1.4.	1 Cib	9 Cumku	7
2.4.	2 Cabán	10 Cumku	8
3.4.	3 Edznab	11 Cumku	9
4.4.	4 Cauac	12 Cumku	1
5.4.	5 Ahau	13 Cumku	2
6.4.	6 Imix	14 Cumku	3
7.4.	7 Ik	15 Cumku	4
8.4.	8 Akbal	16 Cumku	5
9.4.	9 Kan	17 Cumku	6
10.4.	10 Chicchan	18 Cumku	7
11.4.	11 Cimi	19 Cumku	8

1963			
Greg.	Tzolkin	Haab	H.d.N
12.4.	12 Manik	0 Uayeb	9
13.4.	13 Lamat	1 Uayeb	1
14.4.	1 Muluc	2 Uayeb	2
15.4.	2 Oc	3 Uayeb	3
16.4.	3 Chuen	4 Uayeb	4
17.4.	**4 Eb**	**0 Pop**	**5**
18.4.	5 Ben	1 Pop	6
19.4.	6 Ix	2 Pop	7
20.4.	7 Men	3 Pop	8
21.4.	8 Cib	4 Pop	9
22.4.	9 Cabán	5 Pop	1
23.4.	10 Edznab	6 Pop	2
24.4.	11 Cauac	7 Pop	3
25.4.	12 Ahau	8 Pop	4
26.4.	13 Imix	9 Pop	5
27.4.	1 Ik	10 Pop	6
28.4.	2 Akbal	11 Pop	7
29.4.	3 Kan	12 Pop	8
30.4.	4 Chicchan	13 Pop	9
1.5.	5 Cimi	14 Pop	1
2.5.	6 Manik	15 Pop	2
3.5.	7 Lamat	16 Pop	3
4.5.	8 Muluc	17 Pop	4
5.5.	9 Oc	18 Pop	5
6.5.	10 Chuen	19 Pop	6
7.5.	11 Eb	0 Uo	7
8.5.	12 Ben	1 Uo	8
9.5.	13 Ix	2 Uo	9
10.5.	1 Men	3 Uo	1
11.5.	2 Cib	4 Uo	2
12.5.	3 Cabán	5 Uo	3
13.5.	4 Edznab	6 Uo	4
14.5.	5 Cauac	7 Uo	5
15.5.	6 Ahau	8 Uo	6
16.5.	7 Imix	9 Uo	7
17.5.	8 Ik	10 Uo	8
18.5.	9 Akbal	11 Uo	9
19.5.	10 Kan	12 Uo	1
20.5.	11 Chicchan	13 Uo	2

1963			
Greg.	Tzolkin	Haab	H.d.N
21.5.	12 Cimi	14 Uo	3
22.5.	13 Manik	15 Uo	4
23.5.	1 Lamat	16 Uo	5
24.5.	2 Muluc	17 Uo	6
25.5.	3 Oc	18 Uo	7
26.5.	4 Chuen	19 Uo	8
27.5.	5 Eb	0 Zip	9
28.5.	6 Ben	1 Zip	1
29.5.	7 Ix	2 Zip	2
30.5.	8 Men	3 Zip	3
31.5.	9 Cib	4 Zip	4
1.6.	10 Cabán	5 Zip	5
2.6.	11 Edznab	6 Zip	6
3.6.	12 Cauac	7 Zip	7
4.6.	13 Ahau	8 Zip	8
5.6.	1 Imix	9 Zip	9
6.6.	2 Ik	10 Zip	1
7.6.	3 Akbal	11 Zip	2
8.6.	4 Kan	12 Zip	3
9.6.	5 Chicchan	13 Zip	4
10.6.	6 Cimi	14 Zip	5
11.6.	7 Manik	15 Zip	6
12.6.	8 Lamat	16 Zip	7
13.6.	9 Muluc	17 Zip	8
14.6.	10 Oc	18 Zip	9
15.6.	11 Chuen	19 Zip	1
16.6.	12 Eb	0 Zotz	2
17.6.	13 Ben	1 Zotz	3
18.6.	1 Ix	2 Zotz	4
19.6.	2 Men	3 Zotz	5
20.6.	3 Cib	4 Zotz	6
21.6.	4 Cabán	5 Zotz	7
22.6.	5 Edznab	6 Zotz	8
23.6.	6 Cauac	7 Zotz	9
24.6.	7 Ahau	8 Zotz	1
25.6.	8 Imix	9 Zotz	2
26.6.	9 Ik	10 Zotz	3
27.6.	10 Akbal	11 Zotz	4
28.6.	11 Kan	12 Zotz	5

1963			
Greg.	Tzolkin	Haab	H.d.N
29.6.	12 Chicchan	13 Zotz	6
30.6.	13 Cimi	14 Zotz	7
1.7.	1 Manik	15 Zotz	8
2.7.	2 Lamat	16 Zotz	9
3.7.	3 Muluc	17 Zotz	1
4.7.	4 Oc	18 Zotz	2
5.7.	5 Chuen	19 Zotz	3
6.7.	6 Eb	0 Tzec	4
7.7.	7 Ben	1 Tzec	5
8.7.	8 Ix	2 Tzec	6
9.7.	9 Men	3 Tzec	7
10.7.	10 Cib	4 Tzec	8
11.7.	11 Cabán	5 Tzec	9
12.7.	12 Edznab	6 Tzec	1
13.7.	13 Cauac	7 Tzec	2
14.7.	1 Ahau	8 Tzec	3
15.7.	2 Imix	9 Tzec	4
16.7.	3 Ik	10 Tzec	5
17.7.	4 Akbal	11 Tzec	6
18.7.	5 Kan	12 Tzec	7
19.7.	6 Chicchan	13 Tzec	8
20.7.	7 Cimi	14 Tzec	9
21.7.	8 Manik	15 Tzec	1
22.7.	9 Lamat	16 Tzec	2
23.7.	10 Muluc	17 Tzec	3
24.7.	11 Oc	18 Tzec	4
25.7.	12 Chuen	19 Tzec	5
26.7.	13 Eb	0 Xul	6
27.7.	1 Ben	1 Xul	7
28.7.	2 Ix	2 Xul	8
29.7.	3 Men	3 Xul	9
30.7.	4 Cib	4 Xul	1
31.7.	5 Cabán	5 Xul	2
1.8.	6 Edznab	6 Xul	3
2.8.	7 Cauac	7 Xul	4
3.8.	8 Ahau	8 Xul	5
4.8.	9 Imix	9 Xul	6
5.8.	10 Ik	10 Xul	7
6.8.	11 Akbal	11 Xul	8

1963			
Greg.	Tzolkin	Haab	H.d.N
7.8.	12 Kan	12 Xul	9
8.8.	13 Chicchan	13 Xul	1
9.8.	1 Cimi	14 Xul	2
10.8.	2 Manik	15 Xul	3
11.8.	3 Lamat	16 Xul	4
12.8.	4 Muluc	17 Xul	5
13.8.	5 Oc	18 Xul	6
14.8.	6 Chuen	19 Xul	7
15.8.	7 Eb	0 Yaxkin	8
16.8.	8 Ben	1 Yaxkin	9
17.8.	9 Ix	2 Yaxkin	1
18.8.	10 Men	3 Yaxkin	2
19.8.	11 Cib	4 Yaxkin	3
20.8.	12 Cabán	5 Yaxkin	4
21.8.	13 Edznab	6 Yaxkin	5
22.8.	1 Cauac	7 Yaxkin	6
23.8.	2 Ahau	8 Yaxkin	7
24.8.	3 Imix	9 Yaxkin	8
25.8.	4 Ik	10 Yaxkin	9
26.8.	5 Akbal	11 Yaxkin	1
27.8.	6 Kan	12 Yaxkin	2
28.8.	7 Chicchan	13 Yaxkin	3
29.8.	8 Cimi	14 Yaxkin	4
30.8.	9 Manik	15 Yaxkin	5
31.8.	10 Lamat	16 Yaxkin	6
1.9.	11 Muluc	17 Yaxkin	7
2.9.	12 Oc	18 Yaxkin	8
3.9.	13 Chuen	19 Yaxkin	9
4.9.	1 Eb	0 Mol	1
5.9.	2 Ben	1 Mol	2
6.9.	3 Ix	2 Mol	3
7.9.	4 Men	3 Mol	4
8.9.	5 Cib	4 Mol	5
9.9.	6 Cabán	5 Mol	6
10.9.	7 Edznab	6 Mol	7
11.9.	8 Cauac	7 Mol	8
12.9.	9 Ahau	8 Mol	9
13.9.	10 Imix	9 Mol	1
14.9.	11 Ik	10 Mol	2

1963			
Greg.	Tzolkin	Haab	H.d.N
15.9.	12 Akbal	11 Mol	3
16.9.	13 Kan	12 Mol	4
17.9.	1 Chicchan	13 Mol	5
18.9.	2 Cimi	14 Mol	6
19.9.	3 Manik	15 Mol	7
20.9.	4 Lamat	16 Mol	8
21.9.	5 Muluc	17 Mol	9
22.9.	6 Oc	18 Mol	1
23.9.	7 Chuen	19 Mol	2
24.9.	8 Eb	0 Chen	3
25.9.	9 Ben	1 Chen	4
26.9.	10 Ix	2 Chen	5
27.9.	11 Men	3 Chen	6
28.9.	12 Cib	4 Chen	7
29.9.	13 Cabán	5 Chen	8
30.9.	1 Edznab	6 Chen	9
1.10.	2 Cauac	7 Chen	1
2.10.	3 Ahau	8 Chen	2
3.10.	4 Imix	9 Chen	3
4.10.	5 Ik	10 Chen	4
5.10.	6 Akbal	11 Chen	5
6.10.	7 Kan	12 Chen	6
7.10.	8 Chicchan	13 Chen	7
8.10.	9 Cimi	14 Chen	8
9.10.	10 Manik	15 Chen	9
10.10.	11 Lamat	16 Chen	1
11.10.	12 Muluc	17 Chen	2
12.10.	13 Oc	18 Chen	3
13.10.	1 Chuen	19 Chen	4
14.10.	2 Eb	0 Yax	5
15.10.	3 Ben	1 Yax	6
16.10.	4 Ix	2 Yax	7
17.10.	5 Men	3 Yax	8
18.10.	6 Cib	4 Yax	9
19.10.	7 Cabán	5 Yax	1
20.10.	8 Edznab	6 Yax	2
21.10.	9 Cauac	7 Yax	3
22.10.	10 Ahau	8 Yax	4
23.10.	11 Imix	9 Yax	5

1963			
Greg.	Tzolkin	Haab	H.d.N
24.10.	12 Ik	10 Yax	6
25.10.	13 Akbal	11 Yax	7
26.10.	1 Kan	12 Yax	8
27.10.	2 Chicchan	13 Yax	9
28.10.	3 Cimi	14 Yax	1
29.10.	4 Manik	15 Yax	2
30.10.	5 Lamat	16 Yax	3
31.10.	6 Muluc	17 Yax	4
1.11.	7 Oc	18 Yax	5
2.11.	8 Chuen	19 Yax	6
3.11.	9 Eb	0 Zac	7
4.11.	10 Ben	1 Zac	8
5.11.	11 Ix	2 Zac	9
6.11.	12 Men	3 Zac	1
7.11.	13 Cib	4 Zac	2
8.11.	1 Cabán	5 Zac	3
9.11.	2 Edznab	6 Zac	4
10.11.	3 Cauac	7 Zac	5
11.11.	4 Ahau	8 Zac	6
12.11.	5 Imix	9 Zac	7
13.11.	6 Ik	10 Zac	8
14.11.	7 Akbal	11 Zac	9
15.11.	8 Kan	12 Zac	1
16.11.	9 Chicchan	13 Zac	2
17.11.	10 Cimi	14 Zac	3
18.11.	11 Manik	15 Zac	4
19.11.	12 Lamat	16 Zac	5
20.11.	13 Muluc	17 Zac	6
21.11.	1 Oc	18 Zac	7
22.11.	2 Chuen	19 Zac	8
23.11.	3 Eb	0 Ceh	9
24.11.	4 Ben	1 Ceh	1
25.11.	5 Ix	2 Ceh	2
26.11.	6 Men	3 Ceh	3
27.11.	7 Cib	4 Ceh	4
28.11.	8 Cabán	5 Ceh	5
29.11.	9 Edznab	6 Ceh	6
30.11.	10 Cauac	7 Ceh	7
1.12.	11 Ahau	8 Ceh	8

1963			
Greg.	Tzolkin	Haab	H.d.N
2.12.	12 Imix	9 Ceh	9
3.12.	13 Ik	10 Ceh	1
4.12.	1 Akbal	11 Ceh	2
5.12.	2 Kan	12 Ceh	3
6.12.	3 Chicchan	13 Ceh	4
7.12.	4 Cimi	14 Ceh	5
8.12.	5 Manik	15 Ceh	6
9.12.	6 Lamat	16 Ceh	7
10.12.	7 Muluc	17 Ceh	8
11.12.	8 Oc	18 Ceh	9
12.12.	9 Chuen	19 Ceh	1
13.12.	10 Eb	0 Mac	2
14.12.	11 Ben	1 Mac	3
15.12.	12 Ix	2 Mac	4
16.12.	13 Men	3 Mac	5
17.12.	1 Cib	4 Mac	6
18.12.	2 Cabán	5 Mac	7
19.12.	3 Edznab	6 Mac	8
20.12.	4 Cauac	7 Mac	9
21.12.	5 Ahau	8 Mac	1
22.12.	6 Imix	9 Mac	2
23.12.	7 Ik	10 Mac	3
24.12.	8 Akbal	11 Mac	4
25.12.	9 Kan	12 Mac	5
26.12.	10 Chicchan	13 Mac	6
27.12.	11 Cimi	14 Mac	7
28.12.	12 Manik	15 Mac	8
29.12.	13 Lamat	16 Mac	9
30.12.	1 Muluc	17 Mac	1
31.12.	2 Oc	18 Mac	2

1964			
Greg.	Tzolkin	Haab	H.d.N
1.1.	3 Chuen	19 Mac	3
2.1.	4 Eb	0 Kankin	4
3.1.	5 Ben	1 Kankin	5
4.1.	6 Ix	2 Kankin	6
5.1.	7 Men	3 Kankin	7
6.1.	8 Cib	4 Kankin	8
7.1.	9 Cabán	5 Kankin	9

Greg.	1964 Tzolkin	Haab	H.d.N	Greg.	1964 Tzolkin	Haab	H.d.N
8.1.	10 Edznab	6 Kankin	1	16.2.	10 Cabán	5 Pax	4
9.1.	11 Cauac	7 Kankin	2	17.2.	11 Edznab	6 Pax	5
10.1.	12 Ahau	8 Kankin	3	18.2.	12 Cauac	7 Pax	6
11.1.	13 Imix	9 Kankin	4	19.2.	13 Ahau	8 Pax	7
12.1.	1 Ik	10 Kankin	5	20.2.	1 Imix	9 Pax	8
13.1.	2 Akbal	11 Kankin	6	21.2.	2 Ik	10 Pax	9
14.1.	3 Kan	12 Kankin	7	22.2.	3 Akbal	11 Pax	1
15.1.	4 Chicchan	13 Kankin	8	23.2.	4 Kan	12 Pax	2
16.1.	5 Cimi	14 Kankin	9	24.2.	5 Chicchan	13 Pax	3
17.1.	6 Manik	15 Kankin	1	25.2.	6 Cimi	14 Pax	4
18.1.	7 Lamat	16 Kankin	2	26.2.	7 Manik	15 Pax	5
19.1.	8 Muluc	17 Kankin	3	27.2.	8 Lamat	16 Pax	6
20.1.	9 Oc	18 Kankin	4	28.2.	9 Muluc	17 Pax	7
21.1.	10 Chuen	19 Kankin	5	29.2.	10 Oc	18 Pax	8
22.1.	11 Eb	0 Muan	6	1.3.	11 Chuen	19 Pax	9
23.1.	12 Ben	1 Muan	7	2.3.	12 Eb	0 Kayab	1
24.1.	13 Ix	2 Muan	8	3.3.	13 Ben	1 Kayab	2
25.1.	1 Men	3 Muan	9	4.3.	1 Ix	2 Kayab	3
26.1.	2 Cib	4 Muan	1	5.3.	2 Men	3 Kayab	4
27.1.	3 Cabán	5 Muan	2	6.3.	3 Cib	4 Kayab	5
28.1.	4 Edznab	6 Muan	3	7.3.	4 Cabán	5 Kayab	6
29.1.	5 Cauac	7 Muan	4	8.3.	5 Edznab	6 Kayab	7
30.1.	6 Ahau	8 Muan	5	9.3.	6 Cauac	7 Kayab	8
31.1.	7 Imix	9 Muan	6	10.3.	7 Ahau	8 Kayab	9
1.2.	8 Ik	10 Muan	7	11.3.	8 Imix	9 Kayab	1
2.2.	9 Akbal	11 Muan	8	12.3.	9 Ik	10 Kayab	2
3.2.	10 Kan	12 Muan	9	13.3.	10 Akbal	11 Kayab	3
4.2.	11 Chicchan	13 Muan	1	14.3.	11 Kan	12 Kayab	4
5.2.	12 Cimi	14 Muan	2	15.3.	12 Chicchan	13 Kayab	5
6.2.	13 Manik	15 Muan	3	16.3.	13 Cimi	14 Kayab	6
7.2.	1 Lamat	16 Muan	4	17.3.	1 Manik	15 Kayab	7
8.2.	2 Muluc	17 Muan	5	18.3.	2 Lamat	16 Kayab	8
9.2.	3 Oc	18 Muan	6	19.3.	3 Muluc	17 Kayab	9
10.2.	4 Chuen	19 Muan	7	20.3.	4 Oc	18 Kayab	1
11.2.	5 Eb	0 Pax	8	21.3.	5 Chuen	19 Kayab	2
12.2.	6 Ben	1 Pax	9	22.3.	6 Eb	0 Cumku	3
13.2.	7 Ix	2 Pax	1	23.3.	7 Ben	1 Cumku	4
14.2.	8 Men	3 Pax	2	24.3.	8 Ix	2 Cumku	5
15.2.	9 Cib	4 Pax	3	25.3.	9 Men	3 Cumku	6

1964			
Greg.	Tzolkin	Haab	H.d.N
26.3.	10 Cib	4 Cumku	7
27.3.	11 Cabán	5 Cumku	8
28.3.	12 Edznab	6 Cumku	9
29.3.	13 Cauac	7 Cumku	1
30.3.	1 Ahau	8 Cumku	2
31.3.	2 Imix	9 Cumku	3
1.4.	3 Ik	10 Cumku	4
2.4.	4 Akbal	11 Cumku	5
3.4.	5 Kan	12 Cumku	6
4.4.	6 Chicchan	13 Cumku	7
5.4.	7 Cimi	14 Cumku	8
6.4.	8 Manik	15 Cumku	9
7.4.	9 Lamat	16 Cumku	1
8.4.	10 Muluc	17 Cumku	2
9.4.	11 Oc	18 Cumku	3
10.4.	12 Chuen	19 Cumku	4
11.4.	13 Eb	0 Uayeb	5
12.4.	1 Ben	1 Uayeb	6
13.4.	2 Ix	2 Uayeb	7
14.4.	3 Men	3 Uayeb	8
15.4.	4 Cib	4 Uayeb	9
16.4.	**5 Cabán**	**0 Pop**	**1**
17.4.	6 Edznab	1 Pop	2
18.4.	7 Cauac	2 Pop	3
19.4.	8 Ahau	3 Pop	4
20.4.	9 Imix	4 Pop	5
21.4.	10 Ik	5 Pop	6
22.4.	11 Akbal	6 Pop	7
23.4.	12 Kan	7 Pop	8
24.4.	13 Chicchan	8 Pop	9
25.4.	1 Cimi	9 Pop	1
26.4.	2 Manik	10 Pop	2
27.4.	3 Lamat	11 Pop	3
28.4.	4 Muluc	12 Pop	4
29.4.	5 Oc	13 Pop	5
30.4.	6 Chuen	14 Pop	6
1.5.	7 Eb	15 Pop	7
2.5.	8 Ben	16 Pop	8
3.5.	9 Ix	17 Pop	9

1964			
Greg.	Tzolkin	Haab	H.d.N
4.5.	10 Men	18 Pop	1
5.5.	11 Cib	19 Pop	2
6.5.	12 Cabán	0 Uo	3
7.5.	13 Edznab	1 Uo	4
8.5.	1 Cauac	2 Uo	5
9.5.	2 Ahau	3 Uo	6
10.5.	3 Imix	4 Uo	7
11.5.	4 Ik	5 Uo	8
12.5.	5 Akbal	6 Uo	9
13.5.	6 Kan	7 Uo	1
14.5.	7 Chicchan	8 Uo	2
15.5.	8 Cimi	9 Uo	3
16.5.	9 Manik	10 Uo	4
17.5.	10 Lamat	11 Uo	5
18.5.	11 Muluc	12 Uo	6
19.5.	12 Oc	13 Uo	7
20.5.	13 Chuen	14 Uo	8
21.5.	1 Eb	15 Uo	9
22.5.	2 Ben	16 Uo	1
23.5.	3 Ix	17 Uo	2
24.5.	4 Men	18 Uo	3
25.5.	5 Cib	19 Uo	4
26.5.	6 Cabán	0 Zip	5
27.5.	7 Edznab	1 Zip	6
28.5.	8 Cauac	2 Zip	7
29.5.	9 Ahau	3 Zip	8
30.5.	10 Imix	4 Zip	9
31.5.	11 Ik	5 Zip	1
1.6.	12 Akbal	6 Zip	2
2.6.	13 Kan	7 Zip	3
3.6.	1 Chicchan	8 Zip	4
4.6.	2 Cimi	9 Zip	5
5.6.	3 Manik	10 Zip	6
6.6.	4 Lamat	11 Zip	7
7.6.	5 Muluc	12 Zip	8
8.6.	6 Oc	13 Zip	9
9.6.	7 Chuen	14 Zip	1
10.6.	8 Eb	15 Zip	2
11.6.	9 Ben	16 Zip	3

1964			
Greg.	Tzolkin	Haab	H.d.N
12.6.	10 Ix	17 Zip	4
13.6.	11 Men	18 Zip	5
14.6.	12 Cib	19 Zip	6
15.6.	13 Cabán	0 Zotz	7
16.6.	1 Edznab	1 Zotz	8
17.6.	2 Cauac	2 Zotz	9
18.6.	3 Ahau	3 Zotz	1
19.6.	4 Imix	4 Zotz	2
20.6.	5 Ik	5 Zotz	3
21.6.	6 Akbal	6 Zotz	4
22.6.	7 Kan	7 Zotz	5
23.6.	8 Chicchan	8 Zotz	6
24.6.	9 Cimi	9 Zotz	7
25.6.	10 Manik	10 Zotz	8
26.6.	11 Lamat	11 Zotz	9
27.6.	12 Muluc	12 Zotz	1
28.6.	13 Oc	13 Zotz	2
29.6.	1 Chuen	14 Zotz	3
30.6.	2 Eb	15 Zotz	4
1.7.	3 Ben	16 Zotz	5
2.7.	4 Ix	17 Zotz	6
3.7.	5 Men	18 Zotz	7
4.7.	6 Cib	19 Zotz	8
5.7.	7 Cabán	0 Tzec	9
6.7.	8 Edznab	1 Tzec	1
7.7.	9 Cauac	2 Tzec	2
8.7.	10 Ahau	3 Tzec	3
9.7.	11 Imix	4 Tzec	4
10.7.	12 Ik	5 Tzec	5
11.7.	13 Akbal	6 Tzec	6
12.7.	1 Kan	7 Tzec	7
13.7.	2 Chicchan	8 Tzec	8
14.7.	3 Cimi	9 Tzec	9
15.7.	4 Manik	10 Tzec	1
16.7.	5 Lamat	11 Tzec	2
17.7.	6 Muluc	12 Tzec	3
18.7.	7 Oc	13 Tzec	4
19.7.	8 Chuen	14 Tzec	5
20.7.	9 Eb	15 Tzec	6

1964			
Greg.	Tzolkin	Haab	H.d.N
21.7.	10 Ben	16 Tzec	7
22.7.	11 Ix	17 Tzec	8
23.7.	12 Men	18 Tzec	9
24.7.	13 Cib	19 Tzec	1
25.7.	1 Cabán	0 Xul	2
26.7.	2 Edznab	1 Xul	3
27.7.	3 Cauac	2 Xul	4
28.7.	4 Ahau	3 Xul	5
29.7.	5 Imix	4 Xul	6
30.7.	6 Ik	5 Xul	7
31.7.	7 Akbal	6 Xul	8
1.8.	8 Kan	7 Xul	9
2.8.	9 Chicchan	8 Xul	1
3.8.	10 Cimi	9 Xul	2
4.8.	11 Manik	10 Xul	3
5.8.	12 Lamat	11 Xul	4
6.8.	13 Muluc	12 Xul	5
7.8.	1 Oc	13 Xul	6
8.8.	2 Chuen	14 Xul	7
9.8.	3 Eb	15 Xul	8
10.8.	4 Ben	16 Xul	9
11.8.	5 Ix	17 Xul	1
12.8.	6 Men	18 Xul	2
13.8.	7 Cib	19 Xul	3
14.8.	8 Cabán	0 Yaxkin	4
15.8.	9 Edznab	1 Yaxkin	5
16.8.	10 Cauac	2 Yaxkin	6
17.8.	11 Ahau	3 Yaxkin	7
18.8.	12 Imix	4 Yaxkin	8
19.8.	13 Ik	5 Yaxkin	9
20.8.	1 Akbal	6 Yaxkin	1
21.8.	2 Kan	7 Yaxkin	2
22.8.	3 Chicchan	8 Yaxkin	3
23.8.	4 Cimi	9 Yaxkin	4
24.8.	5 Manik	10 Yaxkin	5
25.8.	6 Lamat	11 Yaxkin	6
26.8.	7 Muluc	12 Yaxkin	7
27.8.	8 Oc	13 Yaxkin	8
28.8.	9 Chuen	14 Yaxkin	9

1964			
Greg.	Tzolkin	Haab	H.d.N
29.8.	10 Eb	15 Yaxkin	1
30.8.	11 Ben	16 Yaxkin	2
31.8.	12 Ix	17 Yaxkin	3
1.9.	13 Men	18 Yaxkin	4
2.9.	1 Cib	19 Yaxkin	5
3.9.	2 Cabán	0 Mol	6
4.9.	3 Edznab	1 Mol	7
5.9.	4 Cauac	2 Mol	8
6.9.	5 Ahau	3 Mol	9
7.9.	6 Imix	4 Mol	1
8.9.	7 Ik	5 Mol	2
9.9.	8 Akbal	6 Mol	3
10.9.	9 Kan	7 Mol	4
11.9.	10 Chicchan	8 Mol	5
12.9.	11 Cimi	9 Mol	6
13.9.	12 Manik	10 Mol	7
14.9.	13 Lamat	11 Mol	8
15.9.	1 Muluc	12 Mol	9
16.9.	2 Oc	13 Mol	1
17.9.	3 Chuen	14 Mol	2
18.9.	4 Eb	15 Mol	3
19.9.	5 Ben	16 Mol	4
20.9.	6 Ix	17 Mol	5
21.9.	7 Men	18 Mol	6
22.9.	8 Cib	19 Mol	7
23.9.	9 Cabán	0 Chen	8
24.9.	10 Edznab	1 Chen	9
25.9.	11 Cauac	2 Chen	1
26.9.	12 Ahau	3 Chen	2
27.9.	13 Imix	4 Chen	3
28.9.	1 Ik	5 Chen	4
29.9.	2 Akbal	6 Chen	5
30.9.	3 Kan	7 Chen	6
1.10.	4 Chicchan	8 Chen	7
2.10.	5 Cimi	9 Chen	8
3.10.	6 Manik	10 Chen	9
4.10.	7 Lamat	11 Chen	1
5.10.	8 Muluc	12 Chen	2
6.10.	9 Oc	13 Chen	3

1964			
Greg.	Tzolkin	Haab	H.d.N
7.10.	10 Chuen	14 Chen	4
8.10.	11 Eb	15 Chen	5
9.10.	12 Ben	16 Chen	6
10.10.	13 Ix	17 Chen	7
11.10.	1 Men	18 Chen	8
12.10.	2 Cib	19 Chen	9
13.10.	3 Cabán	0 Yax	1
14.10.	4 Edznab	1 Yax	2
15.10.	5 Cauac	2 Yax	3
16.10.	6 Ahau	3 Yax	4
17.10.	7 Imix	4 Yax	5
18.10.	8 Ik	5 Yax	6
19.10.	9 Akbal	6 Yax	7
20.10.	10 Kan	7 Yax	8
21.10.	11 Chicchan	8 Yax	9
22.10.	12 Cimi	9 Yax	1
23.10.	13 Manik	10 Yax	2
24.10.	1 Lamat	11 Yax	3
25.10.	2 Muluc	12 Yax	4
26.10.	3 Oc	13 Yax	5
27.10.	4 Chuen	14 Yax	6
28.10.	5 Eb	15 Yax	7
29.10.	6 Ben	16 Yax	8
30.10.	7 Ix	17 Yax	9
31.10.	8 Men	18 Yax	1
1.11.	9 Cib	19 Yax	2
2.11.	10 Cabán	0 Zac	3
3.11.	11 Edznab	1 Zac	4
4.11.	12 Cauac	2 Zac	5
5.11.	13 Ahau	3 Zac	6
6.11.	1 Imix	4 Zac	7
7.11.	2 Ik	5 Zac	8
8.11.	3 Akbal	6 Zac	9
9.11.	4 Kan	7 Zac	1
10.11.	5 Chicchan	8 Zac	2
11.11.	6 Cimi	9 Zac	3
12.11.	7 Manik	10 Zac	4
13.11.	8 Lamat	11 Zac	5
14.11.	9 Muluc	12 Zac	6

1964			
Greg.	Tzolkin	Haab	H.d.N
15.11.	10 Oc	13 Zac	7
16.11.	11 Chuen	14 Zac	8
17.11.	12 Eb	15 Zac	9
18.11.	13 Ben	16 Zac	1
19.11.	1 Ix	17 Zac	2
20.11.	2 Men	18 Zac	3
21.11.	3 Cib	19 Zac	4
22.11.	4 Cabán	0 Ceh	5
23.11.	5 Edznab	1 Ceh	6
24.11.	6 Cauac	2 Ceh	7
25.11.	7 Ahau	3 Ceh	8
26.11.	8 Imix	4 Ceh	9
27.11.	9 Ik	5 Ceh	1
28.11.	10 Akbal	6 Ceh	2
29.11.	11 Kan	7 Ceh	3
30.11.	12 Chicchan	8 Ceh	4
1.12.	13 Cimi	9 Ceh	5
2.12.	1 Manik	10 Ceh	6
3.12.	2 Lamat	11 Ceh	7
4.12.	3 Muluc	12 Ceh	8
5.12.	4 Oc	13 Ceh	9
6.12.	5 Chuen	14 Ceh	1
7.12.	6 Eb	15 Ceh	2
8.12.	7 Ben	16 Ceh	3
9.12.	8 Ix	17 Ceh	4
10.12.	9 Men	18 Ceh	5
11.12.	10 Cib	19 Ceh	6
12.12.	11 Cabán	0 Mac	7
13.12.	12 Edznab	1 Mac	8
14.12.	13 Cauac	2 Mac	9
15.12.	1 Ahau	3 Mac	1
16.12.	2 Imix	4 Mac	2
17.12.	3 Ik	5 Mac	3
18.12.	4 Akbal	6 Mac	4
19.12.	5 Kan	7 Mac	5
20.12.	6 Chicchan	8 Mac	6
21.12.	7 Cimi	9 Mac	7
22.12.	8 Manik	10 Mac	8
23.12.	9 Lamat	11 Mac	9

1964			
Greg.	Tzolkin	Haab	H.d.N
24.12.	10 Muluc	12 Mac	1
25.12.	11 Oc	13 Mac	2
26.12.	12 Chuen	14 Mac	3
27.12.	13 Eb	15 Mac	4
28.12.	1 Ben	16 Mac	5
29.12.	2 Ix	17 Mac	6
30.12.	3 Men	18 Mac	7
31.12.	4 Cib	19 Mac	8

1965			
Greg.	Tzolkin	Haab	H.d.N
1.1.	5 Cabán	0 Kankin	9
2.1.	6 Edznab	1 Kankin	1
3.1.	7 Cauac	2 Kankin	2
4.1.	8 Ahau	3 Kankin	3
5.1.	9 Imix	4 Kankin	4
6.1.	10 Ik	5 Kankin	5
7.1.	11 Akbal	6 Kankin	6
8.1.	12 Kan	7 Kankin	7
9.1.	13 Chicchan	8 Kankin	8
10.1.	1 Cimi	9 Kankin	9
11.1.	2 Manik	10 Kankin	1
12.1.	3 Lamat	11 Kankin	2
13.1.	4 Muluc	12 Kankin	3
14.1.	5 Oc	13 Kankin	4
15.1.	6 Chuen	14 Kankin	5
16.1.	7 Eb	15 Kankin	6
17.1.	8 Ben	16 Kankin	7
18.1.	9 Ix	17 Kankin	8
19.1.	10 Men	18 Kankin	9
20.1.	11 Cib	19 Kankin	1
21.1.	12 Cabán	0 Muan	2
22.1.	13 Edznab	1 Muan	3
23.1.	1 Cauac	2 Muan	4
24.1.	2 Ahau	3 Muan	5
25.1.	3 Imix	4 Muan	6
26.1.	4 Ik	5 Muan	7
27.1.	5 Akbal	6 Muan	8
28.1.	6 Kan	7 Muan	9
29.1.	7 Chicchan	8 Muan	1

1965			
Greg.	Tzolkin	Haab	H.d.N
30.1.	8 Cimi	9 Muan	2
31.1.	9 Manik	10 Muan	3
1.2.	10 Lamat	11 Muan	4
2.2.	11 Muluc	12 Muan	5
3.2.	12 Oc	13 Muan	6
4.2.	13 Chuen	14 Muan	7
5.2.	1 Eb	15 Muan	8
6.2.	2 Ben	16 Muan	9
7.2.	3 Ix	17 Muan	1
8.2.	4 Men	18 Muan	2
9.2.	5 Cib	19 Muan	3
10.2.	6 Cabán	0 Pax	4
11.2.	7 Edznab	1 Pax	5
12.2.	8 Cauac	2 Pax	6
13.2.	9 Ahau	3 Pax	7
14.2.	10 Imix	4 Pax	8
15.2.	11 Ik	5 Pax	9
16.2.	12 Akbal	6 Pax	1
17.2.	13 Kan	7 Pax	2
18.2.	1 Chicchan	8 Pax	3
19.2.	2 Cimi	9 Pax	4
20.2.	3 Manik	10 Pax	5
21.2.	4 Lamat	11 Pax	6
22.2.	5 Muluc	12 Pax	7
23.2.	6 Oc	13 Pax	8
24.2.	7 Chuen	14 Pax	9
25.2.	8 Eb	15 Pax	1
26.2.	9 Ben	16 Pax	2
27.2.	10 Ix	17 Pax	3
28.2.	11 Men	18 Pax	4
1.3.	12 Cib	19 Pax	5
2.3.	13 Cabán	0 Kayab	6
3.3.	1 Edznab	1 Kayab	7
4.3.	2 Cauac	2 Kayab	8
5.3.	3 Ahau	3 Kayab	9
6.3.	4 Imix	4 Kayab	1
7.3.	5 Ik	5 Kayab	2
8.3.	6 Akbal	6 Kayab	3
9.3.	7 Kan	7 Kayab	4

1965			
Greg.	Tzolkin	Haab	H.d.N
10.3.	8 Chicchan	8 Kayab	5
11.3.	9 Cimi	9 Kayab	6
12.3.	10 Manik	10 Kayab	7
13.3.	11 Lamat	11 Kayab	8
14.3.	12 Muluc	12 Kayab	9
15.3.	13 Oc	13 Kayab	1
16.3.	1 Chuen	14 Kayab	2
17.3.	2 Eb	15 Kayab	3
18.3.	3 Ben	16 Kayab	4
19.3.	4 Ix	17 Kayab	5
20.3.	5 Men	18 Kayab	6
21.3.	6 Cib	19 Kayab	7
22.3.	7 Cabán	0 Cumku	8
23.3.	8 Edznab	1 Cumku	9
24.3.	9 Cauac	2 Cumku	1
25.3.	10 Ahau	3 Cumku	2
26.3.	11 Imix	4 Cumku	3
27.3.	12 Ik	5 Cumku	4
28.3.	13 Akbal	6 Cumku	5
29.3.	1 Kan	7 Cumku	6
30.3.	2 Chicchan	8 Cumku	7
31.3.	3 Cimi	9 Cumku	8
1.4.	4 Manik	10 Cumku	9
2.4.	5 Lamat	11 Cumku	1
3.4.	6 Muluc	12 Cumku	2
4.4.	7 Oc	13 Cumku	3
5.4.	8 Chuen	14 Cumku	4
6.4.	9 Eb	15 Cumku	5
7.4.	10 Ben	16 Cumku	6
8.4.	11 Ix	17 Cumku	7
9.4.	12 Men	18 Cumku	8
10.4.	13 Cib	19 Cumku	9
11.4.	1 Cabán	0 Uayeb	1
12.4.	2 Edznab	1 Uayeb	2
13.4.	3 Cauac	2 Uayeb	3
14.4.	4 Ahau	3 Uayeb	4
15.4.	5 Imix	4 Uayeb	5
16.4.	**6 Ik**	**0 Pop**	**6**
17.4.	7 Akbal	1 Pop	7

1965			
Greg.	Tzolkin	Haab	H.d.N
18.4.	8 Kan	2 Pop	8
19.4.	9 Chicchan	3 Pop	9
20.4.	10 Cimi	4 Pop	1
21.4.	11 Manik	5 Pop	2
22.4.	12 Lamat	6 Pop	3
23.4.	13 Muluc	7 Pop	4
24.4.	1 Oc	8 Pop	5
25.4.	2 Chuen	9 Pop	6
26.4.	3 Eb	10 Pop	7
27.4.	4 Ben	11 Pop	8
28.4.	5 Ix	12 Pop	9
29.4.	6 Men	13 Pop	1
30.4.	7 Cib	14 Pop	2
1.5.	8 Cabán	15 Pop	3
2.5.	9 Edznab	16 Pop	4
3.5.	10 Cauac	17 Pop	5
4.5.	11 Ahau	18 Pop	6
5.5.	12 Imix	19 Pop	7
6.5.	13 Ik	0 Uo	8
7.5.	1 Akbal	1 Uo	9
8.5.	2 Kan	2 Uo	1
9.5.	3 Chicchan	3 Uo	2
10.5.	4 Cimi	4 Uo	3
11.5.	5 Manik	5 Uo	4
12.5.	6 Lamat	6 Uo	5
13.5.	7 Muluc	7 Uo	6
14.5.	8 Oc	8 Uo	7
15.5.	9 Chuen	9 Uo	8
16.5.	10 Eb	10 Uo	9
17.5.	11 Ben	11 Uo	1
18.5.	12 Ix	12 Uo	2
19.5.	13 Men	13 Uo	3
20.5.	1 Cib	14 Uo	4
21.5.	2 Cabán	15 Uo	5
22.5.	3 Edznab	16 Uo	6
23.5.	4 Cauac	17 Uo	7
24.5.	5 Ahau	18 Uo	8
25.5.	6 Imix	19 Uo	9
26.5.	7 Ik	0 Zip	1

1965			
Greg.	Tzolkin	Haab	H.d.N
27.5.	8 Akbal	1 Zip	2
28.5.	9 Kan	2 Zip	3
29.5.	10 Chicchan	3 Zip	4
30.5.	11 Cimi	4 Zip	5
31.5.	12 Manik	5 Zip	6
1.6.	13 Lamat	6 Zip	7
2.6.	1 Muluc	7 Zip	8
3.6.	2 Oc	8 Zip	9
4.6.	3 Chuen	9 Zip	1
5.6.	4 Eb	10 Zip	2
6.6.	5 Ben	11 Zip	3
7.6.	6 Ix	12 Zip	4
8.6.	7 Men	13 Zip	5
9.6.	8 Cib	14 Zip	6
10.6.	9 Cabán	15 Zip	7
11.6.	10 Edznab	16 Zip	8
12.6.	11 Cauac	17 Zip	9
13.6.	12 Ahau	18 Zip	1
14.6.	13 Imix	19 Zip	2
15.6.	1 Ik	0 Zotz	3
16.6.	2 Akbal	1 Zotz	4
17.6.	3 Kan	2 Zotz	5
18.6.	4 Chicchan	3 Zotz	6
19.6.	5 Cimi	4 Zotz	7
20.6.	6 Manik	5 Zotz	8
21.6.	7 Lamat	6 Zotz	9
22.6.	8 Muluc	7 Zotz	1
23.6.	9 Oc	8 Zotz	2
24.6.	10 Chuen	9 Zotz	3
25.6.	11 Eb	10 Zotz	4
26.6.	12 Ben	11 Zotz	5
27.6.	13 Ix	12 Zotz	6
28.6.	1 Men	13 Zotz	7
29.6.	2 Cib	14 Zotz	8
30.6.	3 Cabán	15 Zotz	9
1.7.	4 Edznab	16 Zotz	1
2.7.	5 Cauac	17 Zotz	2
3.7.	6 Ahau	18 Zotz	3
4.7.	7 Imix	19 Zotz	4

1965			
Greg.	Tzolkin	Haab	H.d.N
5.7.	8 Ik	0 Tzec	5
6.7.	9 Akbal	1 Tzec	6
7.7.	10 Kan	2 Tzec	7
8.7.	11 Chicchan	3 Tzec	8
9.7.	12 Cimi	4 Tzec	9
10.7.	13 Manik	5 Tzec	1
11.7.	1 Lamat	6 Tzec	2
12.7.	2 Muluc	7 Tzec	3
13.7.	3 Oc	8 Tzec	4
14.7.	4 Chuen	9 Tzec	5
15.7.	5 Eb	10 Tzec	6
16.7.	6 Ben	11 Tzec	7
17.7.	7 Ix	12 Tzec	8
18.7.	8 Men	13 Tzec	9
19.7.	9 Cib	14 Tzec	1
20.7.	10 Cabán	15 Tzec	2
21.7.	11 Edznab	16 Tzec	3
22.7.	12 Cauac	17 Tzec	4
23.7.	13 Ahau	18 Tzec	5
24.7.	1 Imix	19 Tzec	6
25.7.	2 Ik	0 Xul	7
26.7.	3 Akbal	1 Xul	8
27.7.	4 Kan	2 Xul	9
28.7.	5 Chicchan	3 Xul	1
29.7.	6 Cimi	4 Xul	2
30.7.	7 Manik	5 Xul	3
31.7.	8 Lamat	6 Xul	4
1.8.	9 Muluc	7 Xul	5
2.8.	10 Oc	8 Xul	6
3.8.	11 Chuen	9 Xul	7
4.8.	12 Eb	10 Xul	8
5.8.	13 Ben	11 Xul	9
6.8.	1 Ix	12 Xul	1
7.8.	2 Men	13 Xul	2
8.8.	3 Cib	14 Xul	3
9.8.	4 Cabán	15 Xul	4
10.8.	5 Edznab	16 Xul	5
11.8.	6 Cauac	17 Xul	6
12.8.	7 Ahau	18 Xul	7

1965			
Greg.	Tzolkin	Haab	H.d.N
13.8.	8 Imix	19 Xul	8
14.8.	9 Ik	0 Yaxkin	9
15.8.	10 Akbal	1 Yaxkin	1
16.8.	11 Kan	2 Yaxkin	2
17.8.	12 Chicchan	3 Yaxkin	3
18.8.	13 Cimi	4 Yaxkin	4
19.8.	1 Manik	5 Yaxkin	5
20.8.	2 Lamat	6 Yaxkin	6
21.8.	3 Muluc	7 Yaxkin	7
22.8.	4 Oc	8 Yaxkin	8
23.8.	5 Chuen	9 Yaxkin	9
24.8.	6 Eb	10 Yaxkin	1
25.8.	7 Ben	11 Yaxkin	2
26.8.	8 Ix	12 Yaxkin	3
27.8.	9 Men	13 Yaxkin	4
28.8.	10 Cib	14 Yaxkin	5
29.8.	11 Cabán	15 Yaxkin	6
30.8.	12 Edznab	16 Yaxkin	7
31.8.	13 Cauac	17 Yaxkin	8
1.9.	1 Ahau	18 Yaxkin	9
2.9.	2 Imix	19 Yaxkin	1
3.9.	3 Ik	0 Mol	2
4.9.	4 Akbal	1 Mol	3
5.9.	5 Kan	2 Mol	4
6.9.	6 Chicchan	3 Mol	5
7.9.	7 Cimi	4 Mol	6
8.9.	8 Manik	5 Mol	7
9.9.	9 Lamat	6 Mol	8
10.9.	10 Muluc	7 Mol	9
11.9.	11 Oc	8 Mol	1
12.9.	12 Chuen	9 Mol	2
13.9.	13 Eb	10 Mol	3
14.9.	1 Ben	11 Mol	4
15.9.	2 Ix	12 Mol	5
16.9.	3 Men	13 Mol	6
17.9.	4 Cib	14 Mol	7
18.9.	5 Cabán	15 Mol	8
19.9.	6 Edznab	16 Mol	9
20.9.	7 Cauac	17 Mol	1

1965			
Greg.	Tzolkin	Haab	H.d.N
21.9.	8 Ahau	18 Mol	2
22.9.	9 Imix	19 Mol	3
23.9.	10 Ik	0 Chen	4
24.9.	11 Akbal	1 Chen	5
25.9.	12 Kan	2 Chen	6
26.9.	13 Chicchan	3 Chen	7
27.9.	1 Cimi	4 Chen	8
28.9.	2 Manik	5 Chen	9
29.9.	3 Lamat	6 Chen	1
30.9.	4 Muluc	7 Chen	2
1.10.	5 Oc	8 Chen	3
2.10.	6 Chuen	9 Chen	4
3.10.	7 Eb	10 Chen	5
4.10.	8 Ben	11 Chen	6
5.10.	9 Ix	12 Chen	7
6.10.	10 Men	13 Chen	8
7.10.	11 Cib	14 Chen	9
8.10.	12 Cabán	15 Chen	1
9.10.	13 Edznab	16 Chen	2
10.10.	1 Cauac	17 Chen	3
11.10.	2 Ahau	18 Chen	4
12.10.	3 Imix	19 Chen	5
13.10.	4 Ik	0 Yax	6
14.10.	5 Akbal	1 Yax	7
15.10.	6 Kan	2 Yax	8
16.10.	7 Chicchan	3 Yax	9
17.10.	8 Cimi	4 Yax	1
18.10.	9 Manik	5 Yax	2
19.10.	10 Lamat	6 Yax	3
20.10.	11 Muluc	7 Yax	4
21.10.	12 Oc	8 Yax	5
22.10.	13 Chuen	9 Yax	6
23.10.	1 Eb	10 Yax	7
24.10.	2 Ben	11 Yax	8
25.10.	3 Ix	12 Yax	9
26.10.	4 Men	13 Yax	1
27.10.	5 Cib	14 Yax	2
28.10.	6 Cabán	15 Yax	3
29.10.	7 Edznab	16 Yax	4

1965			
Greg.	Tzolkin	Haab	H.d.N
30.10.	8 Cauac	17 Yax	5
31.10.	9 Ahau	18 Yax	6
1.11.	10 Imix	19 Yax	7
2.11.	11 Ik	0 Zac	8
3.11.	12 Akbal	1 Zac	9
4.11.	13 Kan	2 Zac	1
5.11.	1 Chicchan	3 Zac	2
6.11.	2 Cimi	4 Zac	3
7.11.	3 Manik	5 Zac	4
8.11.	4 Lamat	6 Zac	5
9.11.	5 Muluc	7 Zac	6
10.11.	6 Oc	8 Zac	7
11.11.	7 Chuen	9 Zac	8
12.11.	8 Eb	10 Zac	9
13.11.	9 Ben	11 Zac	1
14.11.	10 Ix	12 Zac	2
15.11.	11 Men	13 Zac	3
16.11.	12 Cib	14 Zac	4
17.11.	13 Cabán	15 Zac	5
18.11.	1 Edznab	16 Zac	6
19.11.	2 Cauac	17 Zac	7
20.11.	3 Ahau	18 Zac	8
21.11.	4 Imix	19 Zac	9
22.11.	5 Ik	0 Ceh	1
23.11.	6 Akbal	1 Ceh	2
24.11.	7 Kan	2 Ceh	3
25.11.	8 Chicchan	3 Ceh	4
26.11.	9 Cimi	4 Ceh	5
27.11.	10 Manik	5 Ceh	6
28.11.	11 Lamat	6 Ceh	7
29.11.	12 Muluc	7 Ceh	8
30.11.	13 Oc	8 Ceh	9
1.12.	1 Chuen	9 Ceh	1
2.12.	2 Eb	10 Ceh	2
3.12.	3 Ben	11 Ceh	3
4.12.	4 Ix	12 Ceh	4
5.12.	5 Men	13 Ceh	5
6.12.	6 Cib	14 Ceh	6
7.12.	7 Cabán	15 Ceh	7

1965			
Greg.	Tzolkin	Haab	H.d.N
8.12.	8 Edznab	16 Ceh	8
9.12.	9 Cauac	17 Ceh	9
10.12.	10 Ahau	18 Ceh	1
11.12.	11 Imix	19 Ceh	2
12.12.	12 Ik	0 Mac	3
13.12.	13 Akbal	1 Mac	4
14.12.	1 Kan	2 Mac	5
15.12.	2 Chicchan	3 Mac	6
16.12.	3 Cimi	4 Mac	7
17.12.	4 Manik	5 Mac	8
18.12.	5 Lamat	6 Mac	9
19.12.	6 Muluc	7 Mac	1
20.12.	7 Oc	8 Mac	2
21.12.	8 Chuen	9 Mac	3
22.12.	9 Eb	10 Mac	4
23.12.	10 Ben	11 Mac	5
24.12.	11 Ix	12 Mac	6
25.12.	12 Men	13 Mac	7
26.12.	13 Cib	14 Mac	8
27.12.	1 Cabán	15 Mac	9
28.12.	2 Edznab	16 Mac	1
29.12.	3 Cauac	17 Mac	2
30.12.	4 Ahau	18 Mac	3
31.12.	5 Imix	19 Mac	4

1966			
Greg.	Tzolkin	Haab	H.d.N
1.1.	6 Ik	0 Kankin	5
2.1.	7 Akbal	1 Kankin	6
3.1.	8 Kan	2 Kankin	7
4.1.	9 Chicchan	3 Kankin	8
5.1.	10 Cimi	4 Kankin	9
6.1.	11 Manik	5 Kankin	1
7.1.	12 Lamat	6 Kankin	2
8.1.	13 Muluc	7 Kankin	3
9.1.	1 Oc	8 Kankin	4
10.1.	2 Chuen	9 Kankin	5
11.1.	3 Eb	10 Kankin	6
12.1.	4 Ben	11 Kankin	7
13.1.	5 Ix	12 Kankin	8

1966			
Greg.	Tzolkin	Haab	H.d.N
14.1.	6 Men	13 Kankin	9
15.1.	7 Cib	14 Kankin	1
16.1.	8 Cabán	15 Kankin	2
17.1.	9 Edznab	16 Kankin	3
18.1.	10 Cauac	17 Kankin	4
19.1.	11 Ahau	18 Kankin	5
20.1.	12 Imix	19 Kankin	6
21.1.	13 Ik	0 Muan	7
22.1.	1 Akbal	1 Muan	8
23.1.	2 Kan	2 Muan	9
24.1.	3 Chicchan	3 Muan	1
25.1.	4 Cimi	4 Muan	2
26.1.	5 Manik	5 Muan	3
27.1.	6 Lamat	6 Muan	4
28.1.	7 Muluc	7 Muan	5
29.1.	8 Oc	8 Muan	6
30.1.	9 Chuen	9 Muan	7
31.1.	10 Eb	10 Muan	8
1.2.	11 Ben	11 Muan	9
2.2.	12 Ix	12 Muan	1
3.2.	13 Men	13 Muan	2
4.2.	1 Cib	14 Muan	3
5.2.	2 Cabán	15 Muan	4
6.2.	3 Edznab	16 Muan	5
7.2.	4 Cauac	17 Muan	6
8.2.	5 Ahau	18 Muan	7
9.2.	6 Imix	19 Muan	8
10.2.	7 Ik	0 Pax	9
11.2.	8 Akbal	1 Pax	1
12.2.	9 Kan	2 Pax	2
13.2.	10 Chicchan	3 Pax	3
14.2.	11 Cimi	4 Pax	4
15.2.	12 Manik	5 Pax	5
16.2.	13 Lamat	6 Pax	6
17.2.	1 Muluc	7 Pax	7
18.2.	2 Oc	8 Pax	8
19.2.	3 Chuen	9 Pax	9
20.2.	4 Eb	10 Pax	1
21.2.	5 Ben	11 Pax	2

1966			
Greg.	Tzolkin	Haab	H.d.N
22.2.	6 Ix	12 Pax	3
23.2.	7 Men	13 Pax	4
24.2.	8 Cib	14 Pax	5
25.2.	9 Cabán	15 Pax	6
26.2.	10 Edznab	16 Pax	7
27.2.	11 Cauac	17 Pax	8
28.2.	12 Ahau	18 Pax	9
1.3.	13 Imix	19 Pax	1
2.3.	1 Ik	0 Kayab	2
3.3.	2 Akbal	1 Kayab	3
4.3.	3 Kan	2 Kayab	4
5.3.	4 Chicchan	3 Kayab	5
6.3.	5 Cimi	4 Kayab	6
7.3.	6 Manik	5 Kayab	7
8.3.	7 Lamat	6 Kayab	8
9.3.	8 Muluc	7 Kayab	9
10.3.	9 Oc	8 Kayab	1
11.3.	10 Chuen	9 Kayab	2
12.3.	11 Eb	10 Kayab	3
13.3.	12 Ben	11 Kayab	4
14.3.	13 Ix	12 Kayab	5
15.3.	1 Men	13 Kayab	6
16.3.	2 Cib	14 Kayab	7
17.3.	3 Cabán	15 Kayab	8
18.3.	4 Edznab	16 Kayab	9
19.3.	5 Cauac	17 Kayab	1
20.3.	6 Ahau	18 Kayab	2
21.3.	7 Imix	19 Kayab	3
22.3.	8 Ik	0 Cumku	4
23.3.	9 Akbal	1 Cumku	5
24.3.	10 Kan	2 Cumku	6
25.3.	11 Chicchan	3 Cumku	7
26.3.	12 Cimi	4 Cumku	8
27.3.	13 Manik	5 Cumku	9
28.3.	1 Lamat	6 Cumku	1
29.3.	2 Muluc	7 Cumku	2
30.3.	3 Oc	8 Cumku	3
31.3.	4 Chuen	9 Cumku	4
1.4.	5 Eb	10 Cumku	5

1966			
Greg.	Tzolkin	Haab	H.d.N
2.4.	6 Ben	11 Cumku	6
3.4.	7 Ix	12 Cumku	7
4.4.	8 Men	13 Cumku	8
5.4.	9 Cib	14 Cumku	9
6.4.	10 Cabán	15 Cumku	1
7.4.	11 Edznab	16 Cumku	2
8.4.	12 Cauac	17 Cumku	3
9.4.	13 Ahau	18 Cumku	4
10.4.	1 Imix	19 Cumku	5
11.4.	2 Ik	0 Uayeb	6
12.4.	3 Akbal	1 Uayeb	7
13.4.	4 Kan	2 Uayeb	8
14.4.	5 Chicchan	3 Uayeb	9
15.4.	6 Cimi	4 Uayeb	1
16.4.	**7 Manik**	**0 Pop**	**2**
17.4.	8 Lamat	1 Pop	3
18.4.	9 Muluc	2 Pop	4
19.4.	10 Oc	3 Pop	5
20.4.	11 Chuen	4 Pop	6
21.4.	12 Eb	5 Pop	7
22.4.	13 Ben	6 Pop	8
23.4.	1 Ix	7 Pop	9
24.4.	2 Men	8 Pop	1
25.4.	3 Cib	9 Pop	2
26.4.	4 Cabán	10 Pop	3
27.4.	5 Edznab	11 Pop	4
28.4.	6 Cauac	12 Pop	5
29.4.	7 Ahau	13 Pop	6
30.4.	8 Imix	14 Pop	7
1.5.	9 Ik	15 Pop	8
2.5.	10 Akbal	16 Pop	9
3.5.	11 Kan	17 Pop	1
4.5.	12 Chicchan	18 Pop	2
5.5.	13 Cimi	19 Pop	3
6.5.	1 Manik	0 Uo	4
7.5.	2 Lamat	1 Uo	5
8.5.	3 Muluc	2 Uo	6
9.5.	4 Oc	3 Uo	7
10.5.	5 Chuen	4 Uo	8

1966			
Greg.	Tzolkin	Haab	H.d.N
11.5.	6 Eb	5 Uo	9
12.5.	7 Ben	6 Uo	1
13.5.	8 Ix	7 Uo	2
14.5.	9 Men	8 Uo	3
15.5.	10 Cib	9 Uo	4
16.5.	11 Cabán	10 Uo	5
17.5.	12 Edznab	11 Uo	6
18.5.	13 Cauac	12 Uo	7
19.5.	1 Ahau	13 Uo	8
20.5.	2 Imix	14 Uo	9
21.5.	3 Ik	15 Uo	1
22.5.	4 Akbal	16 Uo	2
23.5.	5 Kan	17 Uo	3
24.5.	6 Chicchan	18 Uo	4
25.5.	7 Cimi	19 Uo	5
26.5.	8 Manik	0 Zip	6
27.5.	9 Lamat	1 Zip	7
28.5.	10 Muluc	2 Zip	8
29.5.	11 Oc	3 Zip	9
30.5.	12 Chuen	4 Zip	1
31.5.	13 Eb	5 Zip	2
1.6.	1 Ben	6 Zip	3
2.6.	2 Ix	7 Zip	4
3.6.	3 Men	8 Zip	5
4.6.	4 Cib	9 Zip	6
5.6.	5 Cabán	10 Zip	7
6.6.	6 Edznab	11 Zip	8
7.6.	7 Cauac	12 Zip	9
8.6.	8 Ahau	13 Zip	1
9.6.	9 Imix	14 Zip	2
10.6.	10 Ik	15 Zip	3
11.6.	11 Akbal	16 Zip	4
12.6.	12 Kan	17 Zip	5
13.6.	13 Chicchan	18 Zip	6
14.6.	1 Cimi	19 Zip	7
15.6.	2 Manik	0 Zotz	8
16.6.	3 Lamat	1 Zotz	9
17.6.	4 Muluc	2 Zotz	1
18.6.	5 Oc	3 Zotz	2

1966			
Greg.	Tzolkin	Haab	H.d.N
19.6.	6 Chuen	4 Zotz	3
20.6.	7 Eb	5 Zotz	4
21.6.	8 Ben	6 Zotz	5
22.6.	9 Ix	7 Zotz	6
23.6.	10 Men	8 Zotz	7
24.6.	11 Cib	9 Zotz	8
25.6.	12 Cabán	10 Zotz	9
26.6.	13 Edznab	11 Zotz	1
27.6.	1 Cauac	12 Zotz	2
28.6.	2 Ahau	13 Zotz	3
29.6.	3 Imix	14 Zotz	4
30.6.	4 Ik	15 Zotz	5
1.7.	5 Akbal	16 Zotz	6
2.7.	6 Kan	17 Zotz	7
3.7.	7 Chicchan	18 Zotz	8
4.7.	8 Cimi	19 Zotz	9
5.7.	9 Manik	0 Tzec	1
6.7.	10 Lamat	1 Tzec	2
7.7.	11 Muluc	2 Tzec	3
8.7.	12 Oc	3 Tzec	4
9.7.	13 Chuen	4 Tzec	5
10.7.	1 Eb	5 Tzec	6
11.7.	2 Ben	6 Tzec	7
12.7.	3 Ix	7 Tzec	8
13.7.	4 Men	8 Tzec	9
14.7.	5 Cib	9 Tzec	1
15.7.	6 Cabán	10 Tzec	2
16.7.	7 Edznab	11 Tzec	3
17.7.	8 Cauac	12 Tzec	4
18.7.	9 Ahau	13 Tzec	5
19.7.	10 Imix	14 Tzec	6
20.7.	11 Ik	15 Tzec	7
21.7.	12 Akbal	16 Tzec	8
22.7.	13 Kan	17 Tzec	9
23.7.	1 Chicchan	18 Tzec	1
24.7.	2 Cimi	19 Tzec	2
25.7.	3 Manik	0 Xul	3
26.7.	4 Lamat	1 Xul	4
27.7.	5 Muluc	2 Xul	5

1966			
Greg.	Tzolkin	Haab	H.d.N
28.7.	6 Oc	3 Xul	6
29.7.	7 Chuen	4 Xul	7
30.7.	8 Eb	5 Xul	8
31.7.	9 Ben	6 Xul	9
1.8.	10 Ix	7 Xul	1
2.8.	11 Men	8 Xul	2
3.8.	12 Cib	9 Xul	3
4.8.	13 Cabán	10 Xul	4
5.8.	1 Edznab	11 Xul	5
6.8.	2 Cauac	12 Xul	6
7.8.	3 Ahau	13 Xul	7
8.8.	4 Imix	14 Xul	8
9.8.	5 Ik	15 Xul	9
10.8.	6 Akbal	16 Xul	1
11.8.	7 Kan	17 Xul	2
12.8.	8 Chicchan	18 Xul	3
13.8.	9 Cimi	19 Xul	4
14.8.	10 Manik	0 Yaxkin	5
15.8.	11 Lamat	1 Yaxkin	6
16.8.	12 Muluc	2 Yaxkin	7
17.8.	13 Oc	3 Yaxkin	8
18.8.	1 Chuen	4 Yaxkin	9
19.8.	2 Eb	5 Yaxkin	1
20.8.	3 Ben	6 Yaxkin	2
21.8.	4 Ix	7 Yaxkin	3
22.8.	5 Men	8 Yaxkin	4
23.8.	6 Cib	9 Yaxkin	5
24.8.	7 Cabán	10 Yaxkin	6
25.8.	8 Edznab	11 Yaxkin	7
26.8.	9 Cauac	12 Yaxkin	8
27.8.	10 Ahau	13 Yaxkin	9
28.8.	11 Imix	14 Yaxkin	1
29.8.	12 Ik	15 Yaxkin	2
30.8.	13 Akbal	16 Yaxkin	3
31.8.	1 Kan	17 Yaxkin	4
1.9.	2 Chicchan	18 Yaxkin	5
2.9.	3 Cimi	19 Yaxkin	6
3.9.	4 Manik	0 Mol	7
4.9.	5 Lamat	1 Mol	8

1966			
Greg.	Tzolkin	Haab	H.d.N
5.9.	6 Muluc	2 Mol	9
6.9.	7 Oc	3 Mol	1
7.9.	8 Chuen	4 Mol	2
8.9.	9 Eb	5 Mol	3
9.9.	10 Ben	6 Mol	4
10.9.	11 Ix	7 Mol	5
11.9.	12 Men	8 Mol	6
12.9.	13 Cib	9 Mol	7
13.9.	1 Cabán	10 Mol	8
14.9.	2 Edznab	11 Mol	9
15.9.	3 Cauac	12 Mol	1
16.9.	4 Ahau	13 Mol	2
17.9.	5 Imix	14 Mol	3
18.9.	6 Ik	15 Mol	4
19.9.	7 Akbal	16 Mol	5
20.9.	8 Kan	17 Mol	6
21.9.	9 Chicchan	18 Mol	7
22.9.	10 Cimi	19 Mol	8
23.9.	11 Manik	0 Chen	9
24.9.	12 Lamat	1 Chen	1
25.9.	13 Muluc	2 Chen	2
26.9.	1 Oc	3 Chen	3
27.9.	2 Chuen	4 Chen	4
28.9.	3 Eb	5 Chen	5
29.9.	4 Ben	6 Chen	6
30.9.	5 Ix	7 Chen	7
1.10.	6 Men	8 Chen	8
2.10.	7 Cib	9 Chen	9
3.10.	8 Cabán	10 Chen	1
4.10.	9 Edznab	11 Chen	2
5.10.	10 Cauac	12 Chen	3
6.10.	11 Ahau	13 Chen	4
7.10.	12 Imix	14 Chen	5
8.10.	13 Ik	15 Chen	6
9.10.	1 Akbal	16 Chen	7
10.10.	2 Kan	17 Chen	8
11.10.	3 Chicchan	18 Chen	9
12.10.	4 Cimi	19 Chen	1
13.10.	5 Manik	0 Yax	2

1966			
Greg.	Tzolkin	Haab	H.d.N
14.10.	6 Lamat	1 Yax	3
15.10.	7 Muluc	2 Yax	4
16.10.	8 Oc	3 Yax	5
17.10.	9 Chuen	4 Yax	6
18.10.	10 Eb	5 Yax	7
19.10.	11 Ben	6 Yax	8
20.10.	12 Ix	7 Yax	9
21.10.	13 Men	8 Yax	1
22.10.	1 Cib	9 Yax	2
23.10.	2 Cabán	10 Yax	3
24.10.	3 Edznab	11 Yax	4
25.10.	4 Cauac	12 Yax	5
26.10.	5 Ahau	13 Yax	6
27.10.	6 Imix	14 Yax	7
28.10.	7 Ik	15 Yax	8
29.10.	8 Akbal	16 Yax	9
30.10.	9 Kan	17 Yax	1
31.10.	10 Chicchan	18 Yax	2
1.11.	11 Cimi	19 Yax	3
2.11.	12 Manik	0 Zac	4
3.11.	13 Lamat	1 Zac	5
4.11.	1 Muluc	2 Zac	6
5.11.	2 Oc	3 Zac	7
6.11.	3 Chuen	4 Zac	8
7.11.	4 Eb	5 Zac	9
8.11.	5 Ben	6 Zac	1
9.11.	6 Ix	7 Zac	2
10.11.	7 Men	8 Zac	3
11.11.	8 Cib	9 Zac	4
12.11.	9 Cabán	10 Zac	5
13.11.	10 Edznab	11 Zac	6
14.11.	11 Cauac	12 Zac	7
15.11.	12 Ahau	13 Zac	8
16.11.	13 Imix	14 Zac	9
17.11.	1 Ik	15 Zac	1
18.11.	2 Akbal	16 Zac	2
19.11.	3 Kan	17 Zac	3
20.11.	4 Chicchan	18 Zac	4
21.11.	5 Cimi	19 Zac	5

1966			
Greg.	Tzolkin	Haab	H.d.N
22.11.	6 Manik	0 Ceh	6
23.11.	7 Lamat	1 Ceh	7
24.11.	8 Muluc	2 Ceh	8
25.11.	9 Oc	3 Ceh	9
26.11.	10 Chuen	4 Ceh	1
27.11.	11 Eb	5 Ceh	2
28.11.	12 Ben	6 Ceh	3
29.11.	13 Ix	7 Ceh	4
30.11.	1 Men	8 Ceh	5
1.12.	2 Cib	9 Ceh	6
2.12.	3 Cabán	10 Ceh	7
3.12.	4 Edznab	11 Ceh	8
4.12.	5 Cauac	12 Ceh	9
5.12.	6 Ahau	13 Ceh	1
6.12.	7 Imix	14 Ceh	2
7.12.	8 Ik	15 Ceh	3
8.12.	9 Akbal	16 Ceh	4
9.12.	10 Kan	17 Ceh	5
10.12.	11 Chicchan	18 Ceh	6
11.12.	12 Cimi	19 Ceh	7
12.12.	13 Manik	0 Mac	8
13.12.	1 Lamat	1 Mac	9
14.12.	2 Muluc	2 Mac	1
15.12.	3 Oc	3 Mac	2
16.12.	4 Chuen	4 Mac	3
17.12.	5 Eb	5 Mac	4
18.12.	6 Ben	6 Mac	5
19.12.	7 Ix	7 Mac	6
20.12.	8 Men	8 Mac	7
21.12.	9 Cib	9 Mac	8
22.12.	10 Cabán	10 Mac	9
23.12.	11 Edznab	11 Mac	1
24.12.	12 Cauac	12 Mac	2
25.12.	13 Ahau	13 Mac	3
26.12.	1 Imix	14 Mac	4
27.12.	2 Ik	15 Mac	5
28.12.	3 Akbal	16 Mac	6
29.12.	4 Kan	17 Mac	7
30.12.	5 Chicchan	18 Mac	8

<table>
</table>

1966			
Greg.	**Tzolkin**	**Haab**	**H.d.N**
31.12.	6 Cimi	19 Mac	9
1967			
Greg.	**Tzolkin**	**Haab**	**H.d.N**
1.1.	7 Manik	0 Kankin	1
2.1.	8 Lamat	1 Kankin	2
3.1.	9 Muluc	2 Kankin	3
4.1.	10 Oc	3 Kankin	4
5.1.	11 Chuen	4 Kankin	5
6.1.	12 Eb	5 Kankin	6
7.1.	13 Ben	6 Kankin	7
8.1.	1 Ix	7 Kankin	8
9.1.	2 Men	8 Kankin	9
10.1.	3 Cib	9 Kankin	1
11.1.	4 Cabán	10 Kankin	2
12.1.	5 Edznab	11 Kankin	3
13.1.	6 Cauac	12 Kankin	4
14.1.	7 Ahau	13 Kankin	5
15.1.	8 Imix	14 Kankin	6
16.1.	9 Ik	15 Kankin	7
17.1.	10 Akbal	16 Kankin	8
18.1.	11 Kan	17 Kankin	9
19.1.	12 Chicchan	18 Kankin	1
20.1.	13 Cimi	19 Kankin	2
21.1.	1 Manik	0 Muan	3
22.1.	2 Lamat	1 Muan	4
23.1.	3 Muluc	2 Muan	5
24.1.	4 Oc	3 Muan	6
25.1.	5 Chuen	4 Muan	7
26.1.	6 Eb	5 Muan	8
27.1.	7 Ben	6 Muan	9
28.1.	8 Ix	7 Muan	1
29.1.	9 Men	8 Muan	2
30.1.	10 Cib	9 Muan	3
31.1.	11 Cabán	10 Muan	4
1.2.	12 Edznab	11 Muan	5
2.2.	13 Cauac	12 Muan	6
3.2.	1 Ahau	13 Muan	7
4.2.	2 Imix	14 Muan	8
5.2.	3 Ik	15 Muan	9

1967			
Greg.	**Tzolkin**	**Haab**	**H.d.N**
6.2.	4 Akbal	16 Muan	1
7.2.	5 Kan	17 Muan	2
8.2.	6 Chicchan	18 Muan	3
9.2.	7 Cimi	19 Muan	4
10.2.	8 Manik	0 Pax	5
11.2.	9 Lamat	1 Pax	6
12.2.	10 Muluc	2 Pax	7
13.2.	11 Oc	3 Pax	8
14.2.	12 Chuen	4 Pax	9
15.2.	13 Eb	5 Pax	1
16.2.	1 Ben	6 Pax	2
17.2.	2 Ix	7 Pax	3
18.2.	3 Men	8 Pax	4
19.2.	4 Cib	9 Pax	5
20.2.	5 Cabán	10 Pax	6
21.2.	6 Edznab	11 Pax	7
22.2.	7 Cauac	12 Pax	8
23.2.	8 Ahau	13 Pax	9
24.2.	9 Imix	14 Pax	1
25.2.	10 Ik	15 Pax	2
26.2.	11 Akbal	16 Pax	3
27.2.	12 Kan	17 Pax	4
28.2.	13 Chicchan	18 Pax	5
1.3.	1 Cimi	19 Pax	6
2.3.	2 Manik	0 Kayab	7
3.3.	3 Lamat	1 Kayab	8
4.3.	4 Muluc	2 Kayab	9
5.3.	5 Oc	3 Kayab	1
6.3.	6 Chuen	4 Kayab	2
7.3.	7 Eb	5 Kayab	3
8.3.	8 Ben	6 Kayab	4
9.3.	9 Ix	7 Kayab	5
10.3.	10 Men	8 Kayab	6
11.3.	11 Cib	9 Kayab	7
12.3.	12 Cabán	10 Kayab	8
13.3.	13 Edznab	11 Kayab	9
14.3.	1 Cauac	12 Kayab	1
15.3.	2 Ahau	13 Kayab	2
16.3.	3 Imix	14 Kayab	3

1967			
Greg.	Tzolkin	Haab	H.d.N
17.3.	4 Ik	15 Kayab	4
18.3.	5 Akbal	16 Kayab	5
19.3.	6 Kan	17 Kayab	6
20.3.	7 Chicchan	18 Kayab	7
21.3.	8 Cimi	19 Kayab	8
22.3.	9 Manik	0 Cumku	9
23.3.	10 Lamat	1 Cumku	1
24.3.	11 Muluc	2 Cumku	2
25.3.	12 Oc	3 Cumku	3
26.3.	13 Chuen	4 Cumku	4
27.3.	1 Eb	5 Cumku	5
28.3.	2 Ben	6 Cumku	6
29.3.	3 Ix	7 Cumku	7
30.3.	4 Men	8 Cumku	8
31.3.	5 Cib	9 Cumku	9
1.4.	6 Cabán	10 Cumku	1
2.4.	7 Edznab	11 Cumku	2
3.4.	8 Cauac	12 Cumku	3
4.4.	9 Ahau	13 Cumku	4
5.4.	10 Imix	14 Cumku	5
6.4.	11 Ik	15 Cumku	6
7.4.	12 Akbal	16 Cumku	7
8.4.	13 Kan	17 Cumku	8
9.4.	1 Chicchan	18 Cumku	9
10.4.	2 Cimi	19 Cumku	1
11.4.	3 Manik	0 Uayeb	2
12.4.	4 Lamat	1 Uayeb	3
13.4.	5 Muluc	2 Uayeb	4
14.4.	6 Oc	3 Uayeb	5
15.4.	7 Chuen	4 Uayeb	6
16.4.	**8 Eb**	**0 Pop**	**7**
17.4.	9 Ben	1 Pop	8
18.4.	10 Ix	2 Pop	9
19.4.	11 Men	3 Pop	1
20.4.	12 Cib	4 Pop	2
21.4.	13 Cabán	5 Pop	3
22.4.	1 Edznab	6 Pop	4
23.4.	2 Cauac	7 Pop	5
24.4.	3 Ahau	8 Pop	6

1967			
Greg.	Tzolkin	Haab	H.d.N
25.4.	4 Imix	9 Pop	7
26.4.	5 Ik	10 Pop	8
27.4.	6 Akbal	11 Pop	9
28.4.	7 Kan	12 Pop	1
29.4.	8 Chicchan	13 Pop	2
30.4.	9 Cimi	14 Pop	3
1.5.	10 Manik	15 Pop	4
2.5.	11 Lamat	16 Pop	5
3.5.	12 Muluc	17 Pop	6
4.5.	13 Oc	18 Pop	7
5.5.	1 Chuen	19 Pop	8
6.5.	2 Eb	0 Uo	9
7.5.	3 Ben	1 Uo	1
8.5.	4 Ix	2 Uo	2
9.5.	5 Men	3 Uo	3
10.5.	6 Cib	4 Uo	4
11.5.	7 Cabán	5 Uo	5
12.5.	8 Edznab	6 Uo	6
13.5.	9 Cauac	7 Uo	7
14.5.	10 Ahau	8 Uo	8
15.5.	11 Imix	9 Uo	9
16.5.	12 Ik	10 Uo	1
17.5.	13 Akbal	11 Uo	2
18.5.	1 Kan	12 Uo	3
19.5.	2 Chicchan	13 Uo	4
20.5.	3 Cimi	14 Uo	5
21.5.	4 Manik	15 Uo	6
22.5.	5 Lamat	16 Uo	7
23.5.	6 Muluc	17 Uo	8
24.5.	7 Oc	18 Uo	9
25.5.	8 Chuen	19 Uo	1
26.5.	9 Eb	0 Zip	2
27.5.	10 Ben	1 Zip	3
28.5.	11 Ix	2 Zip	4
29.5.	12 Men	3 Zip	5
30.5.	13 Cib	4 Zip	6
31.5.	1 Cabán	5 Zip	7
1.6.	2 Edznab	6 Zip	8
2.6.	3 Cauac	7 Zip	9

1967			
Greg.	Tzolkin	Haab	H.d.N
3.6.	4 Ahau	8 Zip	1
4.6.	5 Imix	9 Zip	2
5.6.	6 Ik	10 Zip	3
6.6.	7 Akbal	11 Zip	4
7.6.	8 Kan	12 Zip	5
8.6.	9 Chicchan	13 Zip	6
9.6.	10 Cimi	14 Zip	7
10.6.	11 Manik	15 Zip	8
11.6.	12 Lamat	16 Zip	9
12.6.	13 Muluc	17 Zip	1
13.6.	1 Oc	18 Zip	2
14.6.	2 Chuen	19 Zip	3
15.6.	3 Eb	0 Zotz	4
16.6.	4 Ben	1 Zotz	5
17.6.	5 Ix	2 Zotz	6
18.6.	6 Men	3 Zotz	7
19.6.	7 Cib	4 Zotz	8
20.6.	8 Cabán	5 Zotz	9
21.6.	9 Edznab	6 Zotz	1
22.6.	10 Cauac	7 Zotz	2
23.6.	11 Ahau	8 Zotz	3
24.6.	12 Imix	9 Zotz	4
25.6.	13 Ik	10 Zotz	5
26.6.	1 Akbal	11 Zotz	6
27.6.	2 Kan	12 Zotz	7
28.6.	3 Chicchan	13 Zotz	8
29.6.	4 Cimi	14 Zotz	9
30.6.	5 Manik	15 Zotz	1
1.7.	6 Lamat	16 Zotz	2
2.7.	7 Muluc	17 Zotz	3
3.7.	8 Oc	18 Zotz	4
4.7.	9 Chuen	19 Zotz	5
5.7.	10 Eb	0 Tzec	6
6.7.	11 Ben	1 Tzec	7
7.7.	12 Ix	2 Tzec	8
8.7.	13 Men	3 Tzec	9
9.7.	1 Cib	4 Tzec	1
10.7.	2 Cabán	5 Tzec	2
11.7.	3 Edznab	6 Tzec	3

1967			
Greg.	Tzolkin	Haab	H.d.N
12.7.	4 Cauac	7 Tzec	4
13.7.	5 Ahau	8 Tzec	5
14.7.	6 Imix	9 Tzec	6
15.7.	7 Ik	10 Tzec	7
16.7.	8 Akbal	11 Tzec	8
17.7.	9 Kan	12 Tzec	9
18.7.	10 Chicchan	13 Tzec	1
19.7.	11 Cimi	14 Tzec	2
20.7.	12 Manik	15 Tzec	3
21.7.	13 Lamat	16 Tzec	4
22.7.	1 Muluc	17 Tzec	5
23.7.	2 Oc	18 Tzec	6
24.7.	3 Chuen	19 Tzec	7
25.7.	4 Eb	0 Xul	8
26.7.	5 Ben	1 Xul	9
27.7.	6 Ix	2 Xul	1
28.7.	7 Men	3 Xul	2
29.7.	8 Cib	4 Xul	3
30.7.	9 Cabán	5 Xul	4
31.7.	10 Edznab	6 Xul	5
1.8.	11 Cauac	7 Xul	6
2.8.	12 Ahau	8 Xul	7
3.8.	13 Imix	9 Xul	8
4.8.	1 Ik	10 Xul	9
5.8.	2 Akbal	11 Xul	1
6.8.	3 Kan	12 Xul	2
7.8.	4 Chicchan	13 Xul	3
8.8.	5 Cimi	14 Xul	4
9.8.	6 Manik	15 Xul	5
10.8.	7 Lamat	16 Xul	6
11.8.	8 Muluc	17 Xul	7
12.8.	9 Oc	18 Xul	8
13.8.	10 Chuen	19 Xul	9
14.8.	11 Eb	0 Yaxkin	1
15.8.	12 Ben	1 Yaxkin	2
16.8.	13 Ix	2 Yaxkin	3
17.8.	1 Men	3 Yaxkin	4
18.8.	2 Cib	4 Yaxkin	5
19.8.	3 Cabán	5 Yaxkin	6

1967			
Greg.	Tzolkin	Haab	H.d.N
20.8.	4 Edznab	6 Yaxkin	7
21.8.	5 Cauac	7 Yaxkin	8
22.8.	6 Ahau	8 Yaxkin	9
23.8.	7 Imix	9 Yaxkin	1
24.8.	8 Ik	10 Yaxkin	2
25.8.	9 Akbal	11 Yaxkin	3
26.8.	10 Kan	12 Yaxkin	4
27.8.	11 Chicchan	13 Yaxkin	5
28.8.	12 Cimi	14 Yaxkin	6
29.8.	13 Manik	15 Yaxkin	7
30.8.	1 Lamat	16 Yaxkin	8
31.8.	2 Muluc	17 Yaxkin	9
1.9.	3 Oc	18 Yaxkin	1
2.9.	4 Chuen	19 Yaxkin	2
3.9.	5 Eb	0 Mol	3
4.9.	6 Ben	1 Mol	4
5.9.	7 Ix	2 Mol	5
6.9.	8 Men	3 Mol	6
7.9.	9 Cib	4 Mol	7
8.9.	10 Cabán	5 Mol	8
9.9.	11 Edznab	6 Mol	9
10.9.	12 Cauac	7 Mol	1
11.9.	13 Ahau	8 Mol	2
12.9.	1 Imix	9 Mol	3
13.9.	2 Ik	10 Mol	4
14.9.	3 Akbal	11 Mol	5
15.9.	4 Kan	12 Mol	6
16.9.	5 Chicchan	13 Mol	7
17.9.	6 Cimi	14 Mol	8
18.9.	7 Manik	15 Mol	9
19.9.	8 Lamat	16 Mol	1
20.9.	9 Muluc	17 Mol	2
21.9.	10 Oc	18 Mol	3
22.9.	11 Chuen	19 Mol	4
23.9.	12 Eb	0 Chen	5
24.9.	13 Ben	1 Chen	6
25.9.	1 Ix	2 Chen	7
26.9.	2 Men	3 Chen	8
27.9.	3 Cib	4 Chen	9

1967			
Greg.	Tzolkin	Haab	H.d.N
28.9.	4 Cabán	5 Chen	1
29.9.	5 Edznab	6 Chen	2
30.9.	6 Cauac	7 Chen	3
1.10.	7 Ahau	8 Chen	4
2.10.	8 Imix	9 Chen	5
3.10.	9 Ik	10 Chen	6
4.10.	10 Akbal	11 Chen	7
5.10.	11 Kan	12 Chen	8
6.10.	12 Chicchan	13 Chen	9
7.10.	13 Cimi	14 Chen	1
8.10.	1 Manik	15 Chen	2
9.10.	2 Lamat	16 Chen	3
10.10.	3 Muluc	17 Chen	4
11.10.	4 Oc	18 Chen	5
12.10.	5 Chuen	19 Chen	6
13.10.	6 Eb	0 Yax	7
14.10.	7 Ben	1 Yax	8
15.10.	8 Ix	2 Yax	9
16.10.	9 Men	3 Yax	1
17.10.	10 Cib	4 Yax	2
18.10.	11 Cabán	5 Yax	3
19.10.	12 Edznab	6 Yax	4
20.10.	13 Cauac	7 Yax	5
21.10.	1 Ahau	8 Yax	6
22.10.	2 Imix	9 Yax	7
23.10.	3 Ik	10 Yax	8
24.10.	4 Akbal	11 Yax	9
25.10.	5 Kan	12 Yax	1
26.10.	6 Chicchan	13 Yax	2
27.10.	7 Cimi	14 Yax	3
28.10.	8 Manik	15 Yax	4
29.10.	9 Lamat	16 Yax	5
30.10.	10 Muluc	17 Yax	6
31.10.	11 Oc	18 Yax	7
1.11.	12 Chuen	19 Yax	8
2.11.	13 Eb	0 Zac	9
3.11.	1 Ben	1 Zac	1
4.11.	2 Ix	2 Zac	2
5.11.	3 Men	3 Zac	3

1967			
Greg.	Tzolkin	Haab	H.d.N
6.11.	4 Cib	4 Zac	4
7.11.	5 Cabán	5 Zac	5
8.11.	6 Edznab	6 Zac	6
9.11.	7 Cauac	7 Zac	7
10.11.	8 Ahau	8 Zac	8
11.11.	9 Imix	9 Zac	9
12.11.	10 Ik	10 Zac	1
13.11.	11 Akbal	11 Zac	2
14.11.	12 Kan	12 Zac	3
15.11.	13 Chicchan	13 Zac	4
16.11.	1 Cimi	14 Zac	5
17.11.	2 Manik	15 Zac	6
18.11.	3 Lamat	16 Zac	7
19.11.	4 Muluc	17 Zac	8
20.11.	5 Oc	18 Zac	9
21.11.	6 Chuen	19 Zac	1
22.11.	7 Eb	0 Ceh	2
23.11.	8 Ben	1 Ceh	3
24.11.	9 Ix	2 Ceh	4
25.11.	10 Men	3 Ceh	5
26.11.	11 Cib	4 Ceh	6
27.11.	12 Cabán	5 Ceh	7
28.11.	13 Edznab	6 Ceh	8
29.11.	1 Cauac	7 Ceh	9
30.11.	2 Ahau	8 Ceh	1
1.12.	3 Imix	9 Ceh	2
2.12.	4 Ik	10 Ceh	3
3.12.	5 Akbal	11 Ceh	4
4.12.	6 Kan	12 Ceh	5
5.12.	7 Chicchan	13 Ceh	6
6.12.	8 Cimi	14 Ceh	7
7.12.	9 Manik	15 Ceh	8
8.12.	10 Lamat	16 Ceh	9
9.12.	11 Muluc	17 Ceh	1
10.12.	12 Oc	18 Ceh	2
11.12.	13 Chuen	19 Ceh	3
12.12.	1 Eb	0 Mac	4
13.12.	2 Ben	1 Mac	5
14.12.	3 Ix	2 Mac	6

1967			
Greg.	Tzolkin	Haab	H.d.N
15.12.	4 Men	3 Mac	7
16.12.	5 Cib	4 Mac	8
17.12.	6 Cabán	5 Mac	9
18.12.	7 Edznab	6 Mac	1
19.12.	8 Cauac	7 Mac	2
20.12.	9 Ahau	8 Mac	3
21.12.	10 Imix	9 Mac	4
22.12.	11 Ik	10 Mac	5
23.12.	12 Akbal	11 Mac	6
24.12.	13 Kan	12 Mac	7
25.12.	1 Chicchan	13 Mac	8
26.12.	2 Cimi	14 Mac	9
27.12.	3 Manik	15 Mac	1
28.12.	4 Lamat	16 Mac	2
29.12.	5 Muluc	17 Mac	3
30.12.	6 Oc	18 Mac	4
31.12.	7 Chuen	19 Mac	5
1968			
Greg.	Tzolkin	Haab	H.d.N
1.1.	8 Eb	0 Kankin	6
2.1.	9 Ben	1 Kankin	7
3.1.	10 Ix	2 Kankin	8
4.1.	11 Men	3 Kankin	9
5.1.	12 Cib	4 Kankin	1
6.1.	13 Cabán	5 Kankin	2
7.1.	1 Edznab	6 Kankin	3
8.1.	2 Cauac	7 Kankin	4
9.1.	3 Ahau	8 Kankin	5
10.1.	4 Imix	9 Kankin	6
11.1.	5 Ik	10 Kankin	7
12.1.	6 Akbal	11 Kankin	8
13.1.	7 Kan	12 Kankin	9
14.1.	8 Chicchan	13 Kankin	1
15.1.	9 Cimi	14 Kankin	2
16.1.	10 Manik	15 Kankin	3
17.1.	11 Lamat	16 Kankin	4
18.1.	12 Muluc	17 Kankin	5
19.1.	13 Oc	18 Kankin	6
20.1.	1 Chuen	19 Kankin	7

1968			
Greg.	Tzolkin	Haab	H.d.N
21.1.	2 Eb	0 Muan	8
22.1.	3 Ben	1 Muan	9
23.1.	4 Ix	2 Muan	1
24.1.	5 Men	3 Muan	2
25.1.	6 Cib	4 Muan	3
26.1.	7 Cabán	5 Muan	4
27.1.	8 Edznab	6 Muan	5
28.1.	9 Cauac	7 Muan	6
29.1.	10 Ahau	8 Muan	7
30.1.	11 Imix	9 Muan	8
31.1.	12 Ik	10 Muan	9
1.2.	13 Akbal	11 Muan	1
2.2.	1 Kan	12 Muan	2
3.2.	2 Chicchan	13 Muan	3
4.2.	3 Cimi	14 Muan	4
5.2.	4 Manik	15 Muan	5
6.2.	5 Lamat	16 Muan	6
7.2.	6 Muluc	17 Muan	7
8.2.	7 Oc	18 Muan	8
9.2.	8 Chuen	19 Muan	9
10.2.	9 Eb	0 Pax	1
11.2.	10 Ben	1 Pax	2
12.2.	11 Ix	2 Pax	3
13.2.	12 Men	3 Pax	4
14.2.	13 Cib	4 Pax	5
15.2.	1 Cabán	5 Pax	6
16.2.	2 Edznab	6 Pax	7
17.2.	3 Cauac	7 Pax	8
18.2.	4 Ahau	8 Pax	9
19.2.	5 Imix	9 Pax	1
20.2.	6 Ik	10 Pax	2
21.2.	7 Akbal	11 Pax	3
22.2.	8 Kan	12 Pax	4
23.2.	9 Chicchan	13 Pax	5
24.2.	10 Cimi	14 Pax	6
25.2.	11 Manik	15 Pax	7
26.2.	12 Lamat	16 Pax	8
27.2.	13 Muluc	17 Pax	9
28.2.	1 Oc	18 Pax	1

1968			
Greg.	Tzolkin	Haab	H.d.N
29.2.	2 Chuen	19 Pax	2
1.3.	3 Eb	0 Kayab	3
2.3.	4 Ben	1 Kayab	4
3.3.	5 Ix	2 Kayab	5
4.3.	6 Men	3 Kayab	6
5.3.	7 Cib	4 Kayab	7
6.3.	8 Cabán	5 Kayab	8
7.3.	9 Edznab	6 Kayab	9
8.3.	10 Cauac	7 Kayab	1
9.3.	11 Ahau	8 Kayab	2
10.3.	12 Imix	9 Kayab	3
11.3.	13 Ik	10 Kayab	4
12.3.	1 Akbal	11 Kayab	5
13.3.	2 Kan	12 Kayab	6
14.3.	3 Chicchan	13 Kayab	7
15.3.	4 Cimi	14 Kayab	8
16.3.	5 Manik	15 Kayab	9
17.3.	6 Lamat	16 Kayab	1
18.3.	7 Muluc	17 Kayab	2
19.3.	8 Oc	18 Kayab	3
20.3.	9 Chuen	19 Kayab	4
21.3.	10 Eb	0 Cumku	5
22.3.	11 Ben	1 Cumku	6
23.3.	12 Ix	2 Cumku	7
24.3.	13 Men	3 Cumku	8
25.3.	1 Cib	4 Cumku	9
26.3.	2 Cabán	5 Cumku	1
27.3.	3 Edznab	6 Cumku	2
28.3.	4 Cauac	7 Cumku	3
29.3.	5 Ahau	8 Cumku	4
30.3.	6 Imix	9 Cumku	5
31.3.	7 Ik	10 Cumku	6
1.4.	8 Akbal	11 Cumku	7
2.4.	9 Kan	12 Cumku	8
3.4.	10 Chicchan	13 Cumku	9
4.4.	11 Cimi	14 Cumku	1
5.4.	12 Manik	15 Cumku	2
6.4.	13 Lamat	16 Cumku	3
7.4.	1 Muluc	17 Cumku	4

1968			
Greg.	Tzolkin	Haab	H.d.N
8.4.	2 Oc	18 Cumku	5
9.4.	3 Chuen	19 Cumku	6
10.4.	4 Eb	0 Uayeb	7
11.4.	5 Ben	1 Uayeb	8
12.4.	6 Ix	2 Uayeb	9
13.4.	7 Men	3 Uayeb	1
14.4.	8 Cib	4 Uayeb	2
15.4.	**9 Cabán**	**0 Pop**	**3**
16.4.	10 Edznab	1 Pop	4
17.4.	11 Cauac	2 Pop	5
18.4.	12 Ahau	3 Pop	6
19.4.	13 Imix	4 Pop	7
20.4.	1 Ik	5 Pop	8
21.4.	2 Akbal	6 Pop	9
22.4.	3 Kan	7 Pop	1
23.4.	4 Chicchan	8 Pop	2
24.4.	5 Cimi	9 Pop	3
25.4.	6 Manik	10 Pop	4
26.4.	7 Lamat	11 Pop	5
27.4.	8 Muluc	12 Pop	6
28.4.	9 Oc	13 Pop	7
29.4.	10 Chuen	14 Pop	8
30.4.	11 Eb	15 Pop	9
1.5.	12 Ben	16 Pop	1
2.5.	13 Ix	17 Pop	2
3.5.	1 Men	18 Pop	3
4.5.	2 Cib	19 Pop	4
5.5.	3 Cabán	0 Uo	5
6.5.	4 Edznab	1 Uo	6
7.5.	5 Cauac	2 Uo	7
8.5.	6 Ahau	3 Uo	8
9.5.	7 Imix	4 Uo	9
10.5.	8 Ik	5 Uo	1
11.5.	9 Akbal	6 Uo	2
12.5.	10 Kan	7 Uo	3
13.5.	11 Chicchan	8 Uo	4
14.5.	12 Cimi	9 Uo	5
15.5.	13 Manik	10 Uo	6
16.5.	1 Lamat	11 Uo	7

1968			
Greg.	Tzolkin	Haab	H.d.N
17.5.	2 Muluc	12 Uo	8
18.5.	3 Oc	13 Uo	9
19.5.	4 Chuen	14 Uo	1
20.5.	5 Eb	15 Uo	2
21.5.	6 Ben	16 Uo	3
22.5.	7 Ix	17 Uo	4
23.5.	8 Men	18 Uo	5
24.5.	9 Cib	19 Uo	6
25.5.	10 Cabán	0 Zip	7
26.5.	11 Edznab	1 Zip	8
27.5.	12 Cauac	2 Zip	9
28.5.	13 Ahau	3 Zip	1
29.5.	1 Imix	4 Zip	2
30.5.	2 Ik	5 Zip	3
31.5.	3 Akbal	6 Zip	4
1.6.	4 Kan	7 Zip	5
2.6.	5 Chicchan	8 Zip	6
3.6.	6 Cimi	9 Zip	7
4.6.	7 Manik	10 Zip	8
5.6.	8 Lamat	11 Zip	9
6.6.	9 Muluc	12 Zip	1
7.6.	10 Oc	13 Zip	2
8.6.	11 Chuen	14 Zip	3
9.6.	12 Eb	15 Zip	4
10.6.	13 Ben	16 Zip	5
11.6.	1 Ix	17 Zip	6
12.6.	2 Men	18 Zip	7
13.6.	3 Cib	19 Zip	8
14.6.	4 Cabán	0 Zotz	9
15.6.	5 Edznab	1 Zotz	1
16.6.	6 Cauac	2 Zotz	2
17.6.	7 Ahau	3 Zotz	3
18.6.	8 Imix	4 Zotz	4
19.6.	9 Ik	5 Zotz	5
20.6.	10 Akbal	6 Zotz	6
21.6.	11 Kan	7 Zotz	7
22.6.	12 Chicchan	8 Zotz	8
23.6.	13 Cimi	9 Zotz	9
24.6.	1 Manik	10 Zotz	1

1968			
Greg.	Tzolkin	Haab	H.d.N
25.6.	2 Lamat	11 Zotz	2
26.6.	3 Muluc	12 Zotz	3
27.6.	4 Oc	13 Zotz	4
28.6.	5 Chuen	14 Zotz	5
29.6.	6 Eb	15 Zotz	6
30.6.	7 Ben	16 Zotz	7
1.7.	8 Ix	17 Zotz	8
2.7.	9 Men	18 Zotz	9
3.7.	10 Cib	19 Zotz	1
4.7.	11 Cabán	0 Tzec	2
5.7.	12 Edznab	1 Tzec	3
6.7.	13 Cauac	2 Tzec	4
7.7.	1 Ahau	3 Tzec	5
8.7.	2 Imix	4 Tzec	6
9.7.	3 Ik	5 Tzec	7
10.7.	4 Akbal	6 Tzec	8
11.7.	5 Kan	7 Tzec	9
12.7.	6 Chicchan	8 Tzec	1
13.7.	7 Cimi	9 Tzec	2
14.7.	8 Manik	10 Tzec	3
15.7.	9 Lamat	11 Tzec	4
16.7.	10 Muluc	12 Tzec	5
17.7.	11 Oc	13 Tzec	6
18.7.	12 Chuen	14 Tzec	7
19.7.	13 Eb	15 Tzec	8
20.7.	1 Ben	16 Tzec	9
21.7.	2 Ix	17 Tzec	1
22.7.	3 Men	18 Tzec	2
23.7.	4 Cib	19 Tzec	3
24.7.	5 Cabán	0 Xul	4
25.7.	6 Edznab	1 Xul	5
26.7.	7 Cauac	2 Xul	6
27.7.	8 Ahau	3 Xul	7
28.7.	9 Imix	4 Xul	8
29.7.	10 Ik	5 Xul	9
30.7.	11 Akbal	6 Xul	1
31.7.	12 Kan	7 Xul	2
1.8.	13 Chicchan	8 Xul	3
2.8.	1 Cimi	9 Xul	4

1968			
Greg.	Tzolkin	Haab	H.d.N
3.8.	2 Manik	10 Xul	5
4.8.	3 Lamat	11 Xul	6
5.8.	4 Muluc	12 Xul	7
6.8.	5 Oc	13 Xul	8
7.8.	6 Chuen	14 Xul	9
8.8.	7 Eb	15 Xul	1
9.8.	8 Ben	16 Xul	2
10.8.	9 Ix	17 Xul	3
11.8.	10 Men	18 Xul	4
12.8.	11 Cib	19 Xul	5
13.8.	12 Cabán	0 Yaxkin	6
14.8.	13 Edznab	1 Yaxkin	7
15.8.	1 Cauac	2 Yaxkin	8
16.8.	2 Ahau	3 Yaxkin	9
17.8.	3 Imix	4 Yaxkin	1
18.8.	4 Ik	5 Yaxkin	2
19.8.	5 Akbal	6 Yaxkin	3
20.8.	6 Kan	7 Yaxkin	4
21.8.	7 Chicchan	8 Yaxkin	5
22.8.	8 Cimi	9 Yaxkin	6
23.8.	9 Manik	10 Yaxkin	7
24.8.	10 Lamat	11 Yaxkin	8
25.8.	11 Muluc	12 Yaxkin	9
26.8.	12 Oc	13 Yaxkin	1
27.8.	13 Chuen	14 Yaxkin	2
28.8.	1 Eb	15 Yaxkin	3
29.8.	2 Ben	16 Yaxkin	4
30.8.	3 Ix	17 Yaxkin	5
31.8.	4 Men	18 Yaxkin	6
1.9.	5 Cib	19 Yaxkin	7
2.9.	6 Cabán	0 Mol	8
3.9.	7 Edznab	1 Mol	9
4.9.	8 Cauac	2 Mol	1
5.9.	9 Ahau	3 Mol	2
6.9.	10 Imix	4 Mol	3
7.9.	11 Ik	5 Mol	4
8.9.	12 Akbal	6 Mol	5
9.9.	13 Kan	7 Mol	6
10.9.	1 Chicchan	8 Mol	7

1968			
Greg.	Tzolkin	Haab	H.d.N
11.9.	2 Cimi	9 Mol	8
12.9.	3 Manik	10 Mol	9
13.9.	4 Lamat	11 Mol	1
14.9.	5 Muluc	12 Mol	2
15.9.	6 Oc	13 Mol	3
16.9.	7 Chuen	14 Mol	4
17.9.	8 Eb	15 Mol	5
18.9.	9 Ben	16 Mol	6
19.9.	10 Ix	17 Mol	7
20.9.	11 Men	18 Mol	8
21.9.	12 Cib	19 Mol	9
22.9.	13 Cabán	0 Chen	1
23.9.	1 Edznab	1 Chen	2
24.9.	2 Cauac	2 Chen	3
25.9.	3 Ahau	3 Chen	4
26.9.	4 Imix	4 Chen	5
27.9.	5 Ik	5 Chen	6
28.9.	6 Akbal	6 Chen	7
29.9.	7 Kan	7 Chen	8
30.9.	8 Chicchan	8 Chen	9
1.10.	9 Cimi	9 Chen	1
2.10.	10 Manik	10 Chen	2
3.10.	11 Lamat	11 Chen	3
4.10.	12 Muluc	12 Chen	4
5.10.	13 Oc	13 Chen	5
6.10.	1 Chuen	14 Chen	6
7.10.	2 Eb	15 Chen	7
8.10.	3 Ben	16 Chen	8
9.10.	4 Ix	17 Chen	9
10.10.	5 Men	18 Chen	1
11.10.	6 Cib	19 Chen	2
12.10.	7 Cabán	0 Yax	3
13.10.	8 Edznab	1 Yax	4
14.10.	9 Cauac	2 Yax	5
15.10.	10 Ahau	3 Yax	6
16.10.	11 Imix	4 Yax	7
17.10.	12 Ik	5 Yax	8
18.10.	13 Akbal	6 Yax	9
19.10.	1 Kan	7 Yax	1

1968			
Greg.	Tzolkin	Haab	H.d.N
20.10.	2 Chicchan	8 Yax	2
21.10.	3 Cimi	9 Yax	3
22.10.	4 Manik	10 Yax	4
23.10.	5 Lamat	11 Yax	5
24.10.	6 Muluc	12 Yax	6
25.10.	7 Oc	13 Yax	7
26.10.	8 Chuen	14 Yax	8
27.10.	9 Eb	15 Yax	9
28.10.	10 Ben	16 Yax	1
29.10.	11 Ix	17 Yax	2
30.10.	12 Men	18 Yax	3
31.10.	13 Cib	19 Yax	4
1.11.	1 Cabán	0 Zac	5
2.11.	2 Edznab	1 Zac	6
3.11.	3 Cauac	2 Zac	7
4.11.	4 Ahau	3 Zac	8
5.11.	5 Imix	4 Zac	9
6.11.	6 Ik	5 Zac	1
7.11.	7 Akbal	6 Zac	2
8.11.	8 Kan	7 Zac	3
9.11.	9 Chicchan	8 Zac	4
10.11.	10 Cimi	9 Zac	5
11.11.	11 Manik	10 Zac	6
12.11.	12 Lamat	11 Zac	7
13.11.	13 Muluc	12 Zac	8
14.11.	1 Oc	13 Zac	9
15.11.	2 Chuen	14 Zac	1
16.11.	3 Eb	15 Zac	2
17.11.	4 Ben	16 Zac	3
18.11.	5 Ix	17 Zac	4
19.11.	6 Men	18 Zac	5
20.11.	7 Cib	19 Zac	6
21.11.	8 Cabán	0 Ceh	7
22.11.	9 Edznab	1 Ceh	8
23.11.	10 Cauac	2 Ceh	9
24.11.	11 Ahau	3 Ceh	1
25.11.	12 Imix	4 Ceh	2
26.11.	13 Ik	5 Ceh	3
27.11.	1 Akbal	6 Ceh	4

1968			
Greg.	Tzolkin	Haab	H.d.N
28.11.	2 Kan	7 Ceh	5
29.11.	3 Chicchan	8 Ceh	6
30.11.	4 Cimi	9 Ceh	7
1.12.	5 Manik	10 Ceh	8
2.12.	6 Lamat	11 Ceh	9
3.12.	7 Muluc	12 Ceh	1
4.12.	8 Oc	13 Ceh	2
5.12.	9 Chuen	14 Ceh	3
6.12.	10 Eb	15 Ceh	4
7.12.	11 Ben	16 Ceh	5
8.12.	12 Ix	17 Ceh	6
9.12.	13 Men	18 Ceh	7
10.12.	1 Cib	19 Ceh	8
11.12.	2 Cabán	0 Mac	9
12.12.	3 Edznab	1 Mac	1
13.12.	4 Cauac	2 Mac	2
14.12.	5 Ahau	3 Mac	3
15.12.	6 Imix	4 Mac	4
16.12.	7 Ik	5 Mac	5
17.12.	8 Akbal	6 Mac	6
18.12.	9 Kan	7 Mac	7
19.12.	10 Chicchan	8 Mac	8
20.12.	11 Cimi	9 Mac	9
21.12.	12 Manik	10 Mac	1
22.12.	13 Lamat	11 Mac	2
23.12.	1 Muluc	12 Mac	3
24.12.	2 Oc	13 Mac	4
25.12.	3 Chuen	14 Mac	5
26.12.	4 Eb	15 Mac	6
27.12.	5 Ben	16 Mac	7
28.12.	6 Ix	17 Mac	8
29.12.	7 Men	18 Mac	9
30.12.	8 Cib	19 Mac	1
31.12.	9 Cabán	0 Kankin	2

1969			
Greg.	Tzolkin	Haab	H.d.N
1.1.	10 Edznab	1 Kankin	3
2.1.	11 Cauac	2 Kankin	4
3.1.	12 Ahau	3 Kankin	5

1969			
Greg.	Tzolkin	Haab	H.d.N
4.1.	13 Imix	4 Kankin	6
5.1.	1 Ik	5 Kankin	7
6.1.	2 Akbal	6 Kankin	8
7.1.	3 Kan	7 Kankin	9
8.1.	4 Chicchan	8 Kankin	1
9.1.	5 Cimi	9 Kankin	2
10.1.	6 Manik	10 Kankin	3
11.1.	7 Lamat	11 Kankin	4
12.1.	8 Muluc	12 Kankin	5
13.1.	9 Oc	13 Kankin	6
14.1.	10 Chuen	14 Kankin	7
15.1.	11 Eb	15 Kankin	8
16.1.	12 Ben	16 Kankin	9
17.1.	13 Ix	17 Kankin	1
18.1.	1 Men	18 Kankin	2
19.1.	2 Cib	19 Kankin	3
20.1.	3 Cabán	0 Muan	4
21.1.	4 Edznab	1 Muan	5
22.1.	5 Cauac	2 Muan	6
23.1.	6 Ahau	3 Muan	7
24.1.	7 Imix	4 Muan	8
25.1.	8 Ik	5 Muan	9
26.1.	9 Akbal	6 Muan	1
27.1.	10 Kan	7 Muan	2
28.1.	11 Chicchan	8 Muan	3
29.1.	12 Cimi	9 Muan	4
30.1.	13 Manik	10 Muan	5
31.1.	1 Lamat	11 Muan	6
1.2.	2 Muluc	12 Muan	7
2.2.	3 Oc	13 Muan	8
3.2.	4 Chuen	14 Muan	9
4.2.	5 Eb	15 Muan	1
5.2.	6 Ben	16 Muan	2
6.2.	7 Ix	17 Muan	3
7.2.	8 Men	18 Muan	4
8.2.	9 Cib	19 Muan	5
9.2.	10 Cabán	0 Pax	6
10.2.	11 Edznab	1 Pax	7
11.2.	12 Cauac	2 Pax	8

1969			
Greg.	Tzolkin	Haab	H.d.N
12.2.	13 Ahau	3 Pax	9
13.2.	1 Imix	4 Pax	1
14.2.	2 Ik	5 Pax	2
15.2.	3 Akbal	6 Pax	3
16.2.	4 Kan	7 Pax	4
17.2.	5 Chicchan	8 Pax	5
18.2.	6 Cimi	9 Pax	6
19.2.	7 Manik	10 Pax	7
20.2.	8 Lamat	11 Pax	8
21.2.	9 Muluc	12 Pax	9
22.2.	10 Oc	13 Pax	1
23.2.	11 Chuen	14 Pax	2
24.2.	12 Eb	15 Pax	3
25.2.	13 Ben	16 Pax	4
26.2.	1 Ix	17 Pax	5
27.2.	2 Men	18 Pax	6
28.2.	3 Cib	19 Pax	7
1.3.	4 Cabán	0 Kayab	8
2.3.	5 Edznab	1 Kayab	9
3.3.	6 Cauac	2 Kayab	1
4.3.	7 Ahau	3 Kayab	2
5.3.	8 Imix	4 Kayab	3
6.3.	9 Ik	5 Kayab	4
7.3.	10 Akbal	6 Kayab	5
8.3.	11 Kan	7 Kayab	6
9.3.	12 Chicchan	8 Kayab	7
10.3.	13 Cimi	9 Kayab	8
11.3.	1 Manik	10 Kayab	9
12.3.	2 Lamat	11 Kayab	1
13.3.	3 Muluc	12 Kayab	2
14.3.	4 Oc	13 Kayab	3
15.3.	5 Chuen	14 Kayab	4
16.3.	6 Eb	15 Kayab	5
17.3.	7 Ben	16 Kayab	6
18.3.	8 Ix	17 Kayab	7
19.3.	9 Men	18 Kayab	8
20.3.	10 Cib	19 Kayab	9
21.3.	11 Cabán	0 Cumku	1
22.3.	12 Edznab	1 Cumku	2

1969			
Greg.	Tzolkin	Haab	H.d.N
23.3.	13 Cauac	2 Cumku	3
24.3.	1 Ahau	3 Cumku	4
25.3.	2 Imix	4 Cumku	5
26.3.	3 Ik	5 Cumku	6
27.3.	4 Akbal	6 Cumku	7
28.3.	5 Kan	7 Cumku	8
29.3.	6 Chicchan	8 Cumku	9
30.3.	7 Cimi	9 Cumku	1
31.3.	8 Manik	10 Cumku	2
1.4.	9 Lamat	11 Cumku	3
2.4.	10 Muluc	12 Cumku	4
3.4.	11 Oc	13 Cumku	5
4.4.	12 Chuen	14 Cumku	6
5.4.	13 Eb	15 Cumku	7
6.4.	1 Ben	16 Cumku	8
7.4.	2 Ix	17 Cumku	9
8.4.	3 Men	18 Cumku	1
9.4.	4 Cib	19 Cumku	2
10.4.	5 Cabán	0 Uayeb	3
11.4.	6 Edznab	1 Uayeb	4
12.4.	7 Cauac	2 Uayeb	5
13.4.	8 Ahau	3 Uayeb	6
14.4.	9 Imix	4 Uayeb	7
15.4.	**10 Ik**	**0 Pop**	**8**
16.4.	11 Akbal	1 Pop	9
17.4.	12 Kan	2 Pop	1
18.4.	13 Chicchan	3 Pop	2
19.4.	1 Cimi	4 Pop	3
20.4.	2 Manik	5 Pop	4
21.4.	3 Lamat	6 Pop	5
22.4.	4 Muluc	7 Pop	6
23.4.	5 Oc	8 Pop	7
24.4.	6 Chuen	9 Pop	8
25.4.	7 Eb	10 Pop	9
26.4.	8 Ben	11 Pop	1
27.4.	9 Ix	12 Pop	2
28.4.	10 Men	13 Pop	3
29.4.	11 Cib	14 Pop	4
30.4.	12 Cabán	15 Pop	5

1969			
Greg.	Tzolkin	Haab	H.d.N
1.5.	13 Edznab	16 Pop	6
2.5.	1 Cauac	17 Pop	7
3.5.	2 Ahau	18 Pop	8
4.5.	3 Imix	19 Pop	9
5.5.	4 Ik	0 Uo	1
6.5.	5 Akbal	1 Uo	2
7.5.	6 Kan	2 Uo	3
8.5.	7 Chicchan	3 Uo	4
9.5.	8 Cimi	4 Uo	5
10.5.	9 Manik	5 Uo	6
11.5.	10 Lamat	6 Uo	7
12.5.	11 Muluc	7 Uo	8
13.5.	12 Oc	8 Uo	9
14.5.	13 Chuen	9 Uo	1
15.5.	1 Eb	10 Uo	2
16.5.	2 Ben	11 Uo	3
17.5.	3 Ix	12 Uo	4
18.5.	4 Men	13 Uo	5
19.5.	5 Cib	14 Uo	6
20.5.	6 Cabán	15 Uo	7
21.5.	7 Edznab	16 Uo	8
22.5.	8 Cauac	17 Uo	9
23.5.	9 Ahau	18 Uo	1
24.5.	10 Imix	19 Uo	2
25.5.	11 Ik	0 Zip	3
26.5.	12 Akbal	1 Zip	4
27.5.	13 Kan	2 Zip	5
28.5.	1 Chicchan	3 Zip	6
29.5.	2 Cimi	4 Zip	7
30.5.	3 Manik	5 Zip	8
31.5.	4 Lamat	6 Zip	9
1.6.	5 Muluc	7 Zip	1
2.6.	6 Oc	8 Zip	2
3.6.	7 Chuen	9 Zip	3
4.6.	8 Eb	10 Zip	4
5.6.	9 Ben	11 Zip	5
6.6.	10 Ix	12 Zip	6
7.6.	11 Men	13 Zip	7
8.6.	12 Cib	14 Zip	8

1969			
Greg.	Tzolkin	Haab	H.d.N
9.6.	13 Cabán	15 Zip	9
10.6.	1 Edznab	16 Zip	1
11.6.	2 Cauac	17 Zip	2
12.6.	3 Ahau	18 Zip	3
13.6.	4 Imix	19 Zip	4
14.6.	5 Ik	0 Zotz	5
15.6.	6 Akbal	1 Zotz	6
16.6.	7 Kan	2 Zotz	7
17.6.	8 Chicchan	3 Zotz	8
18.6.	9 Cimi	4 Zotz	9
19.6.	10 Manik	5 Zotz	1
20.6.	11 Lamat	6 Zotz	2
21.6.	12 Muluc	7 Zotz	3
22.6.	13 Oc	8 Zotz	4
23.6.	1 Chuen	9 Zotz	5
24.6.	2 Eb	10 Zotz	6
25.6.	3 Ben	11 Zotz	7
26.6.	4 Ix	12 Zotz	8
27.6.	5 Men	13 Zotz	9
28.6.	6 Cib	14 Zotz	1
29.6.	7 Cabán	15 Zotz	2
30.6.	8 Edznab	16 Zotz	3
1.7.	9 Cauac	17 Zotz	4
2.7.	10 Ahau	18 Zotz	5
3.7.	11 Imix	19 Zotz	6
4.7.	12 Ik	0 Tzec	7
5.7.	13 Akbal	1 Tzec	8
6.7.	1 Kan	2 Tzec	9
7.7.	2 Chicchan	3 Tzec	1
8.7.	3 Cimi	4 Tzec	2
9.7.	4 Manik	5 Tzec	3
10.7.	5 Lamat	6 Tzec	4
11.7.	6 Muluc	7 Tzec	5
12.7.	7 Oc	8 Tzec	6
13.7.	8 Chuen	9 Tzec	7
14.7.	9 Eb	10 Tzec	8
15.7.	10 Ben	11 Tzec	9
16.7.	11 Ix	12 Tzec	1
17.7.	12 Men	13 Tzec	2

1969			
Greg.	Tzolkin	Haab	H.d.N
18.7.	13 Cib	14 Tzec	3
19.7.	1 Cabán	15 Tzec	4
20.7.	2 Edznab	16 Tzec	5
21.7.	3 Cauac	17 Tzec	6
22.7.	4 Ahau	18 Tzec	7
23.7.	5 Imix	19 Tzec	8
24.7.	6 Ik	0 Xul	9
25.7.	7 Akbal	1 Xul	1
26.7.	8 Kan	2 Xul	2
27.7.	9 Chicchan	3 Xul	3
28.7.	10 Cimi	4 Xul	4
29.7.	11 Manik	5 Xul	5
30.7.	12 Lamat	6 Xul	6
31.7.	13 Muluc	7 Xul	7
1.8.	1 Oc	8 Xul	8
2.8.	2 Chuen	9 Xul	9
3.8.	3 Eb	10 Xul	1
4.8.	4 Ben	11 Xul	2
5.8.	5 Ix	12 Xul	3
6.8.	6 Men	13 Xul	4
7.8.	7 Cib	14 Xul	5
8.8.	8 Cabán	15 Xul	6
9.8.	9 Edznab	16 Xul	7
10.8.	10 Cauac	17 Xul	8
11.8.	11 Ahau	18 Xul	9
12.8.	12 Imix	19 Xul	1
13.8.	13 Ik	0 Yaxkin	2
14.8.	1 Akbal	1 Yaxkin	3
15.8.	2 Kan	2 Yaxkin	4
16.8.	3 Chicchan	3 Yaxkin	5
17.8.	4 Cimi	4 Yaxkin	6
18.8.	5 Manik	5 Yaxkin	7
19.8.	6 Lamat	6 Yaxkin	8
20.8.	7 Muluc	7 Yaxkin	9
21.8.	8 Oc	8 Yaxkin	1
22.8.	9 Chuen	9 Yaxkin	2
23.8.	10 Eb	10 Yaxkin	3
24.8.	11 Ben	11 Yaxkin	4
25.8.	12 Ix	12 Yaxkin	5

1969			
Greg.	Tzolkin	Haab	H.d.N
26.8.	13 Men	13 Yaxkin	6
27.8.	1 Cib	14 Yaxkin	7
28.8.	2 Cabán	15 Yaxkin	8
29.8.	3 Edznab	16 Yaxkin	9
30.8.	4 Cauac	17 Yaxkin	1
31.8.	5 Ahau	18 Yaxkin	2
1.9.	6 Imix	19 Yaxkin	3
2.9.	7 Ik	0 Mol	4
3.9.	8 Akbal	1 Mol	5
4.9.	9 Kan	2 Mol	6
5.9.	10 Chicchan	3 Mol	7
6.9.	11 Cimi	4 Mol	8
7.9.	12 Manik	5 Mol	9
8.9.	13 Lamat	6 Mol	1
9.9.	1 Muluc	7 Mol	2
10.9.	2 Oc	8 Mol	3
11.9.	3 Chuen	9 Mol	4
12.9.	4 Eb	10 Mol	5
13.9.	5 Ben	11 Mol	6
14.9.	6 Ix	12 Mol	7
15.9.	7 Men	13 Mol	8
16.9.	8 Cib	14 Mol	9
17.9.	9 Cabán	15 Mol	1
18.9.	10 Edznab	16 Mol	2
19.9.	11 Cauac	17 Mol	3
20.9.	12 Ahau	18 Mol	4
21.9.	13 Imix	19 Mol	5
22.9.	1 Ik	0 Chen	6
23.9.	2 Akbal	1 Chen	7
24.9.	3 Kan	2 Chen	8
25.9.	4 Chicchan	3 Chen	9
26.9.	5 Cimi	4 Chen	1
27.9.	6 Manik	5 Chen	2
28.9.	7 Lamat	6 Chen	3
29.9.	8 Muluc	7 Chen	4
30.9.	9 Oc	8 Chen	5
1.10.	10 Chuen	9 Chen	6
2.10.	11 Eb	10 Chen	7
3.10.	12 Ben	11 Chen	8

1969			
Greg.	Tzolkin	Haab	H.d.N
4.10.	13 Ix	12 Chen	9
5.10.	1 Men	13 Chen	1
6.10.	2 Cib	14 Chen	2
7.10.	3 Cabán	15 Chen	3
8.10.	4 Edznab	16 Chen	4
9.10.	5 Cauac	17 Chen	5
10.10.	6 Ahau	18 Chen	6
11.10.	7 Imix	19 Chen	7
12.10.	8 Ik	0 Yax	8
13.10.	9 Akbal	1 Yax	9
14.10.	10 Kan	2 Yax	1
15.10.	11 Chicchan	3 Yax	2
16.10.	12 Cimi	4 Yax	3
17.10.	13 Manik	5 Yax	4
18.10.	1 Lamat	6 Yax	5
19.10.	2 Muluc	7 Yax	6
20.10.	3 Oc	8 Yax	7
21.10.	4 Chuen	9 Yax	8
22.10.	5 Eb	10 Yax	9
23.10.	6 Ben	11 Yax	1
24.10.	7 Ix	12 Yax	2
25.10.	8 Men	13 Yax	3
26.10.	9 Cib	14 Yax	4
27.10.	10 Cabán	15 Yax	5
28.10.	11 Edznab	16 Yax	6
29.10.	12 Cauac	17 Yax	7
30.10.	13 Ahau	18 Yax	8
31.10.	1 Imix	19 Yax	9
1.11.	2 Ik	0 Zac	1
2.11.	3 Akbal	1 Zac	2
3.11.	4 Kan	2 Zac	3
4.11.	5 Chicchan	3 Zac	4
5.11.	6 Cimi	4 Zac	5
6.11.	7 Manik	5 Zac	6
7.11.	8 Lamat	6 Zac	7
8.11.	9 Muluc	7 Zac	8
9.11.	10 Oc	8 Zac	9
10.11.	11 Chuen	9 Zac	1
11.11.	12 Eb	10 Zac	2

1969			
Greg.	Tzolkin	Haab	H.d.N
12.11.	13 Ben	11 Zac	3
13.11.	1 Ix	12 Zac	4
14.11.	2 Men	13 Zac	5
15.11.	3 Cib	14 Zac	6
16.11.	4 Cabán	15 Zac	7
17.11.	5 Edznab	16 Zac	8
18.11.	6 Cauac	17 Zac	9
19.11.	7 Ahau	18 Zac	1
20.11.	8 Imix	19 Zac	2
21.11.	9 Ik	0 Ceh	3
22.11.	10 Akbal	1 Ceh	4
23.11.	11 Kan	2 Ceh	5
24.11.	12 Chicchan	3 Ceh	6
25.11.	13 Cimi	4 Ceh	7
26.11.	1 Manik	5 Ceh	8
27.11.	2 Lamat	6 Ceh	9
28.11.	3 Muluc	7 Ceh	1
29.11.	4 Oc	8 Ceh	2
30.11.	5 Chuen	9 Ceh	3
1.12.	6 Eb	10 Ceh	4
2.12.	7 Ben	11 Ceh	5
3.12.	8 Ix	12 Ceh	6
4.12.	9 Men	13 Ceh	7
5.12.	10 Cib	14 Ceh	8
6.12.	11 Cabán	15 Ceh	9
7.12.	12 Edznab	16 Ceh	1
8.12.	13 Cauac	17 Ceh	2
9.12.	1 Ahau	18 Ceh	3
10.12.	2 Imix	19 Ceh	4
11.12.	3 Ik	0 Mac	5
12.12.	4 Akbal	1 Mac	6
13.12.	5 Kan	2 Mac	7
14.12.	6 Chicchan	3 Mac	8
15.12.	7 Cimi	4 Mac	9
16.12.	8 Manik	5 Mac	1
17.12.	9 Lamat	6 Mac	2
18.12.	10 Muluc	7 Mac	3
19.12.	11 Oc	8 Mac	4
20.12.	12 Chuen	9 Mac	5

1969			
Greg.	Tzolkin	Haab	H.d.N
21.12.	13 Eb	10 Mac	6
22.12.	1 Ben	11 Mac	7
23.12.	2 Ix	12 Mac	8
24.12.	3 Men	13 Mac	9
25.12.	4 Cib	14 Mac	1
26.12.	5 Cabán	15 Mac	2
27.12.	6 Edznab	16 Mac	3
28.12.	7 Cauac	17 Mac	4
29.12.	8 Ahau	18 Mac	5
30.12.	9 Imix	19 Mac	6
31.12.	10 Ik	0 Kankin	7

1970			
Greg.	Tzolkin	Haab	H.d.N
1.1.	11 Akbal	1 Kankin	8
2.1.	12 Kan	2 Kankin	9
3.1.	13 Chicchan	3 Kankin	1
4.1.	1 Cimi	4 Kankin	2
5.1.	2 Manik	5 Kankin	3
6.1.	3 Lamat	6 Kankin	4
7.1.	4 Muluc	7 Kankin	5
8.1.	5 Oc	8 Kankin	6
9.1.	6 Chuen	9 Kankin	7
10.1.	7 Eb	10 Kankin	8
11.1.	8 Ben	11 Kankin	9
12.1.	9 Ix	12 Kankin	1
13.1.	10 Men	13 Kankin	2
14.1.	11 Cib	14 Kankin	3
15.1.	12 Cabán	15 Kankin	4
16.1.	13 Edznab	16 Kankin	5
17.1.	1 Cauac	17 Kankin	6
18.1.	2 Ahau	18 Kankin	7
19.1.	3 Imix	19 Kankin	8
20.1.	4 Ik	0 Muan	9
21.1.	5 Akbal	1 Muan	1
22.1.	6 Kan	2 Muan	2
23.1.	7 Chicchan	3 Muan	3
24.1.	8 Cimi	4 Muan	4
25.1.	9 Manik	5 Muan	5
26.1.	10 Lamat	6 Muan	6

1970			
Greg.	Tzolkin	Haab	H.d.N
27.1.	11 Muluc	7 Muan	7
28.1.	12 Oc	8 Muan	8
29.1.	13 Chuen	9 Muan	9
30.1.	1 Eb	10 Muan	1
31.1.	2 Ben	11 Muan	2
1.2.	3 Ix	12 Muan	3
2.2.	4 Men	13 Muan	4
3.2.	5 Cib	14 Muan	5
4.2.	6 Cabán	15 Muan	6
5.2.	7 Edznab	16 Muan	7
6.2.	8 Cauac	17 Muan	8
7.2.	9 Ahau	18 Muan	9
8.2.	10 Imix	19 Muan	1
9.2.	11 Ik	0 Pax	2
10.2.	12 Akbal	1 Pax	3
11.2.	13 Kan	2 Pax	4
12.2.	1 Chicchan	3 Pax	5
13.2.	2 Cimi	4 Pax	6
14.2.	3 Manik	5 Pax	7
15.2.	4 Lamat	6 Pax	8
16.2.	5 Muluc	7 Pax	9
17.2.	6 Oc	8 Pax	1
18.2.	7 Chuen	9 Pax	2
19.2.	8 Eb	10 Pax	3
20.2.	9 Ben	11 Pax	4
21.2.	10 Ix	12 Pax	5
22.2.	11 Men	13 Pax	6
23.2.	12 Cib	14 Pax	7
24.2.	13 Cabán	15 Pax	8
25.2.	1 Edznab	16 Pax	9
26.2.	2 Cauac	17 Pax	1
27.2.	3 Ahau	18 Pax	2
28.2.	4 Imix	19 Pax	3
1.3.	5 Ik	0 Kayab	4
2.3.	6 Akbal	1 Kayab	5
3.3.	7 Kan	2 Kayab	6
4.3.	8 Chicchan	3 Kayab	7
5.3.	9 Cimi	4 Kayab	8
6.3.	10 Manik	5 Kayab	9

1970			
Greg.	Tzolkin	Haab	H.d.N
7.3.	11 Lamat	6 Kayab	1
8.3.	12 Muluc	7 Kayab	2
9.3.	13 Oc	8 Kayab	3
10.3.	1 Chuen	9 Kayab	4
11.3.	2 Eb	10 Kayab	5
12.3.	3 Ben	11 Kayab	6
13.3.	4 Ix	12 Kayab	7
14.3.	5 Men	13 Kayab	8
15.3.	6 Cib	14 Kayab	9
16.3.	7 Cabán	15 Kayab	1
17.3.	8 Edznab	16 Kayab	2
18.3.	9 Cauac	17 Kayab	3
19.3.	10 Ahau	18 Kayab	4
20.3.	11 Imix	19 Kayab	5
21.3.	12 Ik	0 Cumku	6
22.3.	13 Akbal	1 Cumku	7
23.3.	1 Kan	2 Cumku	8
24.3.	2 Chicchan	3 Cumku	9
25.3.	3 Cimi	4 Cumku	1
26.3.	4 Manik	5 Cumku	2
27.3.	5 Lamat	6 Cumku	3
28.3.	6 Muluc	7 Cumku	4
29.3.	7 Oc	8 Cumku	5
30.3.	8 Chuen	9 Cumku	6
31.3.	9 Eb	10 Cumku	7
1.4.	10 Ben	11 Cumku	8
2.4.	11 Ix	12 Cumku	9
3.4.	12 Men	13 Cumku	1
4.4.	13 Cib	14 Cumku	2
5.4.	1 Cabán	15 Cumku	3
6.4.	2 Edznab	16 Cumku	4
7.4.	3 Cauac	17 Cumku	5
8.4.	4 Ahau	18 Cumku	6
9.4.	5 Imix	19 Cumku	7
10.4.	6 Ik	0 Uayeb	8
11.4.	7 Akbal	1 Uayeb	9
12.4.	8 Kan	2 Uayeb	1
13.4.	9 Chicchan	3 Uayeb	2
14.4.	10 Cimi	4 Uayeb	3

1970			
Greg.	Tzolkin	Haab	H.d.N
15.4.	11 Manik	0 Pop	4
16.4.	12 Lamat	1 Pop	5
17.4.	13 Muluc	2 Pop	6
18.4.	1 Oc	3 Pop	7
19.4.	2 Chuen	4 Pop	8
20.4.	3 Eb	5 Pop	9
21.4.	4 Ben	6 Pop	1
22.4.	5 Ix	7 Pop	2
23.4.	6 Men	8 Pop	3
24.4.	7 Cib	9 Pop	4
25.4.	8 Cabán	10 Pop	5
26.4.	9 Edznab	11 Pop	6
27.4.	10 Cauac	12 Pop	7
28.4.	11 Ahau	13 Pop	8
29.4.	12 Imix	14 Pop	9
30.4.	13 Ik	15 Pop	1
1.5.	1 Akbal	16 Pop	2
2.5.	2 Kan	17 Pop	3
3.5.	3 Chicchan	18 Pop	4
4.5.	4 Cimi	19 Pop	5
5.5.	5 Manik	0 Uo	6
6.5.	6 Lamat	1 Uo	7
7.5.	7 Muluc	2 Uo	8
8.5.	8 Oc	3 Uo	9
9.5.	9 Chuen	4 Uo	1
10.5.	10 Eb	5 Uo	2
11.5.	11 Ben	6 Uo	3
12.5.	12 Ix	7 Uo	4
13.5.	13 Men	8 Uo	5
14.5.	1 Cib	9 Uo	6
15.5.	2 Cabán	10 Uo	7
16.5.	3 Edznab	11 Uo	8
17.5.	4 Cauac	12 Uo	9
18.5.	5 Ahau	13 Uo	1
19.5.	6 Imix	14 Uo	2
20.5.	7 Ik	15 Uo	3
21.5.	8 Akbal	16 Uo	4
22.5.	9 Kan	17 Uo	5
23.5.	10 Chicchan	18 Uo	6

1970			
Greg.	Tzolkin	Haab	H.d.N
24.5.	11 Cimi	19 Uo	7
25.5.	12 Manik	0 Zip	8
26.5.	13 Lamat	1 Zip	9
27.5.	1 Muluc	2 Zip	1
28.5.	2 Oc	3 Zip	2
29.5.	3 Chuen	4 Zip	3
30.5.	4 Eb	5 Zip	4
31.5.	5 Ben	6 Zip	5
1.6.	6 Ix	7 Zip	6
2.6.	7 Men	8 Zip	7
3.6.	8 Cib	9 Zip	8
4.6.	9 Cabán	10 Zip	9
5.6.	10 Edznab	11 Zip	1
6.6.	11 Cauac	12 Zip	2
7.6.	12 Ahau	13 Zip	3
8.6.	13 Imix	14 Zip	4
9.6.	1 Ik	15 Zip	5
10.6.	2 Akbal	16 Zip	6
11.6.	3 Kan	17 Zip	7
12.6.	4 Chicchan	18 Zip	8
13.6.	5 Cimi	19 Zip	9
14.6.	6 Manik	0 Zotz	1
15.6.	7 Lamat	1 Zotz	2
16.6.	8 Muluc	2 Zotz	3
17.6.	9 Oc	3 Zotz	4
18.6.	10 Chuen	4 Zotz	5
19.6.	11 Eb	5 Zotz	6
20.6.	12 Ben	6 Zotz	7
21.6.	13 Ix	7 Zotz	8
22.6.	1 Men	8 Zotz	9
23.6.	2 Cib	9 Zotz	1
24.6.	3 Cabán	10 Zotz	2
25.6.	4 Edznab	11 Zotz	3
26.6.	5 Cauac	12 Zotz	4
27.6.	6 Ahau	13 Zotz	5
28.6.	7 Imix	14 Zotz	6
29.6.	8 Ik	15 Zotz	7
30.6.	9 Akbal	16 Zotz	8
1.7.	10 Kan	17 Zotz	9

1970			
Greg.	Tzolkin	Haab	H.d.N
2.7.	11 Chicchan	18 Zotz	1
3.7.	12 Cimi	19 Zotz	2
4.7.	13 Manik	0 Tzec	3
5.7.	1 Lamat	1 Tzec	4
6.7.	2 Muluc	2 Tzec	5
7.7.	3 Oc	3 Tzec	6
8.7.	4 Chuen	4 Tzec	7
9.7.	5 Eb	5 Tzec	8
10.7.	6 Ben	6 Tzec	9
11.7.	7 Ix	7 Tzec	1
12.7.	8 Men	8 Tzec	2
13.7.	9 Cib	9 Tzec	3
14.7.	10 Cabán	10 Tzec	4
15.7.	11 Edznab	11 Tzec	5
16.7.	12 Cauac	12 Tzec	6
17.7.	13 Ahau	13 Tzec	7
18.7.	1 Imix	14 Tzec	8
19.7.	2 Ik	15 Tzec	9
20.7.	3 Akbal	16 Tzec	1
21.7.	4 Kan	17 Tzec	2
22.7.	5 Chicchan	18 Tzec	3
23.7.	6 Cimi	19 Tzec	4
24.7.	7 Manik	0 Xul	5
25.7.	8 Lamat	1 Xul	6
26.7.	9 Muluc	2 Xul	7
27.7.	10 Oc	3 Xul	8
28.7.	11 Chuen	4 Xul	9
29.7.	12 Eb	5 Xul	1
30.7.	13 Ben	6 Xul	2
31.7.	1 Ix	7 Xul	3
1.8.	2 Men	8 Xul	4
2.8.	3 Cib	9 Xul	5
3.8.	4 Cabán	10 Xul	6
4.8.	5 Edznab	11 Xul	7
5.8.	6 Cauac	12 Xul	8
6.8.	7 Ahau	13 Xul	9
7.8.	8 Imix	14 Xul	1
8.8.	9 Ik	15 Xul	2
9.8.	10 Akbal	16 Xul	3

1970				1970			
Greg.	Tzolkin	Haab	H.d.N	Greg.	Tzolkin	Haab	H.d.N
10.8.	11 Kan	17 Xul	4	18.9.	11 Akbal	16 Mol	7
11.8.	12 Chicchan	18 Xul	5	19.9.	12 Kan	17 Mol	8
12.8.	13 Cimi	19 Xul	6	20.9.	13 Chicchan	18 Mol	9
13.8.	1 Manik	0 Yaxkin	7	21.9.	1 Cimi	19 Mol	1
14.8.	2 Lamat	1 Yaxkin	8	22.9.	2 Manik	0 Chen	2
15.8.	3 Muluc	2 Yaxkin	9	23.9.	3 Lamat	1 Chen	3
16.8.	4 Oc	3 Yaxkin	1	24.9.	4 Muluc	2 Chen	4
17.8.	5 Chuen	4 Yaxkin	2	25.9.	5 Oc	3 Chen	5
18.8.	6 Eb	5 Yaxkin	3	26.9.	6 Chuen	4 Chen	6
19.8.	7 Ben	6 Yaxkin	4	27.9.	7 Eb	5 Chen	7
20.8.	8 Ix	7 Yaxkin	5	28.9.	8 Ben	6 Chen	8
21.8.	9 Men	8 Yaxkin	6	29.9.	9 Ix	7 Chen	9
22.8.	10 Cib	9 Yaxkin	7	30.9.	10 Men	8 Chen	1
23.8.	11 Cabán	10 Yaxkin	8	1.10.	11 Cib	9 Chen	2
24.8.	12 Edznab	11 Yaxkin	9	2.10.	12 Cabán	10 Chen	3
25.8.	13 Cauac	12 Yaxkin	1	3.10.	13 Edznab	11 Chen	4
26.8.	1 Ahau	13 Yaxkin	2	4.10.	1 Cauac	12 Chen	5
27.8.	2 Imix	14 Yaxkin	3	5.10.	2 Ahau	13 Chen	6
28.8.	3 Ik	15 Yaxkin	4	6.10.	3 Imix	14 Chen	7
29.8.	4 Akbal	16 Yaxkin	5	7.10.	4 Ik	15 Chen	8
30.8.	5 Kan	17 Yaxkin	6	8.10.	5 Akbal	16 Chen	9
31.8.	6 Chicchan	18 Yaxkin	7	9.10.	6 Kan	17 Chen	1
1.9.	7 Cimi	19 Yaxkin	8	10.10.	7 Chicchan	18 Chen	2
2.9.	8 Manik	0 Mol	9	11.10.	8 Cimi	19 Chen	3
3.9.	9 Lamat	1 Mol	1	12.10.	9 Manik	0 Yax	4
4.9.	10 Muluc	2 Mol	2	13.10.	10 Lamat	1 Yax	5
5.9.	11 Oc	3 Mol	3	14.10.	11 Muluc	2 Yax	6
6.9.	12 Chuen	4 Mol	4	15.10.	12 Oc	3 Yax	7
7.9.	13 Eb	5 Mol	5	16.10.	13 Chuen	4 Yax	8
8.9.	1 Ben	6 Mol	6	17.10.	1 Eb	5 Yax	9
9.9.	2 Ix	7 Mol	7	18.10.	2 Ben	6 Yax	1
10.9.	3 Men	8 Mol	8	19.10.	3 Ix	7 Yax	2
11.9.	4 Cib	9 Mol	9	20.10.	4 Men	8 Yax	3
12.9.	5 Cabán	10 Mol	1	21.10.	5 Cib	9 Yax	4
13.9.	6 Edznab	11 Mol	2	22.10.	6 Cabán	10 Yax	5
14.9.	7 Cauac	12 Mol	3	23.10.	7 Edznab	11 Yax	6
15.9.	8 Ahau	13 Mol	4	24.10.	8 Cauac	12 Yax	7
16.9.	9 Imix	14 Mol	5	25.10.	9 Ahau	13 Yax	8
17.9.	10 Ik	15 Mol	6	26.10.	10 Imix	14 Yax	9

1970			
Greg.	Tzolkin	Haab	H.d.N
27.10.	11 Ik	15 Yax	1
28.10.	12 Akbal	16 Yax	2
29.10.	13 Kan	17 Yax	3
30.10.	1 Chicchan	18 Yax	4
31.10.	2 Cimi	19 Yax	5
1.11.	3 Manik	0 Zac	6
2.11.	4 Lamat	1 Zac	7
3.11.	5 Muluc	2 Zac	8
4.11.	6 Oc	3 Zac	9
5.11.	7 Chuen	4 Zac	1
6.11.	8 Eb	5 Zac	2
7.11.	9 Ben	6 Zac	3
8.11.	10 Ix	7 Zac	4
9.11.	11 Men	8 Zac	5
10.11.	12 Cib	9 Zac	6
11.11.	13 Cabán	10 Zac	7
12.11.	1 Edznab	11 Zac	8
13.11.	2 Cauac	12 Zac	9
14.11.	3 Ahau	13 Zac	1
15.11.	4 Imix	14 Zac	2
16.11.	5 Ik	15 Zac	3
17.11.	6 Akbal	16 Zac	4
18.11.	7 Kan	17 Zac	5
19.11.	8 Chicchan	18 Zac	6
20.11.	9 Cimi	19 Zac	7
21.11.	10 Manik	0 Ceh	8
22.11.	11 Lamat	1 Ceh	9
23.11.	12 Muluc	2 Ceh	1
24.11.	13 Oc	3 Ceh	2
25.11.	1 Chuen	4 Ceh	3
26.11.	2 Eb	5 Ceh	4
27.11.	3 Ben	6 Ceh	5
28.11.	4 Ix	7 Ceh	6
29.11.	5 Men	8 Ceh	7
30.11.	6 Cib	9 Ceh	8
1.12.	7 Cabán	10 Ceh	9
2.12.	8 Edznab	11 Ceh	1
3.12.	9 Cauac	12 Ceh	2
4.12.	10 Ahau	13 Ceh	3

1970			
Greg.	Tzolkin	Haab	H.d.N
5.12.	11 Imix	14 Ceh	4
6.12.	12 Ik	15 Ceh	5
7.12.	13 Akbal	16 Ceh	6
8.12.	1 Kan	17 Ceh	7
9.12.	2 Chicchan	18 Ceh	8
10.12.	3 Cimi	19 Ceh	9
11.12.	4 Manik	0 Mac	1
12.12.	5 Lamat	1 Mac	2
13.12.	6 Muluc	2 Mac	3
14.12.	7 Oc	3 Mac	4
15.12.	8 Chuen	4 Mac	5
16.12.	9 Eb	5 Mac	6
17.12.	10 Ben	6 Mac	7
18.12.	11 Ix	7 Mac	8
19.12.	12 Men	8 Mac	9
20.12.	13 Cib	9 Mac	1
21.12.	1 Cabán	10 Mac	2
22.12.	2 Edznab	11 Mac	3
23.12.	3 Cauac	12 Mac	4
24.12.	4 Ahau	13 Mac	5
25.12.	5 Imix	14 Mac	6
26.12.	6 Ik	15 Mac	7
27.12.	7 Akbal	16 Mac	8
28.12.	8 Kan	17 Mac	9
29.12.	9 Chicchan	18 Mac	1
30.12.	10 Cimi	19 Mac	2
31.12.	11 Manik	0 Kankin	3

1971			
Greg.	Tzolkin	Haab	H.d.N
1.1.	12 Lamat	1 Kankin	4
2.1.	13 Muluc	2 Kankin	5
3.1.	1 Oc	3 Kankin	6
4.1.	2 Chuen	4 Kankin	7
5.1.	3 Eb	5 Kankin	8
6.1.	4 Ben	6 Kankin	9
7.1.	5 Ix	7 Kankin	1
8.1.	6 Men	8 Kankin	2
9.1.	7 Cib	9 Kankin	3
10.1.	8 Cabán	10 Kankin	4

1971			
Greg.	Tzolkin	Haab	H.d.N
11.1.	9 Edznab	11 Kankin	5
12.1.	10 Cauac	12 Kankin	6
13.1.	11 Ahau	13 Kankin	7
14.1.	12 Imix	14 Kankin	8
15.1.	13 Ik	15 Kankin	9
16.1.	1 Akbal	16 Kankin	1
17.1.	2 Kan	17 Kankin	2
18.1.	3 Chicchan	18 Kankin	3
19.1.	4 Cimi	19 Kankin	4
20.1.	5 Manik	0 Muan	5
21.1.	6 Lamat	1 Muan	6
22.1.	7 Muluc	2 Muan	7
23.1.	8 Oc	3 Muan	8
24.1.	9 Chuen	4 Muan	9
25.1.	10 Eb	5 Muan	1
26.1.	11 Ben	6 Muan	2
27.1.	12 Ix	7 Muan	3
28.1.	13 Men	8 Muan	4
29.1.	1 Cib	9 Muan	5
30.1.	2 Cabán	10 Muan	6
31.1.	3 Edznab	11 Muan	7
1.2.	4 Cauac	12 Muan	8
2.2.	5 Ahau	13 Muan	9
3.2.	6 Imix	14 Muan	1
4.2.	7 Ik	15 Muan	2
5.2.	8 Akbal	16 Muan	3
6.2.	9 Kan	17 Muan	4
7.2.	10 Chicchan	18 Muan	5
8.2.	11 Cimi	19 Muan	6
9.2.	12 Manik	0 Pax	7
10.2.	13 Lamat	1 Pax	8
11.2.	1 Muluc	2 Pax	9
12.2.	2 Oc	3 Pax	1
13.2.	3 Chuen	4 Pax	2
14.2.	4 Eb	5 Pax	3
15.2.	5 Ben	6 Pax	4
16.2.	6 Ix	7 Pax	5
17.2.	7 Men	8 Pax	6
18.2.	8 Cib	9 Pax	7

1971			
Greg.	Tzolkin	Haab	H.d.N
19.2.	9 Cabán	10 Pax	8
20.2.	10 Edznab	11 Pax	9
21.2.	11 Cauac	12 Pax	1
22.2.	12 Ahau	13 Pax	2
23.2.	13 Imix	14 Pax	3
24.2.	1 Ik	15 Pax	4
25.2.	2 Akbal	16 Pax	5
26.2.	3 Kan	17 Pax	6
27.2.	4 Chicchan	18 Pax	7
28.2.	5 Cimi	19 Pax	8
1.3.	6 Manik	0 Kayab	9
2.3.	7 Lamat	1 Kayab	1
3.3.	8 Muluc	2 Kayab	2
4.3.	9 Oc	3 Kayab	3
5.3.	10 Chuen	4 Kayab	4
6.3.	11 Eb	5 Kayab	5
7.3.	12 Ben	6 Kayab	6
8.3.	13 Ix	7 Kayab	7
9.3.	1 Men	8 Kayab	8
10.3.	2 Cib	9 Kayab	9
11.3.	3 Cabán	10 Kayab	1
12.3.	4 Edznab	11 Kayab	2
13.3.	5 Cauac	12 Kayab	3
14.3.	6 Ahau	13 Kayab	4
15.3.	7 Imix	14 Kayab	5
16.3.	8 Ik	15 Kayab	6
17.3.	9 Akbal	16 Kayab	7
18.3.	10 Kan	17 Kayab	8
19.3.	11 Chicchan	18 Kayab	9
20.3.	12 Cimi	19 Kayab	1
21.3.	13 Manik	0 Cumku	2
22.3.	1 Lamat	1 Cumku	3
23.3.	2 Muluc	2 Cumku	4
24.3.	3 Oc	3 Cumku	5
25.3.	4 Chuen	4 Cumku	6
26.3.	5 Eb	5 Cumku	7
27.3.	6 Ben	6 Cumku	8
28.3.	7 Ix	7 Cumku	9
29.3.	8 Men	8 Cumku	1

1971			
Greg.	Tzolkin	Haab	H.d.N
30.3.	9 Cib	9 Cumku	2
31.3.	10 Cabán	10 Cumku	3
1.4.	11 Edznab	11 Cumku	4
2.4.	12 Cauac	12 Cumku	5
3.4.	13 Ahau	13 Cumku	6
4.4.	1 Imix	14 Cumku	7
5.4.	2 Ik	15 Cumku	8
6.4.	3 Akbal	16 Cumku	9
7.4.	4 Kan	17 Cumku	1
8.4.	5 Chicchan	18 Cumku	2
9.4.	6 Cimi	19 Cumku	3
10.4.	7 Manik	0 Uayeb	4
11.4.	8 Lamat	1 Uayeb	5
12.4.	9 Muluc	2 Uayeb	6
13.4.	10 Oc	3 Uayeb	7
14.4.	11 Chuen	4 Uayeb	8
15.4.	**12 Eb**	**0 Pop**	**9**
16.4.	13 Ben	1 Pop	1
17.4.	1 Ix	2 Pop	2
18.4.	2 Men	3 Pop	3
19.4.	3 Cib	4 Pop	4
20.4.	4 Cabán	5 Pop	5
21.4.	5 Edznab	6 Pop	6
22.4.	6 Cauac	7 Pop	7
23.4.	7 Ahau	8 Pop	8
24.4.	8 Imix	9 Pop	9
25.4.	9 Ik	10 Pop	1
26.4.	10 Akbal	11 Pop	2
27.4.	11 Kan	12 Pop	3
28.4.	12 Chicchan	13 Pop	4
29.4.	13 Cimi	14 Pop	5
30.4.	1 Manik	15 Pop	6
1.5.	2 Lamat	16 Pop	7
2.5.	3 Muluc	17 Pop	8
3.5.	4 Oc	18 Pop	9
4.5.	5 Chuen	19 Pop	1
5.5.	6 Eb	0 Uo	2
6.5.	7 Ben	1 Uo	3
7.5.	8 Ix	2 Uo	4

1971			
Greg.	Tzolkin	Haab	H.d.N
8.5.	9 Men	3 Uo	5
9.5.	10 Cib	4 Uo	6
10.5.	11 Cabán	5 Uo	7
11.5.	12 Edznab	6 Uo	8
12.5.	13 Cauac	7 Uo	9
13.5.	1 Ahau	8 Uo	1
14.5.	2 Imix	9 Uo	2
15.5.	3 Ik	10 Uo	3
16.5.	4 Akbal	11 Uo	4
17.5.	5 Kan	12 Uo	5
18.5.	6 Chicchan	13 Uo	6
19.5.	7 Cimi	14 Uo	7
20.5.	8 Manik	15 Uo	8
21.5.	9 Lamat	16 Uo	9
22.5.	10 Muluc	17 Uo	1
23.5.	11 Oc	18 Uo	2
24.5.	12 Chuen	19 Uo	3
25.5.	13 Eb	0 Zip	4
26.5.	1 Ben	1 Zip	5
27.5.	2 Ix	2 Zip	6
28.5.	3 Men	3 Zip	7
29.5.	4 Cib	4 Zip	8
30.5.	5 Cabán	5 Zip	9
31.5.	6 Edznab	6 Zip	1
1.6.	7 Cauac	7 Zip	2
2.6.	8 Ahau	8 Zip	3
3.6.	9 Imix	9 Zip	4
4.6.	10 Ik	10 Zip	5
5.6.	11 Akbal	11 Zip	6
6.6.	12 Kan	12 Zip	7
7.6.	13 Chicchan	13 Zip	8
8.6.	1 Cimi	14 Zip	9
9.6.	2 Manik	15 Zip	1
10.6.	3 Lamat	16 Zip	2
11.6.	4 Muluc	17 Zip	3
12.6.	5 Oc	18 Zip	4
13.6.	6 Chuen	19 Zip	5
14.6.	7 Eb	0 Zotz	6
15.6.	8 Ben	1 Zotz	7

1971			
Greg.	Tzolkin	Haab	H.d.N
16.6.	9 Ix	2 Zotz	8
17.6.	10 Men	3 Zotz	9
18.6.	11 Cib	4 Zotz	1
19.6.	12 Cabán	5 Zotz	2
20.6.	13 Edznab	6 Zotz	3
21.6.	1 Cauac	7 Zotz	4
22.6.	2 Ahau	8 Zotz	5
23.6.	3 Imix	9 Zotz	6
24.6.	4 Ik	10 Zotz	7
25.6.	5 Akbal	11 Zotz	8
26.6.	6 Kan	12 Zotz	9
27.6.	7 Chicchan	13 Zotz	1
28.6.	8 Cimi	14 Zotz	2
29.6.	9 Manik	15 Zotz	3
30.6.	10 Lamat	16 Zotz	4
1.7.	11 Muluc	17 Zotz	5
2.7.	12 Oc	18 Zotz	6
3.7.	13 Chuen	19 Zotz	7
4.7.	1 Eb	0 Tzec	8
5.7.	2 Ben	1 Tzec	9
6.7.	3 Ix	2 Tzec	1
7.7.	4 Men	3 Tzec	2
8.7.	5 Cib	4 Tzec	3
9.7.	6 Cabán	5 Tzec	4
10.7.	7 Edznab	6 Tzec	5
11.7.	8 Cauac	7 Tzec	6
12.7.	9 Ahau	8 Tzec	7
13.7.	10 Imix	9 Tzec	8
14.7.	11 Ik	10 Tzec	9
15.7.	12 Akbal	11 Tzec	1
16.7.	13 Kan	12 Tzec	2
17.7.	1 Chicchan	13 Tzec	3
18.7.	2 Cimi	14 Tzec	4
19.7.	3 Manik	15 Tzec	5
20.7.	4 Lamat	16 Tzec	6
21.7.	5 Muluc	17 Tzec	7
22.7.	6 Oc	18 Tzec	8
23.7.	7 Chuen	19 Tzec	9
24.7.	8 Eb	0 Xul	1

1971			
Greg.	Tzolkin	Haab	H.d.N
25.7.	9 Ben	1 Xul	2
26.7.	10 Ix	2 Xul	3
27.7.	11 Men	3 Xul	4
28.7.	12 Cib	4 Xul	5
29.7.	13 Cabán	5 Xul	6
30.7.	1 Edznab	6 Xul	7
31.7.	2 Cauac	7 Xul	8
1.8.	3 Ahau	8 Xul	9
2.8.	4 Imix	9 Xul	1
3.8.	5 Ik	10 Xul	2
4.8.	6 Akbal	11 Xul	3
5.8.	7 Kan	12 Xul	4
6.8.	8 Chicchan	13 Xul	5
7.8.	9 Cimi	14 Xul	6
8.8.	10 Manik	15 Xul	7
9.8.	11 Lamat	16 Xul	8
10.8.	12 Muluc	17 Xul	9
11.8.	13 Oc	18 Xul	1
12.8.	1 Chuen	19 Xul	2
13.8.	2 Eb	0 Yaxkin	3
14.8.	3 Ben	1 Yaxkin	4
15.8.	4 Ix	2 Yaxkin	5
16.8.	5 Men	3 Yaxkin	6
17.8.	6 Cib	4 Yaxkin	7
18.8.	7 Cabán	5 Yaxkin	8
19.8.	8 Edznab	6 Yaxkin	9
20.8.	9 Cauac	7 Yaxkin	1
21.8.	10 Ahau	8 Yaxkin	2
22.8.	11 Imix	9 Yaxkin	3
23.8.	12 Ik	10 Yaxkin	4
24.8.	13 Akbal	11 Yaxkin	5
25.8.	1 Kan	12 Yaxkin	6
26.8.	2 Chicchan	13 Yaxkin	7
27.8.	3 Cimi	14 Yaxkin	8
28.8.	4 Manik	15 Yaxkin	9
29.8.	5 Lamat	16 Yaxkin	1
30.8.	6 Muluc	17 Yaxkin	2
31.8.	7 Oc	18 Yaxkin	3
1.9.	8 Chuen	19 Yaxkin	4

1971			
Greg.	Tzolkin	Haab	H.d.N
2.9.	9 Eb	0 Mol	5
3.9.	10 Ben	1 Mol	6
4.9.	11 Ix	2 Mol	7
5.9.	12 Men	3 Mol	8
6.9.	13 Cib	4 Mol	9
7.9.	1 Cabán	5 Mol	1
8.9.	2 Edznab	6 Mol	2
9.9.	3 Cauac	7 Mol	3
10.9.	4 Ahau	8 Mol	4
11.9.	5 Imix	9 Mol	5
12.9.	6 Ik	10 Mol	6
13.9.	7 Akbal	11 Mol	7
14.9.	8 Kan	12 Mol	8
15.9.	9 Chicchan	13 Mol	9
16.9.	10 Cimi	14 Mol	1
17.9.	11 Manik	15 Mol	2
18.9.	12 Lamat	16 Mol	3
19.9.	13 Muluc	17 Mol	4
20.9.	1 Oc	18 Mol	5
21.9.	2 Chuen	19 Mol	6
22.9.	3 Eb	0 Chen	7
23.9.	4 Ben	1 Chen	8
24.9.	5 Ix	2 Chen	9
25.9.	6 Men	3 Chen	1
26.9.	7 Cib	4 Chen	2
27.9.	8 Cabán	5 Chen	3
28.9.	9 Edznab	6 Chen	4
29.9.	10 Cauac	7 Chen	5
30.9.	11 Ahau	8 Chen	6
1.10.	12 Imix	9 Chen	7
2.10.	13 Ik	10 Chen	8
3.10.	1 Akbal	11 Chen	9
4.10.	2 Kan	12 Chen	1
5.10.	3 Chicchan	13 Chen	2
6.10.	4 Cimi	14 Chen	3
7.10.	5 Manik	15 Chen	4
8.10.	6 Lamat	16 Chen	5
9.10.	7 Muluc	17 Chen	6
10.10.	8 Oc	18 Chen	7

1971			
Greg.	Tzolkin	Haab	H.d.N
11.10.	9 Chuen	19 Chen	8
12.10.	10 Eb	0 Yax	9
13.10.	11 Ben	1 Yax	1
14.10.	12 Ix	2 Yax	2
15.10.	13 Men	3 Yax	3
16.10.	1 Cib	4 Yax	4
17.10.	2 Cabán	5 Yax	5
18.10.	3 Edznab	6 Yax	6
19.10.	4 Cauac	7 Yax	7
20.10.	5 Ahau	8 Yax	8
21.10.	6 Imix	9 Yax	9
22.10.	7 Ik	10 Yax	1
23.10.	8 Akbal	11 Yax	2
24.10.	9 Kan	12 Yax	3
25.10.	10 Chicchan	13 Yax	4
26.10.	11 Cimi	14 Yax	5
27.10.	12 Manik	15 Yax	6
28.10.	13 Lamat	16 Yax	7
29.10.	1 Muluc	17 Yax	8
30.10.	2 Oc	18 Yax	9
31.10.	3 Chuen	19 Yax	1
1.11.	4 Eb	0 Zac	2
2.11.	5 Ben	1 Zac	3
3.11.	6 Ix	2 Zac	4
4.11.	7 Men	3 Zac	5
5.11.	8 Cib	4 Zac	6
6.11.	9 Cabán	5 Zac	7
7.11.	10 Edznab	6 Zac	8
8.11.	11 Cauac	7 Zac	9
9.11.	12 Ahau	8 Zac	1
10.11.	13 Imix	9 Zac	2
11.11.	1 Ik	10 Zac	3
12.11.	2 Akbal	11 Zac	4
13.11.	3 Kan	12 Zac	5
14.11.	4 Chicchan	13 Zac	6
15.11.	5 Cimi	14 Zac	7
16.11.	6 Manik	15 Zac	8
17.11.	7 Lamat	16 Zac	9
18.11.	8 Muluc	17 Zac	1

1971			
Greg.	Tzolkin	Haab	H.d.N
19.11.	9 Oc	18 Zac	2
20.11.	10 Chuen	19 Zac	3
21.11.	11 Eb	0 Ceh	4
22.11.	12 Ben	1 Ceh	5
23.11.	13 Ix	2 Ceh	6
24.11.	1 Men	3 Ceh	7
25.11.	2 Cib	4 Ceh	8
26.11.	3 Cabán	5 Ceh	9
27.11.	4 Edznab	6 Ceh	1
28.11.	5 Cauac	7 Ceh	2
29.11.	6 Ahau	8 Ceh	3
30.11.	7 Imix	9 Ceh	4
1.12.	8 Ik	10 Ceh	5
2.12.	9 Akbal	11 Ceh	6
3.12.	10 Kan	12 Ceh	7
4.12.	11 Chicchan	13 Ceh	8
5.12.	12 Cimi	14 Ceh	9
6.12.	13 Manik	15 Ceh	1
7.12.	1 Lamat	16 Ceh	2
8.12.	2 Muluc	17 Ceh	3
9.12.	3 Oc	18 Ceh	4
10.12.	4 Chuen	19 Ceh	5
11.12.	5 Eb	0 Mac	6
12.12.	6 Ben	1 Mac	7
13.12.	7 Ix	2 Mac	8
14.12.	8 Men	3 Mac	9
15.12.	9 Cib	4 Mac	1
16.12.	10 Cabán	5 Mac	2
17.12.	11 Edznab	6 Mac	3
18.12.	12 Cauac	7 Mac	4
19.12.	13 Ahau	8 Mac	5
20.12.	1 Imix	9 Mac	6
21.12.	2 Ik	10 Mac	7
22.12.	3 Akbal	11 Mac	8
23.12.	4 Kan	12 Mac	9
24.12.	5 Chicchan	13 Mac	1
25.12.	6 Cimi	14 Mac	2
26.12.	7 Manik	15 Mac	3
27.12.	8 Lamat	16 Mac	4

1971			
Greg.	Tzolkin	Haab	H.d.N
28.12.	9 Muluc	17 Mac	5
29.12.	10 Oc	18 Mac	6
30.12.	11 Chuen	19 Mac	7
31.12.	12 Eb	0 Kankin	8
1972			
Greg.	Tzolkin	Haab	H.d.N
1.1.	13 Ben	1 Kankin	9
2.1.	1 Ix	2 Kankin	1
3.1.	2 Men	3 Kankin	2
4.1.	3 Cib	4 Kankin	3
5.1.	4 Cabán	5 Kankin	4
6.1.	5 Edznab	6 Kankin	5
7.1.	6 Cauac	7 Kankin	6
8.1.	7 Ahau	8 Kankin	7
9.1.	8 Imix	9 Kankin	8
10.1.	9 Ik	10 Kankin	9
11.1.	10 Akbal	11 Kankin	1
12.1.	11 Kan	12 Kankin	2
13.1.	12 Chicchan	13 Kankin	3
14.1.	13 Cimi	14 Kankin	4
15.1.	1 Manik	15 Kankin	5
16.1.	2 Lamat	16 Kankin	6
17.1.	3 Muluc	17 Kankin	7
18.1.	4 Oc	18 Kankin	8
19.1.	5 Chuen	19 Kankin	9
20.1.	6 Eb	0 Muan	1
21.1.	7 Ben	1 Muan	2
22.1.	8 Ix	2 Muan	3
23.1.	9 Men	3 Muan	4
24.1.	10 Cib	4 Muan	5
25.1.	11 Cabán	5 Muan	6
26.1.	12 Edznab	6 Muan	7
27.1.	13 Cauac	7 Muan	8
28.1.	1 Ahau	8 Muan	9
29.1.	2 Imix	9 Muan	1
30.1.	3 Ik	10 Muan	2
31.1.	4 Akbal	11 Muan	3
1.2.	5 Kan	12 Muan	4
2.2.	6 Chicchan	13 Muan	5

1972			
Greg.	Tzolkin	Haab	H.d.N
3.2.	7 Cimi	14 Muan	6
4.2.	8 Manik	15 Muan	7
5.2.	9 Lamat	16 Muan	8
6.2.	10 Muluc	17 Muan	9
7.2.	11 Oc	18 Muan	1
8.2.	12 Chuen	19 Muan	2
9.2.	13 Eb	0 Pax	3
10.2.	1 Ben	1 Pax	4
11.2.	2 Ix	2 Pax	5
12.2.	3 Men	3 Pax	6
13.2.	4 Cib	4 Pax	7
14.2.	5 Cabán	5 Pax	8
15.2.	6 Edznab	6 Pax	9
16.2.	7 Cauac	7 Pax	1
17.2.	8 Ahau	8 Pax	2
18.2.	9 Imix	9 Pax	3
19.2.	10 Ik	10 Pax	4
20.2.	11 Akbal	11 Pax	5
21.2.	12 Kan	12 Pax	6
22.2.	13 Chicchan	13 Pax	7
23.2.	1 Cimi	14 Pax	8
24.2.	2 Manik	15 Pax	9
25.2.	3 Lamat	16 Pax	1
26.2.	4 Muluc	17 Pax	2
27.2.	5 Oc	18 Pax	3
28.2.	6 Chuen	19 Pax	4
29.2.	7 Eb	0 Kayab	5
1.3.	8 Ben	1 Kayab	6
2.3.	9 Ix	2 Kayab	7
3.3.	10 Men	3 Kayab	8
4.3.	11 Cib	4 Kayab	9
5.3.	12 Cabán	5 Kayab	1
6.3.	13 Edznab	6 Kayab	2
7.3.	1 Cauac	7 Kayab	3
8.3.	2 Ahau	8 Kayab	4
9.3.	3 Imix	9 Kayab	5
10.3.	4 Ik	10 Kayab	6
11.3.	5 Akbal	11 Kayab	7
12.3.	6 Kan	12 Kayab	8

1972			
Greg.	Tzolkin	Haab	H.d.N
13.3.	7 Chicchan	13 Kayab	9
14.3.	8 Cimi	14 Kayab	1
15.3.	9 Manik	15 Kayab	2
16.3.	10 Lamat	16 Kayab	3
17.3.	11 Muluc	17 Kayab	4
18.3.	12 Oc	18 Kayab	5
19.3.	13 Chuen	19 Kayab	6
20.3.	1 Eb	0 Cumku	7
21.3.	2 Ben	1 Cumku	8
22.3.	3 Ix	2 Cumku	9
23.3.	4 Men	3 Cumku	1
24.3.	5 Cib	4 Cumku	2
25.3.	6 Cabán	5 Cumku	3
26.3.	7 Edznab	6 Cumku	4
27.3.	8 Cauac	7 Cumku	5
28.3.	9 Ahau	8 Cumku	6
29.3.	10 Imix	9 Cumku	7
30.3.	11 Ik	10 Cumku	8
31.3.	12 Akbal	11 Cumku	9
1.4.	13 Kan	12 Cumku	1
2.4.	1 Chicchan	13 Cumku	2
3.4.	2 Cimi	14 Cumku	3
4.4.	3 Manik	15 Cumku	4
5.4.	4 Lamat	16 Cumku	5
6.4.	5 Muluc	17 Cumku	6
7.4.	6 Oc	18 Cumku	7
8.4.	7 Chuen	19 Cumku	8
9.4.	8 Eb	0 Uayeb	9
10.4.	9 Ben	1 Uayeb	1
11.4.	10 Ix	2 Uayeb	2
12.4.	11 Men	3 Uayeb	3
13.4.	12 Cib	4 Uayeb	4
14.4.	**13 Cabán**	**0 Pop**	**5**
15.4.	1 Edznab	1 Pop	6
16.4.	2 Cauac	2 Pop	7
17.4.	3 Ahau	3 Pop	8
18.4.	4 Imix	4 Pop	9
19.4.	5 Ik	5 Pop	1
20.4.	6 Akbal	6 Pop	2

1972			
Greg.	Tzolkin	Haab	H.d.N
21.4.	7 Kan	7 Pop	3
22.4.	8 Chicchan	8 Pop	4
23.4.	9 Cimi	9 Pop	5
24.4.	10 Manik	10 Pop	6
25.4.	11 Lamat	11 Pop	7
26.4.	12 Muluc	12 Pop	8
27.4.	13 Oc	13 Pop	9
28.4.	1 Chuen	14 Pop	1
29.4.	2 Eb	15 Pop	2
30.4.	3 Ben	16 Pop	3
1.5.	4 Ix	17 Pop	4
2.5.	5 Men	18 Pop	5
3.5.	6 Cib	19 Pop	6
4.5.	7 Cabán	0 Uo	7
5.5.	8 Edznab	1 Uo	8
6.5.	9 Cauac	2 Uo	9
7.5.	10 Ahau	3 Uo	1
8.5.	11 Imix	4 Uo	2
9.5.	12 Ik	5 Uo	3
10.5.	13 Akbal	6 Uo	4
11.5.	1 Kan	7 Uo	5
12.5.	2 Chicchan	8 Uo	6
13.5.	3 Cimi	9 Uo	7
14.5.	4 Manik	10 Uo	8
15.5.	5 Lamat	11 Uo	9
16.5.	6 Muluc	12 Uo	1
17.5.	7 Oc	13 Uo	2
18.5.	8 Chuen	14 Uo	3
19.5.	9 Eb	15 Uo	4
20.5.	10 Ben	16 Uo	5
21.5.	11 Ix	17 Uo	6
22.5.	12 Men	18 Uo	7
23.5.	13 Cib	19 Uo	8
24.5.	1 Cabán	0 Zip	9
25.5.	2 Edznab	1 Zip	1
26.5.	3 Cauac	2 Zip	2
27.5.	4 Ahau	3 Zip	3
28.5.	5 Imix	4 Zip	4
29.5.	6 Ik	5 Zip	5

1972			
Greg.	Tzolkin	Haab	H.d.N
30.5.	7 Akbal	6 Zip	6
31.5.	8 Kan	7 Zip	7
1.6.	9 Chicchan	8 Zip	8
2.6.	10 Cimi	9 Zip	9
3.6.	11 Manik	10 Zip	1
4.6.	12 Lamat	11 Zip	2
5.6.	13 Muluc	12 Zip	3
6.6.	1 Oc	13 Zip	4
7.6.	2 Chuen	14 Zip	5
8.6.	3 Eb	15 Zip	6
9.6.	4 Ben	16 Zip	7
10.6.	5 Ix	17 Zip	8
11.6.	6 Men	18 Zip	9
12.6.	7 Cib	19 Zip	1
13.6.	8 Cabán	0 Zotz	2
14.6.	9 Edznab	1 Zotz	3
15.6.	10 Cauac	2 Zotz	4
16.6.	11 Ahau	3 Zotz	5
17.6.	12 Imix	4 Zotz	6
18.6.	13 Ik	5 Zotz	7
19.6.	1 Akbal	6 Zotz	8
20.6.	2 Kan	7 Zotz	9
21.6.	3 Chicchan	8 Zotz	1
22.6.	4 Cimi	9 Zotz	2
23.6.	5 Manik	10 Zotz	3
24.6.	6 Lamat	11 Zotz	4
25.6.	7 Muluc	12 Zotz	5
26.6.	8 Oc	13 Zotz	6
27.6.	9 Chuen	14 Zotz	7
28.6.	10 Eb	15 Zotz	8
29.6.	11 Ben	16 Zotz	9
30.6.	12 Ix	17 Zotz	1
1.7.	13 Men	18 Zotz	2
2.7.	1 Cib	19 Zotz	3
3.7.	2 Cabán	0 Tzec	4
4.7.	3 Edznab	1 Tzec	5
5.7.	4 Cauac	2 Tzec	6
6.7.	5 Ahau	3 Tzec	7
7.7.	6 Imix	4 Tzec	8

1972			
Greg.	Tzolkin	Haab	H.d.N
8.7.	7 Ik	5 Tzec	9
9.7.	8 Akbal	6 Tzec	1
10.7.	9 Kan	7 Tzec	2
11.7.	10 Chicchan	8 Tzec	3
12.7.	11 Cimi	9 Tzec	4
13.7.	12 Manik	10 Tzec	5
14.7.	13 Lamat	11 Tzec	6
15.7.	1 Muluc	12 Tzec	7
16.7.	2 Oc	13 Tzec	8
17.7.	3 Chuen	14 Tzec	9
18.7.	4 Eb	15 Tzec	1
19.7.	5 Ben	16 Tzec	2
20.7.	6 Ix	17 Tzec	3
21.7.	7 Men	18 Tzec	4
22.7.	8 Cib	19 Tzec	5
23.7.	9 Cabán	0 Xul	6
24.7.	10 Edznab	1 Xul	7
25.7.	11 Cauac	2 Xul	8
26.7.	12 Ahau	3 Xul	9
27.7.	13 Imix	4 Xul	1
28.7.	1 Ik	5 Xul	2
29.7.	2 Akbal	6 Xul	3
30.7.	3 Kan	7 Xul	4
31.7.	4 Chicchan	8 Xul	5
1.8.	5 Cimi	9 Xul	6
2.8.	6 Manik	10 Xul	7
3.8.	7 Lamat	11 Xul	8
4.8.	8 Muluc	12 Xul	9
5.8.	9 Oc	13 Xul	1
6.8.	10 Chuen	14 Xul	2
7.8.	11 Eb	15 Xul	3
8.8.	12 Ben	16 Xul	4
9.8.	13 Ix	17 Xul	5
10.8.	1 Men	18 Xul	6
11.8.	2 Cib	19 Xul	7
12.8.	3 Cabán	0 Yaxkin	8
13.8.	4 Edznab	1 Yaxkin	9
14.8.	5 Cauac	2 Yaxkin	1
15.8.	6 Ahau	3 Yaxkin	2

1972			
Greg.	Tzolkin	Haab	H.d.N
16.8.	7 Imix	4 Yaxkin	3
17.8.	8 Ik	5 Yaxkin	4
18.8.	9 Akbal	6 Yaxkin	5
19.8.	10 Kan	7 Yaxkin	6
20.8.	11 Chicchan	8 Yaxkin	7
21.8.	12 Cimi	9 Yaxkin	8
22.8.	13 Manik	10 Yaxkin	9
23.8.	1 Lamat	11 Yaxkin	1
24.8.	2 Muluc	12 Yaxkin	2
25.8.	3 Oc	13 Yaxkin	3
26.8.	4 Chuen	14 Yaxkin	4
27.8.	5 Eb	15 Yaxkin	5
28.8.	6 Ben	16 Yaxkin	6
29.8.	7 Ix	17 Yaxkin	7
30.8.	8 Men	18 Yaxkin	8
31.8.	9 Cib	19 Yaxkin	9
1.9.	10 Cabán	0 Mol	1
2.9.	11 Edznab	1 Mol	2
3.9.	12 Cauac	2 Mol	3
4.9.	13 Ahau	3 Mol	4
5.9.	1 Imix	4 Mol	5
6.9.	2 Ik	5 Mol	6
7.9.	3 Akbal	6 Mol	7
8.9.	4 Kan	7 Mol	8
9.9.	5 Chicchan	8 Mol	9
10.9.	6 Cimi	9 Mol	1
11.9.	7 Manik	10 Mol	2
12.9.	8 Lamat	11 Mol	3
13.9.	9 Muluc	12 Mol	4
14.9.	10 Oc	13 Mol	5
15.9.	11 Chuen	14 Mol	6
16.9.	12 Eb	15 Mol	7
17.9.	13 Ben	16 Mol	8
18.9.	1 Ix	17 Mol	9
19.9.	2 Men	18 Mol	1
20.9.	3 Cib	19 Mol	2
21.9.	4 Cabán	0 Chen	3
22.9.	5 Edznab	1 Chen	4
23.9.	6 Cauac	2 Chen	5

1972			
Greg.	Tzolkin	Haab	H.d.N
24.9.	7 Ahau	3 Chen	6
25.9.	8 Imix	4 Chen	7
26.9.	9 Ik	5 Chen	8
27.9.	10 Akbal	6 Chen	9
28.9.	11 Kan	7 Chen	1
29.9.	12 Chicchan	8 Chen	2
30.9.	13 Cimi	9 Chen	3
1.10.	1 Manik	10 Chen	4
2.10.	2 Lamat	11 Chen	5
3.10.	3 Muluc	12 Chen	6
4.10.	4 Oc	13 Chen	7
5.10.	5 Chuen	14 Chen	8
6.10.	6 Eb	15 Chen	9
7.10.	7 Ben	16 Chen	1
8.10.	8 Ix	17 Chen	2
9.10.	9 Men	18 Chen	3
10.10.	10 Cib	19 Chen	4
11.10.	11 Cabán	0 Yax	5
12.10.	12 Edznab	1 Yax	6
13.10.	13 Cauac	2 Yax	7
14.10.	1 Ahau	3 Yax	8
15.10.	2 Imix	4 Yax	9
16.10.	3 Ik	5 Yax	1
17.10.	4 Akbal	6 Yax	2
18.10.	5 Kan	7 Yax	3
19.10.	6 Chicchan	8 Yax	4
20.10.	7 Cimi	9 Yax	5
21.10.	8 Manik	10 Yax	6
22.10.	9 Lamat	11 Yax	7
23.10.	10 Muluc	12 Yax	8
24.10.	11 Oc	13 Yax	9
25.10.	12 Chuen	14 Yax	1
26.10.	13 Eb	15 Yax	2
27.10.	1 Ben	16 Yax	3
28.10.	2 Ix	17 Yax	4
29.10.	3 Men	18 Yax	5
30.10.	4 Cib	19 Yax	6
31.10.	5 Cabán	0 Zac	7
1.11.	6 Edznab	1 Zac	8

1972			
Greg.	Tzolkin	Haab	H.d.N
2.11.	7 Cauac	2 Zac	9
3.11.	8 Ahau	3 Zac	1
4.11.	9 Imix	4 Zac	2
5.11.	10 Ik	5 Zac	3
6.11.	11 Akbal	6 Zac	4
7.11.	12 Kan	7 Zac	5
8.11.	13 Chicchan	8 Zac	6
9.11.	1 Cimi	9 Zac	7
10.11.	2 Manik	10 Zac	8
11.11.	3 Lamat	11 Zac	9
12.11.	4 Muluc	12 Zac	1
13.11.	5 Oc	13 Zac	2
14.11.	6 Chuen	14 Zac	3
15.11.	7 Eb	15 Zac	4
16.11.	8 Ben	16 Zac	5
17.11.	9 Ix	17 Zac	6
18.11.	10 Men	18 Zac	7
19.11.	11 Cib	19 Zac	8
20.11.	12 Cabán	0 Ceh	9
21.11.	13 Edznab	1 Ceh	1
22.11.	1 Cauac	2 Ceh	2
23.11.	2 Ahau	3 Ceh	3
24.11.	3 Imix	4 Ceh	4
25.11.	4 Ik	5 Ceh	5
26.11.	5 Akbal	6 Ceh	6
27.11.	6 Kan	7 Ceh	7
28.11.	7 Chicchan	8 Ceh	8
29.11.	8 Cimi	9 Ceh	9
30.11.	9 Manik	10 Ceh	1
1.12.	10 Lamat	11 Ceh	2
2.12.	11 Muluc	12 Ceh	3
3.12.	12 Oc	13 Ceh	4
4.12.	13 Chuen	14 Ceh	5
5.12.	1 Eb	15 Ceh	6
6.12.	2 Ben	16 Ceh	7
7.12.	3 Ix	17 Ceh	8
8.12.	4 Men	18 Ceh	9
9.12.	5 Cib	19 Ceh	1
10.12.	6 Cabán	0 Mac	2

1972			
Greg.	Tzolkin	Haab	H.d.N
11.12.	7 Edznab	1 Mac	3
12.12.	8 Cauac	2 Mac	4
13.12.	9 Ahau	3 Mac	5
14.12.	10 Imix	4 Mac	6
15.12.	11 Ik	5 Mac	7
16.12.	12 Akbal	6 Mac	8
17.12.	13 Kan	7 Mac	9
18.12.	1 Chicchan	8 Mac	1
19.12.	2 Cimi	9 Mac	2
20.12.	3 Manik	10 Mac	3
21.12.	4 Lamat	11 Mac	4
22.12.	5 Muluc	12 Mac	5
23.12.	6 Oc	13 Mac	6
24.12.	7 Chuen	14 Mac	7
25.12.	8 Eb	15 Mac	8
26.12.	9 Ben	16 Mac	9
27.12.	10 Ix	17 Mac	1
28.12.	11 Men	18 Mac	2
29.12.	12 Cib	19 Mac	3
30.12.	13 Cabán	0 Kankin	4
31.12.	1 Edznab	1 Kankin	5

1973			
Greg.	Tzolkin	Haab	H.d.N
1.1.	2 Cauac	2 Kankin	6
2.1.	3 Ahau	3 Kankin	7
3.1.	4 Imix	4 Kankin	8
4.1.	5 Ik	5 Kankin	9
5.1.	6 Akbal	6 Kankin	1
6.1.	7 Kan	7 Kankin	2
7.1.	8 Chicchan	8 Kankin	3
8.1.	9 Cimi	9 Kankin	4
9.1.	10 Manik	10 Kankin	5
10.1.	11 Lamat	11 Kankin	6
11.1.	12 Muluc	12 Kankin	7
12.1.	13 Oc	13 Kankin	8
13.1.	1 Chuen	14 Kankin	9
14.1.	2 Eb	15 Kankin	1
15.1.	3 Ben	16 Kankin	2
16.1.	4 Ix	17 Kankin	3

1973			
Greg.	Tzolkin	Haab	H.d.N
17.1.	5 Men	18 Kankin	4
18.1.	6 Cib	19 Kankin	5
19.1.	7 Cabán	0 Muan	6
20.1.	8 Edznab	1 Muan	7
21.1.	9 Cauac	2 Muan	8
22.1.	10 Ahau	3 Muan	9
23.1.	11 Imix	4 Muan	1
24.1.	12 Ik	5 Muan	2
25.1.	13 Akbal	6 Muan	3
26.1.	1 Kan	7 Muan	4
27.1.	2 Chicchan	8 Muan	5
28.1.	3 Cimi	9 Muan	6
29.1.	4 Manik	10 Muan	7
30.1.	5 Lamat	11 Muan	8
31.1.	6 Muluc	12 Muan	9
1.2.	7 Oc	13 Muan	1
2.2.	8 Chuen	14 Muan	2
3.2.	9 Eb	15 Muan	3
4.2.	10 Ben	16 Muan	4
5.2.	11 Ix	17 Muan	5
6.2.	12 Men	18 Muan	6
7.2.	13 Cib	19 Muan	7
8.2.	1 Cabán	0 Pax	8
9.2.	2 Edznab	1 Pax	9
10.2.	3 Cauac	2 Pax	1
11.2.	4 Ahau	3 Pax	2
12.2.	5 Imix	4 Pax	3
13.2.	6 Ik	5 Pax	4
14.2.	7 Akbal	6 Pax	5
15.2.	8 Kan	7 Pax	6
16.2.	9 Chicchan	8 Pax	7
17.2.	10 Cimi	9 Pax	8
18.2.	11 Manik	10 Pax	9
19.2.	12 Lamat	11 Pax	1
20.2.	13 Muluc	12 Pax	2
21.2.	1 Oc	13 Pax	3
22.2.	2 Chuen	14 Pax	4
23.2.	3 Eb	15 Pax	5
24.2.	4 Ben	16 Pax	6

1973			
Greg.	Tzolkin	Haab	H.d.N
25.2.	5 Ix	17 Pax	7
26.2.	6 Men	18 Pax	8
27.2.	7 Cib	19 Pax	9
28.2.	8 Cabán	0 Kayab	1
1.3.	9 Edznab	1 Kayab	2
2.3.	10 Cauac	2 Kayab	3
3.3.	11 Ahau	3 Kayab	4
4.3.	12 Imix	4 Kayab	5
5.3.	13 Ik	5 Kayab	6
6.3.	1 Akbal	6 Kayab	7
7.3.	2 Kan	7 Kayab	8
8.3.	3 Chicchan	8 Kayab	9
9.3.	4 Cimi	9 Kayab	1
10.3.	5 Manik	10 Kayab	2
11.3.	6 Lamat	11 Kayab	3
12.3.	7 Muluc	12 Kayab	4
13.3.	8 Oc	13 Kayab	5
14.3.	9 Chuen	14 Kayab	6
15.3.	10 Eb	15 Kayab	7
16.3.	11 Ben	16 Kayab	8
17.3.	12 Ix	17 Kayab	9
18.3.	13 Men	18 Kayab	1
19.3.	1 Cib	19 Kayab	2
20.3.	2 Cabán	0 Cumku	3
21.3.	3 Edznab	1 Cumku	4
22.3.	4 Cauac	2 Cumku	5
23.3.	5 Ahau	3 Cumku	6
24.3.	6 Imix	4 Cumku	7
25.3.	7 Ik	5 Cumku	8
26.3.	8 Akbal	6 Cumku	9
27.3.	9 Kan	7 Cumku	1
28.3.	10 Chicchan	8 Cumku	2
29.3.	11 Cimi	9 Cumku	3
30.3.	12 Manik	10 Cumku	4
31.3.	13 Lamat	11 Cumku	5
1.4.	1 Muluc	12 Cumku	6
2.4.	2 Oc	13 Cumku	7
3.4.	3 Chuen	14 Cumku	8
4.4.	4 Eb	15 Cumku	9

1973			
Greg.	Tzolkin	Haab	H.d.N
5.4.	5 Ben	16 Cumku	1
6.4.	6 Ix	17 Cumku	2
7.4.	7 Men	18 Cumku	3
8.4.	8 Cib	19 Cumku	4
9.4.	9 Cabán	0 Uayeb	5
10.4.	10 Edznab	1 Uayeb	6
11.4.	11 Cauac	2 Uayeb	7
12.4.	12 Ahau	3 Uayeb	8
13.4.	13 Imix	4 Uayeb	9
14.4.	**1 Ik**	**0 Pop**	**1**
15.4.	2 Akbal	1 Pop	2
16.4.	3 Kan	2 Pop	3
17.4.	4 Chicchan	3 Pop	4
18.4.	5 Cimi	4 Pop	5
19.4.	6 Manik	5 Pop	6
20.4.	7 Lamat	6 Pop	7
21.4.	8 Muluc	7 Pop	8
22.4.	9 Oc	8 Pop	9
23.4.	10 Chuen	9 Pop	1
24.4.	11 Eb	10 Pop	2
25.4.	12 Ben	11 Pop	3
26.4.	13 Ix	12 Pop	4
27.4.	1 Men	13 Pop	5
28.4.	2 Cib	14 Pop	6
29.4.	3 Cabán	15 Pop	7
30.4.	4 Edznab	16 Pop	8
1.5.	5 Cauac	17 Pop	9
2.5.	6 Ahau	18 Pop	1
3.5.	7 Imix	19 Pop	2
4.5.	8 Ik	0 Uo	3
5.5.	9 Akbal	1 Uo	4
6.5.	10 Kan	2 Uo	5
7.5.	11 Chicchan	3 Uo	6
8.5.	12 Cimi	4 Uo	7
9.5.	13 Manik	5 Uo	8
10.5.	1 Lamat	6 Uo	9
11.5.	2 Muluc	7 Uo	1
12.5.	3 Oc	8 Uo	2
13.5.	4 Chuen	9 Uo	3

1973			
Greg.	Tzolkin	Haab	H.d.N
14.5.	5 Eb	10 Uo	4
15.5.	6 Ben	11 Uo	5
16.5.	7 Ix	12 Uo	6
17.5.	8 Men	13 Uo	7
18.5.	9 Cib	14 Uo	8
19.5.	10 Cabán	15 Uo	9
20.5.	11 Edznab	16 Uo	1
21.5.	12 Cauac	17 Uo	2
22.5.	13 Ahau	18 Uo	3
23.5.	1 Imix	19 Uo	4
24.5.	2 Ik	0 Zip	5
25.5.	3 Akbal	1 Zip	6
26.5.	4 Kan	2 Zip	7
27.5.	5 Chicchan	3 Zip	8
28.5.	6 Cimi	4 Zip	9
29.5.	7 Manik	5 Zip	1
30.5.	8 Lamat	6 Zip	2
31.5.	9 Muluc	7 Zip	3
1.6.	10 Oc	8 Zip	4
2.6.	11 Chuen	9 Zip	5
3.6.	12 Eb	10 Zip	6
4.6.	13 Ben	11 Zip	7
5.6.	1 Ix	12 Zip	8
6.6.	2 Men	13 Zip	9
7.6.	3 Cib	14 Zip	1
8.6.	4 Cabán	15 Zip	2
9.6.	5 Edznab	16 Zip	3
10.6.	6 Cauac	17 Zip	4
11.6.	7 Ahau	18 Zip	5
12.6.	8 Imix	19 Zip	6
13.6.	9 Ik	0 Zotz	7
14.6.	10 Akbal	1 Zotz	8
15.6.	11 Kan	2 Zotz	9
16.6.	12 Chicchan	3 Zotz	1
17.6.	13 Cimi	4 Zotz	2
18.6.	1 Manik	5 Zotz	3
19.6.	2 Lamat	6 Zotz	4
20.6.	3 Muluc	7 Zotz	5
21.6.	4 Oc	8 Zotz	6

1973			
Greg.	Tzolkin	Haab	H.d.N
22.6.	5 Chuen	9 Zotz	7
23.6.	6 Eb	10 Zotz	8
24.6.	7 Ben	11 Zotz	9
25.6.	8 Ix	12 Zotz	1
26.6.	9 Men	13 Zotz	2
27.6.	10 Cib	14 Zotz	3
28.6.	11 Cabán	15 Zotz	4
29.6.	12 Edznab	16 Zotz	5
30.6.	13 Cauac	17 Zotz	6
1.7.	1 Ahau	18 Zotz	7
2.7.	2 Imix	19 Zotz	8
3.7.	3 Ik	0 Tzec	9
4.7.	4 Akbal	1 Tzec	1
5.7.	5 Kan	2 Tzec	2
6.7.	6 Chicchan	3 Tzec	3
7.7.	7 Cimi	4 Tzec	4
8.7.	8 Manik	5 Tzec	5
9.7.	9 Lamat	6 Tzec	6
10.7.	10 Muluc	7 Tzec	7
11.7.	11 Oc	8 Tzec	8
12.7.	12 Chuen	9 Tzec	9
13.7.	13 Eb	10 Tzec	1
14.7.	1 Ben	11 Tzec	2
15.7.	2 Ix	12 Tzec	3
16.7.	3 Men	13 Tzec	4
17.7.	4 Cib	14 Tzec	5
18.7.	5 Cabán	15 Tzec	6
19.7.	6 Edznab	16 Tzec	7
20.7.	7 Cauac	17 Tzec	8
21.7.	8 Ahau	18 Tzec	9
22.7.	9 Imix	19 Tzec	1
23.7.	10 Ik	0 Xul	2
24.7.	11 Akbal	1 Xul	3
25.7.	12 Kan	2 Xul	4
26.7.	13 Chicchan	3 Xul	5
27.7.	1 Cimi	4 Xul	6
28.7.	2 Manik	5 Xul	7
29.7.	3 Lamat	6 Xul	8
30.7.	4 Muluc	7 Xul	9

1973			
Greg.	Tzolkin	Haab	H.d.N
31.7.	5 Oc	8 Xul	1
1.8.	6 Chuen	9 Xul	2
2.8.	7 Eb	10 Xul	3
3.8.	8 Ben	11 Xul	4
4.8.	9 Ix	12 Xul	5
5.8.	10 Men	13 Xul	6
6.8.	11 Cib	14 Xul	7
7.8.	12 Cabán	15 Xul	8
8.8.	13 Edznab	16 Xul	9
9.8.	1 Cauac	17 Xul	1
10.8.	2 Ahau	18 Xul	2
11.8.	3 Imix	19 Xul	3
12.8.	4 Ik	0 Yaxkin	4
13.8.	5 Akbal	1 Yaxkin	5
14.8.	6 Kan	2 Yaxkin	6
15.8.	7 Chicchan	3 Yaxkin	7
16.8.	8 Cimi	4 Yaxkin	8
17.8.	9 Manik	5 Yaxkin	9
18.8.	10 Lamat	6 Yaxkin	1
19.8.	11 Muluc	7 Yaxkin	2
20.8.	12 Oc	8 Yaxkin	3
21.8.	13 Chuen	9 Yaxkin	4
22.8.	1 Eb	10 Yaxkin	5
23.8.	2 Ben	11 Yaxkin	6
24.8.	3 Ix	12 Yaxkin	7
25.8.	4 Men	13 Yaxkin	8
26.8.	5 Cib	14 Yaxkin	9
27.8.	6 Cabán	15 Yaxkin	1
28.8.	7 Edznab	16 Yaxkin	2
29.8.	8 Cauac	17 Yaxkin	3
30.8.	9 Ahau	18 Yaxkin	4
31.8.	10 Imix	19 Yaxkin	5
1.9.	11 Ik	0 Mol	6
2.9.	12 Akbal	1 Mol	7
3.9.	13 Kan	2 Mol	8
4.9.	1 Chicchan	3 Mol	9
5.9.	2 Cimi	4 Mol	1
6.9.	3 Manik	5 Mol	2
7.9.	4 Lamat	6 Mol	3

1973			
Greg.	Tzolkin	Haab	H.d.N
8.9.	5 Muluc	7 Mol	4
9.9.	6 Oc	8 Mol	5
10.9.	7 Chuen	9 Mol	6
11.9.	8 Eb	10 Mol	7
12.9.	9 Ben	11 Mol	8
13.9.	10 Ix	12 Mol	9
14.9.	11 Men	13 Mol	1
15.9.	12 Cib	14 Mol	2
16.9.	13 Cabán	15 Mol	3
17.9.	1 Edznab	16 Mol	4
18.9.	2 Cauac	17 Mol	5
19.9.	3 Ahau	18 Mol	6
20.9.	4 Imix	19 Mol	7
21.9.	5 Ik	0 Chen	8
22.9.	6 Akbal	1 Chen	9
23.9.	7 Kan	2 Chen	1
24.9.	8 Chicchan	3 Chen	2
25.9.	9 Cimi	4 Chen	3
26.9.	10 Manik	5 Chen	4
27.9.	11 Lamat	6 Chen	5
28.9.	12 Muluc	7 Chen	6
29.9.	13 Oc	8 Chen	7
30.9.	1 Chuen	9 Chen	8
1.10.	2 Eb	10 Chen	9
2.10.	3 Ben	11 Chen	1
3.10.	4 Ix	12 Chen	2
4.10.	5 Men	13 Chen	3
5.10.	6 Cib	14 Chen	4
6.10.	7 Cabán	15 Chen	5
7.10.	8 Edznab	16 Chen	6
8.10.	9 Cauac	17 Chen	7
9.10.	10 Ahau	18 Chen	8
10.10.	11 Imix	19 Chen	9
11.10.	12 Ik	0 Yax	1
12.10.	13 Akbal	1 Yax	2
13.10.	1 Kan	2 Yax	3
14.10.	2 Chicchan	3 Yax	4
15.10.	3 Cimi	4 Yax	5
16.10.	4 Manik	5 Yax	6

1973			
Greg.	Tzolkin	Haab	H.d.N
17.10.	5 Lamat	6 Yax	7
18.10.	6 Muluc	7 Yax	8
19.10.	7 Oc	8 Yax	9
20.10.	8 Chuen	9 Yax	1
21.10.	9 Eb	10 Yax	2
22.10.	10 Ben	11 Yax	3
23.10.	11 Ix	12 Yax	4
24.10.	12 Men	13 Yax	5
25.10.	13 Cib	14 Yax	6
26.10.	1 Cabán	15 Yax	7
27.10.	2 Edznab	16 Yax	8
28.10.	3 Cauac	17 Yax	9
29.10.	4 Ahau	18 Yax	1
30.10.	5 Imix	19 Yax	2
31.10.	6 Ik	0 Zac	3
1.11.	7 Akbal	1 Zac	4
2.11.	8 Kan	2 Zac	5
3.11.	9 Chicchan	3 Zac	6
4.11.	10 Cimi	4 Zac	7
5.11.	11 Manik	5 Zac	8
6.11.	12 Lamat	6 Zac	9
7.11.	13 Muluc	7 Zac	1
8.11.	1 Oc	8 Zac	2
9.11.	2 Chuen	9 Zac	3
10.11.	3 Eb	10 Zac	4
11.11.	4 Ben	11 Zac	5
12.11.	5 Ix	12 Zac	6
13.11.	6 Men	13 Zac	7
14.11.	7 Cib	14 Zac	8
15.11.	8 Cabán	15 Zac	9
16.11.	9 Edznab	16 Zac	1
17.11.	10 Cauac	17 Zac	2
18.11.	11 Ahau	18 Zac	3
19.11.	12 Imix	19 Zac	4
20.11.	13 Ik	0 Ceh	5
21.11.	1 Akbal	1 Ceh	6
22.11.	2 Kan	2 Ceh	7
23.11.	3 Chicchan	3 Ceh	8
24.11.	4 Cimi	4 Ceh	9

1973			
Greg.	Tzolkin	Haab	H.d.N
25.11.	5 Manik	5 Ceh	1
26.11.	6 Lamat	6 Ceh	2
27.11.	7 Muluc	7 Ceh	3
28.11.	8 Oc	8 Ceh	4
29.11.	9 Chuen	9 Ceh	5
30.11.	10 Eb	10 Ceh	6
1.12.	11 Ben	11 Ceh	7
2.12.	12 Ix	12 Ceh	8
3.12.	13 Men	13 Ceh	9
4.12.	1 Cib	14 Ceh	1
5.12.	2 Cabán	15 Ceh	2
6.12.	3 Edznab	16 Ceh	3
7.12.	4 Cauac	17 Ceh	4
8.12.	5 Ahau	18 Ceh	5
9.12.	6 Imix	19 Ceh	6
10.12.	7 Ik	0 Mac	7
11.12.	8 Akbal	1 Mac	8
12.12.	9 Kan	2 Mac	9
13.12.	10 Chicchan	3 Mac	1
14.12.	11 Cimi	4 Mac	2
15.12.	12 Manik	5 Mac	3
16.12.	13 Lamat	6 Mac	4
17.12.	1 Muluc	7 Mac	5
18.12.	2 Oc	8 Mac	6
19.12.	3 Chuen	9 Mac	7
20.12.	4 Eb	10 Mac	8
21.12.	5 Ben	11 Mac	9
22.12.	6 Ix	12 Mac	1
23.12.	7 Men	13 Mac	2
24.12.	8 Cib	14 Mac	3
25.12.	9 Cabán	15 Mac	4
26.12.	10 Edznab	16 Mac	5
27.12.	11 Cauac	17 Mac	6
28.12.	12 Ahau	18 Mac	7
29.12.	13 Imix	19 Mac	8
30.12.	1 Ik	0 Kankin	9
31.12.	2 Akbal	1 Kankin	1

1974			
Greg.	Tzolkin	Haab	H.d.N
1.1.	3 Kan	2 Kankin	2
2.1.	4 Chicchan	3 Kankin	3
3.1.	5 Cimi	4 Kankin	4
4.1.	6 Manik	5 Kankin	5
5.1.	7 Lamat	6 Kankin	6
6.1.	8 Muluc	7 Kankin	7
7.1.	9 Oc	8 Kankin	8
8.1.	10 Chuen	9 Kankin	9
9.1.	11 Eb	10 Kankin	1
10.1.	12 Ben	11 Kankin	2
11.1.	13 Ix	12 Kankin	3
12.1.	1 Men	13 Kankin	4
13.1.	2 Cib	14 Kankin	5
14.1.	3 Cabán	15 Kankin	6
15.1.	4 Edznab	16 Kankin	7
16.1.	5 Cauac	17 Kankin	8
17.1.	6 Ahau	18 Kankin	9
18.1.	7 Imix	19 Kankin	1
19.1.	8 Ik	0 Muan	2
20.1.	9 Akbal	1 Muan	3
21.1.	10 Kan	2 Muan	4
22.1.	11 Chicchan	3 Muan	5
23.1.	12 Cimi	4 Muan	6
24.1.	13 Manik	5 Muan	7
25.1.	1 Lamat	6 Muan	8
26.1.	2 Muluc	7 Muan	9
27.1.	3 Oc	8 Muan	1
28.1.	4 Chuen	9 Muan	2
29.1.	5 Eb	10 Muan	3
30.1.	6 Ben	11 Muan	4
31.1.	7 Ix	12 Muan	5
1.2.	8 Men	13 Muan	6
2.2.	9 Cib	14 Muan	7
3.2.	10 Cabán	15 Muan	8
4.2.	11 Edznab	16 Muan	9
5.2.	12 Cauac	17 Muan	1
6.2.	13 Ahau	18 Muan	2
7.2.	1 Imix	19 Muan	3
8.2.	2 Ik	0 Pax	4

1974			
Greg.	Tzolkin	Haab	H.d.N
9.2.	3 Akbal	1 Pax	5
10.2.	4 Kan	2 Pax	6
11.2.	5 Chicchan	3 Pax	7
12.2.	6 Cimi	4 Pax	8
13.2.	7 Manik	5 Pax	9
14.2.	8 Lamat	6 Pax	1
15.2.	9 Muluc	7 Pax	2
16.2.	10 Oc	8 Pax	3
17.2.	11 Chuen	9 Pax	4
18.2.	12 Eb	10 Pax	5
19.2.	13 Ben	11 Pax	6
20.2.	1 Ix	12 Pax	7
21.2.	2 Men	13 Pax	8
22.2.	3 Cib	14 Pax	9
23.2.	4 Cabán	15 Pax	1
24.2.	5 Edznab	16 Pax	2
25.2.	6 Cauac	17 Pax	3
26.2.	7 Ahau	18 Pax	4
27.2.	8 Imix	19 Pax	5
28.2.	9 Ik	0 Kayab	6
1.3.	10 Akbal	1 Kayab	7
2.3.	11 Kan	2 Kayab	8
3.3.	12 Chicchan	3 Kayab	9
4.3.	13 Cimi	4 Kayab	1
5.3.	1 Manik	5 Kayab	2
6.3.	2 Lamat	6 Kayab	3
7.3.	3 Muluc	7 Kayab	4
8.3.	4 Oc	8 Kayab	5
9.3.	5 Chuen	9 Kayab	6
10.3.	6 Eb	10 Kayab	7
11.3.	7 Ben	11 Kayab	8
12.3.	8 Ix	12 Kayab	9
13.3.	9 Men	13 Kayab	1
14.3.	10 Cib	14 Kayab	2
15.3.	11 Cabán	15 Kayab	3
16.3.	12 Edznab	16 Kayab	4
17.3.	13 Cauac	17 Kayab	5
18.3.	1 Ahau	18 Kayab	6
19.3.	2 Imix	19 Kayab	7

1974			
Greg.	Tzolkin	Haab	H.d.N
20.3.	3 Ik	0 Cumku	8
21.3.	4 Akbal	1 Cumku	9
22.3.	5 Kan	2 Cumku	1
23.3.	6 Chicchan	3 Cumku	2
24.3.	7 Cimi	4 Cumku	3
25.3.	8 Manik	5 Cumku	4
26.3.	9 Lamat	6 Cumku	5
27.3.	10 Muluc	7 Cumku	6
28.3.	11 Oc	8 Cumku	7
29.3.	12 Chuen	9 Cumku	8
30.3.	13 Eb	10 Cumku	9
31.3.	1 Ben	11 Cumku	1
1.4.	2 Ix	12 Cumku	2
2.4.	3 Men	13 Cumku	3
3.4.	4 Cib	14 Cumku	4
4.4.	5 Cabán	15 Cumku	5
5.4.	6 Edznab	16 Cumku	6
6.4.	7 Cauac	17 Cumku	7
7.4.	8 Ahau	18 Cumku	8
8.4.	9 Imix	19 Cumku	9
9.4.	10 Ik	0 Uayeb	1
10.4.	11 Akbal	1 Uayeb	2
11.4.	12 Kan	2 Uayeb	3
12.4.	13 Chicchan	3 Uayeb	4
13.4.	1 Cimi	4 Uayeb	5
14.4.	**2 Manik**	**0 Pop**	**6**
15.4.	3 Lamat	1 Pop	7
16.4.	4 Muluc	2 Pop	8
17.4.	5 Oc	3 Pop	9
18.4.	6 Chuen	4 Pop	1
19.4.	7 Eb	5 Pop	2
20.4.	8 Ben	6 Pop	3
21.4.	9 Ix	7 Pop	4
22.4.	10 Men	8 Pop	5
23.4.	11 Cib	9 Pop	6
24.4.	12 Cabán	10 Pop	7
25.4.	13 Edznab	11 Pop	8
26.4.	1 Cauac	12 Pop	9
27.4.	2 Ahau	13 Pop	1

1974			
Greg.	Tzolkin	Haab	H.d.N
28.4.	3 Imix	14 Pop	2
29.4.	4 Ik	15 Pop	3
30.4.	5 Akbal	16 Pop	4
1.5.	6 Kan	17 Pop	5
2.5.	7 Chicchan	18 Pop	6
3.5.	8 Cimi	19 Pop	7
4.5.	9 Manik	0 Uo	8
5.5.	10 Lamat	1 Uo	9
6.5.	11 Muluc	2 Uo	1
7.5.	12 Oc	3 Uo	2
8.5.	13 Chuen	4 Uo	3
9.5.	1 Eb	5 Uo	4
10.5.	2 Ben	6 Uo	5
11.5.	3 Ix	7 Uo	6
12.5.	4 Men	8 Uo	7
13.5.	5 Cib	9 Uo	8
14.5.	6 Cabán	10 Uo	9
15.5.	7 Edznab	11 Uo	1
16.5.	8 Cauac	12 Uo	2
17.5.	9 Ahau	13 Uo	3
18.5.	10 Imix	14 Uo	4
19.5.	11 Ik	15 Uo	5
20.5.	12 Akbal	16 Uo	6
21.5.	13 Kan	17 Uo	7
22.5.	1 Chicchan	18 Uo	8
23.5.	2 Cimi	19 Uo	9
24.5.	3 Manik	0 Zip	1
25.5.	4 Lamat	1 Zip	2
26.5.	5 Muluc	2 Zip	3
27.5.	6 Oc	3 Zip	4
28.5.	7 Chuen	4 Zip	5
29.5.	8 Eb	5 Zip	6
30.5.	9 Ben	6 Zip	7
31.5.	10 Ix	7 Zip	8
1.6.	11 Men	8 Zip	9
2.6.	12 Cib	9 Zip	1
3.6.	13 Cabán	10 Zip	2
4.6.	1 Edznab	11 Zip	3
5.6.	2 Cauac	12 Zip	4

1974			
Greg.	Tzolkin	Haab	H.d.N
6.6.	3 Ahau	13 Zip	5
7.6.	4 Imix	14 Zip	6
8.6.	5 Ik	15 Zip	7
9.6.	6 Akbal	16 Zip	8
10.6.	7 Kan	17 Zip	9
11.6.	8 Chicchan	18 Zip	1
12.6.	9 Cimi	19 Zip	2
13.6.	10 Manik	0 Zotz	3
14.6.	11 Lamat	1 Zotz	4
15.6.	12 Muluc	2 Zotz	5
16.6.	13 Oc	3 Zotz	6
17.6.	1 Chuen	4 Zotz	7
18.6.	2 Eb	5 Zotz	8
19.6.	3 Ben	6 Zotz	9
20.6.	4 Ix	7 Zotz	1
21.6.	5 Men	8 Zotz	2
22.6.	6 Cib	9 Zotz	3
23.6.	7 Cabán	10 Zotz	4
24.6.	8 Edznab	11 Zotz	5
25.6.	9 Cauac	12 Zotz	6
26.6.	10 Ahau	13 Zotz	7
27.6.	11 Imix	14 Zotz	8
28.6.	12 Ik	15 Zotz	9
29.6.	13 Akbal	16 Zotz	1
30.6.	1 Kan	17 Zotz	2
1.7.	2 Chicchan	18 Zotz	3
2.7.	3 Cimi	19 Zotz	4
3.7.	4 Manik	0 Tzec	5
4.7.	5 Lamat	1 Tzec	6
5.7.	6 Muluc	2 Tzec	7
6.7.	7 Oc	3 Tzec	8
7.7.	8 Chuen	4 Tzec	9
8.7.	9 Eb	5 Tzec	1
9.7.	10 Ben	6 Tzec	2
10.7.	11 Ix	7 Tzec	3
11.7.	12 Men	8 Tzec	4
12.7.	13 Cib	9 Tzec	5
13.7.	1 Cabán	10 Tzec	6
14.7.	2 Edznab	11 Tzec	7

1974			
Greg.	Tzolkin	Haab	H.d.N
15.7.	3 Cauac	12 Tzec	8
16.7.	4 Ahau	13 Tzec	9
17.7.	5 Imix	14 Tzec	1
18.7.	6 Ik	15 Tzec	2
19.7.	7 Akbal	16 Tzec	3
20.7.	8 Kan	17 Tzec	4
21.7.	9 Chicchan	18 Tzec	5
22.7.	10 Cimi	19 Tzec	6
23.7.	11 Manik	0 Xul	7
24.7.	12 Lamat	1 Xul	8
25.7.	13 Muluc	2 Xul	9
26.7.	1 Oc	3 Xul	1
27.7.	2 Chuen	4 Xul	2
28.7.	3 Eb	5 Xul	3
29.7.	4 Ben	6 Xul	4
30.7.	5 Ix	7 Xul	5
31.7.	6 Men	8 Xul	6
1.8.	7 Cib	9 Xul	7
2.8.	8 Cabán	10 Xul	8
3.8.	9 Edznab	11 Xul	9
4.8.	10 Cauac	12 Xul	1
5.8.	11 Ahau	13 Xul	2
6.8.	12 Imix	14 Xul	3
7.8.	13 Ik	15 Xul	4
8.8.	1 Akbal	16 Xul	5
9.8.	2 Kan	17 Xul	6
10.8.	3 Chicchan	18 Xul	7
11.8.	4 Cimi	19 Xul	8
12.8.	5 Manik	0 Yaxkin	9
13.8.	6 Lamat	1 Yaxkin	1
14.8.	7 Muluc	2 Yaxkin	2
15.8.	8 Oc	3 Yaxkin	3
16.8.	9 Chuen	4 Yaxkin	4
17.8.	10 Eb	5 Yaxkin	5
18.8.	11 Ben	6 Yaxkin	6
19.8.	12 Ix	7 Yaxkin	7
20.8.	13 Men	8 Yaxkin	8
21.8.	1 Cib	9 Yaxkin	9
22.8.	2 Cabán	10 Yaxkin	1

1974			
Greg.	Tzolkin	Haab	H.d.N
23.8.	3 Edznab	11 Yaxkin	2
24.8.	4 Cauac	12 Yaxkin	3
25.8.	5 Ahau	13 Yaxkin	4
26.8.	6 Imix	14 Yaxkin	5
27.8.	7 Ik	15 Yaxkin	6
28.8.	8 Akbal	16 Yaxkin	7
29.8.	9 Kan	17 Yaxkin	8
30.8.	10 Chicchan	18 Yaxkin	9
31.8.	11 Cimi	19 Yaxkin	1
1.9.	12 Manik	0 Mol	2
2.9.	13 Lamat	1 Mol	3
3.9.	1 Muluc	2 Mol	4
4.9.	2 Oc	3 Mol	5
5.9.	3 Chuen	4 Mol	6
6.9.	4 Eb	5 Mol	7
7.9.	5 Ben	6 Mol	8
8.9.	6 Ix	7 Mol	9
9.9.	7 Men	8 Mol	1
10.9.	8 Cib	9 Mol	2
11.9.	9 Cabán	10 Mol	3
12.9.	10 Edznab	11 Mol	4
13.9.	11 Cauac	12 Mol	5
14.9.	12 Ahau	13 Mol	6
15.9.	13 Imix	14 Mol	7
16.9.	1 Ik	15 Mol	8
17.9.	2 Akbal	16 Mol	9
18.9.	3 Kan	17 Mol	1
19.9.	4 Chicchan	18 Mol	2
20.9.	5 Cimi	19 Mol	3
21.9.	6 Manik	0 Chen	4
22.9.	7 Lamat	1 Chen	5
23.9.	8 Muluc	2 Chen	6
24.9.	9 Oc	3 Chen	7
25.9.	10 Chuen	4 Chen	8
26.9.	11 Eb	5 Chen	9
27.9.	12 Ben	6 Chen	1
28.9.	13 Ix	7 Chen	2
29.9.	1 Men	8 Chen	3
30.9.	2 Cib	9 Chen	4

1974			
Greg.	Tzolkin	Haab	H.d.N
1.10.	3 Cabán	10 Chen	5
2.10.	4 Edznab	11 Chen	6
3.10.	5 Cauac	12 Chen	7
4.10.	6 Ahau	13 Chen	8
5.10.	7 Imix	14 Chen	9
6.10.	8 Ik	15 Chen	1
7.10.	9 Akbal	16 Chen	2
8.10.	10 Kan	17 Chen	3
9.10.	11 Chicchan	18 Chen	4
10.10.	12 Cimi	19 Chen	5
11.10.	13 Manik	0 Yax	6
12.10.	1 Lamat	1 Yax	7
13.10.	2 Muluc	2 Yax	8
14.10.	3 Oc	3 Yax	9
15.10.	4 Chuen	4 Yax	1
16.10.	5 Eb	5 Yax	2
17.10.	6 Ben	6 Yax	3
18.10.	7 Ix	7 Yax	4
19.10.	8 Men	8 Yax	5
20.10.	9 Cib	9 Yax	6
21.10.	10 Cabán	10 Yax	7
22.10.	11 Edznab	11 Yax	8
23.10.	12 Cauac	12 Yax	9
24.10.	13 Ahau	13 Yax	1
25.10.	1 Imix	14 Yax	2
26.10.	2 Ik	15 Yax	3
27.10.	3 Akbal	16 Yax	4
28.10.	4 Kan	17 Yax	5
29.10.	5 Chicchan	18 Yax	6
30.10.	6 Cimi	19 Yax	7
31.10.	7 Manik	0 Zac	8
1.11.	8 Lamat	1 Zac	9
2.11.	9 Muluc	2 Zac	1
3.11.	10 Oc	3 Zac	2
4.11.	11 Chuen	4 Zac	3
5.11.	12 Eb	5 Zac	4
6.11.	13 Ben	6 Zac	5
7.11.	1 Ix	7 Zac	6
8.11.	2 Men	8 Zac	7

1974			
Greg.	**Tzolkin**	**Haab**	**H.d.N**
9.11.	3 Cib	9 Zac	8
10.11.	4 Cabán	10 Zac	9
11.11.	5 Edznab	11 Zac	1
12.11.	6 Cauac	12 Zac	2
13.11.	7 Ahau	13 Zac	3
14.11.	8 Imix	14 Zac	4
15.11.	9 Ik	15 Zac	5
16.11.	10 Akbal	16 Zac	6
17.11.	11 Kan	17 Zac	7
18.11.	12 Chicchan	18 Zac	8
19.11.	13 Cimi	19 Zac	9
20.11.	1 Manik	0 Ceh	1
21.11.	2 Lamat	1 Ceh	2
22.11.	3 Muluc	2 Ceh	3
23.11.	4 Oc	3 Ceh	4
24.11.	5 Chuen	4 Ceh	5
25.11.	6 Eb	5 Ceh	6
26.11.	7 Ben	6 Ceh	7
27.11.	8 Ix	7 Ceh	8
28.11.	9 Men	8 Ceh	9
29.11.	10 Cib	9 Ceh	1
30.11.	11 Cabán	10 Ceh	2
1.12.	12 Edznab	11 Ceh	3
2.12.	13 Cauac	12 Ceh	4
3.12.	1 Ahau	13 Ceh	5
4.12.	2 Imix	14 Ceh	6
5.12.	3 Ik	15 Ceh	7
6.12.	4 Akbal	16 Ceh	8
7.12.	5 Kan	17 Ceh	9
8.12.	6 Chicchan	18 Ceh	1
9.12.	7 Cimi	19 Ceh	2
10.12.	8 Manik	0 Mac	3
11.12.	9 Lamat	1 Mac	4
12.12.	10 Muluc	2 Mac	5
13.12.	11 Oc	3 Mac	6
14.12.	12 Chuen	4 Mac	7
15.12.	13 Eb	5 Mac	8
16.12.	1 Ben	6 Mac	9
17.12.	2 Ix	7 Mac	1

1974			
Greg.	**Tzolkin**	**Haab**	**H.d.N**
18.12.	3 Men	8 Mac	2
19.12.	4 Cib	9 Mac	3
20.12.	5 Cabán	10 Mac	4
21.12.	6 Edznab	11 Mac	5
22.12.	7 Cauac	12 Mac	6
23.12.	8 Ahau	13 Mac	7
24.12.	9 Imix	14 Mac	8
25.12.	10 Ik	15 Mac	9
26.12.	11 Akbal	16 Mac	1
27.12.	12 Kan	17 Mac	2
28.12.	13 Chicchan	18 Mac	3
29.12.	1 Cimi	19 Mac	4
30.12.	2 Manik	0 Kankin	5
31.12.	3 Lamat	1 Kankin	6

1975			
Greg.	**Tzolkin**	**Haab**	**H.d.N**
1.1.	4 Muluc	2 Kankin	7
2.1.	5 Oc	3 Kankin	8
3.1.	6 Chuen	4 Kankin	9
4.1.	7 Eb	5 Kankin	1
5.1.	8 Ben	6 Kankin	2
6.1.	9 Ix	7 Kankin	3
7.1.	10 Men	8 Kankin	4
8.1.	11 Cib	9 Kankin	5
9.1.	12 Cabán	10 Kankin	6
10.1.	13 Edznab	11 Kankin	7
11.1.	1 Cauac	12 Kankin	8
12.1.	2 Ahau	13 Kankin	9
13.1.	3 Imix	14 Kankin	1
14.1.	4 Ik	15 Kankin	2
15.1.	5 Akbal	16 Kankin	3
16.1.	6 Kan	17 Kankin	4
17.1.	7 Chicchan	18 Kankin	5
18.1.	8 Cimi	19 Kankin	6
19.1.	9 Manik	0 Muan	7
20.1.	10 Lamat	1 Muan	8
21.1.	11 Muluc	2 Muan	9
22.1.	12 Oc	3 Muan	1
23.1.	13 Chuen	4 Muan	2

	1975		
Greg.	Tzolkin	Haab	H.d.N
24.1.	1 Eb	5 Muan	3
25.1.	2 Ben	6 Muan	4
26.1.	3 Ix	7 Muan	5
27.1.	4 Men	8 Muan	6
28.1.	5 Cib	9 Muan	7
29.1.	6 Cabán	10 Muan	8
30.1.	7 Edznab	11 Muan	9
31.1.	8 Cauac	12 Muan	1
1.2.	9 Ahau	13 Muan	2
2.2.	10 Imix	14 Muan	3
3.2.	11 Ik	15 Muan	4
4.2.	12 Akbal	16 Muan	5
5.2.	13 Kan	17 Muan	6
6.2.	1 Chicchan	18 Muan	7
7.2.	2 Cimi	19 Muan	8
8.2.	3 Manik	0 Pax	9
9.2.	4 Lamat	1 Pax	1
10.2.	5 Muluc	2 Pax	2
11.2.	6 Oc	3 Pax	3
12.2.	7 Chuen	4 Pax	4
13.2.	8 Eb	5 Pax	5
14.2.	9 Ben	6 Pax	6
15.2.	10 Ix	7 Pax	7
16.2.	11 Men	8 Pax	8
17.2.	12 Cib	9 Pax	9
18.2.	13 Cabán	10 Pax	1
19.2.	1 Edznab	11 Pax	2
20.2.	2 Cauac	12 Pax	3
21.2.	3 Ahau	13 Pax	4
22.2.	4 Imix	14 Pax	5
23.2.	5 Ik	15 Pax	6
24.2.	6 Akbal	16 Pax	7
25.2.	7 Kan	17 Pax	8
26.2.	8 Chicchan	18 Pax	9
27.2.	9 Cimi	19 Pax	1
28.2.	10 Manik	0 Kayab	2
1.3.	11 Lamat	1 Kayab	3
2.3.	12 Muluc	2 Kayab	4
3.3.	13 Oc	3 Kayab	5

	1975		
Greg.	Tzolkin	Haab	H.d.N
4.3.	1 Chuen	4 Kayab	6
5.3.	2 Eb	5 Kayab	7
6.3.	3 Ben	6 Kayab	8
7.3.	4 Ix	7 Kayab	9
8.3.	5 Men	8 Kayab	1
9.3.	6 Cib	9 Kayab	2
10.3.	7 Cabán	10 Kayab	3
11.3.	8 Edznab	11 Kayab	4
12.3.	9 Cauac	12 Kayab	5
13.3.	10 Ahau	13 Kayab	6
14.3.	11 Imix	14 Kayab	7
15.3.	12 Ik	15 Kayab	8
16.3.	13 Akbal	16 Kayab	9
17.3.	1 Kan	17 Kayab	1
18.3.	2 Chicchan	18 Kayab	2
19.3.	3 Cimi	19 Kayab	3
20.3.	4 Manik	0 Cumku	4
21.3.	5 Lamat	1 Cumku	5
22.3.	6 Muluc	2 Cumku	6
23.3.	7 Oc	3 Cumku	7
24.3.	8 Chuen	4 Cumku	8
25.3.	9 Eb	5 Cumku	9
26.3.	10 Ben	6 Cumku	1
27.3.	11 Ix	7 Cumku	2
28.3.	12 Men	8 Cumku	3
29.3.	13 Cib	9 Cumku	4
30.3.	1 Cabán	10 Cumku	5
31.3.	2 Edznab	11 Cumku	6
1.4.	3 Cauac	12 Cumku	7
2.4.	4 Ahau	13 Cumku	8
3.4.	5 Imix	14 Cumku	9
4.4.	6 Ik	15 Cumku	1
5.4.	7 Akbal	16 Cumku	2
6.4.	8 Kan	17 Cumku	3
7.4.	9 Chicchan	18 Cumku	4
8.4.	10 Cimi	19 Cumku	5
9.4.	11 Manik	0 Uayeb	6
10.4.	12 Lamat	1 Uayeb	7
11.4.	13 Muluc	2 Uayeb	8

1975			
Greg.	Tzolkin	Haab	H.d.N
12.4.	1 Oc	3 Uayeb	9
13.4.	2 Chuen	4 Uayeb	1
14.4.	**3 Eb**	**0 Pop**	**2**
15.4.	4 Ben	1 Pop	3
16.4.	5 Ix	2 Pop	4
17.4.	6 Men	3 Pop	5
18.4.	7 Cib	4 Pop	6
19.4.	8 Cabán	5 Pop	7
20.4.	9 Edznab	6 Pop	8
21.4.	10 Cauac	7 Pop	9
22.4.	11 Ahau	8 Pop	1
23.4.	12 Imix	9 Pop	2
24.4.	13 Ik	10 Pop	3
25.4.	1 Akbal	11 Pop	4
26.4.	2 Kan	12 Pop	5
27.4.	3 Chicchan	13 Pop	6
28.4.	4 Cimi	14 Pop	7
29.4.	5 Manik	15 Pop	8
30.4.	6 Lamat	16 Pop	9
1.5.	7 Muluc	17 Pop	1
2.5.	8 Oc	18 Pop	2
3.5.	9 Chuen	19 Pop	3
4.5.	10 Eb	0 Uo	4
5.5.	11 Ben	1 Uo	5
6.5.	12 Ix	2 Uo	6
7.5.	13 Men	3 Uo	7
8.5.	1 Cib	4 Uo	8
9.5.	2 Cabán	5 Uo	9
10.5.	3 Edznab	6 Uo	1
11.5.	4 Cauac	7 Uo	2
12.5.	5 Ahau	8 Uo	3
13.5.	6 Imix	9 Uo	4
14.5.	7 Ik	10 Uo	5
15.5.	8 Akbal	11 Uo	6
16.5.	9 Kan	12 Uo	7
17.5.	10 Chicchan	13 Uo	8
18.5.	11 Cimi	14 Uo	9
19.5.	12 Manik	15 Uo	1
20.5.	13 Lamat	16 Uo	2

1975			
Greg.	Tzolkin	Haab	H.d.N
21.5.	1 Muluc	17 Uo	3
22.5.	2 Oc	18 Uo	4
23.5.	3 Chuen	19 Uo	5
24.5.	4 Eb	0 Zip	6
25.5.	5 Ben	1 Zip	7
26.5.	6 Ix	2 Zip	8
27.5.	7 Men	3 Zip	9
28.5.	8 Cib	4 Zip	1
29.5.	9 Cabán	5 Zip	2
30.5.	10 Edznab	6 Zip	3
31.5.	11 Cauac	7 Zip	4
1.6.	12 Ahau	8 Zip	5
2.6.	13 Imix	9 Zip	6
3.6.	1 Ik	10 Zip	7
4.6.	2 Akbal	11 Zip	8
5.6.	3 Kan	12 Zip	9
6.6.	4 Chicchan	13 Zip	1
7.6.	5 Cimi	14 Zip	2
8.6.	6 Manik	15 Zip	3
9.6.	7 Lamat	16 Zip	4
10.6.	8 Muluc	17 Zip	5
11.6.	9 Oc	18 Zip	6
12.6.	10 Chuen	19 Zip	7
13.6.	11 Eb	0 Zotz	8
14.6.	12 Ben	1 Zotz	9
15.6.	13 Ix	2 Zotz	1
16.6.	1 Men	3 Zotz	2
17.6.	2 Cib	4 Zotz	3
18.6.	3 Cabán	5 Zotz	4
19.6.	4 Edznab	6 Zotz	5
20.6.	5 Cauac	7 Zotz	6
21.6.	6 Ahau	8 Zotz	7
22.6.	7 Imix	9 Zotz	8
23.6.	8 Ik	10 Zotz	9
24.6.	9 Akbal	11 Zotz	1
25.6.	10 Kan	12 Zotz	2
26.6.	11 Chicchan	13 Zotz	3
27.6.	12 Cimi	14 Zotz	4
28.6.	13 Manik	15 Zotz	5

1975			
Greg.	Tzolkin	Haab	H.d.N
29.6.	1 Lamat	16 Zotz	6
30.6.	2 Muluc	17 Zotz	7
1.7.	3 Oc	18 Zotz	8
2.7.	4 Chuen	19 Zotz	9
3.7.	5 Eb	0 Tzec	1
4.7.	6 Ben	1 Tzec	2
5.7.	7 Ix	2 Tzec	3
6.7.	8 Men	3 Tzec	4
7.7.	9 Cib	4 Tzec	5
8.7.	10 Cabán	5 Tzec	6
9.7.	11 Edznab	6 Tzec	7
10.7.	12 Cauac	7 Tzec	8
11.7.	13 Ahau	8 Tzec	9
12.7.	1 Imix	9 Tzec	1
13.7.	2 Ik	10 Tzec	2
14.7.	3 Akbal	11 Tzec	3
15.7.	4 Kan	12 Tzec	4
16.7.	5 Chicchan	13 Tzec	5
17.7.	6 Cimi	14 Tzec	6
18.7.	7 Manik	15 Tzec	7
19.7.	8 Lamat	16 Tzec	8
20.7.	9 Muluc	17 Tzec	9
21.7.	10 Oc	18 Tzec	1
22.7.	11 Chuen	19 Tzec	2
23.7.	12 Eb	0 Xul	3
24.7.	13 Ben	1 Xul	4
25.7.	1 Ix	2 Xul	5
26.7.	2 Men	3 Xul	6
27.7.	3 Cib	4 Xul	7
28.7.	4 Cabán	5 Xul	8
29.7.	5 Edznab	6 Xul	9
30.7.	6 Cauac	7 Xul	1
31.7.	7 Ahau	8 Xul	2
1.8.	8 Imix	9 Xul	3
2.8.	9 Ik	10 Xul	4
3.8.	10 Akbal	11 Xul	5
4.8.	11 Kan	12 Xul	6
5.8.	12 Chicchan	13 Xul	7
6.8.	13 Cimi	14 Xul	8

1975			
Greg.	Tzolkin	Haab	H.d.N
7.8.	1 Manik	15 Xul	9
8.8.	2 Lamat	16 Xul	1
9.8.	3 Muluc	17 Xul	2
10.8.	4 Oc	18 Xul	3
11.8.	5 Chuen	19 Xul	4
12.8.	6 Eb	0 Yaxkin	5
13.8.	7 Ben	1 Yaxkin	6
14.8.	8 Ix	2 Yaxkin	7
15.8.	9 Men	3 Yaxkin	8
16.8.	10 Cib	4 Yaxkin	9
17.8.	11 Cabán	5 Yaxkin	1
18.8.	12 Edznab	6 Yaxkin	2
19.8.	13 Cauac	7 Yaxkin	3
20.8.	1 Ahau	8 Yaxkin	4
21.8.	2 Imix	9 Yaxkin	5
22.8.	3 Ik	10 Yaxkin	6
23.8.	4 Akbal	11 Yaxkin	7
24.8.	5 Kan	12 Yaxkin	8
25.8.	6 Chicchan	13 Yaxkin	9
26.8.	7 Cimi	14 Yaxkin	1
27.8.	8 Manik	15 Yaxkin	2
28.8.	9 Lamat	16 Yaxkin	3
29.8.	10 Muluc	17 Yaxkin	4
30.8.	11 Oc	18 Yaxkin	5
31.8.	12 Chuen	19 Yaxkin	6
1.9.	13 Eb	0 Mol	7
2.9.	1 Ben	1 Mol	8
3.9.	2 Ix	2 Mol	9
4.9.	3 Men	3 Mol	1
5.9.	4 Cib	4 Mol	2
6.9.	5 Cabán	5 Mol	3
7.9.	6 Edznab	6 Mol	4
8.9.	7 Cauac	7 Mol	5
9.9.	8 Ahau	8 Mol	6
10.9.	9 Imix	9 Mol	7
11.9.	10 Ik	10 Mol	8
12.9.	11 Akbal	11 Mol	9
13.9.	12 Kan	12 Mol	1
14.9.	13 Chicchan	13 Mol	2

1975			
Greg.	Tzolkin	Haab	H.d.N
15.9.	1 Cimi	14 Mol	3
16.9.	2 Manik	15 Mol	4
17.9.	3 Lamat	16 Mol	5
18.9.	4 Muluc	17 Mol	6
19.9.	5 Oc	18 Mol	7
20.9.	6 Chuen	19 Mol	8
21.9.	7 Eb	0 Chen	9
22.9.	8 Ben	1 Chen	1
23.9.	9 Ix	2 Chen	2
24.9.	10 Men	3 Chen	3
25.9.	11 Cib	4 Chen	4
26.9.	12 Cabán	5 Chen	5
27.9.	13 Edznab	6 Chen	6
28.9.	1 Cauac	7 Chen	7
29.9.	2 Ahau	8 Chen	8
30.9.	3 Imix	9 Chen	9
1.10.	4 Ik	10 Chen	1
2.10.	5 Akbal	11 Chen	2
3.10.	6 Kan	12 Chen	3
4.10.	7 Chicchan	13 Chen	4
5.10.	8 Cimi	14 Chen	5
6.10.	9 Manik	15 Chen	6
7.10.	10 Lamat	16 Chen	7
8.10.	11 Muluc	17 Chen	8
9.10.	12 Oc	18 Chen	9
10.10.	13 Chuen	19 Chen	1
11.10.	1 Eb	0 Yax	2
12.10.	2 Ben	1 Yax	3
13.10.	3 Ix	2 Yax	4
14.10.	4 Men	3 Yax	5
15.10.	5 Cib	4 Yax	6
16.10.	6 Cabán	5 Yax	7
17.10.	7 Edznab	6 Yax	8
18.10.	8 Cauac	7 Yax	9
19.10.	9 Ahau	8 Yax	1
20.10.	10 Imix	9 Yax	2
21.10.	11 Ik	10 Yax	3
22.10.	12 Akbal	11 Yax	4
23.10.	13 Kan	12 Yax	5

1975			
Greg.	Tzolkin	Haab	H.d.N
24.10.	1 Chicchan	13 Yax	6
25.10.	2 Cimi	14 Yax	7
26.10.	3 Manik	15 Yax	8
27.10.	4 Lamat	16 Yax	9
28.10.	5 Muluc	17 Yax	1
29.10.	6 Oc	18 Yax	2
30.10.	7 Chuen	19 Yax	3
31.10.	8 Eb	0 Zac	4
1.11.	9 Ben	1 Zac	5
2.11.	10 Ix	2 Zac	6
3.11.	11 Men	3 Zac	7
4.11.	12 Cib	4 Zac	8
5.11.	13 Cabán	5 Zac	9
6.11.	1 Edznab	6 Zac	1
7.11.	2 Cauac	7 Zac	2
8.11.	3 Ahau	8 Zac	3
9.11.	4 Imix	9 Zac	4
10.11.	5 Ik	10 Zac	5
11.11.	6 Akbal	11 Zac	6
12.11.	7 Kan	12 Zac	7
13.11.	8 Chicchan	13 Zac	8
14.11.	9 Cimi	14 Zac	9
15.11.	10 Manik	15 Zac	1
16.11.	11 Lamat	16 Zac	2
17.11.	12 Muluc	17 Zac	3
18.11.	13 Oc	18 Zac	4
19.11.	1 Chuen	19 Zac	5
20.11.	2 Eb	0 Ceh	6
21.11.	3 Ben	1 Ceh	7
22.11.	4 Ix	2 Ceh	8
23.11.	5 Men	3 Ceh	9
24.11.	6 Cib	4 Ceh	1
25.11.	7 Cabán	5 Ceh	2
26.11.	8 Edznab	6 Ceh	3
27.11.	9 Cauac	7 Ceh	4
28.11.	10 Ahau	8 Ceh	5
29.11.	11 Imix	9 Ceh	6
30.11.	12 Ik	10 Ceh	7
1.12.	13 Akbal	11 Ceh	8

1975			
Greg.	Tzolkin	Haab	H.d.N
2.12.	1 Kan	12 Ceh	9
3.12.	2 Chicchan	13 Ceh	1
4.12.	3 Cimi	14 Ceh	2
5.12.	4 Manik	15 Ceh	3
6.12.	5 Lamat	16 Ceh	4
7.12.	6 Muluc	17 Ceh	5
8.12.	7 Oc	18 Ceh	6
9.12.	8 Chuen	19 Ceh	7
10.12.	9 Eb	0 Mac	8
11.12.	10 Ben	1 Mac	9
12.12.	11 Ix	2 Mac	1
13.12.	12 Men	3 Mac	2
14.12.	13 Cib	4 Mac	3
15.12.	1 Cabán	5 Mac	4
16.12.	2 Edznab	6 Mac	5
17.12.	3 Cauac	7 Mac	6
18.12.	4 Ahau	8 Mac	7
19.12.	5 Imix	9 Mac	8
20.12.	6 Ik	10 Mac	9
21.12.	7 Akbal	11 Mac	1
22.12.	8 Kan	12 Mac	2
23.12.	9 Chicchan	13 Mac	3
24.12.	10 Cimi	14 Mac	4
25.12.	11 Manik	15 Mac	5
26.12.	12 Lamat	16 Mac	6
27.12.	13 Muluc	17 Mac	7
28.12.	1 Oc	18 Mac	8
29.12.	2 Chuen	19 Mac	9
30.12.	3 Eb	0 Kankin	1
31.12.	4 Ben	1 Kankin	2

1976			
Greg.	Tzolkin	Haab	H.d.N
1.1.	5 Ix	2 Kankin	3
2.1.	6 Men	3 Kankin	4
3.1.	7 Cib	4 Kankin	5
4.1.	8 Cabán	5 Kankin	6
5.1.	9 Edznab	6 Kankin	7
6.1.	10 Cauac	7 Kankin	8
7.1.	11 Ahau	8 Kankin	9

1976			
Greg.	Tzolkin	Haab	H.d.N
8.1.	12 Imix	9 Kankin	1
9.1.	13 Ik	10 Kankin	2
10.1.	1 Akbal	11 Kankin	3
11.1.	2 Kan	12 Kankin	4
12.1.	3 Chicchan	13 Kankin	5
13.1.	4 Cimi	14 Kankin	6
14.1.	5 Manik	15 Kankin	7
15.1.	6 Lamat	16 Kankin	8
16.1.	7 Muluc	17 Kankin	9
17.1.	8 Oc	18 Kankin	1
18.1.	9 Chuen	19 Kankin	2
19.1.	10 Eb	0 Muan	3
20.1.	11 Ben	1 Muan	4
21.1.	12 Ix	2 Muan	5
22.1.	13 Men	3 Muan	6
23.1.	1 Cib	4 Muan	7
24.1.	2 Cabán	5 Muan	8
25.1.	3 Edznab	6 Muan	9
26.1.	4 Cauac	7 Muan	1
27.1.	5 Ahau	8 Muan	2
28.1.	6 Imix	9 Muan	3
29.1.	7 Ik	10 Muan	4
30.1.	8 Akbal	11 Muan	5
31.1.	9 Kan	12 Muan	6
1.2.	10 Chicchan	13 Muan	7
2.2.	11 Cimi	14 Muan	8
3.2.	12 Manik	15 Muan	9
4.2.	13 Lamat	16 Muan	1
5.2.	1 Muluc	17 Muan	2
6.2.	2 Oc	18 Muan	3
7.2.	3 Chuen	19 Muan	4
8.2.	4 Eb	0 Pax	5
9.2.	5 Ben	1 Pax	6
10.2.	6 Ix	2 Pax	7
11.2.	7 Men	3 Pax	8
12.2.	8 Cib	4 Pax	9
13.2.	9 Cabán	5 Pax	1
14.2.	10 Edznab	6 Pax	2
15.2.	11 Cauac	7 Pax	3

1976			
Greg.	Tzolkin	Haab	H.d.N
16.2.	12 Ahau	8 Pax	4
17.2.	13 Imix	9 Pax	5
18.2.	1 Ik	10 Pax	6
19.2.	2 Akbal	11 Pax	7
20.2.	3 Kan	12 Pax	8
21.2.	4 Chicchan	13 Pax	9
22.2.	5 Cimi	14 Pax	1
23.2.	6 Manik	15 Pax	2
24.2.	7 Lamat	16 Pax	3
25.2.	8 Muluc	17 Pax	4
26.2.	9 Oc	18 Pax	5
27.2.	10 Chuen	19 Pax	6
28.2.	11 Eb	0 Kayab	7
29.2.	12 Ben	1 Kayab	8
1.3.	13 Ix	2 Kayab	9
2.3.	1 Men	3 Kayab	1
3.3.	2 Cib	4 Kayab	2
4.3.	3 Cabán	5 Kayab	3
5.3.	4 Edznab	6 Kayab	4
6.3.	5 Cauac	7 Kayab	5
7.3.	6 Ahau	8 Kayab	6
8.3.	7 Imix	9 Kayab	7
9.3.	8 Ik	10 Kayab	8
10.3.	9 Akbal	11 Kayab	9
11.3.	10 Kan	12 Kayab	1
12.3.	11 Chicchan	13 Kayab	2
13.3.	12 Cimi	14 Kayab	3
14.3.	13 Manik	15 Kayab	4
15.3.	1 Lamat	16 Kayab	5
16.3.	2 Muluc	17 Kayab	6
17.3.	3 Oc	18 Kayab	7
18.3.	4 Chuen	19 Kayab	8
19.3.	5 Eb	0 Cumku	9
20.3.	6 Ben	1 Cumku	1
21.3.	7 Ix	2 Cumku	2
22.3.	8 Men	3 Cumku	3
23.3.	9 Cib	4 Cumku	4
24.3.	10 Cabán	5 Cumku	5
25.3.	11 Edznab	6 Cumku	6

1976			
Greg.	Tzolkin	Haab	H.d.N
26.3.	12 Cauac	7 Cumku	7
27.3.	13 Ahau	8 Cumku	8
28.3.	1 Imix	9 Cumku	9
29.3.	2 Ik	10 Cumku	1
30.3.	3 Akbal	11 Cumku	2
31.3.	4 Kan	12 Cumku	3
1.4.	5 Chicchan	13 Cumku	4
2.4.	6 Cimi	14 Cumku	5
3.4.	7 Manik	15 Cumku	6
4.4.	8 Lamat	16 Cumku	7
5.4.	9 Muluc	17 Cumku	8
6.4.	10 Oc	18 Cumku	9
7.4.	11 Chuen	19 Cumku	1
8.4.	12 Eb	0 Uayeb	2
9.4.	13 Ben	1 Uayeb	3
10.4.	1 Ix	2 Uayeb	4
11.4.	2 Men	3 Uayeb	5
12.4.	3 Cib	4 Uayeb	6
13.4.	**4 Cabán**	**0 Pop**	**7**
14.4.	5 Edznab	1 Pop	8
15.4.	6 Cauac	2 Pop	9
16.4.	7 Ahau	3 Pop	1
17.4.	8 Imix	4 Pop	2
18.4.	9 Ik	5 Pop	3
19.4.	10 Akbal	6 Pop	4
20.4.	11 Kan	7 Pop	5
21.4.	12 Chicchan	8 Pop	6
22.4.	13 Cimi	9 Pop	7
23.4.	1 Manik	10 Pop	8
24.4.	2 Lamat	11 Pop	9
25.4.	3 Muluc	12 Pop	1
26.4.	4 Oc	13 Pop	2
27.4.	5 Chuen	14 Pop	3
28.4.	6 Eb	15 Pop	4
29.4.	7 Ben	16 Pop	5
30.4.	8 Ix	17 Pop	6
1.5.	9 Men	18 Pop	7
2.5.	10 Cib	19 Pop	8
3.5.	11 Cabán	0 Uo	9

1976			
Greg.	Tzolkin	Haab	H.d.N
4.5.	12 Edznab	1 Uo	1
5.5.	13 Cauac	2 Uo	2
6.5.	1 Ahau	3 Uo	3
7.5.	2 Imix	4 Uo	4
8.5.	3 Ik	5 Uo	5
9.5.	4 Akbal	6 Uo	6
10.5.	5 Kan	7 Uo	7
11.5.	6 Chicchan	8 Uo	8
12.5.	7 Cimi	9 Uo	9
13.5.	8 Manik	10 Uo	1
14.5.	9 Lamat	11 Uo	2
15.5.	10 Muluc	12 Uo	3
16.5.	11 Oc	13 Uo	4
17.5.	12 Chuen	14 Uo	5
18.5.	13 Eb	15 Uo	6
19.5.	1 Ben	16 Uo	7
20.5.	2 Ix	17 Uo	8
21.5.	3 Men	18 Uo	9
22.5.	4 Cib	19 Uo	1
23.5.	5 Cabán	0 Zip	2
24.5.	6 Edznab	1 Zip	3
25.5.	7 Cauac	2 Zip	4
26.5.	8 Ahau	3 Zip	5
27.5.	9 Imix	4 Zip	6
28.5.	10 Ik	5 Zip	7
29.5.	11 Akbal	6 Zip	8
30.5.	12 Kan	7 Zip	9
31.5.	13 Chicchan	8 Zip	1
1.6.	1 Cimi	9 Zip	2
2.6.	2 Manik	10 Zip	3
3.6.	3 Lamat	11 Zip	4
4.6.	4 Muluc	12 Zip	5
5.6.	5 Oc	13 Zip	6
6.6.	6 Chuen	14 Zip	7
7.6.	7 Eb	15 Zip	8
8.6.	8 Ben	16 Zip	9
9.6.	9 Ix	17 Zip	1
10.6.	10 Men	18 Zip	2
11.6.	11 Cib	19 Zip	3

1976			
Greg.	Tzolkin	Haab	H.d.N
12.6.	12 Cabán	0 Zotz	4
13.6.	13 Edznab	1 Zotz	5
14.6.	1 Cauac	2 Zotz	6
15.6.	2 Ahau	3 Zotz	7
16.6.	3 Imix	4 Zotz	8
17.6.	4 Ik	5 Zotz	9
18.6.	5 Akbal	6 Zotz	1
19.6.	6 Kan	7 Zotz	2
20.6.	7 Chicchan	8 Zotz	3
21.6.	8 Cimi	9 Zotz	4
22.6.	9 Manik	10 Zotz	5
23.6.	10 Lamat	11 Zotz	6
24.6.	11 Muluc	12 Zotz	7
25.6.	12 Oc	13 Zotz	8
26.6.	13 Chuen	14 Zotz	9
27.6.	1 Eb	15 Zotz	1
28.6.	2 Ben	16 Zotz	2
29.6.	3 Ix	17 Zotz	3
30.6.	4 Men	18 Zotz	4
1.7.	5 Cib	19 Zotz	5
2.7.	6 Cabán	0 Tzec	6
3.7.	7 Edznab	1 Tzec	7
4.7.	8 Cauac	2 Tzec	8
5.7.	9 Ahau	3 Tzec	9
6.7.	10 Imix	4 Tzec	1
7.7.	11 Ik	5 Tzec	2
8.7.	12 Akbal	6 Tzec	3
9.7.	13 Kan	7 Tzec	4
10.7.	1 Chicchan	8 Tzec	5
11.7.	2 Cimi	9 Tzec	6
12.7.	3 Manik	10 Tzec	7
13.7.	4 Lamat	11 Tzec	8
14.7.	5 Muluc	12 Tzec	9
15.7.	6 Oc	13 Tzec	1
16.7.	7 Chuen	14 Tzec	2
17.7.	8 Eb	15 Tzec	3
18.7.	9 Ben	16 Tzec	4
19.7.	10 Ix	17 Tzec	5
20.7.	11 Men	18 Tzec	6

Kalendarium 375

1976			
Greg.	Tzolkin	Haab	H.d.N
21.7.	12 Cib	19 Tzec	7
22.7.	13 Cabán	0 Xul	8
23.7.	1 Edznab	1 Xul	9
24.7.	2 Cauac	2 Xul	1
25.7.	3 Ahau	3 Xul	2
26.7.	4 Imix	4 Xul	3
27.7.	5 Ik	5 Xul	4
28.7.	6 Akbal	6 Xul	5
29.7.	7 Kan	7 Xul	6
30.7.	8 Chicchan	8 Xul	7
31.7.	9 Cimi	9 Xul	8
1.8.	10 Manik	10 Xul	9
2.8.	11 Lamat	11 Xul	1
3.8.	12 Muluc	12 Xul	2
4.8.	13 Oc	13 Xul	3
5.8.	1 Chuen	14 Xul	4
6.8.	2 Eb	15 Xul	5
7.8.	3 Ben	16 Xul	6
8.8.	4 Ix	17 Xul	7
9.8.	5 Men	18 Xul	8
10.8.	6 Cib	19 Xul	9
11.8.	7 Cabán	0 Yaxkin	1
12.8.	8 Edznab	1 Yaxkin	2
13.8.	9 Cauac	2 Yaxkin	3
14.8.	10 Ahau	3 Yaxkin	4
15.8.	11 Imix	4 Yaxkin	5
16.8.	12 Ik	5 Yaxkin	6
17.8.	13 Akbal	6 Yaxkin	7
18.8.	1 Kan	7 Yaxkin	8
19.8.	2 Chicchan	8 Yaxkin	9
20.8.	3 Cimi	9 Yaxkin	1
21.8.	4 Manik	10 Yaxkin	2
22.8.	5 Lamat	11 Yaxkin	3
23.8.	6 Muluc	12 Yaxkin	4
24.8.	7 Oc	13 Yaxkin	5
25.8.	8 Chuen	14 Yaxkin	6
26.8.	9 Eb	15 Yaxkin	7
27.8.	10 Ben	16 Yaxkin	8
28.8.	11 Ix	17 Yaxkin	9

1976			
Greg.	Tzolkin	Haab	H.d.N
29.8.	12 Men	18 Yaxkin	1
30.8.	13 Cib	19 Yaxkin	2
31.8.	1 Cabán	0 Mol	3
1.9.	2 Edznab	1 Mol	4
2.9.	3 Cauac	2 Mol	5
3.9.	4 Ahau	3 Mol	6
4.9.	5 Imix	4 Mol	7
5.9.	6 Ik	5 Mol	8
6.9.	7 Akbal	6 Mol	9
7.9.	8 Kan	7 Mol	1
8.9.	9 Chicchan	8 Mol	2
9.9.	10 Cimi	9 Mol	3
10.9.	11 Manik	10 Mol	4
11.9.	12 Lamat	11 Mol	5
12.9.	13 Muluc	12 Mol	6
13.9.	1 Oc	13 Mol	7
14.9.	2 Chuen	14 Mol	8
15.9.	3 Eb	15 Mol	9
16.9.	4 Ben	16 Mol	1
17.9.	5 Ix	17 Mol	2
18.9.	6 Men	18 Mol	3
19.9.	7 Cib	19 Mol	4
20.9.	8 Cabán	0 Chen	5
21.9.	9 Edznab	1 Chen	6
22.9.	10 Cauac	2 Chen	7
23.9.	11 Ahau	3 Chen	8
24.9.	12 Imix	4 Chen	9
25.9.	13 Ik	5 Chen	1
26.9.	1 Akbal	6 Chen	2
27.9.	2 Kan	7 Chen	3
28.9.	3 Chicchan	8 Chen	4
29.9.	4 Cimi	9 Chen	5
30.9.	5 Manik	10 Chen	6
1.10.	6 Lamat	11 Chen	7
2.10.	7 Muluc	12 Chen	8
3.10.	8 Oc	13 Chen	9
4.10.	9 Chuen	14 Chen	1
5.10.	10 Eb	15 Chen	2
6.10.	11 Ben	16 Chen	3

1976			
Greg.	Tzolkin	Haab	H.d.N
7.10.	12 Ix	17 Chen	4
8.10.	13 Men	18 Chen	5
9.10.	1 Cib	19 Chen	6
10.10.	2 Cabán	0 Yax	7
11.10.	3 Edznab	1 Yax	8
12.10.	4 Cauac	2 Yax	9
13.10.	5 Ahau	3 Yax	1
14.10.	6 Imix	4 Yax	2
15.10.	7 Ik	5 Yax	3
16.10.	8 Akbal	6 Yax	4
17.10.	9 Kan	7 Yax	5
18.10.	10 Chicchan	8 Yax	6
19.10.	11 Cimi	9 Yax	7
20.10.	12 Manik	10 Yax	8
21.10.	13 Lamat	11 Yax	9
22.10.	1 Muluc	12 Yax	1
23.10.	2 Oc	13 Yax	2
24.10.	3 Chuen	14 Yax	3
25.10.	4 Eb	15 Yax	4
26.10.	5 Ben	16 Yax	5
27.10.	6 Ix	17 Yax	6
28.10.	7 Men	18 Yax	7
29.10.	8 Cib	19 Yax	8
30.10.	9 Cabán	0 Zac	9
31.10.	10 Edznab	1 Zac	1
1.11.	11 Cauac	2 Zac	2
2.11.	12 Ahau	3 Zac	3
3.11.	13 Imix	4 Zac	4
4.11.	1 Ik	5 Zac	5
5.11.	2 Akbal	6 Zac	6
6.11.	3 Kan	7 Zac	7
7.11.	4 Chicchan	8 Zac	8
8.11.	5 Cimi	9 Zac	9
9.11.	6 Manik	10 Zac	1
10.11.	7 Lamat	11 Zac	2
11.11.	8 Muluc	12 Zac	3
12.11.	9 Oc	13 Zac	4
13.11.	10 Chuen	14 Zac	5
14.11.	11 Eb	15 Zac	6

1976			
Greg.	Tzolkin	Haab	H.d.N
15.11.	12 Ben	16 Zac	7
16.11.	13 Ix	17 Zac	8
17.11.	1 Men	18 Zac	9
18.11.	2 Cib	19 Zac	1
19.11.	3 Cabán	0 Ceh	2
20.11.	4 Edznab	1 Ceh	3
21.11.	5 Cauac	2 Ceh	4
22.11.	6 Ahau	3 Ceh	5
23.11.	7 Imix	4 Ceh	6
24.11.	8 Ik	5 Ceh	7
25.11.	9 Akbal	6 Ceh	8
26.11.	10 Kan	7 Ceh	9
27.11.	11 Chicchan	8 Ceh	1
28.11.	12 Cimi	9 Ceh	2
29.11.	13 Manik	10 Ceh	3
30.11.	1 Lamat	11 Ceh	4
1.12.	2 Muluc	12 Ceh	5
2.12.	3 Oc	13 Ceh	6
3.12.	4 Chuen	14 Ceh	7
4.12.	5 Eb	15 Ceh	8
5.12.	6 Ben	16 Ceh	9
6.12.	7 Ix	17 Ceh	1
7.12.	8 Men	18 Ceh	2
8.12.	9 Cib	19 Ceh	3
9.12.	10 Cabán	0 Mac	4
10.12.	11 Edznab	1 Mac	5
11.12.	12 Cauac	2 Mac	6
12.12.	13 Ahau	3 Mac	7
13.12.	1 Imix	4 Mac	8
14.12.	2 Ik	5 Mac	9
15.12.	3 Akbal	6 Mac	1
16.12.	4 Kan	7 Mac	2
17.12.	5 Chicchan	8 Mac	3
18.12.	6 Cimi	9 Mac	4
19.12.	7 Manik	10 Mac	5
20.12.	8 Lamat	11 Mac	6
21.12.	9 Muluc	12 Mac	7
22.12.	10 Oc	13 Mac	8
23.12.	11 Chuen	14 Mac	9

1976			
Greg.	Tzolkin	Haab	H.d.N
24.12.	12 Eb	15 Mac	1
25.12.	13 Ben	16 Mac	2
26.12.	1 Ix	17 Mac	3
27.12.	2 Men	18 Mac	4
28.12.	3 Cib	19 Mac	5
29.12.	4 Cabán	0 Kankin	6
30.12.	5 Edznab	1 Kankin	7
31.12.	6 Cauac	2 Kankin	8

1977			
Greg.	Tzolkin	Haab	H.d.N
1.1.	7 Ahau	3 Kankin	9
2.1.	8 Imix	4 Kankin	1
3.1.	9 Ik	5 Kankin	2
4.1.	10 Akbal	6 Kankin	3
5.1.	11 Kan	7 Kankin	4
6.1.	12 Chicchan	8 Kankin	5
7.1.	13 Cimi	9 Kankin	6
8.1.	1 Manik	10 Kankin	7
9.1.	2 Lamat	11 Kankin	8
10.1.	3 Muluc	12 Kankin	9
11.1.	4 Oc	13 Kankin	1
12.1.	5 Chuen	14 Kankin	2
13.1.	6 Eb	15 Kankin	3
14.1.	7 Ben	16 Kankin	4
15.1.	8 Ix	17 Kankin	5
16.1.	9 Men	18 Kankin	6
17.1.	10 Cib	19 Kankin	7
18.1.	11 Cabán	0 Muan	8
19.1.	12 Edznab	1 Muan	9
20.1.	13 Cauac	2 Muan	1
21.1.	1 Ahau	3 Muan	2
22.1.	2 Imix	4 Muan	3
23.1.	3 Ik	5 Muan	4
24.1.	4 Akbal	6 Muan	5
25.1.	5 Kan	7 Muan	6
26.1.	6 Chicchan	8 Muan	7
27.1.	7 Cimi	9 Muan	8
28.1.	8 Manik	10 Muan	9
29.1.	9 Lamat	11 Muan	1

1977			
Greg.	Tzolkin	Haab	H.d.N
30.1.	10 Muluc	12 Muan	2
31.1.	11 Oc	13 Muan	3
1.2.	12 Chuen	14 Muan	4
2.2.	13 Eb	15 Muan	5
3.2.	1 Ben	16 Muan	6
4.2.	2 Ix	17 Muan	7
5.2.	3 Men	18 Muan	8
6.2.	4 Cib	19 Muan	9
7.2.	5 Cabán	0 Pax	1
8.2.	6 Edznab	1 Pax	2
9.2.	7 Cauac	2 Pax	3
10.2.	8 Ahau	3 Pax	4
11.2.	9 Imix	4 Pax	5
12.2.	10 Ik	5 Pax	6
13.2.	11 Akbal	6 Pax	7
14.2.	12 Kan	7 Pax	8
15.2.	13 Chicchan	8 Pax	9
16.2.	1 Cimi	9 Pax	1
17.2.	2 Manik	10 Pax	2
18.2.	3 Lamat	11 Pax	3
19.2.	4 Muluc	12 Pax	4
20.2.	5 Oc	13 Pax	5
21.2.	6 Chuen	14 Pax	6
22.2.	7 Eb	15 Pax	7
23.2.	8 Ben	16 Pax	8
24.2.	9 Ix	17 Pax	9
25.2.	10 Men	18 Pax	1
26.2.	11 Cib	19 Pax	2
27.2.	12 Cabán	0 Kayab	3
28.2.	13 Edznab	1 Kayab	4
1.3.	1 Cauac	2 Kayab	5
2.3.	2 Ahau	3 Kayab	6
3.3.	3 Imix	4 Kayab	7
4.3.	4 Ik	5 Kayab	8
5.3.	5 Akbal	6 Kayab	9
6.3.	6 Kan	7 Kayab	1
7.3.	7 Chicchan	8 Kayab	2
8.3.	8 Cimi	9 Kayab	3
9.3.	9 Manik	10 Kayab	4

1977			
Greg.	Tzolkin	Haab	H.d.N
10.3.	10 Lamat	11 Kayab	5
11.3.	11 Muluc	12 Kayab	6
12.3.	12 Oc	13 Kayab	7
13.3.	13 Chuen	14 Kayab	8
14.3.	1 Eb	15 Kayab	9
15.3.	2 Ben	16 Kayab	1
16.3.	3 Ix	17 Kayab	2
17.3.	4 Men	18 Kayab	3
18.3.	5 Cib	19 Kayab	4
19.3.	6 Cabán	0 Cumku	5
20.3.	7 Edznab	1 Cumku	6
21.3.	8 Cauac	2 Cumku	7
22.3.	9 Ahau	3 Cumku	8
23.3.	10 Imix	4 Cumku	9
24.3.	11 Ik	5 Cumku	1
25.3.	12 Akbal	6 Cumku	2
26.3.	13 Kan	7 Cumku	3
27.3.	1 Chicchan	8 Cumku	4
28.3.	2 Cimi	9 Cumku	5
29.3.	3 Manik	10 Cumku	6
30.3.	4 Lamat	11 Cumku	7
31.3.	5 Muluc	12 Cumku	8
1.4.	6 Oc	13 Cumku	9
2.4.	7 Chuen	14 Cumku	1
3.4.	8 Eb	15 Cumku	2
4.4.	9 Ben	16 Cumku	3
5.4.	10 Ix	17 Cumku	4
6.4.	11 Men	18 Cumku	5
7.4.	12 Cib	19 Cumku	6
8.4.	13 Cabán	0 Uayeb	7
9.4.	1 Edznab	1 Uayeb	8
10.4.	2 Cauac	2 Uayeb	9
11.4.	3 Ahau	3 Uayeb	1
12.4.	4 Imix	4 Uayeb	2
13.4.	**5 Ik**	**0 Pop**	**3**
14.4.	6 Akbal	1 Pop	4
15.4.	7 Kan	2 Pop	5
16.4.	8 Chicchan	3 Pop	6
17.4.	9 Cimi	4 Pop	7

1977			
Greg.	Tzolkin	Haab	H.d.N
18.4.	10 Manik	5 Pop	8
19.4.	11 Lamat	6 Pop	9
20.4.	12 Muluc	7 Pop	1
21.4.	13 Oc	8 Pop	2
22.4.	1 Chuen	9 Pop	3
23.4.	2 Eb	10 Pop	4
24.4.	3 Ben	11 Pop	5
25.4.	4 Ix	12 Pop	6
26.4.	5 Men	13 Pop	7
27.4.	6 Cib	14 Pop	8
28.4.	7 Cabán	15 Pop	9
29.4.	8 Edznab	16 Pop	1
30.4.	9 Cauac	17 Pop	2
1.5.	10 Ahau	18 Pop	3
2.5.	11 Imix	19 Pop	4
3.5.	12 Ik	0 Uo	5
4.5.	13 Akbal	1 Uo	6
5.5.	1 Kan	2 Uo	7
6.5.	2 Chicchan	3 Uo	8
7.5.	3 Cimi	4 Uo	9
8.5.	4 Manik	5 Uo	1
9.5.	5 Lamat	6 Uo	2
10.5.	6 Muluc	7 Uo	3
11.5.	7 Oc	8 Uo	4
12.5.	8 Chuen	9 Uo	5
13.5.	9 Eb	10 Uo	6
14.5.	10 Ben	11 Uo	7
15.5.	11 Ix	12 Uo	8
16.5.	12 Men	13 Uo	9
17.5.	13 Cib	14 Uo	1
18.5.	1 Cabán	15 Uo	2
19.5.	2 Edznab	16 Uo	3
20.5.	3 Cauac	17 Uo	4
21.5.	4 Ahau	18 Uo	5
22.5.	5 Imix	19 Uo	6
23.5.	6 Ik	0 Zip	7
24.5.	7 Akbal	1 Zip	8
25.5.	8 Kan	2 Zip	9
26.5.	9 Chicchan	3 Zip	1

1977			
Greg.	Tzolkin	Haab	H.d.N
27.5.	10 Cimi	4 Zip	2
28.5.	11 Manik	5 Zip	3
29.5.	12 Lamat	6 Zip	4
30.5.	13 Muluc	7 Zip	5
31.5.	1 Oc	8 Zip	6
1.6.	2 Chuen	9 Zip	7
2.6.	3 Eb	10 Zip	8
3.6.	4 Ben	11 Zip	9
4.6.	5 Ix	12 Zip	1
5.6.	6 Men	13 Zip	2
6.6.	7 Cib	14 Zip	3
7.6.	8 Cabán	15 Zip	4
8.6.	9 Edznab	16 Zip	5
9.6.	10 Cauac	17 Zip	6
10.6.	11 Ahau	18 Zip	7
11.6.	12 Imix	19 Zip	8
12.6.	13 Ik	0 Zotz	9
13.6.	1 Akbal	1 Zotz	1
14.6.	2 Kan	2 Zotz	2
15.6.	3 Chicchan	3 Zotz	3
16.6.	4 Cimi	4 Zotz	4
17.6.	5 Manik	5 Zotz	5
18.6.	6 Lamat	6 Zotz	6
19.6.	7 Muluc	7 Zotz	7
20.6.	8 Oc	8 Zotz	8
21.6.	9 Chuen	9 Zotz	9
22.6.	10 Eb	10 Zotz	1
23.6.	11 Ben	11 Zotz	2
24.6.	12 Ix	12 Zotz	3
25.6.	13 Men	13 Zotz	4
26.6.	1 Cib	14 Zotz	5
27.6.	2 Cabán	15 Zotz	6
28.6.	3 Edznab	16 Zotz	7
29.6.	4 Cauac	17 Zotz	8
30.6.	5 Ahau	18 Zotz	9
1.7.	6 Imix	19 Zotz	1
2.7.	7 Ik	0 Tzec	2
3.7.	8 Akbal	1 Tzec	3
4.7.	9 Kan	2 Tzec	4

1977			
Greg.	Tzolkin	Haab	H.d.N
5.7.	10 Chicchan	3 Tzec	5
6.7.	11 Cimi	4 Tzec	6
7.7.	12 Manik	5 Tzec	7
8.7.	13 Lamat	6 Tzec	8
9.7.	1 Muluc	7 Tzec	9
10.7.	2 Oc	8 Tzec	1
11.7.	3 Chuen	9 Tzec	2
12.7.	4 Eb	10 Tzec	3
13.7.	5 Ben	11 Tzec	4
14.7.	6 Ix	12 Tzec	5
15.7.	7 Men	13 Tzec	6
16.7.	8 Cib	14 Tzec	7
17.7.	9 Cabán	15 Tzec	8
18.7.	10 Edznab	16 Tzec	9
19.7.	11 Cauac	17 Tzec	1
20.7.	12 Ahau	18 Tzec	2
21.7.	13 Imix	19 Tzec	3
22.7.	1 Ik	0 Xul	4
23.7.	2 Akbal	1 Xul	5
24.7.	3 Kan	2 Xul	6
25.7.	4 Chicchan	3 Xul	7
26.7.	5 Cimi	4 Xul	8
27.7.	6 Manik	5 Xul	9
28.7.	7 Lamat	6 Xul	1
29.7.	8 Muluc	7 Xul	2
30.7.	9 Oc	8 Xul	3
31.7.	10 Chuen	9 Xul	4
1.8.	11 Eb	10 Xul	5
2.8.	12 Ben	11 Xul	6
3.8.	13 Ix	12 Xul	7
4.8.	1 Men	13 Xul	8
5.8.	2 Cib	14 Xul	9
6.8.	3 Cabán	15 Xul	1
7.8.	4 Edznab	16 Xul	2
8.8.	5 Cauac	17 Xul	3
9.8.	6 Ahau	18 Xul	4
10.8.	7 Imix	19 Xul	5
11.8.	8 Ik	0 Yaxkin	6
12.8.	9 Akbal	1 Yaxkin	7

1977			
Greg.	Tzolkin	Haab	H.d.N
13.8.	10 Kan	2 Yaxkin	8
14.8.	11 Chicchan	3 Yaxkin	9
15.8.	12 Cimi	4 Yaxkin	1
16.8.	13 Manik	5 Yaxkin	2
17.8.	1 Lamat	6 Yaxkin	3
18.8.	2 Muluc	7 Yaxkin	4
19.8.	3 Oc	8 Yaxkin	5
20.8.	4 Chuen	9 Yaxkin	6
21.8.	5 Eb	10 Yaxkin	7
22.8.	6 Ben	11 Yaxkin	8
23.8.	7 Ix	12 Yaxkin	9
24.8.	8 Men	13 Yaxkin	1
25.8.	9 Cib	14 Yaxkin	2
26.8.	10 Cabán	15 Yaxkin	3
27.8.	11 Edznab	16 Yaxkin	4
28.8.	12 Cauac	17 Yaxkin	5
29.8.	13 Ahau	18 Yaxkin	6
30.8.	1 Imix	19 Yaxkin	7
31.8.	2 Ik	0 Mol	8
1.9.	3 Akbal	1 Mol	9
2.9.	4 Kan	2 Mol	1
3.9.	5 Chicchan	3 Mol	2
4.9.	6 Cimi	4 Mol	3
5.9.	7 Manik	5 Mol	4
6.9.	8 Lamat	6 Mol	5
7.9.	9 Muluc	7 Mol	6
8.9.	10 Oc	8 Mol	7
9.9.	11 Chuen	9 Mol	8
10.9.	12 Eb	10 Mol	9
11.9.	13 Ben	11 Mol	1
12.9.	1 Ix	12 Mol	2
13.9.	2 Men	13 Mol	3
14.9.	3 Cib	14 Mol	4
15.9.	4 Cabán	15 Mol	5
16.9.	5 Edznab	16 Mol	6
17.9.	6 Cauac	17 Mol	7
18.9.	7 Ahau	18 Mol	8
19.9.	8 Imix	19 Mol	9
20.9.	9 Ik	0 Chen	1

1977			
Greg.	Tzolkin	Haab	H.d.N
21.9.	10 Akbal	1 Chen	2
22.9.	11 Kan	2 Chen	3
23.9.	12 Chicchan	3 Chen	4
24.9.	13 Cimi	4 Chen	5
25.9.	1 Manik	5 Chen	6
26.9.	2 Lamat	6 Chen	7
27.9.	3 Muluc	7 Chen	8
28.9.	4 Oc	8 Chen	9
29.9.	5 Chuen	9 Chen	1
30.9.	6 Eb	10 Chen	2
1.10.	7 Ben	11 Chen	3
2.10.	8 Ix	12 Chen	4
3.10.	9 Men	13 Chen	5
4.10.	10 Cib	14 Chen	6
5.10.	11 Cabán	15 Chen	7
6.10.	12 Edznab	16 Chen	8
7.10.	13 Cauac	17 Chen	9
8.10.	1 Ahau	18 Chen	1
9.10.	2 Imix	19 Chen	2
10.10.	3 Ik	0 Yax	3
11.10.	4 Akbal	1 Yax	4
12.10.	5 Kan	2 Yax	5
13.10.	6 Chicchan	3 Yax	6
14.10.	7 Cimi	4 Yax	7
15.10.	8 Manik	5 Yax	8
16.10.	9 Lamat	6 Yax	9
17.10.	10 Muluc	7 Yax	1
18.10.	11 Oc	8 Yax	2
19.10.	12 Chuen	9 Yax	3
20.10.	13 Eb	10 Yax	4
21.10.	1 Ben	11 Yax	5
22.10.	2 Ix	12 Yax	6
23.10.	3 Men	13 Yax	7
24.10.	4 Cib	14 Yax	8
25.10.	5 Cabán	15 Yax	9
26.10.	6 Edznab	16 Yax	1
27.10.	7 Cauac	17 Yax	2
28.10.	8 Ahau	18 Yax	3
29.10.	9 Imix	19 Yax	4

1977			
Greg.	Tzolkin	Haab	H.d.N
30.10.	10 Ik	0 Zac	5
31.10.	11 Akbal	1 Zac	6
1.11.	12 Kan	2 Zac	7
2.11.	13 Chicchan	3 Zac	8
3.11.	1 Cimi	4 Zac	9
4.11.	2 Manik	5 Zac	1
5.11.	3 Lamat	6 Zac	2
6.11.	4 Muluc	7 Zac	3
7.11.	5 Oc	8 Zac	4
8.11.	6 Chuen	9 Zac	5
9.11.	7 Eb	10 Zac	6
10.11.	8 Ben	11 Zac	7
11.11.	9 Ix	12 Zac	8
12.11.	10 Men	13 Zac	9
13.11.	11 Cib	14 Zac	1
14.11.	12 Cabán	15 Zac	2
15.11.	13 Edznab	16 Zac	3
16.11.	1 Cauac	17 Zac	4
17.11.	2 Ahau	18 Zac	5
18.11.	3 Imix	19 Zac	6
19.11.	4 Ik	0 Ceh	7
20.11.	5 Akbal	1 Ceh	8
21.11.	6 Kan	2 Ceh	9
22.11.	7 Chicchan	3 Ceh	1
23.11.	8 Cimi	4 Ceh	2
24.11.	9 Manik	5 Ceh	3
25.11.	10 Lamat	6 Ceh	4
26.11.	11 Muluc	7 Ceh	5
27.11.	12 Oc	8 Ceh	6
28.11.	13 Chuen	9 Ceh	7
29.11.	1 Eb	10 Ceh	8
30.11.	2 Ben	11 Ceh	9
1.12.	3 Ix	12 Ceh	1
2.12.	4 Men	13 Ceh	2
3.12.	5 Cib	14 Ceh	3
4.12.	6 Cabán	15 Ceh	4
5.12.	7 Edznab	16 Ceh	5
6.12.	8 Cauac	17 Ceh	6
7.12.	9 Ahau	18 Ceh	7

1977			
Greg.	Tzolkin	Haab	H.d.N
8.12.	10 Imix	19 Ceh	8
9.12.	11 Ik	0 Mac	9
10.12.	12 Akbal	1 Mac	1
11.12.	13 Kan	2 Mac	2
12.12.	1 Chicchan	3 Mac	3
13.12.	2 Cimi	4 Mac	4
14.12.	3 Manik	5 Mac	5
15.12.	4 Lamat	6 Mac	6
16.12.	5 Muluc	7 Mac	7
17.12.	6 Oc	8 Mac	8
18.12.	7 Chuen	9 Mac	9
19.12.	8 Eb	10 Mac	1
20.12.	9 Ben	11 Mac	2
21.12.	10 Ix	12 Mac	3
22.12.	11 Men	13 Mac	4
23.12.	12 Cib	14 Mac	5
24.12.	13 Cabán	15 Mac	6
25.12.	1 Edznab	16 Mac	7
26.12.	2 Cauac	17 Mac	8
27.12.	3 Ahau	18 Mac	9
28.12.	4 Imix	19 Mac	1
29.12.	5 Ik	0 Kankin	2
30.12.	6 Akbal	1 Kankin	3
31.12.	7 Kan	2 Kankin	4

1978			
Greg.	Tzolkin	Haab	H.d.N
1.1.	8 Chicchan	3 Kankin	5
2.1.	9 Cimi	4 Kankin	6
3.1.	10 Manik	5 Kankin	7
4.1.	11 Lamat	6 Kankin	8
5.1.	12 Muluc	7 Kankin	9
6.1.	13 Oc	8 Kankin	1
7.1.	1 Chuen	9 Kankin	2
8.1.	2 Eb	10 Kankin	3
9.1.	3 Ben	11 Kankin	4
10.1.	4 Ix	12 Kankin	5
11.1.	5 Men	13 Kankin	6
12.1.	6 Cib	14 Kankin	7
13.1.	7 Cabán	15 Kankin	8

1978			
Greg.	Tzolkin	Haab	H.d.N
14.1.	8 Edznab	16 Kankin	9
15.1.	9 Cauac	17 Kankin	1
16.1.	10 Ahau	18 Kankin	2
17.1.	11 Imix	19 Kankin	3
18.1.	12 Ik	0 Muan	4
19.1.	13 Akbal	1 Muan	5
20.1.	1 Kan	2 Muan	6
21.1.	2 Chicchan	3 Muan	7
22.1.	3 Cimi	4 Muan	8
23.1.	4 Manik	5 Muan	9
24.1.	5 Lamat	6 Muan	1
25.1.	6 Muluc	7 Muan	2
26.1.	7 Oc	8 Muan	3
27.1.	8 Chuen	9 Muan	4
28.1.	9 Eb	10 Muan	5
29.1.	10 Ben	11 Muan	6
30.1.	11 Ix	12 Muan	7
31.1.	12 Men	13 Muan	8
1.2.	13 Cib	14 Muan	9
2.2.	1 Cabán	15 Muan	1
3.2.	2 Edznab	16 Muan	2
4.2.	3 Cauac	17 Muan	3
5.2.	4 Ahau	18 Muan	4
6.2.	5 Imix	19 Muan	5
7.2.	6 Ik	0 Pax	6
8.2.	7 Akbal	1 Pax	7
9.2.	8 Kan	2 Pax	8
10.2.	9 Chicchan	3 Pax	9
11.2.	10 Cimi	4 Pax	1
12.2.	11 Manik	5 Pax	2
13.2.	12 Lamat	6 Pax	3
14.2.	13 Muluc	7 Pax	4
15.2.	1 Oc	8 Pax	5
16.2.	2 Chuen	9 Pax	6
17.2.	3 Eb	10 Pax	7
18.2.	4 Ben	11 Pax	8
19.2.	5 Ix	12 Pax	9
20.2.	6 Men	13 Pax	1
21.2.	7 Cib	14 Pax	2

1978			
Greg.	Tzolkin	Haab	H.d.N
22.2.	8 Cabán	15 Pax	3
23.2.	9 Edznab	16 Pax	4
24.2.	10 Cauac	17 Pax	5
25.2.	11 Ahau	18 Pax	6
26.2.	12 Imix	19 Pax	7
27.2.	13 Ik	0 Kayab	8
28.2.	1 Akbal	1 Kayab	9
1.3.	2 Kan	2 Kayab	1
2.3.	3 Chicchan	3 Kayab	2
3.3.	4 Cimi	4 Kayab	3
4.3.	5 Manik	5 Kayab	4
5.3.	6 Lamat	6 Kayab	5
6.3.	7 Muluc	7 Kayab	6
7.3.	8 Oc	8 Kayab	7
8.3.	9 Chuen	9 Kayab	8
9.3.	10 Eb	10 Kayab	9
10.3.	11 Ben	11 Kayab	1
11.3.	12 Ix	12 Kayab	2
12.3.	13 Men	13 Kayab	3
13.3.	1 Cib	14 Kayab	4
14.3.	2 Cabán	15 Kayab	5
15.3.	3 Edznab	16 Kayab	6
16.3.	4 Cauac	17 Kayab	7
17.3.	5 Ahau	18 Kayab	8
18.3.	6 Imix	19 Kayab	9
19.3.	7 Ik	0 Cumku	1
20.3.	8 Akbal	1 Cumku	2
21.3.	9 Kan	2 Cumku	3
22.3.	10 Chicchan	3 Cumku	4
23.3.	11 Cimi	4 Cumku	5
24.3.	12 Manik	5 Cumku	6
25.3.	13 Lamat	6 Cumku	7
26.3.	1 Muluc	7 Cumku	8
27.3.	2 Oc	8 Cumku	9
28.3.	3 Chuen	9 Cumku	1
29.3.	4 Eb	10 Cumku	2
30.3.	5 Ben	11 Cumku	3
31.3.	6 Ix	12 Cumku	4
1.4.	7 Men	13 Cumku	5

1978			
Greg.	Tzolkin	Haab	H.d.N
2.4.	8 Cib	14 Cumku	6
3.4.	9 Cabán	15 Cumku	7
4.4.	10 Edznab	16 Cumku	8
5.4.	11 Cauac	17 Cumku	9
6.4.	12 Ahau	18 Cumku	1
7.4.	13 Imix	19 Cumku	2
8.4.	1 Ik	0 Uayeb	3
9.4.	2 Akbal	1 Uayeb	4
10.4.	3 Kan	2 Uayeb	5
11.4.	4 Chicchan	3 Uayeb	6
12.4.	5 Cimi	4 Uayeb	7
13.4.	**6 Manik**	**0 Pop**	**8**
14.4.	7 Lamat	1 Pop	9
15.4.	8 Muluc	2 Pop	1
16.4.	9 Oc	3 Pop	2
17.4.	10 Chuen	4 Pop	3
18.4.	11 Eb	5 Pop	4
19.4.	12 Ben	6 Pop	5
20.4.	13 Ix	7 Pop	6
21.4.	1 Men	8 Pop	7
22.4.	2 Cib	9 Pop	8
23.4.	3 Cabán	10 Pop	9
24.4.	4 Edznab	11 Pop	1
25.4.	5 Cauac	12 Pop	2
26.4.	6 Ahau	13 Pop	3
27.4.	7 Imix	14 Pop	4
28.4.	8 Ik	15 Pop	5
29.4.	9 Akbal	16 Pop	6
30.4.	10 Kan	17 Pop	7
1.5.	11 Chicchan	18 Pop	8
2.5.	12 Cimi	19 Pop	9
3.5.	13 Manik	0 Uo	1
4.5.	1 Lamat	1 Uo	2
5.5.	2 Muluc	2 Uo	3
6.5.	3 Oc	3 Uo	4
7.5.	4 Chuen	4 Uo	5
8.5.	5 Eb	5 Uo	6
9.5.	6 Ben	6 Uo	7
10.5.	7 Ix	7 Uo	8

1978			
Greg.	Tzolkin	Haab	H.d.N
11.5.	8 Men	8 Uo	9
12.5.	9 Cib	9 Uo	1
13.5.	10 Cabán	10 Uo	2
14.5.	11 Edznab	11 Uo	3
15.5.	12 Cauac	12 Uo	4
16.5.	13 Ahau	13 Uo	5
17.5.	1 Imix	14 Uo	6
18.5.	2 Ik	15 Uo	7
19.5.	3 Akbal	16 Uo	8
20.5.	4 Kan	17 Uo	9
21.5.	5 Chicchan	18 Uo	1
22.5.	6 Cimi	19 Uo	2
23.5.	7 Manik	0 Zip	3
24.5.	8 Lamat	1 Zip	4
25.5.	9 Muluc	2 Zip	5
26.5.	10 Oc	3 Zip	6
27.5.	11 Chuen	4 Zip	7
28.5.	12 Eb	5 Zip	8
29.5.	13 Ben	6 Zip	9
30.5.	1 Ix	7 Zip	1
31.5.	2 Men	8 Zip	2
1.6.	3 Cib	9 Zip	3
2.6.	4 Cabán	10 Zip	4
3.6.	5 Edznab	11 Zip	5
4.6.	6 Cauac	12 Zip	6
5.6.	7 Ahau	13 Zip	7
6.6.	8 Imix	14 Zip	8
7.6.	9 Ik	15 Zip	9
8.6.	10 Akbal	16 Zip	1
9.6.	11 Kan	17 Zip	2
10.6.	12 Chicchan	18 Zip	3
11.6.	13 Cimi	19 Zip	4
12.6.	1 Manik	0 Zotz	5
13.6.	2 Lamat	1 Zotz	6
14.6.	3 Muluc	2 Zotz	7
15.6.	4 Oc	3 Zotz	8
16.6.	5 Chuen	4 Zotz	9
17.6.	6 Eb	5 Zotz	1
18.6.	7 Ben	6 Zotz	2

1978			
Greg.	Tzolkin	Haab	H.d.N
19.6.	8 Ix	7 Zotz	3
20.6.	9 Men	8 Zotz	4
21.6.	10 Cib	9 Zotz	5
22.6.	11 Cabán	10 Zotz	6
23.6.	12 Edznab	11 Zotz	7
24.6.	13 Cauac	12 Zotz	8
25.6.	1 Ahau	13 Zotz	9
26.6.	2 Imix	14 Zotz	1
27.6.	3 Ik	15 Zotz	2
28.6.	4 Akbal	16 Zotz	3
29.6.	5 Kan	17 Zotz	4
30.6.	6 Chicchan	18 Zotz	5
1.7.	7 Cimi	19 Zotz	6
2.7.	8 Manik	0 Tzec	7
3.7.	9 Lamat	1 Tzec	8
4.7.	10 Muluc	2 Tzec	9
5.7.	11 Oc	3 Tzec	1
6.7.	12 Chuen	4 Tzec	2
7.7.	13 Eb	5 Tzec	3
8.7.	1 Ben	6 Tzec	4
9.7.	2 Ix	7 Tzec	5
10.7.	3 Men	8 Tzec	6
11.7.	4 Cib	9 Tzec	7
12.7.	5 Cabán	10 Tzec	8
13.7.	6 Edznab	11 Tzec	9
14.7.	7 Cauac	12 Tzec	1
15.7.	8 Ahau	13 Tzec	2
16.7.	9 Imix	14 Tzec	3
17.7.	10 Ik	15 Tzec	4
18.7.	11 Akbal	16 Tzec	5
19.7.	12 Kan	17 Tzec	6
20.7.	13 Chicchan	18 Tzec	7
21.7.	1 Cimi	19 Tzec	8
22.7.	2 Manik	0 Xul	9
23.7.	3 Lamat	1 Xul	1
24.7.	4 Muluc	2 Xul	2
25.7.	5 Oc	3 Xul	3
26.7.	6 Chuen	4 Xul	4
27.7.	7 Eb	5 Xul	5

1978			
Greg.	Tzolkin	Haab	H.d.N
28.7.	8 Ben	6 Xul	6
29.7.	9 Ix	7 Xul	7
30.7.	10 Men	8 Xul	8
31.7.	11 Cib	9 Xul	9
1.8.	12 Cabán	10 Xul	1
2.8.	13 Edznab	11 Xul	2
3.8.	1 Cauac	12 Xul	3
4.8.	2 Ahau	13 Xul	4
5.8.	3 Imix	14 Xul	5
6.8.	4 Ik	15 Xul	6
7.8.	5 Akbal	16 Xul	7
8.8.	6 Kan	17 Xul	8
9.8.	7 Chicchan	18 Xul	9
10.8.	8 Cimi	19 Xul	1
11.8.	9 Manik	0 Yaxkin	2
12.8.	10 Lamat	1 Yaxkin	3
13.8.	11 Muluc	2 Yaxkin	4
14.8.	12 Oc	3 Yaxkin	5
15.8.	13 Chuen	4 Yaxkin	6
16.8.	1 Eb	5 Yaxkin	7
17.8.	2 Ben	6 Yaxkin	8
18.8.	3 Ix	7 Yaxkin	9
19.8.	4 Men	8 Yaxkin	1
20.8.	5 Cib	9 Yaxkin	2
21.8.	6 Cabán	10 Yaxkin	3
22.8.	7 Edznab	11 Yaxkin	4
23.8.	8 Cauac	12 Yaxkin	5
24.8.	9 Ahau	13 Yaxkin	6
25.8.	10 Imix	14 Yaxkin	7
26.8.	11 Ik	15 Yaxkin	8
27.8.	12 Akbal	16 Yaxkin	9
28.8.	13 Kan	17 Yaxkin	1
29.8.	1 Chicchan	18 Yaxkin	2
30.8.	2 Cimi	19 Yaxkin	3
31.8.	3 Manik	0 Mol	4
1.9.	4 Lamat	1 Mol	5
2.9.	5 Muluc	2 Mol	6
3.9.	6 Oc	3 Mol	7
4.9.	7 Chuen	4 Mol	8

1978			
Greg.	Tzolkin	Haab	H.d.N
5.9.	8 Eb	5 Mol	9
6.9.	9 Ben	6 Mol	1
7.9.	10 Ix	7 Mol	2
8.9.	11 Men	8 Mol	3
9.9.	12 Cib	9 Mol	4
10.9.	13 Cabán	10 Mol	5
11.9.	1 Edznab	11 Mol	6
12.9.	2 Cauac	12 Mol	7
13.9.	3 Ahau	13 Mol	8
14.9.	4 Imix	14 Mol	9
15.9.	5 Ik	15 Mol	1
16.9.	6 Akbal	16 Mol	2
17.9.	7 Kan	17 Mol	3
18.9.	8 Chicchan	18 Mol	4
19.9.	9 Cimi	19 Mol	5
20.9.	10 Manik	0 Chen	6
21.9.	11 Lamat	1 Chen	7
22.9.	12 Muluc	2 Chen	8
23.9.	13 Oc	3 Chen	9
24.9.	1 Chuen	4 Chen	1
25.9.	2 Eb	5 Chen	2
26.9.	3 Ben	6 Chen	3
27.9.	4 Ix	7 Chen	4
28.9.	5 Men	8 Chen	5
29.9.	6 Cib	9 Chen	6
30.9.	7 Cabán	10 Chen	7
1.10.	8 Edznab	11 Chen	8
2.10.	9 Cauac	12 Chen	9
3.10.	10 Ahau	13 Chen	1
4.10.	11 Imix	14 Chen	2
5.10.	12 Ik	15 Chen	3
6.10.	13 Akbal	16 Chen	4
7.10.	1 Kan	17 Chen	5
8.10.	2 Chicchan	18 Chen	6
9.10.	3 Cimi	19 Chen	7
10.10.	4 Manik	0 Yax	8
11.10.	5 Lamat	1 Yax	9
12.10.	6 Muluc	2 Yax	1
13.10.	7 Oc	3 Yax	2

1978			
Greg.	Tzolkin	Haab	H.d.N
14.10.	8 Chuen	4 Yax	3
15.10.	9 Eb	5 Yax	4
16.10.	10 Ben	6 Yax	5
17.10.	11 Ix	7 Yax	6
18.10.	12 Men	8 Yax	7
19.10.	13 Cib	9 Yax	8
20.10.	1 Cabán	10 Yax	9
21.10.	2 Edznab	11 Yax	1
22.10.	3 Cauac	12 Yax	2
23.10.	4 Ahau	13 Yax	3
24.10.	5 Imix	14 Yax	4
25.10.	6 Ik	15 Yax	5
26.10.	7 Akbal	16 Yax	6
27.10.	8 Kan	17 Yax	7
28.10.	9 Chicchan	18 Yax	8
29.10.	10 Cimi	19 Yax	9
30.10.	11 Manik	0 Zac	1
31.10.	12 Lamat	1 Zac	2
1.11.	13 Muluc	2 Zac	3
2.11.	1 Oc	3 Zac	4
3.11.	2 Chuen	4 Zac	5
4.11.	3 Eb	5 Zac	6
5.11.	4 Ben	6 Zac	7
6.11.	5 Ix	7 Zac	8
7.11.	6 Men	8 Zac	9
8.11.	7 Cib	9 Zac	1
9.11.	8 Cabán	10 Zac	2
10.11.	9 Edznab	11 Zac	3
11.11.	10 Cauac	12 Zac	4
12.11.	11 Ahau	13 Zac	5
13.11.	12 Imix	14 Zac	6
14.11.	13 Ik	15 Zac	7
15.11.	1 Akbal	16 Zac	8
16.11.	2 Kan	17 Zac	9
17.11.	3 Chicchan	18 Zac	1
18.11.	4 Cimi	19 Zac	2
19.11.	5 Manik	0 Ceh	3
20.11.	6 Lamat	1 Ceh	4
21.11.	7 Muluc	2 Ceh	5

1978			
Greg.	Tzolkin	Haab	H.d.N
22.11.	8 Oc	3 Ceh	6
23.11.	9 Chuen	4 Ceh	7
24.11.	10 Eb	5 Ceh	8
25.11.	11 Ben	6 Ceh	9
26.11.	12 Ix	7 Ceh	1
27.11.	13 Men	8 Ceh	2
28.11.	1 Cib	9 Ceh	3
29.11.	2 Cabán	10 Ceh	4
30.11.	3 Edznab	11 Ceh	5
1.12.	4 Cauac	12 Ceh	6
2.12.	5 Ahau	13 Ceh	7
3.12.	6 Imix	14 Ceh	8
4.12.	7 Ik	15 Ceh	9
5.12.	8 Akbal	16 Ceh	1
6.12.	9 Kan	17 Ceh	2
7.12.	10 Chicchan	18 Ceh	3
8.12.	11 Cimi	19 Ceh	4
9.12.	12 Manik	0 Mac	5
10.12.	13 Lamat	1 Mac	6
11.12.	1 Muluc	2 Mac	7
12.12.	2 Oc	3 Mac	8
13.12.	3 Chuen	4 Mac	9
14.12.	4 Eb	5 Mac	1
15.12.	5 Ben	6 Mac	2
16.12.	6 Ix	7 Mac	3
17.12.	7 Men	8 Mac	4
18.12.	8 Cib	9 Mac	5
19.12.	9 Cabán	10 Mac	6
20.12.	10 Edznab	11 Mac	7
21.12.	11 Cauac	12 Mac	8
22.12.	12 Ahau	13 Mac	9
23.12.	13 Imix	14 Mac	1
24.12.	1 Ik	15 Mac	2
25.12.	2 Akbal	16 Mac	3
26.12.	3 Kan	17 Mac	4
27.12.	4 Chicchan	18 Mac	5
28.12.	5 Cimi	19 Mac	6
29.12.	6 Manik	0 Kankin	7
30.12.	7 Lamat	1 Kankin	8

1978			
Greg.	Tzolkin	Haab	H.d.N
31.12.	8 Muluc	2 Kankin	9
1979			
Greg.	Tzolkin	Haab	H.d.N
1.1.	9 Oc	3 Kankin	1
2.1.	10 Chuen	4 Kankin	2
3.1.	11 Eb	5 Kankin	3
4.1.	12 Ben	6 Kankin	4
5.1.	13 Ix	7 Kankin	5
6.1.	1 Men	8 Kankin	6
7.1.	2 Cib	9 Kankin	7
8.1.	3 Cabán	10 Kankin	8
9.1.	4 Edznab	11 Kankin	9
10.1.	5 Cauac	12 Kankin	1
11.1.	6 Ahau	13 Kankin	2
12.1.	7 Imix	14 Kankin	3
13.1.	8 Ik	15 Kankin	4
14.1.	9 Akbal	16 Kankin	5
15.1.	10 Kan	17 Kankin	6
16.1.	11 Chicchan	18 Kankin	7
17.1.	12 Cimi	19 Kankin	8
18.1.	13 Manik	0 Muan	9
19.1.	1 Lamat	1 Muan	1
20.1.	2 Muluc	2 Muan	2
21.1.	3 Oc	3 Muan	3
22.1.	4 Chuen	4 Muan	4
23.1.	5 Eb	5 Muan	5
24.1.	6 Ben	6 Muan	6
25.1.	7 Ix	7 Muan	7
26.1.	8 Men	8 Muan	8
27.1.	9 Cib	9 Muan	9
28.1.	10 Cabán	10 Muan	1
29.1.	11 Edznab	11 Muan	2
30.1.	12 Cauac	12 Muan	3
31.1.	13 Ahau	13 Muan	4
1.2.	1 Imix	14 Muan	5
2.2.	2 Ik	15 Muan	6
3.2.	3 Akbal	16 Muan	7
4.2.	4 Kan	17 Muan	8
5.2.	5 Chicchan	18 Muan	9

1979			
Greg.	Tzolkin	Haab	H.d.N
6.2.	6 Cimi	19 Muan	1
7.2.	7 Manik	0 Pax	2
8.2.	8 Lamat	1 Pax	3
9.2.	9 Muluc	2 Pax	4
10.2.	10 Oc	3 Pax	5
11.2.	11 Chuen	4 Pax	6
12.2.	12 Eb	5 Pax	7
13.2.	13 Ben	6 Pax	8
14.2.	1 Ix	7 Pax	9
15.2.	2 Men	8 Pax	1
16.2.	3 Cib	9 Pax	2
17.2.	4 Cabán	10 Pax	3
18.2.	5 Edznab	11 Pax	4
19.2.	6 Cauac	12 Pax	5
20.2.	7 Ahau	13 Pax	6
21.2.	8 Imix	14 Pax	7
22.2.	9 Ik	15 Pax	8
23.2.	10 Akbal	16 Pax	9
24.2.	11 Kan	17 Pax	1
25.2.	12 Chicchan	18 Pax	2
26.2.	13 Cimi	19 Pax	3
27.2.	1 Manik	0 Kayab	4
28.2.	2 Lamat	1 Kayab	5
1.3.	3 Muluc	2 Kayab	6
2.3.	4 Oc	3 Kayab	7
3.3.	5 Chuen	4 Kayab	8
4.3.	6 Eb	5 Kayab	9
5.3.	7 Ben	6 Kayab	1
6.3.	8 Ix	7 Kayab	2
7.3.	9 Men	8 Kayab	3
8.3.	10 Cib	9 Kayab	4
9.3.	11 Cabán	10 Kayab	5
10.3.	12 Edznab	11 Kayab	6
11.3.	13 Cauac	12 Kayab	7
12.3.	1 Ahau	13 Kayab	8
13.3.	2 Imix	14 Kayab	9
14.3.	3 Ik	15 Kayab	1
15.3.	4 Akbal	16 Kayab	2
16.3.	5 Kan	17 Kayab	3

1979			
Greg.	Tzolkin	Haab	H.d.N
17.3.	6 Chicchan	18 Kayab	4
18.3.	7 Cimi	19 Kayab	5
19.3.	8 Manik	0 Cumku	6
20.3.	9 Lamat	1 Cumku	7
21.3.	10 Muluc	2 Cumku	8
22.3.	11 Oc	3 Cumku	9
23.3.	12 Chuen	4 Cumku	1
24.3.	13 Eb	5 Cumku	2
25.3.	1 Ben	6 Cumku	3
26.3.	2 Ix	7 Cumku	4
27.3.	3 Men	8 Cumku	5
28.3.	4 Cib	9 Cumku	6
29.3.	5 Cabán	10 Cumku	7
30.3.	6 Edznab	11 Cumku	8
31.3.	7 Cauac	12 Cumku	9
1.4.	8 Ahau	13 Cumku	1
2.4.	9 Imix	14 Cumku	2
3.4.	10 Ik	15 Cumku	3
4.4.	11 Akbal	16 Cumku	4
5.4.	12 Kan	17 Cumku	5
6.4.	13 Chicchan	18 Cumku	6
7.4.	1 Cimi	19 Cumku	7
8.4.	2 Manik	0 Uayeb	8
9.4.	3 Lamat	1 Uayeb	9
10.4.	4 Muluc	2 Uayeb	1
11.4.	5 Oc	3 Uayeb	2
12.4.	6 Chuen	4 Uayeb	3
13.4.	**7 Eb**	**0 Pop**	**4**
14.4.	8 Ben	1 Pop	5
15.4.	9 Ix	2 Pop	6
16.4.	10 Men	3 Pop	7
17.4.	11 Cib	4 Pop	8
18.4.	12 Cabán	5 Pop	9
19.4.	13 Edznab	6 Pop	1
20.4.	1 Cauac	7 Pop	2
21.4.	2 Ahau	8 Pop	3
22.4.	3 Imix	9 Pop	4
23.4.	4 Ik	10 Pop	5
24.4.	5 Akbal	11 Pop	6

1979			
Greg.	Tzolkin	Haab	H.d.N
25.4.	6 Kan	12 Pop	7
26.4.	7 Chicchan	13 Pop	8
27.4.	8 Cimi	14 Pop	9
28.4.	9 Manik	15 Pop	1
29.4.	10 Lamat	16 Pop	2
30.4.	11 Muluc	17 Pop	3
1.5.	12 Oc	18 Pop	4
2.5.	13 Chuen	19 Pop	5
3.5.	1 Eb	0 Uo	6
4.5.	2 Ben	1 Uo	7
5.5.	3 Ix	2 Uo	8
6.5.	4 Men	3 Uo	9
7.5.	5 Cib	4 Uo	1
8.5.	6 Cabán	5 Uo	2
9.5.	7 Edznab	6 Uo	3
10.5.	8 Cauac	7 Uo	4
11.5.	9 Ahau	8 Uo	5
12.5.	10 Imix	9 Uo	6
13.5.	11 Ik	10 Uo	7
14.5.	12 Akbal	11 Uo	8
15.5.	13 Kan	12 Uo	9
16.5.	1 Chicchan	13 Uo	1
17.5.	2 Cimi	14 Uo	2
18.5.	3 Manik	15 Uo	3
19.5.	4 Lamat	16 Uo	4
20.5.	5 Muluc	17 Uo	5
21.5.	6 Oc	18 Uo	6
22.5.	7 Chuen	19 Uo	7
23.5.	8 Eb	0 Zip	8
24.5.	9 Ben	1 Zip	9
25.5.	10 Ix	2 Zip	1
26.5.	11 Men	3 Zip	2
27.5.	12 Cib	4 Zip	3
28.5.	13 Cabán	5 Zip	4
29.5.	1 Edznab	6 Zip	5
30.5.	2 Cauac	7 Zip	6
31.5.	3 Ahau	8 Zip	7
1.6.	4 Imix	9 Zip	8
2.6.	5 Ik	10 Zip	9

1979			
Greg.	Tzolkin	Haab	H.d.N
3.6.	6 Akbal	11 Zip	1
4.6.	7 Kan	12 Zip	2
5.6.	8 Chicchan	13 Zip	3
6.6.	9 Cimi	14 Zip	4
7.6.	10 Manik	15 Zip	5
8.6.	11 Lamat	16 Zip	6
9.6.	12 Muluc	17 Zip	7
10.6.	13 Oc	18 Zip	8
11.6.	1 Chuen	19 Zip	9
12.6.	2 Eb	0 Zotz	1
13.6.	3 Ben	1 Zotz	2
14.6.	4 Ix	2 Zotz	3
15.6.	5 Men	3 Zotz	4
16.6.	6 Cib	4 Zotz	5
17.6.	7 Cabán	5 Zotz	6
18.6.	8 Edznab	6 Zotz	7
19.6.	9 Cauac	7 Zotz	8
20.6.	10 Ahau	8 Zotz	9
21.6.	11 Imix	9 Zotz	1
22.6.	12 Ik	10 Zotz	2
23.6.	13 Akbal	11 Zotz	3
24.6.	1 Kan	12 Zotz	4
25.6.	2 Chicchan	13 Zotz	5
26.6.	3 Cimi	14 Zotz	6
27.6.	4 Manik	15 Zotz	7
28.6.	5 Lamat	16 Zotz	8
29.6.	6 Muluc	17 Zotz	9
30.6.	7 Oc	18 Zotz	1
1.7.	8 Chuen	19 Zotz	2
2.7.	9 Eb	0 Tzec	3
3.7.	10 Ben	1 Tzec	4
4.7.	11 Ix	2 Tzec	5
5.7.	12 Men	3 Tzec	6
6.7.	13 Cib	4 Tzec	7
7.7.	1 Cabán	5 Tzec	8
8.7.	2 Edznab	6 Tzec	9
9.7.	3 Cauac	7 Tzec	1
10.7.	4 Ahau	8 Tzec	2
11.7.	5 Imix	9 Tzec	3

1979			
Greg.	Tzolkin	Haab	H.d.N
12.7.	6 Ik	10 Tzec	4
13.7.	7 Akbal	11 Tzec	5
14.7.	8 Kan	12 Tzec	6
15.7.	9 Chicchan	13 Tzec	7
16.7.	10 Cimi	14 Tzec	8
17.7.	11 Manik	15 Tzec	9
18.7.	12 Lamat	16 Tzec	1
19.7.	13 Muluc	17 Tzec	2
20.7.	1 Oc	18 Tzec	3
21.7.	2 Chuen	19 Tzec	4
22.7.	3 Eb	0 Xul	5
23.7.	4 Ben	1 Xul	6
24.7.	5 Ix	2 Xul	7
25.7.	6 Men	3 Xul	8
26.7.	7 Cib	4 Xul	9
27.7.	8 Cabán	5 Xul	1
28.7.	9 Edznab	6 Xul	2
29.7.	10 Cauac	7 Xul	3
30.7.	11 Ahau	8 Xul	4
31.7.	12 Imix	9 Xul	5
1.8.	13 Ik	10 Xul	6
2.8.	1 Akbal	11 Xul	7
3.8.	2 Kan	12 Xul	8
4.8.	3 Chicchan	13 Xul	9
5.8.	4 Cimi	14 Xul	1
6.8.	5 Manik	15 Xul	2
7.8.	6 Lamat	16 Xul	3
8.8.	7 Muluc	17 Xul	4
9.8.	8 Oc	18 Xul	5
10.8.	9 Chuen	19 Xul	6
11.8.	10 Eb	0 Yaxkin	7
12.8.	11 Ben	1 Yaxkin	8
13.8.	12 Ix	2 Yaxkin	9
14.8.	13 Men	3 Yaxkin	1
15.8.	1 Cib	4 Yaxkin	2
16.8.	2 Cabán	5 Yaxkin	3
17.8.	3 Edznab	6 Yaxkin	4
18.8.	4 Cauac	7 Yaxkin	5
19.8.	5 Ahau	8 Yaxkin	6

1979			
Greg.	Tzolkin	Haab	H.d.N
20.8.	6 Imix	9 Yaxkin	7
21.8.	7 Ik	10 Yaxkin	8
22.8.	8 Akbal	11 Yaxkin	9
23.8.	9 Kan	12 Yaxkin	1
24.8.	10 Chicchan	13 Yaxkin	2
25.8.	11 Cimi	14 Yaxkin	3
26.8.	12 Manik	15 Yaxkin	4
27.8.	13 Lamat	16 Yaxkin	5
28.8.	1 Muluc	17 Yaxkin	6
29.8.	2 Oc	18 Yaxkin	7
30.8.	3 Chuen	19 Yaxkin	8
31.8.	4 Eb	0 Mol	9
1.9.	5 Ben	1 Mol	1
2.9.	6 Ix	2 Mol	2
3.9.	7 Men	3 Mol	3
4.9.	8 Cib	4 Mol	4
5.9.	9 Cabán	5 Mol	5
6.9.	10 Edznab	6 Mol	6
7.9.	11 Cauac	7 Mol	7
8.9.	12 Ahau	8 Mol	8
9.9.	13 Imix	9 Mol	9
10.9.	1 Ik	10 Mol	1
11.9.	2 Akbal	11 Mol	2
12.9.	3 Kan	12 Mol	3
13.9.	4 Chicchan	13 Mol	4
14.9.	5 Cimi	14 Mol	5
15.9.	6 Manik	15 Mol	6
16.9.	7 Lamat	16 Mol	7
17.9.	8 Muluc	17 Mol	8
18.9.	9 Oc	18 Mol	9
19.9.	10 Chuen	19 Mol	1
20.9.	11 Eb	0 Chen	2
21.9.	12 Ben	1 Chen	3
22.9.	13 Ix	2 Chen	4
23.9.	1 Men	3 Chen	5
24.9.	2 Cib	4 Chen	6
25.9.	3 Cabán	5 Chen	7
26.9.	4 Edznab	6 Chen	8
27.9.	5 Cauac	7 Chen	9

1979			
Greg.	Tzolkin	Haab	H.d.N
28.9.	6 Ahau	8 Chen	1
29.9.	7 Imix	9 Chen	2
30.9.	8 Ik	10 Chen	3
1.10.	9 Akbal	11 Chen	4
2.10.	10 Kan	12 Chen	5
3.10.	11 Chicchan	13 Chen	6
4.10.	12 Cimi	14 Chen	7
5.10.	13 Manik	15 Chen	8
6.10.	1 Lamat	16 Chen	9
7.10.	2 Muluc	17 Chen	1
8.10.	3 Oc	18 Chen	2
9.10.	4 Chuen	19 Chen	3
10.10.	5 Eb	0 Yax	4
11.10.	6 Ben	1 Yax	5
12.10.	7 Ix	2 Yax	6
13.10.	8 Men	3 Yax	7
14.10.	9 Cib	4 Yax	8
15.10.	10 Cabán	5 Yax	9
16.10.	11 Edznab	6 Yax	1
17.10.	12 Cauac	7 Yax	2
18.10.	13 Ahau	8 Yax	3
19.10.	1 Imix	9 Yax	4
20.10.	2 Ik	10 Yax	5
21.10.	3 Akbal	11 Yax	6
22.10.	4 Kan	12 Yax	7
23.10.	5 Chicchan	13 Yax	8
24.10.	6 Cimi	14 Yax	9
25.10.	7 Manik	15 Yax	1
26.10.	8 Lamat	16 Yax	2
27.10.	9 Muluc	17 Yax	3
28.10.	10 Oc	18 Yax	4
29.10.	11 Chuen	19 Yax	5
30.10.	12 Eb	0 Zac	6
31.10.	13 Ben	1 Zac	7
1.11.	1 Ix	2 Zac	8
2.11.	2 Men	3 Zac	9
3.11.	3 Cib	4 Zac	1
4.11.	4 Cabán	5 Zac	2
5.11.	5 Edznab	6 Zac	3

1979			
Greg.	Tzolkin	Haab	H.d.N
6.11.	6 Cauac	7 Zac	4
7.11.	7 Ahau	8 Zac	5
8.11.	8 Imix	9 Zac	6
9.11.	9 Ik	10 Zac	7
10.11.	10 Akbal	11 Zac	8
11.11.	11 Kan	12 Zac	9
12.11.	12 Chicchan	13 Zac	1
13.11.	13 Cimi	14 Zac	2
14.11.	1 Manik	15 Zac	3
15.11.	2 Lamat	16 Zac	4
16.11.	3 Muluc	17 Zac	5
17.11.	4 Oc	18 Zac	6
18.11.	5 Chuen	19 Zac	7
19.11.	6 Eb	0 Ceh	8
20.11.	7 Ben	1 Ceh	9
21.11.	8 Ix	2 Ceh	1
22.11.	9 Men	3 Ceh	2
23.11.	10 Cib	4 Ceh	3
24.11.	11 Cabán	5 Ceh	4
25.11.	12 Edznab	6 Ceh	5
26.11.	13 Cauac	7 Ceh	6
27.11.	1 Ahau	8 Ceh	7
28.11.	2 Imix	9 Ceh	8
29.11.	3 Ik	10 Ceh	9
30.11.	4 Akbal	11 Ceh	1
1.12.	5 Kan	12 Ceh	2
2.12.	6 Chicchan	13 Ceh	3
3.12.	7 Cimi	14 Ceh	4
4.12.	8 Manik	15 Ceh	5
5.12.	9 Lamat	16 Ceh	6
6.12.	10 Muluc	17 Ceh	7
7.12.	11 Oc	18 Ceh	8
8.12.	12 Chuen	19 Ceh	9
9.12.	13 Eb	0 Mac	1
10.12.	1 Ben	1 Mac	2
11.12.	2 Ix	2 Mac	3
12.12.	3 Men	3 Mac	4
13.12.	4 Cib	4 Mac	5
14.12.	5 Cabán	5 Mac	6

1979			
Greg.	Tzolkin	Haab	H.d.N
15.12.	6 Edznab	6 Mac	7
16.12.	7 Cauac	7 Mac	8
17.12.	8 Ahau	8 Mac	9
18.12.	9 Imix	9 Mac	1
19.12.	10 Ik	10 Mac	2
20.12.	11 Akbal	11 Mac	3
21.12.	12 Kan	12 Mac	4
22.12.	13 Chicchan	13 Mac	5
23.12.	1 Cimi	14 Mac	6
24.12.	2 Manik	15 Mac	7
25.12.	3 Lamat	16 Mac	8
26.12.	4 Muluc	17 Mac	9
27.12.	5 Oc	18 Mac	1
28.12.	6 Chuen	19 Mac	2
29.12.	7 Eb	0 Kankin	3
30.12.	8 Ben	1 Kankin	4
31.12.	9 Ix	2 Kankin	5

1980			
Greg.	Tzolkin	Haab	H.d.N
1.1.	10 Men	3 Kankin	6
2.1.	11 Cib	4 Kankin	7
3.1.	12 Cabán	5 Kankin	8
4.1.	13 Edznab	6 Kankin	9
5.1.	1 Cauac	7 Kankin	1
6.1.	2 Ahau	8 Kankin	2
7.1.	3 Imix	9 Kankin	3
8.1.	4 Ik	10 Kankin	4
9.1.	5 Akbal	11 Kankin	5
10.1.	6 Kan	12 Kankin	6
11.1.	7 Chicchan	13 Kankin	7
12.1.	8 Cimi	14 Kankin	8
13.1.	9 Manik	15 Kankin	9
14.1.	10 Lamat	16 Kankin	1
15.1.	11 Muluc	17 Kankin	2
16.1.	12 Oc	18 Kankin	3
17.1.	13 Chuen	19 Kankin	4
18.1.	1 Eb	0 Muan	5
19.1.	2 Ben	1 Muan	6
20.1.	3 Ix	2 Muan	7

1980			
Greg.	Tzolkin	Haab	H.d.N
21.1.	4 Men	3 Muan	8
22.1.	5 Cib	4 Muan	9
23.1.	6 Cabán	5 Muan	1
24.1.	7 Edznab	6 Muan	2
25.1.	8 Cauac	7 Muan	3
26.1.	9 Ahau	8 Muan	4
27.1.	10 Imix	9 Muan	5
28.1.	11 Ik	10 Muan	6
29.1.	12 Akbal	11 Muan	7
30.1.	13 Kan	12 Muan	8
31.1.	1 Chicchan	13 Muan	9
1.2.	2 Cimi	14 Muan	1
2.2.	3 Manik	15 Muan	2
3.2.	4 Lamat	16 Muan	3
4.2.	5 Muluc	17 Muan	4
5.2.	6 Oc	18 Muan	5
6.2.	7 Chuen	19 Muan	6
7.2.	8 Eb	0 Pax	7
8.2.	9 Ben	1 Pax	8
9.2.	10 Ix	2 Pax	9
10.2.	11 Men	3 Pax	1
11.2.	12 Cib	4 Pax	2
12.2.	13 Cabán	5 Pax	3
13.2.	1 Edznab	6 Pax	4
14.2.	2 Cauac	7 Pax	5
15.2.	3 Ahau	8 Pax	6
16.2.	4 Imix	9 Pax	7
17.2.	5 Ik	10 Pax	8
18.2.	6 Akbal	11 Pax	9
19.2.	7 Kan	12 Pax	1
20.2.	8 Chicchan	13 Pax	2
21.2.	9 Cimi	14 Pax	3
22.2.	10 Manik	15 Pax	4
23.2.	11 Lamat	16 Pax	5
24.2.	12 Muluc	17 Pax	6
25.2.	13 Oc	18 Pax	7
26.2.	1 Chuen	19 Pax	8
27.2.	2 Eb	0 Kayab	9
28.2.	3 Ben	1 Kayab	1

1980			
Greg.	Tzolkin	Haab	H.d.N
29.2.	4 Ix	2 Kayab	2
1.3.	5 Men	3 Kayab	3
2.3.	6 Cib	4 Kayab	4
3.3.	7 Cabán	5 Kayab	5
4.3.	8 Edznab	6 Kayab	6
5.3.	9 Cauac	7 Kayab	7
6.3.	10 Ahau	8 Kayab	8
7.3.	11 Imix	9 Kayab	9
8.3.	12 Ik	10 Kayab	1
9.3.	13 Akbal	11 Kayab	2
10.3.	1 Kan	12 Kayab	3
11.3.	2 Chicchan	13 Kayab	4
12.3.	3 Cimi	14 Kayab	5
13.3.	4 Manik	15 Kayab	6
14.3.	5 Lamat	16 Kayab	7
15.3.	6 Muluc	17 Kayab	8
16.3.	7 Oc	18 Kayab	9
17.3.	8 Chuen	19 Kayab	1
18.3.	9 Eb	0 Cumku	2
19.3.	10 Ben	1 Cumku	3
20.3.	11 Ix	2 Cumku	4
21.3.	12 Men	3 Cumku	5
22.3.	13 Cib	4 Cumku	6
23.3.	1 Cabán	5 Cumku	7
24.3.	2 Edznab	6 Cumku	8
25.3.	3 Cauac	7 Cumku	9
26.3.	4 Ahau	8 Cumku	1
27.3.	5 Imix	9 Cumku	2
28.3.	6 Ik	10 Cumku	3
29.3.	7 Akbal	11 Cumku	4
30.3.	8 Kan	12 Cumku	5
31.3.	9 Chicchan	13 Cumku	6
1.4.	10 Cimi	14 Cumku	7
2.4.	11 Manik	15 Cumku	8
3.4.	12 Lamat	16 Cumku	9
4.4.	13 Muluc	17 Cumku	1
5.4.	1 Oc	18 Cumku	2
6.4.	2 Chuen	19 Cumku	3
7.4.	3 Eb	0 Uayeb	4

1980			
Greg.	Tzolkin	Haab	H.d.N
8.4.	4 Ben	1 Uayeb	5
9.4.	5 Ix	2 Uayeb	6
10.4.	6 Men	3 Uayeb	7
11.4.	7 Cib	4 Uayeb	8
12.4.	**8 Cabán**	**0 Pop**	**9**
13.4.	9 Edznab	1 Pop	1
14.4.	10 Cauac	2 Pop	2
15.4.	11 Ahau	3 Pop	3
16.4.	12 Imix	4 Pop	4
17.4.	13 Ik	5 Pop	5
18.4.	1 Akbal	6 Pop	6
19.4.	2 Kan	7 Pop	7
20.4.	3 Chicchan	8 Pop	8
21.4.	4 Cimi	9 Pop	9
22.4.	5 Manik	10 Pop	1
23.4.	6 Lamat	11 Pop	2
24.4.	7 Muluc	12 Pop	3
25.4.	8 Oc	13 Pop	4
26.4.	9 Chuen	14 Pop	5
27.4.	10 Eb	15 Pop	6
28.4.	11 Ben	16 Pop	7
29.4.	12 Ix	17 Pop	8
30.4.	13 Men	18 Pop	9
1.5.	1 Cib	19 Pop	1
2.5.	2 Cabán	0 Uo	2
3.5.	3 Edznab	1 Uo	3
4.5.	4 Cauac	2 Uo	4
5.5.	5 Ahau	3 Uo	5
6.5.	6 Imix	4 Uo	6
7.5.	7 Ik	5 Uo	7
8.5.	8 Akbal	6 Uo	8
9.5.	9 Kan	7 Uo	9
10.5.	10 Chicchan	8 Uo	1
11.5.	11 Cimi	9 Uo	2
12.5.	12 Manik	10 Uo	3
13.5.	13 Lamat	11 Uo	4
14.5.	1 Muluc	12 Uo	5
15.5.	2 Oc	13 Uo	6
16.5.	3 Chuen	14 Uo	7

1980			
Greg.	Tzolkin	Haab	H.d.N
17.5.	4 Eb	15 Uo	8
18.5.	5 Ben	16 Uo	9
19.5.	6 Ix	17 Uo	1
20.5.	7 Men	18 Uo	2
21.5.	8 Cib	19 Uo	3
22.5.	9 Cabán	0 Zip	4
23.5.	10 Edznab	1 Zip	5
24.5.	11 Cauac	2 Zip	6
25.5.	12 Ahau	3 Zip	7
26.5.	13 Imix	4 Zip	8
27.5.	1 Ik	5 Zip	9
28.5.	2 Akbal	6 Zip	1
29.5.	3 Kan	7 Zip	2
30.5.	4 Chicchan	8 Zip	3
31.5.	5 Cimi	9 Zip	4
1.6.	6 Manik	10 Zip	5
2.6.	7 Lamat	11 Zip	6
3.6.	8 Muluc	12 Zip	7
4.6.	9 Oc	13 Zip	8
5.6.	10 Chuen	14 Zip	9
6.6.	11 Eb	15 Zip	1
7.6.	12 Ben	16 Zip	2
8.6.	13 Ix	17 Zip	3
9.6.	1 Men	18 Zip	4
10.6.	2 Cib	19 Zip	5
11.6.	3 Cabán	0 Zotz	6
12.6.	4 Edznab	1 Zotz	7
13.6.	5 Cauac	2 Zotz	8
14.6.	6 Ahau	3 Zotz	9
15.6.	7 Imix	4 Zotz	1
16.6.	8 Ik	5 Zotz	2
17.6.	9 Akbal	6 Zotz	3
18.6.	10 Kan	7 Zotz	4
19.6.	11 Chicchan	8 Zotz	5
20.6.	12 Cimi	9 Zotz	6
21.6.	13 Manik	10 Zotz	7
22.6.	1 Lamat	11 Zotz	8
23.6.	2 Muluc	12 Zotz	9
24.6.	3 Oc	13 Zotz	1

1980			
Greg.	Tzolkin	Haab	H.d.N
25.6.	4 Chuen	14 Zotz	2
26.6.	5 Eb	15 Zotz	3
27.6.	6 Ben	16 Zotz	4
28.6.	7 Ix	17 Zotz	5
29.6.	8 Men	18 Zotz	6
30.6.	9 Cib	19 Zotz	7
1.7.	10 Cabán	0 Tzec	8
2.7.	11 Edznab	1 Tzec	9
3.7.	12 Cauac	2 Tzec	1
4.7.	13 Ahau	3 Tzec	2
5.7.	1 Imix	4 Tzec	3
6.7.	2 Ik	5 Tzec	4
7.7.	3 Akbal	6 Tzec	5
8.7.	4 Kan	7 Tzec	6
9.7.	5 Chicchan	8 Tzec	7
10.7.	6 Cimi	9 Tzec	8
11.7.	7 Manik	10 Tzec	9
12.7.	8 Lamat	11 Tzec	1
13.7.	9 Muluc	12 Tzec	2
14.7.	10 Oc	13 Tzec	3
15.7.	11 Chuen	14 Tzec	4
16.7.	12 Eb	15 Tzec	5
17.7.	13 Ben	16 Tzec	6
18.7.	1 Ix	17 Tzec	7
19.7.	2 Men	18 Tzec	8
20.7.	3 Cib	19 Tzec	9
21.7.	4 Cabán	0 Xul	1
22.7.	5 Edznab	1 Xul	2
23.7.	6 Cauac	2 Xul	3
24.7.	7 Ahau	3 Xul	4
25.7.	8 Imix	4 Xul	5
26.7.	9 Ik	5 Xul	6
27.7.	10 Akbal	6 Xul	7
28.7.	11 Kan	7 Xul	8
29.7.	12 Chicchan	8 Xul	9
30.7.	13 Cimi	9 Xul	1
31.7.	1 Manik	10 Xul	2
1.8.	2 Lamat	11 Xul	3
2.8.	3 Muluc	12 Xul	4

1980			
Greg.	Tzolkin	Haab	H.d.N
3.8.	4 Oc	13 Xul	5
4.8.	5 Chuen	14 Xul	6
5.8.	6 Eb	15 Xul	7
6.8.	7 Ben	16 Xul	8
7.8.	8 Ix	17 Xul	9
8.8.	9 Men	18 Xul	1
9.8.	10 Cib	19 Xul	2
10.8.	11 Cabán	0 Yaxkin	3
11.8.	12 Edznab	1 Yaxkin	4
12.8.	13 Cauac	2 Yaxkin	5
13.8.	1 Ahau	3 Yaxkin	6
14.8.	2 Imix	4 Yaxkin	7
15.8.	3 Ik	5 Yaxkin	8
16.8.	4 Akbal	6 Yaxkin	9
17.8.	5 Kan	7 Yaxkin	1
18.8.	6 Chicchan	8 Yaxkin	2
19.8.	7 Cimi	9 Yaxkin	3
20.8.	8 Manik	10 Yaxkin	4
21.8.	9 Lamat	11 Yaxkin	5
22.8.	10 Muluc	12 Yaxkin	6
23.8.	11 Oc	13 Yaxkin	7
24.8.	12 Chuen	14 Yaxkin	8
25.8.	13 Eb	15 Yaxkin	9
26.8.	1 Ben	16 Yaxkin	1
27.8.	2 Ix	17 Yaxkin	2
28.8.	3 Men	18 Yaxkin	3
29.8.	4 Cib	19 Yaxkin	4
30.8.	5 Cabán	0 Mol	5
31.8.	6 Edznab	1 Mol	6
1.9.	7 Cauac	2 Mol	7
2.9.	8 Ahau	3 Mol	8
3.9.	9 Imix	4 Mol	9
4.9.	10 Ik	5 Mol	1
5.9.	11 Akbal	6 Mol	2
6.9.	12 Kan	7 Mol	3
7.9.	13 Chicchan	8 Mol	4
8.9.	1 Cimi	9 Mol	5
9.9.	2 Manik	10 Mol	6
10.9.	3 Lamat	11 Mol	7

1980			
Greg.	Tzolkin	Haab	H.d.N
11.9.	4 Muluc	12 Mol	8
12.9.	5 Oc	13 Mol	9
13.9.	6 Chuen	14 Mol	1
14.9.	7 Eb	15 Mol	2
15.9.	8 Ben	16 Mol	3
16.9.	9 Ix	17 Mol	4
17.9.	10 Men	18 Mol	5
18.9.	11 Cib	19 Mol	6
19.9.	12 Cabán	0 Chen	7
20.9.	13 Edznab	1 Chen	8
21.9.	1 Cauac	2 Chen	9
22.9.	2 Ahau	3 Chen	1
23.9.	3 Imix	4 Chen	2
24.9.	4 Ik	5 Chen	3
25.9.	5 Akbal	6 Chen	4
26.9.	6 Kan	7 Chen	5
27.9.	7 Chicchan	8 Chen	6
28.9.	8 Cimi	9 Chen	7
29.9.	9 Manik	10 Chen	8
30.9.	10 Lamat	11 Chen	9
1.10.	11 Muluc	12 Chen	1
2.10.	12 Oc	13 Chen	2
3.10.	13 Chuen	14 Chen	3
4.10.	1 Eb	15 Chen	4
5.10.	2 Ben	16 Chen	5
6.10.	3 Ix	17 Chen	6
7.10.	4 Men	18 Chen	7
8.10.	5 Cib	19 Chen	8
9.10.	6 Cabán	0 Yax	9
10.10.	7 Edznab	1 Yax	1
11.10.	8 Cauac	2 Yax	2
12.10.	9 Ahau	3 Yax	3
13.10.	10 Imix	4 Yax	4
14.10.	11 Ik	5 Yax	5
15.10.	12 Akbal	6 Yax	6
16.10.	13 Kan	7 Yax	7
17.10.	1 Chicchan	8 Yax	8
18.10.	2 Cimi	9 Yax	9
19.10.	3 Manik	10 Yax	1

1980			
Greg.	Tzolkin	Haab	H.d.N
20.10.	4 Lamat	11 Yax	2
21.10.	5 Muluc	12 Yax	3
22.10.	6 Oc	13 Yax	4
23.10.	7 Chuen	14 Yax	5
24.10.	8 Eb	15 Yax	6
25.10.	9 Ben	16 Yax	7
26.10.	10 Ix	17 Yax	8
27.10.	11 Men	18 Yax	9
28.10.	12 Cib	19 Yax	1
29.10.	13 Cabán	0 Zac	2
30.10.	1 Edznab	1 Zac	3
31.10.	2 Cauac	2 Zac	4
1.11.	3 Ahau	3 Zac	5
2.11.	4 Imix	4 Zac	6
3.11.	5 Ik	5 Zac	7
4.11.	6 Akbal	6 Zac	8
5.11.	7 Kan	7 Zac	9
6.11.	8 Chicchan	8 Zac	1
7.11.	9 Cimi	9 Zac	2
8.11.	10 Manik	10 Zac	3
9.11.	11 Lamat	11 Zac	4
10.11.	12 Muluc	12 Zac	5
11.11.	13 Oc	13 Zac	6
12.11.	1 Chuen	14 Zac	7
13.11.	2 Eb	15 Zac	8
14.11.	3 Ben	16 Zac	9
15.11.	4 Ix	17 Zac	1
16.11.	5 Men	18 Zac	2
17.11.	6 Cib	19 Zac	3
18.11.	7 Cabán	0 Ceh	4
19.11.	8 Edznab	1 Ceh	5
20.11.	9 Cauac	2 Ceh	6
21.11.	10 Ahau	3 Ceh	7
22.11.	11 Imix	4 Ceh	8
23.11.	12 Ik	5 Ceh	9
24.11.	13 Akbal	6 Ceh	1
25.11.	1 Kan	7 Ceh	2
26.11.	2 Chicchan	8 Ceh	3
27.11.	3 Cimi	9 Ceh	4

1980			
Greg.	Tzolkin	Haab	H.d.N
28.11.	4 Manik	10 Ceh	5
29.11.	5 Lamat	11 Ceh	6
30.11.	6 Muluc	12 Ceh	7
1.12.	7 Oc	13 Ceh	8
2.12.	8 Chuen	14 Ceh	9
3.12.	9 Eb	15 Ceh	1
4.12.	10 Ben	16 Ceh	2
5.12.	11 Ix	17 Ceh	3
6.12.	12 Men	18 Ceh	4
7.12.	13 Cib	19 Ceh	5
8.12.	1 Cabán	0 Mac	6
9.12.	2 Edznab	1 Mac	7
10.12.	3 Cauac	2 Mac	8
11.12.	4 Ahau	3 Mac	9
12.12.	5 Imix	4 Mac	1
13.12.	6 Ik	5 Mac	2
14.12.	7 Akbal	6 Mac	3
15.12.	8 Kan	7 Mac	4
16.12.	9 Chicchan	8 Mac	5
17.12.	10 Cimi	9 Mac	6
18.12.	11 Manik	10 Mac	7
19.12.	12 Lamat	11 Mac	8
20.12.	13 Muluc	12 Mac	9
21.12.	1 Oc	13 Mac	1
22.12.	2 Chuen	14 Mac	2
23.12.	3 Eb	15 Mac	3
24.12.	4 Ben	16 Mac	4
25.12.	5 Ix	17 Mac	5
26.12.	6 Men	18 Mac	6
27.12.	7 Cib	19 Mac	7
28.12.	8 Cabán	0 Kankin	8
29.12.	9 Edznab	1 Kankin	9
30.12.	10 Cauac	2 Kankin	1
31.12.	11 Ahau	3 Kankin	2
1981			
Greg.	Tzolkin	Haab	H.d.N
1.1.	12 Imix	4 Kankin	3
2.1.	13 Ik	5 Kankin	4
3.1.	1 Akbal	6 Kankin	5

1981			
Greg.	Tzolkin	Haab	H.d.N
4.1.	2 Kan	7 Kankin	6
5.1.	3 Chicchan	8 Kankin	7
6.1.	4 Cimi	9 Kankin	8
7.1.	5 Manik	10 Kankin	9
8.1.	6 Lamat	11 Kankin	1
9.1.	7 Muluc	12 Kankin	2
10.1.	8 Oc	13 Kankin	3
11.1.	9 Chuen	14 Kankin	4
12.1.	10 Eb	15 Kankin	5
13.1.	11 Ben	16 Kankin	6
14.1.	12 Ix	17 Kankin	7
15.1.	13 Men	18 Kankin	8
16.1.	1 Cib	19 Kankin	9
17.1.	2 Cabán	0 Muan	1
18.1.	3 Edznab	1 Muan	2
19.1.	4 Cauac	2 Muan	3
20.1.	5 Ahau	3 Muan	4
21.1.	6 Imix	4 Muan	5
22.1.	7 Ik	5 Muan	6
23.1.	8 Akbal	6 Muan	7
24.1.	9 Kan	7 Muan	8
25.1.	10 Chicchan	8 Muan	9
26.1.	11 Cimi	9 Muan	1
27.1.	12 Manik	10 Muan	2
28.1.	13 Lamat	11 Muan	3
29.1.	1 Muluc	12 Muan	4
30.1.	2 Oc	13 Muan	5
31.1.	3 Chuen	14 Muan	6
1.2.	4 Eb	15 Muan	7
2.2.	5 Ben	16 Muan	8
3.2.	6 Ix	17 Muan	9
4.2.	7 Men	18 Muan	1
5.2.	8 Cib	19 Muan	2
6.2.	9 Cabán	0 Pax	3
7.2.	10 Edznab	1 Pax	4
8.2.	11 Cauac	2 Pax	5
9.2.	12 Ahau	3 Pax	6
10.2.	13 Imix	4 Pax	7
11.2.	1 Ik	5 Pax	8

1981			
Greg.	Tzolkin	Haab	H.d.N
12.2.	2 Akbal	6 Pax	9
13.2.	3 Kan	7 Pax	1
14.2.	4 Chicchan	8 Pax	2
15.2.	5 Cimi	9 Pax	3
16.2.	6 Manik	10 Pax	4
17.2.	7 Lamat	11 Pax	5
18.2.	8 Muluc	12 Pax	6
19.2.	9 Oc	13 Pax	7
20.2.	10 Chuen	14 Pax	8
21.2.	11 Eb	15 Pax	9
22.2.	12 Ben	16 Pax	1
23.2.	13 Ix	17 Pax	2
24.2.	1 Men	18 Pax	3
25.2.	2 Cib	19 Pax	4
26.2.	3 Cabán	0 Kayab	5
27.2.	4 Edznab	1 Kayab	6
28.2.	5 Cauac	2 Kayab	7
1.3.	6 Ahau	3 Kayab	8
2.3.	7 Imix	4 Kayab	9
3.3.	8 Ik	5 Kayab	1
4.3.	9 Akbal	6 Kayab	2
5.3.	10 Kan	7 Kayab	3
6.3.	11 Chicchan	8 Kayab	4
7.3.	12 Cimi	9 Kayab	5
8.3.	13 Manik	10 Kayab	6
9.3.	1 Lamat	11 Kayab	7
10.3.	2 Muluc	12 Kayab	8
11.3.	3 Oc	13 Kayab	9
12.3.	4 Chuen	14 Kayab	1
13.3.	5 Eb	15 Kayab	2
14.3.	6 Ben	16 Kayab	3
15.3.	7 Ix	17 Kayab	4
16.3.	8 Men	18 Kayab	5
17.3.	9 Cib	19 Kayab	6
18.3.	10 Cabán	0 Cumku	7
19.3.	11 Edznab	1 Cumku	8
20.3.	12 Cauac	2 Cumku	9
21.3.	13 Ahau	3 Cumku	1
22.3.	1 Imix	4 Cumku	2

Kalendarium 397

1981			
Greg.	Tzolkin	Haab	H.d.N
23.3.	2 Ik	5 Cumku	3
24.3.	3 Akbal	6 Cumku	4
25.3.	4 Kan	7 Cumku	5
26.3.	5 Chicchan	8 Cumku	6
27.3.	6 Cimi	9 Cumku	7
28.3.	7 Manik	10 Cumku	8
29.3.	8 Lamat	11 Cumku	9
30.3.	9 Muluc	12 Cumku	1
31.3.	10 Oc	13 Cumku	2
1.4.	11 Chuen	14 Cumku	3
2.4.	12 Eb	15 Cumku	4
3.4.	13 Ben	16 Cumku	5
4.4.	1 Ix	17 Cumku	6
5.4.	2 Men	18 Cumku	7
6.4.	3 Cib	19 Cumku	8
7.4.	4 Cabán	0 Uayeb	9
8.4.	5 Edznab	1 Uayeb	1
9.4.	6 Cauac	2 Uayeb	2
10.4.	7 Ahau	3 Uayeb	3
11.4.	8 Imix	4 Uayeb	4
12.4.	**9 Ik**	**0 Pop**	**5**
13.4.	10 Akbal	1 Pop	6
14.4.	11 Kan	2 Pop	7
15.4.	12 Chicchan	3 Pop	8
16.4.	13 Cimi	4 Pop	9
17.4.	1 Manik	5 Pop	1
18.4.	2 Lamat	6 Pop	2
19.4.	3 Muluc	7 Pop	3
20.4.	4 Oc	8 Pop	4
21.4.	5 Chuen	9 Pop	5
22.4.	6 Eb	10 Pop	6
23.4.	7 Ben	11 Pop	7
24.4.	8 Ix	12 Pop	8
25.4.	9 Men	13 Pop	9
26.4.	10 Cib	14 Pop	1
27.4.	11 Cabán	15 Pop	2
28.4.	12 Edznab	16 Pop	3
29.4.	13 Cauac	17 Pop	4
30.4.	1 Ahau	18 Pop	5

1981			
Greg.	Tzolkin	Haab	H.d.N
1.5.	2 Imix	19 Pop	6
2.5.	3 Ik	0 Uo	7
3.5.	4 Akbal	1 Uo	8
4.5.	5 Kan	2 Uo	9
5.5.	6 Chicchan	3 Uo	1
6.5.	7 Cimi	4 Uo	2
7.5.	8 Manik	5 Uo	3
8.5.	9 Lamat	6 Uo	4
9.5.	10 Muluc	7 Uo	5
10.5.	11 Oc	8 Uo	6
11.5.	12 Chuen	9 Uo	7
12.5.	13 Eb	10 Uo	8
13.5.	1 Ben	11 Uo	9
14.5.	2 Ix	12 Uo	1
15.5.	3 Men	13 Uo	2
16.5.	4 Cib	14 Uo	3
17.5.	5 Cabán	15 Uo	4
18.5.	6 Edznab	16 Uo	5
19.5.	7 Cauac	17 Uo	6
20.5.	8 Ahau	18 Uo	7
21.5.	9 Imix	19 Uo	8
22.5.	10 Ik	0 Zip	9
23.5.	11 Akbal	1 Zip	1
24.5.	12 Kan	2 Zip	2
25.5.	13 Chicchan	3 Zip	3
26.5.	1 Cimi	4 Zip	4
27.5.	2 Manik	5 Zip	5
28.5.	3 Lamat	6 Zip	6
29.5.	4 Muluc	7 Zip	7
30.5.	5 Oc	8 Zip	8
31.5.	6 Chuen	9 Zip	9
1.6.	7 Eb	10 Zip	1
2.6.	8 Ben	11 Zip	2
3.6.	9 Ix	12 Zip	3
4.6.	10 Men	13 Zip	4
5.6.	11 Cib	14 Zip	5
6.6.	12 Cabán	15 Zip	6
7.6.	13 Edznab	16 Zip	7
8.6.	1 Cauac	17 Zip	8

1981			
Greg.	Tzolkin	Haab	H.d.N
9.6.	2 Ahau	18 Zip	9
10.6.	3 Imix	19 Zip	1
11.6.	4 Ik	0 Zotz	2
12.6.	5 Akbal	1 Zotz	3
13.6.	6 Kan	2 Zotz	4
14.6.	7 Chicchan	3 Zotz	5
15.6.	8 Cimi	4 Zotz	6
16.6.	9 Manik	5 Zotz	7
17.6.	10 Lamat	6 Zotz	8
18.6.	11 Muluc	7 Zotz	9
19.6.	12 Oc	8 Zotz	1
20.6.	13 Chuen	9 Zotz	2
21.6.	1 Eb	10 Zotz	3
22.6.	2 Ben	11 Zotz	4
23.6.	3 Ix	12 Zotz	5
24.6.	4 Men	13 Zotz	6
25.6.	5 Cib	14 Zotz	7
26.6.	6 Cabán	15 Zotz	8
27.6.	7 Edznab	16 Zotz	9
28.6.	8 Cauac	17 Zotz	1
29.6.	9 Ahau	18 Zotz	2
30.6.	10 Imix	19 Zotz	3
1.7.	11 Ik	0 Tzec	4
2.7.	12 Akbal	1 Tzec	5
3.7.	13 Kan	2 Tzec	6
4.7.	1 Chicchan	3 Tzec	7
5.7.	2 Cimi	4 Tzec	8
6.7.	3 Manik	5 Tzec	9
7.7.	4 Lamat	6 Tzec	1
8.7.	5 Muluc	7 Tzec	2
9.7.	6 Oc	8 Tzec	3
10.7.	7 Chuen	9 Tzec	4
11.7.	8 Eb	10 Tzec	5
12.7.	9 Ben	11 Tzec	6
13.7.	10 Ix	12 Tzec	7
14.7.	11 Men	13 Tzec	8
15.7.	12 Cib	14 Tzec	9
16.7.	13 Cabán	15 Tzec	1
17.7.	1 Edznab	16 Tzec	2

1981			
Greg.	Tzolkin	Haab	H.d.N
18.7.	2 Cauac	17 Tzec	3
19.7.	3 Ahau	18 Tzec	4
20.7.	4 Imix	19 Tzec	5
21.7.	5 Ik	0 Xul	6
22.7.	6 Akbal	1 Xul	7
23.7.	7 Kan	2 Xul	8
24.7.	8 Chicchan	3 Xul	9
25.7.	9 Cimi	4 Xul	1
26.7.	10 Manik	5 Xul	2
27.7.	11 Lamat	6 Xul	3
28.7.	12 Muluc	7 Xul	4
29.7.	13 Oc	8 Xul	5
30.7.	1 Chuen	9 Xul	6
31.7.	2 Eb	10 Xul	7
1.8.	3 Ben	11 Xul	8
2.8.	4 Ix	12 Xul	9
3.8.	5 Men	13 Xul	1
4.8.	6 Cib	14 Xul	2
5.8.	7 Cabán	15 Xul	3
6.8.	8 Edznab	16 Xul	4
7.8.	9 Cauac	17 Xul	5
8.8.	10 Ahau	18 Xul	6
9.8.	11 Imix	19 Xul	7
10.8.	12 Ik	0 Yaxkin	8
11.8.	13 Akbal	1 Yaxkin	9
12.8.	1 Kan	2 Yaxkin	1
13.8.	2 Chicchan	3 Yaxkin	2
14.8.	3 Cimi	4 Yaxkin	3
15.8.	4 Manik	5 Yaxkin	4
16.8.	5 Lamat	6 Yaxkin	5
17.8.	6 Muluc	7 Yaxkin	6
18.8.	7 Oc	8 Yaxkin	7
19.8.	8 Chuen	9 Yaxkin	8
20.8.	9 Eb	10 Yaxkin	9
21.8.	10 Ben	11 Yaxkin	1
22.8.	11 Ix	12 Yaxkin	2
23.8.	12 Men	13 Yaxkin	3
24.8.	13 Cib	14 Yaxkin	4
25.8.	1 Cabán	15 Yaxkin	5

1981					1981			
Greg.	Tzolkin	Haab	H.d.N	Greg.	Tzolkin	Haab	H.d.N
26.8.	2 Edznab	16 Yaxkin	6	4.10.	2 Cabán	15 Chen	9
27.8.	3 Cauac	17 Yaxkin	7	5.10.	3 Edznab	16 Chen	1
28.8.	4 Ahau	18 Yaxkin	8	6.10.	4 Cauac	17 Chen	2
29.8.	5 Imix	19 Yaxkin	9	7.10.	5 Ahau	18 Chen	3
30.8.	6 Ik	0 Mol	1	8.10.	6 Imix	19 Chen	4
31.8.	7 Akbal	1 Mol	2	9.10.	7 Ik	0 Yax	5
1.9.	8 Kan	2 Mol	3	10.10.	8 Akbal	1 Yax	6
2.9.	9 Chicchan	3 Mol	4	11.10.	9 Kan	2 Yax	7
3.9.	10 Cimi	4 Mol	5	12.10.	10 Chicchan	3 Yax	8
4.9.	11 Manik	5 Mol	6	13.10.	11 Cimi	4 Yax	9
5.9.	12 Lamat	6 Mol	7	14.10.	12 Manik	5 Yax	1
6.9.	13 Muluc	7 Mol	8	15.10.	13 Lamat	6 Yax	2
7.9.	1 Oc	8 Mol	9	16.10.	1 Muluc	7 Yax	3
8.9.	2 Chuen	9 Mol	1	17.10.	2 Oc	8 Yax	4
9.9.	3 Eb	10 Mol	2	18.10.	3 Chuen	9 Yax	5
10.9.	4 Ben	11 Mol	3	19.10.	4 Eb	10 Yax	6
11.9.	5 Ix	12 Mol	4	20.10.	5 Ben	11 Yax	7
12.9.	6 Men	13 Mol	5	21.10.	6 Ix	12 Yax	8
13.9.	7 Cib	14 Mol	6	22.10.	7 Men	13 Yax	9
14.9.	8 Cabán	15 Mol	7	23.10.	8 Cib	14 Yax	1
15.9.	9 Edznab	16 Mol	8	24.10.	9 Cabán	15 Yax	2
16.9.	10 Cauac	17 Mol	9	25.10.	10 Edznab	16 Yax	3
17.9.	11 Ahau	18 Mol	1	26.10.	11 Cauac	17 Yax	4
18.9.	12 Imix	19 Mol	2	27.10.	12 Ahau	18 Yax	5
19.9.	13 Ik	0 Chen	3	28.10.	13 Imix	19 Yax	6
20.9.	1 Akbal	1 Chen	4	29.10.	1 Ik	0 Zac	7
21.9.	2 Kan	2 Chen	5	30.10.	2 Akbal	1 Zac	8
22.9.	3 Chicchan	3 Chen	6	31.10.	3 Kan	2 Zac	9
23.9.	4 Cimi	4 Chen	7	1.11.	4 Chicchan	3 Zac	1
24.9.	5 Manik	5 Chen	8	2.11.	5 Cimi	4 Zac	2
25.9.	6 Lamat	6 Chen	9	3.11.	6 Manik	5 Zac	3
26.9.	7 Muluc	7 Chen	1	4.11.	7 Lamat	6 Zac	4
27.9.	8 Oc	8 Chen	2	5.11.	8 Muluc	7 Zac	5
28.9.	9 Chuen	9 Chen	3	6.11.	9 Oc	8 Zac	6
29.9.	10 Eb	10 Chen	4	7.11.	10 Chuen	9 Zac	7
30.9.	11 Ben	11 Chen	5	8.11.	11 Eb	10 Zac	8
1.10.	12 Ix	12 Chen	6	9.11.	12 Ben	11 Zac	9
2.10.	13 Men	13 Chen	7	10.11.	13 Ix	12 Zac	1
3.10.	1 Cib	14 Chen	8	11.11.	1 Men	13 Zac	2

1981			
Greg.	Tzolkin	Haab	H.d.N
12.11.	2 Cib	14 Zac	3
13.11.	3 Cabán	15 Zac	4
14.11.	4 Edznab	16 Zac	5
15.11.	5 Cauac	17 Zac	6
16.11.	6 Ahau	18 Zac	7
17.11.	7 Imix	19 Zac	8
18.11.	8 Ik	0 Ceh	9
19.11.	9 Akbal	1 Ceh	1
20.11.	10 Kan	2 Ceh	2
21.11.	11 Chicchan	3 Ceh	3
22.11.	12 Cimi	4 Ceh	4
23.11.	13 Manik	5 Ceh	5
24.11.	1 Lamat	6 Ceh	6
25.11.	2 Muluc	7 Ceh	7
26.11.	3 Oc	8 Ceh	8
27.11.	4 Chuen	9 Ceh	9
28.11.	5 Eb	10 Ceh	1
29.11.	6 Ben	11 Ceh	2
30.11.	7 Ix	12 Ceh	3
1.12.	8 Men	13 Ceh	4
2.12.	9 Cib	14 Ceh	5
3.12.	10 Cabán	15 Ceh	6
4.12.	11 Edznab	16 Ceh	7
5.12.	12 Cauac	17 Ceh	8
6.12.	13 Ahau	18 Ceh	9
7.12.	1 Imix	19 Ceh	1
8.12.	2 Ik	0 Mac	2
9.12.	3 Akbal	1 Mac	3
10.12.	4 Kan	2 Mac	4
11.12.	5 Chicchan	3 Mac	5
12.12.	6 Cimi	4 Mac	6
13.12.	7 Manik	5 Mac	7
14.12.	8 Lamat	6 Mac	8
15.12.	9 Muluc	7 Mac	9
16.12.	10 Oc	8 Mac	1
17.12.	11 Chuen	9 Mac	2
18.12.	12 Eb	10 Mac	3
19.12.	13 Ben	11 Mac	4
20.12.	1 Ix	12 Mac	5

1981			
Greg.	Tzolkin	Haab	H.d.N
21.12.	2 Men	13 Mac	6
22.12.	3 Cib	14 Mac	7
23.12.	4 Cabán	15 Mac	8
24.12.	5 Edznab	16 Mac	9
25.12.	6 Cauac	17 Mac	1
26.12.	7 Ahau	18 Mac	2
27.12.	8 Imix	19 Mac	3
28.12.	9 Ik	0 Kankin	4
29.12.	10 Akbal	1 Kankin	5
30.12.	11 Kan	2 Kankin	6
31.12.	12 Chicchan	3 Kankin	7

1982			
Greg.	Tzolkin	Haab	H.d.N
1.1.	13 Cimi	4 Kankin	8
2.1.	1 Manik	5 Kankin	9
3.1.	2 Lamat	6 Kankin	1
4.1.	3 Muluc	7 Kankin	2
5.1.	4 Oc	8 Kankin	3
6.1.	5 Chuen	9 Kankin	4
7.1.	6 Eb	10 Kankin	5
8.1.	7 Ben	11 Kankin	6
9.1.	8 Ix	12 Kankin	7
10.1.	9 Men	13 Kankin	8
11.1.	10 Cib	14 Kankin	9
12.1.	11 Cabán	15 Kankin	1
13.1.	12 Edznab	16 Kankin	2
14.1.	13 Cauac	17 Kankin	3
15.1.	1 Ahau	18 Kankin	4
16.1.	2 Imix	19 Kankin	5
17.1.	3 Ik	0 Muan	6
18.1.	4 Akbal	1 Muan	7
19.1.	5 Kan	2 Muan	8
20.1.	6 Chicchan	3 Muan	9
21.1.	7 Cimi	4 Muan	1
22.1.	8 Manik	5 Muan	2
23.1.	9 Lamat	6 Muan	3
24.1.	10 Muluc	7 Muan	4
25.1.	11 Oc	8 Muan	5
26.1.	12 Chuen	9 Muan	6

1982			
Greg.	Tzolkin	Haab	H.d.N
27.1.	13 Eb	10 Muan	7
28.1.	1 Ben	11 Muan	8
29.1.	2 Ix	12 Muan	9
30.1.	3 Men	13 Muan	1
31.1.	4 Cib	14 Muan	2
1.2.	5 Cabán	15 Muan	3
2.2.	6 Edznab	16 Muan	4
3.2.	7 Cauac	17 Muan	5
4.2.	8 Ahau	18 Muan	6
5.2.	9 Imix	19 Muan	7
6.2.	10 Ik	0 Pax	8
7.2.	11 Akbal	1 Pax	9
8.2.	12 Kan	2 Pax	1
9.2.	13 Chicchan	3 Pax	2
10.2.	1 Cimi	4 Pax	3
11.2.	2 Manik	5 Pax	4
12.2.	3 Lamat	6 Pax	5
13.2.	4 Muluc	7 Pax	6
14.2.	5 Oc	8 Pax	7
15.2.	6 Chuen	9 Pax	8
16.2.	7 Eb	10 Pax	9
17.2.	8 Ben	11 Pax	1
18.2.	9 Ix	12 Pax	2
19.2.	10 Men	13 Pax	3
20.2.	11 Cib	14 Pax	4
21.2.	12 Cabán	15 Pax	5
22.2.	13 Edznab	16 Pax	6
23.2.	1 Cauac	17 Pax	7
24.2.	2 Ahau	18 Pax	8
25.2.	3 Imix	19 Pax	9
26.2.	4 Ik	0 Kayab	1
27.2.	5 Akbal	1 Kayab	2
28.2.	6 Kan	2 Kayab	3
1.3.	7 Chicchan	3 Kayab	4
2.3.	8 Cimi	4 Kayab	5
3.3.	9 Manik	5 Kayab	6
4.3.	10 Lamat	6 Kayab	7
5.3.	11 Muluc	7 Kayab	8
6.3.	12 Oc	8 Kayab	9

1982			
Greg.	Tzolkin	Haab	H.d.N
7.3.	13 Chuen	9 Kayab	1
8.3.	1 Eb	10 Kayab	2
9.3.	2 Ben	11 Kayab	3
10.3.	3 Ix	12 Kayab	4
11.3.	4 Men	13 Kayab	5
12.3.	5 Cib	14 Kayab	6
13.3.	6 Cabán	15 Kayab	7
14.3.	7 Edznab	16 Kayab	8
15.3.	8 Cauac	17 Kayab	9
16.3.	9 Ahau	18 Kayab	1
17.3.	10 Imix	19 Kayab	2
18.3.	11 Ik	0 Cumku	3
19.3.	12 Akbal	1 Cumku	4
20.3.	13 Kan	2 Cumku	5
21.3.	1 Chicchan	3 Cumku	6
22.3.	2 Cimi	4 Cumku	7
23.3.	3 Manik	5 Cumku	8
24.3.	4 Lamat	6 Cumku	9
25.3.	5 Muluc	7 Cumku	1
26.3.	6 Oc	8 Cumku	2
27.3.	7 Chuen	9 Cumku	3
28.3.	8 Eb	10 Cumku	4
29.3.	9 Ben	11 Cumku	5
30.3.	10 Ix	12 Cumku	6
31.3.	11 Men	13 Cumku	7
1.4.	12 Cib	14 Cumku	8
2.4.	13 Cabán	15 Cumku	9
3.4.	1 Edznab	16 Cumku	1
4.4.	2 Cauac	17 Cumku	2
5.4.	3 Ahau	18 Cumku	3
6.4.	4 Imix	19 Cumku	4
7.4.	5 Ik	0 Uayeb	5
8.4.	6 Akbal	1 Uayeb	6
9.4.	7 Kan	2 Uayeb	7
10.4.	8 Chicchan	3 Uayeb	8
11.4.	9 Cimi	4 Uayeb	9
12.4.	**10 Manik**	**0 Pop**	**1**
13.4.	11 Lamat	1 Pop	2
14.4.	12 Muluc	2 Pop	3

1982			
Greg.	Tzolkin	Haab	H.d.N
15.4.	13 Oc	3 Pop	4
16.4.	1 Chuen	4 Pop	5
17.4.	2 Eb	5 Pop	6
18.4.	3 Ben	6 Pop	7
19.4.	4 Ix	7 Pop	8
20.4.	5 Men	8 Pop	9
21.4.	6 Cib	9 Pop	1
22.4.	7 Cabán	10 Pop	2
23.4.	8 Edznab	11 Pop	3
24.4.	9 Cauac	12 Pop	4
25.4.	10 Ahau	13 Pop	5
26.4.	11 Imix	14 Pop	6
27.4.	12 Ik	15 Pop	7
28.4.	13 Akbal	16 Pop	8
29.4.	1 Kan	17 Pop	9
30.4.	2 Chicchan	18 Pop	1
1.5.	3 Cimi	19 Pop	2
2.5.	4 Manik	0 Uo	3
3.5.	5 Lamat	1 Uo	4
4.5.	6 Muluc	2 Uo	5
5.5.	7 Oc	3 Uo	6
6.5.	8 Chuen	4 Uo	7
7.5.	9 Eb	5 Uo	8
8.5.	10 Ben	6 Uo	9
9.5.	11 Ix	7 Uo	1
10.5.	12 Men	8 Uo	2
11.5.	13 Cib	9 Uo	3
12.5.	1 Cabán	10 Uo	4
13.5.	2 Edznab	11 Uo	5
14.5.	3 Cauac	12 Uo	6
15.5.	4 Ahau	13 Uo	7
16.5.	5 Imix	14 Uo	8
17.5.	6 Ik	15 Uo	9
18.5.	7 Akbal	16 Uo	1
19.5.	8 Kan	17 Uo	2
20.5.	9 Chicchan	18 Uo	3
21.5.	10 Cimi	19 Uo	4
22.5.	11 Manik	0 Zip	5
23.5.	12 Lamat	1 Zip	6

1982			
Greg.	Tzolkin	Haab	H.d.N
24.5.	13 Muluc	2 Zip	7
25.5.	1 Oc	3 Zip	8
26.5.	2 Chuen	4 Zip	9
27.5.	3 Eb	5 Zip	1
28.5.	4 Ben	6 Zip	2
29.5.	5 Ix	7 Zip	3
30.5.	6 Men	8 Zip	4
31.5.	7 Cib	9 Zip	5
1.6.	8 Cabán	10 Zip	6
2.6.	9 Edznab	11 Zip	7
3.6.	10 Cauac	12 Zip	8
4.6.	11 Ahau	13 Zip	9
5.6.	12 Imix	14 Zip	1
6.6.	13 Ik	15 Zip	2
7.6.	1 Akbal	16 Zip	3
8.6.	2 Kan	17 Zip	4
9.6.	3 Chicchan	18 Zip	5
10.6.	4 Cimi	19 Zip	6
11.6.	5 Manik	0 Zotz	7
12.6.	6 Lamat	1 Zotz	8
13.6.	7 Muluc	2 Zotz	9
14.6.	8 Oc	3 Zotz	1
15.6.	9 Chuen	4 Zotz	2
16.6.	10 Eb	5 Zotz	3
17.6.	11 Ben	6 Zotz	4
18.6.	12 Ix	7 Zotz	5
19.6.	13 Men	8 Zotz	6
20.6.	1 Cib	9 Zotz	7
21.6.	2 Cabán	10 Zotz	8
22.6.	3 Edznab	11 Zotz	9
23.6.	4 Cauac	12 Zotz	1
24.6.	5 Ahau	13 Zotz	2
25.6.	6 Imix	14 Zotz	3
26.6.	7 Ik	15 Zotz	4
27.6.	8 Akbal	16 Zotz	5
28.6.	9 Kan	17 Zotz	6
29.6.	10 Chicchan	18 Zotz	7
30.6.	11 Cimi	19 Zotz	8
1.7.	12 Manik	0 Tzec	9

1982			
Greg.	Tzolkin	Haab	H.d.N
2.7.	13 Lamat	1 Tzec	1
3.7.	1 Muluc	2 Tzec	2
4.7.	2 Oc	3 Tzec	3
5.7.	3 Chuen	4 Tzec	4
6.7.	4 Eb	5 Tzec	5
7.7.	5 Ben	6 Tzec	6
8.7.	6 Ix	7 Tzec	7
9.7.	7 Men	8 Tzec	8
10.7.	8 Cib	9 Tzec	9
11.7.	9 Cabán	10 Tzec	1
12.7.	10 Edznab	11 Tzec	2
13.7.	11 Cauac	12 Tzec	3
14.7.	12 Ahau	13 Tzec	4
15.7.	13 Imix	14 Tzec	5
16.7.	1 Ik	15 Tzec	6
17.7.	2 Akbal	16 Tzec	7
18.7.	3 Kan	17 Tzec	8
19.7.	4 Chicchan	18 Tzec	9
20.7.	5 Cimi	19 Tzec	1
21.7.	6 Manik	0 Xul	2
22.7.	7 Lamat	1 Xul	3
23.7.	8 Muluc	2 Xul	4
24.7.	9 Oc	3 Xul	5
25.7.	10 Chuen	4 Xul	6
26.7.	11 Eb	5 Xul	7
27.7.	12 Ben	6 Xul	8
28.7.	13 Ix	7 Xul	9
29.7.	1 Men	8 Xul	1
30.7.	2 Cib	9 Xul	2
31.7.	3 Cabán	10 Xul	3
1.8.	4 Edznab	11 Xul	4
2.8.	5 Cauac	12 Xul	5
3.8.	6 Ahau	13 Xul	6
4.8.	7 Imix	14 Xul	7
5.8.	8 Ik	15 Xul	8
6.8.	9 Akbal	16 Xul	9
7.8.	10 Kan	17 Xul	1
8.8.	11 Chicchan	18 Xul	2
9.8.	12 Cimi	19 Xul	3

1982			
Greg.	Tzolkin	Haab	H.d.N
10.8.	13 Manik	0 Yaxkin	4
11.8.	1 Lamat	1 Yaxkin	5
12.8.	2 Muluc	2 Yaxkin	6
13.8.	3 Oc	3 Yaxkin	7
14.8.	4 Chuen	4 Yaxkin	8
15.8.	5 Eb	5 Yaxkin	9
16.8.	6 Ben	6 Yaxkin	1
17.8.	7 Ix	7 Yaxkin	2
18.8.	8 Men	8 Yaxkin	3
19.8.	9 Cib	9 Yaxkin	4
20.8.	10 Cabán	10 Yaxkin	5
21.8.	11 Edznab	11 Yaxkin	6
22.8.	12 Cauac	12 Yaxkin	7
23.8.	13 Ahau	13 Yaxkin	8
24.8.	1 Imix	14 Yaxkin	9
25.8.	2 Ik	15 Yaxkin	1
26.8.	3 Akbal	16 Yaxkin	2
27.8.	4 Kan	17 Yaxkin	3
28.8.	5 Chicchan	18 Yaxkin	4
29.8.	6 Cimi	19 Yaxkin	5
30.8.	7 Manik	0 Mol	6
31.8.	8 Lamat	1 Mol	7
1.9.	9 Muluc	2 Mol	8
2.9.	10 Oc	3 Mol	9
3.9.	11 Chuen	4 Mol	1
4.9.	12 Eb	5 Mol	2
5.9.	13 Ben	6 Mol	3
6.9.	1 Ix	7 Mol	4
7.9.	2 Men	8 Mol	5
8.9.	3 Cib	9 Mol	6
9.9.	4 Cabán	10 Mol	7
10.9.	5 Edznab	11 Mol	8
11.9.	6 Cauac	12 Mol	9
12.9.	7 Ahau	13 Mol	1
13.9.	8 Imix	14 Mol	2
14.9.	9 Ik	15 Mol	3
15.9.	10 Akbal	16 Mol	4
16.9.	11 Kan	17 Mol	5
17.9.	12 Chicchan	18 Mol	6

1982			
Greg.	Tzolkin	Haab	H.d.N
18.9.	13 Cimi	19 Mol	7
19.9.	1 Manik	0 Chen	8
20.9.	2 Lamat	1 Chen	9
21.9.	3 Muluc	2 Chen	1
22.9.	4 Oc	3 Chen	2
23.9.	5 Chuen	4 Chen	3
24.9.	6 Eb	5 Chen	4
25.9.	7 Ben	6 Chen	5
26.9.	8 Ix	7 Chen	6
27.9.	9 Men	8 Chen	7
28.9.	10 Cib	9 Chen	8
29.9.	11 Cabán	10 Chen	9
30.9.	12 Edznab	11 Chen	1
1.10.	13 Cauac	12 Chen	2
2.10.	1 Ahau	13 Chen	3
3.10.	2 Imix	14 Chen	4
4.10.	3 Ik	15 Chen	5
5.10.	4 Akbal	16 Chen	6
6.10.	5 Kan	17 Chen	7
7.10.	6 Chicchan	18 Chen	8
8.10.	7 Cimi	19 Chen	9
9.10.	8 Manik	0 Yax	1
10.10.	9 Lamat	1 Yax	2
11.10.	10 Muluc	2 Yax	3
12.10.	11 Oc	3 Yax	4
13.10.	12 Chuen	4 Yax	5
14.10.	13 Eb	5 Yax	6
15.10.	1 Ben	6 Yax	7
16.10.	2 Ix	7 Yax	8
17.10.	3 Men	8 Yax	9
18.10.	4 Cib	9 Yax	1
19.10.	5 Cabán	10 Yax	2
20.10.	6 Edznab	11 Yax	3
21.10.	7 Cauac	12 Yax	4
22.10.	8 Ahau	13 Yax	5
23.10.	9 Imix	14 Yax	6
24.10.	10 Ik	15 Yax	7
25.10.	11 Akbal	16 Yax	8
26.10.	12 Kan	17 Yax	9

1982			
Greg.	Tzolkin	Haab	H.d.N
27.10.	13 Chicchan	18 Yax	1
28.10.	1 Cimi	19 Yax	2
29.10.	2 Manik	0 Zac	3
30.10.	3 Lamat	1 Zac	4
31.10.	4 Muluc	2 Zac	5
1.11.	5 Oc	3 Zac	6
2.11.	6 Chuen	4 Zac	7
3.11.	7 Eb	5 Zac	8
4.11.	8 Ben	6 Zac	9
5.11.	9 Ix	7 Zac	1
6.11.	10 Men	8 Zac	2
7.11.	11 Cib	9 Zac	3
8.11.	12 Cabán	10 Zac	4
9.11.	13 Edznab	11 Zac	5
10.11.	1 Cauac	12 Zac	6
11.11.	2 Ahau	13 Zac	7
12.11.	3 Imix	14 Zac	8
13.11.	4 Ik	15 Zac	9
14.11.	5 Akbal	16 Zac	1
15.11.	6 Kan	17 Zac	2
16.11.	7 Chicchan	18 Zac	3
17.11.	8 Cimi	19 Zac	4
18.11.	9 Manik	0 Ceh	5
19.11.	10 Lamat	1 Ceh	6
20.11.	11 Muluc	2 Ceh	7
21.11.	12 Oc	3 Ceh	8
22.11.	13 Chuen	4 Ceh	9
23.11.	1 Eb	5 Ceh	1
24.11.	2 Ben	6 Ceh	2
25.11.	3 Ix	7 Ceh	3
26.11.	4 Men	8 Ceh	4
27.11.	5 Cib	9 Ceh	5
28.11.	6 Cabán	10 Ceh	6
29.11.	7 Edznab	11 Ceh	7
30.11.	8 Cauac	12 Ceh	8
1.12.	9 Ahau	13 Ceh	9
2.12.	10 Imix	14 Ceh	1
3.12.	11 Ik	15 Ceh	2
4.12.	12 Akbal	16 Ceh	3

1982

Greg.	Tzolkin	Haab	H.d.N
5.12.	13 Kan	17 Ceh	4
6.12.	1 Chicchan	18 Ceh	5
7.12.	2 Cimi	19 Ceh	6
8.12.	3 Manik	0 Mac	7
9.12.	4 Lamat	1 Mac	8
10.12.	5 Muluc	2 Mac	9
11.12.	6 Oc	3 Mac	1
12.12.	7 Chuen	4 Mac	2
13.12.	8 Eb	5 Mac	3
14.12.	9 Ben	6 Mac	4
15.12.	10 Ix	7 Mac	5
16.12.	11 Men	8 Mac	6
17.12.	12 Cib	9 Mac	7
18.12.	13 Cabán	10 Mac	8
19.12.	1 Edznab	11 Mac	9
20.12.	2 Cauac	12 Mac	1
21.12.	3 Ahau	13 Mac	2
22.12.	4 Imix	14 Mac	3
23.12.	5 Ik	15 Mac	4
24.12.	6 Akbal	16 Mac	5
25.12.	7 Kan	17 Mac	6
26.12.	8 Chicchan	18 Mac	7
27.12.	9 Cimi	19 Mac	8
28.12.	10 Manik	0 Kankin	9
29.12.	11 Lamat	1 Kankin	1
30.12.	12 Muluc	2 Kankin	2
31.12.	13 Oc	3 Kankin	3

1983

Greg.	Tzolkin	Haab	H.d.N
1.1.	1 Chuen	4 Kankin	4
2.1.	2 Eb	5 Kankin	5
3.1.	3 Ben	6 Kankin	6
4.1.	4 Ix	7 Kankin	7
5.1.	5 Men	8 Kankin	8
6.1.	6 Cib	9 Kankin	9
7.1.	7 Cabán	10 Kankin	1
8.1.	8 Edznab	11 Kankin	2
9.1.	9 Cauac	12 Kankin	3
10.1.	10 Ahau	13 Kankin	4

1983

Greg.	Tzolkin	Haab	H.d.N
11.1.	11 Imix	14 Kankin	5
12.1.	12 Ik	15 Kankin	6
13.1.	13 Akbal	16 Kankin	7
14.1.	1 Kan	17 Kankin	8
15.1.	2 Chicchan	18 Kankin	9
16.1.	3 Cimi	19 Kankin	1
17.1.	4 Manik	0 Muan	2
18.1.	5 Lamat	1 Muan	3
19.1.	6 Muluc	2 Muan	4
20.1.	7 Oc	3 Muan	5
21.1.	8 Chuen	4 Muan	6
22.1.	9 Eb	5 Muan	7
23.1.	10 Ben	6 Muan	8
24.1.	11 Ix	7 Muan	9
25.1.	12 Men	8 Muan	1
26.1.	13 Cib	9 Muan	2
27.1.	1 Cabán	10 Muan	3
28.1.	2 Edznab	11 Muan	4
29.1.	3 Cauac	12 Muan	5
30.1.	4 Ahau	13 Muan	6
31.1.	5 Imix	14 Muan	7
1.2.	6 Ik	15 Muan	8
2.2.	7 Akbal	16 Muan	9
3.2.	8 Kan	17 Muan	1
4.2.	9 Chicchan	18 Muan	2
5.2.	10 Cimi	19 Muan	3
6.2.	11 Manik	0 Pax	4
7.2.	12 Lamat	1 Pax	5
8.2.	13 Muluc	2 Pax	6
9.2.	1 Oc	3 Pax	7
10.2.	2 Chuen	4 Pax	8
11.2.	3 Eb	5 Pax	9
12.2.	4 Ben	6 Pax	1
13.2.	5 Ix	7 Pax	2
14.2.	6 Men	8 Pax	3
15.2.	7 Cib	9 Pax	4
16.2.	8 Cabán	10 Pax	5
17.2.	9 Edznab	11 Pax	6
18.2.	10 Cauac	12 Pax	7

1983			
Greg.	Tzolkin	Haab	H.d.N
19.2.	11 Ahau	13 Pax	8
20.2.	12 Imix	14 Pax	9
21.2.	13 Ik	15 Pax	1
22.2.	1 Akbal	16 Pax	2
23.2.	2 Kan	17 Pax	3
24.2.	3 Chicchan	18 Pax	4
25.2.	4 Cimi	19 Pax	5
26.2.	5 Manik	0 Kayab	6
27.2.	6 Lamat	1 Kayab	7
28.2.	7 Muluc	2 Kayab	8
1.3.	8 Oc	3 Kayab	9
2.3.	9 Chuen	4 Kayab	1
3.3.	10 Eb	5 Kayab	2
4.3.	11 Ben	6 Kayab	3
5.3.	12 Ix	7 Kayab	4
6.3.	13 Men	8 Kayab	5
7.3.	1 Cib	9 Kayab	6
8.3.	2 Cabán	10 Kayab	7
9.3.	3 Edznab	11 Kayab	8
10.3.	4 Cauac	12 Kayab	9
11.3.	5 Ahau	13 Kayab	1
12.3.	6 Imix	14 Kayab	2
13.3.	7 Ik	15 Kayab	3
14.3.	8 Akbal	16 Kayab	4
15.3.	9 Kan	17 Kayab	5
16.3.	10 Chicchan	18 Kayab	6
17.3.	11 Cimi	19 Kayab	7
18.3.	12 Manik	0 Cumku	8
19.3.	13 Lamat	1 Cumku	9
20.3.	1 Muluc	2 Cumku	1
21.3.	2 Oc	3 Cumku	2
22.3.	3 Chuen	4 Cumku	3
23.3.	4 Eb	5 Cumku	4
24.3.	5 Ben	6 Cumku	5
25.3.	6 Ix	7 Cumku	6
26.3.	7 Men	8 Cumku	7
27.3.	8 Cib	9 Cumku	8
28.3.	9 Cabán	10 Cumku	9
29.3.	10 Edznab	11 Cumku	1

1983			
Greg.	Tzolkin	Haab	H.d.N
30.3.	11 Cauac	12 Cumku	2
31.3.	12 Ahau	13 Cumku	3
1.4.	13 Imix	14 Cumku	4
2.4.	1 Ik	15 Cumku	5
3.4.	2 Akbal	16 Cumku	6
4.4.	3 Kan	17 Cumku	7
5.4.	4 Chicchan	18 Cumku	8
6.4.	5 Cimi	19 Cumku	9
7.4.	6 Manik	0 Uayeb	1
8.4.	7 Lamat	1 Uayeb	2
9.4.	8 Muluc	2 Uayeb	3
10.4.	9 Oc	3 Uayeb	4
11.4.	10 Chuen	4 Uayeb	5
12.4.	**11 Eb**	**0 Pop**	**6**
13.4.	12 Ben	1 Pop	7
14.4.	13 Ix	2 Pop	8
15.4.	1 Men	3 Pop	9
16.4.	2 Cib	4 Pop	1
17.4.	3 Cabán	5 Pop	2
18.4.	4 Edznab	6 Pop	3
19.4.	5 Cauac	7 Pop	4
20.4.	6 Ahau	8 Pop	5
21.4.	7 Imix	9 Pop	6
22.4.	8 Ik	10 Pop	7
23.4.	9 Akbal	11 Pop	8
24.4.	10 Kan	12 Pop	9
25.4.	11 Chicchan	13 Pop	1
26.4.	12 Cimi	14 Pop	2
27.4.	13 Manik	15 Pop	3
28.4.	1 Lamat	16 Pop	4
29.4.	2 Muluc	17 Pop	5
30.4.	3 Oc	18 Pop	6
1.5.	4 Chuen	19 Pop	7
2.5.	5 Eb	0 Uo	8
3.5.	6 Ben	1 Uo	9
4.5.	7 Ix	2 Uo	1
5.5.	8 Men	3 Uo	2
6.5.	9 Cib	4 Uo	3
7.5.	10 Cabán	5 Uo	4

1983			
Greg.	Tzolkin	Haab	H.d.N
8.5.	11 Edznab	6 Uo	5
9.5.	12 Cauac	7 Uo	6
10.5.	13 Ahau	8 Uo	7
11.5.	1 Imix	9 Uo	8
12.5.	2 Ik	10 Uo	9
13.5.	3 Akbal	11 Uo	1
14.5.	4 Kan	12 Uo	2
15.5.	5 Chicchan	13 Uo	3
16.5.	6 Cimi	14 Uo	4
17.5.	7 Manik	15 Uo	5
18.5.	8 Lamat	16 Uo	6
19.5.	9 Muluc	17 Uo	7
20.5.	10 Oc	18 Uo	8
21.5.	11 Chuen	19 Uo	9
22.5.	12 Eb	0 Zip	1
23.5.	13 Ben	1 Zip	2
24.5.	1 Ix	2 Zip	3
25.5.	2 Men	3 Zip	4
26.5.	3 Cib	4 Zip	5
27.5.	4 Cabán	5 Zip	6
28.5.	5 Edznab	6 Zip	7
29.5.	6 Cauac	7 Zip	8
30.5.	7 Ahau	8 Zip	9
31.5.	8 Imix	9 Zip	1
1.6.	9 Ik	10 Zip	2
2.6.	10 Akbal	11 Zip	3
3.6.	11 Kan	12 Zip	4
4.6.	12 Chicchan	13 Zip	5
5.6.	13 Cimi	14 Zip	6
6.6.	1 Manik	15 Zip	7
7.6.	2 Lamat	16 Zip	8
8.6.	3 Muluc	17 Zip	9
9.6.	4 Oc	18 Zip	1
10.6.	5 Chuen	19 Zip	2
11.6.	6 Eb	0 Zotz	3
12.6.	7 Ben	1 Zotz	4
13.6.	8 Ix	2 Zotz	5
14.6.	9 Men	3 Zotz	6
15.6.	10 Cib	4 Zotz	7

1983			
Greg.	Tzolkin	Haab	H.d.N
16.6.	11 Cabán	5 Zotz	8
17.6.	12 Edznab	6 Zotz	9
18.6.	13 Cauac	7 Zotz	1
19.6.	1 Ahau	8 Zotz	2
20.6.	2 Imix	9 Zotz	3
21.6.	3 Ik	10 Zotz	4
22.6.	4 Akbal	11 Zotz	5
23.6.	5 Kan	12 Zotz	6
24.6.	6 Chicchan	13 Zotz	7
25.6.	7 Cimi	14 Zotz	8
26.6.	8 Manik	15 Zotz	9
27.6.	9 Lamat	16 Zotz	1
28.6.	10 Muluc	17 Zotz	2
29.6.	11 Oc	18 Zotz	3
30.6.	12 Chuen	19 Zotz	4
1.7.	13 Eb	0 Tzec	5
2.7.	1 Ben	1 Tzec	6
3.7.	2 Ix	2 Tzec	7
4.7.	3 Men	3 Tzec	8
5.7.	4 Cib	4 Tzec	9
6.7.	5 Cabán	5 Tzec	1
7.7.	6 Edznab	6 Tzec	2
8.7.	7 Cauac	7 Tzec	3
9.7.	8 Ahau	8 Tzec	4
10.7.	9 Imix	9 Tzec	5
11.7.	10 Ik	10 Tzec	6
12.7.	11 Akbal	11 Tzec	7
13.7.	12 Kan	12 Tzec	8
14.7.	13 Chicchan	13 Tzec	9
15.7.	1 Cimi	14 Tzec	1
16.7.	2 Manik	15 Tzec	2
17.7.	3 Lamat	16 Tzec	3
18.7.	4 Muluc	17 Tzec	4
19.7.	5 Oc	18 Tzec	5
20.7.	6 Chuen	19 Tzec	6
21.7.	7 Eb	0 Xul	7
22.7.	8 Ben	1 Xul	8
23.7.	9 Ix	2 Xul	9
24.7.	10 Men	3 Xul	1

1983			
Greg.	Tzolkin	Haab	H.d.N
25.7.	11 Cib	4 Xul	2
26.7.	12 Cabán	5 Xul	3
27.7.	13 Edznab	6 Xul	4
28.7.	1 Cauac	7 Xul	5
29.7.	2 Ahau	8 Xul	6
30.7.	3 Imix	9 Xul	7
31.7.	4 Ik	10 Xul	8
1.8.	5 Akbal	11 Xul	9
2.8.	6 Kan	12 Xul	1
3.8.	7 Chicchan	13 Xul	2
4.8.	8 Cimi	14 Xul	3
5.8.	9 Manik	15 Xul	4
6.8.	10 Lamat	16 Xul	5
7.8.	11 Muluc	17 Xul	6
8.8.	12 Oc	18 Xul	7
9.8.	13 Chuen	19 Xul	8
10.8.	1 Eb	0 Yaxkin	9
11.8.	2 Ben	1 Yaxkin	1
12.8.	3 Ix	2 Yaxkin	2
13.8.	4 Men	3 Yaxkin	3
14.8.	5 Cib	4 Yaxkin	4
15.8.	6 Cabán	5 Yaxkin	5
16.8.	7 Edznab	6 Yaxkin	6
17.8.	8 Cauac	7 Yaxkin	7
18.8.	9 Ahau	8 Yaxkin	8
19.8.	10 Imix	9 Yaxkin	9
20.8.	11 Ik	10 Yaxkin	1
21.8.	12 Akbal	11 Yaxkin	2
22.8.	13 Kan	12 Yaxkin	3
23.8.	1 Chicchan	13 Yaxkin	4
24.8.	2 Cimi	14 Yaxkin	5
25.8.	3 Manik	15 Yaxkin	6
26.8.	4 Lamat	16 Yaxkin	7
27.8.	5 Muluc	17 Yaxkin	8
28.8.	6 Oc	18 Yaxkin	9
29.8.	7 Chuen	19 Yaxkin	1
30.8.	8 Eb	0 Mol	2
31.8.	9 Ben	1 Mol	3
1.9.	10 Ix	2 Mol	4

1983			
Greg.	Tzolkin	Haab	H.d.N
2.9.	11 Men	3 Mol	5
3.9.	12 Cib	4 Mol	6
4.9.	13 Cabán	5 Mol	7
5.9.	1 Edznab	6 Mol	8
6.9.	2 Cauac	7 Mol	9
7.9.	3 Ahau	8 Mol	1
8.9.	4 Imix	9 Mol	2
9.9.	5 Ik	10 Mol	3
10.9.	6 Akbal	11 Mol	4
11.9.	7 Kan	12 Mol	5
12.9.	8 Chicchan	13 Mol	6
13.9.	9 Cimi	14 Mol	7
14.9.	10 Manik	15 Mol	8
15.9.	11 Lamat	16 Mol	9
16.9.	12 Muluc	17 Mol	1
17.9.	13 Oc	18 Mol	2
18.9.	1 Chuen	19 Mol	3
19.9.	2 Eb	0 Chen	4
20.9.	3 Ben	1 Chen	5
21.9.	4 Ix	2 Chen	6
22.9.	5 Men	3 Chen	7
23.9.	6 Cib	4 Chen	8
24.9.	7 Cabán	5 Chen	9
25.9.	8 Edznab	6 Chen	1
26.9.	9 Cauac	7 Chen	2
27.9.	10 Ahau	8 Chen	3
28.9.	11 Imix	9 Chen	4
29.9.	12 Ik	10 Chen	5
30.9.	13 Akbal	11 Chen	6
1.10.	1 Kan	12 Chen	7
2.10.	2 Chicchan	13 Chen	8
3.10.	3 Cimi	14 Chen	9
4.10.	4 Manik	15 Chen	1
5.10.	5 Lamat	16 Chen	2
6.10.	6 Muluc	17 Chen	3
7.10.	7 Oc	18 Chen	4
8.10.	8 Chuen	19 Chen	5
9.10.	9 Eb	0 Yax	6
10.10.	10 Ben	1 Yax	7

1983			
Greg.	Tzolkin	Haab	H.d.N
11.10.	11 Ix	2 Yax	8
12.10.	12 Men	3 Yax	9
13.10.	13 Cib	4 Yax	1
14.10.	1 Cabán	5 Yax	2
15.10.	2 Edznab	6 Yax	3
16.10.	3 Cauac	7 Yax	4
17.10.	4 Ahau	8 Yax	5
18.10.	5 Imix	9 Yax	6
19.10.	6 Ik	10 Yax	7
20.10.	7 Akbal	11 Yax	8
21.10.	8 Kan	12 Yax	9
22.10.	9 Chicchan	13 Yax	1
23.10.	10 Cimi	14 Yax	2
24.10.	11 Manik	15 Yax	3
25.10.	12 Lamat	16 Yax	4
26.10.	13 Muluc	17 Yax	5
27.10.	1 Oc	18 Yax	6
28.10.	2 Chuen	19 Yax	7
29.10.	3 Eb	0 Zac	8
30.10.	4 Ben	1 Zac	9
31.10.	5 Ix	2 Zac	1
1.11.	6 Men	3 Zac	2
2.11.	7 Cib	4 Zac	3
3.11.	8 Cabán	5 Zac	4
4.11.	9 Edznab	6 Zac	5
5.11.	10 Cauac	7 Zac	6
6.11.	11 Ahau	8 Zac	7
7.11.	12 Imix	9 Zac	8
8.11.	13 Ik	10 Zac	9
9.11.	1 Akbal	11 Zac	1
10.11.	2 Kan	12 Zac	2
11.11.	3 Chicchan	13 Zac	3
12.11.	4 Cimi	14 Zac	4
13.11.	5 Manik	15 Zac	5
14.11.	6 Lamat	16 Zac	6
15.11.	7 Muluc	17 Zac	7
16.11.	8 Oc	18 Zac	8
17.11.	9 Chuen	19 Zac	9
18.11.	10 Eb	0 Ceh	1

1983			
Greg.	Tzolkin	Haab	H.d.N
19.11.	11 Ben	1 Ceh	2
20.11.	12 Ix	2 Ceh	3
21.11.	13 Men	3 Ceh	4
22.11.	1 Cib	4 Ceh	5
23.11.	2 Cabán	5 Ceh	6
24.11.	3 Edznab	6 Ceh	7
25.11.	4 Cauac	7 Ceh	8
26.11.	5 Ahau	8 Ceh	9
27.11.	6 Imix	9 Ceh	1
28.11.	7 Ik	10 Ceh	2
29.11.	8 Akbal	11 Ceh	3
30.11.	9 Kan	12 Ceh	4
1.12.	10 Chicchan	13 Ceh	5
2.12.	11 Cimi	14 Ceh	6
3.12.	12 Manik	15 Ceh	7
4.12.	13 Lamat	16 Ceh	8
5.12.	1 Muluc	17 Ceh	9
6.12.	2 Oc	18 Ceh	1
7.12.	3 Chuen	19 Ceh	2
8.12.	4 Eb	0 Mac	3
9.12.	5 Ben	1 Mac	4
10.12.	6 Ix	2 Mac	5
11.12.	7 Men	3 Mac	6
12.12.	8 Cib	4 Mac	7
13.12.	9 Cabán	5 Mac	8
14.12.	10 Edznab	6 Mac	9
15.12.	11 Cauac	7 Mac	1
16.12.	12 Ahau	8 Mac	2
17.12.	13 Imix	9 Mac	3
18.12.	1 Ik	10 Mac	4
19.12.	2 Akbal	11 Mac	5
20.12.	3 Kan	12 Mac	6
21.12.	4 Chicchan	13 Mac	7
22.12.	5 Cimi	14 Mac	8
23.12.	6 Manik	15 Mac	9
24.12.	7 Lamat	16 Mac	1
25.12.	8 Muluc	17 Mac	2
26.12.	9 Oc	18 Mac	3
27.12.	10 Chuen	19 Mac	4

1983			
Greg.	Tzolkin	Haab	H.d.N
28.12.	11 Eb	0 Kankin	5
29.12.	12 Ben	1 Kankin	6
30.12.	13 Ix	2 Kankin	7
31.12.	1 Men	3 Kankin	8

1984			
Greg.	Tzolkin	Haab	H.d.N
1.1.	2 Cib	4 Kankin	9
2.1.	3 Cabán	5 Kankin	1
3.1.	4 Edznab	6 Kankin	2
4.1.	5 Cauac	7 Kankin	3
5.1.	6 Ahau	8 Kankin	4
6.1.	7 Imix	9 Kankin	5
7.1.	8 Ik	10 Kankin	6
8.1.	9 Akbal	11 Kankin	7
9.1.	10 Kan	12 Kankin	8
10.1.	11 Chicchan	13 Kankin	9
11.1.	12 Cimi	14 Kankin	1
12.1.	13 Manik	15 Kankin	2
13.1.	1 Lamat	16 Kankin	3
14.1.	2 Muluc	17 Kankin	4
15.1.	3 Oc	18 Kankin	5
16.1.	4 Chuen	19 Kankin	6
17.1.	5 Eb	0 Muan	7
18.1.	6 Ben	1 Muan	8
19.1.	7 Ix	2 Muan	9
20.1.	8 Men	3 Muan	1
21.1.	9 Cib	4 Muan	2
22.1.	10 Cabán	5 Muan	3
23.1.	11 Edznab	6 Muan	4
24.1.	12 Cauac	7 Muan	5
25.1.	13 Ahau	8 Muan	6
26.1.	1 Imix	9 Muan	7
27.1.	2 Ik	10 Muan	8
28.1.	3 Akbal	11 Muan	9
29.1.	4 Kan	12 Muan	1
30.1.	5 Chicchan	13 Muan	2
31.1.	6 Cimi	14 Muan	3
1.2.	7 Manik	15 Muan	4
2.2.	8 Lamat	16 Muan	5

1984			
Greg.	Tzolkin	Haab	H.d.N
3.2.	9 Muluc	17 Muan	6
4.2.	10 Oc	18 Muan	7
5.2.	11 Chuen	19 Muan	8
6.2.	12 Eb	0 Pax	9
7.2.	13 Ben	1 Pax	1
8.2.	1 Ix	2 Pax	2
9.2.	2 Men	3 Pax	3
10.2.	3 Cib	4 Pax	4
11.2.	4 Cabán	5 Pax	5
12.2.	5 Edznab	6 Pax	6
13.2.	6 Cauac	7 Pax	7
14.2.	7 Ahau	8 Pax	8
15.2.	8 Imix	9 Pax	9
16.2.	9 Ik	10 Pax	1
17.2.	10 Akbal	11 Pax	2
18.2.	11 Kan	12 Pax	3
19.2.	12 Chicchan	13 Pax	4
20.2.	13 Cimi	14 Pax	5
21.2.	1 Manik	15 Pax	6
22.2.	2 Lamat	16 Pax	7
23.2.	3 Muluc	17 Pax	8
24.2.	4 Oc	18 Pax	9
25.2.	5 Chuen	19 Pax	1
26.2.	6 Eb	0 Kayab	2
27.2.	7 Ben	1 Kayab	3
28.2.	8 Ix	2 Kayab	4
29.2.	9 Men	3 Kayab	5
1.3.	10 Cib	4 Kayab	6
2.3.	11 Cabán	5 Kayab	7
3.3.	12 Edznab	6 Kayab	8
4.3.	13 Cauac	7 Kayab	9
5.3.	1 Ahau	8 Kayab	1
6.3.	2 Imix	9 Kayab	2
7.3.	3 Ik	10 Kayab	3
8.3.	4 Akbal	11 Kayab	4
9.3.	5 Kan	12 Kayab	5
10.3.	6 Chicchan	13 Kayab	6
11.3.	7 Cimi	14 Kayab	7
12.3.	8 Manik	15 Kayab	8

1984			
Greg.	Tzolkin	Haab	H.d.N
13.3.	9 Lamat	16 Kayab	9
14.3.	10 Muluc	17 Kayab	1
15.3.	11 Oc	18 Kayab	2
16.3.	12 Chuen	19 Kayab	3
17.3.	13 Eb	0 Cumku	4
18.3.	1 Ben	1 Cumku	5
19.3.	2 Ix	2 Cumku	6
20.3.	3 Men	3 Cumku	7
21.3.	4 Cib	4 Cumku	8
22.3.	5 Cabán	5 Cumku	9
23.3.	6 Edznab	6 Cumku	1
24.3.	7 Cauac	7 Cumku	2
25.3.	8 Ahau	8 Cumku	3
26.3.	9 Imix	9 Cumku	4
27.3.	10 Ik	10 Cumku	5
28.3.	11 Akbal	11 Cumku	6
29.3.	12 Kan	12 Cumku	7
30.3.	13 Chicchan	13 Cumku	8
31.3.	1 Cimi	14 Cumku	9
1.4.	2 Manik	15 Cumku	1
2.4.	3 Lamat	16 Cumku	2
3.4.	4 Muluc	17 Cumku	3
4.4.	5 Oc	18 Cumku	4
5.4.	6 Chuen	19 Cumku	5
6.4.	7 Eb	0 Uayeb	6
7.4.	8 Ben	1 Uayeb	7
8.4.	9 Ix	2 Uayeb	8
9.4.	10 Men	3 Uayeb	9
10.4.	11 Cib	4 Uayeb	1
11.4.	**12 Cabán**	**0 Pop**	**2**
12.4.	13 Edznab	1 Pop	3
13.4.	1 Cauac	2 Pop	4
14.4.	2 Ahau	3 Pop	5
15.4.	3 Imix	4 Pop	6
16.4.	4 Ik	5 Pop	7
17.4.	5 Akbal	6 Pop	8
18.4.	6 Kan	7 Pop	9
19.4.	7 Chicchan	8 Pop	1
20.4.	8 Cimi	9 Pop	2

1984			
Greg.	Tzolkin	Haab	H.d.N
21.4.	9 Manik	10 Pop	3
22.4.	10 Lamat	11 Pop	4
23.4.	11 Muluc	12 Pop	5
24.4.	12 Oc	13 Pop	6
25.4.	13 Chuen	14 Pop	7
26.4.	1 Eb	15 Pop	8
27.4.	2 Ben	16 Pop	9
28.4.	3 Ix	17 Pop	1
29.4.	4 Men	18 Pop	2
30.4.	5 Cib	19 Pop	3
1.5.	6 Cabán	0 Uo	4
2.5.	7 Edznab	1 Uo	5
3.5.	8 Cauac	2 Uo	6
4.5.	9 Ahau	3 Uo	7
5.5.	10 Imix	4 Uo	8
6.5.	11 Ik	5 Uo	9
7.5.	12 Akbal	6 Uo	1
8.5.	13 Kan	7 Uo	2
9.5.	1 Chicchan	8 Uo	3
10.5.	2 Cimi	9 Uo	4
11.5.	3 Manik	10 Uo	5
12.5.	4 Lamat	11 Uo	6
13.5.	5 Muluc	12 Uo	7
14.5.	6 Oc	13 Uo	8
15.5.	7 Chuen	14 Uo	9
16.5.	8 Eb	15 Uo	1
17.5.	9 Ben	16 Uo	2
18.5.	10 Ix	17 Uo	3
19.5.	11 Men	18 Uo	4
20.5.	12 Cib	19 Uo	5
21.5.	13 Cabán	0 Zip	6
22.5.	1 Edznab	1 Zip	7
23.5.	2 Cauac	2 Zip	8
24.5.	3 Ahau	3 Zip	9
25.5.	4 Imix	4 Zip	1
26.5.	5 Ik	5 Zip	2
27.5.	6 Akbal	6 Zip	3
28.5.	7 Kan	7 Zip	4
29.5.	8 Chicchan	8 Zip	5

1984			
Greg.	Tzolkin	Haab	H.d.N
30.5.	9 Cimi	9 Zip	6
31.5.	10 Manik	10 Zip	7
1.6.	11 Lamat	11 Zip	8
2.6.	12 Muluc	12 Zip	9
3.6.	13 Oc	13 Zip	1
4.6.	1 Chuen	14 Zip	2
5.6.	2 Eb	15 Zip	3
6.6.	3 Ben	16 Zip	4
7.6.	4 Ix	17 Zip	5
8.6.	5 Men	18 Zip	6
9.6.	6 Cib	19 Zip	7
10.6.	7 Cabán	0 Zotz	8
11.6.	8 Edznab	1 Zotz	9
12.6.	9 Cauac	2 Zotz	1
13.6.	10 Ahau	3 Zotz	2
14.6.	11 Imix	4 Zotz	3
15.6.	12 Ik	5 Zotz	4
16.6.	13 Akbal	6 Zotz	5
17.6.	1 Kan	7 Zotz	6
18.6.	2 Chicchan	8 Zotz	7
19.6.	3 Cimi	9 Zotz	8
20.6.	4 Manik	10 Zotz	9
21.6.	5 Lamat	11 Zotz	1
22.6.	6 Muluc	12 Zotz	2
23.6.	7 Oc	13 Zotz	3
24.6.	8 Chuen	14 Zotz	4
25.6.	9 Eb	15 Zotz	5
26.6.	10 Ben	16 Zotz	6
27.6.	11 Ix	17 Zotz	7
28.6.	12 Men	18 Zotz	8
29.6.	13 Cib	19 Zotz	9
30.6.	1 Cabán	0 Tzec	1
1.7.	2 Edznab	1 Tzec	2
2.7.	3 Cauac	2 Tzec	3
3.7.	4 Ahau	3 Tzec	4
4.7.	5 Imix	4 Tzec	5
5.7.	6 Ik	5 Tzec	6
6.7.	7 Akbal	6 Tzec	7
7.7.	8 Kan	7 Tzec	8

1984			
Greg.	Tzolkin	Haab	H.d.N
8.7.	9 Chicchan	8 Tzec	9
9.7.	10 Cimi	9 Tzec	1
10.7.	11 Manik	10 Tzec	2
11.7.	12 Lamat	11 Tzec	3
12.7.	13 Muluc	12 Tzec	4
13.7.	1 Oc	13 Tzec	5
14.7.	2 Chuen	14 Tzec	6
15.7.	3 Eb	15 Tzec	7
16.7.	4 Ben	16 Tzec	8
17.7.	5 Ix	17 Tzec	9
18.7.	6 Men	18 Tzec	1
19.7.	7 Cib	19 Tzec	2
20.7.	8 Cabán	0 Xul	3
21.7.	9 Edznab	1 Xul	4
22.7.	10 Cauac	2 Xul	5
23.7.	11 Ahau	3 Xul	6
24.7.	12 Imix	4 Xul	7
25.7.	13 Ik	5 Xul	8
26.7.	1 Akbal	6 Xul	9
27.7.	2 Kan	7 Xul	1
28.7.	3 Chicchan	8 Xul	2
29.7.	4 Cimi	9 Xul	3
30.7.	5 Manik	10 Xul	4
31.7.	6 Lamat	11 Xul	5
1.8.	7 Muluc	12 Xul	6
2.8.	8 Oc	13 Xul	7
3.8.	9 Chuen	14 Xul	8
4.8.	10 Eb	15 Xul	9
5.8.	11 Ben	16 Xul	1
6.8.	12 Ix	17 Xul	2
7.8.	13 Men	18 Xul	3
8.8.	1 Cib	19 Xul	4
9.8.	2 Cabán	0 Yaxkin	5
10.8.	3 Edznab	1 Yaxkin	6
11.8.	4 Cauac	2 Yaxkin	7
12.8.	5 Ahau	3 Yaxkin	8
13.8.	6 Imix	4 Yaxkin	9
14.8.	7 Ik	5 Yaxkin	1
15.8.	8 Akbal	6 Yaxkin	2

1984			
Greg.	Tzolkin	Haab	H.d.N
16.8.	9 Kan	7 Yaxkin	3
17.8.	10 Chicchan	8 Yaxkin	4
18.8.	11 Cimi	9 Yaxkin	5
19.8.	12 Manik	10 Yaxkin	6
20.8.	13 Lamat	11 Yaxkin	7
21.8.	1 Muluc	12 Yaxkin	8
22.8.	2 Oc	13 Yaxkin	9
23.8.	3 Chuen	14 Yaxkin	1
24.8.	4 Eb	15 Yaxkin	2
25.8.	5 Ben	16 Yaxkin	3
26.8.	6 Ix	17 Yaxkin	4
27.8.	7 Men	18 Yaxkin	5
28.8.	8 Cib	19 Yaxkin	6
29.8.	9 Cabán	0 Mol	7
30.8.	10 Edznab	1 Mol	8
31.8.	11 Cauac	2 Mol	9
1.9.	12 Ahau	3 Mol	1
2.9.	13 Imix	4 Mol	2
3.9.	1 Ik	5 Mol	3
4.9.	2 Akbal	6 Mol	4
5.9.	3 Kan	7 Mol	5
6.9.	4 Chicchan	8 Mol	6
7.9.	5 Cimi	9 Mol	7
8.9.	6 Manik	10 Mol	8
9.9.	7 Lamat	11 Mol	9
10.9.	8 Muluc	12 Mol	1
11.9.	9 Oc	13 Mol	2
12.9.	10 Chuen	14 Mol	3
13.9.	11 Eb	15 Mol	4
14.9.	12 Ben	16 Mol	5
15.9.	13 Ix	17 Mol	6
16.9.	1 Men	18 Mol	7
17.9.	2 Cib	19 Mol	8
18.9.	3 Cabán	0 Chen	9
19.9.	4 Edznab	1 Chen	1
20.9.	5 Cauac	2 Chen	2
21.9.	6 Ahau	3 Chen	3
22.9.	7 Imix	4 Chen	4
23.9.	8 Ik	5 Chen	5

1984			
Greg.	Tzolkin	Haab	H.d.N
24.9.	9 Akbal	6 Chen	6
25.9.	10 Kan	7 Chen	7
26.9.	11 Chicchan	8 Chen	8
27.9.	12 Cimi	9 Chen	9
28.9.	13 Manik	10 Chen	1
29.9.	1 Lamat	11 Chen	2
30.9.	2 Muluc	12 Chen	3
1.10.	3 Oc	13 Chen	4
2.10.	4 Chuen	14 Chen	5
3.10.	5 Eb	15 Chen	6
4.10.	6 Ben	16 Chen	7
5.10.	7 Ix	17 Chen	8
6.10.	8 Men	18 Chen	9
7.10.	9 Cib	19 Chen	1
8.10.	10 Cabán	0 Yax	2
9.10.	11 Edznab	1 Yax	3
10.10.	12 Cauac	2 Yax	4
11.10.	13 Ahau	3 Yax	5
12.10.	1 Imix	4 Yax	6
13.10.	2 Ik	5 Yax	7
14.10.	3 Akbal	6 Yax	8
15.10.	4 Kan	7 Yax	9
16.10.	5 Chicchan	8 Yax	1
17.10.	6 Cimi	9 Yax	2
18.10.	7 Manik	10 Yax	3
19.10.	8 Lamat	11 Yax	4
20.10.	9 Muluc	12 Yax	5
21.10.	10 Oc	13 Yax	6
22.10.	11 Chuen	14 Yax	7
23.10.	12 Eb	15 Yax	8
24.10.	13 Ben	16 Yax	9
25.10.	1 Ix	17 Yax	1
26.10.	2 Men	18 Yax	2
27.10.	3 Cib	19 Yax	3
28.10.	4 Cabán	0 Zac	4
29.10.	5 Edznab	1 Zac	5
30.10.	6 Cauac	2 Zac	6
31.10.	7 Ahau	3 Zac	7
1.11.	8 Imix	4 Zac	8

1984			
Greg.	Tzolkin	Haab	H.d.N
2.11.	9 Ik	5 Zac	9
3.11.	10 Akbal	6 Zac	1
4.11.	11 Kan	7 Zac	2
5.11.	12 Chicchan	8 Zac	3
6.11.	13 Cimi	9 Zac	4
7.11.	1 Manik	10 Zac	5
8.11.	2 Lamat	11 Zac	6
9.11.	3 Muluc	12 Zac	7
10.11.	4 Oc	13 Zac	8
11.11.	5 Chuen	14 Zac	9
12.11.	6 Eb	15 Zac	1
13.11.	7 Ben	16 Zac	2
14.11.	8 Ix	17 Zac	3
15.11.	9 Men	18 Zac	4
16.11.	10 Cib	19 Zac	5
17.11.	11 Cabán	0 Ceh	6
18.11.	12 Edznab	1 Ceh	7
19.11.	13 Cauac	2 Ceh	8
20.11.	1 Ahau	3 Ceh	9
21.11.	2 Imix	4 Ceh	1
22.11.	3 Ik	5 Ceh	2
23.11.	4 Akbal	6 Ceh	3
24.11.	5 Kan	7 Ceh	4
25.11.	6 Chicchan	8 Ceh	5
26.11.	7 Cimi	9 Ceh	6
27.11.	8 Manik	10 Ceh	7
28.11.	9 Lamat	11 Ceh	8
29.11.	10 Muluc	12 Ceh	9
30.11.	11 Oc	13 Ceh	1
1.12.	12 Chuen	14 Ceh	2
2.12.	13 Eb	15 Ceh	3
3.12.	1 Ben	16 Ceh	4
4.12.	2 Ix	17 Ceh	5
5.12.	3 Men	18 Ceh	6
6.12.	4 Cib	19 Ceh	7
7.12.	5 Cabán	0 Mac	8
8.12.	6 Edznab	1 Mac	9
9.12.	7 Cauac	2 Mac	1
10.12.	8 Ahau	3 Mac	2

1984			
Greg.	Tzolkin	Haab	H.d.N
11.12.	9 Imix	4 Mac	3
12.12.	10 Ik	5 Mac	4
13.12.	11 Akbal	6 Mac	5
14.12.	12 Kan	7 Mac	6
15.12.	13 Chicchan	8 Mac	7
16.12.	1 Cimi	9 Mac	8
17.12.	2 Manik	10 Mac	9
18.12.	3 Lamat	11 Mac	1
19.12.	4 Muluc	12 Mac	2
20.12.	5 Oc	13 Mac	3
21.12.	6 Chuen	14 Mac	4
22.12.	7 Eb	15 Mac	5
23.12.	8 Ben	16 Mac	6
24.12.	9 Ix	17 Mac	7
25.12.	10 Men	18 Mac	8
26.12.	11 Cib	19 Mac	9
27.12.	12 Cabán	0 Kankin	1
28.12.	13 Edznab	1 Kankin	2
29.12.	1 Cauac	2 Kankin	3
30.12.	2 Ahau	3 Kankin	4
31.12.	3 Imix	4 Kankin	5

1985			
Greg.	Tzolkin	Haab	H.d.N
1.1.	4 Ik	5 Kankin	6
2.1.	5 Akbal	6 Kankin	7
3.1.	6 Kan	7 Kankin	8
4.1.	7 Chicchan	8 Kankin	9
5.1.	8 Cimi	9 Kankin	1
6.1.	9 Manik	10 Kankin	2
7.1.	10 Lamat	11 Kankin	3
8.1.	11 Muluc	12 Kankin	4
9.1.	12 Oc	13 Kankin	5
10.1.	13 Chuen	14 Kankin	6
11.1.	1 Eb	15 Kankin	7
12.1.	2 Ben	16 Kankin	8
13.1.	3 Ix	17 Kankin	9
14.1.	4 Men	18 Kankin	1
15.1.	5 Cib	19 Kankin	2
16.1.	6 Cabán	0 Muan	3

1985			
Greg.	Tzolkin	Haab	H.d.N
17.1.	7 Edznab	1 Muan	4
18.1.	8 Cauac	2 Muan	5
19.1.	9 Ahau	3 Muan	6
20.1.	10 Imix	4 Muan	7
21.1.	11 Ik	5 Muan	8
22.1.	12 Akbal	6 Muan	9
23.1.	13 Kan	7 Muan	1
24.1.	1 Chicchan	8 Muan	2
25.1.	2 Cimi	9 Muan	3
26.1.	3 Manik	10 Muan	4
27.1.	4 Lamat	11 Muan	5
28.1.	5 Muluc	12 Muan	6
29.1.	6 Oc	13 Muan	7
30.1.	7 Chuen	14 Muan	8
31.1.	8 Eb	15 Muan	9
1.2.	9 Ben	16 Muan	1
2.2.	10 Ix	17 Muan	2
3.2.	11 Men	18 Muan	3
4.2.	12 Cib	19 Muan	4
5.2.	13 Cabán	0 Pax	5
6.2.	1 Edznab	1 Pax	6
7.2.	2 Cauac	2 Pax	7
8.2.	3 Ahau	3 Pax	8
9.2.	4 Imix	4 Pax	9
10.2.	5 Ik	5 Pax	1
11.2.	6 Akbal	6 Pax	2
12.2.	7 Kan	7 Pax	3
13.2.	8 Chicchan	8 Pax	4
14.2.	9 Cimi	9 Pax	5
15.2.	10 Manik	10 Pax	6
16.2.	11 Lamat	11 Pax	7
17.2.	12 Muluc	12 Pax	8
18.2.	13 Oc	13 Pax	9
19.2.	1 Chuen	14 Pax	1
20.2.	2 Eb	15 Pax	2
21.2.	3 Ben	16 Pax	3
22.2.	4 Ix	17 Pax	4
23.2.	5 Men	18 Pax	5
24.2.	6 Cib	19 Pax	6

1985			
Greg.	Tzolkin	Haab	H.d.N
25.2.	7 Cabán	0 Kayab	7
26.2.	8 Edznab	1 Kayab	8
27.2.	9 Cauac	2 Kayab	9
28.2.	10 Ahau	3 Kayab	1
1.3.	11 Imix	4 Kayab	2
2.3.	12 Ik	5 Kayab	3
3.3.	13 Akbal	6 Kayab	4
4.3.	1 Kan	7 Kayab	5
5.3.	2 Chicchan	8 Kayab	6
6.3.	3 Cimi	9 Kayab	7
7.3.	4 Manik	10 Kayab	8
8.3.	5 Lamat	11 Kayab	9
9.3.	6 Muluc	12 Kayab	1
10.3.	7 Oc	13 Kayab	2
11.3.	8 Chuen	14 Kayab	3
12.3.	9 Eb	15 Kayab	4
13.3.	10 Ben	16 Kayab	5
14.3.	11 Ix	17 Kayab	6
15.3.	12 Men	18 Kayab	7
16.3.	13 Cib	19 Kayab	8
17.3.	1 Cabán	0 Cumku	9
18.3.	2 Edznab	1 Cumku	1
19.3.	3 Cauac	2 Cumku	2
20.3.	4 Ahau	3 Cumku	3
21.3.	5 Imix	4 Cumku	4
22.3.	6 Ik	5 Cumku	5
23.3.	7 Akbal	6 Cumku	6
24.3.	8 Kan	7 Cumku	7
25.3.	9 Chicchan	8 Cumku	8
26.3.	10 Cimi	9 Cumku	9
27.3.	11 Manik	10 Cumku	1
28.3.	12 Lamat	11 Cumku	2
29.3.	13 Muluc	12 Cumku	3
30.3.	1 Oc	13 Cumku	4
31.3.	2 Chuen	14 Cumku	5
1.4.	3 Eb	15 Cumku	6
2.4.	4 Ben	16 Cumku	7
3.4.	5 Ix	17 Cumku	8
4.4.	6 Men	18 Cumku	9

1985			
Greg.	Tzolkin	Haab	H.d.N
5.4.	7 Cib	19 Cumku	1
6.4.	8 Cabán	0 Uayeb	2
7.4.	9 Edznab	1 Uayeb	3
8.4.	10 Cauac	2 Uayeb	4
9.4.	11 Ahau	3 Uayeb	5
10.4.	12 Imix	4 Uayeb	6
11.4.	**13 Ik**	**0 Pop**	**7**
12.4.	1 Akbal	1 Pop	8
13.4.	2 Kan	2 Pop	9
14.4.	3 Chicchan	3 Pop	1
15.4.	4 Cimi	4 Pop	2
16.4.	5 Manik	5 Pop	3
17.4.	6 Lamat	6 Pop	4
18.4.	7 Muluc	7 Pop	5
19.4.	8 Oc	8 Pop	6
20.4.	9 Chuen	9 Pop	7
21.4.	10 Eb	10 Pop	8
22.4.	11 Ben	11 Pop	9
23.4.	12 Ix	12 Pop	1
24.4.	13 Men	13 Pop	2
25.4.	1 Cib	14 Pop	3
26.4.	2 Cabán	15 Pop	4
27.4.	3 Edznab	16 Pop	5
28.4.	4 Cauac	17 Pop	6
29.4.	5 Ahau	18 Pop	7
30.4.	6 Imix	19 Pop	8
1.5.	7 Ik	0 Uo	9
2.5.	8 Akbal	1 Uo	1
3.5.	9 Kan	2 Uo	2
4.5.	10 Chicchan	3 Uo	3
5.5.	11 Cimi	4 Uo	4
6.5.	12 Manik	5 Uo	5
7.5.	13 Lamat	6 Uo	6
8.5.	1 Muluc	7 Uo	7
9.5.	2 Oc	8 Uo	8
10.5.	3 Chuen	9 Uo	9
11.5.	4 Eb	10 Uo	1
12.5.	5 Ben	11 Uo	2
13.5.	6 Ix	12 Uo	3

1985			
Greg.	Tzolkin	Haab	H.d.N
14.5.	7 Men	13 Uo	4
15.5.	8 Cib	14 Uo	5
16.5.	9 Cabán	15 Uo	6
17.5.	10 Edznab	16 Uo	7
18.5.	11 Cauac	17 Uo	8
19.5.	12 Ahau	18 Uo	9
20.5.	13 Imix	19 Uo	1
21.5.	1 Ik	0 Zip	2
22.5.	2 Akbal	1 Zip	3
23.5.	3 Kan	2 Zip	4
24.5.	4 Chicchan	3 Zip	5
25.5.	5 Cimi	4 Zip	6
26.5.	6 Manik	5 Zip	7
27.5.	7 Lamat	6 Zip	8
28.5.	8 Muluc	7 Zip	9
29.5.	9 Oc	8 Zip	1
30.5.	10 Chuen	9 Zip	2
31.5.	11 Eb	10 Zip	3
1.6.	12 Ben	11 Zip	4
2.6.	13 Ix	12 Zip	5
3.6.	1 Men	13 Zip	6
4.6.	2 Cib	14 Zip	7
5.6.	3 Cabán	15 Zip	8
6.6.	4 Edznab	16 Zip	9
7.6.	5 Cauac	17 Zip	1
8.6.	6 Ahau	18 Zip	2
9.6.	7 Imix	19 Zip	3
10.6.	8 Ik	0 Zotz	4
11.6.	9 Akbal	1 Zotz	5
12.6.	10 Kan	2 Zotz	6
13.6.	11 Chicchan	3 Zotz	7
14.6.	12 Cimi	4 Zotz	8
15.6.	13 Manik	5 Zotz	9
16.6.	1 Lamat	6 Zotz	1
17.6.	2 Muluc	7 Zotz	2
18.6.	3 Oc	8 Zotz	3
19.6.	4 Chuen	9 Zotz	4
20.6.	5 Eb	10 Zotz	5
21.6.	6 Ben	11 Zotz	6

1985			
Greg.	Tzolkin	Haab	H.d.N
22.6.	7 Ix	12 Zotz	7
23.6.	8 Men	13 Zotz	8
24.6.	9 Cib	14 Zotz	9
25.6.	10 Cabán	15 Zotz	1
26.6.	11 Edznab	16 Zotz	2
27.6.	12 Cauac	17 Zotz	3
28.6.	13 Ahau	18 Zotz	4
29.6.	1 Imix	19 Zotz	5
30.6.	2 Ik	0 Tzec	6
1.7.	3 Akbal	1 Tzec	7
2.7.	4 Kan	2 Tzec	8
3.7.	5 Chicchan	3 Tzec	9
4.7.	6 Cimi	4 Tzec	1
5.7.	7 Manik	5 Tzec	2
6.7.	8 Lamat	6 Tzec	3
7.7.	9 Muluc	7 Tzec	4
8.7.	10 Oc	8 Tzec	5
9.7.	11 Chuen	9 Tzec	6
10.7.	12 Eb	10 Tzec	7
11.7.	13 Ben	11 Tzec	8
12.7.	1 Ix	12 Tzec	9
13.7.	2 Men	13 Tzec	1
14.7.	3 Cib	14 Tzec	2
15.7.	4 Cabán	15 Tzec	3
16.7.	5 Edznab	16 Tzec	4
17.7.	6 Cauac	17 Tzec	5
18.7.	7 Ahau	18 Tzec	6
19.7.	8 Imix	19 Tzec	7
20.7.	9 Ik	0 Xul	8
21.7.	10 Akbal	1 Xul	9
22.7.	11 Kan	2 Xul	1
23.7.	12 Chicchan	3 Xul	2
24.7.	13 Cimi	4 Xul	3
25.7.	1 Manik	5 Xul	4
26.7.	2 Lamat	6 Xul	5
27.7.	3 Muluc	7 Xul	6
28.7.	4 Oc	8 Xul	7
29.7.	5 Chuen	9 Xul	8
30.7.	6 Eb	10 Xul	9

1985			
Greg.	Tzolkin	Haab	H.d.N
31.7.	7 Ben	11 Xul	1
1.8.	8 Ix	12 Xul	2
2.8.	9 Men	13 Xul	3
3.8.	10 Cib	14 Xul	4
4.8.	11 Cabán	15 Xul	5
5.8.	12 Edznab	16 Xul	6
6.8.	13 Cauac	17 Xul	7
7.8.	1 Ahau	18 Xul	8
8.8.	2 Imix	19 Xul	9
9.8.	3 Ik	0 Yaxkin	1
10.8.	4 Akbal	1 Yaxkin	2
11.8.	5 Kan	2 Yaxkin	3
12.8.	6 Chicchan	3 Yaxkin	4
13.8.	7 Cimi	4 Yaxkin	5
14.8.	8 Manik	5 Yaxkin	6
15.8.	9 Lamat	6 Yaxkin	7
16.8.	10 Muluc	7 Yaxkin	8
17.8.	11 Oc	8 Yaxkin	9
18.8.	12 Chuen	9 Yaxkin	1
19.8.	13 Eb	10 Yaxkin	2
20.8.	1 Ben	11 Yaxkin	3
21.8.	2 Ix	12 Yaxkin	4
22.8.	3 Men	13 Yaxkin	5
23.8.	4 Cib	14 Yaxkin	6
24.8.	5 Cabán	15 Yaxkin	7
25.8.	6 Edznab	16 Yaxkin	8
26.8.	7 Cauac	17 Yaxkin	9
27.8.	8 Ahau	18 Yaxkin	1
28.8.	9 Imix	19 Yaxkin	2
29.8.	10 Ik	0 Mol	3
30.8.	11 Akbal	1 Mol	4
31.8.	12 Kan	2 Mol	5
1.9.	13 Chicchan	3 Mol	6
2.9.	1 Cimi	4 Mol	7
3.9.	2 Manik	5 Mol	8
4.9.	3 Lamat	6 Mol	9
5.9.	4 Muluc	7 Mol	1
6.9.	5 Oc	8 Mol	2
7.9.	6 Chuen	9 Mol	3

1985			
Greg.	Tzolkin	Haab	H.d.N
8.9.	7 Eb	10 Mol	4
9.9.	8 Ben	11 Mol	5
10.9.	9 Ix	12 Mol	6
11.9.	10 Men	13 Mol	7
12.9.	11 Cib	14 Mol	8
13.9.	12 Cabán	15 Mol	9
14.9.	13 Edznab	16 Mol	1
15.9.	1 Cauac	17 Mol	2
16.9.	2 Ahau	18 Mol	3
17.9.	3 Imix	19 Mol	4
18.9.	4 Ik	0 Chen	5
19.9.	5 Akbal	1 Chen	6
20.9.	6 Kan	2 Chen	7
21.9.	7 Chicchan	3 Chen	8
22.9.	8 Cimi	4 Chen	9
23.9.	9 Manik	5 Chen	1
24.9.	10 Lamat	6 Chen	2
25.9.	11 Muluc	7 Chen	3
26.9.	12 Oc	8 Chen	4
27.9.	13 Chuen	9 Chen	5
28.9.	1 Eb	10 Chen	6
29.9.	2 Ben	11 Chen	7
30.9.	3 Ix	12 Chen	8
1.10.	4 Men	13 Chen	9
2.10.	5 Cib	14 Chen	1
3.10.	6 Cabán	15 Chen	2
4.10.	7 Edznab	16 Chen	3
5.10.	8 Cauac	17 Chen	4
6.10.	9 Ahau	18 Chen	5
7.10.	10 Imix	19 Chen	6
8.10.	11 Ik	0 Yax	7
9.10.	12 Akbal	1 Yax	8
10.10.	13 Kan	2 Yax	9
11.10.	1 Chicchan	3 Yax	1
12.10.	2 Cimi	4 Yax	2
13.10.	3 Manik	5 Yax	3
14.10.	4 Lamat	6 Yax	4
15.10.	5 Muluc	7 Yax	5
16.10.	6 Oc	8 Yax	6

1985			
Greg.	Tzolkin	Haab	H.d.N
17.10.	7 Chuen	9 Yax	7
18.10.	8 Eb	10 Yax	8
19.10.	9 Ben	11 Yax	9
20.10.	10 Ix	12 Yax	1
21.10.	11 Men	13 Yax	2
22.10.	12 Cib	14 Yax	3
23.10.	13 Cabán	15 Yax	4
24.10.	1 Edznab	16 Yax	5
25.10.	2 Cauac	17 Yax	6
26.10.	3 Ahau	18 Yax	7
27.10.	4 Imix	19 Yax	8
28.10.	5 Ik	0 Zac	9
29.10.	6 Akbal	1 Zac	1
30.10.	7 Kan	2 Zac	2
31.10.	8 Chicchan	3 Zac	3
1.11.	9 Cimi	4 Zac	4
2.11.	10 Manik	5 Zac	5
3.11.	11 Lamat	6 Zac	6
4.11.	12 Muluc	7 Zac	7
5.11.	13 Oc	8 Zac	8
6.11.	1 Chuen	9 Zac	9
7.11.	2 Eb	10 Zac	1
8.11.	3 Ben	11 Zac	2
9.11.	4 Ix	12 Zac	3
10.11.	5 Men	13 Zac	4
11.11.	6 Cib	14 Zac	5
12.11.	7 Cabán	15 Zac	6
13.11.	8 Edznab	16 Zac	7
14.11.	9 Cauac	17 Zac	8
15.11.	10 Ahau	18 Zac	9
16.11.	11 Imix	19 Zac	1
17.11.	12 Ik	0 Ceh	2
18.11.	13 Akbal	1 Ceh	3
19.11.	1 Kan	2 Ceh	4
20.11.	2 Chicchan	3 Ceh	5
21.11.	3 Cimi	4 Ceh	6
22.11.	4 Manik	5 Ceh	7
23.11.	5 Lamat	6 Ceh	8
24.11.	6 Muluc	7 Ceh	9

1985			
Greg.	Tzolkin	Haab	H.d.N
25.11.	7 Oc	8 Ceh	1
26.11.	8 Chuen	9 Ceh	2
27.11.	9 Eb	10 Ceh	3
28.11.	10 Ben	11 Ceh	4
29.11.	11 Ix	12 Ceh	5
30.11.	12 Men	13 Ceh	6
1.12.	13 Cib	14 Ceh	7
2.12.	1 Cabán	15 Ceh	8
3.12.	2 Edznab	16 Ceh	9
4.12.	3 Cauac	17 Ceh	1
5.12.	4 Ahau	18 Ceh	2
6.12.	5 Imix	19 Ceh	3
7.12.	6 Ik	0 Mac	4
8.12.	7 Akbal	1 Mac	5
9.12.	8 Kan	2 Mac	6
10.12.	9 Chicchan	3 Mac	7
11.12.	10 Cimi	4 Mac	8
12.12.	11 Manik	5 Mac	9
13.12.	12 Lamat	6 Mac	1
14.12.	13 Muluc	7 Mac	2
15.12.	1 Oc	8 Mac	3
16.12.	2 Chuen	9 Mac	4
17.12.	3 Eb	10 Mac	5
18.12.	4 Ben	11 Mac	6
19.12.	5 Ix	12 Mac	7
20.12.	6 Men	13 Mac	8
21.12.	7 Cib	14 Mac	9
22.12.	8 Cabán	15 Mac	1
23.12.	9 Edznab	16 Mac	2
24.12.	10 Cauac	17 Mac	3
25.12.	11 Ahau	18 Mac	4
26.12.	12 Imix	19 Mac	5
27.12.	13 Ik	0 Kankin	6
28.12.	1 Akbal	1 Kankin	7
29.12.	2 Kan	2 Kankin	8
30.12.	3 Chicchan	3 Kankin	9
31.12.	4 Cimi	4 Kankin	1

1986			
Greg.	Tzolkin	Haab	H.d.N
1.1.	5 Manik	5 Kankin	2
2.1.	6 Lamat	6 Kankin	3
3.1.	7 Muluc	7 Kankin	4
4.1.	8 Oc	8 Kankin	5
5.1.	9 Chuen	9 Kankin	6
6.1.	10 Eb	10 Kankin	7
7.1.	11 Ben	11 Kankin	8
8.1.	12 Ix	12 Kankin	9
9.1.	13 Men	13 Kankin	1
10.1.	1 Cib	14 Kankin	2
11.1.	2 Cabán	15 Kankin	3
12.1.	3 Edznab	16 Kankin	4
13.1.	4 Cauac	17 Kankin	5
14.1.	5 Ahau	18 Kankin	6
15.1.	6 Imix	19 Kankin	7
16.1.	7 Ik	0 Muan	8
17.1.	8 Akbal	1 Muan	9
18.1.	9 Kan	2 Muan	1
19.1.	10 Chicchan	3 Muan	2
20.1.	11 Cimi	4 Muan	3
21.1.	12 Manik	5 Muan	4
22.1.	13 Lamat	6 Muan	5
23.1.	1 Muluc	7 Muan	6
24.1.	2 Oc	8 Muan	7
25.1.	3 Chuen	9 Muan	8
26.1.	4 Eb	10 Muan	9
27.1.	5 Ben	11 Muan	1
28.1.	6 Ix	12 Muan	2
29.1.	7 Men	13 Muan	3
30.1.	8 Cib	14 Muan	4
31.1.	9 Cabán	15 Muan	5
1.2.	10 Edznab	16 Muan	6
2.2.	11 Cauac	17 Muan	7
3.2.	12 Ahau	18 Muan	8
4.2.	13 Imix	19 Muan	9
5.2.	1 Ik	0 Pax	1
6.2.	2 Akbal	1 Pax	2
7.2.	3 Kan	2 Pax	3
8.2.	4 Chicchan	3 Pax	4

1986			
Greg.	Tzolkin	Haab	H.d.N
9.2.	5 Cimi	4 Pax	5
10.2.	6 Manik	5 Pax	6
11.2.	7 Lamat	6 Pax	7
12.2.	8 Muluc	7 Pax	8
13.2.	9 Oc	8 Pax	9
14.2.	10 Chuen	9 Pax	1
15.2.	11 Eb	10 Pax	2
16.2.	12 Ben	11 Pax	3
17.2.	13 Ix	12 Pax	4
18.2.	1 Men	13 Pax	5
19.2.	2 Cib	14 Pax	6
20.2.	3 Cabán	15 Pax	7
21.2.	4 Edznab	16 Pax	8
22.2.	5 Cauac	17 Pax	9
23.2.	6 Ahau	18 Pax	1
24.2.	7 Imix	19 Pax	2
25.2.	8 Ik	0 Kayab	3
26.2.	9 Akbal	1 Kayab	4
27.2.	10 Kan	2 Kayab	5
28.2.	11 Chicchan	3 Kayab	6
1.3.	12 Cimi	4 Kayab	7
2.3.	13 Manik	5 Kayab	8
3.3.	1 Lamat	6 Kayab	9
4.3.	2 Muluc	7 Kayab	1
5.3.	3 Oc	8 Kayab	2
6.3.	4 Chuen	9 Kayab	3
7.3.	5 Eb	10 Kayab	4
8.3.	6 Ben	11 Kayab	5
9.3.	7 Ix	12 Kayab	6
10.3.	8 Men	13 Kayab	7
11.3.	9 Cib	14 Kayab	8
12.3.	10 Cabán	15 Kayab	9
13.3.	11 Edznab	16 Kayab	1
14.3.	12 Cauac	17 Kayab	2
15.3.	13 Ahau	18 Kayab	3
16.3.	1 Imix	19 Kayab	4
17.3.	2 Ik	0 Cumku	5
18.3.	3 Akbal	1 Cumku	6
19.3.	4 Kan	2 Cumku	7

1986			
Greg.	Tzolkin	Haab	H.d.N
20.3.	5 Chicchan	3 Cumku	8
21.3.	6 Cimi	4 Cumku	9
22.3.	7 Manik	5 Cumku	1
23.3.	8 Lamat	6 Cumku	2
24.3.	9 Muluc	7 Cumku	3
25.3.	10 Oc	8 Cumku	4
26.3.	11 Chuen	9 Cumku	5
27.3.	12 Eb	10 Cumku	6
28.3.	13 Ben	11 Cumku	7
29.3.	1 Ix	12 Cumku	8
30.3.	2 Men	13 Cumku	9
31.3.	3 Cib	14 Cumku	1
1.4.	4 Cabán	15 Cumku	2
2.4.	5 Edznab	16 Cumku	3
3.4.	6 Cauac	17 Cumku	4
4.4.	7 Ahau	18 Cumku	5
5.4.	8 Imix	19 Cumku	6
6.4.	9 Ik	0 Uayeb	7
7.4.	10 Akbal	1 Uayeb	8
8.4.	11 Kan	2 Uayeb	9
9.4.	12 Chicchan	3 Uayeb	1
10.4.	13 Cimi	4 Uayeb	2
11.4.	**1 Manik**	**0 Pop**	**3**
12.4.	2 Lamat	1 Pop	4
13.4.	3 Muluc	2 Pop	5
14.4.	4 Oc	3 Pop	6
15.4.	5 Chuen	4 Pop	7
16.4.	6 Eb	5 Pop	8
17.4.	7 Ben	6 Pop	9
18.4.	8 Ix	7 Pop	1
19.4.	9 Men	8 Pop	2
20.4.	10 Cib	9 Pop	3
21.4.	11 Cabán	10 Pop	4
22.4.	12 Edznab	11 Pop	5
23.4.	13 Cauac	12 Pop	6
24.4.	1 Ahau	13 Pop	7
25.4.	2 Imix	14 Pop	8
26.4.	3 Ik	15 Pop	9
27.4.	4 Akbal	16 Pop	1

1986			
Greg.	Tzolkin	Haab	H.d.N
28.4.	5 Kan	17 Pop	2
29.4.	6 Chicchan	18 Pop	3
30.4.	7 Cimi	19 Pop	4
1.5.	8 Manik	0 Uo	5
2.5.	9 Lamat	1 Uo	6
3.5.	10 Muluc	2 Uo	7
4.5.	11 Oc	3 Uo	8
5.5.	12 Chuen	4 Uo	9
6.5.	13 Eb	5 Uo	1
7.5.	1 Ben	6 Uo	2
8.5.	2 Ix	7 Uo	3
9.5.	3 Men	8 Uo	4
10.5.	4 Cib	9 Uo	5
11.5.	5 Cabán	10 Uo	6
12.5.	6 Edznab	11 Uo	7
13.5.	7 Cauac	12 Uo	8
14.5.	8 Ahau	13 Uo	9
15.5.	9 Imix	14 Uo	1
16.5.	10 Ik	15 Uo	2
17.5.	11 Akbal	16 Uo	3
18.5.	12 Kan	17 Uo	4
19.5.	13 Chicchan	18 Uo	5
20.5.	1 Cimi	19 Uo	6
21.5.	2 Manik	0 Zip	7
22.5.	3 Lamat	1 Zip	8
23.5.	4 Muluc	2 Zip	9
24.5.	5 Oc	3 Zip	1
25.5.	6 Chuen	4 Zip	2
26.5.	7 Eb	5 Zip	3
27.5.	8 Ben	6 Zip	4
28.5.	9 Ix	7 Zip	5
29.5.	10 Men	8 Zip	6
30.5.	11 Cib	9 Zip	7
31.5.	12 Cabán	10 Zip	8
1.6.	13 Edznab	11 Zip	9
2.6.	1 Cauac	12 Zip	1
3.6.	2 Ahau	13 Zip	2
4.6.	3 Imix	14 Zip	3
5.6.	4 Ik	15 Zip	4

1986			
Greg.	Tzolkin	Haab	H.d.N
6.6.	5 Akbal	16 Zip	5
7.6.	6 Kan	17 Zip	6
8.6.	7 Chicchan	18 Zip	7
9.6.	8 Cimi	19 Zip	8
10.6.	9 Manik	0 Zotz	9
11.6.	10 Lamat	1 Zotz	1
12.6.	11 Muluc	2 Zotz	2
13.6.	12 Oc	3 Zotz	3
14.6.	13 Chuen	4 Zotz	4
15.6.	1 Eb	5 Zotz	5
16.6.	2 Ben	6 Zotz	6
17.6.	3 Ix	7 Zotz	7
18.6.	4 Men	8 Zotz	8
19.6.	5 Cib	9 Zotz	9
20.6.	6 Cabán	10 Zotz	1
21.6.	7 Edznab	11 Zotz	2
22.6.	8 Cauac	12 Zotz	3
23.6.	9 Ahau	13 Zotz	4
24.6.	10 Imix	14 Zotz	5
25.6.	11 Ik	15 Zotz	6
26.6.	12 Akbal	16 Zotz	7
27.6.	13 Kan	17 Zotz	8
28.6.	1 Chicchan	18 Zotz	9
29.6.	2 Cimi	19 Zotz	1
30.6.	3 Manik	0 Tzec	2
1.7.	4 Lamat	1 Tzec	3
2.7.	5 Muluc	2 Tzec	4
3.7.	6 Oc	3 Tzec	5
4.7.	7 Chuen	4 Tzec	6
5.7.	8 Eb	5 Tzec	7
6.7.	9 Ben	6 Tzec	8
7.7.	10 Ix	7 Tzec	9
8.7.	11 Men	8 Tzec	1
9.7.	12 Cib	9 Tzec	2
10.7.	13 Cabán	10 Tzec	3
11.7.	1 Edznab	11 Tzec	4
12.7.	2 Cauac	12 Tzec	5
13.7.	3 Ahau	13 Tzec	6
14.7.	4 Imix	14 Tzec	7

1986			
Greg.	Tzolkin	Haab	H.d.N
15.7.	5 Ik	15 Tzec	8
16.7.	6 Akbal	16 Tzec	9
17.7.	7 Kan	17 Tzec	1
18.7.	8 Chicchan	18 Tzec	2
19.7.	9 Cimi	19 Tzec	3
20.7.	10 Manik	0 Xul	4
21.7.	11 Lamat	1 Xul	5
22.7.	12 Muluc	2 Xul	6
23.7.	13 Oc	3 Xul	7
24.7.	1 Chuen	4 Xul	8
25.7.	2 Eb	5 Xul	9
26.7.	3 Ben	6 Xul	1
27.7.	4 Ix	7 Xul	2
28.7.	5 Men	8 Xul	3
29.7.	6 Cib	9 Xul	4
30.7.	7 Cabán	10 Xul	5
31.7.	8 Edznab	11 Xul	6
1.8.	9 Cauac	12 Xul	7
2.8.	10 Ahau	13 Xul	8
3.8.	11 Imix	14 Xul	9
4.8.	12 Ik	15 Xul	1
5.8.	13 Akbal	16 Xul	2
6.8.	1 Kan	17 Xul	3
7.8.	2 Chicchan	18 Xul	4
8.8.	3 Cimi	19 Xul	5
9.8.	4 Manik	0 Yaxkin	6
10.8.	5 Lamat	1 Yaxkin	7
11.8.	6 Muluc	2 Yaxkin	8
12.8.	7 Oc	3 Yaxkin	9
13.8.	8 Chuen	4 Yaxkin	1
14.8.	9 Eb	5 Yaxkin	2
15.8.	10 Ben	6 Yaxkin	3
16.8.	11 Ix	7 Yaxkin	4
17.8.	12 Men	8 Yaxkin	5
18.8.	13 Cib	9 Yaxkin	6
19.8.	1 Cabán	10 Yaxkin	7
20.8.	2 Edznab	11 Yaxkin	8
21.8.	3 Cauac	12 Yaxkin	9
22.8.	4 Ahau	13 Yaxkin	1

1986			
Greg.	Tzolkin	Haab	H.d.N
23.8.	5 Imix	14 Yaxkin	2
24.8.	6 Ik	15 Yaxkin	3
25.8.	7 Akbal	16 Yaxkin	4
26.8.	8 Kan	17 Yaxkin	5
27.8.	9 Chicchan	18 Yaxkin	6
28.8.	10 Cimi	19 Yaxkin	7
29.8.	11 Manik	0 Mol	8
30.8.	12 Lamat	1 Mol	9
31.8.	13 Muluc	2 Mol	1
1.9.	1 Oc	3 Mol	2
2.9.	2 Chuen	4 Mol	3
3.9.	3 Eb	5 Mol	4
4.9.	4 Ben	6 Mol	5
5.9.	5 Ix	7 Mol	6
6.9.	6 Men	8 Mol	7
7.9.	7 Cib	9 Mol	8
8.9.	8 Cabán	10 Mol	9
9.9.	9 Edznab	11 Mol	1
10.9.	10 Cauac	12 Mol	2
11.9.	11 Ahau	13 Mol	3
12.9.	12 Imix	14 Mol	4
13.9.	13 Ik	15 Mol	5
14.9.	1 Akbal	16 Mol	6
15.9.	2 Kan	17 Mol	7
16.9.	3 Chicchan	18 Mol	8
17.9.	4 Cimi	19 Mol	9
18.9.	5 Manik	0 Chen	1
19.9.	6 Lamat	1 Chen	2
20.9.	7 Muluc	2 Chen	3
21.9.	8 Oc	3 Chen	4
22.9.	9 Chuen	4 Chen	5
23.9.	10 Eb	5 Chen	6
24.9.	11 Ben	6 Chen	7
25.9.	12 Ix	7 Chen	8
26.9.	13 Men	8 Chen	9
27.9.	1 Cib	9 Chen	1
28.9.	2 Cabán	10 Chen	2
29.9.	3 Edznab	11 Chen	3
30.9.	4 Cauac	12 Chen	4

1986			
Greg.	Tzolkin	Haab	H.d.N
1.10.	5 Ahau	13 Chen	5
2.10.	6 Imix	14 Chen	6
3.10.	7 Ik	15 Chen	7
4.10.	8 Akbal	16 Chen	8
5.10.	9 Kan	17 Chen	9
6.10.	10 Chicchan	18 Chen	1
7.10.	11 Cimi	19 Chen	2
8.10.	12 Manik	0 Yax	3
9.10.	13 Lamat	1 Yax	4
10.10.	1 Muluc	2 Yax	5
11.10.	2 Oc	3 Yax	6
12.10.	3 Chuen	4 Yax	7
13.10.	4 Eb	5 Yax	8
14.10.	5 Ben	6 Yax	9
15.10.	6 Ix	7 Yax	1
16.10.	7 Men	8 Yax	2
17.10.	8 Cib	9 Yax	3
18.10.	9 Cabán	10 Yax	4
19.10.	10 Edznab	11 Yax	5
20.10.	11 Cauac	12 Yax	6
21.10.	12 Ahau	13 Yax	7
22.10.	13 Imix	14 Yax	8
23.10.	1 Ik	15 Yax	9
24.10.	2 Akbal	16 Yax	1
25.10.	3 Kan	17 Yax	2
26.10.	4 Chicchan	18 Yax	3
27.10.	5 Cimi	19 Yax	4
28.10.	6 Manik	0 Zac	5
29.10.	7 Lamat	1 Zac	6
30.10.	8 Muluc	2 Zac	7
31.10.	9 Oc	3 Zac	8
1.11.	10 Chuen	4 Zac	9
2.11.	11 Eb	5 Zac	1
3.11.	12 Ben	6 Zac	2
4.11.	13 Ix	7 Zac	3
5.11.	1 Men	8 Zac	4
6.11.	2 Cib	9 Zac	5
7.11.	3 Cabán	10 Zac	6
8.11.	4 Edznab	11 Zac	7

1986			
Greg.	Tzolkin	Haab	H.d.N
9.11.	5 Cauac	12 Zac	8
10.11.	6 Ahau	13 Zac	9
11.11.	7 Imix	14 Zac	1
12.11.	8 Ik	15 Zac	2
13.11.	9 Akbal	16 Zac	3
14.11.	10 Kan	17 Zac	4
15.11.	11 Chicchan	18 Zac	5
16.11.	12 Cimi	19 Zac	6
17.11.	13 Manik	0 Ceh	7
18.11.	1 Lamat	1 Ceh	8
19.11.	2 Muluc	2 Ceh	9
20.11.	3 Oc	3 Ceh	1
21.11.	4 Chuen	4 Ceh	2
22.11.	5 Eb	5 Ceh	3
23.11.	6 Ben	6 Ceh	4
24.11.	7 Ix	7 Ceh	5
25.11.	8 Men	8 Ceh	6
26.11.	9 Cib	9 Ceh	7
27.11.	10 Cabán	10 Ceh	8
28.11.	11 Edznab	11 Ceh	9
29.11.	12 Cauac	12 Ceh	1
30.11.	13 Ahau	13 Ceh	2
1.12.	1 Imix	14 Ceh	3
2.12.	2 Ik	15 Ceh	4
3.12.	3 Akbal	16 Ceh	5
4.12.	4 Kan	17 Ceh	6
5.12.	5 Chicchan	18 Ceh	7
6.12.	6 Cimi	19 Ceh	8
7.12.	7 Manik	0 Mac	9
8.12.	8 Lamat	1 Mac	1
9.12.	9 Muluc	2 Mac	2
10.12.	10 Oc	3 Mac	3
11.12.	11 Chuen	4 Mac	4
12.12.	12 Eb	5 Mac	5
13.12.	13 Ben	6 Mac	6
14.12.	1 Ix	7 Mac	7
15.12.	2 Men	8 Mac	8
16.12.	3 Cib	9 Mac	9
17.12.	4 Cabán	10 Mac	1

1986			
Greg.	Tzolkin	Haab	H.d.N
18.12.	5 Edznab	11 Mac	2
19.12.	6 Cauac	12 Mac	3
20.12.	7 Ahau	13 Mac	4
21.12.	8 Imix	14 Mac	5
22.12.	9 Ik	15 Mac	6
23.12.	10 Akbal	16 Mac	7
24.12.	11 Kan	17 Mac	8
25.12.	12 Chicchan	18 Mac	9
26.12.	13 Cimi	19 Mac	1
27.12.	1 Manik	0 Kankin	2
28.12.	2 Lamat	1 Kankin	3
29.12.	3 Muluc	2 Kankin	4
30.12.	4 Oc	3 Kankin	5
31.12.	5 Chuen	4 Kankin	6

1987			
Greg.	Tzolkin	Haab	H.d.N
1.1.	6 Eb	5 Kankin	7
2.1.	7 Ben	6 Kankin	8
3.1.	8 Ix	7 Kankin	9
4.1.	9 Men	8 Kankin	1
5.1.	10 Cib	9 Kankin	2
6.1.	11 Cabán	10 Kankin	3
7.1.	12 Edznab	11 Kankin	4
8.1.	13 Cauac	12 Kankin	5
9.1.	1 Ahau	13 Kankin	6
10.1.	2 Imix	14 Kankin	7
11.1.	3 Ik	15 Kankin	8
12.1.	4 Akbal	16 Kankin	9
13.1.	5 Kan	17 Kankin	1
14.1.	6 Chicchan	18 Kankin	2
15.1.	7 Cimi	19 Kankin	3
16.1.	8 Manik	0 Muan	4
17.1.	9 Lamat	1 Muan	5
18.1.	10 Muluc	2 Muan	6
19.1.	11 Oc	3 Muan	7
20.1.	12 Chuen	4 Muan	8
21.1.	13 Eb	5 Muan	9
22.1.	1 Ben	6 Muan	1
23.1.	2 Ix	7 Muan	2

1987			
Greg.	Tzolkin	Haab	H.d.N
24.1.	3 Men	8 Muan	3
25.1.	4 Cib	9 Muan	4
26.1.	5 Cabán	10 Muan	5
27.1.	6 Edznab	11 Muan	6
28.1.	7 Cauac	12 Muan	7
29.1.	8 Ahau	13 Muan	8
30.1.	9 Imix	14 Muan	9
31.1.	10 Ik	15 Muan	1
1.2.	11 Akbal	16 Muan	2
2.2.	12 Kan	17 Muan	3
3.2.	13 Chicchan	18 Muan	4
4.2.	1 Cimi	19 Muan	5
5.2.	2 Manik	0 Pax	6
6.2.	3 Lamat	1 Pax	7
7.2.	4 Muluc	2 Pax	8
8.2.	5 Oc	3 Pax	9
9.2.	6 Chuen	4 Pax	1
10.2.	7 Eb	5 Pax	2
11.2.	8 Ben	6 Pax	3
12.2.	9 Ix	7 Pax	4
13.2.	10 Men	8 Pax	5
14.2.	11 Cib	9 Pax	6
15.2.	12 Cabán	10 Pax	7
16.2.	13 Edznab	11 Pax	8
17.2.	1 Cauac	12 Pax	9
18.2.	2 Ahau	13 Pax	1
19.2.	3 Imix	14 Pax	2
20.2.	4 Ik	15 Pax	3
21.2.	5 Akbal	16 Pax	4
22.2.	6 Kan	17 Pax	5
23.2.	7 Chicchan	18 Pax	6
24.2.	8 Cimi	19 Pax	7
25.2.	9 Manik	0 Kayab	8
26.2.	10 Lamat	1 Kayab	9
27.2.	11 Muluc	2 Kayab	1
28.2.	12 Oc	3 Kayab	2
1.3.	13 Chuen	4 Kayab	3
2.3.	1 Eb	5 Kayab	4
3.3.	2 Ben	6 Kayab	5

1987			
Greg.	Tzolkin	Haab	H.d.N
4.3.	3 Ix	7 Kayab	6
5.3.	4 Men	8 Kayab	7
6.3.	5 Cib	9 Kayab	8
7.3.	6 Cabán	10 Kayab	9
8.3.	7 Edznab	11 Kayab	1
9.3.	8 Cauac	12 Kayab	2
10.3.	9 Ahau	13 Kayab	3
11.3.	10 Imix	14 Kayab	4
12.3.	11 Ik	15 Kayab	5
13.3.	12 Akbal	16 Kayab	6
14.3.	13 Kan	17 Kayab	7
15.3.	1 Chicchan	18 Kayab	8
16.3.	2 Cimi	19 Kayab	9
17.3.	3 Manik	0 Cumku	1
18.3.	4 Lamat	1 Cumku	2
19.3.	5 Muluc	2 Cumku	3
20.3.	6 Oc	3 Cumku	4
21.3.	7 Chuen	4 Cumku	5
22.3.	8 Eb	5 Cumku	6
23.3.	9 Ben	6 Cumku	7
24.3.	10 Ix	7 Cumku	8
25.3.	11 Men	8 Cumku	9
26.3.	12 Cib	9 Cumku	1
27.3.	13 Cabán	10 Cumku	2
28.3.	1 Edznab	11 Cumku	3
29.3.	2 Cauac	12 Cumku	4
30.3.	3 Ahau	13 Cumku	5
31.3.	4 Imix	14 Cumku	6
1.4.	5 Ik	15 Cumku	7
2.4.	6 Akbal	16 Cumku	8
3.4.	7 Kan	17 Cumku	9
4.4.	8 Chicchan	18 Cumku	1
5.4.	9 Cimi	19 Cumku	2
6.4.	10 Manik	0 Uayeb	3
7.4.	11 Lamat	1 Uayeb	4
8.4.	12 Muluc	2 Uayeb	5
9.4.	13 Oc	3 Uayeb	6
10.4.	1 Chuen	4 Uayeb	7
11.4.	**2 Eb**	**0 Pop**	**8**

1987			
Greg.	Tzolkin	Haab	H.d.N
12.4.	3 Ben	1 Pop	9
13.4.	4 Ix	2 Pop	1
14.4.	5 Men	3 Pop	2
15.4.	6 Cib	4 Pop	3
16.4.	7 Cabán	5 Pop	4
17.4.	8 Edznab	6 Pop	5
18.4.	9 Cauac	7 Pop	6
19.4.	10 Ahau	8 Pop	7
20.4.	11 Imix	9 Pop	8
21.4.	12 Ik	10 Pop	9
22.4.	13 Akbal	11 Pop	1
23.4.	1 Kan	12 Pop	2
24.4.	2 Chicchan	13 Pop	3
25.4.	3 Cimi	14 Pop	4
26.4.	4 Manik	15 Pop	5
27.4.	5 Lamat	16 Pop	6
28.4.	6 Muluc	17 Pop	7
29.4.	7 Oc	18 Pop	8
30.4.	8 Chuen	19 Pop	9
1.5.	9 Eb	0 Uo	1
2.5.	10 Ben	1 Uo	2
3.5.	11 Ix	2 Uo	3
4.5.	12 Men	3 Uo	4
5.5.	13 Cib	4 Uo	5
6.5.	1 Cabán	5 Uo	6
7.5.	2 Edznab	6 Uo	7
8.5.	3 Cauac	7 Uo	8
9.5.	4 Ahau	8 Uo	9
10.5.	5 Imix	9 Uo	1
11.5.	6 Ik	10 Uo	2
12.5.	7 Akbal	11 Uo	3
13.5.	8 Kan	12 Uo	4
14.5.	9 Chicchan	13 Uo	5
15.5.	10 Cimi	14 Uo	6
16.5.	11 Manik	15 Uo	7
17.5.	12 Lamat	16 Uo	8
18.5.	13 Muluc	17 Uo	9
19.5.	1 Oc	18 Uo	1
20.5.	2 Chuen	19 Uo	2

1987			
Greg.	Tzolkin	Haab	H.d.N
21.5.	3 Eb	0 Zip	3
22.5.	4 Ben	1 Zip	4
23.5.	5 Ix	2 Zip	5
24.5.	6 Men	3 Zip	6
25.5.	7 Cib	4 Zip	7
26.5.	8 Cabán	5 Zip	8
27.5.	9 Edznab	6 Zip	9
28.5.	10 Cauac	7 Zip	1
29.5.	11 Ahau	8 Zip	2
30.5.	12 Imix	9 Zip	3
31.5.	13 Ik	10 Zip	4
1.6.	1 Akbal	11 Zip	5
2.6.	2 Kan	12 Zip	6
3.6.	3 Chicchan	13 Zip	7
4.6.	4 Cimi	14 Zip	8
5.6.	5 Manik	15 Zip	9
6.6.	6 Lamat	16 Zip	1
7.6.	7 Muluc	17 Zip	2
8.6.	8 Oc	18 Zip	3
9.6.	9 Chuen	19 Zip	4
10.6.	10 Eb	0 Zotz	5
11.6.	11 Ben	1 Zotz	6
12.6.	12 Ix	2 Zotz	7
13.6.	13 Men	3 Zotz	8
14.6.	1 Cib	4 Zotz	9
15.6.	2 Cabán	5 Zotz	1
16.6.	3 Edznab	6 Zotz	2
17.6.	4 Cauac	7 Zotz	3
18.6.	5 Ahau	8 Zotz	4
19.6.	6 Imix	9 Zotz	5
20.6.	7 Ik	10 Zotz	6
21.6.	8 Akbal	11 Zotz	7
22.6.	9 Kan	12 Zotz	8
23.6.	10 Chicchan	13 Zotz	9
24.6.	11 Cimi	14 Zotz	1
25.6.	12 Manik	15 Zotz	2
26.6.	13 Lamat	16 Zotz	3
27.6.	1 Muluc	17 Zotz	4
28.6.	2 Oc	18 Zotz	5

1987			
Greg.	Tzolkin	Haab	H.d.N
29.6.	3 Chuen	19 Zotz	6
30.6.	4 Eb	0 Tzec	7
1.7.	5 Ben	1 Tzec	8
2.7.	6 Ix	2 Tzec	9
3.7.	7 Men	3 Tzec	1
4.7.	8 Cib	4 Tzec	2
5.7.	9 Cabán	5 Tzec	3
6.7.	10 Edznab	6 Tzec	4
7.7.	11 Cauac	7 Tzec	5
8.7.	12 Ahau	8 Tzec	6
9.7.	13 Imix	9 Tzec	7
10.7.	1 Ik	10 Tzec	8
11.7.	2 Akbal	11 Tzec	9
12.7.	3 Kan	12 Tzec	1
13.7.	4 Chicchan	13 Tzec	2
14.7.	5 Cimi	14 Tzec	3
15.7.	6 Manik	15 Tzec	4
16.7.	7 Lamat	16 Tzec	5
17.7.	8 Muluc	17 Tzec	6
18.7.	9 Oc	18 Tzec	7
19.7.	10 Chuen	19 Tzec	8
20.7.	11 Eb	0 Xul	9
21.7.	12 Ben	1 Xul	1
22.7.	13 Ix	2 Xul	2
23.7.	1 Men	3 Xul	3
24.7.	2 Cib	4 Xul	4
25.7.	3 Cabán	5 Xul	5
26.7.	4 Edznab	6 Xul	6
27.7.	5 Cauac	7 Xul	7
28.7.	6 Ahau	8 Xul	8
29.7.	7 Imix	9 Xul	9
30.7.	8 Ik	10 Xul	1
31.7.	9 Akbal	11 Xul	2
1.8.	10 Kan	12 Xul	3
2.8.	11 Chicchan	13 Xul	4
3.8.	12 Cimi	14 Xul	5
4.8.	13 Manik	15 Xul	6
5.8.	1 Lamat	16 Xul	7
6.8.	2 Muluc	17 Xul	8

1987			
Greg.	Tzolkin	Haab	H.d.N
7.8.	3 Oc	18 Xul	9
8.8.	4 Chuen	19 Xul	1
9.8.	5 Eb	0 Yaxkin	2
10.8.	6 Ben	1 Yaxkin	3
11.8.	7 Ix	2 Yaxkin	4
12.8.	8 Men	3 Yaxkin	5
13.8.	9 Cib	4 Yaxkin	6
14.8.	10 Cabán	5 Yaxkin	7
15.8.	11 Edznab	6 Yaxkin	8
16.8.	12 Cauac	7 Yaxkin	9
17.8.	13 Ahau	8 Yaxkin	1
18.8.	1 Imix	9 Yaxkin	2
19.8.	2 Ik	10 Yaxkin	3
20.8.	3 Akbal	11 Yaxkin	4
21.8.	4 Kan	12 Yaxkin	5
22.8.	5 Chicchan	13 Yaxkin	6
23.8.	6 Cimi	14 Yaxkin	7
24.8.	7 Manik	15 Yaxkin	8
25.8.	8 Lamat	16 Yaxkin	9
26.8.	9 Muluc	17 Yaxkin	1
27.8.	10 Oc	18 Yaxkin	2
28.8.	11 Chuen	19 Yaxkin	3
29.8.	12 Eb	0 Mol	4
30.8.	13 Ben	1 Mol	5
31.8.	1 Ix	2 Mol	6
1.9.	2 Men	3 Mol	7
2.9.	3 Cib	4 Mol	8
3.9.	4 Cabán	5 Mol	9
4.9.	5 Edznab	6 Mol	1
5.9.	6 Cauac	7 Mol	2
6.9.	7 Ahau	8 Mol	3
7.9.	8 Imix	9 Mol	4
8.9.	9 Ik	10 Mol	5
9.9.	10 Akbal	11 Mol	6
10.9.	11 Kan	12 Mol	7
11.9.	12 Chicchan	13 Mol	8
12.9.	13 Cimi	14 Mol	9
13.9.	1 Manik	15 Mol	1
14.9.	2 Lamat	16 Mol	2

1987			
Greg.	Tzolkin	Haab	H.d.N
15.9.	3 Muluc	17 Mol	3
16.9.	4 Oc	18 Mol	4
17.9.	5 Chuen	19 Mol	5
18.9.	6 Eb	0 Chen	6
19.9.	7 Ben	1 Chen	7
20.9.	8 Ix	2 Chen	8
21.9.	9 Men	3 Chen	9
22.9.	10 Cib	4 Chen	1
23.9.	11 Cabán	5 Chen	2
24.9.	12 Edznab	6 Chen	3
25.9.	13 Cauac	7 Chen	4
26.9.	1 Ahau	8 Chen	5
27.9.	2 Imix	9 Chen	6
28.9.	3 Ik	10 Chen	7
29.9.	4 Akbal	11 Chen	8
30.9.	5 Kan	12 Chen	9
1.10.	6 Chicchan	13 Chen	1
2.10.	7 Cimi	14 Chen	2
3.10.	8 Manik	15 Chen	3
4.10.	9 Lamat	16 Chen	4
5.10.	10 Muluc	17 Chen	5
6.10.	11 Oc	18 Chen	6
7.10.	12 Chuen	19 Chen	7
8.10.	13 Eb	0 Yax	8
9.10.	1 Ben	1 Yax	9
10.10.	2 Ix	2 Yax	1
11.10.	3 Men	3 Yax	2
12.10.	4 Cib	4 Yax	3
13.10.	5 Cabán	5 Yax	4
14.10.	6 Edznab	6 Yax	5
15.10.	7 Cauac	7 Yax	6
16.10.	8 Ahau	8 Yax	7
17.10.	9 Imix	9 Yax	8
18.10.	10 Ik	10 Yax	9
19.10.	11 Akbal	11 Yax	1
20.10.	12 Kan	12 Yax	2
21.10.	13 Chicchan	13 Yax	3
22.10.	1 Cimi	14 Yax	4
23.10.	2 Manik	15 Yax	5

1987			
Greg.	Tzolkin	Haab	H.d.N
24.10.	3 Lamat	16 Yax	6
25.10.	4 Muluc	17 Yax	7
26.10.	5 Oc	18 Yax	8
27.10.	6 Chuen	19 Yax	9
28.10.	7 Eb	0 Zac	1
29.10.	8 Ben	1 Zac	2
30.10.	9 Ix	2 Zac	3
31.10.	10 Men	3 Zac	4
1.11.	11 Cib	4 Zac	5
2.11.	12 Cabán	5 Zac	6
3.11.	13 Edznab	6 Zac	7
4.11.	1 Cauac	7 Zac	8
5.11.	2 Ahau	8 Zac	9
6.11.	3 Imix	9 Zac	1
7.11.	4 Ik	10 Zac	2
8.11.	5 Akbal	11 Zac	3
9.11.	6 Kan	12 Zac	4
10.11.	7 Chicchan	13 Zac	5
11.11.	8 Cimi	14 Zac	6
12.11.	9 Manik	15 Zac	7
13.11.	10 Lamat	16 Zac	8
14.11.	11 Muluc	17 Zac	9
15.11.	12 Oc	18 Zac	1
16.11.	13 Chuen	19 Zac	2
17.11.	1 Eb	0 Ceh	3
18.11.	2 Ben	1 Ceh	4
19.11.	3 Ix	2 Ceh	5
20.11.	4 Men	3 Ceh	6
21.11.	5 Cib	4 Ceh	7
22.11.	6 Cabán	5 Ceh	8
23.11.	7 Edznab	6 Ceh	9
24.11.	8 Cauac	7 Ceh	1
25.11.	9 Ahau	8 Ceh	2
26.11.	10 Imix	9 Ceh	3
27.11.	11 Ik	10 Ceh	4
28.11.	12 Akbal	11 Ceh	5
29.11.	13 Kan	12 Ceh	6
30.11.	1 Chicchan	13 Ceh	7
1.12.	2 Cimi	14 Ceh	8

1987			
Greg.	Tzolkin	Haab	H.d.N
2.12.	3 Manik	15 Ceh	9
3.12.	4 Lamat	16 Ceh	1
4.12.	5 Muluc	17 Ceh	2
5.12.	6 Oc	18 Ceh	3
6.12.	7 Chuen	19 Ceh	4
7.12.	8 Eb	0 Mac	5
8.12.	9 Ben	1 Mac	6
9.12.	10 Ix	2 Mac	7
10.12.	11 Men	3 Mac	8
11.12.	12 Cib	4 Mac	9
12.12.	13 Cabán	5 Mac	1
13.12.	1 Edznab	6 Mac	2
14.12.	2 Cauac	7 Mac	3
15.12.	3 Ahau	8 Mac	4
16.12.	4 Imix	9 Mac	5
17.12.	5 Ik	10 Mac	6
18.12.	6 Akbal	11 Mac	7
19.12.	7 Kan	12 Mac	8
20.12.	8 Chicchan	13 Mac	9
21.12.	9 Cimi	14 Mac	1
22.12.	10 Manik	15 Mac	2
23.12.	11 Lamat	16 Mac	3
24.12.	12 Muluc	17 Mac	4
25.12.	13 Oc	18 Mac	5
26.12.	1 Chuen	19 Mac	6
27.12.	2 Eb	0 Kankin	7
28.12.	3 Ben	1 Kankin	8
29.12.	4 Ix	2 Kankin	9
30.12.	5 Men	3 Kankin	1
31.12.	6 Cib	4 Kankin	2

1988			
Greg.	Tzolkin	Haab	H.d.N
1.1.	7 Cabán	5 Kankin	3
2.1.	8 Edznab	6 Kankin	4
3.1.	9 Cauac	7 Kankin	5
4.1.	10 Ahau	8 Kankin	6
5.1.	11 Imix	9 Kankin	7
6.1.	12 Ik	10 Kankin	8
7.1.	13 Akbal	11 Kankin	9

1988			
Greg.	Tzolkin	Haab	H.d.N
8.1.	1 Kan	12 Kankin	1
9.1.	2 Chicchan	13 Kankin	2
10.1.	3 Cimi	14 Kankin	3
11.1.	4 Manik	15 Kankin	4
12.1.	5 Lamat	16 Kankin	5
13.1.	6 Muluc	17 Kankin	6
14.1.	7 Oc	18 Kankin	7
15.1.	8 Chuen	19 Kankin	8
16.1.	9 Eb	0 Muan	9
17.1.	10 Ben	1 Muan	1
18.1.	11 Ix	2 Muan	2
19.1.	12 Men	3 Muan	3
20.1.	13 Cib	4 Muan	4
21.1.	1 Cabán	5 Muan	5
22.1.	2 Edznab	6 Muan	6
23.1.	3 Cauac	7 Muan	7
24.1.	4 Ahau	8 Muan	8
25.1.	5 Imix	9 Muan	9
26.1.	6 Ik	10 Muan	1
27.1.	7 Akbal	11 Muan	2
28.1.	8 Kan	12 Muan	3
29.1.	9 Chicchan	13 Muan	4
30.1.	10 Cimi	14 Muan	5
31.1.	11 Manik	15 Muan	6
1.2.	12 Lamat	16 Muan	7
2.2.	13 Muluc	17 Muan	8
3.2.	1 Oc	18 Muan	9
4.2.	2 Chuen	19 Muan	1
5.2.	3 Eb	0 Pax	2
6.2.	4 Ben	1 Pax	3
7.2.	5 Ix	2 Pax	4
8.2.	6 Men	3 Pax	5
9.2.	7 Cib	4 Pax	6
10.2.	8 Cabán	5 Pax	7
11.2.	9 Edznab	6 Pax	8
12.2.	10 Cauac	7 Pax	9
13.2.	11 Ahau	8 Pax	1
14.2.	12 Imix	9 Pax	2
15.2.	13 Ik	10 Pax	3

1988			
Greg.	Tzolkin	Haab	H.d.N
16.2.	1 Akbal	11 Pax	4
17.2.	2 Kan	12 Pax	5
18.2.	3 Chicchan	13 Pax	6
19.2.	4 Cimi	14 Pax	7
20.2.	5 Manik	15 Pax	8
21.2.	6 Lamat	16 Pax	9
22.2.	7 Muluc	17 Pax	1
23.2.	8 Oc	18 Pax	2
24.2.	9 Chuen	19 Pax	3
25.2.	10 Eb	0 Kayab	4
26.2.	11 Ben	1 Kayab	5
27.2.	12 Ix	2 Kayab	6
28.2.	13 Men	3 Kayab	7
29.2.	1 Cib	4 Kayab	8
1.3.	2 Cabán	5 Kayab	9
2.3.	3 Edznab	6 Kayab	1
3.3.	4 Cauac	7 Kayab	2
4.3.	5 Ahau	8 Kayab	3
5.3.	6 Imix	9 Kayab	4
6.3.	7 Ik	10 Kayab	5
7.3.	8 Akbal	11 Kayab	6
8.3.	9 Kan	12 Kayab	7
9.3.	10 Chicchan	13 Kayab	8
10.3.	11 Cimi	14 Kayab	9
11.3.	12 Manik	15 Kayab	1
12.3.	13 Lamat	16 Kayab	2
13.3.	1 Muluc	17 Kayab	3
14.3.	2 Oc	18 Kayab	4
15.3.	3 Chuen	19 Kayab	5
16.3.	4 Eb	0 Cumku	6
17.3.	5 Ben	1 Cumku	7
18.3.	6 Ix	2 Cumku	8
19.3.	7 Men	3 Cumku	9
20.3.	8 Cib	4 Cumku	1
21.3.	9 Cabán	5 Cumku	2
22.3.	10 Edznab	6 Cumku	3
23.3.	11 Cauac	7 Cumku	4
24.3.	12 Ahau	8 Cumku	5
25.3.	13 Imix	9 Cumku	6

1988			
Greg.	Tzolkin	Haab	H.d.N
26.3.	1 Ik	10 Cumku	7
27.3.	2 Akbal	11 Cumku	8
28.3.	3 Kan	12 Cumku	9
29.3.	4 Chicchan	13 Cumku	1
30.3.	5 Cimi	14 Cumku	2
31.3.	6 Manik	15 Cumku	3
1.4.	7 Lamat	16 Cumku	4
2.4.	8 Muluc	17 Cumku	5
3.4.	9 Oc	18 Cumku	6
4.4.	10 Chuen	19 Cumku	7
5.4.	11 Eb	0 Uayeb	8
6.4.	12 Ben	1 Uayeb	9
7.4.	13 Ix	2 Uayeb	1
8.4.	1 Men	3 Uayeb	2
9.4.	2 Cib	4 Uayeb	3
10.4.	**3 Cabán**	**0 Pop**	**4**
11.4.	4 Edznab	1 Pop	5
12.4.	5 Cauac	2 Pop	6
13.4.	6 Ahau	3 Pop	7
14.4.	7 Imix	4 Pop	8
15.4.	8 Ik	5 Pop	9
16.4.	9 Akbal	6 Pop	1
17.4.	10 Kan	7 Pop	2
18.4.	11 Chicchan	8 Pop	3
19.4.	12 Cimi	9 Pop	4
20.4.	13 Manik	10 Pop	5
21.4.	1 Lamat	11 Pop	6
22.4.	2 Muluc	12 Pop	7
23.4.	3 Oc	13 Pop	8
24.4.	4 Chuen	14 Pop	9
25.4.	5 Eb	15 Pop	1
26.4.	6 Ben	16 Pop	2
27.4.	7 Ix	17 Pop	3
28.4.	8 Men	18 Pop	4
29.4.	9 Cib	19 Pop	5
30.4.	10 Cabán	0 Uo	6
1.5.	11 Edznab	1 Uo	7
2.5.	12 Cauac	2 Uo	8
3.5.	13 Ahau	3 Uo	9

1988			
Greg.	Tzolkin	Haab	H.d.N
4.5.	1 Imix	4 Uo	1
5.5.	2 Ik	5 Uo	2
6.5.	3 Akbal	6 Uo	3
7.5.	4 Kan	7 Uo	4
8.5.	5 Chicchan	8 Uo	5
9.5.	6 Cimi	9 Uo	6
10.5.	7 Manik	10 Uo	7
11.5.	8 Lamat	11 Uo	8
12.5.	9 Muluc	12 Uo	9
13.5.	10 Oc	13 Uo	1
14.5.	11 Chuen	14 Uo	2
15.5.	12 Eb	15 Uo	3
16.5.	13 Ben	16 Uo	4
17.5.	1 Ix	17 Uo	5
18.5.	2 Men	18 Uo	6
19.5.	3 Cib	19 Uo	7
20.5.	4 Cabán	0 Zip	8
21.5.	5 Edznab	1 Zip	9
22.5.	6 Cauac	2 Zip	1
23.5.	7 Ahau	3 Zip	2
24.5.	8 Imix	4 Zip	3
25.5.	9 Ik	5 Zip	4
26.5.	10 Akbal	6 Zip	5
27.5.	11 Kan	7 Zip	6
28.5.	12 Chicchan	8 Zip	7
29.5.	13 Cimi	9 Zip	8
30.5.	1 Manik	10 Zip	9
31.5.	2 Lamat	11 Zip	1
1.6.	3 Muluc	12 Zip	2
2.6.	4 Oc	13 Zip	3
3.6.	5 Chuen	14 Zip	4
4.6.	6 Eb	15 Zip	5
5.6.	7 Ben	16 Zip	6
6.6.	8 Ix	17 Zip	7
7.6.	9 Men	18 Zip	8
8.6.	10 Cib	19 Zip	9
9.6.	11 Cabán	0 Zotz	1
10.6.	12 Edznab	1 Zotz	2
11.6.	13 Cauac	2 Zotz	3

Kalendarium 431

1988			
Greg.	Tzolkin	Haab	H.d.N
12.6.	1 Ahau	3 Zotz	4
13.6.	2 Imix	4 Zotz	5
14.6.	3 Ik	5 Zotz	6
15.6.	4 Akbal	6 Zotz	7
16.6.	5 Kan	7 Zotz	8
17.6.	6 Chicchan	8 Zotz	9
18.6.	7 Cimi	9 Zotz	1
19.6.	8 Manik	10 Zotz	2
20.6.	9 Lamat	11 Zotz	3
21.6.	10 Muluc	12 Zotz	4
22.6.	11 Oc	13 Zotz	5
23.6.	12 Chuen	14 Zotz	6
24.6.	13 Eb	15 Zotz	7
25.6.	1 Ben	16 Zotz	8
26.6.	2 Ix	17 Zotz	9
27.6.	3 Men	18 Zotz	1
28.6.	4 Cib	19 Zotz	2
29.6.	5 Cabán	0 Tzec	3
30.6.	6 Edznab	1 Tzec	4
1.7.	7 Cauac	2 Tzec	5
2.7.	8 Ahau	3 Tzec	6
3.7.	9 Imix	4 Tzec	7
4.7.	10 Ik	5 Tzec	8
5.7.	11 Akbal	6 Tzec	9
6.7.	12 Kan	7 Tzec	1
7.7.	13 Chicchan	8 Tzec	2
8.7.	1 Cimi	9 Tzec	3
9.7.	2 Manik	10 Tzec	4
10.7.	3 Lamat	11 Tzec	5
11.7.	4 Muluc	12 Tzec	6
12.7.	5 Oc	13 Tzec	7
13.7.	6 Chuen	14 Tzec	8
14.7.	7 Eb	15 Tzec	9
15.7.	8 Ben	16 Tzec	1
16.7.	9 Ix	17 Tzec	2
17.7.	10 Men	18 Tzec	3
18.7.	11 Cib	19 Tzec	4
19.7.	12 Cabán	0 Xul	5
20.7.	13 Edznab	1 Xul	6

1988			
Greg.	Tzolkin	Haab	H.d.N
21.7.	1 Cauac	2 Xul	7
22.7.	2 Ahau	3 Xul	8
23.7.	3 Imix	4 Xul	9
24.7.	4 Ik	5 Xul	1
25.7.	5 Akbal	6 Xul	2
26.7.	6 Kan	7 Xul	3
27.7.	7 Chicchan	8 Xul	4
28.7.	8 Cimi	9 Xul	5
29.7.	9 Manik	10 Xul	6
30.7.	10 Lamat	11 Xul	7
31.7.	11 Muluc	12 Xul	8
1.8.	12 Oc	13 Xul	9
2.8.	13 Chuen	14 Xul	1
3.8.	1 Eb	15 Xul	2
4.8.	2 Ben	16 Xul	3
5.8.	3 Ix	17 Xul	4
6.8.	4 Men	18 Xul	5
7.8.	5 Cib	19 Xul	6
8.8.	6 Cabán	0 Yaxkin	7
9.8.	7 Edznab	1 Yaxkin	8
10.8.	8 Cauac	2 Yaxkin	9
11.8.	9 Ahau	3 Yaxkin	1
12.8.	10 Imix	4 Yaxkin	2
13.8.	11 Ik	5 Yaxkin	3
14.8.	12 Akbal	6 Yaxkin	4
15.8.	13 Kan	7 Yaxkin	5
16.8.	1 Chicchan	8 Yaxkin	6
17.8.	2 Cimi	9 Yaxkin	7
18.8.	3 Manik	10 Yaxkin	8
19.8.	4 Lamat	11 Yaxkin	9
20.8.	5 Muluc	12 Yaxkin	1
21.8.	6 Oc	13 Yaxkin	2
22.8.	7 Chuen	14 Yaxkin	3
23.8.	8 Eb	15 Yaxkin	4
24.8.	9 Ben	16 Yaxkin	5
25.8.	10 Ix	17 Yaxkin	6
26.8.	11 Men	18 Yaxkin	7
27.8.	12 Cib	19 Yaxkin	8
28.8.	13 Cabán	0 Mol	9

1988			
Greg.	Tzolkin	Haab	H.d.N
29.8.	1 Edznab	1 Mol	1
30.8.	2 Cauac	2 Mol	2
31.8.	3 Ahau	3 Mol	3
1.9.	4 Imix	4 Mol	4
2.9.	5 Ik	5 Mol	5
3.9.	6 Akbal	6 Mol	6
4.9.	7 Kan	7 Mol	7
5.9.	8 Chicchan	8 Mol	8
6.9.	9 Cimi	9 Mol	9
7.9.	10 Manik	10 Mol	1
8.9.	11 Lamat	11 Mol	2
9.9.	12 Muluc	12 Mol	3
10.9.	13 Oc	13 Mol	4
11.9.	1 Chuen	14 Mol	5
12.9.	2 Eb	15 Mol	6
13.9.	3 Ben	16 Mol	7
14.9.	4 Ix	17 Mol	8
15.9.	5 Men	18 Mol	9
16.9.	6 Cib	19 Mol	1
17.9.	7 Cabán	0 Chen	2
18.9.	8 Edznab	1 Chen	3
19.9.	9 Cauac	2 Chen	4
20.9.	10 Ahau	3 Chen	5
21.9.	11 Imix	4 Chen	6
22.9.	12 Ik	5 Chen	7
23.9.	13 Akbal	6 Chen	8
24.9.	1 Kan	7 Chen	9
25.9.	2 Chicchan	8 Chen	1
26.9.	3 Cimi	9 Chen	2
27.9.	4 Manik	10 Chen	3
28.9.	5 Lamat	11 Chen	4
29.9.	6 Muluc	12 Chen	5
30.9.	7 Oc	13 Chen	6
1.10.	8 Chuen	14 Chen	7
2.10.	9 Eb	15 Chen	8
3.10.	10 Ben	16 Chen	9
4.10.	11 Ix	17 Chen	1
5.10.	12 Men	18 Chen	2
6.10.	13 Cib	19 Chen	3

1988			
Greg.	Tzolkin	Haab	H.d.N
7.10.	1 Cabán	0 Yax	4
8.10.	2 Edznab	1 Yax	5
9.10.	3 Cauac	2 Yax	6
10.10.	4 Ahau	3 Yax	7
11.10.	5 Imix	4 Yax	8
12.10.	6 Ik	5 Yax	9
13.10.	7 Akbal	6 Yax	1
14.10.	8 Kan	7 Yax	2
15.10.	9 Chicchan	8 Yax	3
16.10.	10 Cimi	9 Yax	4
17.10.	11 Manik	10 Yax	5
18.10.	12 Lamat	11 Yax	6
19.10.	13 Muluc	12 Yax	7
20.10.	1 Oc	13 Yax	8
21.10.	2 Chuen	14 Yax	9
22.10.	3 Eb	15 Yax	1
23.10.	4 Ben	16 Yax	2
24.10.	5 Ix	17 Yax	3
25.10.	6 Men	18 Yax	4
26.10.	7 Cib	19 Yax	5
27.10.	8 Cabán	0 Zac	6
28.10.	9 Edznab	1 Zac	7
29.10.	10 Cauac	2 Zac	8
30.10.	11 Ahau	3 Zac	9
31.10.	12 Imix	4 Zac	1
1.11.	13 Ik	5 Zac	2
2.11.	1 Akbal	6 Zac	3
3.11.	2 Kan	7 Zac	4
4.11.	3 Chicchan	8 Zac	5
5.11.	4 Cimi	9 Zac	6
6.11.	5 Manik	10 Zac	7
7.11.	6 Lamat	11 Zac	8
8.11.	7 Muluc	12 Zac	9
9.11.	8 Oc	13 Zac	1
10.11.	9 Chuen	14 Zac	2
11.11.	10 Eb	15 Zac	3
12.11.	11 Ben	16 Zac	4
13.11.	12 Ix	17 Zac	5
14.11.	13 Men	18 Zac	6

1988			
Greg.	Tzolkin	Haab	H.d.N
15.11.	1 Cib	19 Zac	7
16.11.	2 Cabán	0 Ceh	8
17.11.	3 Edznab	1 Ceh	9
18.11.	4 Cauac	2 Ceh	1
19.11.	5 Ahau	3 Ceh	2
20.11.	6 Imix	4 Ceh	3
21.11.	7 Ik	5 Ceh	4
22.11.	8 Akbal	6 Ceh	5
23.11.	9 Kan	7 Ceh	6
24.11.	10 Chicchan	8 Ceh	7
25.11.	11 Cimi	9 Ceh	8
26.11.	12 Manik	10 Ceh	9
27.11.	13 Lamat	11 Ceh	1
28.11.	1 Muluc	12 Ceh	2
29.11.	2 Oc	13 Ceh	3
30.11.	3 Chuen	14 Ceh	4
1.12.	4 Eb	15 Ceh	5
2.12.	5 Ben	16 Ceh	6
3.12.	6 Ix	17 Ceh	7
4.12.	7 Men	18 Ceh	8
5.12.	8 Cib	19 Ceh	9
6.12.	9 Cabán	0 Mac	1
7.12.	10 Edznab	1 Mac	2
8.12.	11 Cauac	2 Mac	3
9.12.	12 Ahau	3 Mac	4
10.12.	13 Imix	4 Mac	5
11.12.	1 Ik	5 Mac	6
12.12.	2 Akbal	6 Mac	7
13.12.	3 Kan	7 Mac	8
14.12.	4 Chicchan	8 Mac	9
15.12.	5 Cimi	9 Mac	1
16.12.	6 Manik	10 Mac	2
17.12.	7 Lamat	11 Mac	3
18.12.	8 Muluc	12 Mac	4
19.12.	9 Oc	13 Mac	5
20.12.	10 Chuen	14 Mac	6
21.12.	11 Eb	15 Mac	7
22.12.	12 Ben	16 Mac	8
23.12.	13 Ix	17 Mac	9

1988			
Greg.	Tzolkin	Haab	H.d.N
24.12.	1 Men	18 Mac	1
25.12.	2 Cib	19 Mac	2
26.12.	3 Cabán	0 Kankin	3
27.12.	4 Edznab	1 Kankin	4
28.12.	5 Cauac	2 Kankin	5
29.12.	6 Ahau	3 Kankin	6
30.12.	7 Imix	4 Kankin	7
31.12.	8 Ik	5 Kankin	8
1989			
Greg.	Tzolkin	Haab	H.d.N
1.1.	9 Akbal	6 Kankin	9
2.1.	10 Kan	7 Kankin	1
3.1.	11 Chicchan	8 Kankin	2
4.1.	12 Cimi	9 Kankin	3
5.1.	13 Manik	10 Kankin	4
6.1.	1 Lamat	11 Kankin	5
7.1.	2 Muluc	12 Kankin	6
8.1.	3 Oc	13 Kankin	7
9.1.	4 Chuen	14 Kankin	8
10.1.	5 Eb	15 Kankin	9
11.1.	6 Ben	16 Kankin	1
12.1.	7 Ix	17 Kankin	2
13.1.	8 Men	18 Kankin	3
14.1.	9 Cib	19 Kankin	4
15.1.	10 Cabán	0 Muan	5
16.1.	11 Edznab	1 Muan	6
17.1.	12 Cauac	2 Muan	7
18.1.	13 Ahau	3 Muan	8
19.1.	1 Imix	4 Muan	9
20.1.	2 Ik	5 Muan	1
21.1.	3 Akbal	6 Muan	2
22.1.	4 Kan	7 Muan	3
23.1.	5 Chicchan	8 Muan	4
24.1.	6 Cimi	9 Muan	5
25.1.	7 Manik	10 Muan	6
26.1.	8 Lamat	11 Muan	7
27.1.	9 Muluc	12 Muan	8
28.1.	10 Oc	13 Muan	9
29.1.	11 Chuen	14 Muan	1

1989			
Greg.	Tzolkin	Haab	H.d.N
30.1.	12 Eb	15 Muan	2
31.1.	13 Ben	16 Muan	3
1.2.	1 Ix	17 Muan	4
2.2.	2 Men	18 Muan	5
3.2.	3 Cib	19 Muan	6
4.2.	4 Cabán	0 Pax	7
5.2.	5 Edznab	1 Pax	8
6.2.	6 Cauac	2 Pax	9
7.2.	7 Ahau	3 Pax	1
8.2.	8 Imix	4 Pax	2
9.2.	9 Ik	5 Pax	3
10.2.	10 Akbal	6 Pax	4
11.2.	11 Kan	7 Pax	5
12.2.	12 Chicchan	8 Pax	6
13.2.	13 Cimi	9 Pax	7
14.2.	1 Manik	10 Pax	8
15.2.	2 Lamat	11 Pax	9
16.2.	3 Muluc	12 Pax	1
17.2.	4 Oc	13 Pax	2
18.2.	5 Chuen	14 Pax	3
19.2.	6 Eb	15 Pax	4
20.2.	7 Ben	16 Pax	5
21.2.	8 Ix	17 Pax	6
22.2.	9 Men	18 Pax	7
23.2.	10 Cib	19 Pax	8
24.2.	11 Cabán	0 Kayab	9
25.2.	12 Edznab	1 Kayab	1
26.2.	13 Cauac	2 Kayab	2
27.2.	1 Ahau	3 Kayab	3
28.2.	2 Imix	4 Kayab	4
1.3.	3 Ik	5 Kayab	5
2.3.	4 Akbal	6 Kayab	6
3.3.	5 Kan	7 Kayab	7
4.3.	6 Chicchan	8 Kayab	8
5.3.	7 Cimi	9 Kayab	9
6.3.	8 Manik	10 Kayab	1
7.3.	9 Lamat	11 Kayab	2
8.3.	10 Muluc	12 Kayab	3
9.3.	11 Oc	13 Kayab	4

1989			
Greg.	Tzolkin	Haab	H.d.N
10.3.	12 Chuen	14 Kayab	5
11.3.	13 Eb	15 Kayab	6
12.3.	1 Ben	16 Kayab	7
13.3.	2 Ix	17 Kayab	8
14.3.	3 Men	18 Kayab	9
15.3.	4 Cib	19 Kayab	1
16.3.	5 Cabán	0 Cumku	2
17.3.	6 Edznab	1 Cumku	3
18.3.	7 Cauac	2 Cumku	4
19.3.	8 Ahau	3 Cumku	5
20.3.	9 Imix	4 Cumku	6
21.3.	10 Ik	5 Cumku	7
22.3.	11 Akbal	6 Cumku	8
23.3.	12 Kan	7 Cumku	9
24.3.	13 Chicchan	8 Cumku	1
25.3.	1 Cimi	9 Cumku	2
26.3.	2 Manik	10 Cumku	3
27.3.	3 Lamat	11 Cumku	4
28.3.	4 Muluc	12 Cumku	5
29.3.	5 Oc	13 Cumku	6
30.3.	6 Chuen	14 Cumku	7
31.3.	7 Eb	15 Cumku	8
1.4.	8 Ben	16 Cumku	9
2.4.	9 Ix	17 Cumku	1
3.4.	10 Men	18 Cumku	2
4.4.	11 Cib	19 Cumku	3
5.4.	12 Cabán	0 Uayeb	4
6.4.	13 Edznab	1 Uayeb	5
7.4.	1 Cauac	2 Uayeb	6
8.4.	2 Ahau	3 Uayeb	7
9.4.	3 Imix	4 Uayeb	8
10.4.	**4 Ik**	**0 Pop**	**9**
11.4.	5 Akbal	1 Pop	1
12.4.	6 Kan	2 Pop	2
13.4.	7 Chicchan	3 Pop	3
14.4.	8 Cimi	4 Pop	4
15.4.	9 Manik	5 Pop	5
16.4.	10 Lamat	6 Pop	6
17.4.	11 Muluc	7 Pop	7

1989			
Greg.	Tzolkin	Haab	H.d.N
18.4.	12 Oc	8 Pop	8
19.4.	13 Chuen	9 Pop	9
20.4.	1 Eb	10 Pop	1
21.4.	2 Ben	11 Pop	2
22.4.	3 Ix	12 Pop	3
23.4.	4 Men	13 Pop	4
24.4.	5 Cib	14 Pop	5
25.4.	6 Cabán	15 Pop	6
26.4.	7 Edznab	16 Pop	7
27.4.	8 Cauac	17 Pop	8
28.4.	9 Ahau	18 Pop	9
29.4.	10 Imix	19 Pop	1
30.4.	11 Ik	0 Uo	2
1.5.	12 Akbal	1 Uo	3
2.5.	13 Kan	2 Uo	4
3.5.	1 Chicchan	3 Uo	5
4.5.	2 Cimi	4 Uo	6
5.5.	3 Manik	5 Uo	7
6.5.	4 Lamat	6 Uo	8
7.5.	5 Muluc	7 Uo	9
8.5.	6 Oc	8 Uo	1
9.5.	7 Chuen	9 Uo	2
10.5.	8 Eb	10 Uo	3
11.5.	9 Ben	11 Uo	4
12.5.	10 Ix	12 Uo	5
13.5.	11 Men	13 Uo	6
14.5.	12 Cib	14 Uo	7
15.5.	13 Cabán	15 Uo	8
16.5.	1 Edznab	16 Uo	9
17.5.	2 Cauac	17 Uo	1
18.5.	3 Ahau	18 Uo	2
19.5.	4 Imix	19 Uo	3
20.5.	5 Ik	0 Zip	4
21.5.	6 Akbal	1 Zip	5
22.5.	7 Kan	2 Zip	6
23.5.	8 Chicchan	3 Zip	7
24.5.	9 Cimi	4 Zip	8
25.5.	10 Manik	5 Zip	9
26.5.	11 Lamat	6 Zip	1

1989			
Greg.	Tzolkin	Haab	H.d.N
27.5.	12 Muluc	7 Zip	2
28.5.	13 Oc	8 Zip	3
29.5.	1 Chuen	9 Zip	4
30.5.	2 Eb	10 Zip	5
31.5.	3 Ben	11 Zip	6
1.6.	4 Ix	12 Zip	7
2.6.	5 Men	13 Zip	8
3.6.	6 Cib	14 Zip	9
4.6.	7 Cabán	15 Zip	1
5.6.	8 Edznab	16 Zip	2
6.6.	9 Cauac	17 Zip	3
7.6.	10 Ahau	18 Zip	4
8.6.	11 Imix	19 Zip	5
9.6.	12 Ik	0 Zotz	6
10.6.	13 Akbal	1 Zotz	7
11.6.	1 Kan	2 Zotz	8
12.6.	2 Chicchan	3 Zotz	9
13.6.	3 Cimi	4 Zotz	1
14.6.	4 Manik	5 Zotz	2
15.6.	5 Lamat	6 Zotz	3
16.6.	6 Muluc	7 Zotz	4
17.6.	7 Oc	8 Zotz	5
18.6.	8 Chuen	9 Zotz	6
19.6.	9 Eb	10 Zotz	7
20.6.	10 Ben	11 Zotz	8
21.6.	11 Ix	12 Zotz	9
22.6.	12 Men	13 Zotz	1
23.6.	13 Cib	14 Zotz	2
24.6.	1 Cabán	15 Zotz	3
25.6.	2 Edznab	16 Zotz	4
26.6.	3 Cauac	17 Zotz	5
27.6.	4 Ahau	18 Zotz	6
28.6.	5 Imix	19 Zotz	7
29.6.	6 Ik	0 Tzec	8
30.6.	7 Akbal	1 Tzec	9
1.7.	8 Kan	2 Tzec	1
2.7.	9 Chicchan	3 Tzec	2
3.7.	10 Cimi	4 Tzec	3
4.7.	11 Manik	5 Tzec	4

1989			
Greg.	Tzolkin	Haab	H.d.N
5.7.	12 Lamat	6 Tzec	5
6.7.	13 Muluc	7 Tzec	6
7.7.	1 Oc	8 Tzec	7
8.7.	2 Chuen	9 Tzec	8
9.7.	3 Eb	10 Tzec	9
10.7.	4 Ben	11 Tzec	1
11.7.	5 Ix	12 Tzec	2
12.7.	6 Men	13 Tzec	3
13.7.	7 Cib	14 Tzec	4
14.7.	8 Cabán	15 Tzec	5
15.7.	9 Edznab	16 Tzec	6
16.7.	10 Cauac	17 Tzec	7
17.7.	11 Ahau	18 Tzec	8
18.7.	12 Imix	19 Tzec	9
19.7.	13 Ik	0 Xul	1
20.7.	1 Akbal	1 Xul	2
21.7.	2 Kan	2 Xul	3
22.7.	3 Chicchan	3 Xul	4
23.7.	4 Cimi	4 Xul	5
24.7.	5 Manik	5 Xul	6
25.7.	6 Lamat	6 Xul	7
26.7.	7 Muluc	7 Xul	8
27.7.	8 Oc	8 Xul	9
28.7.	9 Chuen	9 Xul	1
29.7.	10 Eb	10 Xul	2
30.7.	11 Ben	11 Xul	3
31.7.	12 Ix	12 Xul	4
1.8.	13 Men	13 Xul	5
2.8.	1 Cib	14 Xul	6
3.8.	2 Cabán	15 Xul	7
4.8.	3 Edznab	16 Xul	8
5.8.	4 Cauac	17 Xul	9
6.8.	5 Ahau	18 Xul	1
7.8.	6 Imix	19 Xul	2
8.8.	7 Ik	0 Yaxkin	3
9.8.	8 Akbal	1 Yaxkin	4
10.8.	9 Kan	2 Yaxkin	5
11.8.	10 Chicchan	3 Yaxkin	6
12.8.	11 Cimi	4 Yaxkin	7

1989			
Greg.	Tzolkin	Haab	H.d.N
13.8.	12 Manik	5 Yaxkin	8
14.8.	13 Lamat	6 Yaxkin	9
15.8.	1 Muluc	7 Yaxkin	1
16.8.	2 Oc	8 Yaxkin	2
17.8.	3 Chuen	9 Yaxkin	3
18.8.	4 Eb	10 Yaxkin	4
19.8.	5 Ben	11 Yaxkin	5
20.8.	6 Ix	12 Yaxkin	6
21.8.	7 Men	13 Yaxkin	7
22.8.	8 Cib	14 Yaxkin	8
23.8.	9 Cabán	15 Yaxkin	9
24.8.	10 Edznab	16 Yaxkin	1
25.8.	11 Cauac	17 Yaxkin	2
26.8.	12 Ahau	18 Yaxkin	3
27.8.	13 Imix	19 Yaxkin	4
28.8.	1 Ik	0 Mol	5
29.8.	2 Akbal	1 Mol	6
30.8.	3 Kan	2 Mol	7
31.8.	4 Chicchan	3 Mol	8
1.9.	5 Cimi	4 Mol	9
2.9.	6 Manik	5 Mol	1
3.9.	7 Lamat	6 Mol	2
4.9.	8 Muluc	7 Mol	3
5.9.	9 Oc	8 Mol	4
6.9.	10 Chuen	9 Mol	5
7.9.	11 Eb	10 Mol	6
8.9.	12 Ben	11 Mol	7
9.9.	13 Ix	12 Mol	8
10.9.	1 Men	13 Mol	9
11.9.	2 Cib	14 Mol	1
12.9.	3 Cabán	15 Mol	2
13.9.	4 Edznab	16 Mol	3
14.9.	5 Cauac	17 Mol	4
15.9.	6 Ahau	18 Mol	5
16.9.	7 Imix	19 Mol	6
17.9.	8 Ik	0 Chen	7
18.9.	9 Akbal	1 Chen	8
19.9.	10 Kan	2 Chen	9
20.9.	11 Chicchan	3 Chen	1

1989			
Greg.	Tzolkin	Haab	H.d.N
21.9.	12 Cimi	4 Chen	2
22.9.	13 Manik	5 Chen	3
23.9.	1 Lamat	6 Chen	4
24.9.	2 Muluc	7 Chen	5
25.9.	3 Oc	8 Chen	6
26.9.	4 Chuen	9 Chen	7
27.9.	5 Eb	10 Chen	8
28.9.	6 Ben	11 Chen	9
29.9.	7 Ix	12 Chen	1
30.9.	8 Men	13 Chen	2
1.10.	9 Cib	14 Chen	3
2.10.	10 Cabán	15 Chen	4
3.10.	11 Edznab	16 Chen	5
4.10.	12 Cauac	17 Chen	6
5.10.	13 Ahau	18 Chen	7
6.10.	1 Imix	19 Chen	8
7.10.	2 Ik	0 Yax	9
8.10.	3 Akbal	1 Yax	1
9.10.	4 Kan	2 Yax	2
10.10.	5 Chicchan	3 Yax	3
11.10.	6 Cimi	4 Yax	4
12.10.	7 Manik	5 Yax	5
13.10.	8 Lamat	6 Yax	6
14.10.	9 Muluc	7 Yax	7
15.10.	10 Oc	8 Yax	8
16.10.	11 Chuen	9 Yax	9
17.10.	12 Eb	10 Yax	1
18.10.	13 Ben	11 Yax	2
19.10.	1 Ix	12 Yax	3
20.10.	2 Men	13 Yax	4
21.10.	3 Cib	14 Yax	5
22.10.	4 Cabán	15 Yax	6
23.10.	5 Edznab	16 Yax	7
24.10.	6 Cauac	17 Yax	8
25.10.	7 Ahau	18 Yax	9
26.10.	8 Imix	19 Yax	1
27.10.	9 Ik	0 Zac	2
28.10.	10 Akbal	1 Zac	3
29.10.	11 Kan	2 Zac	4

1989			
Greg.	Tzolkin	Haab	H.d.N
30.10.	12 Chicchan	3 Zac	5
31.10.	13 Cimi	4 Zac	6
1.11.	1 Manik	5 Zac	7
2.11.	2 Lamat	6 Zac	8
3.11.	3 Muluc	7 Zac	9
4.11.	4 Oc	8 Zac	1
5.11.	5 Chuen	9 Zac	2
6.11.	6 Eb	10 Zac	3
7.11.	7 Ben	11 Zac	4
8.11.	8 Ix	12 Zac	5
9.11.	9 Men	13 Zac	6
10.11.	10 Cib	14 Zac	7
11.11.	11 Cabán	15 Zac	8
12.11.	12 Edznab	16 Zac	9
13.11.	13 Cauac	17 Zac	1
14.11.	1 Ahau	18 Zac	2
15.11.	2 Imix	19 Zac	3
16.11.	3 Ik	0 Ceh	4
17.11.	4 Akbal	1 Ceh	5
18.11.	5 Kan	2 Ceh	6
19.11.	6 Chicchan	3 Ceh	7
20.11.	7 Cimi	4 Ceh	8
21.11.	8 Manik	5 Ceh	9
22.11.	9 Lamat	6 Ceh	1
23.11.	10 Muluc	7 Ceh	2
24.11.	11 Oc	8 Ceh	3
25.11.	12 Chuen	9 Ceh	4
26.11.	13 Eb	10 Ceh	5
27.11.	1 Ben	11 Ceh	6
28.11.	2 Ix	12 Ceh	7
29.11.	3 Men	13 Ceh	8
30.11.	4 Cib	14 Ceh	9
1.12.	5 Cabán	15 Ceh	1
2.12.	6 Edznab	16 Ceh	2
3.12.	7 Cauac	17 Ceh	3
4.12.	8 Ahau	18 Ceh	4
5.12.	9 Imix	19 Ceh	5
6.12.	10 Ik	0 Mac	6
7.12.	11 Akbal	1 Mac	7

1989			
Greg.	Tzolkin	Haab	H.d.N
8.12.	12 Kan	2 Mac	8
9.12.	13 Chicchan	3 Mac	9
10.12.	1 Cimi	4 Mac	1
11.12.	2 Manik	5 Mac	2
12.12.	3 Lamat	6 Mac	3
13.12.	4 Muluc	7 Mac	4
14.12.	5 Oc	8 Mac	5
15.12.	6 Chuen	9 Mac	6
16.12.	7 Eb	10 Mac	7
17.12.	8 Ben	11 Mac	8
18.12.	9 Ix	12 Mac	9
19.12.	10 Men	13 Mac	1
20.12.	11 Cib	14 Mac	2
21.12.	12 Cabán	15 Mac	3
22.12.	13 Edznab	16 Mac	4
23.12.	1 Cauac	17 Mac	5
24.12.	2 Ahau	18 Mac	6
25.12.	3 Imix	19 Mac	7
26.12.	4 Ik	0 Kankin	8
27.12.	5 Akbal	1 Kankin	9
28.12.	6 Kan	2 Kankin	1
29.12.	7 Chicchan	3 Kankin	2
30.12.	8 Cimi	4 Kankin	3
31.12.	9 Manik	5 Kankin	4

1990			
Greg.	Tzolkin	Haab	H.d.N
1.1.	10 Lamat	6 Kankin	5
2.1.	11 Muluc	7 Kankin	6
3.1.	12 Oc	8 Kankin	7
4.1.	13 Chuen	9 Kankin	8
5.1.	1 Eb	10 Kankin	9
6.1.	2 Ben	11 Kankin	1
7.1.	3 Ix	12 Kankin	2
8.1.	4 Men	13 Kankin	3
9.1.	5 Cib	14 Kankin	4
10.1.	6 Cabán	15 Kankin	5
11.1.	7 Edznab	16 Kankin	6
12.1.	8 Cauac	17 Kankin	7
13.1.	9 Ahau	18 Kankin	8

1990			
Greg.	Tzolkin	Haab	H.d.N
14.1.	10 Imix	19 Kankin	9
15.1.	11 Ik	0 Muan	1
16.1.	12 Akbal	1 Muan	2
17.1.	13 Kan	2 Muan	3
18.1.	1 Chicchan	3 Muan	4
19.1.	2 Cimi	4 Muan	5
20.1.	3 Manik	5 Muan	6
21.1.	4 Lamat	6 Muan	7
22.1.	5 Muluc	7 Muan	8
23.1.	6 Oc	8 Muan	9
24.1.	7 Chuen	9 Muan	1
25.1.	8 Eb	10 Muan	2
26.1.	9 Ben	11 Muan	3
27.1.	10 Ix	12 Muan	4
28.1.	11 Men	13 Muan	5
29.1.	12 Cib	14 Muan	6
30.1.	13 Cabán	15 Muan	7
31.1.	1 Edznab	16 Muan	8
1.2.	2 Cauac	17 Muan	9
2.2.	3 Ahau	18 Muan	1
3.2.	4 Imix	19 Muan	2
4.2.	5 Ik	0 Pax	3
5.2.	6 Akbal	1 Pax	4
6.2.	7 Kan	2 Pax	5
7.2.	8 Chicchan	3 Pax	6
8.2.	9 Cimi	4 Pax	7
9.2.	10 Manik	5 Pax	8
10.2.	11 Lamat	6 Pax	9
11.2.	12 Muluc	7 Pax	1
12.2.	13 Oc	8 Pax	2
13.2.	1 Chuen	9 Pax	3
14.2.	2 Eb	10 Pax	4
15.2.	3 Ben	11 Pax	5
16.2.	4 Ix	12 Pax	6
17.2.	5 Men	13 Pax	7
18.2.	6 Cib	14 Pax	8
19.2.	7 Cabán	15 Pax	9
20.2.	8 Edznab	16 Pax	1
21.2.	9 Cauac	17 Pax	2

1990			
Greg.	Tzolkin	Haab	H.d.N
22.2.	10 Ahau	18 Pax	3
23.2.	11 Imix	19 Pax	4
24.2.	12 Ik	0 Kayab	5
25.2.	13 Akbal	1 Kayab	6
26.2.	1 Kan	2 Kayab	7
27.2.	2 Chicchan	3 Kayab	8
28.2.	3 Cimi	4 Kayab	9
1.3.	4 Manik	5 Kayab	1
2.3.	5 Lamat	6 Kayab	2
3.3.	6 Muluc	7 Kayab	3
4.3.	7 Oc	8 Kayab	4
5.3.	8 Chuen	9 Kayab	5
6.3.	9 Eb	10 Kayab	6
7.3.	10 Ben	11 Kayab	7
8.3.	11 Ix	12 Kayab	8
9.3.	12 Men	13 Kayab	9
10.3.	13 Cib	14 Kayab	1
11.3.	1 Cabán	15 Kayab	2
12.3.	2 Edznab	16 Kayab	3
13.3.	3 Cauac	17 Kayab	4
14.3.	4 Ahau	18 Kayab	5
15.3.	5 Imix	19 Kayab	6
16.3.	6 Ik	0 Cumku	7
17.3.	7 Akbal	1 Cumku	8
18.3.	8 Kan	2 Cumku	9
19.3.	9 Chicchan	3 Cumku	1
20.3.	10 Cimi	4 Cumku	2
21.3.	11 Manik	5 Cumku	3
22.3.	12 Lamat	6 Cumku	4
23.3.	13 Muluc	7 Cumku	5
24.3.	1 Oc	8 Cumku	6
25.3.	2 Chuen	9 Cumku	7
26.3.	3 Eb	10 Cumku	8
27.3.	4 Ben	11 Cumku	9
28.3.	5 Ix	12 Cumku	1
29.3.	6 Men	13 Cumku	2
30.3.	7 Cib	14 Cumku	3
31.3.	8 Cabán	15 Cumku	4
1.4.	9 Edznab	16 Cumku	5

1990			
Greg.	Tzolkin	Haab	H.d.N
2.4.	10 Cauac	17 Cumku	6
3.4.	11 Ahau	18 Cumku	7
4.4.	12 Imix	19 Cumku	8
5.4.	13 Ik	0 Uayeb	9
6.4.	1 Akbal	1 Uayeb	1
7.4.	2 Kan	2 Uayeb	2
8.4.	3 Chicchan	3 Uayeb	3
9.4.	4 Cimi	4 Uayeb	4
10.4.	**5 Manik**	**0 Pop**	**5**
11.4.	6 Lamat	1 Pop	6
12.4.	7 Muluc	2 Pop	7
13.4.	8 Oc	3 Pop	8
14.4.	9 Chuen	4 Pop	9
15.4.	10 Eb	5 Pop	1
16.4.	11 Ben	6 Pop	2
17.4.	12 Ix	7 Pop	3
18.4.	13 Men	8 Pop	4
19.4.	1 Cib	9 Pop	5
20.4.	2 Cabán	10 Pop	6
21.4.	3 Edznab	11 Pop	7
22.4.	4 Cauac	12 Pop	8
23.4.	5 Ahau	13 Pop	9
24.4.	6 Imix	14 Pop	1
25.4.	7 Ik	15 Pop	2
26.4.	8 Akbal	16 Pop	3
27.4.	9 Kan	17 Pop	4
28.4.	10 Chicchan	18 Pop	5
29.4.	11 Cimi	19 Pop	6
30.4.	12 Manik	0 Uo	7
1.5.	13 Lamat	1 Uo	8
2.5.	1 Muluc	2 Uo	9
3.5.	2 Oc	3 Uo	1
4.5.	3 Chuen	4 Uo	2
5.5.	4 Eb	5 Uo	3
6.5.	5 Ben	6 Uo	4
7.5.	6 Ix	7 Uo	5
8.5.	7 Men	8 Uo	6
9.5.	8 Cib	9 Uo	7
10.5.	9 Cabán	10 Uo	8

1990			
Greg.	Tzolkin	Haab	H.d.N
11.5.	10 Edznab	11 Uo	9
12.5.	11 Cauac	12 Uo	1
13.5.	12 Ahau	13 Uo	2
14.5.	13 Imix	14 Uo	3
15.5.	1 Ik	15 Uo	4
16.5.	2 Akbal	16 Uo	5
17.5.	3 Kan	17 Uo	6
18.5.	4 Chicchan	18 Uo	7
19.5.	5 Cimi	19 Uo	8
20.5.	6 Manik	0 Zip	9
21.5.	7 Lamat	1 Zip	1
22.5.	8 Muluc	2 Zip	2
23.5.	9 Oc	3 Zip	3
24.5.	10 Chuen	4 Zip	4
25.5.	11 Eb	5 Zip	5
26.5.	12 Ben	6 Zip	6
27.5.	13 Ix	7 Zip	7
28.5.	1 Men	8 Zip	8
29.5.	2 Cib	9 Zip	9
30.5.	3 Cabán	10 Zip	1
31.5.	4 Edznab	11 Zip	2
1.6.	5 Cauac	12 Zip	3
2.6.	6 Ahau	13 Zip	4
3.6.	7 Imix	14 Zip	5
4.6.	8 Ik	15 Zip	6
5.6.	9 Akbal	16 Zip	7
6.6.	10 Kan	17 Zip	8
7.6.	11 Chicchan	18 Zip	9
8.6.	12 Cimi	19 Zip	1
9.6.	13 Manik	0 Zotz	2
10.6.	1 Lamat	1 Zotz	3
11.6.	2 Muluc	2 Zotz	4
12.6.	3 Oc	3 Zotz	5
13.6.	4 Chuen	4 Zotz	6
14.6.	5 Eb	5 Zotz	7
15.6.	6 Ben	6 Zotz	8
16.6.	7 Ix	7 Zotz	9
17.6.	8 Men	8 Zotz	1
18.6.	9 Cib	9 Zotz	2

1990			
Greg.	Tzolkin	Haab	H.d.N
19.6.	10 Cabán	10 Zotz	3
20.6.	11 Edznab	11 Zotz	4
21.6.	12 Cauac	12 Zotz	5
22.6.	13 Ahau	13 Zotz	6
23.6.	1 Imix	14 Zotz	7
24.6.	2 Ik	15 Zotz	8
25.6.	3 Akbal	16 Zotz	9
26.6.	4 Kan	17 Zotz	1
27.6.	5 Chicchan	18 Zotz	2
28.6.	6 Cimi	19 Zotz	3
29.6.	7 Manik	0 Tzec	4
30.6.	8 Lamat	1 Tzec	5
1.7.	9 Muluc	2 Tzec	6
2.7.	10 Oc	3 Tzec	7
3.7.	11 Chuen	4 Tzec	8
4.7.	12 Eb	5 Tzec	9
5.7.	13 Ben	6 Tzec	1
6.7.	1 Ix	7 Tzec	2
7.7.	2 Men	8 Tzec	3
8.7.	3 Cib	9 Tzec	4
9.7.	4 Cabán	10 Tzec	5
10.7.	5 Edznab	11 Tzec	6
11.7.	6 Cauac	12 Tzec	7
12.7.	7 Ahau	13 Tzec	8
13.7.	8 Imix	14 Tzec	9
14.7.	9 Ik	15 Tzec	1
15.7.	10 Akbal	16 Tzec	2
16.7.	11 Kan	17 Tzec	3
17.7.	12 Chicchan	18 Tzec	4
18.7.	13 Cimi	19 Tzec	5
19.7.	1 Manik	0 Xul	6
20.7.	2 Lamat	1 Xul	7
21.7.	3 Muluc	2 Xul	8
22.7.	4 Oc	3 Xul	9
23.7.	5 Chuen	4 Xul	1
24.7.	6 Eb	5 Xul	2
25.7.	7 Ben	6 Xul	3
26.7.	8 Ix	7 Xul	4
27.7.	9 Men	8 Xul	5

1990			
Greg.	Tzolkin	Haab	H.d.N
28.7.	10 Cib	9 Xul	6
29.7.	11 Cabán	10 Xul	7
30.7.	12 Edznab	11 Xul	8
31.7.	13 Cauac	12 Xul	9
1.8.	1 Ahau	13 Xul	1
2.8.	2 Imix	14 Xul	2
3.8.	3 Ik	15 Xul	3
4.8.	4 Akbal	16 Xul	4
5.8.	5 Kan	17 Xul	5
6.8.	6 Chicchan	18 Xul	6
7.8.	7 Cimi	19 Xul	7
8.8.	8 Manik	0 Yaxkin	8
9.8.	9 Lamat	1 Yaxkin	9
10.8.	10 Muluc	2 Yaxkin	1
11.8.	11 Oc	3 Yaxkin	2
12.8.	12 Chuen	4 Yaxkin	3
13.8.	13 Eb	5 Yaxkin	4
14.8.	1 Ben	6 Yaxkin	5
15.8.	2 Ix	7 Yaxkin	6
16.8.	3 Men	8 Yaxkin	7
17.8.	4 Cib	9 Yaxkin	8
18.8.	5 Cabán	10 Yaxkin	9
19.8.	6 Edznab	11 Yaxkin	1
20.8.	7 Cauac	12 Yaxkin	2
21.8.	8 Ahau	13 Yaxkin	3
22.8.	9 Imix	14 Yaxkin	4
23.8.	10 Ik	15 Yaxkin	5
24.8.	11 Akbal	16 Yaxkin	6
25.8.	12 Kan	17 Yaxkin	7
26.8.	13 Chicchan	18 Yaxkin	8
27.8.	1 Cimi	19 Yaxkin	9
28.8.	2 Manik	0 Mol	1
29.8.	3 Lamat	1 Mol	2
30.8.	4 Muluc	2 Mol	3
31.8.	5 Oc	3 Mol	4
1.9.	6 Chuen	4 Mol	5
2.9.	7 Eb	5 Mol	6
3.9.	8 Ben	6 Mol	7
4.9.	9 Ix	7 Mol	8

1990			
Greg.	Tzolkin	Haab	H.d.N
5.9.	10 Men	8 Mol	9
6.9.	11 Cib	9 Mol	1
7.9.	12 Cabán	10 Mol	2
8.9.	13 Edznab	11 Mol	3
9.9.	1 Cauac	12 Mol	4
10.9.	2 Ahau	13 Mol	5
11.9.	3 Imix	14 Mol	6
12.9.	4 Ik	15 Mol	7
13.9.	5 Akbal	16 Mol	8
14.9.	6 Kan	17 Mol	9
15.9.	7 Chicchan	18 Mol	1
16.9.	8 Cimi	19 Mol	2
17.9.	9 Manik	0 Chen	3
18.9.	10 Lamat	1 Chen	4
19.9.	11 Muluc	2 Chen	5
20.9.	12 Oc	3 Chen	6
21.9.	13 Chuen	4 Chen	7
22.9.	1 Eb	5 Chen	8
23.9.	2 Ben	6 Chen	9
24.9.	3 Ix	7 Chen	1
25.9.	4 Men	8 Chen	2
26.9.	5 Cib	9 Chen	3
27.9.	6 Cabán	10 Chen	4
28.9.	7 Edznab	11 Chen	5
29.9.	8 Cauac	12 Chen	6
30.9.	9 Ahau	13 Chen	7
1.10.	10 Imix	14 Chen	8
2.10.	11 Ik	15 Chen	9
3.10.	12 Akbal	16 Chen	1
4.10.	13 Kan	17 Chen	2
5.10.	1 Chicchan	18 Chen	3
6.10.	2 Cimi	19 Chen	4
7.10.	3 Manik	0 Yax	5
8.10.	4 Lamat	1 Yax	6
9.10.	5 Muluc	2 Yax	7
10.10.	6 Oc	3 Yax	8
11.10.	7 Chuen	4 Yax	9
12.10.	8 Eb	5 Yax	1
13.10.	9 Ben	6 Yax	2

1990				1990			
Greg.	Tzolkin	Haab	H.d.N	Greg.	Tzolkin	Haab	H.d.N
14.10.	10 Ix	7 Yax	3	22.11.	10 Ben	6 Ceh	6
15.10.	11 Men	8 Yax	4	23.11.	11 Ix	7 Ceh	7
16.10.	12 Cib	9 Yax	5	24.11.	12 Men	8 Ceh	8
17.10.	13 Cabán	10 Yax	6	25.11.	13 Cib	9 Ceh	9
18.10.	1 Edznab	11 Yax	7	26.11.	1 Cabán	10 Ceh	1
19.10.	2 Cauac	12 Yax	8	27.11.	2 Edznab	11 Ceh	2
20.10.	3 Ahau	13 Yax	9	28.11.	3 Cauac	12 Ceh	3
21.10.	4 Imix	14 Yax	1	29.11.	4 Ahau	13 Ceh	4
22.10.	5 Ik	15 Yax	2	30.11.	5 Imix	14 Ceh	5
23.10.	6 Akbal	16 Yax	3	1.12.	6 Ik	15 Ceh	6
24.10.	7 Kan	17 Yax	4	2.12.	7 Akbal	16 Ceh	7
25.10.	8 Chicchan	18 Yax	5	3.12.	8 Kan	17 Ceh	8
26.10.	9 Cimi	19 Yax	6	4.12.	9 Chicchan	18 Ceh	9
27.10.	10 Manik	0 Zac	7	5.12.	10 Cimi	19 Ceh	1
28.10.	11 Lamat	1 Zac	8	6.12.	11 Manik	0 Mac	2
29.10.	12 Muluc	2 Zac	9	7.12.	12 Lamat	1 Mac	3
30.10.	13 Oc	3 Zac	1	8.12.	13 Muluc	2 Mac	4
31.10.	1 Chuen	4 Zac	2	9.12.	1 Oc	3 Mac	5
1.11.	2 Eb	5 Zac	3	10.12.	2 Chuen	4 Mac	6
2.11.	3 Ben	6 Zac	4	11.12.	3 Eb	5 Mac	7
3.11.	4 Ix	7 Zac	5	12.12.	4 Ben	6 Mac	8
4.11.	5 Men	8 Zac	6	13.12.	5 Ix	7 Mac	9
5.11.	6 Cib	9 Zac	7	14.12.	6 Men	8 Mac	1
6.11.	7 Cabán	10 Zac	8	15.12.	7 Cib	9 Mac	2
7.11.	8 Edznab	11 Zac	9	16.12.	8 Cabán	10 Mac	3
8.11.	9 Cauac	12 Zac	1	17.12.	9 Edznab	11 Mac	4
9.11.	10 Ahau	13 Zac	2	18.12.	10 Cauac	12 Mac	5
10.11.	11 Imix	14 Zac	3	19.12.	11 Ahau	13 Mac	6
11.11.	12 Ik	15 Zac	4	20.12.	12 Imix	14 Mac	7
12.11.	13 Akbal	16 Zac	5	21.12.	13 Ik	15 Mac	8
13.11.	1 Kan	17 Zac	6	22.12.	1 Akbal	16 Mac	9
14.11.	2 Chicchan	18 Zac	7	23.12.	2 Kan	17 Mac	1
15.11.	3 Cimi	19 Zac	8	24.12.	3 Chicchan	18 Mac	2
16.11.	4 Manik	0 Ceh	9	25.12.	4 Cimi	19 Mac	3
17.11.	5 Lamat	1 Ceh	1	26.12.	5 Manik	0 Kankin	4
18.11.	6 Muluc	2 Ceh	2	27.12.	6 Lamat	1 Kankin	5
19.11.	7 Oc	3 Ceh	3	28.12.	7 Muluc	2 Kankin	6
20.11.	8 Chuen	4 Ceh	4	29.12.	8 Oc	3 Kankin	7
21.11.	9 Eb	5 Ceh	5	30.12.	9 Chuen	4 Kankin	8

1990			
Greg.	Tzolkin	Haab	H.d.N
31.12.	10 Eb	5 Kankin	9
1991			
Greg.	Tzolkin	Haab	H.d.N
1.1.	11 Ben	6 Kankin	1
2.1.	12 Ix	7 Kankin	2
3.1.	13 Men	8 Kankin	3
4.1.	1 Cib	9 Kankin	4
5.1.	2 Cabán	10 Kankin	5
6.1.	3 Edznab	11 Kankin	6
7.1.	4 Cauac	12 Kankin	7
8.1.	5 Ahau	13 Kankin	8
9.1.	6 Imix	14 Kankin	9
10.1.	7 Ik	15 Kankin	1
11.1.	8 Akbal	16 Kankin	2
12.1.	9 Kan	17 Kankin	3
13.1.	10 Chicchan	18 Kankin	4
14.1.	11 Cimi	19 Kankin	5
15.1.	12 Manik	0 Muan	6
16.1.	13 Lamat	1 Muan	7
17.1.	1 Muluc	2 Muan	8
18.1.	2 Oc	3 Muan	9
19.1.	3 Chuen	4 Muan	1
20.1.	4 Eb	5 Muan	2
21.1.	5 Ben	6 Muan	3
22.1.	6 Ix	7 Muan	4
23.1.	7 Men	8 Muan	5
24.1.	8 Cib	9 Muan	6
25.1.	9 Cabán	10 Muan	7
26.1.	10 Edznab	11 Muan	8
27.1.	11 Cauac	12 Muan	9
28.1.	12 Ahau	13 Muan	1
29.1.	13 Imix	14 Muan	2
30.1.	1 Ik	15 Muan	3
31.1.	2 Akbal	16 Muan	4
1.2.	3 Kan	17 Muan	5
2.2.	4 Chicchan	18 Muan	6
3.2.	5 Cimi	19 Muan	7
4.2.	6 Manik	0 Pax	8
5.2.	7 Lamat	1 Pax	9

1991			
Greg.	Tzolkin	Haab	H.d.N
6.2.	8 Muluc	2 Pax	1
7.2.	9 Oc	3 Pax	2
8.2.	10 Chuen	4 Pax	3
9.2.	11 Eb	5 Pax	4
10.2.	12 Ben	6 Pax	5
11.2.	13 Ix	7 Pax	6
12.2.	1 Men	8 Pax	7
13.2.	2 Cib	9 Pax	8
14.2.	3 Cabán	10 Pax	9
15.2.	4 Edznab	11 Pax	1
16.2.	5 Cauac	12 Pax	2
17.2.	6 Ahau	13 Pax	3
18.2.	7 Imix	14 Pax	4
19.2.	8 Ik	15 Pax	5
20.2.	9 Akbal	16 Pax	6
21.2.	10 Kan	17 Pax	7
22.2.	11 Chicchan	18 Pax	8
23.2.	12 Cimi	19 Pax	9
24.2.	13 Manik	0 Kayab	1
25.2.	1 Lamat	1 Kayab	2
26.2.	2 Muluc	2 Kayab	3
27.2.	3 Oc	3 Kayab	4
28.2.	4 Chuen	4 Kayab	5
1.3.	5 Eb	5 Kayab	6
2.3.	6 Ben	6 Kayab	7
3.3.	7 Ix	7 Kayab	8
4.3.	8 Men	8 Kayab	9
5.3.	9 Cib	9 Kayab	1
6.3.	10 Cabán	10 Kayab	2
7.3.	11 Edznab	11 Kayab	3
8.3.	12 Cauac	12 Kayab	4
9.3.	13 Ahau	13 Kayab	5
10.3.	1 Imix	14 Kayab	6
11.3.	2 Ik	15 Kayab	7
12.3.	3 Akbal	16 Kayab	8
13.3.	4 Kan	17 Kayab	9
14.3.	5 Chicchan	18 Kayab	1
15.3.	6 Cimi	19 Kayab	2
16.3.	7 Manik	0 Cumku	3

1991			
Greg.	Tzolkin	Haab	H.d.N
17.3.	8 Lamat	1 Cumku	4
18.3.	9 Muluc	2 Cumku	5
19.3.	10 Oc	3 Cumku	6
20.3.	11 Chuen	4 Cumku	7
21.3.	12 Eb	5 Cumku	8
22.3.	13 Ben	6 Cumku	9
23.3.	1 Ix	7 Cumku	1
24.3.	2 Men	8 Cumku	2
25.3.	3 Cib	9 Cumku	3
26.3.	4 Cabán	10 Cumku	4
27.3.	5 Edznab	11 Cumku	5
28.3.	6 Cauac	12 Cumku	6
29.3.	7 Ahau	13 Cumku	7
30.3.	8 Imix	14 Cumku	8
31.3.	9 Ik	15 Cumku	9
1.4.	10 Akbal	16 Cumku	1
2.4.	11 Kan	17 Cumku	2
3.4.	12 Chicchan	18 Cumku	3
4.4.	13 Cimi	19 Cumku	4
5.4.	1 Manik	0 Uayeb	5
6.4.	2 Lamat	1 Uayeb	6
7.4.	3 Muluc	2 Uayeb	7
8.4.	4 Oc	3 Uayeb	8
9.4.	5 Chuen	4 Uayeb	9
10.4.	**6 Eb**	**0 Pop**	**1**
11.4.	7 Ben	1 Pop	2
12.4.	8 Ix	2 Pop	3
13.4.	9 Men	3 Pop	4
14.4.	10 Cib	4 Pop	5
15.4.	11 Cabán	5 Pop	6
16.4.	12 Edznab	6 Pop	7
17.4.	13 Cauac	7 Pop	8
18.4.	1 Ahau	8 Pop	9
19.4.	2 Imix	9 Pop	1
20.4.	3 Ik	10 Pop	2
21.4.	4 Akbal	11 Pop	3
22.4.	5 Kan	12 Pop	4
23.4.	6 Chicchan	13 Pop	5
24.4.	7 Cimi	14 Pop	6

1991			
Greg.	Tzolkin	Haab	H.d.N
25.4.	8 Manik	15 Pop	7
26.4.	9 Lamat	16 Pop	8
27.4.	10 Muluc	17 Pop	9
28.4.	11 Oc	18 Pop	1
29.4.	12 Chuen	19 Pop	2
30.4.	13 Eb	0 Uo	3
1.5.	1 Ben	1 Uo	4
2.5.	2 Ix	2 Uo	5
3.5.	3 Men	3 Uo	6
4.5.	4 Cib	4 Uo	7
5.5.	5 Cabán	5 Uo	8
6.5.	6 Edznab	6 Uo	9
7.5.	7 Cauac	7 Uo	1
8.5.	8 Ahau	8 Uo	2
9.5.	9 Imix	9 Uo	3
10.5.	10 Ik	10 Uo	4
11.5.	11 Akbal	11 Uo	5
12.5.	12 Kan	12 Uo	6
13.5.	13 Chicchan	13 Uo	7
14.5.	1 Cimi	14 Uo	8
15.5.	2 Manik	15 Uo	9
16.5.	3 Lamat	16 Uo	1
17.5.	4 Muluc	17 Uo	2
18.5.	5 Oc	18 Uo	3
19.5.	6 Chuen	19 Uo	4
20.5.	7 Eb	0 Zip	5
21.5.	8 Ben	1 Zip	6
22.5.	9 Ix	2 Zip	7
23.5.	10 Men	3 Zip	8
24.5.	11 Cib	4 Zip	9
25.5.	12 Cabán	5 Zip	1
26.5.	13 Edznab	6 Zip	2
27.5.	1 Cauac	7 Zip	3
28.5.	2 Ahau	8 Zip	4
29.5.	3 Imix	9 Zip	5
30.5.	4 Ik	10 Zip	6
31.5.	5 Akbal	11 Zip	7
1.6.	6 Kan	12 Zip	8
2.6.	7 Chicchan	13 Zip	9

1991			
Greg.	Tzolkin	Haab	H.d.N
3.6.	8 Cimi	14 Zip	1
4.6.	9 Manik	15 Zip	2
5.6.	10 Lamat	16 Zip	3
6.6.	11 Muluc	17 Zip	4
7.6.	12 Oc	18 Zip	5
8.6.	13 Chuen	19 Zip	6
9.6.	1 Eb	0 Zotz	7
10.6.	2 Ben	1 Zotz	8
11.6.	3 Ix	2 Zotz	9
12.6.	4 Men	3 Zotz	1
13.6.	5 Cib	4 Zotz	2
14.6.	6 Cabán	5 Zotz	3
15.6.	7 Edznab	6 Zotz	4
16.6.	8 Cauac	7 Zotz	5
17.6.	9 Ahau	8 Zotz	6
18.6.	10 Imix	9 Zotz	7
19.6.	11 Ik	10 Zotz	8
20.6.	12 Akbal	11 Zotz	9
21.6.	13 Kan	12 Zotz	1
22.6.	1 Chicchan	13 Zotz	2
23.6.	2 Cimi	14 Zotz	3
24.6.	3 Manik	15 Zotz	4
25.6.	4 Lamat	16 Zotz	5
26.6.	5 Muluc	17 Zotz	6
27.6.	6 Oc	18 Zotz	7
28.6.	7 Chuen	19 Zotz	8
29.6.	8 Eb	0 Tzec	9
30.6.	9 Ben	1 Tzec	1
1.7.	10 Ix	2 Tzec	2
2.7.	11 Men	3 Tzec	3
3.7.	12 Cib	4 Tzec	4
4.7.	13 Cabán	5 Tzec	5
5.7.	1 Edznab	6 Tzec	6
6.7.	2 Cauac	7 Tzec	7
7.7.	3 Ahau	8 Tzec	8
8.7.	4 Imix	9 Tzec	9
9.7.	5 Ik	10 Tzec	1
10.7.	6 Akbal	11 Tzec	2
11.7.	7 Kan	12 Tzec	3

1991			
Greg.	Tzolkin	Haab	H.d.N
12.7.	8 Chicchan	13 Tzec	4
13.7.	9 Cimi	14 Tzec	5
14.7.	10 Manik	15 Tzec	6
15.7.	11 Lamat	16 Tzec	7
16.7.	12 Muluc	17 Tzec	8
17.7.	13 Oc	18 Tzec	9
18.7.	1 Chuen	19 Tzec	1
19.7.	2 Eb	0 Xul	2
20.7.	3 Ben	1 Xul	3
21.7.	4 Ix	2 Xul	4
22.7.	5 Men	3 Xul	5
23.7.	6 Cib	4 Xul	6
24.7.	7 Cabán	5 Xul	7
25.7.	8 Edznab	6 Xul	8
26.7.	9 Cauac	7 Xul	9
27.7.	10 Ahau	8 Xul	1
28.7.	11 Imix	9 Xul	2
29.7.	12 Ik	10 Xul	3
30.7.	13 Akbal	11 Xul	4
31.7.	1 Kan	12 Xul	5
1.8.	2 Chicchan	13 Xul	6
2.8.	3 Cimi	14 Xul	7
3.8.	4 Manik	15 Xul	8
4.8.	5 Lamat	16 Xul	9
5.8.	6 Muluc	17 Xul	1
6.8.	7 Oc	18 Xul	2
7.8.	8 Chuen	19 Xul	3
8.8.	9 Eb	0 Yaxkin	4
9.8.	10 Ben	1 Yaxkin	5
10.8.	11 Ix	2 Yaxkin	6
11.8.	12 Men	3 Yaxkin	7
12.8.	13 Cib	4 Yaxkin	8
13.8.	1 Cabán	5 Yaxkin	9
14.8.	2 Edznab	6 Yaxkin	1
15.8.	3 Cauac	7 Yaxkin	2
16.8.	4 Ahau	8 Yaxkin	3
17.8.	5 Imix	9 Yaxkin	4
18.8.	6 Ik	10 Yaxkin	5
19.8.	7 Akbal	11 Yaxkin	6

1991			
Greg.	Tzolkin	Haab	H.d.N
20.8.	8 Kan	12 Yaxkin	7
21.8.	9 Chicchan	13 Yaxkin	8
22.8.	10 Cimi	14 Yaxkin	9
23.8.	11 Manik	15 Yaxkin	1
24.8.	12 Lamat	16 Yaxkin	2
25.8.	13 Muluc	17 Yaxkin	3
26.8.	1 Oc	18 Yaxkin	4
27.8.	2 Chuen	19 Yaxkin	5
28.8.	3 Eb	0 Mol	6
29.8.	4 Ben	1 Mol	7
30.8.	5 Ix	2 Mol	8
31.8.	6 Men	3 Mol	9
1.9.	7 Cib	4 Mol	1
2.9.	8 Cabán	5 Mol	2
3.9.	9 Edznab	6 Mol	3
4.9.	10 Cauac	7 Mol	4
5.9.	11 Ahau	8 Mol	5
6.9.	12 Imix	9 Mol	6
7.9.	13 Ik	10 Mol	7
8.9.	1 Akbal	11 Mol	8
9.9.	2 Kan	12 Mol	9
10.9.	3 Chicchan	13 Mol	1
11.9.	4 Cimi	14 Mol	2
12.9.	5 Manik	15 Mol	3
13.9.	6 Lamat	16 Mol	4
14.9.	7 Muluc	17 Mol	5
15.9.	8 Oc	18 Mol	6
16.9.	9 Chuen	19 Mol	7
17.9.	10 Eb	0 Chen	8
18.9.	11 Ben	1 Chen	9
19.9.	12 Ix	2 Chen	1
20.9.	13 Men	3 Chen	2
21.9.	1 Cib	4 Chen	3
22.9.	2 Cabán	5 Chen	4
23.9.	3 Edznab	6 Chen	5
24.9.	4 Cauac	7 Chen	6
25.9.	5 Ahau	8 Chen	7
26.9.	6 Imix	9 Chen	8
27.9.	7 Ik	10 Chen	9

1991			
Greg.	Tzolkin	Haab	H.d.N
28.9.	8 Akbal	11 Chen	1
29.9.	9 Kan	12 Chen	2
30.9.	10 Chicchan	13 Chen	3
1.10.	11 Cimi	14 Chen	4
2.10.	12 Manik	15 Chen	5
3.10.	13 Lamat	16 Chen	6
4.10.	1 Muluc	17 Chen	7
5.10.	2 Oc	18 Chen	8
6.10.	3 Chuen	19 Chen	9
7.10.	4 Eb	0 Yax	1
8.10.	5 Ben	1 Yax	2
9.10.	6 Ix	2 Yax	3
10.10.	7 Men	3 Yax	4
11.10.	8 Cib	4 Yax	5
12.10.	9 Cabán	5 Yax	6
13.10.	10 Edznab	6 Yax	7
14.10.	11 Cauac	7 Yax	8
15.10.	12 Ahau	8 Yax	9
16.10.	13 Imix	9 Yax	1
17.10.	1 Ik	10 Yax	2
18.10.	2 Akbal	11 Yax	3
19.10.	3 Kan	12 Yax	4
20.10.	4 Chicchan	13 Yax	5
21.10.	5 Cimi	14 Yax	6
22.10.	6 Manik	15 Yax	7
23.10.	7 Lamat	16 Yax	8
24.10.	8 Muluc	17 Yax	9
25.10.	9 Oc	18 Yax	1
26.10.	10 Chuen	19 Yax	2
27.10.	11 Eb	0 Zac	3
28.10.	12 Ben	1 Zac	4
29.10.	13 Ix	2 Zac	5
30.10.	1 Men	3 Zac	6
31.10.	2 Cib	4 Zac	7
1.11.	3 Cabán	5 Zac	8
2.11.	4 Edznab	6 Zac	9
3.11.	5 Cauac	7 Zac	1
4.11.	6 Ahau	8 Zac	2
5.11.	7 Imix	9 Zac	3

Kalendarium 447

1991			
Greg.	Tzolkin	Haab	H.d.N
6.11.	8 Ik	10 Zac	4
7.11.	9 Akbal	11 Zac	5
8.11.	10 Kan	12 Zac	6
9.11.	11 Chicchan	13 Zac	7
10.11.	12 Cimi	14 Zac	8
11.11.	13 Manik	15 Zac	9
12.11.	1 Lamat	16 Zac	1
13.11.	2 Muluc	17 Zac	2
14.11.	3 Oc	18 Zac	3
15.11.	4 Chuen	19 Zac	4
16.11.	5 Eb	0 Ceh	5
17.11.	6 Ben	1 Ceh	6
18.11.	7 Ix	2 Ceh	7
19.11.	8 Men	3 Ceh	8
20.11.	9 Cib	4 Ceh	9
21.11.	10 Cabán	5 Ceh	1
22.11.	11 Edznab	6 Ceh	2
23.11.	12 Cauac	7 Ceh	3
24.11.	13 Ahau	8 Ceh	4
25.11.	1 Imix	9 Ceh	5
26.11.	2 Ik	10 Ceh	6
27.11.	3 Akbal	11 Ceh	7
28.11.	4 Kan	12 Ceh	8
29.11.	5 Chicchan	13 Ceh	9
30.11.	6 Cimi	14 Ceh	1
1.12.	7 Manik	15 Ceh	2
2.12.	8 Lamat	16 Ceh	3
3.12.	9 Muluc	17 Ceh	4
4.12.	10 Oc	18 Ceh	5
5.12.	11 Chuen	19 Ceh	6
6.12.	12 Eb	0 Mac	7
7.12.	13 Ben	1 Mac	8
8.12.	1 Ix	2 Mac	9
9.12.	2 Men	3 Mac	1
10.12.	3 Cib	4 Mac	2
11.12.	4 Cabán	5 Mac	3
12.12.	5 Edznab	6 Mac	4
13.12.	6 Cauac	7 Mac	5
14.12.	7 Ahau	8 Mac	6

1991			
Greg.	Tzolkin	Haab	H.d.N
15.12.	8 Imix	9 Mac	7
16.12.	9 Ik	10 Mac	8
17.12.	10 Akbal	11 Mac	9
18.12.	11 Kan	12 Mac	1
19.12.	12 Chicchan	13 Mac	2
20.12.	13 Cimi	14 Mac	3
21.12.	1 Manik	15 Mac	4
22.12.	2 Lamat	16 Mac	5
23.12.	3 Muluc	17 Mac	6
24.12.	4 Oc	18 Mac	7
25.12.	5 Chuen	19 Mac	8
26.12.	6 Eb	0 Kankin	9
27.12.	7 Ben	1 Kankin	1
28.12.	8 Ix	2 Kankin	2
29.12.	9 Men	3 Kankin	3
30.12.	10 Cib	4 Kankin	4
31.12.	11 Cabán	5 Kankin	5

1992			
Greg.	Tzolkin	Haab	H.d.N
1.1.	12 Edznab	6 Kankin	6
2.1.	13 Cauac	7 Kankin	7
3.1.	1 Ahau	8 Kankin	8
4.1.	2 Imix	9 Kankin	9
5.1.	3 Ik	10 Kankin	1
6.1.	4 Akbal	11 Kankin	2
7.1.	5 Kan	12 Kankin	3
8.1.	6 Chicchan	13 Kankin	4
9.1.	7 Cimi	14 Kankin	5
10.1.	8 Manik	15 Kankin	6
11.1.	9 Lamat	16 Kankin	7
12.1.	10 Muluc	17 Kankin	8
13.1.	11 Oc	18 Kankin	9
14.1.	12 Chuen	19 Kankin	1
15.1.	13 Eb	0 Muan	2
16.1.	1 Ben	1 Muan	3
17.1.	2 Ix	2 Muan	4
18.1.	3 Men	3 Muan	5
19.1.	4 Cib	4 Muan	6
20.1.	5 Cabán	5 Muan	7

1992			
Greg.	Tzolkin	Haab	H.d.N
21.1.	6 Edznab	6 Muan	8
22.1.	7 Cauac	7 Muan	9
23.1.	8 Ahau	8 Muan	1
24.1.	9 Imix	9 Muan	2
25.1.	10 Ik	10 Muan	3
26.1.	11 Akbal	11 Muan	4
27.1.	12 Kan	12 Muan	5
28.1.	13 Chicchan	13 Muan	6
29.1.	1 Cimi	14 Muan	7
30.1.	2 Manik	15 Muan	8
31.1.	3 Lamat	16 Muan	9
1.2.	4 Muluc	17 Muan	1
2.2.	5 Oc	18 Muan	2
3.2.	6 Chuen	19 Muan	3
4.2.	7 Eb	0 Pax	4
5.2.	8 Ben	1 Pax	5
6.2.	9 Ix	2 Pax	6
7.2.	10 Men	3 Pax	7
8.2.	11 Cib	4 Pax	8
9.2.	12 Cabán	5 Pax	9
10.2.	13 Edznab	6 Pax	1
11.2.	1 Cauac	7 Pax	2
12.2.	2 Ahau	8 Pax	3
13.2.	3 Imix	9 Pax	4
14.2.	4 Ik	10 Pax	5
15.2.	5 Akbal	11 Pax	6
16.2.	6 Kan	12 Pax	7
17.2.	7 Chicchan	13 Pax	8
18.2.	8 Cimi	14 Pax	9
19.2.	9 Manik	15 Pax	1
20.2.	10 Lamat	16 Pax	2
21.2.	11 Muluc	17 Pax	3
22.2.	12 Oc	18 Pax	4
23.2.	13 Chuen	19 Pax	5
24.2.	1 Eb	0 Kayab	6
25.2.	2 Ben	1 Kayab	7
26.2.	3 Ix	2 Kayab	8
27.2.	4 Men	3 Kayab	9
28.2.	5 Cib	4 Kayab	1

1992			
Greg.	Tzolkin	Haab	H.d.N
29.2.	6 Cabán	5 Kayab	2
1.3.	7 Edznab	6 Kayab	3
2.3.	8 Cauac	7 Kayab	4
3.3.	9 Ahau	8 Kayab	5
4.3.	10 Imix	9 Kayab	6
5.3.	11 Ik	10 Kayab	7
6.3.	12 Akbal	11 Kayab	8
7.3.	13 Kan	12 Kayab	9
8.3.	1 Chicchan	13 Kayab	1
9.3.	2 Cimi	14 Kayab	2
10.3.	3 Manik	15 Kayab	3
11.3.	4 Lamat	16 Kayab	4
12.3.	5 Muluc	17 Kayab	5
13.3.	6 Oc	18 Kayab	6
14.3.	7 Chuen	19 Kayab	7
15.3.	8 Eb	0 Cumku	8
16.3.	9 Ben	1 Cumku	9
17.3.	10 Ix	2 Cumku	1
18.3.	11 Men	3 Cumku	2
19.3.	12 Cib	4 Cumku	3
20.3.	13 Cabán	5 Cumku	4
21.3.	1 Edznab	6 Cumku	5
22.3.	2 Cauac	7 Cumku	6
23.3.	3 Ahau	8 Cumku	7
24.3.	4 Imix	9 Cumku	8
25.3.	5 Ik	10 Cumku	9
26.3.	6 Akbal	11 Cumku	1
27.3.	7 Kan	12 Cumku	2
28.3.	8 Chicchan	13 Cumku	3
29.3.	9 Cimi	14 Cumku	4
30.3.	10 Manik	15 Cumku	5
31.3.	11 Lamat	16 Cumku	6
1.4.	12 Muluc	17 Cumku	7
2.4.	13 Oc	18 Cumku	8
3.4.	1 Chuen	19 Cumku	9
4.4.	2 Eb	0 Uayeb	1
5.4.	3 Ben	1 Uayeb	2
6.4.	4 Ix	2 Uayeb	3
7.4.	5 Men	3 Uayeb	4

1992			
Greg.	Tzolkin	Haab	H.d.N
8.4.	6 Cib	4 Uayeb	5
9.4.	**7 Cabán**	**0 Pop**	**6**
10.4.	8 Edznab	1 Pop	7
11.4.	9 Cauac	2 Pop	8
12.4.	10 Ahau	3 Pop	9
13.4.	11 Imix	4 Pop	1
14.4.	12 Ik	5 Pop	2
15.4.	13 Akbal	6 Pop	3
16.4.	1 Kan	7 Pop	4
17.4.	2 Chicchan	8 Pop	5
18.4.	3 Cimi	9 Pop	6
19.4.	4 Manik	10 Pop	7
20.4.	5 Lamat	11 Pop	8
21.4.	6 Muluc	12 Pop	9
22.4.	7 Oc	13 Pop	1
23.4.	8 Chuen	14 Pop	2
24.4.	9 Eb	15 Pop	3
25.4.	10 Ben	16 Pop	4
26.4.	11 Ix	17 Pop	5
27.4.	12 Men	18 Pop	6
28.4.	13 Cib	19 Pop	7
29.4.	1 Cabán	0 Uo	8
30.4.	2 Edznab	1 Uo	9
1.5.	3 Cauac	2 Uo	1
2.5.	4 Ahau	3 Uo	2
3.5.	5 Imix	4 Uo	3
4.5.	6 Ik	5 Uo	4
5.5.	7 Akbal	6 Uo	5
6.5.	8 Kan	7 Uo	6
7.5.	9 Chicchan	8 Uo	7
8.5.	10 Cimi	9 Uo	8
9.5.	11 Manik	10 Uo	9
10.5.	12 Lamat	11 Uo	1
11.5.	13 Muluc	12 Uo	2
12.5.	1 Oc	13 Uo	3
13.5.	2 Chuen	14 Uo	4
14.5.	3 Eb	15 Uo	5
15.5.	4 Ben	16 Uo	6
16.5.	5 Ix	17 Uo	7

1992			
Greg.	Tzolkin	Haab	H.d.N
17.5.	6 Men	18 Uo	8
18.5.	7 Cib	19 Uo	9
19.5.	8 Cabán	0 Zip	1
20.5.	9 Edznab	1 Zip	2
21.5.	10 Cauac	2 Zip	3
22.5.	11 Ahau	3 Zip	4
23.5.	12 Imix	4 Zip	5
24.5.	13 Ik	5 Zip	6
25.5.	1 Akbal	6 Zip	7
26.5.	2 Kan	7 Zip	8
27.5.	3 Chicchan	8 Zip	9
28.5.	4 Cimi	9 Zip	1
29.5.	5 Manik	10 Zip	2
30.5.	6 Lamat	11 Zip	3
31.5.	7 Muluc	12 Zip	4
1.6.	8 Oc	13 Zip	5
2.6.	9 Chuen	14 Zip	6
3.6.	10 Eb	15 Zip	7
4.6.	11 Ben	16 Zip	8
5.6.	12 Ix	17 Zip	9
6.6.	13 Men	18 Zip	1
7.6.	1 Cib	19 Zip	2
8.6.	2 Cabán	0 Zotz	3
9.6.	3 Edznab	1 Zotz	4
10.6.	4 Cauac	2 Zotz	5
11.6.	5 Ahau	3 Zotz	6
12.6.	6 Imix	4 Zotz	7
13.6.	7 Ik	5 Zotz	8
14.6.	8 Akbal	6 Zotz	9
15.6.	9 Kan	7 Zotz	1
16.6.	10 Chicchan	8 Zotz	2
17.6.	11 Cimi	9 Zotz	3
18.6.	12 Manik	10 Zotz	4
19.6.	13 Lamat	11 Zotz	5
20.6.	1 Muluc	12 Zotz	6
21.6.	2 Oc	13 Zotz	7
22.6.	3 Chuen	14 Zotz	8
23.6.	4 Eb	15 Zotz	9
24.6.	5 Ben	16 Zotz	1

1992			
Greg.	Tzolkin	Haab	H.d.N
25.6.	6 Ix	17 Zotz	2
26.6.	7 Men	18 Zotz	3
27.6.	8 Cib	19 Zotz	4
28.6.	9 Cabán	0 Tzec	5
29.6.	10 Edznab	1 Tzec	6
30.6.	11 Cauac	2 Tzec	7
1.7.	12 Ahau	3 Tzec	8
2.7.	13 Imix	4 Tzec	9
3.7.	1 Ik	5 Tzec	1
4.7.	2 Akbal	6 Tzec	2
5.7.	3 Kan	7 Tzec	3
6.7.	4 Chicchan	8 Tzec	4
7.7.	5 Cimi	9 Tzec	5
8.7.	6 Manik	10 Tzec	6
9.7.	7 Lamat	11 Tzec	7
10.7.	8 Muluc	12 Tzec	8
11.7.	9 Oc	13 Tzec	9
12.7.	10 Chuen	14 Tzec	1
13.7.	11 Eb	15 Tzec	2
14.7.	12 Ben	16 Tzec	3
15.7.	13 Ix	17 Tzec	4
16.7.	1 Men	18 Tzec	5
17.7.	2 Cib	19 Tzec	6
18.7.	3 Cabán	0 Xul	7
19.7.	4 Edznab	1 Xul	8
20.7.	5 Cauac	2 Xul	9
21.7.	6 Ahau	3 Xul	1
22.7.	7 Imix	4 Xul	2
23.7.	8 Ik	5 Xul	3
24.7.	9 Akbal	6 Xul	4
25.7.	10 Kan	7 Xul	5
26.7.	11 Chicchan	8 Xul	6
27.7.	12 Cimi	9 Xul	7
28.7.	13 Manik	10 Xul	8
29.7.	1 Lamat	11 Xul	9
30.7.	2 Muluc	12 Xul	1
31.7.	3 Oc	13 Xul	2
1.8.	4 Chuen	14 Xul	3
2.8.	5 Eb	15 Xul	4

1992			
Greg.	Tzolkin	Haab	H.d.N
3.8.	6 Ben	16 Xul	5
4.8.	7 Ix	17 Xul	6
5.8.	8 Men	18 Xul	7
6.8.	9 Cib	19 Xul	8
7.8.	10 Cabán	0 Yaxkin	9
8.8.	11 Edznab	1 Yaxkin	1
9.8.	12 Cauac	2 Yaxkin	2
10.8.	13 Ahau	3 Yaxkin	3
11.8.	1 Imix	4 Yaxkin	4
12.8.	2 Ik	5 Yaxkin	5
13.8.	3 Akbal	6 Yaxkin	6
14.8.	4 Kan	7 Yaxkin	7
15.8.	5 Chicchan	8 Yaxkin	8
16.8.	6 Cimi	9 Yaxkin	9
17.8.	7 Manik	10 Yaxkin	1
18.8.	8 Lamat	11 Yaxkin	2
19.8.	9 Muluc	12 Yaxkin	3
20.8.	10 Oc	13 Yaxkin	4
21.8.	11 Chuen	14 Yaxkin	5
22.8.	12 Eb	15 Yaxkin	6
23.8.	13 Ben	16 Yaxkin	7
24.8.	1 Ix	17 Yaxkin	8
25.8.	2 Men	18 Yaxkin	9
26.8.	3 Cib	19 Yaxkin	1
27.8.	4 Cabán	0 Mol	2
28.8.	5 Edznab	1 Mol	3
29.8.	6 Cauac	2 Mol	4
30.8.	7 Ahau	3 Mol	5
31.8.	8 Imix	4 Mol	6
1.9.	9 Ik	5 Mol	7
2.9.	10 Akbal	6 Mol	8
3.9.	11 Kan	7 Mol	9
4.9.	12 Chicchan	8 Mol	1
5.9.	13 Cimi	9 Mol	2
6.9.	1 Manik	10 Mol	3
7.9.	2 Lamat	11 Mol	4
8.9.	3 Muluc	12 Mol	5
9.9.	4 Oc	13 Mol	6
10.9.	5 Chuen	14 Mol	7

1992			
Greg.	Tzolkin	Haab	H.d.N
11.9.	6 Eb	15 Mol	8
12.9.	7 Ben	16 Mol	9
13.9.	8 Ix	17 Mol	1
14.9.	9 Men	18 Mol	2
15.9.	10 Cib	19 Mol	3
16.9.	11 Cabán	0 Chen	4
17.9.	12 Edznab	1 Chen	5
18.9.	13 Cauac	2 Chen	6
19.9.	1 Ahau	3 Chen	7
20.9.	2 Imix	4 Chen	8
21.9.	3 Ik	5 Chen	9
22.9.	4 Akbal	6 Chen	1
23.9.	5 Kan	7 Chen	2
24.9.	6 Chicchan	8 Chen	3
25.9.	7 Cimi	9 Chen	4
26.9.	8 Manik	10 Chen	5
27.9.	9 Lamat	11 Chen	6
28.9.	10 Muluc	12 Chen	7
29.9.	11 Oc	13 Chen	8
30.9.	12 Chuen	14 Chen	9
1.10.	13 Eb	15 Chen	1
2.10.	1 Ben	16 Chen	2
3.10.	2 Ix	17 Chen	3
4.10.	3 Men	18 Chen	4
5.10.	4 Cib	19 Chen	5
6.10.	5 Cabán	0 Yax	6
7.10.	6 Edznab	1 Yax	7
8.10.	7 Cauac	2 Yax	8
9.10.	8 Ahau	3 Yax	9
10.10.	9 Imix	4 Yax	1
11.10.	10 Ik	5 Yax	2
12.10.	11 Akbal	6 Yax	3
13.10.	12 Kan	7 Yax	4
14.10.	13 Chicchan	8 Yax	5
15.10.	1 Cimi	9 Yax	6
16.10.	2 Manik	10 Yax	7
17.10.	3 Lamat	11 Yax	8
18.10.	4 Muluc	12 Yax	9
19.10.	5 Oc	13 Yax	1

1992			
Greg.	Tzolkin	Haab	H.d.N
20.10.	6 Chuen	14 Yax	2
21.10.	7 Eb	15 Yax	3
22.10.	8 Ben	16 Yax	4
23.10.	9 Ix	17 Yax	5
24.10.	10 Men	18 Yax	6
25.10.	11 Cib	19 Yax	7
26.10.	12 Cabán	0 Zac	8
27.10.	13 Edznab	1 Zac	9
28.10.	1 Cauac	2 Zac	1
29.10.	2 Ahau	3 Zac	2
30.10.	3 Imix	4 Zac	3
31.10.	4 Ik	5 Zac	4
1.11.	5 Akbal	6 Zac	5
2.11.	6 Kan	7 Zac	6
3.11.	7 Chicchan	8 Zac	7
4.11.	8 Cimi	9 Zac	8
5.11.	9 Manik	10 Zac	9
6.11.	10 Lamat	11 Zac	1
7.11.	11 Muluc	12 Zac	2
8.11.	12 Oc	13 Zac	3
9.11.	13 Chuen	14 Zac	4
10.11.	1 Eb	15 Zac	5
11.11.	2 Ben	16 Zac	6
12.11.	3 Ix	17 Zac	7
13.11.	4 Men	18 Zac	8
14.11.	5 Cib	19 Zac	9
15.11.	6 Cabán	0 Ceh	1
16.11.	7 Edznab	1 Ceh	2
17.11.	8 Cauac	2 Ceh	3
18.11.	9 Ahau	3 Ceh	4
19.11.	10 Imix	4 Ceh	5
20.11.	11 Ik	5 Ceh	6
21.11.	12 Akbal	6 Ceh	7
22.11.	13 Kan	7 Ceh	8
23.11.	1 Chicchan	8 Ceh	9
24.11.	2 Cimi	9 Ceh	1
25.11.	3 Manik	10 Ceh	2
26.11.	4 Lamat	11 Ceh	3
27.11.	5 Muluc	12 Ceh	4

1992			
Greg.	Tzolkin	Haab	H.d.N
28.11.	6 Oc	13 Ceh	5
29.11.	7 Chuen	14 Ceh	6
30.11.	8 Eb	15 Ceh	7
1.12.	9 Ben	16 Ceh	8
2.12.	10 Ix	17 Ceh	9
3.12.	11 Men	18 Ceh	1
4.12.	12 Cib	19 Ceh	2
5.12.	13 Cabán	0 Mac	3
6.12.	1 Edznab	1 Mac	4
7.12.	2 Cauac	2 Mac	5
8.12.	3 Ahau	3 Mac	6
9.12.	4 Imix	4 Mac	7
10.12.	5 Ik	5 Mac	8
11.12.	6 Akbal	6 Mac	9
12.12.	7 Kan	7 Mac	1
13.12.	8 Chicchan	8 Mac	2
14.12.	9 Cimi	9 Mac	3
15.12.	10 Manik	10 Mac	4
16.12.	11 Lamat	11 Mac	5
17.12.	12 Muluc	12 Mac	6
18.12.	13 Oc	13 Mac	7
19.12.	1 Chuen	14 Mac	8
20.12.	2 Eb	15 Mac	9
21.12.	3 Ben	16 Mac	1
22.12.	4 Ix	17 Mac	2
23.12.	5 Men	18 Mac	3
24.12.	6 Cib	19 Mac	4
25.12.	7 Cabán	0 Kankin	5
26.12.	8 Edznab	1 Kankin	6
27.12.	9 Cauac	2 Kankin	7
28.12.	10 Ahau	3 Kankin	8
29.12.	11 Imix	4 Kankin	9
30.12.	12 Ik	5 Kankin	1
31.12.	13 Akbal	6 Kankin	2

1993			
Greg.	Tzolkin	Haab	H.d.N
1.1.	1 Kan	7 Kankin	3
2.1.	2 Chicchan	8 Kankin	4
3.1.	3 Cimi	9 Kankin	5

1993			
Greg.	Tzolkin	Haab	H.d.N
4.1.	4 Manik	10 Kankin	6
5.1.	5 Lamat	11 Kankin	7
6.1.	6 Muluc	12 Kankin	8
7.1.	7 Oc	13 Kankin	9
8.1.	8 Chuen	14 Kankin	1
9.1.	9 Eb	15 Kankin	2
10.1.	10 Ben	16 Kankin	3
11.1.	11 Ix	17 Kankin	4
12.1.	12 Men	18 Kankin	5
13.1.	13 Cib	19 Kankin	6
14.1.	1 Cabán	0 Muan	7
15.1.	2 Edznab	1 Muan	8
16.1.	3 Cauac	2 Muan	9
17.1.	4 Ahau	3 Muan	1
18.1.	5 Imix	4 Muan	2
19.1.	6 Ik	5 Muan	3
20.1.	7 Akbal	6 Muan	4
21.1.	8 Kan	7 Muan	5
22.1.	9 Chicchan	8 Muan	6
23.1.	10 Cimi	9 Muan	7
24.1.	11 Manik	10 Muan	8
25.1.	12 Lamat	11 Muan	9
26.1.	13 Muluc	12 Muan	1
27.1.	1 Oc	13 Muan	2
28.1.	2 Chuen	14 Muan	3
29.1.	3 Eb	15 Muan	4
30.1.	4 Ben	16 Muan	5
31.1.	5 Ix	17 Muan	6
1.2.	6 Men	18 Muan	7
2.2.	7 Cib	19 Muan	8
3.2.	8 Cabán	0 Pax	9
4.2.	9 Edznab	1 Pax	1
5.2.	10 Cauac	2 Pax	2
6.2.	11 Ahau	3 Pax	3
7.2.	12 Imix	4 Pax	4
8.2.	13 Ik	5 Pax	5
9.2.	1 Akbal	6 Pax	6
10.2.	2 Kan	7 Pax	7
11.2.	3 Chicchan	8 Pax	8

1993			
Greg.	Tzolkin	Haab	H.d.N
12.2.	4 Cimi	9 Pax	9
13.2.	5 Manik	10 Pax	1
14.2.	6 Lamat	11 Pax	2
15.2.	7 Muluc	12 Pax	3
16.2.	8 Oc	13 Pax	4
17.2.	9 Chuen	14 Pax	5
18.2.	10 Eb	15 Pax	6
19.2.	11 Ben	16 Pax	7
20.2.	12 Ix	17 Pax	8
21.2.	13 Men	18 Pax	9
22.2.	1 Cib	19 Pax	1
23.2.	2 Cabán	0 Kayab	2
24.2.	3 Edznab	1 Kayab	3
25.2.	4 Cauac	2 Kayab	4
26.2.	5 Ahau	3 Kayab	5
27.2.	6 Imix	4 Kayab	6
28.2.	7 Ik	5 Kayab	7
1.3.	8 Akbal	6 Kayab	8
2.3.	9 Kan	7 Kayab	9
3.3.	10 Chicchan	8 Kayab	1
4.3.	11 Cimi	9 Kayab	2
5.3.	12 Manik	10 Kayab	3
6.3.	13 Lamat	11 Kayab	4
7.3.	1 Muluc	12 Kayab	5
8.3.	2 Oc	13 Kayab	6
9.3.	3 Chuen	14 Kayab	7
10.3.	4 Eb	15 Kayab	8
11.3.	5 Ben	16 Kayab	9
12.3.	6 Ix	17 Kayab	1
13.3.	7 Men	18 Kayab	2
14.3.	8 Cib	19 Kayab	3
15.3.	9 Cabán	0 Cumku	4
16.3.	10 Edznab	1 Cumku	5
17.3.	11 Cauac	2 Cumku	6
18.3.	12 Ahau	3 Cumku	7
19.3.	13 Imix	4 Cumku	8
20.3.	1 Ik	5 Cumku	9
21.3.	2 Akbal	6 Cumku	1
22.3.	3 Kan	7 Cumku	2

1993			
Greg.	Tzolkin	Haab	H.d.N
23.3.	4 Chicchan	8 Cumku	3
24.3.	5 Cimi	9 Cumku	4
25.3.	6 Manik	10 Cumku	5
26.3.	7 Lamat	11 Cumku	6
27.3.	8 Muluc	12 Cumku	7
28.3.	9 Oc	13 Cumku	8
29.3.	10 Chuen	14 Cumku	9
30.3.	11 Eb	15 Cumku	1
31.3.	12 Ben	16 Cumku	2
1.4.	13 Ix	17 Cumku	3
2.4.	1 Men	18 Cumku	4
3.4.	2 Cib	19 Cumku	5
4.4.	3 Cabán	0 Uayeb	6
5.4.	4 Edznab	1 Uayeb	7
6.4.	5 Cauac	2 Uayeb	8
7.4.	6 Ahau	3 Uayeb	9
8.4.	7 Imix	4 Uayeb	1
9.4.	**8 Ik**	**0 Pop**	**2**
10.4.	9 Akbal	1 Pop	3
11.4.	10 Kan	2 Pop	4
12.4.	11 Chicchan	3 Pop	5
13.4.	12 Cimi	4 Pop	6
14.4.	13 Manik	5 Pop	7
15.4.	1 Lamat	6 Pop	8
16.4.	2 Muluc	7 Pop	9
17.4.	3 Oc	8 Pop	1
18.4.	4 Chuen	9 Pop	2
19.4.	5 Eb	10 Pop	3
20.4.	6 Ben	11 Pop	4
21.4.	7 Ix	12 Pop	5
22.4.	8 Men	13 Pop	6
23.4.	9 Cib	14 Pop	7
24.4.	10 Cabán	15 Pop	8
25.4.	11 Edznab	16 Pop	9
26.4.	12 Cauac	17 Pop	1
27.4.	13 Ahau	18 Pop	2
28.4.	1 Imix	19 Pop	3
29.4.	2 Ik	0 Uo	4
30.4.	3 Akbal	1 Uo	5

1993			
Greg.	Tzolkin	Haab	H.d.N
1.5.	4 Kan	2 Uo	6
2.5.	5 Chicchan	3 Uo	7
3.5.	6 Cimi	4 Uo	8
4.5.	7 Manik	5 Uo	9
5.5.	8 Lamat	6 Uo	1
6.5.	9 Muluc	7 Uo	2
7.5.	10 Oc	8 Uo	3
8.5.	11 Chuen	9 Uo	4
9.5.	12 Eb	10 Uo	5
10.5.	13 Ben	11 Uo	6
11.5.	1 Ix	12 Uo	7
12.5.	2 Men	13 Uo	8
13.5.	3 Cib	14 Uo	9
14.5.	4 Cabán	15 Uo	1
15.5.	5 Edznab	16 Uo	2
16.5.	6 Cauac	17 Uo	3
17.5.	7 Ahau	18 Uo	4
18.5.	8 Imix	19 Uo	5
19.5.	9 Ik	0 Zip	6
20.5.	10 Akbal	1 Zip	7
21.5.	11 Kan	2 Zip	8
22.5.	12 Chicchan	3 Zip	9
23.5.	13 Cimi	4 Zip	1
24.5.	1 Manik	5 Zip	2
25.5.	2 Lamat	6 Zip	3
26.5.	3 Muluc	7 Zip	4
27.5.	4 Oc	8 Zip	5
28.5.	5 Chuen	9 Zip	6
29.5.	6 Eb	10 Zip	7
30.5.	7 Ben	11 Zip	8
31.5.	8 Ix	12 Zip	9
1.6.	9 Men	13 Zip	1
2.6.	10 Cib	14 Zip	2
3.6.	11 Cabán	15 Zip	3
4.6.	12 Edznab	16 Zip	4
5.6.	13 Cauac	17 Zip	5
6.6.	1 Ahau	18 Zip	6
7.6.	2 Imix	19 Zip	7
8.6.	3 Ik	0 Zotz	8

1993			
Greg.	Tzolkin	Haab	H.d.N
9.6.	4 Akbal	1 Zotz	9
10.6.	5 Kan	2 Zotz	1
11.6.	6 Chicchan	3 Zotz	2
12.6.	7 Cimi	4 Zotz	3
13.6.	8 Manik	5 Zotz	4
14.6.	9 Lamat	6 Zotz	5
15.6.	10 Muluc	7 Zotz	6
16.6.	11 Oc	8 Zotz	7
17.6.	12 Chuen	9 Zotz	8
18.6.	13 Eb	10 Zotz	9
19.6.	1 Ben	11 Zotz	1
20.6.	2 Ix	12 Zotz	2
21.6.	3 Men	13 Zotz	3
22.6.	4 Cib	14 Zotz	4
23.6.	5 Cabán	15 Zotz	5
24.6.	6 Edznab	16 Zotz	6
25.6.	7 Cauac	17 Zotz	7
26.6.	8 Ahau	18 Zotz	8
27.6.	9 Imix	19 Zotz	9
28.6.	10 Ik	0 Tzec	1
29.6.	11 Akbal	1 Tzec	2
30.6.	12 Kan	2 Tzec	3
1.7.	13 Chicchan	3 Tzec	4
2.7.	1 Cimi	4 Tzec	5
3.7.	2 Manik	5 Tzec	6
4.7.	3 Lamat	6 Tzec	7
5.7.	4 Muluc	7 Tzec	8
6.7.	5 Oc	8 Tzec	9
7.7.	6 Chuen	9 Tzec	1
8.7.	7 Eb	10 Tzec	2
9.7.	8 Ben	11 Tzec	3
10.7.	9 Ix	12 Tzec	4
11.7.	10 Men	13 Tzec	5
12.7.	11 Cib	14 Tzec	6
13.7.	12 Cabán	15 Tzec	7
14.7.	13 Edznab	16 Tzec	8
15.7.	1 Cauac	17 Tzec	9
16.7.	2 Ahau	18 Tzec	1
17.7.	3 Imix	19 Tzec	2

1993				1993			
Greg.	Tzolkin	Haab	H.d.N	Greg.	Tzolkin	Haab	H.d.N
18.7.	4 Ik	0 Xul	3	26.8.	4 Imix	19 Yaxkin	6
19.7.	5 Akbal	1 Xul	4	27.8.	5 Ik	0 Mol	7
20.7.	6 Kan	2 Xul	5	28.8.	6 Akbal	1 Mol	8
21.7.	7 Chicchan	3 Xul	6	29.8.	7 Kan	2 Mol	9
22.7.	8 Cimi	4 Xul	7	30.8.	8 Chicchan	3 Mol	1
23.7.	9 Manik	5 Xul	8	31.8.	9 Cimi	4 Mol	2
24.7.	10 Lamat	6 Xul	9	1.9.	10 Manik	5 Mol	3
25.7.	11 Muluc	7 Xul	1	2.9.	11 Lamat	6 Mol	4
26.7.	12 Oc	8 Xul	2	3.9.	12 Muluc	7 Mol	5
27.7.	13 Chuen	9 Xul	3	4.9.	13 Oc	8 Mol	6
28.7.	1 Eb	10 Xul	4	5.9.	1 Chuen	9 Mol	7
29.7.	2 Ben	11 Xul	5	6.9.	2 Eb	10 Mol	8
30.7.	3 Ix	12 Xul	6	7.9.	3 Ben	11 Mol	9
31.7.	4 Men	13 Xul	7	8.9.	4 Ix	12 Mol	1
1.8.	5 Cib	14 Xul	8	9.9.	5 Men	13 Mol	2
2.8.	6 Cabán	15 Xul	9	10.9.	6 Cib	14 Mol	3
3.8.	7 Edznab	16 Xul	1	11.9.	7 Cabán	15 Mol	4
4.8.	8 Cauac	17 Xul	2	12.9.	8 Edznab	16 Mol	5
5.8.	9 Ahau	18 Xul	3	13.9.	9 Cauac	17 Mol	6
6.8.	10 Imix	19 Xul	4	14.9.	10 Ahau	18 Mol	7
7.8.	11 Ik	0 Yaxkin	5	15.9.	11 Imix	19 Mol	8
8.8.	12 Akbal	1 Yaxkin	6	16.9.	12 Ik	0 Chen	9
9.8.	13 Kan	2 Yaxkin	7	17.9.	13 Akbal	1 Chen	1
10.8.	1 Chicchan	3 Yaxkin	8	18.9.	1 Kan	2 Chen	2
11.8.	2 Cimi	4 Yaxkin	9	19.9.	2 Chicchan	3 Chen	3
12.8.	3 Manik	5 Yaxkin	1	20.9.	3 Cimi	4 Chen	4
13.8.	4 Lamat	6 Yaxkin	2	21.9.	4 Manik	5 Chen	5
14.8.	5 Muluc	7 Yaxkin	3	22.9.	5 Lamat	6 Chen	6
15.8.	6 Oc	8 Yaxkin	4	23.9.	6 Muluc	7 Chen	7
16.8.	7 Chuen	9 Yaxkin	5	24.9.	7 Oc	8 Chen	8
17.8.	8 Eb	10 Yaxkin	6	25.9.	8 Chuen	9 Chen	9
18.8.	9 Ben	11 Yaxkin	7	26.9.	9 Eb	10 Chen	1
19.8.	10 Ix	12 Yaxkin	8	27.9.	10 Ben	11 Chen	2
20.8.	11 Men	13 Yaxkin	9	28.9.	11 Ix	12 Chen	3
21.8.	12 Cib	14 Yaxkin	1	29.9.	12 Men	13 Chen	4
22.8.	13 Cabán	15 Yaxkin	2	30.9.	13 Cib	14 Chen	5
23.8.	1 Edznab	16 Yaxkin	3	1.10.	1 Cabán	15 Chen	6
24.8.	2 Cauac	17 Yaxkin	4	2.10.	2 Edznab	16 Chen	7
25.8.	3 Ahau	18 Yaxkin	5	3.10.	3 Cauac	17 Chen	8

1993

Greg.	Tzolkin	Haab	H.d.N
4.10.	4 Ahau	18 Chen	9
5.10.	5 Imix	19 Chen	1
6.10.	6 Ik	0 Yax	2
7.10.	7 Akbal	1 Yax	3
8.10.	8 Kan	2 Yax	4
9.10.	9 Chicchan	3 Yax	5
10.10.	10 Cimi	4 Yax	6
11.10.	11 Manik	5 Yax	7
12.10.	12 Lamat	6 Yax	8
13.10.	13 Muluc	7 Yax	9
14.10.	1 Oc	8 Yax	1
15.10.	2 Chuen	9 Yax	2
16.10.	3 Eb	10 Yax	3
17.10.	4 Ben	11 Yax	4
18.10.	5 Ix	12 Yax	5
19.10.	6 Men	13 Yax	6
20.10.	7 Cib	14 Yax	7
21.10.	8 Cabán	15 Yax	8
22.10.	9 Edznab	16 Yax	9
23.10.	10 Cauac	17 Yax	1
24.10.	11 Ahau	18 Yax	2
25.10.	12 Imix	19 Yax	3
26.10.	13 Ik	0 Zac	4
27.10.	1 Akbal	1 Zac	5
28.10.	2 Kan	2 Zac	6
29.10.	3 Chicchan	3 Zac	7
30.10.	4 Cimi	4 Zac	8
31.10.	5 Manik	5 Zac	9
1.11.	6 Lamat	6 Zac	1
2.11.	7 Muluc	7 Zac	2
3.11.	8 Oc	8 Zac	3
4.11.	9 Chuen	9 Zac	4
5.11.	10 Eb	10 Zac	5
6.11.	11 Ben	11 Zac	6
7.11.	12 Ix	12 Zac	7
8.11.	13 Men	13 Zac	8
9.11.	1 Cib	14 Zac	9
10.11.	2 Cabán	15 Zac	1
11.11.	3 Edznab	16 Zac	2

1993

Greg.	Tzolkin	Haab	H.d.N
12.11.	4 Cauac	17 Zac	3
13.11.	5 Ahau	18 Zac	4
14.11.	6 Imix	19 Zac	5
15.11.	7 Ik	0 Ceh	6
16.11.	8 Akbal	1 Ceh	7
17.11.	9 Kan	2 Ceh	8
18.11.	10 Chicchan	3 Ceh	9
19.11.	11 Cimi	4 Ceh	1
20.11.	12 Manik	5 Ceh	2
21.11.	13 Lamat	6 Ceh	3
22.11.	1 Muluc	7 Ceh	4
23.11.	2 Oc	8 Ceh	5
24.11.	3 Chuen	9 Ceh	6
25.11.	4 Eb	10 Ceh	7
26.11.	5 Ben	11 Ceh	8
27.11.	6 Ix	12 Ceh	9
28.11.	7 Men	13 Ceh	1
29.11.	8 Cib	14 Ceh	2
30.11.	9 Cabán	15 Ceh	3
1.12.	10 Edznab	16 Ceh	4
2.12.	11 Cauac	17 Ceh	5
3.12.	12 Ahau	18 Ceh	6
4.12.	13 Imix	19 Ceh	7
5.12.	1 Ik	0 Mac	8
6.12.	2 Akbal	1 Mac	9
7.12.	3 Kan	2 Mac	1
8.12.	4 Chicchan	3 Mac	2
9.12.	5 Cimi	4 Mac	3
10.12.	6 Manik	5 Mac	4
11.12.	7 Lamat	6 Mac	5
12.12.	8 Muluc	7 Mac	6
13.12.	9 Oc	8 Mac	7
14.12.	10 Chuen	9 Mac	8
15.12.	11 Eb	10 Mac	9
16.12.	12 Ben	11 Mac	1
17.12.	13 Ix	12 Mac	2
18.12.	1 Men	13 Mac	3
19.12.	2 Cib	14 Mac	4
20.12.	3 Cabán	15 Mac	5

1993			
Greg.	Tzolkin	Haab	H.d.N
21.12.	4 Edznab	16 Mac	6
22.12.	5 Cauac	17 Mac	7
23.12.	6 Ahau	18 Mac	8
24.12.	7 Imix	19 Mac	9
25.12.	8 Ik	0 Kankin	1
26.12.	9 Akbal	1 Kankin	2
27.12.	10 Kan	2 Kankin	3
28.12.	11 Chicchan	3 Kankin	4
29.12.	12 Cimi	4 Kankin	5
30.12.	13 Manik	5 Kankin	6
31.12.	1 Lamat	6 Kankin	7

1994			
Greg.	Tzolkin	Haab	H.d.N
1.1.	2 Muluc	7 Kankin	8
2.1.	3 Oc	8 Kankin	9
3.1.	4 Chuen	9 Kankin	1
4.1.	5 Eb	10 Kankin	2
5.1.	6 Ben	11 Kankin	3
6.1.	7 Ix	12 Kankin	4
7.1.	8 Men	13 Kankin	5
8.1.	9 Cib	14 Kankin	6
9.1.	10 Cabán	15 Kankin	7
10.1.	11 Edznab	16 Kankin	8
11.1.	12 Cauac	17 Kankin	9
12.1.	13 Ahau	18 Kankin	1
13.1.	1 Imix	19 Kankin	2
14.1.	2 Ik	0 Muan	3
15.1.	3 Akbal	1 Muan	4
16.1.	4 Kan	2 Muan	5
17.1.	5 Chicchan	3 Muan	6
18.1.	6 Cimi	4 Muan	7
19.1.	7 Manik	5 Muan	8
20.1.	8 Lamat	6 Muan	9
21.1.	9 Muluc	7 Muan	1
22.1.	10 Oc	8 Muan	2
23.1.	11 Chuen	9 Muan	3
24.1.	12 Eb	10 Muan	4
25.1.	13 Ben	11 Muan	5
26.1.	1 Ix	12 Muan	6

1994			
Greg.	Tzolkin	Haab	H.d.N
27.1.	2 Men	13 Muan	7
28.1.	3 Cib	14 Muan	8
29.1.	4 Cabán	15 Muan	9
30.1.	5 Edznab	16 Muan	1
31.1.	6 Cauac	17 Muan	2
1.2.	7 Ahau	18 Muan	3
2.2.	8 Imix	19 Muan	4
3.2.	9 Ik	0 Pax	5
4.2.	10 Akbal	1 Pax	6
5.2.	11 Kan	2 Pax	7
6.2.	12 Chicchan	3 Pax	8
7.2.	13 Cimi	4 Pax	9
8.2.	1 Manik	5 Pax	1
9.2.	2 Lamat	6 Pax	2
10.2.	3 Muluc	7 Pax	3
11.2.	4 Oc	8 Pax	4
12.2.	5 Chuen	9 Pax	5
13.2.	6 Eb	10 Pax	6
14.2.	7 Ben	11 Pax	7
15.2.	8 Ix	12 Pax	8
16.2.	9 Men	13 Pax	9
17.2.	10 Cib	14 Pax	1
18.2.	11 Cabán	15 Pax	2
19.2.	12 Edznab	16 Pax	3
20.2.	13 Cauac	17 Pax	4
21.2.	1 Ahau	18 Pax	5
22.2.	2 Imix	19 Pax	6
23.2.	3 Ik	0 Kayab	7
24.2.	4 Akbal	1 Kayab	8
25.2.	5 Kan	2 Kayab	9
26.2.	6 Chicchan	3 Kayab	1
27.2.	7 Cimi	4 Kayab	2
28.2.	8 Manik	5 Kayab	3
1.3.	9 Lamat	6 Kayab	4
2.3.	10 Muluc	7 Kayab	5
3.3.	11 Oc	8 Kayab	6
4.3.	12 Chuen	9 Kayab	7
5.3.	13 Eb	10 Kayab	8
6.3.	1 Ben	11 Kayab	9

1994			
Greg.	Tzolkin	Haab	H.d.N
7.3.	2 Ix	12 Kayab	1
8.3.	3 Men	13 Kayab	2
9.3.	4 Cib	14 Kayab	3
10.3.	5 Cabán	15 Kayab	4
11.3.	6 Edznab	16 Kayab	5
12.3.	7 Cauac	17 Kayab	6
13.3.	8 Ahau	18 Kayab	7
14.3.	9 Imix	19 Kayab	8
15.3.	10 Ik	0 Cumku	9
16.3.	11 Akbal	1 Cumku	1
17.3.	12 Kan	2 Cumku	2
18.3.	13 Chicchan	3 Cumku	3
19.3.	1 Cimi	4 Cumku	4
20.3.	2 Manik	5 Cumku	5
21.3.	3 Lamat	6 Cumku	6
22.3.	4 Muluc	7 Cumku	7
23.3.	5 Oc	8 Cumku	8
24.3.	6 Chuen	9 Cumku	9
25.3.	7 Eb	10 Cumku	1
26.3.	8 Ben	11 Cumku	2
27.3.	9 Ix	12 Cumku	3
28.3.	10 Men	13 Cumku	4
29.3.	11 Cib	14 Cumku	5
30.3.	12 Cabán	15 Cumku	6
31.3.	13 Edznab	16 Cumku	7
1.4.	1 Cauac	17 Cumku	8
2.4.	2 Ahau	18 Cumku	9
3.4.	3 Imix	19 Cumku	1
4.4.	4 Ik	0 Uayeb	2
5.4.	5 Akbal	1 Uayeb	3
6.4.	6 Kan	2 Uayeb	4
7.4.	7 Chicchan	3 Uayeb	5
8.4.	8 Cimi	4 Uayeb	6
9.4.	**9 Manik**	**0 Pop**	**7**
10.4.	10 Lamat	1 Pop	8
11.4.	11 Muluc	2 Pop	9
12.4.	12 Oc	3 Pop	1
13.4.	13 Chuen	4 Pop	2
14.4.	1 Eb	5 Pop	3

1994			
Greg.	Tzolkin	Haab	H.d.N
15.4.	2 Ben	6 Pop	4
16.4.	3 Ix	7 Pop	5
17.4.	4 Men	8 Pop	6
18.4.	5 Cib	9 Pop	7
19.4.	6 Cabán	10 Pop	8
20.4.	7 Edznab	11 Pop	9
21.4.	8 Cauac	12 Pop	1
22.4.	9 Ahau	13 Pop	2
23.4.	10 Imix	14 Pop	3
24.4.	11 Ik	15 Pop	4
25.4.	12 Akbal	16 Pop	5
26.4.	13 Kan	17 Pop	6
27.4.	1 Chicchan	18 Pop	7
28.4.	2 Cimi	19 Pop	8
29.4.	3 Manik	0 Uo	9
30.4.	4 Lamat	1 Uo	1
1.5.	5 Muluc	2 Uo	2
2.5.	6 Oc	3 Uo	3
3.5.	7 Chuen	4 Uo	4
4.5.	8 Eb	5 Uo	5
5.5.	9 Ben	6 Uo	6
6.5.	10 Ix	7 Uo	7
7.5.	11 Men	8 Uo	8
8.5.	12 Cib	9 Uo	9
9.5.	13 Cabán	10 Uo	1
10.5.	1 Edznab	11 Uo	2
11.5.	2 Cauac	12 Uo	3
12.5.	3 Ahau	13 Uo	4
13.5.	4 Imix	14 Uo	5
14.5.	5 Ik	15 Uo	6
15.5.	6 Akbal	16 Uo	7
16.5.	7 Kan	17 Uo	8
17.5.	8 Chicchan	18 Uo	9
18.5.	9 Cimi	19 Uo	1
19.5.	10 Manik	0 Zip	2
20.5.	11 Lamat	1 Zip	3
21.5.	12 Muluc	2 Zip	4
22.5.	13 Oc	3 Zip	5
23.5.	1 Chuen	4 Zip	6

1994				1994			
Greg.	Tzolkin	Haab	H.d.N	Greg.	Tzolkin	Haab	H.d.N
24.5.	2 Eb	5 Zip	7	2.7.	2 Chuen	4 Tzec	1
25.5.	3 Ben	6 Zip	8	3.7.	3 Eb	5 Tzec	2
26.5.	4 Ix	7 Zip	9	4.7.	4 Ben	6 Tzec	3
27.5.	5 Men	8 Zip	1	5.7.	5 Ix	7 Tzec	4
28.5.	6 Cib	9 Zip	2	6.7.	6 Men	8 Tzec	5
29.5.	7 Cabán	10 Zip	3	7.7.	7 Cib	9 Tzec	6
30.5.	8 Edznab	11 Zip	4	8.7.	8 Cabán	10 Tzec	7
31.5.	9 Cauac	12 Zip	5	9.7.	9 Edznab	11 Tzec	8
1.6.	10 Ahau	13 Zip	6	10.7.	10 Cauac	12 Tzec	9
2.6.	11 Imix	14 Zip	7	11.7.	11 Ahau	13 Tzec	1
3.6.	12 Ik	15 Zip	8	12.7.	12 Imix	14 Tzec	2
4.6.	13 Akbal	16 Zip	9	13.7.	13 Ik	15 Tzec	3
5.6.	1 Kan	17 Zip	1	14.7.	1 Akbal	16 Tzec	4
6.6.	2 Chicchan	18 Zip	2	15.7.	2 Kan	17 Tzec	5
7.6.	3 Cimi	19 Zip	3	16.7.	3 Chicchan	18 Tzec	6
8.6.	4 Manik	0 Zotz	4	17.7.	4 Cimi	19 Tzec	7
9.6.	5 Lamat	1 Zotz	5	18.7.	5 Manik	0 Xul	8
10.6.	6 Muluc	2 Zotz	6	19.7.	6 Lamat	1 Xul	9
11.6.	7 Oc	3 Zotz	7	20.7.	7 Muluc	2 Xul	1
12.6.	8 Chuen	4 Zotz	8	21.7.	8 Oc	3 Xul	2
13.6.	9 Eb	5 Zotz	9	22.7.	9 Chuen	4 Xul	3
14.6.	10 Ben	6 Zotz	1	23.7.	10 Eb	5 Xul	4
15.6.	11 Ix	7 Zotz	2	24.7.	11 Ben	6 Xul	5
16.6.	12 Men	8 Zotz	3	25.7.	12 Ix	7 Xul	6
17.6.	13 Cib	9 Zotz	4	26.7.	13 Men	8 Xul	7
18.6.	1 Cabán	10 Zotz	5	27.7.	1 Cib	9 Xul	8
19.6.	2 Edznab	11 Zotz	6	28.7.	2 Cabán	10 Xul	9
20.6.	3 Cauac	12 Zotz	7	29.7.	3 Edznab	11 Xul	1
21.6.	4 Ahau	13 Zotz	8	30.7.	4 Cauac	12 Xul	2
22.6.	5 Imix	14 Zotz	9	31.7.	5 Ahau	13 Xul	3
23.6.	6 Ik	15 Zotz	1	1.8.	6 Imix	14 Xul	4
24.6.	7 Akbal	16 Zotz	2	2.8.	7 Ik	15 Xul	5
25.6.	8 Kan	17 Zotz	3	3.8.	8 Akbal	16 Xul	6
26.6.	9 Chicchan	18 Zotz	4	4.8.	9 Kan	17 Xul	7
27.6.	10 Cimi	19 Zotz	5	5.8.	10 Chicchan	18 Xul	8
28.6.	11 Manik	0 Tzec	6	6.8.	11 Cimi	19 Xul	9
29.6.	12 Lamat	1 Tzec	7	7.8.	12 Manik	0 Yaxkin	1
30.6.	13 Muluc	2 Tzec	8	8.8.	13 Lamat	1 Yaxkin	2
1.7.	1 Oc	3 Tzec	9	9.8.	1 Muluc	2 Yaxkin	3

1994			
Greg.	Tzolkin	Haab	H.d.N
10.8.	2 Oc	3 Yaxkin	4
11.8.	3 Chuen	4 Yaxkin	5
12.8.	4 Eb	5 Yaxkin	6
13.8.	5 Ben	6 Yaxkin	7
14.8.	6 Ix	7 Yaxkin	8
15.8.	7 Men	8 Yaxkin	9
16.8.	8 Cib	9 Yaxkin	1
17.8.	9 Cabán	10 Yaxkin	2
18.8.	10 Edznab	11 Yaxkin	3
19.8.	11 Cauac	12 Yaxkin	4
20.8.	12 Ahau	13 Yaxkin	5
21.8.	13 Imix	14 Yaxkin	6
22.8.	1 Ik	15 Yaxkin	7
23.8.	2 Akbal	16 Yaxkin	8
24.8.	3 Kan	17 Yaxkin	9
25.8.	4 Chicchan	18 Yaxkin	1
26.8.	5 Cimi	19 Yaxkin	2
27.8.	6 Manik	0 Mol	3
28.8.	7 Lamat	1 Mol	4
29.8.	8 Muluc	2 Mol	5
30.8.	9 Oc	3 Mol	6
31.8.	10 Chuen	4 Mol	7
1.9.	11 Eb	5 Mol	8
2.9.	12 Ben	6 Mol	9
3.9.	13 Ix	7 Mol	1
4.9.	1 Men	8 Mol	2
5.9.	2 Cib	9 Mol	3
6.9.	3 Cabán	10 Mol	4
7.9.	4 Edznab	11 Mol	5
8.9.	5 Cauac	12 Mol	6
9.9.	6 Ahau	13 Mol	7
10.9.	7 Imix	14 Mol	8
11.9.	8 Ik	15 Mol	9
12.9.	9 Akbal	16 Mol	1
13.9.	10 Kan	17 Mol	2
14.9.	11 Chicchan	18 Mol	3
15.9.	12 Cimi	19 Mol	4
16.9.	13 Manik	0 Chen	5
17.9.	1 Lamat	1 Chen	6

1994			
Greg.	Tzolkin	Haab	H.d.N
18.9.	2 Muluc	2 Chen	7
19.9.	3 Oc	3 Chen	8
20.9.	4 Chuen	4 Chen	9
21.9.	5 Eb	5 Chen	1
22.9.	6 Ben	6 Chen	2
23.9.	7 Ix	7 Chen	3
24.9.	8 Men	8 Chen	4
25.9.	9 Cib	9 Chen	5
26.9.	10 Cabán	10 Chen	6
27.9.	11 Edznab	11 Chen	7
28.9.	12 Cauac	12 Chen	8
29.9.	13 Ahau	13 Chen	9
30.9.	1 Imix	14 Chen	1
1.10.	2 Ik	15 Chen	2
2.10.	3 Akbal	16 Chen	3
3.10.	4 Kan	17 Chen	4
4.10.	5 Chicchan	18 Chen	5
5.10.	6 Cimi	19 Chen	6
6.10.	7 Manik	0 Yax	7
7.10.	8 Lamat	1 Yax	8
8.10.	9 Muluc	2 Yax	9
9.10.	10 Oc	3 Yax	1
10.10.	11 Chuen	4 Yax	2
11.10.	12 Eb	5 Yax	3
12.10.	13 Ben	6 Yax	4
13.10.	1 Ix	7 Yax	5
14.10.	2 Men	8 Yax	6
15.10.	3 Cib	9 Yax	7
16.10.	4 Cabán	10 Yax	8
17.10.	5 Edznab	11 Yax	9
18.10.	6 Cauac	12 Yax	1
19.10.	7 Ahau	13 Yax	2
20.10.	8 Imix	14 Yax	3
21.10.	9 Ik	15 Yax	4
22.10.	10 Akbal	16 Yax	5
23.10.	11 Kan	17 Yax	6
24.10.	12 Chicchan	18 Yax	7
25.10.	13 Cimi	19 Yax	8
26.10.	1 Manik	0 Zac	9

1994			
Greg.	Tzolkin	Haab	H.d.N
27.10.	2 Lamat	1 Zac	1
28.10.	3 Muluc	2 Zac	2
29.10.	4 Oc	3 Zac	3
30.10.	5 Chuen	4 Zac	4
31.10.	6 Eb	5 Zac	5
1.11.	7 Ben	6 Zac	6
2.11.	8 Ix	7 Zac	7
3.11.	9 Men	8 Zac	8
4.11.	10 Cib	9 Zac	9
5.11.	11 Cabán	10 Zac	1
6.11.	12 Edznab	11 Zac	2
7.11.	13 Cauac	12 Zac	3
8.11.	1 Ahau	13 Zac	4
9.11.	2 Imix	14 Zac	5
10.11.	3 Ik	15 Zac	6
11.11.	4 Akbal	16 Zac	7
12.11.	5 Kan	17 Zac	8
13.11.	6 Chicchan	18 Zac	9
14.11.	7 Cimi	19 Zac	1
15.11.	8 Manik	0 Ceh	2
16.11.	9 Lamat	1 Ceh	3
17.11.	10 Muluc	2 Ceh	4
18.11.	11 Oc	3 Ceh	5
19.11.	12 Chuen	4 Ceh	6
20.11.	13 Eb	5 Ceh	7
21.11.	1 Ben	6 Ceh	8
22.11.	2 Ix	7 Ceh	9
23.11.	3 Men	8 Ceh	1
24.11.	4 Cib	9 Ceh	2
25.11.	5 Cabán	10 Ceh	3
26.11.	6 Edznab	11 Ceh	4
27.11.	7 Cauac	12 Ceh	5
28.11.	8 Ahau	13 Ceh	6
29.11.	9 Imix	14 Ceh	7
30.11.	10 Ik	15 Ceh	8
1.12.	11 Akbal	16 Ceh	9
2.12.	12 Kan	17 Ceh	1
3.12.	13 Chicchan	18 Ceh	2
4.12.	1 Cimi	19 Ceh	3

1994			
Greg.	Tzolkin	Haab	H.d.N
5.12.	2 Manik	0 Mac	4
6.12.	3 Lamat	1 Mac	5
7.12.	4 Muluc	2 Mac	6
8.12.	5 Oc	3 Mac	7
9.12.	6 Chuen	4 Mac	8
10.12.	7 Eb	5 Mac	9
11.12.	8 Ben	6 Mac	1
12.12.	9 Ix	7 Mac	2
13.12.	10 Men	8 Mac	3
14.12.	11 Cib	9 Mac	4
15.12.	12 Cabán	10 Mac	5
16.12.	13 Edznab	11 Mac	6
17.12.	1 Cauac	12 Mac	7
18.12.	2 Ahau	13 Mac	8
19.12.	3 Imix	14 Mac	9
20.12.	4 Ik	15 Mac	1
21.12.	5 Akbal	16 Mac	2
22.12.	6 Kan	17 Mac	3
23.12.	7 Chicchan	18 Mac	4
24.12.	8 Cimi	19 Mac	5
25.12.	9 Manik	0 Kankin	6
26.12.	10 Lamat	1 Kankin	7
27.12.	11 Muluc	2 Kankin	8
28.12.	12 Oc	3 Kankin	9
29.12.	13 Chuen	4 Kankin	1
30.12.	1 Eb	5 Kankin	2
31.12.	2 Ben	6 Kankin	3

1995			
Greg.	Tzolkin	Haab	H.d.N
1.1.	3 Ix	7 Kankin	4
2.1.	4 Men	8 Kankin	5
3.1.	5 Cib	9 Kankin	6
4.1.	6 Cabán	10 Kankin	7
5.1.	7 Edznab	11 Kankin	8
6.1.	8 Cauac	12 Kankin	9
7.1.	9 Ahau	13 Kankin	1
8.1.	10 Imix	14 Kankin	2
9.1.	11 Ik	15 Kankin	3
10.1.	12 Akbal	16 Kankin	4

1995			
Greg.	Tzolkin	Haab	H.d.N
11.1.	13 Kan	17 Kankin	5
12.1.	1 Chicchan	18 Kankin	6
13.1.	2 Cimi	19 Kankin	7
14.1.	3 Manik	0 Muan	8
15.1.	4 Lamat	1 Muan	9
16.1.	5 Muluc	2 Muan	1
17.1.	6 Oc	3 Muan	2
18.1.	7 Chuen	4 Muan	3
19.1.	8 Eb	5 Muan	4
20.1.	9 Ben	6 Muan	5
21.1.	10 Ix	7 Muan	6
22.1.	11 Men	8 Muan	7
23.1.	12 Cib	9 Muan	8
24.1.	13 Cabán	10 Muan	9
25.1.	1 Edznab	11 Muan	1
26.1.	2 Cauac	12 Muan	2
27.1.	3 Ahau	13 Muan	3
28.1.	4 Imix	14 Muan	4
29.1.	5 Ik	15 Muan	5
30.1.	6 Akbal	16 Muan	6
31.1.	7 Kan	17 Muan	7
1.2.	8 Chicchan	18 Muan	8
2.2.	9 Cimi	19 Muan	9
3.2.	10 Manik	0 Pax	1
4.2.	11 Lamat	1 Pax	2
5.2.	12 Muluc	2 Pax	3
6.2.	13 Oc	3 Pax	4
7.2.	1 Chuen	4 Pax	5
8.2.	2 Eb	5 Pax	6
9.2.	3 Ben	6 Pax	7
10.2.	4 Ix	7 Pax	8
11.2.	5 Men	8 Pax	9
12.2.	6 Cib	9 Pax	1
13.2.	7 Cabán	10 Pax	2
14.2.	8 Edznab	11 Pax	3
15.2.	9 Cauac	12 Pax	4
16.2.	10 Ahau	13 Pax	5
17.2.	11 Imix	14 Pax	6
18.2.	12 Ik	15 Pax	7

1995			
Greg.	Tzolkin	Haab	H.d.N
19.2.	13 Akbal	16 Pax	8
20.2.	1 Kan	17 Pax	9
21.2.	2 Chicchan	18 Pax	1
22.2.	3 Cimi	19 Pax	2
23.2.	4 Manik	0 Kayab	3
24.2.	5 Lamat	1 Kayab	4
25.2.	6 Muluc	2 Kayab	5
26.2.	7 Oc	3 Kayab	6
27.2.	8 Chuen	4 Kayab	7
28.2.	9 Eb	5 Kayab	8
1.3.	10 Ben	6 Kayab	9
2.3.	11 Ix	7 Kayab	1
3.3.	12 Men	8 Kayab	2
4.3.	13 Cib	9 Kayab	3
5.3.	1 Cabán	10 Kayab	4
6.3.	2 Edznab	11 Kayab	5
7.3.	3 Cauac	12 Kayab	6
8.3.	4 Ahau	13 Kayab	7
9.3.	5 Imix	14 Kayab	8
10.3.	6 Ik	15 Kayab	9
11.3.	7 Akbal	16 Kayab	1
12.3.	8 Kan	17 Kayab	2
13.3.	9 Chicchan	18 Kayab	3
14.3.	10 Cimi	19 Kayab	4
15.3.	11 Manik	0 Cumku	5
16.3.	12 Lamat	1 Cumku	6
17.3.	13 Muluc	2 Cumku	7
18.3.	1 Oc	3 Cumku	8
19.3.	2 Chuen	4 Cumku	9
20.3.	3 Eb	5 Cumku	1
21.3.	4 Ben	6 Cumku	2
22.3.	5 Ix	7 Cumku	3
23.3.	6 Men	8 Cumku	4
24.3.	7 Cib	9 Cumku	5
25.3.	8 Cabán	10 Cumku	6
26.3.	9 Edznab	11 Cumku	7
27.3.	10 Cauac	12 Cumku	8
28.3.	11 Ahau	13 Cumku	9
29.3.	12 Imix	14 Cumku	1

1995			
Greg.	Tzolkin	Haab	H.d.N
30.3.	13 Ik	15 Cumku	2
31.3.	1 Akbal	16 Cumku	3
1.4.	2 Kan	17 Cumku	4
2.4.	3 Chicchan	18 Cumku	5
3.4.	4 Cimi	19 Cumku	6
4.4.	5 Manik	0 Uayeb	7
5.4.	6 Lamat	1 Uayeb	8
6.4.	7 Muluc	2 Uayeb	9
7.4.	8 Oc	3 Uayeb	1
8.4.	9 Chuen	4 Uayeb	2
9.4.	**10 Eb**	**0 Pop**	**3**
10.4.	11 Ben	1 Pop	4
11.4.	12 Ix	2 Pop	5
12.4.	13 Men	3 Pop	6
13.4.	1 Cib	4 Pop	7
14.4.	2 Cabán	5 Pop	8
15.4.	3 Edznab	6 Pop	9
16.4.	4 Cauac	7 Pop	1
17.4.	5 Ahau	8 Pop	2
18.4.	6 Imix	9 Pop	3
19.4.	7 Ik	10 Pop	4
20.4.	8 Akbal	11 Pop	5
21.4.	9 Kan	12 Pop	6
22.4.	10 Chicchan	13 Pop	7
23.4.	11 Cimi	14 Pop	8
24.4.	12 Manik	15 Pop	9
25.4.	13 Lamat	16 Pop	1
26.4.	1 Muluc	17 Pop	2
27.4.	2 Oc	18 Pop	3
28.4.	3 Chuen	19 Pop	4
29.4.	4 Eb	0 Uo	5
30.4.	5 Ben	1 Uo	6
1.5.	6 Ix	2 Uo	7
2.5.	7 Men	3 Uo	8
3.5.	8 Cib	4 Uo	9
4.5.	9 Cabán	5 Uo	1
5.5.	10 Edznab	6 Uo	2
6.5.	11 Cauac	7 Uo	3
7.5.	12 Ahau	8 Uo	4

1995			
Greg.	Tzolkin	Haab	H.d.N
8.5.	13 Imix	9 Uo	5
9.5.	1 Ik	10 Uo	6
10.5.	2 Akbal	11 Uo	7
11.5.	3 Kan	12 Uo	8
12.5.	4 Chicchan	13 Uo	9
13.5.	5 Cimi	14 Uo	1
14.5.	6 Manik	15 Uo	2
15.5.	7 Lamat	16 Uo	3
16.5.	8 Muluc	17 Uo	4
17.5.	9 Oc	18 Uo	5
18.5.	10 Chuen	19 Uo	6
19.5.	11 Eb	0 Zip	7
20.5.	12 Ben	1 Zip	8
21.5.	13 Ix	2 Zip	9
22.5.	1 Men	3 Zip	1
23.5.	2 Cib	4 Zip	2
24.5.	3 Cabán	5 Zip	3
25.5.	4 Edznab	6 Zip	4
26.5.	5 Cauac	7 Zip	5
27.5.	6 Ahau	8 Zip	6
28.5.	7 Imix	9 Zip	7
29.5.	8 Ik	10 Zip	8
30.5.	9 Akbal	11 Zip	9
31.5.	10 Kan	12 Zip	1
1.6.	11 Chicchan	13 Zip	2
2.6.	12 Cimi	14 Zip	3
3.6.	13 Manik	15 Zip	4
4.6.	1 Lamat	16 Zip	5
5.6.	2 Muluc	17 Zip	6
6.6.	3 Oc	18 Zip	7
7.6.	4 Chuen	19 Zip	8
8.6.	5 Eb	0 Zotz	9
9.6.	6 Ben	1 Zotz	1
10.6.	7 Ix	2 Zotz	2
11.6.	8 Men	3 Zotz	3
12.6.	9 Cib	4 Zotz	4
13.6.	10 Cabán	5 Zotz	5
14.6.	11 Edznab	6 Zotz	6
15.6.	12 Cauac	7 Zotz	7

1995			
Greg.	Tzolkin	Haab	H.d.N
16.6.	13 Ahau	8 Zotz	8
17.6.	1 Imix	9 Zotz	9
18.6.	2 Ik	10 Zotz	1
19.6.	3 Akbal	11 Zotz	2
20.6.	4 Kan	12 Zotz	3
21.6.	5 Chicchan	13 Zotz	4
22.6.	6 Cimi	14 Zotz	5
23.6.	7 Manik	15 Zotz	6
24.6.	8 Lamat	16 Zotz	7
25.6.	9 Muluc	17 Zotz	8
26.6.	10 Oc	18 Zotz	9
27.6.	11 Chuen	19 Zotz	1
28.6.	12 Eb	0 Tzec	2
29.6.	13 Ben	1 Tzec	3
30.6.	1 Ix	2 Tzec	4
1.7.	2 Men	3 Tzec	5
2.7.	3 Cib	4 Tzec	6
3.7.	4 Cabán	5 Tzec	7
4.7.	5 Edznab	6 Tzec	8
5.7.	6 Cauac	7 Tzec	9
6.7.	7 Ahau	8 Tzec	1
7.7.	8 Imix	9 Tzec	2
8.7.	9 Ik	10 Tzec	3
9.7.	10 Akbal	11 Tzec	4
10.7.	11 Kan	12 Tzec	5
11.7.	12 Chicchan	13 Tzec	6
12.7.	13 Cimi	14 Tzec	7
13.7.	1 Manik	15 Tzec	8
14.7.	2 Lamat	16 Tzec	9
15.7.	3 Muluc	17 Tzec	1
16.7.	4 Oc	18 Tzec	2
17.7.	5 Chuen	19 Tzec	3
18.7.	6 Eb	0 Xul	4
19.7.	7 Ben	1 Xul	5
20.7.	8 Ix	2 Xul	6
21.7.	9 Men	3 Xul	7
22.7.	10 Cib	4 Xul	8
23.7.	11 Cabán	5 Xul	9
24.7.	12 Edznab	6 Xul	1

1995			
Greg.	Tzolkin	Haab	H.d.N
25.7.	13 Cauac	7 Xul	2
26.7.	1 Ahau	8 Xul	3
27.7.	2 Imix	9 Xul	4
28.7.	3 Ik	10 Xul	5
29.7.	4 Akbal	11 Xul	6
30.7.	5 Kan	12 Xul	7
31.7.	6 Chicchan	13 Xul	8
1.8.	7 Cimi	14 Xul	9
2.8.	8 Manik	15 Xul	1
3.8.	9 Lamat	16 Xul	2
4.8.	10 Muluc	17 Xul	3
5.8.	11 Oc	18 Xul	4
6.8.	12 Chuen	19 Xul	5
7.8.	13 Eb	0 Yaxkin	6
8.8.	1 Ben	1 Yaxkin	7
9.8.	2 Ix	2 Yaxkin	8
10.8.	3 Men	3 Yaxkin	9
11.8.	4 Cib	4 Yaxkin	1
12.8.	5 Cabán	5 Yaxkin	2
13.8.	6 Edznab	6 Yaxkin	3
14.8.	7 Cauac	7 Yaxkin	4
15.8.	8 Ahau	8 Yaxkin	5
16.8.	9 Imix	9 Yaxkin	6
17.8.	10 Ik	10 Yaxkin	7
18.8.	11 Akbal	11 Yaxkin	8
19.8.	12 Kan	12 Yaxkin	9
20.8.	13 Chicchan	13 Yaxkin	1
21.8.	1 Cimi	14 Yaxkin	2
22.8.	2 Manik	15 Yaxkin	3
23.8.	3 Lamat	16 Yaxkin	4
24.8.	4 Muluc	17 Yaxkin	5
25.8.	5 Oc	18 Yaxkin	6
26.8.	6 Chuen	19 Yaxkin	7
27.8.	7 Eb	0 Mol	8
28.8.	8 Ben	1 Mol	9
29.8.	9 Ix	2 Mol	1
30.8.	10 Men	3 Mol	2
31.8.	11 Cib	4 Mol	3
1.9.	12 Cabán	5 Mol	4

1995			
Greg.	Tzolkin	Haab	H.d.N
2.9.	13 Edznab	6 Mol	5
3.9.	1 Cauac	7 Mol	6
4.9.	2 Ahau	8 Mol	7
5.9.	3 Imix	9 Mol	8
6.9.	4 Ik	10 Mol	9
7.9.	5 Akbal	11 Mol	1
8.9.	6 Kan	12 Mol	2
9.9.	7 Chicchan	13 Mol	3
10.9.	8 Cimi	14 Mol	4
11.9.	9 Manik	15 Mol	5
12.9.	10 Lamat	16 Mol	6
13.9.	11 Muluc	17 Mol	7
14.9.	12 Oc	18 Mol	8
15.9.	13 Chuen	19 Mol	9
16.9.	1 Eb	0 Chen	1
17.9.	2 Ben	1 Chen	2
18.9.	3 Ix	2 Chen	3
19.9.	4 Men	3 Chen	4
20.9.	5 Cib	4 Chen	5
21.9.	6 Cabán	5 Chen	6
22.9.	7 Edznab	6 Chen	7
23.9.	8 Cauac	7 Chen	8
24.9.	9 Ahau	8 Chen	9
25.9.	10 Imix	9 Chen	1
26.9.	11 Ik	10 Chen	2
27.9.	12 Akbal	11 Chen	3
28.9.	13 Kan	12 Chen	4
29.9.	1 Chicchan	13 Chen	5
30.9.	2 Cimi	14 Chen	6
1.10.	3 Manik	15 Chen	7
2.10.	4 Lamat	16 Chen	8
3.10.	5 Muluc	17 Chen	9
4.10.	6 Oc	18 Chen	1
5.10.	7 Chuen	19 Chen	2
6.10.	8 Eb	0 Yax	3
7.10.	9 Ben	1 Yax	4
8.10.	10 Ix	2 Yax	5
9.10.	11 Men	3 Yax	6
10.10.	12 Cib	4 Yax	7

1995			
Greg.	Tzolkin	Haab	H.d.N
11.10.	13 Cabán	5 Yax	8
12.10.	1 Edznab	6 Yax	9
13.10.	2 Cauac	7 Yax	1
14.10.	3 Ahau	8 Yax	2
15.10.	4 Imix	9 Yax	3
16.10.	5 Ik	10 Yax	4
17.10.	6 Akbal	11 Yax	5
18.10.	7 Kan	12 Yax	6
19.10.	8 Chicchan	13 Yax	7
20.10.	9 Cimi	14 Yax	8
21.10.	10 Manik	15 Yax	9
22.10.	11 Lamat	16 Yax	1
23.10.	12 Muluc	17 Yax	2
24.10.	13 Oc	18 Yax	3
25.10.	1 Chuen	19 Yax	4
26.10.	2 Eb	0 Zac	5
27.10.	3 Ben	1 Zac	6
28.10.	4 Ix	2 Zac	7
29.10.	5 Men	3 Zac	8
30.10.	6 Cib	4 Zac	9
31.10.	7 Cabán	5 Zac	1
1.11.	8 Edznab	6 Zac	2
2.11.	9 Cauac	7 Zac	3
3.11.	10 Ahau	8 Zac	4
4.11.	11 Imix	9 Zac	5
5.11.	12 Ik	10 Zac	6
6.11.	13 Akbal	11 Zac	7
7.11.	1 Kan	12 Zac	8
8.11.	2 Chicchan	13 Zac	9
9.11.	3 Cimi	14 Zac	1
10.11.	4 Manik	15 Zac	2
11.11.	5 Lamat	16 Zac	3
12.11.	6 Muluc	17 Zac	4
13.11.	7 Oc	18 Zac	5
14.11.	8 Chuen	19 Zac	6
15.11.	9 Eb	0 Ceh	7
16.11.	10 Ben	1 Ceh	8
17.11.	11 Ix	2 Ceh	9
18.11.	12 Men	3 Ceh	1

1995			
Greg.	Tzolkin	Haab	H.d.N
19.11.	13 Cib	4 Ceh	2
20.11.	1 Cabán	5 Ceh	3
21.11.	2 Edznab	6 Ceh	4
22.11.	3 Cauac	7 Ceh	5
23.11.	4 Ahau	8 Ceh	6
24.11.	5 Imix	9 Ceh	7
25.11.	6 Ik	10 Ceh	8
26.11.	7 Akbal	11 Ceh	9
27.11.	8 Kan	12 Ceh	1
28.11.	9 Chicchan	13 Ceh	2
29.11.	10 Cimi	14 Ceh	3
30.11.	11 Manik	15 Ceh	4
1.12.	12 Lamat	16 Ceh	5
2.12.	13 Muluc	17 Ceh	6
3.12.	1 Oc	18 Ceh	7
4.12.	2 Chuen	19 Ceh	8
5.12.	3 Eb	0 Mac	9
6.12.	4 Ben	1 Mac	1
7.12.	5 Ix	2 Mac	2
8.12.	6 Men	3 Mac	3
9.12.	7 Cib	4 Mac	4
10.12.	8 Cabán	5 Mac	5
11.12.	9 Edznab	6 Mac	6
12.12.	10 Cauac	7 Mac	7
13.12.	11 Ahau	8 Mac	8
14.12.	12 Imix	9 Mac	9
15.12.	13 Ik	10 Mac	1
16.12.	1 Akbal	11 Mac	2
17.12.	2 Kan	12 Mac	3
18.12.	3 Chicchan	13 Mac	4
19.12.	4 Cimi	14 Mac	5
20.12.	5 Manik	15 Mac	6
21.12.	6 Lamat	16 Mac	7
22.12.	7 Muluc	17 Mac	8
23.12.	8 Oc	18 Mac	9
24.12.	9 Chuen	19 Mac	1
25.12.	10 Eb	0 Kankin	2
26.12.	11 Ben	1 Kankin	3
27.12.	12 Ix	2 Kankin	4

1995			
Greg.	Tzolkin	Haab	H.d.N
28.12.	13 Men	3 Kankin	5
29.12.	1 Cib	4 Kankin	6
30.12.	2 Cabán	5 Kankin	7
31.12.	3 Edznab	6 Kankin	8
1996			
Greg.	Tzolkin	Haab	H.d.N
1.1.	4 Cauac	7 Kankin	9
2.1.	5 Ahau	8 Kankin	1
3.1.	6 Imix	9 Kankin	2
4.1.	7 Ik	10 Kankin	3
5.1.	8 Akbal	11 Kankin	4
6.1.	9 Kan	12 Kankin	5
7.1.	10 Chicchan	13 Kankin	6
8.1.	11 Cimi	14 Kankin	7
9.1.	12 Manik	15 Kankin	8
10.1.	13 Lamat	16 Kankin	9
11.1.	1 Muluc	17 Kankin	1
12.1.	2 Oc	18 Kankin	2
13.1.	3 Chuen	19 Kankin	3
14.1.	4 Eb	0 Muan	4
15.1.	5 Ben	1 Muan	5
16.1.	6 Ix	2 Muan	6
17.1.	7 Men	3 Muan	7
18.1.	8 Cib	4 Muan	8
19.1.	9 Cabán	5 Muan	9
20.1.	10 Edznab	6 Muan	1
21.1.	11 Cauac	7 Muan	2
22.1.	12 Ahau	8 Muan	3
23.1.	13 Imix	9 Muan	4
24.1.	1 Ik	10 Muan	5
25.1.	2 Akbal	11 Muan	6
26.1.	3 Kan	12 Muan	7
27.1.	4 Chicchan	13 Muan	8
28.1.	5 Cimi	14 Muan	9
29.1.	6 Manik	15 Muan	1
30.1.	7 Lamat	16 Muan	2
31.1.	8 Muluc	17 Muan	3
1.2.	9 Oc	18 Muan	4
2.2.	10 Chuen	19 Muan	5

1996			
Greg.	Tzolkin	Haab	H.d.N
3.2.	11 Eb	0 Pax	6
4.2.	12 Ben	1 Pax	7
5.2.	13 Ix	2 Pax	8
6.2.	1 Men	3 Pax	9
7.2.	2 Cib	4 Pax	1
8.2.	3 Cabán	5 Pax	2
9.2.	4 Edznab	6 Pax	3
10.2.	5 Cauac	7 Pax	4
11.2.	6 Ahau	8 Pax	5
12.2.	7 Imix	9 Pax	6
13.2.	8 Ik	10 Pax	7
14.2.	9 Akbal	11 Pax	8
15.2.	10 Kan	12 Pax	9
16.2.	11 Chicchan	13 Pax	1
17.2.	12 Cimi	14 Pax	2
18.2.	13 Manik	15 Pax	3
19.2.	1 Lamat	16 Pax	4
20.2.	2 Muluc	17 Pax	5
21.2.	3 Oc	18 Pax	6
22.2.	4 Chuen	19 Pax	7
23.2.	5 Eb	0 Kayab	8
24.2.	6 Ben	1 Kayab	9
25.2.	7 Ix	2 Kayab	1
26.2.	8 Men	3 Kayab	2
27.2.	9 Cib	4 Kayab	3
28.2.	10 Cabán	5 Kayab	4
29.2.	11 Edznab	6 Kayab	5
1.3.	12 Cauac	7 Kayab	6
2.3.	13 Ahau	8 Kayab	7
3.3.	1 Imix	9 Kayab	8
4.3.	2 Ik	10 Kayab	9
5.3.	3 Akbal	11 Kayab	1
6.3.	4 Kan	12 Kayab	2
7.3.	5 Chicchan	13 Kayab	3
8.3.	6 Cimi	14 Kayab	4
9.3.	7 Manik	15 Kayab	5
10.3.	8 Lamat	16 Kayab	6
11.3.	9 Muluc	17 Kayab	7
12.3.	10 Oc	18 Kayab	8

1996			
Greg.	Tzolkin	Haab	H.d.N
13.3.	11 Chuen	19 Kayab	9
14.3.	12 Eb	0 Cumku	1
15.3.	13 Ben	1 Cumku	2
16.3.	1 Ix	2 Cumku	3
17.3.	2 Men	3 Cumku	4
18.3.	3 Cib	4 Cumku	5
19.3.	4 Cabán	5 Cumku	6
20.3.	5 Edznab	6 Cumku	7
21.3.	6 Cauac	7 Cumku	8
22.3.	7 Ahau	8 Cumku	9
23.3.	8 Imix	9 Cumku	1
24.3.	9 Ik	10 Cumku	2
25.3.	10 Akbal	11 Cumku	3
26.3.	11 Kan	12 Cumku	4
27.3.	12 Chicchan	13 Cumku	5
28.3.	13 Cimi	14 Cumku	6
29.3.	1 Manik	15 Cumku	7
30.3.	2 Lamat	16 Cumku	8
31.3.	3 Muluc	17 Cumku	9
1.4.	4 Oc	18 Cumku	1
2.4.	5 Chuen	19 Cumku	2
3.4.	6 Eb	0 Uayeb	3
4.4.	7 Ben	1 Uayeb	4
5.4.	8 Ix	2 Uayeb	5
6.4.	9 Men	3 Uayeb	6
7.4.	10 Cib	4 Uayeb	7
8.4.	**11 Cabán**	**0 Pop**	**8**
9.4.	12 Edznab	1 Pop	9
10.4.	13 Cauac	2 Pop	1
11.4.	1 Ahau	3 Pop	2
12.4.	2 Imix	4 Pop	3
13.4.	3 Ik	5 Pop	4
14.4.	4 Akbal	6 Pop	5
15.4.	5 Kan	7 Pop	6
16.4.	6 Chicchan	8 Pop	7
17.4.	7 Cimi	9 Pop	8
18.4.	8 Manik	10 Pop	9
19.4.	9 Lamat	11 Pop	1
20.4.	10 Muluc	12 Pop	2

1996			
Greg.	Tzolkin	Haab	H.d.N
21.4.	11 Oc	13 Pop	3
22.4.	12 Chuen	14 Pop	4
23.4.	13 Eb	15 Pop	5
24.4.	1 Ben	16 Pop	6
25.4.	2 Ix	17 Pop	7
26.4.	3 Men	18 Pop	8
27.4.	4 Cib	19 Pop	9
28.4.	5 Cabán	0 Uo	1
29.4.	6 Edznab	1 Uo	2
30.4.	7 Cauac	2 Uo	3
1.5.	8 Ahau	3 Uo	4
2.5.	9 Imix	4 Uo	5
3.5.	10 Ik	5 Uo	6
4.5.	11 Akbal	6 Uo	7
5.5.	12 Kan	7 Uo	8
6.5.	13 Chicchan	8 Uo	9
7.5.	1 Cimi	9 Uo	1
8.5.	2 Manik	10 Uo	2
9.5.	3 Lamat	11 Uo	3
10.5.	4 Muluc	12 Uo	4
11.5.	5 Oc	13 Uo	5
12.5.	6 Chuen	14 Uo	6
13.5.	7 Eb	15 Uo	7
14.5.	8 Ben	16 Uo	8
15.5.	9 Ix	17 Uo	9
16.5.	10 Men	18 Uo	1
17.5.	11 Cib	19 Uo	2
18.5.	12 Cabán	0 Zip	3
19.5.	13 Edznab	1 Zip	4
20.5.	1 Cauac	2 Zip	5
21.5.	2 Ahau	3 Zip	6
22.5.	3 Imix	4 Zip	7
23.5.	4 Ik	5 Zip	8
24.5.	5 Akbal	6 Zip	9
25.5.	6 Kan	7 Zip	1
26.5.	7 Chicchan	8 Zip	2
27.5.	8 Cimi	9 Zip	3
28.5.	9 Manik	10 Zip	4
29.5.	10 Lamat	11 Zip	5

1996			
Greg.	Tzolkin	Haab	H.d.N
30.5.	11 Muluc	12 Zip	6
31.5.	12 Oc	13 Zip	7
1.6.	13 Chuen	14 Zip	8
2.6.	1 Eb	15 Zip	9
3.6.	2 Ben	16 Zip	1
4.6.	3 Ix	17 Zip	2
5.6.	4 Men	18 Zip	3
6.6.	5 Cib	19 Zip	4
7.6.	6 Cabán	0 Zotz	5
8.6.	7 Edznab	1 Zotz	6
9.6.	8 Cauac	2 Zotz	7
10.6.	9 Ahau	3 Zotz	8
11.6.	10 Imix	4 Zotz	9
12.6.	11 Ik	5 Zotz	1
13.6.	12 Akbal	6 Zotz	2
14.6.	13 Kan	7 Zotz	3
15.6.	1 Chicchan	8 Zotz	4
16.6.	2 Cimi	9 Zotz	5
17.6.	3 Manik	10 Zotz	6
18.6.	4 Lamat	11 Zotz	7
19.6.	5 Muluc	12 Zotz	8
20.6.	6 Oc	13 Zotz	9
21.6.	7 Chuen	14 Zotz	1
22.6.	8 Eb	15 Zotz	2
23.6.	9 Ben	16 Zotz	3
24.6.	10 Ix	17 Zotz	4
25.6.	11 Men	18 Zotz	5
26.6.	12 Cib	19 Zotz	6
27.6.	13 Cabán	0 Tzec	7
28.6.	1 Edznab	1 Tzec	8
29.6.	2 Cauac	2 Tzec	9
30.6.	3 Ahau	3 Tzec	1
1.7.	4 Imix	4 Tzec	2
2.7.	5 Ik	5 Tzec	3
3.7.	6 Akbal	6 Tzec	4
4.7.	7 Kan	7 Tzec	5
5.7.	8 Chicchan	8 Tzec	6
6.7.	9 Cimi	9 Tzec	7
7.7.	10 Manik	10 Tzec	8

1996			
Greg.	Tzolkin	Haab	H.d.N
8.7.	11 Lamat	11 Tzec	9
9.7.	12 Muluc	12 Tzec	1
10.7.	13 Oc	13 Tzec	2
11.7.	1 Chuen	14 Tzec	3
12.7.	2 Eb	15 Tzec	4
13.7.	3 Ben	16 Tzec	5
14.7.	4 Ix	17 Tzec	6
15.7.	5 Men	18 Tzec	7
16.7.	6 Cib	19 Tzec	8
17.7.	7 Cabán	0 Xul	9
18.7.	8 Edznab	1 Xul	1
19.7.	9 Cauac	2 Xul	2
20.7.	10 Ahau	3 Xul	3
21.7.	11 Imix	4 Xul	4
22.7.	12 Ik	5 Xul	5
23.7.	13 Akbal	6 Xul	6
24.7.	1 Kan	7 Xul	7
25.7.	2 Chicchan	8 Xul	8
26.7.	3 Cimi	9 Xul	9
27.7.	4 Manik	10 Xul	1
28.7.	5 Lamat	11 Xul	2
29.7.	6 Muluc	12 Xul	3
30.7.	7 Oc	13 Xul	4
31.7.	8 Chuen	14 Xul	5
1.8.	9 Eb	15 Xul	6
2.8.	10 Ben	16 Xul	7
3.8.	11 Ix	17 Xul	8
4.8.	12 Men	18 Xul	9
5.8.	13 Cib	19 Xul	1
6.8.	1 Cabán	0 Yaxkin	2
7.8.	2 Edznab	1 Yaxkin	3
8.8.	3 Cauac	2 Yaxkin	4
9.8.	4 Ahau	3 Yaxkin	5
10.8.	5 Imix	4 Yaxkin	6
11.8.	6 Ik	5 Yaxkin	7
12.8.	7 Akbal	6 Yaxkin	8
13.8.	8 Kan	7 Yaxkin	9
14.8.	9 Chicchan	8 Yaxkin	1
15.8.	10 Cimi	9 Yaxkin	2

1996			
Greg.	Tzolkin	Haab	H.d.N
16.8.	11 Manik	10 Yaxkin	3
17.8.	12 Lamat	11 Yaxkin	4
18.8.	13 Muluc	12 Yaxkin	5
19.8.	1 Oc	13 Yaxkin	6
20.8.	2 Chuen	14 Yaxkin	7
21.8.	3 Eb	15 Yaxkin	8
22.8.	4 Ben	16 Yaxkin	9
23.8.	5 Ix	17 Yaxkin	1
24.8.	6 Men	18 Yaxkin	2
25.8.	7 Cib	19 Yaxkin	3
26.8.	8 Cabán	0 Mol	4
27.8.	9 Edznab	1 Mol	5
28.8.	10 Cauac	2 Mol	6
29.8.	11 Ahau	3 Mol	7
30.8.	12 Imix	4 Mol	8
31.8.	13 Ik	5 Mol	9
1.9.	1 Akbal	6 Mol	1
2.9.	2 Kan	7 Mol	2
3.9.	3 Chicchan	8 Mol	3
4.9.	4 Cimi	9 Mol	4
5.9.	5 Manik	10 Mol	5
6.9.	6 Lamat	11 Mol	6
7.9.	7 Muluc	12 Mol	7
8.9.	8 Oc	13 Mol	8
9.9.	9 Chuen	14 Mol	9
10.9.	10 Eb	15 Mol	1
11.9.	11 Ben	16 Mol	2
12.9.	12 Ix	17 Mol	3
13.9.	13 Men	18 Mol	4
14.9.	1 Cib	19 Mol	5
15.9.	2 Cabán	0 Chen	6
16.9.	3 Edznab	1 Chen	7
17.9.	4 Cauac	2 Chen	8
18.9.	5 Ahau	3 Chen	9
19.9.	6 Imix	4 Chen	1
20.9.	7 Ik	5 Chen	2
21.9.	8 Akbal	6 Chen	3
22.9.	9 Kan	7 Chen	4
23.9.	10 Chicchan	8 Chen	5

1996			
Greg.	Tzolkin	Haab	H.d.N
24.9.	11 Cimi	9 Chen	6
25.9.	12 Manik	10 Chen	7
26.9.	13 Lamat	11 Chen	8
27.9.	1 Muluc	12 Chen	9
28.9.	2 Oc	13 Chen	1
29.9.	3 Chuen	14 Chen	2
30.9.	4 Eb	15 Chen	3
1.10.	5 Ben	16 Chen	4
2.10.	6 Ix	17 Chen	5
3.10.	7 Men	18 Chen	6
4.10.	8 Cib	19 Chen	7
5.10.	9 Cabán	0 Yax	8
6.10.	10 Edznab	1 Yax	9
7.10.	11 Cauac	2 Yax	1
8.10.	12 Ahau	3 Yax	2
9.10.	13 Imix	4 Yax	3
10.10.	1 Ik	5 Yax	4
11.10.	2 Akbal	6 Yax	5
12.10.	3 Kan	7 Yax	6
13.10.	4 Chicchan	8 Yax	7
14.10.	5 Cimi	9 Yax	8
15.10.	6 Manik	10 Yax	9
16.10.	7 Lamat	11 Yax	1
17.10.	8 Muluc	12 Yax	2
18.10.	9 Oc	13 Yax	3
19.10.	10 Chuen	14 Yax	4
20.10.	11 Eb	15 Yax	5
21.10.	12 Ben	16 Yax	6
22.10.	13 Ix	17 Yax	7
23.10.	1 Men	18 Yax	8
24.10.	2 Cib	19 Yax	9
25.10.	3 Cabán	0 Zac	1
26.10.	4 Edznab	1 Zac	2
27.10.	5 Cauac	2 Zac	3
28.10.	6 Ahau	3 Zac	4
29.10.	7 Imix	4 Zac	5
30.10.	8 Ik	5 Zac	6
31.10.	9 Akbal	6 Zac	7
1.11.	10 Kan	7 Zac	8

1996			
Greg.	Tzolkin	Haab	H.d.N
2.11.	11 Chicchan	8 Zac	9
3.11.	12 Cimi	9 Zac	1
4.11.	13 Manik	10 Zac	2
5.11.	1 Lamat	11 Zac	3
6.11.	2 Muluc	12 Zac	4
7.11.	3 Oc	13 Zac	5
8.11.	4 Chuen	14 Zac	6
9.11.	5 Eb	15 Zac	7
10.11.	6 Ben	16 Zac	8
11.11.	7 Ix	17 Zac	9
12.11.	8 Men	18 Zac	1
13.11.	9 Cib	19 Zac	2
14.11.	10 Cabán	0 Ceh	3
15.11.	11 Edznab	1 Ceh	4
16.11.	12 Cauac	2 Ceh	5
17.11.	13 Ahau	3 Ceh	6
18.11.	1 Imix	4 Ceh	7
19.11.	2 Ik	5 Ceh	8
20.11.	3 Akbal	6 Ceh	9
21.11.	4 Kan	7 Ceh	1
22.11.	5 Chicchan	8 Ceh	2
23.11.	6 Cimi	9 Ceh	3
24.11.	7 Manik	10 Ceh	4
25.11.	8 Lamat	11 Ceh	5
26.11.	9 Muluc	12 Ceh	6
27.11.	10 Oc	13 Ceh	7
28.11.	11 Chuen	14 Ceh	8
29.11.	12 Eb	15 Ceh	9
30.11.	13 Ben	16 Ceh	1
1.12.	1 Ix	17 Ceh	2
2.12.	2 Men	18 Ceh	3
3.12.	3 Cib	19 Ceh	4
4.12.	4 Cabán	0 Mac	5
5.12.	5 Edznab	1 Mac	6
6.12.	6 Cauac	2 Mac	7
7.12.	7 Ahau	3 Mac	8
8.12.	8 Imix	4 Mac	9
9.12.	9 Ik	5 Mac	1
10.12.	10 Akbal	6 Mac	2

1996			
Greg.	Tzolkin	Haab	H.d.N
11.12.	11 Kan	7 Mac	3
12.12.	12 Chicchan	8 Mac	4
13.12.	13 Cimi	9 Mac	5
14.12.	1 Manik	10 Mac	6
15.12.	2 Lamat	11 Mac	7
16.12.	3 Muluc	12 Mac	8
17.12.	4 Oc	13 Mac	9
18.12.	5 Chuen	14 Mac	1
19.12.	6 Eb	15 Mac	2
20.12.	7 Ben	16 Mac	3
21.12.	8 Ix	17 Mac	4
22.12.	9 Men	18 Mac	5
23.12.	10 Cib	19 Mac	6
24.12.	11 Cabán	0 Kankin	7
25.12.	12 Edznab	1 Kankin	8
26.12.	13 Cauac	2 Kankin	9
27.12.	1 Ahau	3 Kankin	1
28.12.	2 Imix	4 Kankin	2
29.12.	3 Ik	5 Kankin	3
30.12.	4 Akbal	6 Kankin	4
31.12.	5 Kan	7 Kankin	5

1997			
Greg.	Tzolkin	Haab	H.d.N
1.1.	6 Chicchan	8 Kankin	6
2.1.	7 Cimi	9 Kankin	7
3.1.	8 Manik	10 Kankin	8
4.1.	9 Lamat	11 Kankin	9
5.1.	10 Muluc	12 Kankin	1
6.1.	11 Oc	13 Kankin	2
7.1.	12 Chuen	14 Kankin	3
8.1.	13 Eb	15 Kankin	4
9.1.	1 Ben	16 Kankin	5
10.1.	2 Ix	17 Kankin	6
11.1.	3 Men	18 Kankin	7
12.1.	4 Cib	19 Kankin	8
13.1.	5 Cabán	0 Muan	9
14.1.	6 Edznab	1 Muan	1
15.1.	7 Cauac	2 Muan	2
16.1.	8 Ahau	3 Muan	3

1997			
Greg.	Tzolkin	Haab	H.d.N
17.1.	9 Imix	4 Muan	4
18.1.	10 Ik	5 Muan	5
19.1.	11 Akbal	6 Muan	6
20.1.	12 Kan	7 Muan	7
21.1.	13 Chicchan	8 Muan	8
22.1.	1 Cimi	9 Muan	9
23.1.	2 Manik	10 Muan	1
24.1.	3 Lamat	11 Muan	2
25.1.	4 Muluc	12 Muan	3
26.1.	5 Oc	13 Muan	4
27.1.	6 Chuen	14 Muan	5
28.1.	7 Eb	15 Muan	6
29.1.	8 Ben	16 Muan	7
30.1.	9 Ix	17 Muan	8
31.1.	10 Men	18 Muan	9
1.2.	11 Cib	19 Muan	1
2.2.	12 Cabán	0 Pax	2
3.2.	13 Edznab	1 Pax	3
4.2.	1 Cauac	2 Pax	4
5.2.	2 Ahau	3 Pax	5
6.2.	3 Imix	4 Pax	6
7.2.	4 Ik	5 Pax	7
8.2.	5 Akbal	6 Pax	8
9.2.	6 Kan	7 Pax	9
10.2.	7 Chicchan	8 Pax	1
11.2.	8 Cimi	9 Pax	2
12.2.	9 Manik	10 Pax	3
13.2.	10 Lamat	11 Pax	4
14.2.	11 Muluc	12 Pax	5
15.2.	12 Oc	13 Pax	6
16.2.	13 Chuen	14 Pax	7
17.2.	1 Eb	15 Pax	8
18.2.	2 Ben	16 Pax	9
19.2.	3 Ix	17 Pax	1
20.2.	4 Men	18 Pax	2
21.2.	5 Cib	19 Pax	3
22.2.	6 Cabán	0 Kayab	4
23.2.	7 Edznab	1 Kayab	5
24.2.	8 Cauac	2 Kayab	6

1997			
Greg.	Tzolkin	Haab	H.d.N
25.2.	9 Ahau	3 Kayab	7
26.2.	10 Imix	4 Kayab	8
27.2.	11 Ik	5 Kayab	9
28.2.	12 Akbal	6 Kayab	1
1.3.	13 Kan	7 Kayab	2
2.3.	1 Chicchan	8 Kayab	3
3.3.	2 Cimi	9 Kayab	4
4.3.	3 Manik	10 Kayab	5
5.3.	4 Lamat	11 Kayab	6
6.3.	5 Muluc	12 Kayab	7
7.3.	6 Oc	13 Kayab	8
8.3.	7 Chuen	14 Kayab	9
9.3.	8 Eb	15 Kayab	1
10.3.	9 Ben	16 Kayab	2
11.3.	10 Ix	17 Kayab	3
12.3.	11 Men	18 Kayab	4
13.3.	12 Cib	19 Kayab	5
14.3.	13 Cabán	0 Cumku	6
15.3.	1 Edznab	1 Cumku	7
16.3.	2 Cauac	2 Cumku	8
17.3.	3 Ahau	3 Cumku	9
18.3.	4 Imix	4 Cumku	1
19.3.	5 Ik	5 Cumku	2
20.3.	6 Akbal	6 Cumku	3
21.3.	7 Kan	7 Cumku	4
22.3.	8 Chicchan	8 Cumku	5
23.3.	9 Cimi	9 Cumku	6
24.3.	10 Manik	10 Cumku	7
25.3.	11 Lamat	11 Cumku	8
26.3.	12 Muluc	12 Cumku	9
27.3.	13 Oc	13 Cumku	1
28.3.	1 Chuen	14 Cumku	2
29.3.	2 Eb	15 Cumku	3
30.3.	3 Ben	16 Cumku	4
31.3.	4 Ix	17 Cumku	5
1.4.	5 Men	18 Cumku	6
2.4.	6 Cib	19 Cumku	7
3.4.	7 Cabán	0 Uayeb	8
4.4.	8 Edznab	1 Uayeb	9

1997			
Greg.	Tzolkin	Haab	H.d.N
5.4.	9 Cauac	2 Uayeb	1
6.4.	10 Ahau	3 Uayeb	2
7.4.	11 Imix	4 Uayeb	3
8.4.	**12 Ik**	**0 Pop**	**4**
9.4.	13 Akbal	1 Pop	5
10.4.	1 Kan	2 Pop	6
11.4.	2 Chicchan	3 Pop	7
12.4.	3 Cimi	4 Pop	8
13.4.	4 Manik	5 Pop	9
14.4.	5 Lamat	6 Pop	1
15.4.	6 Muluc	7 Pop	2
16.4.	7 Oc	8 Pop	3
17.4.	8 Chuen	9 Pop	4
18.4.	9 Eb	10 Pop	5
19.4.	10 Ben	11 Pop	6
20.4.	11 Ix	12 Pop	7
21.4.	12 Men	13 Pop	8
22.4.	13 Cib	14 Pop	9
23.4.	1 Cabán	15 Pop	1
24.4.	2 Edznab	16 Pop	2
25.4.	3 Cauac	17 Pop	3
26.4.	4 Ahau	18 Pop	4
27.4.	5 Imix	19 Pop	5
28.4.	6 Ik	0 Uo	6
29.4.	7 Akbal	1 Uo	7
30.4.	8 Kan	2 Uo	8
1.5.	9 Chicchan	3 Uo	9
2.5.	10 Cimi	4 Uo	1
3.5.	11 Manik	5 Uo	2
4.5.	12 Lamat	6 Uo	3
5.5.	13 Muluc	7 Uo	4
6.5.	1 Oc	8 Uo	5
7.5.	2 Chuen	9 Uo	6
8.5.	3 Eb	10 Uo	7
9.5.	4 Ben	11 Uo	8
10.5.	5 Ix	12 Uo	9
11.5.	6 Men	13 Uo	1
12.5.	7 Cib	14 Uo	2
13.5.	8 Cabán	15 Uo	3

1997			
Greg.	Tzolkin	Haab	H.d.N
14.5.	9 Edznab	16 Uo	4
15.5.	10 Cauac	17 Uo	5
16.5.	11 Ahau	18 Uo	6
17.5.	12 Imix	19 Uo	7
18.5.	13 Ik	0 Zip	8
19.5.	1 Akbal	1 Zip	9
20.5.	2 Kan	2 Zip	1
21.5.	3 Chicchan	3 Zip	2
22.5.	4 Cimi	4 Zip	3
23.5.	5 Manik	5 Zip	4
24.5.	6 Lamat	6 Zip	5
25.5.	7 Muluc	7 Zip	6
26.5.	8 Oc	8 Zip	7
27.5.	9 Chuen	9 Zip	8
28.5.	10 Eb	10 Zip	9
29.5.	11 Ben	11 Zip	1
30.5.	12 Ix	12 Zip	2
31.5.	13 Men	13 Zip	3
1.6.	1 Cib	14 Zip	4
2.6.	2 Cabán	15 Zip	5
3.6.	3 Edznab	16 Zip	6
4.6.	4 Cauac	17 Zip	7
5.6.	5 Ahau	18 Zip	8
6.6.	6 Imix	19 Zip	9
7.6.	7 Ik	0 Zotz	1
8.6.	8 Akbal	1 Zotz	2
9.6.	9 Kan	2 Zotz	3
10.6.	10 Chicchan	3 Zotz	4
11.6.	11 Cimi	4 Zotz	5
12.6.	12 Manik	5 Zotz	6
13.6.	13 Lamat	6 Zotz	7
14.6.	1 Muluc	7 Zotz	8
15.6.	2 Oc	8 Zotz	9
16.6.	3 Chuen	9 Zotz	1
17.6.	4 Eb	10 Zotz	2
18.6.	5 Ben	11 Zotz	3
19.6.	6 Ix	12 Zotz	4
20.6.	7 Men	13 Zotz	5
21.6.	8 Cib	14 Zotz	6

1997			
Greg.	Tzolkin	Haab	H.d.N
22.6.	9 Cabán	15 Zotz	7
23.6.	10 Edznab	16 Zotz	8
24.6.	11 Cauac	17 Zotz	9
25.6.	12 Ahau	18 Zotz	1
26.6.	13 Imix	19 Zotz	2
27.6.	1 Ik	0 Tzec	3
28.6.	2 Akbal	1 Tzec	4
29.6.	3 Kan	2 Tzec	5
30.6.	4 Chicchan	3 Tzec	6
1.7.	5 Cimi	4 Tzec	7
2.7.	6 Manik	5 Tzec	8
3.7.	7 Lamat	6 Tzec	9
4.7.	8 Muluc	7 Tzec	1
5.7.	9 Oc	8 Tzec	2
6.7.	10 Chuen	9 Tzec	3
7.7.	11 Eb	10 Tzec	4
8.7.	12 Ben	11 Tzec	5
9.7.	13 Ix	12 Tzec	6
10.7.	1 Men	13 Tzec	7
11.7.	2 Cib	14 Tzec	8
12.7.	3 Cabán	15 Tzec	9
13.7.	4 Edznab	16 Tzec	1
14.7.	5 Cauac	17 Tzec	2
15.7.	6 Ahau	18 Tzec	3
16.7.	7 Imix	19 Tzec	4
17.7.	8 Ik	0 Xul	5
18.7.	9 Akbal	1 Xul	6
19.7.	10 Kan	2 Xul	7
20.7.	11 Chicchan	3 Xul	8
21.7.	12 Cimi	4 Xul	9
22.7.	13 Manik	5 Xul	1
23.7.	1 Lamat	6 Xul	2
24.7.	2 Muluc	7 Xul	3
25.7.	3 Oc	8 Xul	4
26.7.	4 Chuen	9 Xul	5
27.7.	5 Eb	10 Xul	6
28.7.	6 Ben	11 Xul	7
29.7.	7 Ix	12 Xul	8
30.7.	8 Men	13 Xul	9

1997			
Greg.	Tzolkin	Haab	H.d.N
31.7.	9 Cib	14 Xul	1
1.8.	10 Cabán	15 Xul	2
2.8.	11 Edznab	16 Xul	3
3.8.	12 Cauac	17 Xul	4
4.8.	13 Ahau	18 Xul	5
5.8.	1 Imix	19 Xul	6
6.8.	2 Ik	0 Yaxkin	7
7.8.	3 Akbal	1 Yaxkin	8
8.8.	4 Kan	2 Yaxkin	9
9.8.	5 Chicchan	3 Yaxkin	1
10.8.	6 Cimi	4 Yaxkin	2
11.8.	7 Manik	5 Yaxkin	3
12.8.	8 Lamat	6 Yaxkin	4
13.8.	9 Muluc	7 Yaxkin	5
14.8.	10 Oc	8 Yaxkin	6
15.8.	11 Chuen	9 Yaxkin	7
16.8.	12 Eb	10 Yaxkin	8
17.8.	13 Ben	11 Yaxkin	9
18.8.	1 Ix	12 Yaxkin	1
19.8.	2 Men	13 Yaxkin	2
20.8.	3 Cib	14 Yaxkin	3
21.8.	4 Cabán	15 Yaxkin	4
22.8.	5 Edznab	16 Yaxkin	5
23.8.	6 Cauac	17 Yaxkin	6
24.8.	7 Ahau	18 Yaxkin	7
25.8.	8 Imix	19 Yaxkin	8
26.8.	9 Ik	0 Mol	9
27.8.	10 Akbal	1 Mol	1
28.8.	11 Kan	2 Mol	2
29.8.	12 Chicchan	3 Mol	3
30.8.	13 Cimi	4 Mol	4
31.8.	1 Manik	5 Mol	5
1.9.	2 Lamat	6 Mol	6
2.9.	3 Muluc	7 Mol	7
3.9.	4 Oc	8 Mol	8
4.9.	5 Chuen	9 Mol	9
5.9.	6 Eb	10 Mol	1
6.9.	7 Ben	11 Mol	2
7.9.	8 Ix	12 Mol	3

1997			
Greg.	Tzolkin	Haab	H.d.N
8.9.	9 Men	13 Mol	4
9.9.	10 Cib	14 Mol	5
10.9.	11 Cabán	15 Mol	6
11.9.	12 Edznab	16 Mol	7
12.9.	13 Cauac	17 Mol	8
13.9.	1 Ahau	18 Mol	9
14.9.	2 Imix	19 Mol	1
15.9.	3 Ik	0 Chen	2
16.9.	4 Akbal	1 Chen	3
17.9.	5 Kan	2 Chen	4
18.9.	6 Chicchan	3 Chen	5
19.9.	7 Cimi	4 Chen	6
20.9.	8 Manik	5 Chen	7
21.9.	9 Lamat	6 Chen	8
22.9.	10 Muluc	7 Chen	9
23.9.	11 Oc	8 Chen	1
24.9.	12 Chuen	9 Chen	2
25.9.	13 Eb	10 Chen	3
26.9.	1 Ben	11 Chen	4
27.9.	2 Ix	12 Chen	5
28.9.	3 Men	13 Chen	6
29.9.	4 Cib	14 Chen	7
30.9.	5 Cabán	15 Chen	8
1.10.	6 Edznab	16 Chen	9
2.10.	7 Cauac	17 Chen	1
3.10.	8 Ahau	18 Chen	2
4.10.	9 Imix	19 Chen	3
5.10.	10 Ik	0 Yax	4
6.10.	11 Akbal	1 Yax	5
7.10.	12 Kan	2 Yax	6
8.10.	13 Chicchan	3 Yax	7
9.10.	1 Cimi	4 Yax	8
10.10.	2 Manik	5 Yax	9
11.10.	3 Lamat	6 Yax	1
12.10.	4 Muluc	7 Yax	2
13.10.	5 Oc	8 Yax	3
14.10.	6 Chuen	9 Yax	4
15.10.	7 Eb	10 Yax	5
16.10.	8 Ben	11 Yax	6

1997			
Greg.	Tzolkin	Haab	H.d.N
17.10.	9 Ix	12 Yax	7
18.10.	10 Men	13 Yax	8
19.10.	11 Cib	14 Yax	9
20.10.	12 Cabán	15 Yax	1
21.10.	13 Edznab	16 Yax	2
22.10.	1 Cauac	17 Yax	3
23.10.	2 Ahau	18 Yax	4
24.10.	3 Imix	19 Yax	5
25.10.	4 Ik	0 Zac	6
26.10.	5 Akbal	1 Zac	7
27.10.	6 Kan	2 Zac	8
28.10.	7 Chicchan	3 Zac	9
29.10.	8 Cimi	4 Zac	1
30.10.	9 Manik	5 Zac	2
31.10.	10 Lamat	6 Zac	3
1.11.	11 Muluc	7 Zac	4
2.11.	12 Oc	8 Zac	5
3.11.	13 Chuen	9 Zac	6
4.11.	1 Eb	10 Zac	7
5.11.	2 Ben	11 Zac	8
6.11.	3 Ix	12 Zac	9
7.11.	4 Men	13 Zac	1
8.11.	5 Cib	14 Zac	2
9.11.	6 Cabán	15 Zac	3
10.11.	7 Edznab	16 Zac	4
11.11.	8 Cauac	17 Zac	5
12.11.	9 Ahau	18 Zac	6
13.11.	10 Imix	19 Zac	7
14.11.	11 Ik	0 Ceh	8
15.11.	12 Akbal	1 Ceh	9
16.11.	13 Kan	2 Ceh	1
17.11.	1 Chicchan	3 Ceh	2
18.11.	2 Cimi	4 Ceh	3
19.11.	3 Manik	5 Ceh	4
20.11.	4 Lamat	6 Ceh	5
21.11.	5 Muluc	7 Ceh	6
22.11.	6 Oc	8 Ceh	7
23.11.	7 Chuen	9 Ceh	8
24.11.	8 Eb	10 Ceh	9

1997			
Greg.	Tzolkin	Haab	H.d.N
25.11.	9 Ben	11 Ceh	1
26.11.	10 Ix	12 Ceh	2
27.11.	11 Men	13 Ceh	3
28.11.	12 Cib	14 Ceh	4
29.11.	13 Cabán	15 Ceh	5
30.11.	1 Edznab	16 Ceh	6
1.12.	2 Cauac	17 Ceh	7
2.12.	3 Ahau	18 Ceh	8
3.12.	4 Imix	19 Ceh	9
4.12.	5 Ik	0 Mac	1
5.12.	6 Akbal	1 Mac	2
6.12.	7 Kan	2 Mac	3
7.12.	8 Chicchan	3 Mac	4
8.12.	9 Cimi	4 Mac	5
9.12.	10 Manik	5 Mac	6
10.12.	11 Lamat	6 Mac	7
11.12.	12 Muluc	7 Mac	8
12.12.	13 Oc	8 Mac	9
13.12.	1 Chuen	9 Mac	1
14.12.	2 Eb	10 Mac	2
15.12.	3 Ben	11 Mac	3
16.12.	4 Ix	12 Mac	4
17.12.	5 Men	13 Mac	5
18.12.	6 Cib	14 Mac	6
19.12.	7 Cabán	15 Mac	7
20.12.	8 Edznab	16 Mac	8
21.12.	9 Cauac	17 Mac	9
22.12.	10 Ahau	18 Mac	1
23.12.	11 Imix	19 Mac	2
24.12.	12 Ik	0 Kankin	3
25.12.	13 Akbal	1 Kankin	4
26.12.	1 Kan	2 Kankin	5
27.12.	2 Chicchan	3 Kankin	6
28.12.	3 Cimi	4 Kankin	7
29.12.	4 Manik	5 Kankin	8
30.12.	5 Lamat	6 Kankin	9
31.12.	6 Muluc	7 Kankin	1

1998			
Greg.	Tzolkin	Haab	H.d.N
1.1.	7 Oc	8 Kankin	2
2.1.	8 Chuen	9 Kankin	3
3.1.	9 Eb	10 Kankin	4
4.1.	10 Ben	11 Kankin	5
5.1.	11 Ix	12 Kankin	6
6.1.	12 Men	13 Kankin	7
7.1.	13 Cib	14 Kankin	8
8.1.	1 Cabán	15 Kankin	9
9.1.	2 Edznab	16 Kankin	1
10.1.	3 Cauac	17 Kankin	2
11.1.	4 Ahau	18 Kankin	3
12.1.	5 Imix	19 Kankin	4
13.1.	6 Ik	0 Muan	5
14.1.	7 Akbal	1 Muan	6
15.1.	8 Kan	2 Muan	7
16.1.	9 Chicchan	3 Muan	8
17.1.	10 Cimi	4 Muan	9
18.1.	11 Manik	5 Muan	1
19.1.	12 Lamat	6 Muan	2
20.1.	13 Muluc	7 Muan	3
21.1.	1 Oc	8 Muan	4
22.1.	2 Chuen	9 Muan	5
23.1.	3 Eb	10 Muan	6
24.1.	4 Ben	11 Muan	7
25.1.	5 Ix	12 Muan	8
26.1.	6 Men	13 Muan	9
27.1.	7 Cib	14 Muan	1
28.1.	8 Cabán	15 Muan	2
29.1.	9 Edznab	16 Muan	3
30.1.	10 Cauac	17 Muan	4
31.1.	11 Ahau	18 Muan	5
1.2.	12 Imix	19 Muan	6
2.2.	13 Ik	0 Pax	7
3.2.	1 Akbal	1 Pax	8
4.2.	2 Kan	2 Pax	9
5.2.	3 Chicchan	3 Pax	1
6.2.	4 Cimi	4 Pax	2
7.2.	5 Manik	5 Pax	3
8.2.	6 Lamat	6 Pax	4

1998			
Greg.	Tzolkin	Haab	H.d.N
9.2.	7 Muluc	7 Pax	5
10.2.	8 Oc	8 Pax	6
11.2.	9 Chuen	9 Pax	7
12.2.	10 Eb	10 Pax	8
13.2.	11 Ben	11 Pax	9
14.2.	12 Ix	12 Pax	1
15.2.	13 Men	13 Pax	2
16.2.	1 Cib	14 Pax	3
17.2.	2 Cabán	15 Pax	4
18.2.	3 Edznab	16 Pax	5
19.2.	4 Cauac	17 Pax	6
20.2.	5 Ahau	18 Pax	7
21.2.	6 Imix	19 Pax	8
22.2.	7 Ik	0 Kayab	9
23.2.	8 Akbal	1 Kayab	1
24.2.	9 Kan	2 Kayab	2
25.2.	10 Chicchan	3 Kayab	3
26.2.	11 Cimi	4 Kayab	4
27.2.	12 Manik	5 Kayab	5
28.2.	13 Lamat	6 Kayab	6
1.3.	1 Muluc	7 Kayab	7
2.3.	2 Oc	8 Kayab	8
3.3.	3 Chuen	9 Kayab	9
4.3.	4 Eb	10 Kayab	1
5.3.	5 Ben	11 Kayab	2
6.3.	6 Ix	12 Kayab	3
7.3.	7 Men	13 Kayab	4
8.3.	8 Cib	14 Kayab	5
9.3.	9 Cabán	15 Kayab	6
10.3.	10 Edznab	16 Kayab	7
11.3.	11 Cauac	17 Kayab	8
12.3.	12 Ahau	18 Kayab	9
13.3.	13 Imix	19 Kayab	1
14.3.	1 Ik	0 Cumku	2
15.3.	2 Akbal	1 Cumku	3
16.3.	3 Kan	2 Cumku	4
17.3.	4 Chicchan	3 Cumku	5
18.3.	5 Cimi	4 Cumku	6
19.3.	6 Manik	5 Cumku	7

1998			
Greg.	Tzolkin	Haab	H.d.N
20.3.	7 Lamat	6 Cumku	8
21.3.	8 Muluc	7 Cumku	9
22.3.	9 Oc	8 Cumku	1
23.3.	10 Chuen	9 Cumku	2
24.3.	11 Eb	10 Cumku	3
25.3.	12 Ben	11 Cumku	4
26.3.	13 Ix	12 Cumku	5
27.3.	1 Men	13 Cumku	6
28.3.	2 Cib	14 Cumku	7
29.3.	3 Cabán	15 Cumku	8
30.3.	4 Edznab	16 Cumku	9
31.3.	5 Cauac	17 Cumku	1
1.4.	6 Ahau	18 Cumku	2
2.4.	7 Imix	19 Cumku	3
3.4.	8 Ik	0 Uayeb	4
4.4.	9 Akbal	1 Uayeb	5
5.4.	10 Kan	2 Uayeb	6
6.4.	11 Chicchan	3 Uayeb	7
7.4.	12 Cimi	4 Uayeb	8
8.4.	**13 Manik**	**0 Pop**	**9**
9.4.	1 Lamat	1 Pop	1
10.4.	2 Muluc	2 Pop	2
11.4.	3 Oc	3 Pop	3
12.4.	4 Chuen	4 Pop	4
13.4.	5 Eb	5 Pop	5
14.4.	6 Ben	6 Pop	6
15.4.	7 Ix	7 Pop	7
16.4.	8 Men	8 Pop	8
17.4.	9 Cib	9 Pop	9
18.4.	10 Cabán	10 Pop	1
19.4.	11 Edznab	11 Pop	2
20.4.	12 Cauac	12 Pop	3
21.4.	13 Ahau	13 Pop	4
22.4.	1 Imix	14 Pop	5
23.4.	2 Ik	15 Pop	6
24.4.	3 Akbal	16 Pop	7
25.4.	4 Kan	17 Pop	8
26.4.	5 Chicchan	18 Pop	9
27.4.	6 Cimi	19 Pop	1

1998			
Greg.	Tzolkin	Haab	H.d.N
28.4.	7 Manik	0 Uo	2
29.4.	8 Lamat	1 Uo	3
30.4.	9 Muluc	2 Uo	4
1.5.	10 Oc	3 Uo	5
2.5.	11 Chuen	4 Uo	6
3.5.	12 Eb	5 Uo	7
4.5.	13 Ben	6 Uo	8
5.5.	1 Ix	7 Uo	9
6.5.	2 Men	8 Uo	1
7.5.	3 Cib	9 Uo	2
8.5.	4 Cabán	10 Uo	3
9.5.	5 Edznab	11 Uo	4
10.5.	6 Cauac	12 Uo	5
11.5.	7 Ahau	13 Uo	6
12.5.	8 Imix	14 Uo	7
13.5.	9 Ik	15 Uo	8
14.5.	10 Akbal	16 Uo	9
15.5.	11 Kan	17 Uo	1
16.5.	12 Chicchan	18 Uo	2
17.5.	13 Cimi	19 Uo	3
18.5.	1 Manik	0 Zip	4
19.5.	2 Lamat	1 Zip	5
20.5.	3 Muluc	2 Zip	6
21.5.	4 Oc	3 Zip	7
22.5.	5 Chuen	4 Zip	8
23.5.	6 Eb	5 Zip	9
24.5.	7 Ben	6 Zip	1
25.5.	8 Ix	7 Zip	2
26.5.	9 Men	8 Zip	3
27.5.	10 Cib	9 Zip	4
28.5.	11 Cabán	10 Zip	5
29.5.	12 Edznab	11 Zip	6
30.5.	13 Cauac	12 Zip	7
31.5.	1 Ahau	13 Zip	8
1.6.	2 Imix	14 Zip	9
2.6.	3 Ik	15 Zip	1
3.6.	4 Akbal	16 Zip	2
4.6.	5 Kan	17 Zip	3
5.6.	6 Chicchan	18 Zip	4

1998			
Greg.	Tzolkin	Haab	H.d.N
6.6.	7 Cimi	19 Zip	5
7.6.	8 Manik	0 Zotz	6
8.6.	9 Lamat	1 Zotz	7
9.6.	10 Muluc	2 Zotz	8
10.6.	11 Oc	3 Zotz	9
11.6.	12 Chuen	4 Zotz	1
12.6.	13 Eb	5 Zotz	2
13.6.	1 Ben	6 Zotz	3
14.6.	2 Ix	7 Zotz	4
15.6.	3 Men	8 Zotz	5
16.6.	4 Cib	9 Zotz	6
17.6.	5 Cabán	10 Zotz	7
18.6.	6 Edznab	11 Zotz	8
19.6.	7 Cauac	12 Zotz	9
20.6.	8 Ahau	13 Zotz	1
21.6.	9 Imix	14 Zotz	2
22.6.	10 Ik	15 Zotz	3
23.6.	11 Akbal	16 Zotz	4
24.6.	12 Kan	17 Zotz	5
25.6.	13 Chicchan	18 Zotz	6
26.6.	1 Cimi	19 Zotz	7
27.6.	2 Manik	0 Tzec	8
28.6.	3 Lamat	1 Tzec	9
29.6.	4 Muluc	2 Tzec	1
30.6.	5 Oc	3 Tzec	2
1.7.	6 Chuen	4 Tzec	3
2.7.	7 Eb	5 Tzec	4
3.7.	8 Ben	6 Tzec	5
4.7.	9 Ix	7 Tzec	6
5.7.	10 Men	8 Tzec	7
6.7.	11 Cib	9 Tzec	8
7.7.	12 Cabán	10 Tzec	9
8.7.	13 Edznab	11 Tzec	1
9.7.	1 Cauac	12 Tzec	2
10.7.	2 Ahau	13 Tzec	3
11.7.	3 Imix	14 Tzec	4
12.7.	4 Ik	15 Tzec	5
13.7.	5 Akbal	16 Tzec	6
14.7.	6 Kan	17 Tzec	7

1998			
Greg.	Tzolkin	Haab	H.d.N
15.7.	7 Chicchan	18 Tzec	8
16.7.	8 Cimi	19 Tzec	9
17.7.	9 Manik	0 Xul	1
18.7.	10 Lamat	1 Xul	2
19.7.	11 Muluc	2 Xul	3
20.7.	12 Oc	3 Xul	4
21.7.	13 Chuen	4 Xul	5
22.7.	1 Eb	5 Xul	6
23.7.	2 Ben	6 Xul	7
24.7.	3 Ix	7 Xul	8
25.7.	4 Men	8 Xul	9
26.7.	5 Cib	9 Xul	1
27.7.	6 Cabán	10 Xul	2
28.7.	7 Edznab	11 Xul	3
29.7.	8 Cauac	12 Xul	4
30.7.	9 Ahau	13 Xul	5
31.7.	10 Imix	14 Xul	6
1.8.	11 Ik	15 Xul	7
2.8.	12 Akbal	16 Xul	8
3.8.	13 Kan	17 Xul	9
4.8.	1 Chicchan	18 Xul	1
5.8.	2 Cimi	19 Xul	2
6.8.	3 Manik	0 Yaxkin	3
7.8.	4 Lamat	1 Yaxkin	4
8.8.	5 Muluc	2 Yaxkin	5
9.8.	6 Oc	3 Yaxkin	6
10.8.	7 Chuen	4 Yaxkin	7
11.8.	8 Eb	5 Yaxkin	8
12.8.	9 Ben	6 Yaxkin	9
13.8.	10 Ix	7 Yaxkin	1
14.8.	11 Men	8 Yaxkin	2
15.8.	12 Cib	9 Yaxkin	3
16.8.	13 Cabán	10 Yaxkin	4
17.8.	1 Edznab	11 Yaxkin	5
18.8.	2 Cauac	12 Yaxkin	6
19.8.	3 Ahau	13 Yaxkin	7
20.8.	4 Imix	14 Yaxkin	8
21.8.	5 Ik	15 Yaxkin	9
22.8.	6 Akbal	16 Yaxkin	1

1998			
Greg.	Tzolkin	Haab	H.d.N
23.8.	7 Kan	17 Yaxkin	2
24.8.	8 Chicchan	18 Yaxkin	3
25.8.	9 Cimi	19 Yaxkin	4
26.8.	10 Manik	0 Mol	5
27.8.	11 Lamat	1 Mol	6
28.8.	12 Muluc	2 Mol	7
29.8.	13 Oc	3 Mol	8
30.8.	1 Chuen	4 Mol	9
31.8.	2 Eb	5 Mol	1
1.9.	3 Ben	6 Mol	2
2.9.	4 Ix	7 Mol	3
3.9.	5 Men	8 Mol	4
4.9.	6 Cib	9 Mol	5
5.9.	7 Cabán	10 Mol	6
6.9.	8 Edznab	11 Mol	7
7.9.	9 Cauac	12 Mol	8
8.9.	10 Ahau	13 Mol	9
9.9.	11 Imix	14 Mol	1
10.9.	12 Ik	15 Mol	2
11.9.	13 Akbal	16 Mol	3
12.9.	1 Kan	17 Mol	4
13.9.	2 Chicchan	18 Mol	5
14.9.	3 Cimi	19 Mol	6
15.9.	4 Manik	0 Chen	7
16.9.	5 Lamat	1 Chen	8
17.9.	6 Muluc	2 Chen	9
18.9.	7 Oc	3 Chen	1
19.9.	8 Chuen	4 Chen	2
20.9.	9 Eb	5 Chen	3
21.9.	10 Ben	6 Chen	4
22.9.	11 Ix	7 Chen	5
23.9.	12 Men	8 Chen	6
24.9.	13 Cib	9 Chen	7
25.9.	1 Cabán	10 Chen	8
26.9.	2 Edznab	11 Chen	9
27.9.	3 Cauac	12 Chen	1
28.9.	4 Ahau	13 Chen	2
29.9.	5 Imix	14 Chen	3
30.9.	6 Ik	15 Chen	4

1998			
Greg.	Tzolkin	Haab	H.d.N
1.10.	7 Akbal	16 Chen	5
2.10.	8 Kan	17 Chen	6
3.10.	9 Chicchan	18 Chen	7
4.10.	10 Cimi	19 Chen	8
5.10.	11 Manik	0 Yax	9
6.10.	12 Lamat	1 Yax	1
7.10.	13 Muluc	2 Yax	2
8.10.	1 Oc	3 Yax	3
9.10.	2 Chuen	4 Yax	4
10.10.	3 Eb	5 Yax	5
11.10.	4 Ben	6 Yax	6
12.10.	5 Ix	7 Yax	7
13.10.	6 Men	8 Yax	8
14.10.	7 Cib	9 Yax	9
15.10.	8 Cabán	10 Yax	1
16.10.	9 Edznab	11 Yax	2
17.10.	10 Cauac	12 Yax	3
18.10.	11 Ahau	13 Yax	4
19.10.	12 Imix	14 Yax	5
20.10.	13 Ik	15 Yax	6
21.10.	1 Akbal	16 Yax	7
22.10.	2 Kan	17 Yax	8
23.10.	3 Chicchan	18 Yax	9
24.10.	4 Cimi	19 Yax	1
25.10.	5 Manik	0 Zac	2
26.10.	6 Lamat	1 Zac	3
27.10.	7 Muluc	2 Zac	4
28.10.	8 Oc	3 Zac	5
29.10.	9 Chuen	4 Zac	6
30.10.	10 Eb	5 Zac	7
31.10.	11 Ben	6 Zac	8
1.11.	12 Ix	7 Zac	9
2.11.	13 Men	8 Zac	1
3.11.	1 Cib	9 Zac	2
4.11.	2 Cabán	10 Zac	3
5.11.	3 Edznab	11 Zac	4
6.11.	4 Cauac	12 Zac	5
7.11.	5 Ahau	13 Zac	6
8.11.	6 Imix	14 Zac	7

1998			
Greg.	Tzolkin	Haab	H.d.N
9.11.	7 Ik	15 Zac	8
10.11.	8 Akbal	16 Zac	9
11.11.	9 Kan	17 Zac	1
12.11.	10 Chicchan	18 Zac	2
13.11.	11 Cimi	19 Zac	3
14.11.	12 Manik	0 Ceh	4
15.11.	13 Lamat	1 Ceh	5
16.11.	1 Muluc	2 Ceh	6
17.11.	2 Oc	3 Ceh	7
18.11.	3 Chuen	4 Ceh	8
19.11.	4 Eb	5 Ceh	9
20.11.	5 Ben	6 Ceh	1
21.11.	6 Ix	7 Ceh	2
22.11.	7 Men	8 Ceh	3
23.11.	8 Cib	9 Ceh	4
24.11.	9 Cabán	10 Ceh	5
25.11.	10 Edznab	11 Ceh	6
26.11.	11 Cauac	12 Ceh	7
27.11.	12 Ahau	13 Ceh	8
28.11.	13 Imix	14 Ceh	9
29.11.	1 Ik	15 Ceh	1
30.11.	2 Akbal	16 Ceh	2
1.12.	3 Kan	17 Ceh	3
2.12.	4 Chicchan	18 Ceh	4
3.12.	5 Cimi	19 Ceh	5
4.12.	6 Manik	0 Mac	6
5.12.	7 Lamat	1 Mac	7
6.12.	8 Muluc	2 Mac	8
7.12.	9 Oc	3 Mac	9
8.12.	10 Chuen	4 Mac	1
9.12.	11 Eb	5 Mac	2
10.12.	12 Ben	6 Mac	3
11.12.	13 Ix	7 Mac	4
12.12.	1 Men	8 Mac	5
13.12.	2 Cib	9 Mac	6
14.12.	3 Cabán	10 Mac	7
15.12.	4 Edznab	11 Mac	8
16.12.	5 Cauac	12 Mac	9
17.12.	6 Ahau	13 Mac	1

1998			
Greg.	Tzolkin	Haab	H.d.N
18.12.	7 Imix	14 Mac	2
19.12.	8 Ik	15 Mac	3
20.12.	9 Akbal	16 Mac	4
21.12.	10 Kan	17 Mac	5
22.12.	11 Chicchan	18 Mac	6
23.12.	12 Cimi	19 Mac	7
24.12.	13 Manik	0 Kankin	8
25.12.	1 Lamat	1 Kankin	9
26.12.	2 Muluc	2 Kankin	1
27.12.	3 Oc	3 Kankin	2
28.12.	4 Chuen	4 Kankin	3
29.12.	5 Eb	5 Kankin	4
30.12.	6 Ben	6 Kankin	5
31.12.	7 Ix	7 Kankin	6

1999			
Greg.	Tzolkin	Haab	H.d.N
1.1.	8 Men	8 Kankin	7
2.1.	9 Cib	9 Kankin	8
3.1.	10 Cabán	10 Kankin	9
4.1.	11 Edznab	11 Kankin	1
5.1.	12 Cauac	12 Kankin	2
6.1.	13 Ahau	13 Kankin	3
7.1.	1 Imix	14 Kankin	4
8.1.	2 Ik	15 Kankin	5
9.1.	3 Akbal	16 Kankin	6
10.1.	4 Kan	17 Kankin	7
11.1.	5 Chicchan	18 Kankin	8
12.1.	6 Cimi	19 Kankin	9
13.1.	7 Manik	0 Muan	1
14.1.	8 Lamat	1 Muan	2
15.1.	9 Muluc	2 Muan	3
16.1.	10 Oc	3 Muan	4
17.1.	11 Chuen	4 Muan	5
18.1.	12 Eb	5 Muan	6
19.1.	13 Ben	6 Muan	7
20.1.	1 Ix	7 Muan	8
21.1.	2 Men	8 Muan	9
22.1.	3 Cib	9 Muan	1
23.1.	4 Cabán	10 Muan	2

1999			
Greg.	Tzolkin	Haab	H.d.N
24.1.	5 Edznab	11 Muan	3
25.1.	6 Cauac	12 Muan	4
26.1.	7 Ahau	13 Muan	5
27.1.	8 Imix	14 Muan	6
28.1.	9 Ik	15 Muan	7
29.1.	10 Akbal	16 Muan	8
30.1.	11 Kan	17 Muan	9
31.1.	12 Chicchan	18 Muan	1
1.2.	13 Cimi	19 Muan	2
2.2.	1 Manik	0 Pax	3
3.2.	2 Lamat	1 Pax	4
4.2.	3 Muluc	2 Pax	5
5.2.	4 Oc	3 Pax	6
6.2.	5 Chuen	4 Pax	7
7.2.	6 Eb	5 Pax	8
8.2.	7 Ben	6 Pax	9
9.2.	8 Ix	7 Pax	1
10.2.	9 Men	8 Pax	2
11.2.	10 Cib	9 Pax	3
12.2.	11 Cabán	10 Pax	4
13.2.	12 Edznab	11 Pax	5
14.2.	13 Cauac	12 Pax	6
15.2.	1 Ahau	13 Pax	7
16.2.	2 Imix	14 Pax	8
17.2.	3 Ik	15 Pax	9
18.2.	4 Akbal	16 Pax	1
19.2.	5 Kan	17 Pax	2
20.2.	6 Chicchan	18 Pax	3
21.2.	7 Cimi	19 Pax	4
22.2.	8 Manik	0 Kayab	5
23.2.	9 Lamat	1 Kayab	6
24.2.	10 Muluc	2 Kayab	7
25.2.	11 Oc	3 Kayab	8
26.2.	12 Chuen	4 Kayab	9
27.2.	13 Eb	5 Kayab	1
28.2.	1 Ben	6 Kayab	2
1.3.	2 Ix	7 Kayab	3
2.3.	3 Men	8 Kayab	4
3.3.	4 Cib	9 Kayab	5

1999			
Greg.	Tzolkin	Haab	H.d.N
4.3.	5 Cabán	10 Kayab	6
5.3.	6 Edznab	11 Kayab	7
6.3.	7 Cauac	12 Kayab	8
7.3.	8 Ahau	13 Kayab	9
8.3.	9 Imix	14 Kayab	1
9.3.	10 Ik	15 Kayab	2
10.3.	11 Akbal	16 Kayab	3
11.3.	12 Kan	17 Kayab	4
12.3.	13 Chicchan	18 Kayab	5
13.3.	1 Cimi	19 Kayab	6
14.3.	2 Manik	0 Cumku	7
15.3.	3 Lamat	1 Cumku	8
16.3.	4 Muluc	2 Cumku	9
17.3.	5 Oc	3 Cumku	1
18.3.	6 Chuen	4 Cumku	2
19.3.	7 Eb	5 Cumku	3
20.3.	8 Ben	6 Cumku	4
21.3.	9 Ix	7 Cumku	5
22.3.	10 Men	8 Cumku	6
23.3.	11 Cib	9 Cumku	7
24.3.	12 Cabán	10 Cumku	8
25.3.	13 Edznab	11 Cumku	9
26.3.	1 Cauac	12 Cumku	1
27.3.	2 Ahau	13 Cumku	2
28.3.	3 Imix	14 Cumku	3
29.3.	4 Ik	15 Cumku	4
30.3.	5 Akbal	16 Cumku	5
31.3.	6 Kan	17 Cumku	6
1.4.	7 Chicchan	18 Cumku	7
2.4.	8 Cimi	19 Cumku	8
3.4.	9 Manik	0 Uayeb	9
4.4.	10 Lamat	1 Uayeb	1
5.4.	11 Muluc	2 Uayeb	2
6.4.	12 Oc	3 Uayeb	3
7.4.	13 Chuen	4 Uayeb	4
8.4.	**1 Eb**	**0 Pop**	**5**
9.4.	2 Ben	1 Pop	6
10.4.	3 Ix	2 Pop	7
11.4.	4 Men	3 Pop	8

1999			
Greg.	Tzolkin	Haab	H.d.N
12.4.	5 Cib	4 Pop	9
13.4.	6 Cabán	5 Pop	1
14.4.	7 Edznab	6 Pop	2
15.4.	8 Cauac	7 Pop	3
16.4.	9 Ahau	8 Pop	4
17.4.	10 Imix	9 Pop	5
18.4.	11 Ik	10 Pop	6
19.4.	12 Akbal	11 Pop	7
20.4.	13 Kan	12 Pop	8
21.4.	1 Chicchan	13 Pop	9
22.4.	2 Cimi	14 Pop	1
23.4.	3 Manik	15 Pop	2
24.4.	4 Lamat	16 Pop	3
25.4.	5 Muluc	17 Pop	4
26.4.	6 Oc	18 Pop	5
27.4.	7 Chuen	19 Pop	6
28.4.	8 Eb	0 Uo	7
29.4.	9 Ben	1 Uo	8
30.4.	10 Ix	2 Uo	9
1.5.	11 Men	3 Uo	1
2.5.	12 Cib	4 Uo	2
3.5.	13 Cabán	5 Uo	3
4.5.	1 Edznab	6 Uo	4
5.5.	2 Cauac	7 Uo	5
6.5.	3 Ahau	8 Uo	6
7.5.	4 Imix	9 Uo	7
8.5.	5 Ik	10 Uo	8
9.5.	6 Akbal	11 Uo	9
10.5.	7 Kan	12 Uo	1
11.5.	8 Chicchan	13 Uo	2
12.5.	9 Cimi	14 Uo	3
13.5.	10 Manik	15 Uo	4
14.5.	11 Lamat	16 Uo	5
15.5.	12 Muluc	17 Uo	6
16.5.	13 Oc	18 Uo	7
17.5.	1 Chuen	19 Uo	8
18.5.	2 Eb	0 Zip	9
19.5.	3 Ben	1 Zip	1
20.5.	4 Ix	2 Zip	2

1999			
Greg.	Tzolkin	Haab	H.d.N
21.5.	5 Men	3 Zip	3
22.5.	6 Cib	4 Zip	4
23.5.	7 Cabán	5 Zip	5
24.5.	8 Edznab	6 Zip	6
25.5.	9 Cauac	7 Zip	7
26.5.	10 Ahau	8 Zip	8
27.5.	11 Imix	9 Zip	9
28.5.	12 Ik	10 Zip	1
29.5.	13 Akbal	11 Zip	2
30.5.	1 Kan	12 Zip	3
31.5.	2 Chicchan	13 Zip	4
1.6.	3 Cimi	14 Zip	5
2.6.	4 Manik	15 Zip	6
3.6.	5 Lamat	16 Zip	7
4.6.	6 Muluc	17 Zip	8
5.6.	7 Oc	18 Zip	9
6.6.	8 Chuen	19 Zip	1
7.6.	9 Eb	0 Zotz	2
8.6.	10 Ben	1 Zotz	3
9.6.	11 Ix	2 Zotz	4
10.6.	12 Men	3 Zotz	5
11.6.	13 Cib	4 Zotz	6
12.6.	1 Cabán	5 Zotz	7
13.6.	2 Edznab	6 Zotz	8
14.6.	3 Cauac	7 Zotz	9
15.6.	4 Ahau	8 Zotz	1
16.6.	5 Imix	9 Zotz	2
17.6.	6 Ik	10 Zotz	3
18.6.	7 Akbal	11 Zotz	4
19.6.	8 Kan	12 Zotz	5
20.6.	9 Chicchan	13 Zotz	6
21.6.	10 Cimi	14 Zotz	7
22.6.	11 Manik	15 Zotz	8
23.6.	12 Lamat	16 Zotz	9
24.6.	13 Muluc	17 Zotz	1
25.6.	1 Oc	18 Zotz	2
26.6.	2 Chuen	19 Zotz	3
27.6.	3 Eb	0 Tzec	4
28.6.	4 Ben	1 Tzec	5

1999			
Greg.	Tzolkin	Haab	H.d.N
29.6.	5 Ix	2 Tzec	6
30.6.	6 Men	3 Tzec	7
1.7.	7 Cib	4 Tzec	8
2.7.	8 Cabán	5 Tzec	9
3.7.	9 Edznab	6 Tzec	1
4.7.	10 Cauac	7 Tzec	2
5.7.	11 Ahau	8 Tzec	3
6.7.	12 Imix	9 Tzec	4
7.7.	13 Ik	10 Tzec	5
8.7.	1 Akbal	11 Tzec	6
9.7.	2 Kan	12 Tzec	7
10.7.	3 Chicchan	13 Tzec	8
11.7.	4 Cimi	14 Tzec	9
12.7.	5 Manik	15 Tzec	1
13.7.	6 Lamat	16 Tzec	2
14.7.	7 Muluc	17 Tzec	3
15.7.	8 Oc	18 Tzec	4
16.7.	9 Chuen	19 Tzec	5
17.7.	10 Eb	0 Xul	6
18.7.	11 Ben	1 Xul	7
19.7.	12 Ix	2 Xul	8
20.7.	13 Men	3 Xul	9
21.7.	1 Cib	4 Xul	1
22.7.	2 Cabán	5 Xul	2
23.7.	3 Edznab	6 Xul	3
24.7.	4 Cauac	7 Xul	4
25.7.	5 Ahau	8 Xul	5
26.7.	6 Imix	9 Xul	6
27.7.	7 Ik	10 Xul	7
28.7.	8 Akbal	11 Xul	8
29.7.	9 Kan	12 Xul	9
30.7.	10 Chicchan	13 Xul	1
31.7.	11 Cimi	14 Xul	2
1.8.	12 Manik	15 Xul	3
2.8.	13 Lamat	16 Xul	4
3.8.	1 Muluc	17 Xul	5
4.8.	2 Oc	18 Xul	6
5.8.	3 Chuen	19 Xul	7
6.8.	4 Eb	0 Yaxkin	8

1999			
Greg.	Tzolkin	Haab	H.d.N
7.8.	5 Ben	1 Yaxkin	9
8.8.	6 Ix	2 Yaxkin	1
9.8.	7 Men	3 Yaxkin	2
10.8.	8 Cib	4 Yaxkin	3
11.8.	9 Cabán	5 Yaxkin	4
12.8.	10 Edznab	6 Yaxkin	5
13.8.	11 Cauac	7 Yaxkin	6
14.8.	12 Ahau	8 Yaxkin	7
15.8.	13 Imix	9 Yaxkin	8
16.8.	1 Ik	10 Yaxkin	9
17.8.	2 Akbal	11 Yaxkin	1
18.8.	3 Kan	12 Yaxkin	2
19.8.	4 Chicchan	13 Yaxkin	3
20.8.	5 Cimi	14 Yaxkin	4
21.8.	6 Manik	15 Yaxkin	5
22.8.	7 Lamat	16 Yaxkin	6
23.8.	8 Muluc	17 Yaxkin	7
24.8.	9 Oc	18 Yaxkin	8
25.8.	10 Chuen	19 Yaxkin	9
26.8.	11 Eb	0 Mol	1
27.8.	12 Ben	1 Mol	2
28.8.	13 Ix	2 Mol	3
29.8.	1 Men	3 Mol	4
30.8.	2 Cib	4 Mol	5
31.8.	3 Cabán	5 Mol	6
1.9.	4 Edznab	6 Mol	7
2.9.	5 Cauac	7 Mol	8
3.9.	6 Ahau	8 Mol	9
4.9.	7 Imix	9 Mol	1
5.9.	8 Ik	10 Mol	2
6.9.	9 Akbal	11 Mol	3
7.9.	10 Kan	12 Mol	4
8.9.	11 Chicchan	13 Mol	5
9.9.	12 Cimi	14 Mol	6
10.9.	13 Manik	15 Mol	7
11.9.	1 Lamat	16 Mol	8
12.9.	2 Muluc	17 Mol	9
13.9.	3 Oc	18 Mol	1
14.9.	4 Chuen	19 Mol	2

1999			
Greg.	Tzolkin	Haab	H.d.N
15.9.	5 Eb	0 Chen	3
16.9.	6 Ben	1 Chen	4
17.9.	7 Ix	2 Chen	5
18.9.	8 Men	3 Chen	6
19.9.	9 Cib	4 Chen	7
20.9.	10 Cabán	5 Chen	8
21.9.	11 Edznab	6 Chen	9
22.9.	12 Cauac	7 Chen	1
23.9.	13 Ahau	8 Chen	2
24.9.	1 Imix	9 Chen	3
25.9.	2 Ik	10 Chen	4
26.9.	3 Akbal	11 Chen	5
27.9.	4 Kan	12 Chen	6
28.9.	5 Chicchan	13 Chen	7
29.9.	6 Cimi	14 Chen	8
30.9.	7 Manik	15 Chen	9
1.10.	8 Lamat	16 Chen	1
2.10.	9 Muluc	17 Chen	2
3.10.	10 Oc	18 Chen	3
4.10.	11 Chuen	19 Chen	4
5.10.	12 Eb	0 Yax	5
6.10.	13 Ben	1 Yax	6
7.10.	1 Ix	2 Yax	7
8.10.	2 Men	3 Yax	8
9.10.	3 Cib	4 Yax	9
10.10.	4 Cabán	5 Yax	1
11.10.	5 Edznab	6 Yax	2
12.10.	6 Cauac	7 Yax	3
13.10.	7 Ahau	8 Yax	4
14.10.	8 Imix	9 Yax	5
15.10.	9 Ik	10 Yax	6
16.10.	10 Akbal	11 Yax	7
17.10.	11 Kan	12 Yax	8
18.10.	12 Chicchan	13 Yax	9
19.10.	13 Cimi	14 Yax	1
20.10.	1 Manik	15 Yax	2
21.10.	2 Lamat	16 Yax	3
22.10.	3 Muluc	17 Yax	4
23.10.	4 Oc	18 Yax	5

1999			
Greg.	Tzolkin	Haab	H.d.N
24.10.	5 Chuen	19 Yax	6
25.10.	6 Eb	0 Zac	7
26.10.	7 Ben	1 Zac	8
27.10.	8 Ix	2 Zac	9
28.10.	9 Men	3 Zac	1
29.10.	10 Cib	4 Zac	2
30.10.	11 Cabán	5 Zac	3
31.10.	12 Edznab	6 Zac	4
1.11.	13 Cauac	7 Zac	5
2.11.	1 Ahau	8 Zac	6
3.11.	2 Imix	9 Zac	7
4.11.	3 Ik	10 Zac	8
5.11.	4 Akbal	11 Zac	9
6.11.	5 Kan	12 Zac	1
7.11.	6 Chicchan	13 Zac	2
8.11.	7 Cimi	14 Zac	3
9.11.	8 Manik	15 Zac	4
10.11.	9 Lamat	16 Zac	5
11.11.	10 Muluc	17 Zac	6
12.11.	11 Oc	18 Zac	7
13.11.	12 Chuen	19 Zac	8
14.11.	13 Eb	0 Ceh	9
15.11.	1 Ben	1 Ceh	1
16.11.	2 Ix	2 Ceh	2
17.11.	3 Men	3 Ceh	3
18.11.	4 Cib	4 Ceh	4
19.11.	5 Cabán	5 Ceh	5
20.11.	6 Edznab	6 Ceh	6
21.11.	7 Cauac	7 Ceh	7
22.11.	8 Ahau	8 Ceh	8
23.11.	9 Imix	9 Ceh	9
24.11.	10 Ik	10 Ceh	1
25.11.	11 Akbal	11 Ceh	2
26.11.	12 Kan	12 Ceh	3
27.11.	13 Chicchan	13 Ceh	4
28.11.	1 Cimi	14 Ceh	5
29.11.	2 Manik	15 Ceh	6
30.11.	3 Lamat	16 Ceh	7
1.12.	4 Muluc	17 Ceh	8

1999

Greg.	Tzolkin	Haab	H.d.N
2.12.	5 Oc	18 Ceh	9
3.12.	6 Chuen	19 Ceh	1
4.12.	7 Eb	0 Mac	2
5.12.	8 Ben	1 Mac	3
6.12.	9 Ix	2 Mac	4
7.12.	10 Men	3 Mac	5
8.12.	11 Cib	4 Mac	6
9.12.	12 Cabán	5 Mac	7
10.12.	13 Edznab	6 Mac	8
11.12.	1 Cauac	7 Mac	9
12.12.	2 Ahau	8 Mac	1
13.12.	3 Imix	9 Mac	2
14.12.	4 Ik	10 Mac	3
15.12.	5 Akbal	11 Mac	4
16.12.	6 Kan	12 Mac	5
17.12.	7 Chicchan	13 Mac	6
18.12.	8 Cimi	14 Mac	7
19.12.	9 Manik	15 Mac	8
20.12.	10 Lamat	16 Mac	9
21.12.	11 Muluc	17 Mac	1
22.12.	12 Oc	18 Mac	2
23.12.	13 Chuen	19 Mac	3
24.12.	1 Eb	0 Kankin	4
25.12.	2 Ben	1 Kankin	5
26.12.	3 Ix	2 Kankin	6
27.12.	4 Men	3 Kankin	7
28.12.	5 Cib	4 Kankin	8
29.12.	6 Cabán	5 Kankin	9
30.12.	7 Edznab	6 Kankin	1
31.12.	8 Cauac	7 Kankin	2

2000

Greg.	Tzolkin	Haab	H.d.N
1.1.	9 Ahau	8 Kankin	3
2.1.	10 Imix	9 Kankin	4
3.1.	11 Ik	10 Kankin	5
4.1.	12 Akbal	11 Kankin	6
5.1.	13 Kan	12 Kankin	7
6.1.	1 Chicchan	13 Kankin	8
7.1.	2 Cimi	14 Kankin	9

2000

Greg.	Tzolkin	Haab	H.d.N
8.1.	3 Manik	15 Kankin	1
9.1.	4 Lamat	16 Kankin	2
10.1.	5 Muluc	17 Kankin	3
11.1.	6 Oc	18 Kankin	4
12.1.	7 Chuen	19 Kankin	5
13.1.	8 Eb	0 Muan	6
14.1.	9 Ben	1 Muan	7
15.1.	10 Ix	2 Muan	8
16.1.	11 Men	3 Muan	9
17.1.	12 Cib	4 Muan	1
18.1.	13 Cabán	5 Muan	2
19.1.	1 Edznab	6 Muan	3
20.1.	2 Cauac	7 Muan	4
21.1.	3 Ahau	8 Muan	5
22.1.	4 Imix	9 Muan	6
23.1.	5 Ik	10 Muan	7
24.1.	6 Akbal	11 Muan	8
25.1.	7 Kan	12 Muan	9
26.1.	8 Chicchan	13 Muan	1
27.1.	9 Cimi	14 Muan	2
28.1.	10 Manik	15 Muan	3
29.1.	11 Lamat	16 Muan	4
30.1.	12 Muluc	17 Muan	5
31.1.	13 Oc	18 Muan	6
1.2.	1 Chuen	19 Muan	7
2.2.	2 Eb	0 Pax	8
3.2.	3 Ben	1 Pax	9
4.2.	4 Ix	2 Pax	1
5.2.	5 Men	3 Pax	2
6.2.	6 Cib	4 Pax	3
7.2.	7 Cabán	5 Pax	4
8.2.	8 Edznab	6 Pax	5
9.2.	9 Cauac	7 Pax	6
10.2.	10 Ahau	8 Pax	7
11.2.	11 Imix	9 Pax	8
12.2.	12 Ik	10 Pax	9
13.2.	13 Akbal	11 Pax	1
14.2.	1 Kan	12 Pax	2
15.2.	2 Chicchan	13 Pax	3

2000			
Greg.	Tzolkin	Haab	H.d.N
16.2.	3 Cimi	14 Pax	4
17.2.	4 Manik	15 Pax	5
18.2.	5 Lamat	16 Pax	6
19.2.	6 Muluc	17 Pax	7
20.2.	7 Oc	18 Pax	8
21.2.	8 Chuen	19 Pax	9
22.2.	9 Eb	0 Kayab	1
23.2.	10 Ben	1 Kayab	2
24.2.	11 Ix	2 Kayab	3
25.2.	12 Men	3 Kayab	4
26.2.	13 Cib	4 Kayab	5
27.2.	1 Cabán	5 Kayab	6
28.2.	2 Edznab	6 Kayab	7
29.2.	3 Cauac	7 Kayab	8
1.3.	4 Ahau	8 Kayab	9
2.3.	5 Imix	9 Kayab	1
3.3.	6 Ik	10 Kayab	2
4.3.	7 Akbal	11 Kayab	3
5.3.	8 Kan	12 Kayab	4
6.3.	9 Chicchan	13 Kayab	5
7.3.	10 Cimi	14 Kayab	6
8.3.	11 Manik	15 Kayab	7
9.3.	12 Lamat	16 Kayab	8
10.3.	13 Muluc	17 Kayab	9
11.3.	1 Oc	18 Kayab	1
12.3.	2 Chuen	19 Kayab	2
13.3.	3 Eb	0 Cumku	3
14.3.	4 Ben	1 Cumku	4
15.3.	5 Ix	2 Cumku	5
16.3.	6 Men	3 Cumku	6
17.3.	7 Cib	4 Cumku	7
18.3.	8 Cabán	5 Cumku	8
19.3.	9 Edznab	6 Cumku	9
20.3.	10 Cauac	7 Cumku	1
21.3.	11 Ahau	8 Cumku	2
22.3.	12 Imix	9 Cumku	3
23.3.	13 Ik	10 Cumku	4
24.3.	1 Akbal	11 Cumku	5
25.3.	2 Kan	12 Cumku	6

2000			
Greg.	Tzolkin	Haab	H.d.N
26.3.	3 Chicchan	13 Cumku	7
27.3.	4 Cimi	14 Cumku	8
28.3.	5 Manik	15 Cumku	9
29.3.	6 Lamat	16 Cumku	1
30.3.	7 Muluc	17 Cumku	2
31.3.	8 Oc	18 Cumku	3
1.4.	9 Chuen	19 Cumku	4
2.4.	10 Eb	0 Uayeb	5
3.4.	11 Ben	1 Uayeb	6
4.4.	12 Ix	2 Uayeb	7
5.4.	13 Men	3 Uayeb	8
6.4.	1 Cib	4 Uayeb	9
7.4.	**2 Cabán**	**0 Pop**	**1**
8.4.	3 Edznab	1 Pop	2
9.4.	4 Cauac	2 Pop	3
10.4.	5 Ahau	3 Pop	4
11.4.	6 Imix	4 Pop	5
12.4.	7 Ik	5 Pop	6
13.4.	8 Akbal	6 Pop	7
14.4.	9 Kan	7 Pop	8
15.4.	10 Chicchan	8 Pop	9
16.4.	11 Cimi	9 Pop	1
17.4.	12 Manik	10 Pop	2
18.4.	13 Lamat	11 Pop	3
19.4.	1 Muluc	12 Pop	4
20.4.	2 Oc	13 Pop	5
21.4.	3 Chuen	14 Pop	6
22.4.	4 Eb	15 Pop	7
23.4.	5 Ben	16 Pop	8
24.4.	6 Ix	17 Pop	9
25.4.	7 Men	18 Pop	1
26.4.	8 Cib	19 Pop	2
27.4.	9 Cabán	0 Uo	3
28.4.	10 Edznab	1 Uo	4
29.4.	11 Cauac	2 Uo	5
30.4.	12 Ahau	3 Uo	6
1.5.	13 Imix	4 Uo	7
2.5.	1 Ik	5 Uo	8
3.5.	2 Akbal	6 Uo	9

2000			
Greg.	Tzolkin	Haab	H.d.N
4.5.	3 Kan	7 Uo	1
5.5.	4 Chicchan	8 Uo	2
6.5.	5 Cimi	9 Uo	3
7.5.	6 Manik	10 Uo	4
8.5.	7 Lamat	11 Uo	5
9.5.	8 Muluc	12 Uo	6
10.5.	9 Oc	13 Uo	7
11.5.	10 Chuen	14 Uo	8
12.5.	11 Eb	15 Uo	9
13.5.	12 Ben	16 Uo	1
14.5.	13 Ix	17 Uo	2
15.5.	1 Men	18 Uo	3
16.5.	2 Cib	19 Uo	4
17.5.	3 Cabán	0 Zip	5
18.5.	4 Edznab	1 Zip	6
19.5.	5 Cauac	2 Zip	7
20.5.	6 Ahau	3 Zip	8
21.5.	7 Imix	4 Zip	9
22.5.	8 Ik	5 Zip	1
23.5.	9 Akbal	6 Zip	2
24.5.	10 Kan	7 Zip	3
25.5.	11 Chicchan	8 Zip	4
26.5.	12 Cimi	9 Zip	5
27.5.	13 Manik	10 Zip	6
28.5.	1 Lamat	11 Zip	7
29.5.	2 Muluc	12 Zip	8
30.5.	3 Oc	13 Zip	9
31.5.	4 Chuen	14 Zip	1
1.6.	5 Eb	15 Zip	2
2.6.	6 Ben	16 Zip	3
3.6.	7 Ix	17 Zip	4
4.6.	8 Men	18 Zip	5
5.6.	9 Cib	19 Zip	6
6.6.	10 Cabán	0 Zotz	7
7.6.	11 Edznab	1 Zotz	8
8.6.	12 Cauac	2 Zotz	9
9.6.	13 Ahau	3 Zotz	1
10.6.	1 Imix	4 Zotz	2
11.6.	2 Ik	5 Zotz	3

2000			
Greg.	Tzolkin	Haab	H.d.N
12.6.	3 Akbal	6 Zotz	4
13.6.	4 Kan	7 Zotz	5
14.6.	5 Chicchan	8 Zotz	6
15.6.	6 Cimi	9 Zotz	7
16.6.	7 Manik	10 Zotz	8
17.6.	8 Lamat	11 Zotz	9
18.6.	9 Muluc	12 Zotz	1
19.6.	10 Oc	13 Zotz	2
20.6.	11 Chuen	14 Zotz	3
21.6.	12 Eb	15 Zotz	4
22.6.	13 Ben	16 Zotz	5
23.6.	1 Ix	17 Zotz	6
24.6.	2 Men	18 Zotz	7
25.6.	3 Cib	19 Zotz	8
26.6.	4 Cabán	0 Tzec	9
27.6.	5 Edznab	1 Tzec	1
28.6.	6 Cauac	2 Tzec	2
29.6.	7 Ahau	3 Tzec	3
30.6.	8 Imix	4 Tzec	4
1.7.	9 Ik	5 Tzec	5
2.7.	10 Akbal	6 Tzec	6
3.7.	11 Kan	7 Tzec	7
4.7.	12 Chicchan	8 Tzec	8
5.7.	13 Cimi	9 Tzec	9
6.7.	1 Manik	10 Tzec	1
7.7.	2 Lamat	11 Tzec	2
8.7.	3 Muluc	12 Tzec	3
9.7.	4 Oc	13 Tzec	4
10.7.	5 Chuen	14 Tzec	5
11.7.	6 Eb	15 Tzec	6
12.7.	7 Ben	16 Tzec	7
13.7.	8 Ix	17 Tzec	8
14.7.	9 Men	18 Tzec	9
15.7.	10 Cib	19 Tzec	1
16.7.	11 Cabán	0 Xul	2
17.7.	12 Edznab	1 Xul	3
18.7.	13 Cauac	2 Xul	4
19.7.	1 Ahau	3 Xul	5
20.7.	2 Imix	4 Xul	6

2000			
Greg.	Tzolkin	Haab	H.d.N
21.7.	3 Ik	5 Xul	7
22.7.	4 Akbal	6 Xul	8
23.7.	5 Kan	7 Xul	9
24.7.	6 Chicchan	8 Xul	1
25.7.	7 Cimi	9 Xul	2
26.7.	8 Manik	10 Xul	3
27.7.	9 Lamat	11 Xul	4
28.7.	10 Muluc	12 Xul	5
29.7.	11 Oc	13 Xul	6
30.7.	12 Chuen	14 Xul	7
31.7.	13 Eb	15 Xul	8
1.8.	1 Ben	16 Xul	9
2.8.	2 Ix	17 Xul	1
3.8.	3 Men	18 Xul	2
4.8.	4 Cib	19 Xul	3
5.8.	5 Cabán	0 Yaxkin	4
6.8.	6 Edznab	1 Yaxkin	5
7.8.	7 Cauac	2 Yaxkin	6
8.8.	8 Ahau	3 Yaxkin	7
9.8.	9 Imix	4 Yaxkin	8
10.8.	10 Ik	5 Yaxkin	9
11.8.	11 Akbal	6 Yaxkin	1
12.8.	12 Kan	7 Yaxkin	2
13.8.	13 Chicchan	8 Yaxkin	3
14.8.	1 Cimi	9 Yaxkin	4
15.8.	2 Manik	10 Yaxkin	5
16.8.	3 Lamat	11 Yaxkin	6
17.8.	4 Muluc	12 Yaxkin	7
18.8.	5 Oc	13 Yaxkin	8
19.8.	6 Chuen	14 Yaxkin	9
20.8.	7 Eb	15 Yaxkin	1
21.8.	8 Ben	16 Yaxkin	2
22.8.	9 Ix	17 Yaxkin	3
23.8.	10 Men	18 Yaxkin	4
24.8.	11 Cib	19 Yaxkin	5
25.8.	12 Cabán	0 Mol	6
26.8.	13 Edznab	1 Mol	7
27.8.	1 Cauac	2 Mol	8
28.8.	2 Ahau	3 Mol	9

2000			
Greg.	Tzolkin	Haab	H.d.N
29.8.	3 Imix	4 Mol	1
30.8.	4 Ik	5 Mol	2
31.8.	5 Akbal	6 Mol	3
1.9.	6 Kan	7 Mol	4
2.9.	7 Chicchan	8 Mol	5
3.9.	8 Cimi	9 Mol	6
4.9.	9 Manik	10 Mol	7
5.9.	10 Lamat	11 Mol	8
6.9.	11 Muluc	12 Mol	9
7.9.	12 Oc	13 Mol	1
8.9.	13 Chuen	14 Mol	2
9.9.	1 Eb	15 Mol	3
10.9.	2 Ben	16 Mol	4
11.9.	3 Ix	17 Mol	5
12.9.	4 Men	18 Mol	6
13.9.	5 Cib	19 Mol	7
14.9.	6 Cabán	0 Chen	8
15.9.	7 Edznab	1 Chen	9
16.9.	8 Cauac	2 Chen	1
17.9.	9 Ahau	3 Chen	2
18.9.	10 Imix	4 Chen	3
19.9.	11 Ik	5 Chen	4
20.9.	12 Akbal	6 Chen	5
21.9.	13 Kan	7 Chen	6
22.9.	1 Chicchan	8 Chen	7
23.9.	2 Cimi	9 Chen	8
24.9.	3 Manik	10 Chen	9
25.9.	4 Lamat	11 Chen	1
26.9.	5 Muluc	12 Chen	2
27.9.	6 Oc	13 Chen	3
28.9.	7 Chuen	14 Chen	4
29.9.	8 Eb	15 Chen	5
30.9.	9 Ben	16 Chen	6
1.10.	10 Ix	17 Chen	7
2.10.	11 Men	18 Chen	8
3.10.	12 Cib	19 Chen	9
4.10.	13 Cabán	0 Yax	1
5.10.	1 Edznab	1 Yax	2
6.10.	2 Cauac	2 Yax	3

2000			
Greg.	Tzolkin	Haab	H.d.N
7.10.	3 Ahau	3 Yax	4
8.10.	4 Imix	4 Yax	5
9.10.	5 Ik	5 Yax	6
10.10.	6 Akbal	6 Yax	7
11.10.	7 Kan	7 Yax	8
12.10.	8 Chicchan	8 Yax	9
13.10.	9 Cimi	9 Yax	1
14.10.	10 Manik	10 Yax	2
15.10.	11 Lamat	11 Yax	3
16.10.	12 Muluc	12 Yax	4
17.10.	13 Oc	13 Yax	5
18.10.	1 Chuen	14 Yax	6
19.10.	2 Eb	15 Yax	7
20.10.	3 Ben	16 Yax	8
21.10.	4 Ix	17 Yax	9
22.10.	5 Men	18 Yax	1
23.10.	6 Cib	19 Yax	2
24.10.	7 Cabán	0 Zac	3
25.10.	8 Edznab	1 Zac	4
26.10.	9 Cauac	2 Zac	5
27.10.	10 Ahau	3 Zac	6
28.10.	11 Imix	4 Zac	7
29.10.	12 Ik	5 Zac	8
30.10.	13 Akbal	6 Zac	9
31.10.	1 Kan	7 Zac	1
1.11.	2 Chicchan	8 Zac	2
2.11.	3 Cimi	9 Zac	3
3.11.	4 Manik	10 Zac	4
4.11.	5 Lamat	11 Zac	5
5.11.	6 Muluc	12 Zac	6
6.11.	7 Oc	13 Zac	7
7.11.	8 Chuen	14 Zac	8
8.11.	9 Eb	15 Zac	9
9.11.	10 Ben	16 Zac	1
10.11.	11 Ix	17 Zac	2
11.11.	12 Men	18 Zac	3
12.11.	13 Cib	19 Zac	4
13.11.	1 Cabán	0 Ceh	5
14.11.	2 Edznab	1 Ceh	6

2000			
Greg.	Tzolkin	Haab	H.d.N
15.11.	3 Cauac	2 Ceh	7
16.11.	4 Ahau	3 Ceh	8
17.11.	5 Imix	4 Ceh	9
18.11.	6 Ik	5 Ceh	1
19.11.	7 Akbal	6 Ceh	2
20.11.	8 Kan	7 Ceh	3
21.11.	9 Chicchan	8 Ceh	4
22.11.	10 Cimi	9 Ceh	5
23.11.	11 Manik	10 Ceh	6
24.11.	12 Lamat	11 Ceh	7
25.11.	13 Muluc	12 Ceh	8
26.11.	1 Oc	13 Ceh	9
27.11.	2 Chuen	14 Ceh	1
28.11.	3 Eb	15 Ceh	2
29.11.	4 Ben	16 Ceh	3
30.11.	5 Ix	17 Ceh	4
1.12.	6 Men	18 Ceh	5
2.12.	7 Cib	19 Ceh	6
3.12.	8 Cabán	0 Mac	7
4.12.	9 Edznab	1 Mac	8
5.12.	10 Cauac	2 Mac	9
6.12.	11 Ahau	3 Mac	1
7.12.	12 Imix	4 Mac	2
8.12.	13 Ik	5 Mac	3
9.12.	1 Akbal	6 Mac	4
10.12.	2 Kan	7 Mac	5
11.12.	3 Chicchan	8 Mac	6
12.12.	4 Cimi	9 Mac	7
13.12.	5 Manik	10 Mac	8
14.12.	6 Lamat	11 Mac	9
15.12.	7 Muluc	12 Mac	1
16.12.	8 Oc	13 Mac	2
17.12.	9 Chuen	14 Mac	3
18.12.	10 Eb	15 Mac	4
19.12.	11 Ben	16 Mac	5
20.12.	12 Ix	17 Mac	6
21.12.	13 Men	18 Mac	7
22.12.	1 Cib	19 Mac	8
23.12.	2 Cabán	0 Kankin	9

2000			
Greg.	**Tzolkin**	**Haab**	**H.d.N**
24.12.	3 Edznab	1 Kankin	1
25.12.	4 Cauac	2 Kankin	2
26.12.	5 Ahau	3 Kankin	3
27.12.	6 Imix	4 Kankin	4
28.12.	7 Ik	5 Kankin	5
29.12.	8 Akbal	6 Kankin	6
30.12.	9 Kan	7 Kankin	7
31.12.	10 Chicchan	8 Kankin	8

2001			
Greg.	**Tzolkin**	**Haab**	**H.d.N**
1.1.	11 Cimi	9 Kankin	9
2.1.	12 Manik	10 Kankin	1
3.1.	13 Lamat	11 Kankin	2
4.1.	1 Muluc	12 Kankin	3
5.1.	2 Oc	13 Kankin	4
6.1.	3 Chuen	14 Kankin	5
7.1.	4 Eb	15 Kankin	6
8.1.	5 Ben	16 Kankin	7
9.1.	6 Ix	17 Kankin	8
10.1.	7 Men	18 Kankin	9
11.1.	8 Cib	19 Kankin	1
12.1.	9 Cabán	0 Muan	2
13.1.	10 Edznab	1 Muan	3
14.1.	11 Cauac	2 Muan	4
15.1.	12 Ahau	3 Muan	5
16.1.	13 Imix	4 Muan	6
17.1.	1 Ik	5 Muan	7
18.1.	2 Akbal	6 Muan	8
19.1.	3 Kan	7 Muan	9
20.1.	4 Chicchan	8 Muan	1
21.1.	5 Cimi	9 Muan	2
22.1.	6 Manik	10 Muan	3
23.1.	7 Lamat	11 Muan	4
24.1.	8 Muluc	12 Muan	5
25.1.	9 Oc	13 Muan	6
26.1.	10 Chuen	14 Muan	7
27.1.	11 Eb	15 Muan	8
28.1.	12 Ben	16 Muan	9
29.1.	13 Ix	17 Muan	1

2001			
Greg.	**Tzolkin**	**Haab**	**H.d.N**
30.1.	1 Men	18 Muan	2
31.1.	2 Cib	19 Muan	3
1.2.	3 Cabán	0 Pax	4
2.2.	4 Edznab	1 Pax	5
3.2.	5 Cauac	2 Pax	6
4.2.	6 Ahau	3 Pax	7
5.2.	7 Imix	4 Pax	8
6.2.	8 Ik	5 Pax	9
7.2.	9 Akbal	6 Pax	1
8.2.	10 Kan	7 Pax	2
9.2.	11 Chicchan	8 Pax	3
10.2.	12 Cimi	9 Pax	4
11.2.	13 Manik	10 Pax	5
12.2.	1 Lamat	11 Pax	6
13.2.	2 Muluc	12 Pax	7
14.2.	3 Oc	13 Pax	8
15.2.	4 Chuen	14 Pax	9
16.2.	5 Eb	15 Pax	1
17.2.	6 Ben	16 Pax	2
18.2.	7 Ix	17 Pax	3
19.2.	8 Men	18 Pax	4
20.2.	9 Cib	19 Pax	5
21.2.	10 Cabán	0 Kayab	6
22.2.	11 Edznab	1 Kayab	7
23.2.	12 Cauac	2 Kayab	8
24.2.	13 Ahau	3 Kayab	9
25.2.	1 Imix	4 Kayab	1
26.2.	2 Ik	5 Kayab	2
27.2.	3 Akbal	6 Kayab	3
28.2.	4 Kan	7 Kayab	4
1.3.	5 Chicchan	8 Kayab	5
2.3.	6 Cimi	9 Kayab	6
3.3.	7 Manik	10 Kayab	7
4.3.	8 Lamat	11 Kayab	8
5.3.	9 Muluc	12 Kayab	9
6.3.	10 Oc	13 Kayab	1
7.3.	11 Chuen	14 Kayab	2
8.3.	12 Eb	15 Kayab	3
9.3.	13 Ben	16 Kayab	4

2001			
Greg.	Tzolkin	Haab	H.d.N
10.3.	1 Ix	17 Kayab	5
11.3.	2 Men	18 Kayab	6
12.3.	3 Cib	19 Kayab	7
13.3.	4 Cabán	0 Cumku	8
14.3.	5 Edznab	1 Cumku	9
15.3.	6 Cauac	2 Cumku	1
16.3.	7 Ahau	3 Cumku	2
17.3.	8 Imix	4 Cumku	3
18.3.	9 Ik	5 Cumku	4
19.3.	10 Akbal	6 Cumku	5
20.3.	11 Kan	7 Cumku	6
21.3.	12 Chicchan	8 Cumku	7
22.3.	13 Cimi	9 Cumku	8
23.3.	1 Manik	10 Cumku	9
24.3.	2 Lamat	11 Cumku	1
25.3.	3 Muluc	12 Cumku	2
26.3.	4 Oc	13 Cumku	3
27.3.	5 Chuen	14 Cumku	4
28.3.	6 Eb	15 Cumku	5
29.3.	7 Ben	16 Cumku	6
30.3.	8 Ix	17 Cumku	7
31.3.	9 Men	18 Cumku	8
1.4.	10 Cib	19 Cumku	9
2.4.	11 Cabán	0 Uayeb	1
3.4.	12 Edznab	1 Uayeb	2
4.4.	13 Cauac	2 Uayeb	3
5.4.	1 Ahau	3 Uayeb	4
6.4.	2 Imix	4 Uayeb	5
7.4.	**3 Ik**	**0 Pop**	**6**
8.4.	4 Akbal	1 Pop	7
9.4.	5 Kan	2 Pop	8
10.4.	6 Chicchan	3 Pop	9
11.4.	7 Cimi	4 Pop	1
12.4.	8 Manik	5 Pop	2
13.4.	9 Lamat	6 Pop	3
14.4.	10 Muluc	7 Pop	4
15.4.	11 Oc	8 Pop	5
16.4.	12 Chuen	9 Pop	6
17.4.	13 Eb	10 Pop	7

2001			
Greg.	Tzolkin	Haab	H.d.N
18.4.	1 Ben	11 Pop	8
19.4.	2 Ix	12 Pop	9
20.4.	3 Men	13 Pop	1
21.4.	4 Cib	14 Pop	2
22.4.	5 Cabán	15 Pop	3
23.4.	6 Edznab	16 Pop	4
24.4.	7 Cauac	17 Pop	5
25.4.	8 Ahau	18 Pop	6
26.4.	9 Imix	19 Pop	7
27.4.	10 Ik	0 Uo	8
28.4.	11 Akbal	1 Uo	9
29.4.	12 Kan	2 Uo	1
30.4.	13 Chicchan	3 Uo	2
1.5.	1 Cimi	4 Uo	3
2.5.	2 Manik	5 Uo	4
3.5.	3 Lamat	6 Uo	5
4.5.	4 Muluc	7 Uo	6
5.5.	5 Oc	8 Uo	7
6.5.	6 Chuen	9 Uo	8
7.5.	7 Eb	10 Uo	9
8.5.	8 Ben	11 Uo	1
9.5.	9 Ix	12 Uo	2
10.5.	10 Men	13 Uo	3
11.5.	11 Cib	14 Uo	4
12.5.	12 Cabán	15 Uo	5
13.5.	13 Edznab	16 Uo	6
14.5.	1 Cauac	17 Uo	7
15.5.	2 Ahau	18 Uo	8
16.5.	3 Imix	19 Uo	9
17.5.	4 Ik	0 Zip	1
18.5.	5 Akbal	1 Zip	2
19.5.	6 Kan	2 Zip	3
20.5.	7 Chicchan	3 Zip	4
21.5.	8 Cimi	4 Zip	5
22.5.	9 Manik	5 Zip	6
23.5.	10 Lamat	6 Zip	7
24.5.	11 Muluc	7 Zip	8
25.5.	12 Oc	8 Zip	9
26.5.	13 Chuen	9 Zip	1

2001			
Greg.	Tzolkin	Haab	H.d.N
27.5.	1 Eb	10 Zip	2
28.5.	2 Ben	11 Zip	3
29.5.	3 Ix	12 Zip	4
30.5.	4 Men	13 Zip	5
31.5.	5 Cib	14 Zip	6
1.6.	6 Cabán	15 Zip	7
2.6.	7 Edznab	16 Zip	8
3.6.	8 Cauac	17 Zip	9
4.6.	9 Ahau	18 Zip	1
5.6.	10 Imix	19 Zip	2
6.6.	11 Ik	0 Zotz	3
7.6.	12 Akbal	1 Zotz	4
8.6.	13 Kan	2 Zotz	5
9.6.	1 Chicchan	3 Zotz	6
10.6.	2 Cimi	4 Zotz	7
11.6.	3 Manik	5 Zotz	8
12.6.	4 Lamat	6 Zotz	9
13.6.	5 Muluc	7 Zotz	1
14.6.	6 Oc	8 Zotz	2
15.6.	7 Chuen	9 Zotz	3
16.6.	8 Eb	10 Zotz	4
17.6.	9 Ben	11 Zotz	5
18.6.	10 Ix	12 Zotz	6
19.6.	11 Men	13 Zotz	7
20.6.	12 Cib	14 Zotz	8
21.6.	13 Cabán	15 Zotz	9
22.6.	1 Edznab	16 Zotz	1
23.6.	2 Cauac	17 Zotz	2
24.6.	3 Ahau	18 Zotz	3
25.6.	4 Imix	19 Zotz	4
26.6.	5 Ik	0 Tzec	5
27.6.	6 Akbal	1 Tzec	6
28.6.	7 Kan	2 Tzec	7
29.6.	8 Chicchan	3 Tzec	8
30.6.	9 Cimi	4 Tzec	9
1.7.	10 Manik	5 Tzec	1
2.7.	11 Lamat	6 Tzec	2
3.7.	12 Muluc	7 Tzec	3
4.7.	13 Oc	8 Tzec	4

2001			
Greg.	Tzolkin	Haab	H.d.N
5.7.	1 Chuen	9 Tzec	5
6.7.	2 Eb	10 Tzec	6
7.7.	3 Ben	11 Tzec	7
8.7.	4 Ix	12 Tzec	8
9.7.	5 Men	13 Tzec	9
10.7.	6 Cib	14 Tzec	1
11.7.	7 Cabán	15 Tzec	2
12.7.	8 Edznab	16 Tzec	3
13.7.	9 Cauac	17 Tzec	4
14.7.	10 Ahau	18 Tzec	5
15.7.	11 Imix	19 Tzec	6
16.7.	12 Ik	0 Xul	7
17.7.	13 Akbal	1 Xul	8
18.7.	1 Kan	2 Xul	9
19.7.	2 Chicchan	3 Xul	1
20.7.	3 Cimi	4 Xul	2
21.7.	4 Manik	5 Xul	3
22.7.	5 Lamat	6 Xul	4
23.7.	6 Muluc	7 Xul	5
24.7.	7 Oc	8 Xul	6
25.7.	8 Chuen	9 Xul	7
26.7.	9 Eb	10 Xul	8
27.7.	10 Ben	11 Xul	9
28.7.	11 Ix	12 Xul	1
29.7.	12 Men	13 Xul	2
30.7.	13 Cib	14 Xul	3
31.7.	1 Cabán	15 Xul	4
1.8.	2 Edznab	16 Xul	5
2.8.	3 Cauac	17 Xul	6
3.8.	4 Ahau	18 Xul	7
4.8.	5 Imix	19 Xul	8
5.8.	6 Ik	0 Yaxkin	9
6.8.	7 Akbal	1 Yaxkin	1
7.8.	8 Kan	2 Yaxkin	2
8.8.	9 Chicchan	3 Yaxkin	3
9.8.	10 Cimi	4 Yaxkin	4
10.8.	11 Manik	5 Yaxkin	5
11.8.	12 Lamat	6 Yaxkin	6
12.8.	13 Muluc	7 Yaxkin	7

2001			
Greg.	Tzolkin	Haab	H.d.N
13.8.	1 Oc	8 Yaxkin	8
14.8.	2 Chuen	9 Yaxkin	9
15.8.	3 Eb	10 Yaxkin	1
16.8.	4 Ben	11 Yaxkin	2
17.8.	5 Ix	12 Yaxkin	3
18.8.	6 Men	13 Yaxkin	4
19.8.	7 Cib	14 Yaxkin	5
20.8.	8 Cabán	15 Yaxkin	6
21.8.	9 Edznab	16 Yaxkin	7
22.8.	10 Cauac	17 Yaxkin	8
23.8.	11 Ahau	18 Yaxkin	9
24.8.	12 Imix	19 Yaxkin	1
25.8.	13 Ik	0 Mol	2
26.8.	1 Akbal	1 Mol	3
27.8.	2 Kan	2 Mol	4
28.8.	3 Chicchan	3 Mol	5
29.8.	4 Cimi	4 Mol	6
30.8.	5 Manik	5 Mol	7
31.8.	6 Lamat	6 Mol	8
1.9.	7 Muluc	7 Mol	9
2.9.	8 Oc	8 Mol	1
3.9.	9 Chuen	9 Mol	2
4.9.	10 Eb	10 Mol	3
5.9.	11 Ben	11 Mol	4
6.9.	12 Ix	12 Mol	5
7.9.	13 Men	13 Mol	6
8.9.	1 Cib	14 Mol	7
9.9.	2 Cabán	15 Mol	8
10.9.	3 Edznab	16 Mol	9
11.9.	4 Cauac	17 Mol	1
12.9.	5 Ahau	18 Mol	2
13.9.	6 Imix	19 Mol	3
14.9.	7 Ik	0 Chen	4
15.9.	8 Akbal	1 Chen	5
16.9.	9 Kan	2 Chen	6
17.9.	10 Chicchan	3 Chen	7
18.9.	11 Cimi	4 Chen	8
19.9.	12 Manik	5 Chen	9
20.9.	13 Lamat	6 Chen	1

2001			
Greg.	Tzolkin	Haab	H.d.N
21.9.	1 Muluc	7 Chen	2
22.9.	2 Oc	8 Chen	3
23.9.	3 Chuen	9 Chen	4
24.9.	4 Eb	10 Chen	5
25.9.	5 Ben	11 Chen	6
26.9.	6 Ix	12 Chen	7
27.9.	7 Men	13 Chen	8
28.9.	8 Cib	14 Chen	9
29.9.	9 Cabán	15 Chen	1
30.9.	10 Edznab	16 Chen	2
1.10.	11 Cauac	17 Chen	3
2.10.	12 Ahau	18 Chen	4
3.10.	13 Imix	19 Chen	5
4.10.	1 Ik	0 Yax	6
5.10.	2 Akbal	1 Yax	7
6.10.	3 Kan	2 Yax	8
7.10.	4 Chicchan	3 Yax	9
8.10.	5 Cimi	4 Yax	1
9.10.	6 Manik	5 Yax	2
10.10.	7 Lamat	6 Yax	3
11.10.	8 Muluc	7 Yax	4
12.10.	9 Oc	8 Yax	5
13.10.	10 Chuen	9 Yax	6
14.10.	11 Eb	10 Yax	7
15.10.	12 Ben	11 Yax	8
16.10.	13 Ix	12 Yax	9
17.10.	1 Men	13 Yax	1
18.10.	2 Cib	14 Yax	2
19.10.	3 Cabán	15 Yax	3
20.10.	4 Edznab	16 Yax	4
21.10.	5 Cauac	17 Yax	5
22.10.	6 Ahau	18 Yax	6
23.10.	7 Imix	19 Yax	7
24.10.	8 Ik	0 Zac	8
25.10.	9 Akbal	1 Zac	9
26.10.	10 Kan	2 Zac	1
27.10.	11 Chicchan	3 Zac	2
28.10.	12 Cimi	4 Zac	3
29.10.	13 Manik	5 Zac	4

2001			
Greg.	Tzolkin	Haab	H.d.N
30.10.	1 Lamat	6 Zac	5
31.10.	2 Muluc	7 Zac	6
1.11.	3 Oc	8 Zac	7
2.11.	4 Chuen	9 Zac	8
3.11.	5 Eb	10 Zac	9
4.11.	6 Ben	11 Zac	1
5.11.	7 Ix	12 Zac	2
6.11.	8 Men	13 Zac	3
7.11.	9 Cib	14 Zac	4
8.11.	10 Cabán	15 Zac	5
9.11.	11 Edznab	16 Zac	6
10.11.	12 Cauac	17 Zac	7
11.11.	13 Ahau	18 Zac	8
12.11.	1 Imix	19 Zac	9
13.11.	2 Ik	0 Ceh	1
14.11.	3 Akbal	1 Ceh	2
15.11.	4 Kan	2 Ceh	3
16.11.	5 Chicchan	3 Ceh	4
17.11.	6 Cimi	4 Ceh	5
18.11.	7 Manik	5 Ceh	6
19.11.	8 Lamat	6 Ceh	7
20.11.	9 Muluc	7 Ceh	8
21.11.	10 Oc	8 Ceh	9
22.11.	11 Chuen	9 Ceh	1
23.11.	12 Eb	10 Ceh	2
24.11.	13 Ben	11 Ceh	3
25.11.	1 Ix	12 Ceh	4
26.11.	2 Men	13 Ceh	5
27.11.	3 Cib	14 Ceh	6
28.11.	4 Cabán	15 Ceh	7
29.11.	5 Edznab	16 Ceh	8
30.11.	6 Cauac	17 Ceh	9
1.12.	7 Ahau	18 Ceh	1
2.12.	8 Imix	19 Ceh	2
3.12.	9 Ik	0 Mac	3
4.12.	10 Akbal	1 Mac	4
5.12.	11 Kan	2 Mac	5
6.12.	12 Chicchan	3 Mac	6
7.12.	13 Cimi	4 Mac	7

2001			
Greg.	Tzolkin	Haab	H.d.N
8.12.	1 Manik	5 Mac	8
9.12.	2 Lamat	6 Mac	9
10.12.	3 Muluc	7 Mac	1
11.12.	4 Oc	8 Mac	2
12.12.	5 Chuen	9 Mac	3
13.12.	6 Eb	10 Mac	4
14.12.	7 Ben	11 Mac	5
15.12.	8 Ix	12 Mac	6
16.12.	9 Men	13 Mac	7
17.12.	10 Cib	14 Mac	8
18.12.	11 Cabán	15 Mac	9
19.12.	12 Edznab	16 Mac	1
20.12.	13 Cauac	17 Mac	2
21.12.	1 Ahau	18 Mac	3
22.12.	2 Imix	19 Mac	4
23.12.	3 Ik	0 Kankin	5
24.12.	4 Akbal	1 Kankin	6
25.12.	5 Kan	2 Kankin	7
26.12.	6 Chicchan	3 Kankin	8
27.12.	7 Cimi	4 Kankin	9
28.12.	8 Manik	5 Kankin	1
29.12.	9 Lamat	6 Kankin	2
30.12.	10 Muluc	7 Kankin	3
31.12.	11 Oc	8 Kankin	4
2002			
Greg.	Tzolkin	Haab	H.d.N
1.1.	12 Chuen	9 Kankin	5
2.1.	13 Eb	10 Kankin	6
3.1.	1 Ben	11 Kankin	7
4.1.	2 Ix	12 Kankin	8
5.1.	3 Men	13 Kankin	9
6.1.	4 Cib	14 Kankin	1
7.1.	5 Cabán	15 Kankin	2
8.1.	6 Edznab	16 Kankin	3
9.1.	7 Cauac	17 Kankin	4
10.1.	8 Ahau	18 Kankin	5
11.1.	9 Imix	19 Kankin	6
12.1.	10 Ik	0 Muan	7
13.1.	11 Akbal	1 Muan	8

2002			
Greg.	Tzolkin	Haab	H.d.N
14.1.	12 Kan	2 Muan	9
15.1.	13 Chicchan	3 Muan	1
16.1.	1 Cimi	4 Muan	2
17.1.	2 Manik	5 Muan	3
18.1.	3 Lamat	6 Muan	4
19.1.	4 Muluc	7 Muan	5
20.1.	5 Oc	8 Muan	6
21.1.	6 Chuen	9 Muan	7
22.1.	7 Eb	10 Muan	8
23.1.	8 Ben	11 Muan	9
24.1.	9 Ix	12 Muan	1
25.1.	10 Men	13 Muan	2
26.1.	11 Cib	14 Muan	3
27.1.	12 Cabán	15 Muan	4
28.1.	13 Edznab	16 Muan	5
29.1.	1 Cauac	17 Muan	6
30.1.	2 Ahau	18 Muan	7
31.1.	3 Imix	19 Muan	8
1.2.	4 Ik	0 Pax	9
2.2.	5 Akbal	1 Pax	1
3.2.	6 Kan	2 Pax	2
4.2.	7 Chicchan	3 Pax	3
5.2.	8 Cimi	4 Pax	4
6.2.	9 Manik	5 Pax	5
7.2.	10 Lamat	6 Pax	6
8.2.	11 Muluc	7 Pax	7
9.2.	12 Oc	8 Pax	8
10.2.	13 Chuen	9 Pax	9
11.2.	1 Eb	10 Pax	1
12.2.	2 Ben	11 Pax	2
13.2.	3 Ix	12 Pax	3
14.2.	4 Men	13 Pax	4
15.2.	5 Cib	14 Pax	5
16.2.	6 Cabán	15 Pax	6
17.2.	7 Edznab	16 Pax	7
18.2.	8 Cauac	17 Pax	8
19.2.	9 Ahau	18 Pax	9
20.2.	10 Imix	19 Pax	1
21.2.	11 Ik	0 Kayab	2

2002			
Greg.	Tzolkin	Haab	H.d.N
22.2.	12 Akbal	1 Kayab	3
23.2.	13 Kan	2 Kayab	4
24.2.	1 Chicchan	3 Kayab	5
25.2.	2 Cimi	4 Kayab	6
26.2.	3 Manik	5 Kayab	7
27.2.	4 Lamat	6 Kayab	8
28.2.	5 Muluc	7 Kayab	9
1.3.	6 Oc	8 Kayab	1
2.3.	7 Chuen	9 Kayab	2
3.3.	8 Eb	10 Kayab	3
4.3.	9 Ben	11 Kayab	4
5.3.	10 Ix	12 Kayab	5
6.3.	11 Men	13 Kayab	6
7.3.	12 Cib	14 Kayab	7
8.3.	13 Cabán	15 Kayab	8
9.3.	1 Edznab	16 Kayab	9
10.3.	2 Cauac	17 Kayab	1
11.3.	3 Ahau	18 Kayab	2
12.3.	4 Imix	19 Kayab	3
13.3.	5 Ik	0 Cumku	4
14.3.	6 Akbal	1 Cumku	5
15.3.	7 Kan	2 Cumku	6
16.3.	8 Chicchan	3 Cumku	7
17.3.	9 Cimi	4 Cumku	8
18.3.	10 Manik	5 Cumku	9
19.3.	11 Lamat	6 Cumku	1
20.3.	12 Muluc	7 Cumku	2
21.3.	13 Oc	8 Cumku	3
22.3.	1 Chuen	9 Cumku	4
23.3.	2 Eb	10 Cumku	5
24.3.	3 Ben	11 Cumku	6
25.3.	4 Ix	12 Cumku	7
26.3.	5 Men	13 Cumku	8
27.3.	6 Cib	14 Cumku	9
28.3.	7 Cabán	15 Cumku	1
29.3.	8 Edznab	16 Cumku	2
30.3.	9 Cauac	17 Cumku	3
31.3.	10 Ahau	18 Cumku	4
1.4.	11 Imix	19 Cumku	5

2002			
Greg.	Tzolkin	Haab	H.d.N
2.4.	12 Ik	0 Uayeb	6
3.4.	13 Akbal	1 Uayeb	7
4.4.	1 Kan	2 Uayeb	8
5.4.	2 Chicchan	3 Uayeb	9
6.4.	3 Cimi	4 Uayeb	1
7.4.	**4 Manik**	**0 Pop**	**2**
8.4.	5 Lamat	1 Pop	3
9.4.	6 Muluc	2 Pop	4
10.4.	7 Oc	3 Pop	5
11.4.	8 Chuen	4 Pop	6
12.4.	9 Eb	5 Pop	7
13.4.	10 Ben	6 Pop	8
14.4.	11 Ix	7 Pop	9
15.4.	12 Men	8 Pop	1
16.4.	13 Cib	9 Pop	2
17.4.	1 Cabán	10 Pop	3
18.4.	2 Edznab	11 Pop	4
19.4.	3 Cauac	12 Pop	5
20.4.	4 Ahau	13 Pop	6
21.4.	5 Imix	14 Pop	7
22.4.	6 Ik	15 Pop	8
23.4.	7 Akbal	16 Pop	9
24.4.	8 Kan	17 Pop	1
25.4.	9 Chicchan	18 Pop	2
26.4.	10 Cimi	19 Pop	3
27.4.	11 Manik	0 Uo	4
28.4.	12 Lamat	1 Uo	5
29.4.	13 Muluc	2 Uo	6
30.4.	1 Oc	3 Uo	7
1.5.	2 Chuen	4 Uo	8
2.5.	3 Eb	5 Uo	9
3.5.	4 Ben	6 Uo	1
4.5.	5 Ix	7 Uo	2
5.5.	6 Men	8 Uo	3
6.5.	7 Cib	9 Uo	4
7.5.	8 Cabán	10 Uo	5
8.5.	9 Edznab	11 Uo	6
9.5.	10 Cauac	12 Uo	7
10.5.	11 Ahau	13 Uo	8

2002			
Greg.	Tzolkin	Haab	H.d.N
11.5.	12 Imix	14 Uo	9
12.5.	13 Ik	15 Uo	1
13.5.	1 Akbal	16 Uo	2
14.5.	2 Kan	17 Uo	3
15.5.	3 Chicchan	18 Uo	4
16.5.	4 Cimi	19 Uo	5
17.5.	5 Manik	0 Zip	6
18.5.	6 Lamat	1 Zip	7
19.5.	7 Muluc	2 Zip	8
20.5.	8 Oc	3 Zip	9
21.5.	9 Chuen	4 Zip	1
22.5.	10 Eb	5 Zip	2
23.5.	11 Ben	6 Zip	3
24.5.	12 Ix	7 Zip	4
25.5.	13 Men	8 Zip	5
26.5.	1 Cib	9 Zip	6
27.5.	2 Cabán	10 Zip	7
28.5.	3 Edznab	11 Zip	8
29.5.	4 Cauac	12 Zip	9
30.5.	5 Ahau	13 Zip	1
31.5.	6 Imix	14 Zip	2
1.6.	7 Ik	15 Zip	3
2.6.	8 Akbal	16 Zip	4
3.6.	9 Kan	17 Zip	5
4.6.	10 Chicchan	18 Zip	6
5.6.	11 Cimi	19 Zip	7
6.6.	12 Manik	0 Zotz	8
7.6.	13 Lamat	1 Zotz	9
8.6.	1 Muluc	2 Zotz	1
9.6.	2 Oc	3 Zotz	2
10.6.	3 Chuen	4 Zotz	3
11.6.	4 Eb	5 Zotz	4
12.6.	5 Ben	6 Zotz	5
13.6.	6 Ix	7 Zotz	6
14.6.	7 Men	8 Zotz	7
15.6.	8 Cib	9 Zotz	8
16.6.	9 Cabán	10 Zotz	9
17.6.	10 Edznab	11 Zotz	1
18.6.	11 Cauac	12 Zotz	2

2002			
Greg.	Tzolkin	Haab	H.d.N
19.6.	12 Ahau	13 Zotz	3
20.6.	13 Imix	14 Zotz	4
21.6.	1 Ik	15 Zotz	5
22.6.	2 Akbal	16 Zotz	6
23.6.	3 Kan	17 Zotz	7
24.6.	4 Chicchan	18 Zotz	8
25.6.	5 Cimi	19 Zotz	9
26.6.	6 Manik	0 Tzec	1
27.6.	7 Lamat	1 Tzec	2
28.6.	8 Muluc	2 Tzec	3
29.6.	9 Oc	3 Tzec	4
30.6.	10 Chuen	4 Tzec	5
1.7.	11 Eb	5 Tzec	6
2.7.	12 Ben	6 Tzec	7
3.7.	13 Ix	7 Tzec	8
4.7.	1 Men	8 Tzec	9
5.7.	2 Cib	9 Tzec	1
6.7.	3 Cabán	10 Tzec	2
7.7.	4 Edznab	11 Tzec	3
8.7.	5 Cauac	12 Tzec	4
9.7.	6 Ahau	13 Tzec	5
10.7.	7 Imix	14 Tzec	6
11.7.	8 Ik	15 Tzec	7
12.7.	9 Akbal	16 Tzec	8
13.7.	10 Kan	17 Tzec	9
14.7.	11 Chicchan	18 Tzec	1
15.7.	12 Cimi	19 Tzec	2
16.7.	13 Manik	0 Xul	3
17.7.	1 Lamat	1 Xul	4
18.7.	2 Muluc	2 Xul	5
19.7.	3 Oc	3 Xul	6
20.7.	4 Chuen	4 Xul	7
21.7.	5 Eb	5 Xul	8
22.7.	6 Ben	6 Xul	9
23.7.	7 Ix	7 Xul	1
24.7.	8 Men	8 Xul	2
25.7.	9 Cib	9 Xul	3
26.7.	10 Cabán	10 Xul	4
27.7.	11 Edznab	11 Xul	5

2002			
Greg.	Tzolkin	Haab	H.d.N
28.7.	12 Cauac	12 Xul	6
29.7.	13 Ahau	13 Xul	7
30.7.	1 Imix	14 Xul	8
31.7.	2 Ik	15 Xul	9
1.8.	3 Akbal	16 Xul	1
2.8.	4 Kan	17 Xul	2
3.8.	5 Chicchan	18 Xul	3
4.8.	6 Cimi	19 Xul	4
5.8.	7 Manik	0 Yaxkin	5
6.8.	8 Lamat	1 Yaxkin	6
7.8.	9 Muluc	2 Yaxkin	7
8.8.	10 Oc	3 Yaxkin	8
9.8.	11 Chuen	4 Yaxkin	9
10.8.	12 Eb	5 Yaxkin	1
11.8.	13 Ben	6 Yaxkin	2
12.8.	1 Ix	7 Yaxkin	3
13.8.	2 Men	8 Yaxkin	4
14.8.	3 Cib	9 Yaxkin	5
15.8.	4 Cabán	10 Yaxkin	6
16.8.	5 Edznab	11 Yaxkin	7
17.8.	6 Cauac	12 Yaxkin	8
18.8.	7 Ahau	13 Yaxkin	9
19.8.	8 Imix	14 Yaxkin	1
20.8.	9 Ik	15 Yaxkin	2
21.8.	10 Akbal	16 Yaxkin	3
22.8.	11 Kan	17 Yaxkin	4
23.8.	12 Chicchan	18 Yaxkin	5
24.8.	13 Cimi	19 Yaxkin	6
25.8.	1 Manik	0 Mol	7
26.8.	2 Lamat	1 Mol	8
27.8.	3 Muluc	2 Mol	9
28.8.	4 Oc	3 Mol	1
29.8.	5 Chuen	4 Mol	2
30.8.	6 Eb	5 Mol	3
31.8.	7 Ben	6 Mol	4
1.9.	8 Ix	7 Mol	5
2.9.	9 Men	8 Mol	6
3.9.	10 Cib	9 Mol	7
4.9.	11 Cabán	10 Mol	8

2002			
Greg.	Tzolkin	Haab	H.d.N
5.9.	12 Edznab	11 Mol	9
6.9.	13 Cauac	12 Mol	1
7.9.	1 Ahau	13 Mol	2
8.9.	2 Imix	14 Mol	3
9.9.	3 Ik	15 Mol	4
10.9.	4 Akbal	16 Mol	5
11.9.	5 Kan	17 Mol	6
12.9.	6 Chicchan	18 Mol	7
13.9.	7 Cimi	19 Mol	8
14.9.	8 Manik	0 Chen	9
15.9.	9 Lamat	1 Chen	1
16.9.	10 Muluc	2 Chen	2
17.9.	11 Oc	3 Chen	3
18.9.	12 Chuen	4 Chen	4
19.9.	13 Eb	5 Chen	5
20.9.	1 Ben	6 Chen	6
21.9.	2 Ix	7 Chen	7
22.9.	3 Men	8 Chen	8
23.9.	4 Cib	9 Chen	9
24.9.	5 Cabán	10 Chen	1
25.9.	6 Edznab	11 Chen	2
26.9.	7 Cauac	12 Chen	3
27.9.	8 Ahau	13 Chen	4
28.9.	9 Imix	14 Chen	5
29.9.	10 Ik	15 Chen	6
30.9.	11 Akbal	16 Chen	7
1.10.	12 Kan	17 Chen	8
2.10.	13 Chicchan	18 Chen	9
3.10.	1 Cimi	19 Chen	1
4.10.	2 Manik	0 Yax	2
5.10.	3 Lamat	1 Yax	3
6.10.	4 Muluc	2 Yax	4
7.10.	5 Oc	3 Yax	5
8.10.	6 Chuen	4 Yax	6
9.10.	7 Eb	5 Yax	7
10.10.	8 Ben	6 Yax	8
11.10.	9 Ix	7 Yax	9
12.10.	10 Men	8 Yax	1
13.10.	11 Cib	9 Yax	2

2002			
Greg.	Tzolkin	Haab	H.d.N
14.10.	12 Cabán	10 Yax	3
15.10.	13 Edznab	11 Yax	4
16.10.	1 Cauac	12 Yax	5
17.10.	2 Ahau	13 Yax	6
18.10.	3 Imix	14 Yax	7
19.10.	4 Ik	15 Yax	8
20.10.	5 Akbal	16 Yax	9
21.10.	6 Kan	17 Yax	1
22.10.	7 Chicchan	18 Yax	2
23.10.	8 Cimi	19 Yax	3
24.10.	9 Manik	0 Zac	4
25.10.	10 Lamat	1 Zac	5
26.10.	11 Muluc	2 Zac	6
27.10.	12 Oc	3 Zac	7
28.10.	13 Chuen	4 Zac	8
29.10.	1 Eb	5 Zac	9
30.10.	2 Ben	6 Zac	1
31.10.	3 Ix	7 Zac	2
1.11.	4 Men	8 Zac	3
2.11.	5 Cib	9 Zac	4
3.11.	6 Cabán	10 Zac	5
4.11.	7 Edznab	11 Zac	6
5.11.	8 Cauac	12 Zac	7
6.11.	9 Ahau	13 Zac	8
7.11.	10 Imix	14 Zac	9
8.11.	11 Ik	15 Zac	1
9.11.	12 Akbal	16 Zac	2
10.11.	13 Kan	17 Zac	3
11.11.	1 Chicchan	18 Zac	4
12.11.	2 Cimi	19 Zac	5
13.11.	3 Manik	0 Ceh	6
14.11.	4 Lamat	1 Ceh	7
15.11.	5 Muluc	2 Ceh	8
16.11.	6 Oc	3 Ceh	9
17.11.	7 Chuen	4 Ceh	1
18.11.	8 Eb	5 Ceh	2
19.11.	9 Ben	6 Ceh	3
20.11.	10 Ix	7 Ceh	4
21.11.	11 Men	8 Ceh	5

2002			
Greg.	Tzolkin	Haab	H.d.N
22.11.	12 Cib	9 Ceh	6
23.11.	13 Cabán	10 Ceh	7
24.11.	1 Edznab	11 Ceh	8
25.11.	2 Cauac	12 Ceh	9
26.11.	3 Ahau	13 Ceh	1
27.11.	4 Imix	14 Ceh	2
28.11.	5 Ik	15 Ceh	3
29.11.	6 Akbal	16 Ceh	4
30.11.	7 Kan	17 Ceh	5
1.12.	8 Chicchan	18 Ceh	6
2.12.	9 Cimi	19 Ceh	7
3.12.	10 Manik	0 Mac	8
4.12.	11 Lamat	1 Mac	9
5.12.	12 Muluc	2 Mac	1
6.12.	13 Oc	3 Mac	2
7.12.	1 Chuen	4 Mac	3
8.12.	2 Eb	5 Mac	4
9.12.	3 Ben	6 Mac	5
10.12.	4 Ix	7 Mac	6
11.12.	5 Men	8 Mac	7

2002			
Greg.	Tzolkin	Haab	H.d.N
12.12.	6 Cib	9 Mac	8
13.12.	7 Cabán	10 Mac	9
14.12.	8 Edznab	11 Mac	1
15.12.	9 Cauac	12 Mac	2
16.12.	10 Ahau	13 Mac	3
17.12.	11 Imix	14 Mac	4
18.12.	12 Ik	15 Mac	5
19.12.	13 Akbal	16 Mac	6
20.12.	1 Kan	17 Mac	7
21.12.	2 Chicchan	18 Mac	8
22.12.	3 Cimi	19 Mac	9
23.12.	4 Manik	0 Kankin	1
24.12.	5 Lamat	1 Kankin	2
25.12.	6 Muluc	2 Kankin	3
26.12.	7 Oc	3 Kankin	4
27.12.	8 Chuen	4 Kankin	5
28.12.	9 Eb	5 Kankin	6
29.12.	10 Ben	6 Kankin	7
30.12.	11 Ix	7 Kankin	8
31.12.	12 Men	8 Kankin	9